コミュニケーション・デザインのこころ戦略

対人
コミュニケーション
の最適化

大坊郁夫 編
Ikuo Daibo

The psychological strategy
of communication design
for well-being:
Optimization of interpersonal
communication

ナカニシヤ出版

まえがき

　誰もが心豊かで，ゆとりある暮らしができる世の中であって欲しいと願うものです。しかし，歴史は，それがなかなか実現されなかったことを示しています。それゆえに，正義，平和，平等，民主を求める思想や運動は繰り返し生み出され，止むことはありません。個人が大切にされ，互いの関係が満足できるものであり，誰もがよりよく生きることができるならば，それはうるわしい世の中です。

　しかしながら，過去の忌まわしい出来事を知識や経験として得ているにもかかわらず，それを解決したのぞましい社会をなぜ未だに手にできないのでしょうか。歴史的な経験が時間を経ることによって，徐々に鮮烈さを失い，記憶の一シーンとして整理され，仕舞い込まれてしまうしかないのでしょうか。

　特別な努力や工夫をしなくても過ごせる日常は「当たり前の」ことであり，無難にやり過ごせるものです。そう過ごすならば大概の生活は無事でしょう。でも，そればかりでは陳腐でいずれ退屈することでしょう。また，取り立てるほどではなく無視してきた些細な懸念・違和感なども蓄積するものであり，それはいずれ膨らみ，変革を求める種となるでしょう。

　まず以って自分を満足させなければ判断や行動を持続させることはできません。内発的な動機は大事です。だからといって，責任を伴わない利己主義，自己ファーストであることは，対峙する者との断絶を前提とするので社会を損なってしまいます。

　相互依存，連携，協調を顧みず，分断や境界化を行うならば，個々人は尊重されず，共生社会を持続することはできません。人が人として持続していける社会を築くためには，人と人を結び，関係を活かすコミュニケーションを絶えず見直し，工夫する必要があります。人は，自分の思いをルールに則って表し，相手に的確に伝え，かつ，相手のメッセージを適切に理解し合わねばなりません。この行動の連鎖が行われることによって，人間関係ができ，集団や社会を築くことになるのです。このプロセスが展開されることは，コミュニケーション行動自体のルールを始めとして，人間関係，集団，文化・社会のルールが形成され，時間とともに構造化されていくのです。なお，われわれが生活する場は，人間以外の生物，自然を含む環境と相互作用しており，コミュニケーションの成り立ちは広義の環境要因を含めて考える必要があります。

　このような視点を踏まえ，本書では，コミュニケーション研究の現状を俯瞰したうえで，今後も持続する価値ある社会を築き続けていくために必要な視点を示すことを旨としました。

　Part 1 では，コミュニケーションが成立する基本的な要因や前提について扱い，持続的な社会に必要な視点を示します。人々がいてこそ社会は成立しています。ただし，その前提として，"人"以外の環境があり，かつ，それがあるがゆえに人は社会を築いてきたともいえます。多層的な関係をつなぐためのコミュニケーションがなぜ必要なのか，かつ，そのコミュニケーションもまた多岐にわたっていること，今後に必要なコミュニケーションの在り方や工夫について考えます。それが，ウエル・ビーイングな社会をデザインすることになるはずです。

　Part 2　今まさに行われている先端の研究の状況はどのようなものでしょうか，かつ，今後さらに期待できるコミュニケーション研究の状況，今行われている研究の何が未来に生かされていくのでしょうか。

　これまでを踏まえつつ，これからの社会に必要なコミュニケーション研究とは何か，現状と未来につながる研究の視点を探ります。

1. 「コミュニケーションを見える化する」　多数のチャネルで構成されているコミュニケーションを科学の対象としてどのように指標化すればいいのでしょうか，適切な可視化と測定の工夫を考えます。
2. 「ロボットと人とのコミュニケーション」　人対人の関係は多様に拡大しています。そして人を媒介する，代理するコミュニケーションの機会が増えています。コミュニケーション概念や機能のとらえ直しが必要になってくるのではないでしょうか。
3. 「環境とのコミュニケーション」　コミュニケーションの場としての環境には膨大なコミュニケーションの手がかりが含まれ，また，センシングを含めた通信工学的な技術が進展しています。環境自体が積極的なコミュニケーションを行いつつあります。
4. 「時空を超えるコミュニケーション」　遠隔でのコミュニケーションの方法は進展し，ウェブ，SNS の利用は一般化しています。そこには，独自のルールがあり，また，対面のコミュニケーションを補うとともに，相反する働きもあります。対面メディアとの比較を踏まえ，対人コミュニケーション手段としての活用や工夫を適切に理解します。
5. 「コミュニケーションの知識」　適切なコミュニケーションには前提としての知識，規則の理解が必要です。そして，それを自らのスキルとして活用することが求められます。これらを前提としたコミュニケーション教育の推進が求められます。
6. 「多文化共生のコミュニケーション」　コミュニケーションの規則には文化の普遍性と特異性があります。 グローバルな活動を行ううえで普遍性と特異性を適切に理解し，活用することが求められています。同時に文化の超越（あるいは文化の統合）を考える必要もあります。
7. 「外見のコミュニケーション」　そこに「ある」だけで対人関係を左右しかねない外見。時に外見をどう見せるかのためにのみエネルギーを消費することもあります。アイデンティティを求めながらも失いかねないこともある外見によるコミュニケーションの今後を考えます。

　Part 3 では，Part 2 で示した現状のコミュニケーション研究を踏まえて，社会で実際に生かされている研究・実践を理解します。

　コミュニケーションは日々行われている生活行為です。具体的な生活シーンではどのようにしてコミュニケーションは価値あるものなのでしょうか。コミュニケーションは，現実の生活で用いられているからこそ，意味があります。コミュニケーションに関わる個々の研究は，どのようにつながっているのでしょうか。個別の実践に終わらせないために，個々の研究から得られる成果をどう融合すれば持続する社会に生かせるのでしょうか。以下の内容を扱います。

8. 「医療場面のコミュニケーション」　同じ地平に立ち，対等な立場でのコミュニケーションを行いながらも同時に役割・専門性の落差を反映するコミュニケーションも必要です。異なるレイヤーをどう活かし，落差をどう埋められるのでしょうか。科学知識を介して専門家と非専門家である一般市民との知識の共有をどう進められるのでしょうか。
9. 「アニマル・コミュニケーション」　人以外の動物の行うコミュニケーションをどう理解できるのでしょうか。また，人のコミュニケーションとの類似性，違いはどのようなものでしょうか。さらに人のコミュニケーションを考える際のヒントはあるのでしょうか。
10. 「モノ，環境とのコミュニケーション」　今や高度にコミュニケーション化された社会環境

に人は身をおいています。高度な技術革新により便利になった環境においてコミュニケーションのツールを合理的に用い，かつ，その環境において人が受動的にならずに適応するためにはどうすればいいのでしょうか。

11. 「職場のコミュニケーション」 職能を発揮する職場には，私的，公的コミュニケーションが混在しています。職場では，職務自体や組織の機能の円滑な発揮，そして私的な関係をも満足する必要があるのです。この多層的なコミュニケーションをどう円滑に展開できるのでしょうか。

　人がいるところでは，どこであれコミュニケーションは欠かせません。欠かせないどころかコミュニケーションによって自分を示し，他人を理解して関係を結び，社会を維持できるのです。したがって，その研究は進化し，途絶えることはないのです。

　本書を編むにあたり，多忙のなか多くの執筆者にご無理をお願いいたしました。出版の意図をご理解いただきご協力いただきましたことに感謝いたします。そして，畏友であり，卓越した編集者である，ナカニシヤ出版の宍倉由髙氏には適切なアドバイスをいただき，かつ，長年にわたりご支援をいただきましたことに篤く感謝いたします。

2023 年 2 月 10 日
大坊 郁夫

目　　次

コラム目次

Part 1

コミュニケーションをデザインするために

序　持続する社会を築くコミュニケーションを考える

序

持続する社会を築くコミュニケーションを考える

大坊 郁夫

　われわれが住む社会は，未来を保障するものであろうか。われわれ同様に祖先も，暮らしやすい，心地よい，幸せを目指してその折々に，努力し，工夫してきたはずである。しかし，その成果は，必ずしも実感できるものではない。むしろ，自分や自国を狭く囲い，他との協調的な融合を図るよりも，境界化を強めようとする志向性が少なくない（例: 自国第一主義; country first）。

　人は，自分の思いを発散するだけではなく，他人とわかり合うためには，互いの共通項を探し，そこを手がかりにして互いの未知の領域をわかり合えるものにする努力をしている。多くの場合，相応に親しいと思える関係にあっても，努力なくして十分にわかり合えることはない。むしろ，関係の進展に応じて，「これほどに自分のことを相手に伝え，私も相手をわかろうとして努力してきたし，以前に比べて随分と"わかってきた"」，つまり，自分の思いは相手に伝わっているとの思い込みが増えてしまう。それゆえに，関係が頓挫してしまうことがあまりにも多い。

　このようなことは，個人間に留まらない。集団間，国同士の間でも類似したことが生じる。個人を超えるものであっても，それぞれの意図あるいは明示されない感情に基づいたメッセージであれ，それを伝え合うことなくして互いに期待する関係を築くことはできない。

　意図的および無意図的なものも含めたメッセージを伝え合うことを，"コミュニケーション"と表現することができる。コミュニケーションは，多様な領域で扱われている。宮司（2001）は，コミュニケーションの定義を列挙している。それによると，社会学的観点からは，個人間での意味の共有が，心理学的には，他者への影響，生理学的観点からは，生活体と外界との関わり，つまり，認知の仕組みや機能を前提として自分の環境の把握に主眼のある定義が目立つとしている。

　ただし，これらは，人々が日々行っているコミュニケーションの特定の側面を強調したものであり，いずれもがコミュニケーションを表しており，本書では，これらを総合的に含めて考えたい。すなわち，各々が用いる概念の意味の共有を図り，互いに発するメッセージを用いて一定の影響を及ぼし合い，他とは異なる，より親密な関係を築く。さらに，個人や関係を取り巻く環境を対人的な相互作用にとっての手がかり性をもつものとして活用することをもコミュ

ニケーションに含めてとらえる。こうすることによって，個人，対人関係，集団，文化（社会）を幾層にも結ぶ概念として位置づけられる。

1. 社会とは

"社会"とは何だろうか。大方は直感的には"わかる"と思っていても，それは多義的な意味をもつものであり，意味のコンセンサスを容易には得がたい概念の1つであるとし，一般には，社会は，人々が暮らす場（自然および人工的な構築物を含む環境と人々を結ぶ規則のもとでの相互作用を行う"ところ"）であり，同時に人々自体（個人や対人関係，集団の活動によって集積された文化を含め）を包括的に指している（ところは，空間的，地理的な場所に拘泥しない）と定義する。すなわち，コミュニケーションのプロセスを促す，人，行動，環境を含む構成因を含む概念ともいえる。したがって，人々の相互作用に着目するか，人々をそこに留めておく連絡・管理規則となる規範や慣習に着目するか，規範等のシステム，制度，構造に着目するかによって扱いは異なる。

さらに，「社会」のとらえ方は，大きく2つに分けられる。われわれが住んでいる"ところ"や可視化しやすい"社会"（外の社会）とわれわれの頭の中（認知された）にある個人がイメージしている"社会"（内の社会，容易には可視化しがたい）がある。

前者の外の社会としては，自分が住んでいる地域の市町村，国，ロサンゼルスにあるチャイナ・タウンなど，また，ベビー・ブーマー（第二次世界大戦の終結直後の出産ブーム時代に生まれた団塊の世代，前後の世代に比べて多人数であり，日本では，過酷な受験戦争，盛んな学生運動を経験。2022年現在では，73〜76歳で逆ピラミットの人口構成を大きく形成し，肥大化する年金が問題視されている），Z世代（1990年後半から2020年生まれの世代。デジタル技術，インターネットをうまく使いこなせているとのおおむねの共通の特徴がある）などがある。

後者の「内にある社会」は，その個人が祖先から受け継いで内在化された規範やこれまでの生活で得た経験によって形成されている。この例としては，所属している地政学的な意味での社会とは関係なく，たとえば，英国などで先祖のもっていた領主，貴族としての（憧憬を含む）支配意識をもつこと，あるいは，愛読書の主人公に耽溺し，その思考・行動スタイルに大きく影響を受けた発想をもつことなどをあげることができる。ただし，名状しがたいものでもある。

マクロな構造を問題とする社会科学的な観点からは，「外の社会」について主に言及されがちであり，個人間のつながりを重視する心理学的な立場では「内にある社会」の意味が重視される。

また，その人にとって意味をもつ社会と意味をもたない社会があるともいえる。外の社会という大きな容れ物の中にいる大勢の人の中には，それぞれの「内にある社会」のある部分が重なり合う人も，まったく重なり合わない人もいる。個人の生き方や個人的な行動に大きな影響を与えうる「内にある社会」は人によって違っており，コミュニケーションを介しても共通認識が容易に形成されるとは限らない。内にある社会が共有される——すなわち，個人の根本的な価値観，社会観が共有される——ならば，判断や行動の仕方の疎通性は高く，円滑な相互作用がなされ，互いに理解した，満足した関係，社会が築かれるであろう。しかし，内なる社会の共有は十分ではないことが多い。現在，社会における人と人とのつながり方は，この社会の共有化が進んでいるのではなく，分極化しつつあるようである。まったくほとんど人づきあいをせず，他者との共通項を生み出すことに関心がない人もいる。生活の過程において，双方向的なコミュニケーションによって自己概念が成立していることに気づいていない。このように

社会を自己の基盤として意識しない人々の増えてきたことは，これまで連綿として続いてきた歴史をもつ内と外の社会を調和することに努力してきた人間社会の崩壊を促すことになりかねない。すなわち，自分でつくり出した自己の一部でしかない，一人称の他者（厳密には自分が投影された他者）はコミュニケーションの必要な他者ではなく，そこからは歴史につながる社会は生まれない。たとえば，ネット上の検索サイトでは，アクセス者が繰り返し検索する情報語に関係の深いものが優先的に候補となる。つまり，欲している情報に関連した手がかりにしか接することができなくなる。こうなると，それがあたかも自分が出会う世界の事実であるかのように思えてくる。

このように自分の興味のある情報だけしか見えなくなることを自分の得たい情報の泡の中に自分を閉じ込めているような意味を込めて，フィルター・バブル（filter bubble; Pariser, 2011）という。自分と似た人々しかいないネット上の限られたコミュニティでは，自分と同じ意見しか見聞きしないので，同じことが繰り返されることで，特定の情報や考えが増幅され，強化されてしまうことにもなる。エコー・チェンバー効果（コラム4参照）としてとらえることもできる（echo chamberとは，音楽録音用の残響室のこと）。このような状況では，自分と異なる視点に触れる機会は乏しく，自分ないし自国第一主義な考えをもちやすくなり，社会のもつ多様性を受け入れがたくなろう。

その一方，多くの人々とつながりをもち，自分を積極的に表出し，相手のメッセージを受け止めるべくさまざまな活動をしている人々もいる。

この二者にとって，社会のもつ重みは違っている。前者にとって社会はほとんど意味をもたないが，後者は，些細なことでも大きな影響を与え合うような，密度の高い社会をもっている。

このように，「社会」は，典型的な構成概念であり，広義にとらえるならば，われわれの行動の枠組みとなる相対的な概念である。

2. 個人を結ぶコミュニケーションが社会を築く

個人同士を結ぶ相互作用で形成した対人関係を拡げ，社会を考えるうえで前提とすべきことは，他者の「内なる社会」と自分のそれとは，異なる可能性が大であるということである。それを踏まえながらも相互作用を通じて，「外の社会」を形成している。そのために，何らかの共通する手がかりを見出し，内と外を結ぶ作業が必要になる。換言するならば，自己の内なる社会と他者と，ひいては外の社会を結ぶ行為が1つのコミュニケーションといえる。これは，専ら，表象としての思考・感情を整え，表出する過程を行うことである。内在化されている祖先性（伝承された）をもつ。さらに，この表出されたコミュニケーション行動は，個人を結ぶ意味を獲得することによって対人的，社会的な意味をもつ。そのためには，「外の社会」で認められている記号化規則，解読規則を踏まえなければならない。それは，蓄積された文化に結びついたものであり，社会的つながりを得たいという志向性をもつゆえに獲得された規則であるといえる。この規則は，内と外を結ぶパスワードとなっている。

個人を結ぶ円滑なコミュニケーションを行い，それを拡大することによって，相互理解を促し，満足できるウエルビーイング（well-being）な社会を築くことにつながる。自他の共通項を増し，互いの期待を充たして満足度を高めることは，関係を持続するモチベーションを高め，ひいては社会のネットワークの維持，発展をもたらすことになろう。

[1] コミュニケーションの機能

人を結ぶコミュニケーションの機能は複数ある。パターソン（Patterson, 1983, 2011）は，対人関係において交わされるコミュニケーションの対人的な効果に着目した機能論を示してい

る。

　以下は，非言語的コミュニケーションの機能としてあげられているが，言語的コミュニケーションにも適用できる機能である。

　①情報の提供　　自分のもっている知識や感情，意見などを伝える機能であり，伝えたい事物の形や大きさを手で宙に描いて示すジェスチャー，抽象的な概念を説明するためにいくつもの類似した用語を連ねて表すなど。

　②親密さの感情表出　　好意を抱いている異性を意図的，無意図的に見つめる，教室でその人に近い席に座る，会話している際に，相手の発言に賛成した発言をする，うなずくなど。

　③相互作用の調整　　会話の場面で，一方的に発言し続けている人に対して，自分が発言したいという意図を示すために，自分の身体の向きを相手に向け直したり，咳払いで示唆する。あるいは，相手の発言を促すためにうなずくなど。また，相手の発言を中断し，自分が意見を述べたい旨の発言をすることもある。

　④社会的コントロールの実行　　上司が部下に自分の勢力を及ぼそうとする。指示命令をする際に，上司は部下に視線をはっきりと向け，部下が前屈みになりながら指示を聴く。相手を説得する際に，説得したい事柄の根拠を論理的に示しながら，かつ，相手に視線を向け，例示のジェスチャーを多用するなど。

　⑤社会的役割に基づくサービスや作業目標の促進　　職務により他者の身体に触れる，儀式的な会話など。結婚式の際に，牧師が結婚の誓いを促すセリフを言い，新郎新婦はそれに定型の答えをする。理髪師が客の顔に触れて髭を剃るなどは，何ら親しい関係ではないのに，接近，身体接触を許容していることになるが，それは職務作業であり，社会的サービスの授受である。

　①から④は，個人の意図，感情など主観的メッセージを反映する機能であるのに対して，⑤は，言語，非言語のメッセージの交換が行われるが，主観的メッセージではなく，役割による様式化されたメッセージの交換である。

　なお，⑤に近似した機能ではあるが，コミュニケーションすること自体が目的となる場合がある。偶々そばにいる相手に四方山話をする，相手の反応を期待せずに一方的に最近のニュースを当たり障りなく話すなどを例としてあげられる。これは，特定の目的があってその場にいるのではない，コミットメントの低い状況にあり，しかも，その場にいる人と積極的に関わりを得たいのではない。所在ない状態を解消したいという“一人称の行為”である。これは，「時間消費」の機能によるものといえよう。ただ，このコミュニケーションは，相手と時間・空間を共有するものであり，社会的つながりを築く前提としての機能をもつともいえる。特段の用件がなくとも携帯電話で延々と会話をすることも例とできる。当事者にとっては，相応の時間をかけて携帯電話で話をすること自体，互いの時間を共有することが目的になっている。

［2］コミュニケーションの階層

　上述した機能は，対人関係を結ぶためのものであり，よりマクロな社会を築く前提となるものである。対人関係からの広がりを考えると，コミュニケーションには階層があるといえる（図 序-1）。

　出発点は，個人にある。われわれは，暗黙裡であっても，生体としての自分を保存し，適応するための判断をする傾向があると想定できる。なお，ここでは，社会的な広がりを前提として述べたい。まずは，自分が何らかの判断をする準備として，判断するための複数ある手がかりを比較し，行うべき適応の手順をシミュレートする。これは自己との対話でもある内言語と称されることもある。言い換えると，演劇等で用いられるモノローグの無観客版にも喩えられよう。自分の考えを醸成するものであり，社会的な行動の準備段階ともいえる。容易には可視化しがたい。これが，図の最下層にある，1）個人内のコミュニケーションである。

　2) は，対人コミュニケーションの層である。自分のメッセージを記号化（表出）し，相手のメッセージを解読し，送受信を行う。チャット，会話，相談，説得などがある。ここでは，パターソン（1983, 2011）の示した機能が多様に発揮される。

　自分が所属する集団（職場，サークル，ゼミの団体など）が他の集団と連携，交渉，競争などを行う場合は，3) の集団間コミュニケーションに当たる。個人としてではなく，所属集団内における役割に基づいたコミュニケーション行動が行われる。そのコミュニケーションに望む集団としての目標があり，それを実現するために連携した役割間での相乗効果や補完性が必要となる。したがって，対する他集団とのコミュニケーションを確認しつつ，同時に自集団内での役割・地位に基づいたコミュニケーション効果を点検しながら進めなければならない。

　4) は，社会（文化間）のコミュニケーションであり，異なる文化間の融合や互いに適応する目的をもつ異文化コミュニケーションである。一般的には，文化を超えて共通するコミュニケーションの規則をもつこともあるが，当該の社会で継承されている文化によって，行動規範やコミュニケーションの規則性が異なることが多い。各々の構成員が相手を理解したい，自文化を受け入れて欲しいという目的があっても，用いるコミュニケーションに込められる意味（知識）が異なっているならば，目的にそぐわない結果になることも少なくない。コミュニケーションする前提として，通文化性を活用するとともに，文化によって異なる規則があると予想されるならば，その知識を学び，理解する必要がある（Ogawa & Hall, 2022）。その際に重要なのは，自文化を否定して他文化を全面的に取り入れるということではなく，自他の文化の相違点，一致点を正しく理解する姿勢をもち，自文化を基盤としながら双方が異なる他文化を他文化として許容して，双方の文化を同時に維持することである。異文化ゆえのギャップがあるとすれば，それを放置することではなく，それがなぜギャップなのかを検証する。観点を変えるとそれが有益な利点となることもある。大事なのは，一方の文化を否定する，変えることではなく，折り合いをつける，融合を目指すことにある（コラム 5：ダブル・スイングモデル参照）。

　コミュニケーションは，相互作用が行われる対象者によって，このように階層をなすものであり，その階層に応じて適した行動の発言が求められる。そして，下位の階層にあるコミュニケーションは，上位の階層に含まれる構造をなしている。

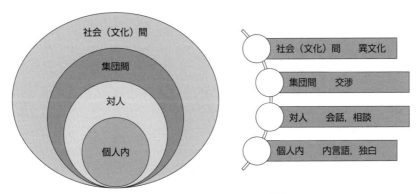

図 序-1　コミュニケーションの階層

3.　コミュニケーションの成り立ち

　具体的なコミュニケーション行動の多くは，身体器官に由来している。視覚器官は視線，顔面の諸筋肉動作が顔面表情，発声器官（肺，喉頭，口腔，鼻腔など）と聴覚器官は発声，発話

そして言語によるコミュニケーションを可能にしている。身体各部位の筋肉は身体動作（姿勢，手腕，脚などの動作），身体イメージ感覚は空間行動——プロクセミックス（対人距離），着席行動などとなる。皮膚器官は身体接触（握手，ハグなど）を，嗅覚器官は体臭，香りによるコミュニケーションをもたらす。

　人間以外の動物や人間の新生児・乳幼児のコミュニケーション行動を観察すると，なぜコミュニケーションが成立したのかを考えるヒントがある。ことばを獲得する以前の段階では，自分の生理的欲求を充たすためのメッセージを発するためのコミュニケーションが主となる。空腹を解消したい，不快な身体感覚を解消したいがために泣く，安心したいがために心地よく抱かれることを求めて手脚をバタバタ動かし，憤る。このような行動は，養育者がその欲求を迅速に解読（理解）できるかどうかは別にして，明らかにメッセージを記号化（発信）している。発声，身体動作は，自分の存在を知らせる（注意を引く），他を呼ぶ，知らせる（危険，安全など），ケアを求めることである。

　さらに成長して自分の身体を動かすことができるようになり，しかも，身体の動きを制御できることを「わかる」とともに，充たしたい欲求を直接に欲求対象に向ける。近づいて手に取る（確かめる），しゃぶる（確かめる），食べる・飲む（食欲等を充たす），叩く（確かめる），放り投げる（いらない）など。なお，これらの行動は自分がそのように動ける，働きかけることを確かめたり，自分の時間を消費するためでもある。その後の成長段階では，人は模倣や学習の能力により，多様な行動を習得していく。それにより，コミュニケーションの目的に応じて次第に，パターソン（1983，2011）があげた機能を発揮できるようになる。

　さて，これらの発達初期におけるコミュニケーション行動は，コミュニケーションの成り立ちのヒントとなる。基本となるのは，与えられた身体の特徴，身体（運動）および知的能力，環境を踏まえて適応することである。そのために，身体能力は重要な手がかりとなる。

　たとえば，興味をもったオモチャがある。それが距離を見計らって手を伸ばせば届くならば，身体をそれに向けて掴む。しかし，届かない距離にあり，自分が未だ十分に移動できないとなれば，そばにいるおとな（やきょうだい）に「『あれ』が欲しい」と訴える。ことばをいまだうまく使えない段階では，顔をおとなに向け，かつ自分の視線と手指をその目的物に向け，喃語を発する。目的物が容易に獲得できる状況では，他人への訴えは必要ない。それができない場合には，自分のいる環境（目的物のある空間，事物，そこにいる他人を含む）にある要因が利用できそうかどうかを値踏みしつつ，かつ，自分の身体能力を斟酌して上述のような判断と行動を行う。この一連の判断は，喜多（2002）が指摘した「からだ的思考」に通じるところでもある[1]。

　なお，エクマンとフリーセン（Ekman & Friesen, 1969）は，身体動作を例にとり，メッセージが記号化される際に，オリジナルのメッセージとどれだけ距離（地理的あるいは概念としての乖離）があるのかに注目している。記号化される指示対象（referent; 当該のコミュニケーションによって指し示す対象）との距離の程度に応じて3段階（①対象固有的 intrinsic; 記号と記号による指示対象との距離が最も短く，極端な場合には記号そのものが指示対象自体である——相手に近づく，自分の欲しいモノを掴むなど——，②画像的 iconic; 指示対象のある側面をそのまま生かす——指でピストルの形を作る，悲しい気持ちを示すために目尻に指を当てるなど——，③恣意的 arbitrary; 記号と指示対象とは近似した形をなさない——別れる際の挨拶として手を振るなど——）に分けている。なお，多くのことばはたとえば，"apple（林檎）"という単語が果物の形態とはほど遠いように，恣意的な範疇に入る。

1　「からだ的思考」とは，ある動作をするのに必要な情報を，「環境」という莫大な量の情報の集まりから拾い上げ，その動作に適切な身のこなしを発見するという一種の思考を指す。身の回りの状況に応じて動作していくために必要な情報の取捨選択を行う（喜多，2002）。

　コミュニケーションの成立は，乳幼児のコミュニケーションの仕方の変化やエクマンとフリーセン（1969）の指示対象との距離の程度にあるように，身体動作に由来する多様化が大きく関与しているのではないかと推測できる。

　コーバリス（Corballis, 2002）は，身体動作に注目し，個体間でコミュニケーションするためには，自分が行動を実行することと他者の行動を観察して対応づけることが必要であるとしている。乳幼児の発達過程において，自分の身体に注意が向くとともに，周りにいるおとなや年上のきょうだいの動作を観察し，手を伸ばす，近づく，掴む，投げるなどの動作を繰り返し模倣する。このことが前述の対人的なコミュニケーションの成立に大きく関わっていると考えられる。

　動物のコミュニケーションからも多くの示唆を得ることができる。たとえば，ミツバチは，羽と胴体を動かす（ダンスを踊る）ことで，ミツ（花，花粉）のある場所（方向と距離）を仲間のハチに伝える。

　シジュウカラ（*Parus minor*）は，ヘビやモズなどの天敵を発見すると，それを追い払うために，仲間の協力を得ようとする。日頃は，仲間を集める際に「ヂヂヂヂ（集まれ）」などの簡単な鳴き声を発するが，天敵を発見したシジュウカラは，「ヂヂヂヂ（集まれ）」という単語の前に警戒行動を促す際の「ピーツピ」という単語を発する。この組み合わせによって，「ピーツピ・ヂヂヂヂ（警戒して集まれ）」という文が構成され，仲間たちに正確な情報を伝えられることがわかっている（Suzuki et al., 2016 など）。

　また，ペットとして犬や猫を飼っている人は，次のようなことをよく経験するであろう。たとえば，犬が何か興味をもったモノを発見した。それが自分では飼い主のもとに持って来ることができない場合には，飼い主のもとに来て吠える。そして何度も，見つけたモノの方へ行くそぶりを見せ，飼い主に来て欲しいと誘うことがある。これは，吠える（注意喚起），あるモノの所在の方向を動作で示す，歩き始めると何度も飼い主の方を振り返って見る・吠えるを繰り返し，「こちら」と行き先を確認するように示す，という一連のコミュニケーション行動である。

　このように，コミュニケーションは，同種間であろうと異種間であろうと，発信する信号を組み合わせ，また，複数のチャネルを用いて伝達と解読を同時的に行うことで成立している。

4.　多様なコミュニケーションを使う

　人を結ぶコミュニケーションは，メッセージを身体器官，事物などの手段（メディア）を介し具体的な多様なチャネルを通じて行われる（大坊，1998）。それが相手に認知され，その意味が解読される。伝え手のメッセージが正しく解読されるか否かは互いに持っているコミュニケーションのルールに照らして判断される。このプロセス全体がコミュニケーションであり，そこには，さまざまなメディアとチャネルがある。

[1] 言語的，非言語的コミュニケーション

　われわれは，ことばを使えない状況では，思いをどう伝えるのであろうか？

　1）相手が近くにいるならば，コミュニケーション・チャネルを用い，メッセージを詳細に伝えることができる。音声や言語で思いを伝える。その内容を補強するために，相手の顔に視線を向ける／伴う感情を顔面表情に込める，伝達内容を補う身体動作を行う。さらに，相手との親密さに見合う空間距離を調整する。相手の行動が自分の想定している以上の親密さを示すものであれば——自分が抱いている親密さ以上に相手が接近し過ぎている，あるいは，頻繁に

自分に視線を向け過ぎていると感じるならば——，顔を背けて視線をあまり使わない，後傾姿勢を取るなど，変更可能なチャネルを総動員して調整することになる。さらには，その状態が，自分が相手に抱いている親密さからギャップのあることを直接ことばによって伝えることもあろう。

　2）相手が遠くにいる場合には，大仰な身体動作や大声によって自分への注意をひく。次いで，相手を招くか，自分が相手に近づくかを表した後に，接近した後に，1）の行動をとる。

　どのようなコミュニケーションであっても，伝えたいメッセージが，伝えたい指示対象とどのくらいの距離・ずれがあるのかによって，1），2）の段階をたどりながらも，異なるチャネルを選択する。

　コミュニケーションのチャネルは，多様である。特に，ことばを用いる言語的コミュニケーションは，意識的，論理的に用いられるものであり，抽象的な概念，思考を示すために進化したものであり，高度な文法を含む言語体系が形成されてきた。それゆえに，文字を含む記号（言語）によって書き記され，その記録は後に継承されてきた歴史がある。したがって，他の言語体系と比較することも可能となっている。

　これに対して，非言語的コミュニケーションを記録し，残すことは容易ではない。おおむね1960年代以降，とりわけ1990年代以降の電子通信工学，情報科学，画像解析の技術の進歩はめざましく，飛躍的に測定，記録の精度は向上しつつある。それに伴い，対人コミュニケーションに限っても，ビデオ録画，時系列的なデータ解析技術は研究の進歩を促した。さらに，特定のチャネルの記録に留まらず，マルチ・チャネルの同時記録と解析の進展は，音声，視線，顔面表情，手脚・胴体の身体動作などの連続的な把握——チャネルごとの頻度，時間のみならず，チャネル間の相関関係，因果関係をもとらえることが可能になってきている。それは個人内のみならず，そこに参加している複数者間の関連についても同時に測定可能となっている。

　このことは，特定の個人間のコミュニケーション行動だけではなく，その環境にいる人々全体の特徴をとらえることを可能にするものである。

コラム 1
沈黙のコミュニケーション

藤原　健

　雄弁は銀，沈黙は金とは広く知られた言い回しで，沈黙はときに発言するよりも価値があることを意味する。類似の表現は古くからみられ，9世紀のアラビア語の文献に出典をたどることができるとも言われている。一般に言語的コミュニケーションでは発話が重複しないように，しかし同時に沈黙の時間が最小限になるように発話がつながっていく（Stivers et al., 2009）が，沈黙に価値を見出すこの表現は話し過ぎることや不適切な発言で間を埋めてしまうことを戒めている。沈黙はただの音が途切れた時間でもなければ人と人との間にコミュニケーションが存在していない空白の状態を示すものでもない。むしろ，発話の流れの中に位置することで発話者の思考や感情，態度，ひいては聞き手との関係性すら雄弁に「語る」ことができる発話行動の1つ（Richmond et al., 2011）なのである。

　沈黙を介して行われるコミュニケーションは多岐にわたるが，リッチモンドら（Richmond et al., 2011）はその特徴から沈黙を3つに大別している。それぞれ，言いよどみ（hesitation silence），心理言語学的沈黙（psycholinguistic silence），相互作用的沈黙（interactive silence）である。言いよどみは主に発話の際の不安が原因となって生じるもので，非意図的に生じる沈黙である。次に何を言うべきかわからない際にも言いよどみは生じ，一般的に流暢さに欠ける発話につながるとされる。これに対して，心理言語学的沈黙は発話の中で高い効果が得られることを狙った意図的な沈黙である。教室内で先生やクラスメートが前で話すとき，急に沈黙することで周囲からうまく注意を惹くのを見たことはないだろうか。あるいは，真面目な顔で自身の経験を話していた際に周囲の雰囲気が重くなったことを察した場合，終わり際に一呼吸置いてから「でも，もう済んだことだよ」といって話のトーンを軽くすることもあるであろう。このような，重要な発言をする前や話の方向性を転換する際に挿入する沈黙は心理言語学的なものとして分類される。最後に，相互作用的沈黙とは話者たちのやり

　話者各々の発言——沈黙の時系列は，瞬間それぞれに話者間で相互に独立ではなく，先行する自己および相手の発言——沈黙の状態に拘束を受けていると考えられる（系列依存的な規則性をもつ確率過程として考えられる）。このように，2者間のコミュニケーション行動が，相互のコミュニケーション行動が自分自身の因果のみならず，自他の因果性を問題にできることは諸研究で明らかにされてきた（大坊，1998 など）。このような視点の研究対象が複数チャネルを用いて飛躍的に拡大することを意味する。

　身体動作の特徴が個人間の結びつきにどのように寄与するかを調べるために，話者の身体動作を総体として扱う方法として，身体動作をウェーブレット変換し，一種の波形分析を行う研究も増えている（Fujiwara & Daibo, 2016; Fujiwara et al., 2020; Tschacher et al., 2021 など）。

　さらに，NEDO と東京電機大学は，グループコミュニケーション時の人の表情などの映像や音声，各種センサによる身体動作などのデータセット（コーパス）を作成している（https://www.dendai.ac.jp/news/20190206-01.html）。このような研究は，今後さらに進展すると期待できる。

　ところで，非言語的コミュニケーションは，意識的で意図性の高い言語的コミュニケーションに比べていくつかの特徴がある。記号化と解読の自動化と意図性の低さである。パターソン（2011）は，その特徴を 5 点挙げている。

　1）感覚（視覚，聴覚，触覚そして嗅覚などの）情報が制約されていない限りは，非言語チャネルは常時働く。たとえその人がどのような顔の外見特徴，表情，姿勢なのかだけでもメッセージは伝わる。

　2）自分の身体の位置，動作だけからでも何らかの情報を伝えるのと同時に，その状態にあること自体からも自分でも情報を得ている（いつもより椅子にもたれかかっている＝疲れている，頬杖をついている＝つまらない，前のめりになっている＝集中しているなど）。つまり，送信しながら同時に受信している。

　3）非言語的コミュニケーションの大部分について人は意識せず自動的に行っている（意識

とりの中から生まれてくる沈黙を指す。以下に詳しくみていくこととしよう。
　相互作用的沈黙は社会規範や状況，または対人関係の影響を強く受ける高次レベルのやり取りである。たとえば図書館や美術館などでは静粛な環境を保つよう直接的に指示があるため，沈黙することはその要請に沿うこと，つまり書籍や芸術を享受する準備ができていることを周囲に示すことにつながる（なお，反対もまた然りである）。他方，冠婚葬祭や他の式典などでは直接的な要請がなくても人は状況を察して口をつぐむ。これにより主催者などに敬意を伝えるができる。病院の待合室などでの沈黙は他人同士が一定の距離感を保っていることを示すが，友人同士の間に生じる沈黙はお互いの存在を過度に気遣うことなくリラックスできていることを表す。恋愛中のカップルであればロマンチックな雰囲気を際立たせるのに沈黙は欠かせないであろう。また，職場で上司が黙っているときは部下が指示どおりに動くことを期待している時であり，部下の沈黙は上司の指示を待っているサインとなる。いわば権威の行使である。こうした事例も挙げだすときりがないが，それでも沈黙が伝えることのほんの一部にしか過ぎない。なぜなら，「事実上は沈黙によって何でも表現することができる（Knapp et al., 2014, p. 354）」からである。つまり，その時々の状況との組み合わせによって沈黙は，言葉で表現できることだけでなく，言葉では言い表すことができないことまでをも表現することができるのである。ここに沈黙のコミュニケーションを研究する妙とその困難さが隠されている。
　沈黙が伝えるメッセージを正しく読み解くためには，状況や対人関係の理解と注意深い観察・検討が不可欠となる。たとえば，同じ恋人同士であっても関係の初期と関係の崩壊時期とでは沈黙のもつ意味はまったく異なるし（大坊，2022 も参照のこと），極端な例では視線を一瞬交わすかどうかで沈黙の意味が変わることもありえる。また，文化人類学的な研究からは沈黙のもつ意味合いには文化差があることも指摘されている（例，Gudykunst & Nishida, 1994）。沈黙のコミュニケーションに潜む深く多彩な意味合いを理解するためには，会話中に生じた沈黙を計測し，得られた測定値を統計解析にかけるといった定量的研究のアプローチだけではなく，沈黙が生じた状況などを吟味しつつその意味を記述するなどの定性的研究のアプローチも有効であろう。

して腕を組むことや前のめりの姿勢をしていない）。一方，言語メッセージは，情報の送信・受信のどちらの場合でも注意を向けることが前提となる。

　4）職場で仕事をしている最中でも，自宅でのんびりしてお茶を飲んでいる時にでも，ちょっとした非言語的なサインを表わすことも受け取ることができる（合目的な行動をしている場合もそうしていない場合でも，NVC は発揮される）。

　5）非言語的コミュニケーションは，主に最近の出来事や間近に起こりそうなことに結びつく，部分的なことについて伝える。言語的コミュニケーション（話し，書きことばでなされること）の特徴は，過去の出来事に言及すること，分析すること，将来について考えを述べることが可能になる。しかし，NVC の大部分は，今体験しつつあることについての何かの思いを示している（会話相手の話がつまらないので，うつむき加減になる，自分が緊張しているのでしきりに指や衣服に触れるなど）。

　このように，ことばを用いる VC に比べて多様なチャネルを含む NVC は膨大な情報を暗黙裡に発揮しているので，日常生活のさまざまな場面で，われわれは，膨大な生活の前提となる手がかりを得ており，同時に，他に送信している。しかしながら，これまでのコミュニケーション研究ではごく限られた側面しか明らかにできていない。本項ですでに述べたように，電子通信工学，情報科学，画像解析の技術の進歩によって暗黙裡のコミュニケーションをこれまで以上に収集し，さらに解明できるであろう。

　身体諸器官の延長としてのコミュニケーション・チャネルは，媒介物を用いて間接化しつつあるので，相手と直接に視線を交わす，口頭で発言し合う機会は以前に比べて減少している。その度合いはさらに強くなり，今後さらに対面でのコミュニケーション機会は減少すると予想される。この変化は，メディアやチャネルの顕在性を希薄化させる。指示対象との距離（低い類似性）がコミュニケーションの多様化の工夫につながっていると考えられる。しかし，コミュニケーション状況の直接性が希薄化することによって，指示対象との距離があいまいになる可能性がある。そうなると，多様な機能を斟酌してチャネルを選び，それを用いる度合いを連続的に加減して用いていたことができなくなるおそれすらある。

　たとえば，対面での会話場面と携帯電話による LINE でのビデオ通話場面を比較してみよう。
・対面での会話場面　　一定の対人距離，視線で相手の表情などを確認しながらことばを用いる。相手の理解の度合いを確認しながらことばを工夫する。ジェスチャーで強調や補いをする。さらに相手の様子をはっきり知るために，距離を縮める。大きな声を発する。間合いをおいて相手の理解の様子をさらに確かめる。
・ビデオ通話場面　　携帯電話を手に持って通話するならば，互いに大写しにした顔を見合うので，相手の表情を確認しながらことばを繰り出すことはできる。画面に入る範囲でのジェスチャーを示し，声の大小を調節し，間合いを変えることもできる。映像，音声情報は対面場面とほぼ共通的にあるものの，身体全体の情報はなく，時には，画面の大半をなす顔の表情に過度に反応することもある。

　ともに音声，連続的な画像はあるものの，後者は空間自体を共有しているのではなく，「切り取られた」場面を共有している場面といえる。したがって，限定されたコミュニケーションであり，用いている情報は同質ではない。この状況は，後に述べるコミュニケーション情報が外在の環境に埋め込まれた"アンビエント情報環境"のもつ特徴と一部は類似し，かつ，異なるものでもある。

［2］コミュニケーション環境の変革

　人対人を基本とするコミュニケーション環境が変化しつつあることにわれわれは気づいているであろうか。コミュニケーションの手段は時代とともに大きく変化してきている。

　一面を切り取って表現すると，通信情報技術が生活空間に溶け込むことで環境と人間がインタラクションを起こし，より快適で，効率的な環境が形成されつつある。たとえば，来客が近づくと玄関のセンサが作動し，ライトが点く。ネットショッピングする際，前に検索した情報が優先的に提示され，お勧め商品が提示される。この種の自動的な環境整備や情報提示はごく日常的なこととなってきた。

　このような環境整備に関して“アンビエント情報社会”という概念がある。これは，人が情報にアクセスするユビキタス（ubiquitous）技術の発想を越えて，われわれを「取り巻く（ambient）」情報環境中に埋め込まれた情報機器とのインタラクションの結果として人間の状況を適切にセンシングし，環境の側から必要な情報を必要な時に提供し，快適な環境，安全安心な環境を制御することを可能にする社会である（2007, https://www.jsps.go.jp/j-globalcoe/data/jigo_kekka/h19/c/C10.pdf）。

　この前段階である携帯電話やモバイル端末で情報を送受信できる「ユビキタス情報環境」自体もすでに，「環境」の意味が変化しつつあることを表している。すなわち，人の身体器官に基づいて展開されてきたコミュニケーション行動自体がツールにより媒介され，さらに，そのツールは次第に身体器官の代替として機能し始めている。

　アンビエント情報社会では，環境に含まれているさまざまな装置に情報処理・通信機能をもたせ，センサ・レベルからグローバル・ネットワークまでを境目なく統合することによって，われわれが，装置や技術を意識することなく，快適に過ごすことができるようにする。このような環境は，人対人を基本とするコミュニケーションの在り方自体を変えつつあり，コミュニケーションや関係の概念を変更させる働きを含んでいるといえる（大坊，2014）。

　携帯電話（スマートフォン）の普及，動画像の通信ツールの一般化に伴い，人が望む多くの情報は入手しやすくなってきた。そうすると，ツールの便利さから，モノを媒介しているという意識が薄れてくる。固定電話から携帯電話，アプリケーションとしての FaceTime，LINE などの SNS による映像通信などの変遷はこのことを示している。さらには，人型ロボット（humanoid robot），ジェミノイド（geminoid）の登場は，「人間性」の意味を大きく問うことになった（ロボットであることが環境の背景に隠れているので気づかないことも多い）。これまでの人対人の関係はしだいに人対擬人に置き換わりつつある。この置き換わりを意識しないでいると自他概念があいまいになりかねない。

　人対人のコミュニケーションから間接的なツールを介したコミュニケーションへの移行，さらに，対象者としての当事者性の希薄な擬人や環境とのコミュニケーション機会が増えつつある。このような社会において，従来の人対人のコミュニケーションの方法や機能をとらえ直すことが必要であろう（上出ら，2019）。この観点からも，コミュニケーション・スキルの点検，向上は欠かせない。

　さらに，日常的な対人関係であっても，相手を自分と同質の文化や共通の知識をもつ者と見なすだけでは成立しない関係もある。同じ職業知識をもっている者同士や同じ専門分野の研究者であるならば，専門的に集約された用語を用いて効率のいい意思疎通ができる。しかし，日々の生活場面では，このような関係は限定されたものであり，その機会は少ない。むしろ，ほとんどの場合は，共通の知識を多くはもたない者同士である。その場合には，互いに理解するためには，少ない共通知識をコミュニケーションの糸口として用いながら，知識格差を埋めなければならない。

　たとえば，医療者と病気を抱えた患者との関係はどうであろうか。患者の症状を仔細に把握している担当医が患者やその家族に現在の状態やこの先の見通しを説明することを想像してみよう。専門用語をできるだけかみ砕いて一般的な用語を用いて症状を説明する。専門的には，いくつもの条件つきのこととして考えられる症状の亢進，治癒を専門家でない患者や家族にで

きるだけ正確に説明することは難しいことである。あまり端折った説明であると，後に説明のあいまいさを詰問されるかもしれない。このような場合には，専門的な内容をどこまでかみ砕けるかに腐心することになろう。

　加えて，説明の過程で，専門的な知識をある程度は理解できるように知識獲得を促すような支援的コミュニケーションが必要となろう。すなわち，専門性の共有を図りながら，格差を埋めるための支援コミュニケーションである。この種のことは，親子間，異文化間，あるいは男女間の場合にも共通する視点であろう。自分・他人は各々がもっている個人としての文化，理解している知識・規則は異なるという前提を忘れてはならない（いくばくかの共有している知識，規則はあるはずだが）。さらに，職場などでは，仕事上の上司‐部下の命令関係，同僚との関係とともに，私的な関係という二重のコミュニケーションが併存している。

　対人コミュニケーションは，互いにもっている知識や規則の一致を確認する機能もあるが，多くの場合は，それらの格差を解消して，共有項を増して理解することが目指される。したがって，異文化理解，適応のためのコミュニケーションに喩えることもできよう。むしろ，あえてこの観点からコミュニケーションをとらえ，相手と共通するところがあると誤解しているために生じる軋轢を解決でき，より円滑な対人関係を築くことができると考えられる。

5.　ウエルビーイング社会のデザイン

［1］ウエルビーイングの概念[2]

　この概念は，相互に関連する2つのウエルビーイング——1）快楽主義 hedonic well-being と 2）理性主義 eudaimonic well-being——に分けられる。前者は，身体的，精神的快を求めるものである。個人の興味と楽しみを最大化することであり，幸福感が大きく，快感情を求める，ネガティブな感情を退け，多くのポジティブ感情を得ようとする。これに対して，後者は，可能性の拡大，充実，成長を希求するもので，努力して培われる意義深さ，成熟を示している。人間が潜在的にもっている徳や善を実現すること，自己を受容できていて，個人の成長，充実感，理性的に判断できる，自律性，そして社会性をもち，社会に相応に貢献できているとの意識をもっていることである（大坊，2012）。

　両者を比較するならば，快楽主義は，個人主義の傾向をもち，フロイトのリビドー概念にも類する無意識的な，原初的なエネルギーの発動にも喩えられよう。それに対して，理性主義は，合理性，社会性を踏まえた適応力を示すもので，矛盾しうる方向性をもつ個人の活動を制御する力といえる。

　なお，この両者は，決して互に独立のものではなく，関連している。たとえば，ある研究者が努力して自分の専門性を磨き，持続可能な社会システムを築く理論を提唱することができたとなれば，理性主義のウエルビーイングは高度に高まるであろう。同時に，快感情も高まり，幸福感も大きく，快楽主義のウエルビーイングも高くなる。

　セリグマン（Seligman, 2011）は，快楽主義，理性主義の両者を勘案し，しかも，容易には減退せず，持続性のあるウエルビーイングの構成因として，ポジティブな感情（Positive Emotion: 快を感じる），エンゲージメント（Engagement: 没頭，楽しみ，恍惚感，心地よさ，温かさなどを包む），人間関係（Relationship: 喜び，大笑い，深い意味を感じるなどのすばらしい出来事は，「他人」とともに生じる。他人は人生のどん底にある時の最高の防御手段とな

2　幸福感（happiness）は，比較的短時間の狭い領域での快の状態を指すのに対して，ウエルビーイング（well-being）は，身体的，心理的，社会的に良好であるという価値を指す。複数の要素をもつ，多面的・複合的な価値概念であり，幸福よりも持続し，広い意味を示す。しかし，厳密な区別をせずに，ウエルビーイングをも含めて充実した満足・快の状態を幸福感とすることも多い。

る），意味や目的（Meaning and Purpose: 自分よりも大きいと信じる存在に属して仕える），達成（Achievement: 何らかのことを遂行する）をあげている（PERMA 理論）。

［2］文化とウエルビーイング

　個人が所属する社会の文化は，各々の生活に大きな影響を与える。文化心理学の研究によって，興味深い成果が示されている。個人主義的傾向の強い文化に対して，集団主義的傾向が強いとされる文化においては，自分の感情をあまり重視せず，行動の正否を個人に帰属する傾向が弱く，状況や運などの個人が統制しがたい要因を重視しがちであると見なされている（Suh et al., 1998）。

　スーとクー（Suh & Koo, 2008）は，韓国人は一生のうちに経験できる幸福感は有限であり，現在幸福と感じている人ほど，この先あまり幸福感を得られないと考えていることを示している。

　菅と唐澤（2008）は，アメリカ人は，自分が周囲を変えることができるとのコントロール感（統制感と制約感）が幸福感と強力に関連していたが，日本人ではその程度は弱く，むしろ，パートナーや他者との協調的な関係性，社会的サポートが幸福感により強く結びつくことを報告している。

　さらに，カンら（Kan et al., 2009）は，日本人の幸福感を明らかにする目的の研究で，感謝（あらゆるものに対する尊敬と感謝の念，運や縁および多くを望まない最小限の喜びなど），と肯定的脱関与（何もしないこと，一人の時間を楽しむなど）を内容とする受容的幸福感（Minimalist Well-Being）が根幹をなしていること提唱している。これらは，東洋文化の根底には，快楽主義や積極的な自己肯定感，個人主義とは異なる幸福感があることを示している。

　このような結果はペンとニスベット（Peng & Nisbett, 1999）の提唱した東洋的な素朴弁証法（naïve dialecticism）の考え方を踏まえると理解できるであろう。彼らは，中国の思想に由来する陰陽観をも踏まえて素朴弁証法の基本法則を以下の３つにまとめている。①変化（Change; 現実の事象は常に変化している"過程（process）"である。物事は留まっておらず，つねに変動（flux）し，変化しえる。人生はある段階から他の段階へとつねに移り行く。事柄は客観的，固定なのではなく，活発（active）で変化する，主観的である），②矛盾（Contradiction; 現実というものは，きっかりと正確でも決まりきったものでもなく，矛盾に満ちている。変化はつねに生じており，矛盾もつねに生じる。新旧，善悪，強弱などの二面性はすべての事柄にみられる。つまり，すべての事象は相互矛盾する２つの側面をもつ）③全体的関連（Holism; 変化と矛盾の根幹をなす原理。孤立や独立したものはなく，世の中のすべてのことは相互に関連している。簡単に見える現象であっても，複雑に関連している全体としての理解が必要。ゲシュタルト心理学のいうように，全体は部分の総和以上の意味をもつ）である。

　さらに，同様の文化観から，内田ら（Hitokoto & Uchida, 2014; 内田，2020）は獲得系と協調系の二種類の幸福感があるとしている（獲得系幸福感，協調的幸福感としている）。獲得系幸福感とは，個人主義傾向に結びつくもので，自己肯定感，競争的な自己主張による満足感である。協調的幸福感とは，集団主義的な志向性と関連する人間関係に重きをおく「他者との協調と他者の幸福」「人並み感」「平穏な感情状態」を是とするものである。所属する文化の脈絡で期待される幸福感が異なることを勘案する必要があると述べている。

　世の中の現象は，矛盾をつねに含み，留まることなく，さまざまな事柄と関連しつつ変化し続けている。個人の幸福感は社会——自然，環境，他者——との関係において意味をもつ，相対的なものととらえる必要がある。

　スペンサー＝ロジャースら（Spencer-Rodgers et al., 2004）は，中米の大学生の自己概念の

自由記述の内容を分析して，中国人の方が，矛盾を含み，変化性，全体性が大きいことを示している。この特徴は，well-being の原因を自他に強く求めるものではなく，快不快感情によって左右されがたいとも考えられる。ペンとニスベット（1999）の弁証法的な考え方の2）矛盾にあるように，「悪いことの中にも良さもある」ので不幸な状態からも回復しやすい。人生という長い時間の中では幸福な時も不幸な時もあると考えることができるほど，タフでいられるであろう。あいまいさを前提にすることによって長続きする well-being が得られるとの発想は，個人主義的な傾向の強い文化において受け入れてしかるべきものではないかと考えられる。

　内田（2020）によると，日本（東アジアにもおおむね共通する）では，自分だけが突出して成功するとか財をなすことに負い目をもちやすく，他人とのバランス，目立たず人並みであることの心地よさを目指す傾向がある。人生にはうまくいくこと（陽）とうまくいかないことがあり（陰），それはいずれ巡ってくるとの信念がみられがちである。これに対して，北アメリカ（アメリカ，カナダ）では，決定する主体は個人であり，自分の責任で選択するものである。それに伴って自尊心や個人の価値は自ら獲得するものである。それが蓄積されて社会が豊かになるとの信念がある。この観点から，文化を背景とした二種類のウエルビーイングがあるとしている。ただし，二種類の概念は文化によって明確に分離されるのではなく，それぞれの文化の支柱となる典型的なメルクマールといえる。したがって，それぞれの文化に属する個々人のウエルビーイングの程度は文化によって二分されるわけではない。

　個人のウエルビーイング実現と社会のウエルビーイング達成は，相互に矛盾するものではない。物質的な満足を求めるならば，その資源は有限であり，それを特定の個人が占有し，消費するならば，それを得られない人がいる。さらに，その資源は個人間の競争によっていずれは枯渇するであろう（ここで個人を集団や国と置き換えてもいい）。個人のウエルビーイングの追求は個人が含まれる社会の均衡を損ねるものではない。社会全体には一定量のウエルビーイングが決まっているわけではない。ある人が賞賛されたからといって，他の人が賞賛される機会は少なくなるわけではない。ある人が助けを必要としている人を支援したからといって，他の人の支援の機会を奪うものではない。一定の資源を配分するという視点ではなく，個人の満足度の上昇が，社会の資源の増大になるという図式の導入である。

　人は誰しも，社会を意識し，そこに含まれることからすると，個人のウエルビーイングは必ず社会のウエルビーイングに含まれるはずである。したがって，自己のウエルビーイングが社会のそれと反する／反しないという発想は，この入れ子構造を理解できていないことになる。それは，われわれに内在されている社会性を十分認識できていないためといえる（大坊，2017）。

　個人のウエルビーイングの追求は個人が帰属している社会の均衡を損ねることになってはならない。そうでなければ，自分が帰属している基盤自体が危ういものになってしまう。自分のこの向上は，所属する社会の均衡が前提になっていると考えるべきであろう。

　文化に依存する／しないにかかわらず，ウエルビーイングであることは，個々人は快適で余裕のある，意義ある時間を過ごすことであり，社会は持続することを保障するものといえる。個人と対人関係に作用するウエルビーイングの意味について上出（2010）は次のように述べている。

　「親密な関係においては，well-being を相互に拡大していくようなポジティブなスパイラル現象みたいなものがあって，その意味においては親密な他者の存在が well-being にとって重要である……」（p. 129）。このことは，個人，他者，それを結ぶ対人関係，社会の関係は，一方的に社会の下に関係や個人が入れ子構造をなしているのではなく，冒頭で述べた外の社会，内の社会にも通じるが，双方向に入れ子構造になっていると表現できる関係にあると考えられ

る。個人の中に他者，社会の概念があり，同時に個人は他者，社会に含まれている。

［3］目指す社会のデザインのために

　今後，目指す社会はどのようなものであろうか。ウエルビーイングであることを維持できる社会，つまり，自分が受容され，価値ある活動ができ，快適であることを望むであろう。このことは，同時に他者についても保障されることを期待する。個人も社会もそれぞれに同質さと異質さを併存している。異質であることは特別なことではなく，拒否される根拠とはならない。文化の違い，個性，仕事や学びの領域の違いはコミュニケーションを遮断する理由とはならない。コミュニケーションは，双方がもっている情報の格差を埋める，提供する，共有することによって，一体化を目指すことである。

　個人間や集団間で社会的影響力を競うためのコミュニケーションも展開される。時に一方的な攻撃となることが少なくない。それも何らかの違いの解消を前提としているのであろう。ただし，後に持続する，さらに強化される社会のウエルビーイングを保障する動機がなければ当該の格差のとらえ直しが必要である。

　これまで述べてきたように，ウエルビーイングであることは，個人のみで可能なのではなく，他から与えられるのでもない。それぞれの人生において獲得され，実現される。そのプロセスは同時代に生きる者のプロセスと重なりながら共有され，継承される資本（社会規範，コミュニケーション規則あるいは文化など）となり，社会を築く。この所以をもって社会は持続する。

Part 2

コミュニケーションの先端研究

藤原　健

第1章

コミュニケーションを「見える化」する

　コミュニケーションを「見える化」するといっても，読者の中にはイメージをつかみにくい人もいるかもしれない。なぜなら，われわれが日常的に行っているコミュニケーションはすでに目の前に見えているからである。見えているものを改めて「見える化」するとはどういうことであろうか。本章ではこれを，(1)コミュニケーションを数値で表し，(2)科学的に分析して視覚的な結果を提示すること，として位置づけたい。そして，そのために有効となる方法を概説する。最初に伝統的な方法について触れたのち，近年で特に発展してきている自動的な解析手法について適用例を交えながら解説する。

1. コミュニケーションをどう表し，共有するか

[1] 言語的・非言語的コミュニケーション

　われわれはさまざまな情報を日常的に伝え合ってっており，それらは言語情報と非言語情報に大別することができる。言語情報は「わたしは駅に向かって歩いています」や「休日は買い物に行くのが好きです」というように発話行動から文字にすることができる点に特徴がある。そして，文字に起こされた言語情報，つまりテキストデータを科学的に分析するツールも開発されている。たとえば発話された言葉をそれらのもつ感情的な意味あいという観点から分析する際には感情表現辞書（Linguistic Inquiry and Word Count: LIWC, Pennebaker et al., 2015）が広く用いられ，日本語版も開発されている（Igarashi et al., 2020）。LIWC を用いることでコミュニケーションの中でどのような感情語がどのくらいの頻度・割合で登場したのかが数値化できるため，得られた値に統計的な解析手法を適用することができる。

　非言語情報はどうであろうか。非言語行動を研究する分野は多岐にわたり，動物行動学，文化人類学，哲学，社会学などが非言語的コミュニケーションの詳細を記述してきた（Knapp et al., 2014）。ある意味では，言葉や視覚的資料（写真など）を使ってコミュニケーションを可視化してきたともいえる。これに加えて，実験や系統的な観察，そこで得られた数値の統計的解析などを通じて科学的な手法で非言語的コミュニケーションを研究してきた代表的な分野が社会心理学である。非言語的コミュニケーションを専門に扱う科学雑誌である Journal of

Nonverbal Behavior によると，非言語情報として最もよく研究され引用数が高くなっているのが，目に見える行動，とされている（Plusquellec & Denault, 2018）。目に見える行動とは，表情や姿勢，ジェスチャーなどの身体動作のことを指す。これらの目に見える行動が分析可能なかたちに数値化され，統計的解析を経て科学的知識として蓄積されてきたのである。

［2］コミュニケーションを記録する

　言語情報であれ非言語情報であれ，これらはコミュニケーション中に何らかの行動として表される。まずはこれらを記録しなければならない。今では録音・録画機器は至るところにあるが，それらが普及し対人コミュニケーション研究に導入されるまでは，訓練された観察者が現地に赴き，一方からのみ反対側が見えるワンウェイミラー越しに待機するなどしてコミュニケーション行動を観察することが主であった。一過性のコミュニケーション行動を注意深く観察し，いつそれらが生じたのかをあらかじめ用意した観察シートに記録していく。これを研究者が時間や頻度の観点から要約して数値に置き換えていったのである。こうした直接の観察に基づく非言語行動データの取得は依然として一部の環境では有効な手法であり，たとえばプライバシーの観点などから録音・録画機器が持ち込めない場合（Haviva et al., 2022）には真価を発揮する。しかし，いくら十分に訓練を積んだ観察者であっても複雑に進行するコミュニケーションの中ですべての行動を同時に記録するのは不可能であり，また観察対象となる行動が些細であれば（微表情［コラム2参照］など），そもそも観察自体が困難である。

　こうした問題を克服してくれたのが録音・録画技術の発展であった。対象となるコミュニケーションが記録されていれば後から対象となる行動の抽出が可能になり，抽出作業を複数人が別々の場所や時間で担当することもできる。些細な行動も見過ごされることもなく抽出され，作業全体の正確さも向上するため，録画機器の導入によって非言語研究分野の信頼性は非常に高まった。また，イベントレコーダー sigsaji（荒川・鈴木, 2004）などの開発によっても抽出作業の信頼性は高まった。笑顔やジェスチャーなど対象となる行動をPC上の特定のキー（FキーやJキーなど）と関連づけておけば，動画と sigsaji を同時にスタートさせた後にはその特定のキーを押すだけで対象となる行動がその瞬間に起こったことを記録できるようになった。

2. 手動による非言語行動の抽出

［1］抽出作業の実際

　録画機器の恩恵を受けて行動指標の抽出作業は信頼性が向上した一方で，作業効率という面では研究者（あるいは作業従事者）は難を抱えることになる。これは，sigsaji などのシステムを導入したとしても本質的には解決しない問題であった。2名1組で会話する場面を想像してほしい。録画された映像から各話者の非言語行動を抽出するには少なくともその映像を見ながら抽出作業に従事することになる。当然ではあるが，10分間の会話映像であれば少なくとも10分の作業時間が必要となる。さらに，もし対象となる行動が複数あり，かつそれらを同時に抽出するのが現実的ではない場合には，同じ映像を再度見ながら抽出作業を行わなければならない。この時点で20分を要しているが，それでもまだ1人分の抽出作業しか完了していない。もう1人の話者にも同様の作業をしなければならないので，一組あたり40分の作業時間が必要になる。さらに，統計解析に耐えうるだけのサンプルサイズを確保しようと思うと，1つの実験で40組ほどのデータの取得を要することも稀ではない（それでも近年の傾向では小さいサンプルサイズととらえられるかもしれない）。40分×40組は1,600分なので，24時間を超える作業時間になる（26時間40分）。しかも，抽出作業はかなりの集中力を要するた

め，連続して作業に従事できる時間には限りがある。適宜休憩を入れつつ作業にあたったとしても，1日のうちに4時間を確保するのが限界であろう。そうなると，作業終了までには少なくとも1週間はみておく必要がある。

　なお，上記の作業スケジュールには観察者の訓練の時間は含まれていない。そのうえデータが得られた後にも観察者間の信頼性を確認しなければいけない。一般に，1人の観察者のみが抽出作業を最初から最後まで完遂することはない。これは，観察者による固有の傾向（エラーと呼んでもよい）によってデータにバイアスがかかってしまう恐れがあるためである。また，研究を遂行する研究者も抽出作業に従事すべきではない。仮説を知っている者がデータ取得に関わることは研究の客観性を保つうえで好ましくないためである。このことから，仮説を知らない複数人の観察者が抽出作業にあたることになるのであるが，もし仮に観察者間の信頼性が低かった場合，つまり対象となる行動が生起したかどうかについて観察者間で意見が割れていた場合，その是非を議論しなければいけない。最悪の場合，観察に関する意思疎通をはかったうえで，もう一度抽出作業を一からやり直す必要があるかもしれない。質問紙などを用いた研究ではデータはすでに数値のかたちで取得されることになるので，これに比べるといかに非言語行動の研究が時間と労力を追加で必要とするかがイメージしやすい。また，社会心理学分野では1本の研究論文の中に複数個の実験が含まれることも少なくない。複数の実験データを含めようとするとそれに応じて時間と労力が膨れ上がるため，論文が世に出るまでにはさらに後れをとることになる。

［2］手動による抽出作業の展開

　こうした手動による伝統的な抽出方法に対して，作業負荷が大きい，つまらない，非効率的である，など否定的な言葉が向けられる（Murphy & Hall, 2021）のは驚くことではない。事実，非言語行動の抽出作業がボトルネックになり，それらを扱う論文数が低下したり（Patterson, 2008），また新規に非言語研究分野に参入しようとする動きを阻害したりもしてきた。この問題への対処は大きく分けて2つある。1つは，非言語行動の生起した時間や頻度を細かく観察するのではなく，全体的な印象判断としてとらえる方法である。たとえば，後にも詳しく取り上げるが，非言語研究分野の中には各話者の行動パターンが同期する現象（シンクロニー）を対象とする研究がある。この研究では，頷きやジェスチャーなどの各行動が同期した時間や頻度を抽出する方法（Dunbar et al., 2020）の他に，会話映像に対して，話者たちが（a）同時に動いていたか，（b）同じテンポで動いていたか，（c）ダンスしているように円滑に動きが協調していたか，の印象評定値を出力する方法がある（Bernieri, 1988; Bernieri & Rosenthal, 1991）。前者の研究が同期を微視的にとらえているのに対して，後者は全体的な，いわばゲシュタルト的な知覚として同期を測定するアプローチと位置づけられる。印象評定値を出力する方法でも会話映像をすべて視聴する必要がある点では時間的コストは大きく変わらないものの，少なくとも異なる行動を抽出するために同じ映像を何回も見直すといった手間は省くことができる。また，観察者に求められる習熟度や認知的な負荷の程度も多少は下がる。

　もう1つの方法は，会話映像の一部だけを分析するというものである。「薄切り法（thin slice technique）」と呼ばれるこの方法は，全体の会話時間の中から30秒や1分といった時間を切り出して分析することで，得られた行動を全体の近似値として用いる（Ambady & Rosenthal, 1992）。どの程度の時間を会話中のどこから取り出すのが良いのかについては多くの研究がいまだに議論を続けているものの（Murphy et al., 2015, 2019; Wang et al., 2021），この手法は2つの点で大きな貢献を残した。第1に，非言語行動の抽出にかかるコストを小さくしてくれるという点である。先に取り上げた印象評定法を用いた際にも会話映像を全部視聴したうえで判断を行わなければならないため，時間的な観点からのコストが大幅に減少すること

はなかった。これに対して薄切り法では，対象とする会話映像そのものが短く切り出されることから，それだけ作業時間が短縮されることになる。先に例として取り上げた10分間の会話を考えると，たとえば1分間のみを対象とする薄切り法を用いることで抽出時間が10分の1に短縮され，26時間以上かかっていた作業が3時間もかからないうちに終了することになる。実時間の短縮もさることながら，それ以上に観察者にかかる心的・作業的負担が劇的に小さくなる点は特筆すべきであろう。第2の貢献は，薄切り法で得られたデータは元の情報を完全には反映しないというリスクがあるものの（会話の展開に伴う行動の時間的推移など），会話全体を実用的に十分な水準で推定できたり，その後の対人関係の展開といった外的変数を予測できたりすることを示した点である。本章の主眼から逸れるために詳説は控えるが，迅速な対人判断の正確さであったり，第一印象のもつ社会的な機能・適応価を示したりした点で，社会心理学分野では行動抽出の方法論以上の意味をもった。

3.　自動化手法による非言語行動の抽出

　ここからは，近年めざましく発展している自動的な行動抽出法について解説する。特に，各話者の行動パターンの同期現象であるシンクロニーの自動抽出法について重点的に説明していきたい。これは，同期を含むさまざまな非言語的な協調があらゆる相互作用の中で一般的にみられる代表的なパターンであること，そしてそれらが社会的な接着剤（social glue; Lakin et al., 2003）として機能し対人関係を円滑にさせるために大きく寄与することが知られているためである。

［1］対人協調，行動模倣，シンクロニー

　シンクロニーは，「相互作用中の行動が，タイミングと形態の両方において非ランダムである，パターン化されている，あるいは同期しているという程度」と定義される対人協調（interpersonal coordination）の一部であるとされる（Bernieri & Rosenthal, 1991）。有名なのは行動模倣（behavioral mimicry; Chartrand & Bargh, 1999）と呼ばれる現象であり，シンクロニーと同様に対人協調の一部として位置づけられる。模倣という言葉が示すように，行動模倣は話者の間に同じ行動が生起することを表している。たとえば，一方の話者が頬を擦る動作をしていたら他方の話者にも頬を擦る動作が増え，足を揺らす動作をしたら今度は足を揺らす動作が増えるといったことを指す。こうした模倣反応は無意識のレベルで生じ，対人的コミュニケーションを円滑にする役割を担っているとされている（Lakin & Chartrand, 2003）。

　他方，シンクロニーが対象とするのは同一のタイミングで生じる動作や同じテンポで動いている状態を指すため，厳密には同じ行動（頬を擦る，足を揺らす等）をしている必要はない（Fujiwara et al., 2020）。具体的には，一方がジェスチャーを交えながら話している際に，他方が頷きで反応している状態もシンクロニーの例となる。ここであえて行動模倣とシンクロニーの区別を強調すると，模倣は話者間に生じる（姿勢やジェスチャーなどによる）空間の使い方の類似度を対象としているのに対して，シンクロニーはコミュニケーション行動がもつ時間的な特徴の一致度を検討しているといえる。しかし，これらの区別がいつも必ずしも明確であるわけではなく，たとえばシンクロニーをより包括的にパターンの類似化として扱う立場もある（大坊，1998, 2022）など，研究分野の中でも同種の用語が混在していることには注意されたい（Burgoon et al., 2014も参照のこと）。

［2］時系列動作データの抽出

シンクロニーはコミュニケーション行動のタイミングやテンポといった時間的な特徴に比重

をおくことから，扱うデータも時間の成分をもったもの，つまり時系列データになる。図 1-1 にあるように，横軸に時間，縦軸に動作量をとるようなデータである。どのような特徴を動作量の中に含めるのかは研究の主眼により，頭部や体躯（両手も含む）の動作を別々に検討する研究もあれば（Ramseyer & Tschacher, 2014），それらを合計して全体的な身体動作とする研究もある（Fujiwara et al., 2019, 2020; Fujiwara & Yokomitsu, 2021）。

　このとき，どのようにして動作量を測定するのかという問題になる。各身体部位に手動でマーカーを付し，移動距離をそれぞれ定規などで測ることも可能かもしれないが（Schmidt et al., 2012 を参照のこと），この手動の抽出法はコストの面でかなり非現実的である。そこで研究者たちは，録画されたビデオ映像をデジタル化し，これに信号処理のアプローチを採用することで動作データを自動的に取得する方法を開発した。一般にフレーム分離法（frame differencing technique）と呼ばれるこの方法は，動画ファイルが静止画ファイルを時系列的につなぎ合わせたものであるという特徴を利用して，各静止画（フレーム）を色情報を含まない grayscale 化したうえでフレーム間にどれだけのピクセルに変化があったのかを抽出する（Paxton & Dale, 2013）。ビデオカメラの位置や照明の明るさが固定されており，画面の中で動いている（ピクセルの変化に対応している）オブジェクトが話者のみである場合に，得られた変化量がフレーム間で生じた話者の動作を表すと位置づける方法である。Motion Energy Analysis（MEA; Ramseyer, 2020; Ramseyer & Tschacher, 2011）というソフトウェアを用いれば，煩雑なプログラムコードを書くことなくグラフィカルなインタフェース上で興味のある範囲（Region Of Interest: ROI）を指定して簡単に動作量を抽出することができる。撮影中にカメラが動くような撮影環境には不向きな手法であるものの，椅子に座って会話する話者たちを対象としたシンクロニー研究であれば，十分に真価を発揮する。

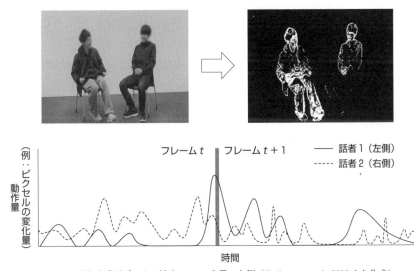

図 1-1　動作時系列データの抽出：MEA を用いた例（Fujiwara et al., 2019 より作成）

　また，近年ではコンピュータ・ビジョンや機械学習分野の発展に伴って，映像内にいる人の各関節部位の位置を自動で推定する技術も開発されている。OpenPose（Cao et al., 2017）と呼ばれるソフトウェアが代表的で，モーション・キャプチャを用いて得られるような骨格データがビデオ映像からだけでも取得できるようになっている（図 1-2）。ただし，OpenPose をインストール・利用する際にはユーザに優しいグラフィック・インタフェースが完備されてはいないので，適宜プログラムコードを書いて走らせるだけの知識や経験が必要になることに留意さ

れたい。また，撮影に用いたビデオカメラが1つだけの場合は記録されるのは2次元映像であるため，得られる座標データも2次元上で表現されることにも注意が必要である。とはいえ，2次元上の座標値が得られるということは三平方の定理を用いれば移動距離を計算できるということなので，各身体部位のフレーム間の移動距離を合計すれば身体全体の動作を取得することができる。

　MEAとOpenPoseはいずれも無償で利用が可能であり，どちらを選ぶかはユーザ側の環境に委ねられる。グラフィカル・インタフェースが完備されたMEAはユーザの知識や経験を問わないため汎用性が高い一方で，頭部や体躯の動作を別々に分析したい場合などはOpenPoseの方が正確な動作データを取得することができる。同じビデオデータに対してMEAとOpenPoseの両方を使用して動作時系列データを抽出した研究では，少なくとも全体的な身体動作を対象としたシンクロニー解析においては両者ともに同様の結果を示すことも明らかになっており，互換性の高さが示されている（Fujiwara & Yokomitsu, 2021）。

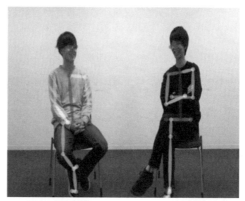

図1-2　者間会話のビデオ映像にOpenPoseを適応した例
身体上に付された点はOpenPoseによって自動的に推定された各関節の位置を表しており，その精度の高さがわかる。

［3］シンクロニー解析

　シンクロニー解析が対象とする，同時に動く，同じリズムで動く，という現象は，厳密には異なる領域の同期現象として区別される。同時に動く，とはタイミングのことを指し，これは時間領域での話となる。一方で，同じリズムで動く，とはテンポのことを指すため，周波数領域（1秒などの単位時間あたりにどれだけ早く動くか）の指標となる。ここで強調しておくべきは，本質的には2つの領域は互いに行き来が可能という点であろう。つまり，時系列データを時間領域から周波数領域の情報に変換することができ，反対に周波数領域の情報があれば時間領域に戻して時系列データとして再構築することもできる。それぞれの領域に特化した分析方法が提案されているものの，時間領域の解析手法も周波数領域の解析手法も強調する観点が異なるだけで，各々でまったく異なることをしているわけではない。それぞれの解析で得られた知見がお互いを補完し合いながらシンクロニーという現象の理解に役立っているのである。

　（1）時間領域におけるシンクロニー解析　時間領域のシンクロニー解析として一般的に用いられるのは相互相関（cross-correlation）分析である。これは一般的に用いられる相関分析を時系列データに拡張・適用したもので，2つの時系列データを用いて相関係数を算出する方法である。−1から+1をとる相関係数で時系列同士の類似性を評価できるので，得られた結果も直感的でわかりやすい。ただし，この方法は時系列データに定常性が仮定できない場合に

は最良の方法とはいえない。定常性とは大まかに，時系列データの中で平均値や分散，自己共分散が一定であるという仮定であり，これを前提とすることで（古典的な統計解析手法が正規分布を仮定して分析するのと同じように）計算を簡略化できるという利点がある。しかし，われわれが日常的に行うコミュニケーションにおいて定常性が仮定できることはほとんどない。そこでこの問題に対応するために適用されるのが，分析対象を時系列全体にするのではなく部分的に区切る方法である。たとえば10分の会話があるとすれば，解析対象を30秒に区切り（この区切りは解析窓と呼ばれる），相関係数を計算した後でその30秒の解析窓を時間軸に沿ってずらしながら解析を続けていくという方法をとる。これなら定常性を30秒の解析窓のみに仮定することになるので，比較的合理的な仮定といえる（Novotny & Bente, 2022）。

　また，2つの時系列をそれぞれ別に時間軸に沿ってずらすことで，ラグ（時間遅延）を考慮に入れた相関係数を得ることも可能である。実際，コミュニケーション中に同じタイミングで話者が動くといっても完全に同じタイミングで同期することは稀であり，いくらかの時間遅延を伴って動作が出現するものである。こうした時間遅延を柔軟に取り込めるところも相互相関分析の利点である。解析窓の区切りと時間遅延を同時に導入した相互相関分析（Rolling Window Time-Lagged Cross Correlations: RWTLCCs; Boker et al., 2002; Novotny & Bente, 2022）では，図1-3のような結果が得られる。横軸に時間，縦軸に時間遅延，色の濃淡で相関係数を表す図1-3からは，どのようなタイミングで話者たちが同時に動いていたかを（時間遅延を考慮しつつ）「見える化」することができる。ただし，こうした分析では解析窓の大きさやどの程度の遅延を含めるのかなど少なくとも4つのパラメタを指定しなくてはならず（Boker et al., 2002），指定したパラメタによって得られる結果が大きく変動することがあるという難しい側面がある。さまざまにパラメタを変えながら結果を比較した論文が公刊されるなど（Schoenherr et al., 2019）活発な議論がいまだ続いているが，全体的な意見の一致はみられていない。そのため，初めて取得したタイプの時系列データにこの解析を用いるとなると，パラメタ設定の段階で翻弄されてしまう恐れがある。

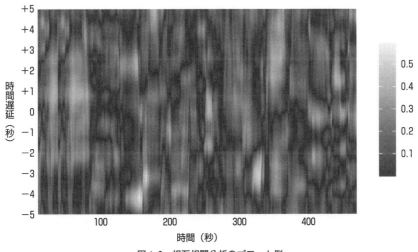

図1-3　相互相関分析のプロット例

　動的時間伸縮（dynamic time warping）と呼ばれる方法は，データの定常性を仮定しない時間領域の分析方法である。これは，2つの時系列の各点の距離（差分の絶対値）を総当たりで求めたうえで，全パターンのうちそれらが最小となる組み合わせを見つける方法で，得られる累積的な距離は類似度の逆数として扱うことができる。距離が最短になるよう組み合わせを

たどっていく際に一方の時間軸が等間隔ではなく適宜伸縮しているように見えることが特徴で，これにより先の段落でみた相互相関分析（RWTLCCs）で考慮したような時間遅延も解析に反映されることになる。距離が最短になる組み合わせを系列全体で総当りで探す方法の他，組み合わせの探索範囲をある程度小さくするなどの制約を課すことも可能であり，また，時系列の長さや周期性が違っていても適応できるなど，応用的な範囲も広い。実際，直感的にもわかりやすいこの方法は身体動作のシンクロニーだけでなく（Fujiwara, Hoegen et al., 2022），表情表出における感情価（ポジティブ-ネガティブの次元）のシンクロニーを計算する際にも応用されている（Fujiwara, Otmar et al., 2022）。

（2）周波数領域におけるシンクロニー解析　　テンポの類似性を評価する周波数領域の時系列解析としては，フーリエ級数展開とこれに基づくフーリエ変換が最も一般的に知られるところであろう。しかし，フーリエ変換は先の相互相関分析で紹介した定常性の仮定を前提とするため，日常的なコミュニケーション行動を分析するための最適な方法とはいえない。相互相関解析のように解析窓を用意してフーリエ変換を適用することで局所的な周波数特徴を時間の流れに沿って解析することも可能であるが，一般に短時間フーリエ変換と呼ばれるこの時間周波数解析の手法にも落とし穴がある。それは，周波数分解能と時間分解能がトレードオフの関係にあることである。周波数分解能を高めようとすると，つまりどの程度の早さで動いたのかを細かく見ようとするとそれだけ大きい解析窓が必要となるが，そうするとその大きな解析窓は時間分解能が低くなる。つまり，タイミングという観点において特定的ではなくなる。他方，時間分解能を高めようとすると小さい解析窓が望まれるものの，その小さい解析窓は詳細に周波数特徴を掴むのには適していない。研究者たちはこうしたトレードオフの中から最適と考えられる解析窓の大きさを理論的あるいは経験的に決めていくほかない。

こうしたジレンマを解くために開発されたのがウェーブレット解析であり，2つの時系列データの類似性を解析する際には相互ウェーブレット変換（cross-wavelet transform）が用いられる。相互ウェーブレット変換を経て得られるコヒーレンス値は0から1の値をとり，周波数領域における相関係数（実際は相関係数の2乗値）として理解できる。ウェーブレット解析がフーリエ変換と異なるのは，時系列を切り出すための解析窓を用いるのではなくマザーウェーブレットと呼ばれる関数を別途用意し，これを解析対象となる時系列にあてがうことで時系列データの周波数解析を行う点である。マザーウェーブレットは拡大・縮小が可能なうえ時系列内を平行移動することができる。この特徴を活かして早い周波数帯を解析する際には縮めたマザーウェーブレットが，遅い周波数帯を解析する際には伸ばしたマザーウェーブレットが用いられることになる。そして，大きさの調整されたマザーウェーブレットが時間軸の中で局在化されることで，ある時間における周波数特徴を把握することができる。実際には図1-4のような平面図で出力が得られ，横軸に時間，縦軸に周波数の逆数（上側領域ほど早く，下側領域ほど遅い），色の濃淡でコヒーレンス値を表している。相互ウェーブレット変換からは，どのようなテンポで話者たちの動きが似ていたのか，またそれがどのようなタイミングで生じていたのかを「見える化」できる。図1-4では相互ウェーブレット変換によって得られた位相の情報も矢印としてプロットされているが，紙幅の制限もあることから詳細については藤原ら（Fujiwara et al., 2019）などを参照されたい。

実用例としては，藤原らは自由に展開される二者間会話における身体動作を対象に相互ウェーブレット解析を行い，0.5-1.5 Hz（2秒に1回から2秒に3回のテンポ）という周波数帯におけるコヒーレンス値が話者間のラポール形成（研究1）や関係形成動機の高まり（研究2）に特に寄与することを明らかにした（Fujiwara et al., 2020）。また，この周波数帯におけるコヒーレンス値とラポール形成との関連についてはアメリカ人サンプルによる二者間会話でも確認されており（Fujiwara et al., 2021），われわれが日常的に会話するなかで心地良いと

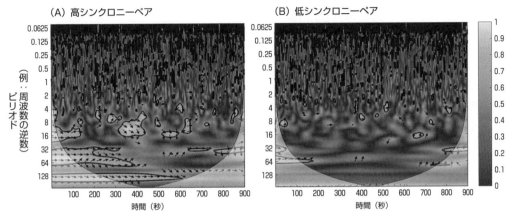

図 1-4　相互ウェーブレット・コヒーレンスのプロット例（Fujiwara & Yokomitsu, 2021 より作成）
（A）は高いコヒーレンスを示したペアの例で，たとえば 300 秒から 400 秒付近で 0.125 Hz 前後（ピリオド 8，つまり 8 秒に 1 回のテンポ）の周波数帯におけるコヒーレンス値が高くなっている。その一方で，（B）は全体的にコヒーレンス値が低いことが見てとれる。

感じるリズムがあること，そしてそのリズムがある程度は通文化的に存在することを示唆している。

　ここまで，2 つの時系列データの類似性を時間領域と周波数領域のそれぞれにおいて評価する方法を紹介した。本章で取り上げた以外にもさまざまな解析手法が開発・提案されており，高次元空間内で時系列データが近接しているかどうかを検討する交差再帰定量化解析（cross-recurrence analysis）などここですべてを網羅することはできていない。国内で読める体系的な良書として，小森（2022）は初学者にも非常に参考になる。また，シンクロニー現象の理論的な背景を網羅したものには児玉ら（2021）がある。興味のある読者はぜひこれらを紐解いてみることをお勧めする。

4. これからの展開：多チャネルを同時に扱う

[1] 姿勢の一致を解析する

　シンクロニーが非言語行動における動的なパターンの類似として位置づけられるのに対して，マッチング（behavioral matching）と呼ばれる比較的静的な類似性も対人協調の一部として研究されてきた（Bernieri & Rosenthal, 1991）。マッチングの代表例は姿勢の一致であり，話者たちの姿勢が一致していることは，互いに考えていることが共通していることの表れだと指摘されてきた（LaFrance & Broadbent, 1976）。なお，姿勢というのもいわば身体を用いた空間の使い方であり，長時間同じ姿勢を維持していれば（より静的であれば）マッチングであり，短い時間で空間の使い方が類似すれば（より動的な側面が強くなれば）行動模倣と呼ばれるものに近くなる。事実，行動模倣はマッチング研究からの発展であるとする見方もできる（Chartrand & Lakin, 2013 も参照のこと）。

　OpenPose を用いることで各関節部位の位置情報というかたちで話者の姿勢が推定できることから，話者間における姿勢の類似性を評価することもできる。実際に，藤原と大坊は自由に会話する二者の映像に対して OpenPose を用いて姿勢の類似性評価を試みている（Fujiwara & Daibo, 2022）。ここでは，話者たちは向かい合って座っていたことから片方の話者を水平方向に鏡像反転させたうえで各座標点の値を用いて相関係数を算出し，姿勢の一致としている。なお，ラフランスでは合同（congruence）と鏡像一致（mirroring）という言葉を区別して用いているが（LaFrance & Broadbent, 1976），これらはいずれもマッチングの例であるととら

えられている（Bernieri & Rosenthal, 1991）。

　OpenPose は動作の時系列を作成することもできることから，同じビデオ映像からシンクロニーとマッチング（姿勢の一致）を同時に取得することができる。事実，藤原と大坊は会話後に行った共感的正確さ課題の結果とこれら両方との関係を検討し，マッチングは相手の思考に関する正確な推測と正の関連を示していたのに対し，シンクロニーは負の関連を示したことを報告している（Fujiwara & Daibo, 2022）。一部の先行研究でもシンクロニーとマッチングは同時に測定され異なる役割をもつことが示唆されていたが（Bernieri, 1988），観察者による評価に基づいて測定されていたことから2つの変数の相関は $r = .56$ と高く，ハロー効果などのバイアスが混入している可能性も考えられていた。OpenPose，つまりデジタル画像処理に基づくコンピュータ・ビジョンというヒトとは異なる「目」を用いた藤原と大坊の結果からは両

コラム 2

微表情と嘘

藤原　健

　微表情（micro expressions）とは，隠そうとしている感情が瞬間的に表情として表出された（つまり漏れ出た）もののことを指す（Ekman, 2016; Ekman & Friesen, 1969）。その存在を最初に指摘したのはハガードら（Haggard & Isaacs, 1966）であり，セラピストと患者の相互作用を撮影したビデオ映像をスローモーションで再生していたところ，患者の表情がわずか数フレームの間に劇的な変化を見せた（たとえば笑顔がしかめっ面になり，また笑顔に戻る）のを発見したことに端を発する。また，さらなる検討のために1秒に24フレームが撮影されていたビデオ映像を1秒に4コマの速度（1/6倍速）で再生したところ，その映像からは約2.5倍の量の表情の変化が観察されたという。つまり，通常の再生速度では見逃されていたような瞬間的な表情表出がそれだけ多くなされていたということになる。

　1960年代にすでにその存在が指摘されていた微表情であるが，当時得られていた知見は少数事例に基づく観察報告が主であった。意外なことに，厳密なデザインに基づく実験研究で微表情の存在を実証したのはポーターら（Porter & ten Brinke, 2008）が初めてであり，40年もの歳月が流れていたことになる。この実験は，感じた感情を表情に表さないように，つまり嘘の表出をするように参加者に求めたうえで感情喚起刺激を参加者に提示した結果，（教示に反して）約700の表情表出が得られた。これをビデオのフレーム単位でコーディングした結果，約2%は瞬時の，つまり0.04秒から0.2秒間の間に出現し消失する表情であったことが明らかになった。ただし，どの程度の時間内に表出されるものを微表情と定義するのかについては研究間に相違が見られた。具体的には，0.2秒（Porter & ten Brinke, 2008）の他にも0.3秒以内のものを微表情とする研究（Ekman & Rosenberg, 2005）や0.5秒以内の表出も微表情に含める研究（Frank et al., 2009; Matsumoto & Hwang, 2011）もあった。そこでヤンら（Yan et al., 2013）は微表情の時間長についてより厳密な検証を行った。ポーターら（Porter & ten Brinke, 2008）と同様に感じた感情を表情に表さないように求めたうえで感情喚起刺激を参加者に提示した結果，1,000以上の表情表出が得られ，そのうち約11%，109は0.5秒以内に出現して消失する瞬時の表出であった。得られた109の表情を時間長で度数分布にまとめて95%点を算出したところ，0.5秒が合理的とみられる上限であり，下限は約0.17秒であると割り出された。0.1秒以下のあまりにも素早すぎる表出についてはヤンら（Yan et al., 2013）は結論を見出していない。代わりに，表情の立ち上がり，つまり表情の変化が始まってその表情が完成するまでの時間が0.26秒以内であることも微表情の定義として提案されている。

　微表情が広く一般に知られるきっかけになったのは2009年からアメリカで放映されたTVシリーズ Lie to Me（邦題：ライ・トゥ・ミー　嘘は真実を語る）であると考えられている（Yan et al., 2013）。俳優ティム・ロスが演じるカル・ライトマン博士がさまざまな非言語行動から嘘を見破ることで犯罪捜査に協力する姿が人気を博した物語で，嘘を見抜く手がかりとして中心的に取り上げられたのが微表情であった。実際，意識されない形で感情が表情に表れるのが微表情の特徴であることから，心理学の研究分野においても嘘を見抜くときに有効となる非言語的特徴の1つとして言及されることが多い（Vrij, 2008／邦訳, 2016）。ただし，微表情から嘘を見抜く技術を訓練で身につけることができるかどうかについては未だ議論が続いている。たとえばジョーダンら（Jordan et al., 2019）は Ekman グループの開発した微表情訓練ツール（the Micro-Expressions Training Tool: METT）の効果を検証したところ，訓練を受けた参加者の欺瞞検知の精度は偶然レベルを超えておらず，その有意な向上も認めることができなかった。微表情の存在自体は実証研究のレベルで支持されているものの，嘘との関連については今後さらなる検証を待つ必要がある。

者に有意な相関が見出されておらず（$r = -.11$, $p = .32$），両者が弁別できる可能性を示している。シンクロニーとマッチングを測定のレベルで弁別できるということは，これらを理論的に区別するための議論の素地が整うという見方もできる。シンクロニーやマッチング，さらには対人協調の研究分野に見られる混乱や混同を解消する糸口が見つかるかもしれない。今後さらなる研究が待たれるところであろう。

[2] 表情と身体動作のシンクロニー

　表情は表情筋の活動によって表現されることが早くから特定されており，さらに表情を顔の部位別の運動に分解して分析するアクションユニットと呼ばれる分析単位が確立していたことから（Ekman & Friesen, 1978），身体動作の研究に先立って自動的な分析方法が導入されてきた。たとえば表情筋の活動電位を測定する研究では，他者の表情を見ることで観察者にも同じ表情筋の活動電位が生じることを示し（Dimberg, 1982, 1990），これは表情模倣と呼ばれるようになった。近年では画像による表情解析も発展しており，FaceReader や Affectiva といった商用ソフトウェアはアクションユニットの分析のほか，それらから推定される感情の値も提供する。無償のソフトウェアとしては OpenFace（Baltrušaitis et al., 2018）が一般に利用可能で，アクションユニットの活動を自動的に抽出することができる。

　同じビデオ映像から表情と身体動作が自動的に抽出できるようになることで，これら両方を対象とする研究も容易になる。たとえば藤原らは Zoom などを介したインタビュー場面を対象に表情のシンクロニーと身体動作のシンクロニーの両方を検討している（Fujiwara et al., 2022）。表情は FaceReader を用いて感情価（ポジティブ−ネガティブの次元）の時系列データを取得し，身体動作には MEA を用いた。動的時間伸縮でシンクロニーの程度を解析した結果，インタビュアー（ホスト）が女性の場合，およびニュース番組などでゲストが公職につく人物（医師や政治家）で情報提供に特化したインタビューの場合にホストとゲストの間の表情シンクロニーが高まることを見出している。これはシンクロニーが会話に対する動機づけの高さによって促されるという先行研究の視点を支持するものであり，身体動作のシンクロニーも同様の傾向を示した。しかしその一方で興味深いのは，表情と身体動作のシンクロニーは互いには有意な関連を示さなかった点である。つまり，表情でシンクロニーを見せていたペアが必ずしも身体動作においてもシンクロニーを示したわけではなく，マルチチャネルを対象としたことでシンクロニー同士の複雑な関係を見出したことになる。この点についてもさらなる知見の蓄積とそれらに対する理論的解釈が待たれるところであろう。

　非言語行動を巡る研究環境は日進月歩の感がある。測定技術の進歩に加えて大規模データの解析も容易になってきた。われわれが日常行うコミュニケーションも，科学技術というフィルターを介して随分と「見える」ものになってきた。今後はその後が肝心であろう。見えるものをどのように理論的に解釈し，社会のために役立てていくか。こうした議論の行くすえを考えるに，非言語行動研究の明るい未来が透けて見えるように思う。

第 2 章

ロボットと人とのコミュニケーション

上出 寛子

1. ロボット工学と心理学

　集団や対人関係など人間同士の問題，あるいは個人内の心の問題を扱う心理学の分野にとって，ロボット工学や技術開発は，あまり関係のない領域のように思われるかもしれない。確かに，工場の中で働く産業用ロボットなどは，性能やコストが重要であり，かつ，ロボットの稼働中，人は近づかないという労働安全基準が定められているため，人の心理が問題となることはほとんどない。しかしながら，近年普及が進んでいるソーシャルロボット[1]や，お掃除ロボットの場合には，人のすぐそばで稼働するという特徴があり，ユーザの心理を考えることは非常に重要となってくる。たとえば，対人コミュニケーション研究における非言語行動の心理学的なモデルを，ロボットの振る舞いに生かして設計することは多く行われている。最近では，人のように同調して笑いながら会話するロボット（Inoue et al., 2022）が開発された。もちろん，人間同士のコミュニケーション行動を，ロボットに適用することの限界や意味の違いについて慎重になる必要はあるが，ロボットと人とのインタラクション（人同士のやりとりはコミュニケーションという一方，人とロボットのやりとりはインタラクション，すなわちHuman-Robot Interaction と呼ぶのが主流であり，以下では HRI と記す）をより円滑にするために，心理学の知見は有用である。ロボットの用途によってインタラクションの内容は多様であるが，心理学の知見を生かすことで，ロボットの実用性を向上させることが主な目的となっている。この章では，HRI における心理学的知見の応用に注目し，ロボットと人の社会的相互作用のデザインについて概説する。

　一方で，近年では，人工知能（Artificial Intelligence，以下では AI と記す）の技術的進歩も急速であり，ロボットのソフトウェアが高性能になるだけでなく，AI アバターなどのバーチャル・エージェントが，より人間らしい振る舞いをするようにもなってきた（日経クロストレンド，2022）。物理空間だけではなく，メタバースなどの仮想空間の利用も普及しつつある。このようなネットでつながった「サイバー空間（仮想空間）とフィジカル空間（現実空間）を

1　一般ユーザの近くで働くサービスロボットやコミュニケーションロボット。

高度に融合させたシステムにより，経済発展と社会的課題の解決を両立する，人間中心の社会（Society）」は Society 5.0 と呼ばれている。"5.0" というのは，狩猟社会（Society 1.0），農耕社会（Society 2.0），工業社会（Society 3.0），情報社会（Society 4.0）に続く，新たな社会を意味する（内閣府, n.d.）。これまでの情報社会では，人が直接クラウドにアクセスして，情報の操作を行っていたのに対し，Society 5.0 では，サイバー空間で AI がビッグデータを解析し，その結果がロボットなどをとおしてフィジカル空間と有機的につながることで，社会に新しい価値をもたらすことが期待されている。

　このようなサイバー空間における技術の進歩は，社会心理学にも有益さをもたらすということが近年議論されている。手の込んだ実験設備を用意したり，実験協力者の振る舞いを完全にコントロールするのは，現実的には難しく，コストがかかる。その点で，実験の再現性が疑問視されることも少なくない。このような問題に対して，没入型の仮想空間の技術を社会心理学の実験手法に用いることが提案されている（Blascovich et al., 2002）。すなわち，心理学的な知見をロボット工学に適用するたけでなく，工学的な技術を心理学実験の新たな手法として適用するという新たな流れも出てきた。

　さらに，ロボットを作るという営みが，人間の心や知能の理解に役立つという考えもある。ロボットには産業用ロボットやカラクリ人形など，人間の代わりに労働を行うものや，エンターテイメントのためのロボットなどがあるが，このようなロボットの歴史は，人間の機能や形態をより正確に映すことを求めてきたという背景がある。もちろんロボット工学以外にも，医学や心理学，脳科学など多様な学際的なアプローチから，人間の機能や形態といった人間を理解する取り組みが行われてきたが，このような分析的な知識を集めても，たとえば知能の発達といった人間の特徴を完全に理解することは難しい。そこで，人間を理解するために，実際に人間らしいロボットを構成的に作ることをとおして，問題点やヒントを見つけようとする研

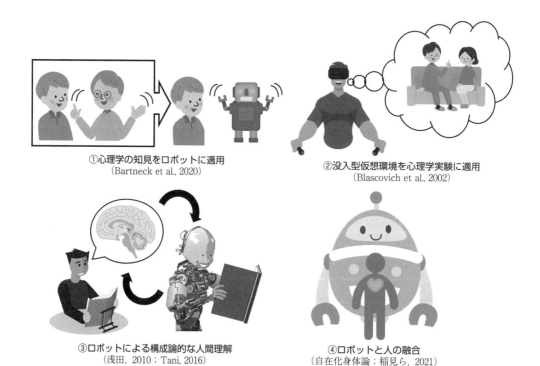

①心理学の知見をロボットに適用
（Bartneck et al., 2020）

②没入型仮想環境を心理学実験に適用
（Blascovich et al., 2002）

③ロボットによる構成論的な人間理解
（浅田, 2010；Tani, 2016）

④ロボットと人の融合
（自在化身体論；稲見ら, 2021）

図 2-1　ロボット工学と心理学の接点

究がある。このような研究は広く，認知発達ロボティクスや，構成論的アプローチと呼ばれている（浅田，2010; Tani, 2016）。

　以上のようなロボット工学と心理学の関係は，ロボットと人間を，別個の存在として対立させていることが前提である。しかしながら，最近では，ロボットアームが人間の第3，第4の腕となって合体したり，1人の人間が複数のアバターを分身の術のように扱ったり，あるいは複数の人間が1体のアバターやロボットに乗り移るなど，ロボットや工学技術と人間との境界が曖昧になる未来が現実化しつつある。先の Society 5.0 と関連して，人間は多様な身体を，サイバー・フィジカル空間を行き来しながら自在にもつようになるということである（稲見ら，2021a，2021b）。すなわち，ロボット 対 人という構図でロボットが人と相互作用するというよりも，ロボットそのものが人の新しい身体として機能し始めているという点は，現状では直接的に心理学研究に影響を大きく与えているわけではないが，今後の人間のコミュニケーションの在り方を変えうる新たな視点であると考えられる。

　以上の4つの視点を図2-1に提示する。もちろん，ロボット工学と心理学がもつ接点は上記以外にも存在すると考えられるが，以下では，①の心理学の知見をロボットに適用した研究動向に注目して整理し，合わせて，他の3つの点についても簡単に概説する。

2. 心理学の知見をロボットに適用した研究

　ヒューマノイドという言葉は，人間のような，という意味をもつが，これはロボットが人間と同じように認識される可能性を示唆している。ロボットを擬人的な特徴で構成することは，人間のユーザがロボットを人間らしく扱うことを促し，これにより円滑なインタラクションを促進することが期待されている。このような人間とロボットの研究で採用されている最も一般的な理論的枠組みの1つがメディアの等式[2]から派生した「コンピュータは社会行為者である」(the computers are social actors: CASA) という視点である（Nass & Moon, 2000）。CASA は，人間同士の相互作用に関するいかなる規則も，コンピュータがなんらかの社会的な合図を示せば，人間とコンピュータの相互作用に引き継がれると主張する（Fox & Gambino, 2021）。実際に，社会的反応を人から引き出すには，基本的な社会的特性がロボットにあれば十分であるという仮定を裏づける先行研究も存在する（例, Chidambaram et al., 2012; Roubroeks et al., 2009）。以下では，特にロボットの非言語的な表現について，対人コミュニケーションの研究に基づく研究動向を報告する。

［1］視　線

　HRI の初期の研究では，ロボットとのインタラクション手段として主に発話に焦点が当てられていたが，現在では非言語的なサインが HRI の研究の中心となっており，それを実装することがロボットと人との円滑なインタラクションを成功させるという前提に多くの研究者は同意している（Bartneck et al., 2020）。特に，視線は重要な非言語的サインであり，視線追従は脳内の上側頭溝，扁桃体，前頭葉眼窩皮質を結ぶ回路内に局在し，ハードワイヤー化（配線のように接続）されているのではないかという議論もある（Emery, 2000）。ロボット工学者は1990年代後半に，意味のある視線をシステムに導入し始めた（例, Breazeal & Scassellati, 1999; Kozima & Ito, 1998）。HRI における視線に関する研究は目的と方法の観点から，次の3つに分類されている（Admoni & Scassellati, 2017）。1つ目は，Human-focused という人間に

2　人とコンピュータ，テレビ，あるいは新しいメディアとの関係は，現実生活における人間関係と同じくらい社会的かつ自然なことであり，人間は誰しもメディアを人間同士の関係の法則に従って扱うことを意味する（Reeves & Nass, 1998／邦訳, 2001）。

焦点を当てた研究であり，ロボットとのインタラクションにおける人間の行動の特徴を理解することが目的となっている。2つ目は，Design-focused であり，ロボットの外見や動作などのデザインが，人間のインタラクションに与える影響を検討するものである。3つ目のTechnology-focused は，ロボットの視線を生成するための計算ツールを構築する技術に焦点を当てている。

　たとえば，Human-focused 研究の場合，人は，ロボットが長く頻繁ではない視線よりも，短く頻繁な視線で自分を見る場合に，「見られている」という感情を強く抱くことや（Admoni et al., 2013），生後10ヵ月の乳児でさえ，ロボットの視線方向に反応し，ロボットの視線を追うことが報告されている（Movellan & Watson, 2002）。Design-focused 研究では，ロボットによる相互注視は，外向性の表現と関連し，視線回避は内向性を表現することや（Andrist et al., 2015），語り手としてのロボットからの視線時間が長いと，話の内容をよりよく思い出すことなどが示されている（Mutlu et al., 2006）。Technology-focused 研究には3つのアプローチがあるとされており，1つ目は人間の認知に基づき，視線の根本的な神経学的または心理学的プロセスをモデル化するものである（例，Itti & Koch, 2000; Vijayakumar et al., 2001）。2つ目は行動データに基づくものであり，人間同士の相互作用中に観察された視線の特徴（視線の回避のタイミング，頻度など）の経験的な測定から視線行動を構築するものである（例，Andrist et al., 2013; Sakita et al., 2004）。そして3つ目のアプローチは，生物学的あるいは経験的な観察に基づくものではないものの，アニメーションの原理などのように視線の表現をヒューリスティックに生成するシステム構築とされている。このアプローチの主な情報源は心理学であり，心理学的な知見から顔を向ける視線と反らせる視線のおおよそのタイミングの情報を得ることで，バーチャル・エージェント[3]のリアルタイム会話を支援したり（Colburn et al., 2000），Geneva Emotion Wheel[4]と呼ばれる心理学的な感情モデルを用いて，バーチャル・エージェントが感情表現ごとに定義された動作パラメータにより感情を表現することが報告されている（Li & Mao, 2012）。

［2］ジェスチャー

　ジェスチャーにおける速度，加速度，位置（前方向指向と側方指向）などの特性が，ロボットのさまざまな動きに対する人間の反応に影響することが指摘されている（Moon et al., 2013）。ジェスチャーは音声の代わり，指示，発言内容の説明など，さまざまな機能をもつが，発話中の特定の瞬間を強調するために用いられることもあり，HRI における音声コミュニケーションを強化する有効な手法でもある（Bartneck et al., 2020）。ロボットにおけるジェスチャーの設計には，腕や手，頭や耳，尻尾などの体の一部を用い，ジェスチャーの形状，タイミング，滑らかさなどは，人間の認識や理解に影響する（Bremner et al., 2009）。発話と一緒にジェスチャーを含めることで，ロボットがより擬人化され，好意的な印象となり，発話のみのロボットよりも，後日対話したいという意欲につながることが明らかとなっている（図 2-2 の左図；Salem et al., 2013）。

　他にもジェスチャーを用いて姿勢などを変化させることで，人の感情を引き出すロボットがある。コンピュータの画面が表情豊かな動きをするように設計されたロボットは，姿勢を変化させることでユーザの感情に影響を与える（Breazeal et al., 2007）。また顔面表現のためのモータが顔には組み込まれていないものの，上下左右に揺れたり，振動したりすることで「楽

3　コンピュータで生成されたアバターのこと。
4　対象，出来事，状況に対する感情反応を測定するために理論的，経験的に作成されたモデルのこと。喜び，悲しみなどの主要な感情と興味や安心などの中間的な感情を含み，2つの軸（統制可能性の高低と，ポジティブ・ネガティブの価値）によって定義され，ホイール状に対称に配置されている（Scherer, 2005）。

しい」「嫌だ」といった感情を伝えるロボットもある（図 2-2 の右図；Michalowski et al., 2007）。音楽に合わせて踊る際に，頭と腕の位置を利用して気分を表現するようにプログラムされているロボットや（Grunberg et al., 2012），姿勢や動きを用いて，音楽の拍子やテンポの認識，好奇心などの内的状態を示しながら，マリンバを演奏するロボットもある（Bretan et al., 2012）。また，6 つの基本感情を動的なジェスチャーで表現できるロボットも開発されている（Bretan et al., 2015）。

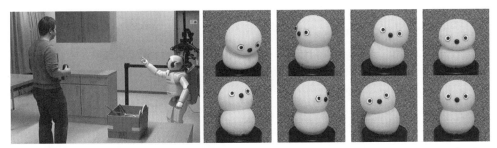

図 2-2　ロボットが参加者にオブジェクトの保管場所をジェスチャーとともに説明（左図；Salem et al., 2013）。上下左右に揺れたり振動するロボット（右図；Michalowski et al., 2007）

［3］身体接触

　人間同士における身体接触の効果は，ポジティブな場合もネガティブな場合もあり，ロボットとの相互作用においても，身体接触の役割を考えることは興味深いことである。しかしながら，今のところ，HRI における身体接触に関する研究は数少ない（Bartneck et al., 2020）。その中でも関連する研究の 1 つとして，たとえば，アザラシの形をした動物型ロボットとの身体接触を伴う相互作用は，ストレスや不安を感じにくくするということが報告されている（Shibata, 2012）。

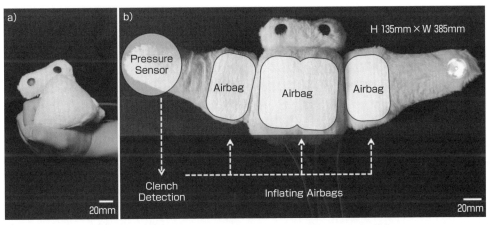

図 2-3　手のひらサイズのソフトロボット（Yim et al., 2022 より引用）

　また，装着者が握りしめることができる手のひらサイズのソフトロボットでは（図 2-3），知覚される痛みが減少する効果や，ストレスの指標である唾液中コルチゾール濃度を低下させる効果があることが明らかとなっており，予防接種などの医療行為における痛みや恐怖の感覚を緩和する可能性が示唆されている（Yim et al., 2022）。一方で，身体接触を伴うロボットとのインタラクションでは，参加者のロボットへの態度がより肯定的になるのに対して，研究開

始時にロボットに対して否定的な感情をもっていた人の場合は，より否定的な認識をもつようになることも示されている。これは，ロボットに対してあらかじめ否定的である場合，ロボットからの接触を機械的で不快に感じるため，接触によりその否定的な感情が増幅されるためと考えられている（Wullenkord, 2017）。

［4］その他の非言語行動

物理的な存在であるロボットは，人間との近接性も重要なサインとなる。空間的な距離は，快適さあるいは不快さのレベルを引き起こすために使われるため，ロボットの近接性を制御するメカニズムをもつことは重要とされている（Walters et al., 2009）。室内環境における移動ロボットの自律的なナビゲーション・アプローチでは，社会的な人間との距離を尊重しながら，効果的なナビゲーションを提供することが提案されていたり（Daza et al., 2021），ロボットと行う対話型集中トレーニングには，2 m の距離と左前方の方向が最適であるという報告がある（Liu et al., 2021）。また，インタラクションにおけるリズムやタイミングも重要視されている（Bartneck et al., 2020）。人間のパートナーとのインタラクション時にリズミカルに連動するロボットは，リズミカルに動作するものの人間と同期していないロボットよりも，生き生きしていると評価される（Michalowski et al., 2007）。さらに，ロボット手術を行う際，リズム感の高い音楽を聴くことで，人間とロボットの手術チームのパフォーマンスが向上するという報告もある（Siu et al., 2010）。また，多くの非言語的なサインを用いた研究では，頭の動きや顔の表情，発話時の感情イントネーションなど人間のような特徴を多くもつロボットほど，人に対する説得を行う際に，人からの心理的リアクタンスを引き起こしやすいことが明らかとなっている（Ghazali et al., 2018）。

一方で，先に述べたとおり，人間同士の関係における心理学の理論を，ロボットと人間の関係に適用することの限界についても注意する必要がある。多くのインタラクション実験が1回きりのロボットとのインタラクションであることは，人間関係における経験とは異なるものである。人間同士の関係は時に持続し，変化する可能性を含む。また，現代のロボット技術は，人間の社会的な対話者が自然に行うような役割を果たしたり，複雑なタスクを実行するには十分に洗練されていない。さらには，多くの一般人がロボットに触れる機会を増やしている現状は，人と人，というよりも，ロボットと人，という新しい社会的関係性を生んでいる可能性もある。以上のような観点から，対人関係の知見を対ロボット関係に応用することが適切ではない可能性が高いことが指摘されている（Fox & Gambino, 2021）。ロボットとの一時的なインタラクションと，ロボットとの長期的な関係性は分けて考える必要があることにも注意しなければならない。

3. ロボット工学と心理学との接点に関する他の知見

以上の研究のほとんどは，心理学的な知見をロボット工学や技術開発に生かした研究であるが，高度な技術は他の領域に応用されてもいる。医療現場での教育では，医療従事者のコミュニケーションスキルを訓練するため，仮想現実環境内でのアバターを用いることが提案されており（Butow & Hoque, 2020），アバターの場合，ロールプレイをする模擬患者よりも繰り返し使用でき，学生にとって脅威とならないリスクの低い環境が提供できる（Kleinsmith et al., 2015）。倫理的なジレンマや困難な状況への対応の訓練にもアバターが利用されており，技能レベルの差を区別する手段となりえることが報告されている（Pan et al., 2016）。物理的なロボットではないものの，このような没入型の仮想環境では，簡単に外見や動きを描写し変化させることができるため，実際の人間よりも正確なコントロールを行うことができる。

社会心理学に対しても，このような技術の導入が検討されている。すなわち，図2-1で示した②の視点として，社会心理学の新たな実験手法として，没入型の仮想環境技術の運用が提案された（Blascovich et al., 2002）。この議論では，社会心理学における伝統的な方法論上の問題点が3つ挙げられており，実験コントロールと現実の日常との類似性におけるトレードオフ，再現性の欠如，そしてサンプルの代表性の問題が指摘されている。1つ目の問題とは，より精巧な実験状況を準備するには，一般にコストが増大することや，コントロールが厳格であるほど，現実的な日常から遠ざかることである。しかしながら，技術の進歩により，このトレードオフを軽減することができるようになった。コンピュータを使った3次元画像などのマルチメディアグラフィクスを用いることにより，言語・非言語的反応を含む人間画像のシーケンスをアレンジすることができる（例, Massaro et al., 1999；図2-4のB）。さらに先進的な没入型の仮想環境技術により，研究者は実験的統制を完全に犠牲にすることなく，リアリズムを高めることができる（図2-4のC）。

またこれらの技術は，再現性の問題にも貢献する。社会心理学では，方法と手順を先行研究の論文のとおり正確に再現し実施することが難しい。たとえば，どのような服装で実験に参加したのか，どのような声のトーンで話していたのか，実験室の壁の色は何色だったのか，などの詳細な情報は方法のセクションに記載が少ないのである。このようなシナリオの完全な再現を，技術が支援する可能性は高い。最後に，参加者をランダムに条件に割り当てることが要求される一方で，代表的な参加者を完全に選択することは要求されず，便宜的なサンプル，典型的には大学生を用いることが多い。ここでもコンピュータ・ネットワーク技術（インターネット）により，対象集団からより代表的なサンプリングを行うことが可能になる。もちろん，没入型環境の場合と日常的現実がまったく同じであるかどうかは検討の余地があり，従来どおりの実験手法と先進的な技術を用いた実験手法の比較などを行い，類似性や違いを解明する必要がある。

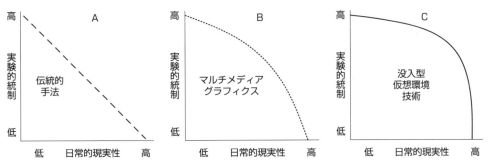

図2-4　（A）実験的統制と日常的現実性のトレードオフ，（B）マルチメディアグラフィクスと（C）没入型仮想環境技術がこのトレードオフに与える影響（Blascovich et al., 2002 を改変して引用）

次に，ロボット工学と心理学の接点の3つ目として，構成論的アプローチがある。両者の学問（に限らないが）には人間を理解するという共通の目的をもっている。人間のもつ社会性についての考察，体系的な心理学的実験，関連する神経メカニズムの特定，そして技術を通じて人間の心と行動の複雑な現実をシミュレートすることで，あらゆる研究者は自分自身，すなわち人間を理解しようと努めてきた（Vogeley & Bente, 2010）。従来の知能ロボティクスは，心をもっているような知的な行動を生み出す機械を設計することを目的としていた一方，構成論的アプローチでは，特定の条件下で，動的な相互作用を通じ非自明的な心の現象が出現することを実験的に検証する。心とは何か，どのように働くのかについては，単一の学問で説明できるわけではなく，構成論的アプローチでは，認知科学，ロボット工学，神経科学，神経ネット

　ワークモデリング，哲学などが関与する，学際的な取り組みがなされている。たとえば，意識体験や自由意志を含む心の出現について，過去の経験によって構造化された主観的な考えを客観的な世界に投影するトップダウンの主観的意図と，事前の期待値と実際の結果の誤差を最小化するためにトップダウンの意図を修正するボトムアップの客観的世界の認識を構成し，かつ，両者が繰り返し相互作用し循環的な因果関係が生じることの中に，心の仕組みを見出す研究がある（Tani, 2016）。

　また，4 つ目の視点であるロボットと人間の融合に関しては，自在化身体論が提唱されている（稲見・北崎ら，2021）。これは冒頭で述べた Society 5.0 に関連して，サイバー空間とフィジカル空間を縦横無尽に渡り歩き，超人的な能力を自由自在に操るディジタルサイボーグと呼ばれる存在を実現することを目的としている。具体的には，ロボットアームを人間に取り着けて物理的に身体を拡張する技術（感覚の強化，超感覚），人や物の表面に背後の景色を投影することで透明になったかのように見せる技術（物理的身体の強化，超身体），いったん心と身体を別のものとして扱い，そのうえで，ロボットやアバターを身体の一部として感じさせるための技術（幽体離脱・変身），1 人の人が物理空間や情報空間の N 箇所において N 個の身体をもったり（分身），N 人の人が 1 つの身体を共有する技術（合体）が研究されている。このように，物理的な 1 個体として存在することが当然であった従来の人間観は，先進的な技術によって大きく変化しつつあり，非言語的なコミュニケーションのチャネルも刷新されていく可能性が高い。人間の活動空間が仮想環境へ広がり，従来の身体に縛られない自在な身体の在り方は，今後，人間同士のコミュニケーションをデザインする際にも，新たな観点からの検討が必要になると思われる。

第3章

環境とのコミュニケーション

高嶋 和毅

1. 働きかける環境（アンビエント）を研究する

[1] アンビエント環境とは

　アンビエント環境とは，アンビエント・インテリジェンスなどと呼ばれる一種の環境知能化技術，またはそれによって知能化された環境のことをいう。新しい技術を示す用語は時に抽象的になるか技術範囲が曖昧になりがちであるが，アンビエント環境技術についても研究者，書籍，記事などによってその定義や用語の使い方は微妙に異なっている。たとえば，環境知能化を構成するにあたっての人工知能（AI）の能力を強調したアンビエント・インテリジェンスや，環境側に計算能力をもたせさまざまなサービスを展開することを強調するために用いられるアンビエント・コンピューティングは，いずれも必要な要素技術，実現したい社会像やアプリケーションはほとんど同じである。混乱を避けるために，本書では，人と環境との関わりやインタラクションについて主に議論するため，アンビエント・インタフェースという言葉を主に使うことにする。

　アンビエント・インタフェースは，ユビキタス・コンピューティングの後継として期待された概念である。ユビキタス・コンピューティングとは，マーク・ワイザーによって1991年に提唱された人と計算機と空間の新しい考え方である（Weiser, 1991）。計算機はいずれ環境に完全に溶け込み，見えなくなり，日常生活のモノとの区別がつかなくなるだろうという予測であり，計算機の在り方に関する新たなコンセプトである。パーソナルコンピュータやモバイル端末が登場する前の時代に，スマートフォンやタブレットの存在や可能性が議論されており，当時においてきわめて先進的であり，また，その後の環境知能化技術やさまざまな関連分野の研究に大きな影響を与えている。ユビキタス・コンピューティングも，研究者や立場によってカバーする技術範囲が若干異なるように見受けられるが，基本的には，環境側にさまざまなセンサやそのデータを処理する計算機が（溶け込むように）配置されており，それらを使って，環境内にいる人々の状況を認識するコンテキスト・アウェアネス技術が基本となる。そして，その認識結果に基づいて，人々は，環境側から必要な支援を受けることができる。ユビキタ

ス・コンピューティングの考え方では，環境内にいる人が自発的に環境側に何かを求めるだろうという想定があり，人が主体である。一方，アンビエント・インタフェースは，それを少々異なる形で発展させたものであり，環境全体に配置された高度なセンサ・ネットワークとコンテキスト・ウエアシステムによって認識した人々の状態や感情などに基づいて，ユーザが明示的に信号や要求を示さなくても，環境側からユーザや人々にさりげなく働きかけるという考え方である。システムが主体と考えることができる。アンビエント・インタフェースのサービスは，「いまだから，ここだから，あなただから」という標語で議論されることもあるなど，個人に沿ったおもてなしをしてくれるような未来の知能環境を目指している。

［2］アンビエント・インタフェースの歴史

アンビエント・コンピューティングやアンビエント・インテリジェンス（先に述べたように用語はさまざまであるが，アンビエント・インテリジェンスが先行して使われている）は，2001 年に European Commission（Ducatel et al., 2001）によってその新たな技術の可能性が議論されたのが初めてだといわれている（Weber et al., 2004）。この中には，人々は高度に知能化された環境に囲まれ，さまざまなサービスを享受できるだろうというコンセプトやビジョンが議論されており，期待される代表的なシナリオも描かれていた。同じ頃，または，若干先行して重要な役割を果たしたのがオランダの Philips 社である。独自のワークショップによりアンビエント・インテリジェンスのビジョンを提案し，2002 年頃には Homelab というプロジェクトを立ち上げた。これは，天井に埋め込まれたカメラやマイクがユーザの行動を認識するリビングルーム型のシステムで，家庭内での人々の生活や行動さらには家電の使い勝手などを解析するための評価プラットフォームであった。この中ではアンビエント・インテリジェンスに向けたさまざまな研究がなされており，たとえば，その場に適切な雰囲気を作るための自動照明調節技術なども研究されていた（de Ruyter et al., 2004）。アンビエント・インタフェースの事例やメリットを紹介するために，Philips 社に限らず，リビング，部屋や作業空間にセンサを埋め込み，人々を助けよういうコンセプトやサービス例はその後たくさん登場する。たとえば，ジーフルら（Ziefle et al., 2009）は，自宅における健康管理を目的としたアンビエント情報環境 eHealth というコンセプトを提案している。リビングルーム型の環境に埋め込まれたさまざまなセンサやディスプレイシステムが，ユーザのプロフィールや症状に応じてさまざまな健康関連の支援（情報提供等）をするというもので，一人暮らしの老人のための遠隔診断や容態変化の検知へ用いられることが期待されていた。その他にも，帰宅した人を認識し，その人の状態（疲労度）や時間帯などからリビングルームの最適な照明環境を演出したり，その人の好みに合わせた映像や音楽を自動的に流すなどといったシナリオも議論されてきた（竹村，2013）。このように，状況に応じて人々に働きかけることができる知能化空間は，使い方次第で，本書の主題であるコミュニケーションや集団的知的作業を助けることができると大いに期待されるわけである。

［3］アンビエント・インタフェースの要素技術

アンビエント・インタフェースに必要な技術的要素を簡単に説明しておく。必要な技術項目は似通っているため，要素技術はどれもユビキタス・コンピューティングの分野において現在においても盛んに研究が進められている。まず，第1に，環境センサ・ネットワーク技術が必要である。たとえば，コミュニケーション支援を目標とするアンビエント・インタフェースを作ろうと考えるとすれば，話者たちのさまざまな言語・非言語的情報を正しくリアルタイムに，かつ可能であれば網羅的に計測するセンサシステムが必要である。これは，計測対象人数（話者数）が増えたり，計測範囲が広くなったりする場合は，現在の技術をもってしても正確な計

測は困難を極める。第2に，それらセンサデータを元にして，状況を理解するためのコンテキスト・アウェアネス技術が不可欠である。最も単純な方法は，計測データの閾値の上下で状態を識別するものであるが，実際に会話を計測する場合は，複数の非言語情報を同時に取得することも多く，センサで計測したデータとその時の正解（教師）データとの関連をモデル化した機械学習識別器が事前に作られることが多い。このような状況識別（コンテキスト・アウェアネス）技術は，必須技術であるものの，場面，対象，識別の種別が異なれば，必要となるモデルも，そのモデルを構築するための学習データセットも異なるため，現時点では，万能な状況認識技術というものは存在しない。これら第1と第2の技術ともに決して簡単な課題ではないため，人の行動，活動，情動やコミュニケーションの程度を計測・理解する研究群においては，これら2つの技術を統合することに焦点が当てられことが多くなる。しかしながら，アンビエント・インタフェースのコンセプトを完全に体現するには，推定した状況を元にして，人々にさりげなく働きかけることが求められる。これを実現するためには，第3の技術として，何らかのアクチュエーション（介入）技術が必要になってくる。たとえば，コミュニケーション支援の文脈を意識するならば，情報提示ディスプレイ技術や環境変容技術などが必要になる。これは，会話中の人々に対して，さりげないものから介入度の強いものなど，さまざまな強度で刺激を与えるものである。アプリケーションによっては，システムがよかれと思って実行した介入がおせっかいや邪魔になってしまうものもあるので，介入のポリシーの設計だけではなく，先にあげた計測と状況認識の精度にも影響する難題である。なお，これら3つの技術は，最近話題の技術体系である IoT（Internet of things）ともかなり近い。IoT は，従来，人と人をつないでいたセンサ・ネットワーク（インターネットやイントラネット）だけではなく，環境内にあるモノ（IoT デバイスなどとも呼ぶ）が独自にネットワーク接続機能をもち，それぞれがさまざまな形態（分散的等）に接続し合い，相互にやり取りをしてさまざまなサービスを実現する技術である。IoT には，センサや状況認識エンジンの他に，人に働きかけるスピーカやディスプレイのようなものも含まれ，実際に世の中で稼働している IoT プロジェクトの中には，先に述べたアンビエント・インタフェースのサービスに近しい振る舞いをするものもある（西村，2020）。IoT とアンビエント・インタフェースは同じような知的環境を目指す技術とみてよいと考えるが，それぞれの源流となった技術を考えるならば，IoT はさまざまなネットワークに軸を置いた環境計測，認識，支援に向けた基盤技術である一方で，アンビエント・インタフェースは，IoT システム上で稼働するアプリケーションやサービスの技術と考えることができるだろう。アンビエント・インテリジェンスというキーワードで研究が盛り上がっていた頃には，IoT という言葉はこれほどの盛り上がりはなかったが，今，アンビエント・インタフェースを論ずるには，IoT の考えやコンセプトも抑えて置く必要があろうと考える。

　本節では，他の技術体系との差にも注意を払ってきた。これは，たくさんの用語が乱立しているのではなく，多くの人々が知能化された環境を夢見ており，さまざまな人々がさまざまな立場や技術視点で，その技術を論じ，大きな期待を寄せていることの現れでもある。本書の読者はおそらくコミュニケーション研究に従事する人だと思うが，ユビキタス，アンビエント，IoT という言葉を聞いた時には，センサ，コンテキスト・アウェアネス技術，ディスプレイやアクチュエーション技術など，複数の技術を統合することを目的とした歴史の長い知能空間技術であると理解・イメージしてもらえればと思う。

2.　コミュニケーションのためのアンビエント・インタフェース技術 Ambient Suite

　アンビエント・インタフェースや空間知能化の分野では，人々の生活を豊かにしようとするため，ありとあらゆるライフスタイルに関するさまざまなサービスを考えることができるが，

本節では，本書の主題であるコミュニケーションを支援するための知能空間やアンビエント・インタフェースに絞り，過去の事例を紹介するとともに，現時点で考えられうる将来の展望を議論していきたい。アンビエント・インタフェースをコミュニケーション支援で利用した場合，多くの場合は，次のような挙動が想定される。まず，室内で，複数人が何らかのコミュニケーション（会話）しており，環境に設置されたセンサ・ネットワークを用いてそのコミュニケーションの内容，状況，盛り上がり等を推定する。そして，その推定値と事前に定めた何らかの方針に基づいて（多くは必要と判断された場合にのみ），システムが環境に配置済みのものやディスプレイ技術等を使って人々の会話を支援することになる。そのような挙動を実現するためには，先に述べた3つの技術（計測，状況理解，情報提示）を高度に統合させる必要があるが，多人数の会話を同時に（話者ごとに）計測し，状況を理解・識別することは依然として難問である。したがって，筆者が知る限りでは，現時点で，3つの技術を高度に統合してコミュニケーションを支援するプロジェクトやサービスは存在していない。そのため，一事例として，過去に筆者が所属するグループが，3つの技術を半ば強引に統合して開発したコミュニケーション支援システム Ambient Suite を取り上げ，各種方法を紹介しながら，現在と将来においてどのような発展形があるかを議論したい。

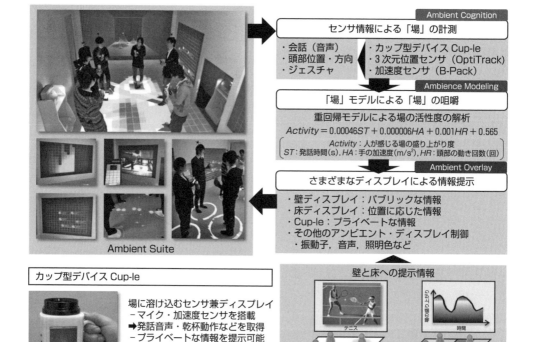

図3-1　Ambient Suite の概要と各種技術

　Ambient Suite は，人々のコミュニケーションを活性化させることを目的とした部屋型のシステムであり，図3-1に，その概要と要素技術とそれらの間のデータの流れを示す（Fujita et al., 2011; 藤田ら，2013）。Suite には「特別室」や「ひとそろいの」などという意味があるように，Ambient Suite は，コミュニケーションを活性化するための特別な部屋というコンセプトのもとに設計された。今から10年以上前の検討であるが，アンビエント・インタフェース

の基本コンセプトはコミュニケーションを活性化できるか，という基本的な問いを追求した研究であり，先に示した3つの技術，(1)話者らのアクティビティの計測，(2)場の状況の推定，(3)さまざまな情報提示技術を統合する研究でもあり，当時の検討や苦労の経験は現在においても活きると考える。以下にそれぞれの技術を紹介していく。

［1］センサ情報による「場」の計測

　Ambient Suite では，会話の場の活性度を非言語アクティビティ（発話時間，手の動きの大きさ，頭の動き回数）によって定義している。したがって，Ambient Suite の計測システムとしては，話者の声と体の動きを計測する設備が必要になる。当研究では，実験スペースの制約や実験のオペレーションなどを考慮し，6人会話の場を計測することに挑戦していた。そのため，Ambient Suite では，話者それぞれの頭部のうなずきや動きの量を計測するためにモーション・キャプチャ・システムを部屋に配置し，話者には位置計測用マーカが装着されたヘアバンドを着けてもらった（図3-1 にて，話者の頭部に突起（マーカ）が確認できる。これにより，システムは，話者の立ち位置，また，6人の話者の陣形を計測できるとともに，それぞれの頭部のジェスチャであるうなずきや頭の動きをリアルタイムに計測することができる）。また，会話中の腕の動き（ジェスチャ）の強さを計測するために両腕に無線加速度センサを埋め込んだリストバンドを着けてもらった。このように，装着型のセンサを導入することは事前の準備が必要であることを意味するため，アンビエント・インタフェース（環境が知能化する）のコンセプトには若干そぐわないかもしれないが，正確な非言語情報を取得し場の活性度を予測するために必要な妥協策であった。また，個々人の発話（量）を区別して計測するためにカップ型の無線マイクロフォンをそれぞれに持ってもらった。このカップは Cup-le というシステムであり（Hayashi et al., 2013），スマートデバイス（iPhone 等）がカップの中に埋め込まれており，ユーザの発話（口元や胸元の音）を効果的に集音でき，そのデータを，WiFi を通じて無線で外部サーバに送信することができる。また，タッチパネルも搭載しているため，カップを把持している場合においてプライベートなデバイスとして使用することもできる。実際に，Ambient Suite の評価実験中では，他者に見せることはないアンケート回答フォームとして利用した。パーティ場面において，カップを高機能化にするのはとても有用な手段であり，カップの取り違えといった基本的なことを避けることもできるし，情報交換の手段ともなりえるため，今後も発展系はあるように感じる。

　このように，6人の会話中の非言語情報をリアルタイムで計測するという難課題に対して，やや複雑な構成になったものの，6人会話中のそれぞれの人の立ち位置，頭部の動き，手の動き，発話を，個人を識別した状態で計測できる1つのプラットフォームを開発した。2022年の現在において同様のシステムを開発することを考えると，ヘッドバンドやモーション・キャプチャ・システムを可能な限り取り除くため，カメラによる画像処理をより積極導入することになるだろう。ただし，歩いて移動する可能性がある話者の個別発話を環境マイクで正確に集音することは依然として難しく，話者の口元にマイクが必要になる事実はあまり変わらないため，カップ型デバイスに限らず，なんらかのウエアラブル・マイクロフォンやワイヤレス・イヤホン兼マイクを使うことが望ましいと考える。環境知能化という流れと同時に，この10年でかなりウエアラブル・デバイス（スマートウォッチ，スマートフォン，ワイヤレス・イヤホン等）の普及が進んでおり，それらを考慮すると，発話状況の計測においても，それらユーザ装着型センサと環境配置型センサのハイブリッドスタイルが現実的だと感じる。

［2］場のモデルによる場の活性度の理解・予測

　本研究では，過去の研究データに則り（梶村ら，2013），場の盛り上がりは，各種非言語情

報（発話時間，手の加速度，頭部の動き回数）によって予測できるという重回帰式モデルを用いて，計測した非言語情報から場の活性度を数値的に予測する方式をとった。場の盛り上がりを推定するという曖昧な事象のモデル化を試みたものであるため，モデルの予測精度は決して高いものではなかったが，当時，最も Ambient Suite と近い環境で計測した非言語情報などのデータセットを用いて，さまざまな学習モデルを試行した際に得られた最も精度なモデルであったと考えている。現在の技術を用いて，上記のような場の状況認識しようする場合を考えると，同様に事前に用意した学習データを用いて機械学習に基づくモデルを使うことになる可能性が高い。機械学習に基づく非言語情報の解析は飛躍的に進んでおり，大きな精度向上が期待できるが，どのようなモデルや方式を使うとしても，十分な量と質のデータが高精度予測モデルを構築する鍵となる。会話場を理解し分析することを目的とした研究群においては，非言語情報コーパスなども準備されつつあるが，会話中の人々の姿勢（座位か立位）によっても，または，手に何か把持しているかどうかなど，些細な違いであっても会話中に表出される非言語情報は異なるため，既存データセットのみで，汎用的な会話場の予測モデルを準備するのはまだまだ難しいだろう。ただ，この 10 年間の発展はめざましく，これからのさらなる発展も大きく期待できる技術分野である。

［3］さまざまなディスプレイによる情報提示

Ambient Suite では，場の活性度が予測できた後は，場が活性していないときに環境側からの刺激として部屋内に配置されたディスプレイ群によりさまざまに表示をすることとした。ユーザのさまざまな立ち位置を考慮し，ディスプレイ群は，壁ディスプレイや床ディスプレイなどの，参加者を取り囲むように配置された視覚情報を提示するためのものに加えて，先に述べたカップ型デバイスのスクリーンにも提示することができる。これらを連携させて，パブリックな情報，プライベートな情報，人の位置に応じた情報など，多様な形で情報を提示し，会話の活性化につなげようと試みた。壁ディスプレイでは，全員が共有可能であるパブリックな情報を表示する。床ディスプレイは，参加者の足下に情報を表示できるため，位置指示や位置に応じた情報提示が可能である。特に，会話において参加者同士の共通点や関係性などを表すことは重要であり，このような複数人に関連する情報を直感的に提示するためには，人の立ち位置に合わせて床に情報を表示することが有用であると考えられる。このように，部屋全体を情報提示環境とし，ディスプレイ群を有機的に連携させることにより，参加者らがディスプレイ付近に集まるなどの影響を及ぼすことなく，普段どおりの自然な会話のなかで，提示された情報を利用できると考えられる。これに加え，会話人数の動的な変化や，話者が部屋内を自由に動き回る場面でも対応することができる。

　これらのディスプレイ群に何を表示するのかが重要である。Ambient Suite では，会話を盛り上げる目的で設計されているため，話者の共通の事柄をその場で顕在化させるような情報提示をした。事前の情報収集が必要になるが，共通の趣味が 2 人以上にあれば，その趣味に関する代表的な画像を壁面ディスプレイに表示すると同時に，床ディスプレイで該当者をグルーピングする情報提示をした。これは，本来は話題に出なければその場では明らかにならない情報であるが，Ambient Suite では，それらを（場が盛り下がった場合に）自動的に可視化することとした。その他，図3-1 にも示しているように，現在の会話の状況を話者に対して可視化する（フィードバックする）ものとして，現在推定されている場の活性度のスコアや，話者の発話バランスを示すような情報提示も試した。

　ここで，Ambient Suite を使った 6 人会話実験の結果を簡単に紹介する。6 人全員が初対面であるグループを 17 組募集し，計 101 名（1 名データ欠損）を対象として実験を実施した。情報提示に利用するため，実験前に趣味等に関するアンケートを実施した。実験参加者は，

Ambient Suite 内で初対面の他人と仲良くなるように会話をするように指示された。会話は12分間であり，Ambient Suite のディスプレイを用いて情報を提示する情報提示あり条件と，情報提示なしの2つの条件があった。情報提示ありの条件では，計測と理解と情報提示のすべての機能が動くことになる。実験の結果，事後アンケートにより，情報提示ありの条件では，なしの条件と比較して，相手に興味をもつことができ，場がより盛り上がるという結果を得ることができた。情報提示の情報は場が盛り下がった場面に提供されるため，自然にまたは効果的に会話に取り入れられることが多かった。また，非言語情報についても解析した結果，情報提示ありの方が頭部の動きが有意に増加し，また，その他のジェスチャや会話量に関しても増加する傾向がみられた。これは情報提示の内容が会話や体の動きの増加に寄与したというよりは，周囲に配置されたディスプレイに注意を払ったためにこれらの非言語行動が増加したと考えるほうが自然であろう。しかしながら，Ambient Suite では，会話を支援し，場を活性化させることを主目的としたアンビエント環境システムとして機能したことが明らかになった。現状はパーティ場面を主目的にしたものであるが，オフィスの中のコミュニケーション・ルームや教室の休み時間などに導入することで，孤立感等の問題を減らすといったことへの応用も十分に期待できる。なお，このようなシステムを実際の現場に導入するには，現在においても，コストとスペースの課題がネックになるが，スタジオや，アクティブ・ラーニング用の特殊な教室など，そのような特別な空間（特別室）を導入する際に，Ambient Suite で検討したような技術を一部でも取り入れることができれば，有用な実験プラットフォームになるだろう。

3. 発展する環境センサによる対話の計測と理解

　本節では，非言語の情報を計測し，理解する最近の研究の動向について見る。コミュニケーションに限らず，ありとあらゆる分野において，機械学習による予測性能が飛躍的に向上している。会話の理解研究においても同様で，社会的信号処理という研究分野が盛んになっている。社会的信号処理（Social Signal Processing）とは，言語，音声などの言語情報に加えて，人の視線，姿勢，ジェスチャや生体情報等を元にして，人間の情動，態度，個性や社会スキル等を推定しようとする計算機的技術である（岡田，2017）。考え方自体は2000年頃から始まったものであり，アンビエント・コンピューティングとは別の流れの技術領域として発展している。なお，この社会的信号処理の分野では，非言語的情報の計測自体も重要であるが，コーパスと呼ばれる一種のデータベースを準備し，それを用いて非言語情報の特徴量と目的変数との関連を機械学習モデルを構築していくことも特徴である。

　対話の状況推定だけではなく，さまざまな非言語情報の計測機材についても研究開発は進んでいる。人の立ち位置やポーズなどの空間行動もきわめて重要な情報をもっていることは古くから知られており，Ambient Suite の例では，光学式モーション・トラッキング・システムを用いた。現在であれば，複数人の会話が計測対象であっても，カメラと高精度な人の姿勢推定ライブラリを使うことで十分な効果が得られる可能性はある。また，立食パーティ以外では，座った状態でのコミュニケーションの機会は多い。そこに着目し，オフィス椅子の座面クッション内に数個の圧力センサを埋め込み，座位における体重の遷移，上半身の揺れ，姿勢を取得しようとする試みもある。また，それを複数人分同時に利用することで，複数話者間の同調現象（シンクロニー）を取得しようとする研究もある（續ら，2017）。その他，室内向けのセンサとしては，部屋の壁内に静電容量センサを埋め込み，空気中の電場の変化を検出できるセンサを仕込むことで，壁付近に立つ人が壁に触れたかどうかだけではなく，その人のポーズ（姿勢）を推定することができる（Zhang et al., 2018）。環境知能化または環境による計測においては，空間に偏在する壁を有効活用する事例は多く，たとえば，電磁波を使うことで，壁の

向こうにいる人の状態を検出できるという研究もすでに報告されている（Adib et al., 2015）。アンビエント・インタフェースを作るためには環境側に高度な計測機器が導入されることがポイントであるが，さまざまな方法が世界中の研究機関で研究されており，着々と環境計測技術の蓄積は進んでいる。

4.　環境ディスプレイやロボット型の空間インフラによる人々への働きかけ

　アンビエント・インタフェースにおいて最終的に人を働きかけるための方法もさまざまに考えられる。Ambient Suite でも用いた視覚的情報に頼るのは１つの正攻法であるが，聴覚映像（音），触覚情報（振動），嗅覚情報（匂い）なども考えられる。味覚の受容体は舌にあるため，環境から舌へのアプローチは困難であるが，部分的には，嗅覚で代用できることもあるかもしれない。なお，視覚聴覚によるアンビエント的な刺激はすでにわれわれの生活の中に取り込まれている。たとえば，パブリック・モニターの前に立つだけで自動的に広告映像が再生されるシステムや，人の気配を察知すれば自動的に照明を点けるシステムがそれにあたる。これらは特に印象に残る技術ではないかもしれないが，コンセプトとしては，アンビエント・インタフェースの具現例である。一見単純に見える人の体重感知型の自動ドアについても，環境から人々への非明示的な働きかけの例ととらえることもできる。人がドアの前に立てば，環境はその人の意図を読み取り，ドアを自動で開ける。当然，その意図の推定がはずれれば（ただ通り過ぎただけ等），間違ってドアが開くことになるが，そのような間違いは，アンビエント・インタフェースが計測と推定の精度に依存する以上つきものである。これらの例は，比較的人の意図を判断しやすく，たとえ間違った介入をしたとしても，悪い影響を与えにくいため，古くからわれわれの身の回りに導入されやすかった。そのため，普段の生活の中でも，われわれはすでに多くの場面でアンビエント・インタフェースに近い考え方で，環境からの働きかけを受けているといえるのである。

　ドアと同様に環境内の重要インフラである家具やその配置について目を向けてみる。人は，個々人，または複数人で作業する場面において，その作業効率やコミュニケーションの質は，環境の出来に強く影響を受けることが知られている。特に，空間デザインは，われわれが無意識のうちに他者との関係性を表してしまう空間行動（対人距離や陣形等）に強い影響が現れる。オフィス等で頻繁に起きうる例としては，個人用に設計されたデスクの周辺で臨時のコミュニケーションを第三者とともに開始しようとすると，個人用のスペースでは，狭すぎて複数人の適切な陣形を組むことはできず，効率的な情報共有に向かない場となったり，最悪な場合は不快感を引き起こしたり，情報共有とコミュニケーション双方にとって不都合な場になってしまう。オフィスなどの作業空間では，個人の活動と複数人による協調作業やコミュニケーションが交互に繰り返され，それに必要なスペースは常に変化しうるものである。しかしながら，現在のオフィスの環境は知能化されつつあるとはいえ，上記のように，偶発的なコミュニケーションと個人の作業の双方を柔軟に支援したり，そのときの適切な空間行動を支援するようにはできていない。

　そこで，筆者らのグループは，2013 年頃から，そのように既存に設定された環境とさまざまに移り変わる作業に必要な環境のミスマッチを柔軟に補償することができるようにするための動的な空間変容技術を開発してきた。その一例として，天板の形を自動的に変形することができるテーブルトップ・ディスプレイ（Takashima et al., 2013）や複数台の自律移動型テーブルトップ・ディスプレイ（Takashima et al., 2015）などを開発してきた。これは，複数人または個人でテーブルトップ・ディスプレイにおいて作業する場合において，作業人数や表示コンテンツに応じて人々に適切な陣形や立ち位置をなめらかに誘導するものである。たとえば，

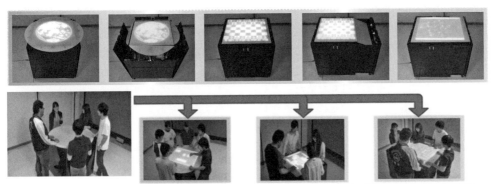

円形：協同作業の促進　　正方形：対人交渉・ゲーム　長方形：リーダー性の促進

図 3-2　TransformTable の変形の様子と利用例

TransformTable は，自動的に天板の形状を，円形，正方形，長方形の３つのうちどれかに変形することができる多人数共有ディスプレイ・システムである。ユーザが何かしらのコマンドを送って変形させるのではなく，ユーザらがどのようなコンテンツを表示しようとしているか，また何人で活動しようとしているかの情報に基づいて，自動的に変形が実行され，その場に適した作業環境を提示することができる。たとえば，円形は平等の象徴ともいわれるように，新たな人が作業の輪に加わることができる。一方で，４人用のゲーム（麻雀等）などのコンテンツが表示され，かつ周囲に４人の人がいる場合は，四角形のテーブルがふさわしい。天板がもつそれぞれのコーナーがそれぞれのテリトリを物理的に明確化するからである。一方，長方形のコンテンツ（たとえば，サッカーフィールド）の場合は，長方形の天板がふさわしく，ユーザはコンテンツの形状に沿った陣形をとることもできる。コミュニケーションを重視した場合は，長方形に変形することで，短辺に立つ人と長辺に立つ人で景色や見え方が変わるため，会議の議長のような役割を強調することにもつながるだろう。この研究では，インタラクティブ・システムとしての性能評価やハードウエアなどの工学的な研究に焦点を当てていたため，コミュニケーションにどれほどの効果があるかまでは検証できなかったが，天板が自動的に変形することで，半ば強制的ではあるものの，ユーザらの陣形をより適当なものに誘導することができていた。

図 3-3　WaddleWalls を用いたパーティション群の自動配置の例と，プライベートと対面環境の動的な切り替え例

　このようにロボットや変形型の家具はその後，現在に至るまで，世界中で定期的に提案され続ける。そのモチベーションの１つは，アンビエント・インタフェースとは別の流れからくることも多い。たとえば，世界中の都市部での土地代が高騰しており，狭いアパートのような部屋でさまざまな機能をもたせたいという要望が強い。オフィスでも同様のことがいえる。たとえば，従来の個室型の執務室だけではチームの作業効率が頭うちになるため，インフォーマルなコミュニケーションの重要性が認識されており，それを支援するために，Proxemic Transition（Grønbæk et al., 2017）という研究がなされている。複数人で即座に情報を共有するインフォーマル・ミーティングの場面では，情報は壁面ディスプレイに表示される方がよいが，その後，より詳細な検討をするために少人数ミーティングに移行する場合には，テーブル

トップ・ディスプレイのほうがよい。このディスプレイ・システムでは，そのようにステージや状況に合わせて，壁面から水平面ディスプレイに自動的に変形するのである。コミュニケーション，人数，情報共有の強度に応じてシステムがその場に必要な環境を推し量り，システムが能動的にその環境を作り上げる代表的な例といえる。2022 年の現在において壁面は空間のインフラとしてより重要な役割を果たすようになってきた。新型コロナウイルスの感染予防のために，空間の仕切る機会がそれまでよりも大幅に増えたのである。それ以外にも働き方はさまざまに変化しプライバシーやセキュリティの意識も遥かに高まっている。それに対応するために，自動配置可能なロボット型パーティション群が開発された（Onishi et al., 2022）。図 3-3 に示すように，このシステムを使うことで，人はオフィス現場において，空間を仕切りたい場所にロボット・パーティションを呼ぶことができたり，事前に好きなパーティション・レイアウトを記録しておいて，それを必要な時にボタン 1 つで構築できたり，またはシステムが必要と判断した場合に自動的に構築することができたりする。その他，図 3-3 右に示すように，パーティションの高さを自動調節することによって，空間を仕切るだけではなく，他者との顔を見合わせた対面が必要になる場合には，それに必要な陣形や環境を即座に構築することができる。以上のように空間インフラとして，ロボット型のテーブルとパーティションの事例を紹介したが，マサチューセッツ工科大学の CityOffice[1] というプロジェクトはそのような未来のロボット型什器であふれるオフィス部屋でどのようなことができるのかをコンセプトビデオにまとめている。実際に研究として構築されたものではないが，未来の知能環境内でのライフスタイルとして大きな希望がもてるものであり，興味のある読者は一度見てみてほしい。

図 3-4　メタバースでのアバターを用いた授業やコミュニケーションの様子

　コミュニケーションに有望な環境ディスプレイ技術の 1 つとして，バーチャル・リアリティについて簡単に触れておきたい。頭部搭載型の立体視ディスプレイ（Head-Mounted Display: HMD）を装着することで，計算機が生成したバーチャル世界を体験できるものである。コミュニケーションを主目的にしたバーチャル・リアリティのアプリケーションはメタバースと呼ばれることもあり，現在，利用可能なツールは多く登場している。図 3-4 はメタバースを用いた講義のある場面を示したものである。そのメタバース内では，アバターと呼ばれるユーザの好みで作る CG キャラクタを用いて，他人のアバターと対話をすることになる。その場合は，人が現実世界で動く機会はほとんどなくなるが，現実世界と同様に，アバター同士の適切な距

1　CityOffice Project: 〈https://marcnorman.net/2015/02/06/changing-places-mit-media-lab-creates-city-office/〉

離感や陣形などの非言語情報をいかに生成するかが円滑なコミュニケーションのためには重要になってくる。現状のHMDのセットアップを使うと，声の伝達は実現でき，ユーザの頭の動き（うなずきや頭の向き），手のジェスチャ等はかなり正確にアバターで再現することができる一方で，笑顔等の表情を伝えることがどうしても難しくなるという欠点がある。この点は今後に解決すべき重要な課題であろう。

また，完全に別の世界に没入してしまうバーチャル・リアリティではなく，現実世界を基本としてそこにバーチャル・コンテンツを重畳する拡張現実であれば，あたかも同じ部屋に，遠隔地の友人やモノが存在するかのような空間を表現することができる。このような場面では，話者同士が同じ空間にいるかのような「同室感」をどのように演出するのかが重要になってくる。このように，バーチャル・リアリティや拡張現実感のような特種なディスプレイ技術を用いてコミュニケーション場を構築しようとした場合，先に述べた事例のように，環境が会話を助ける刺激を与える役割から，会話の場そのものを作るような，より根本的な役割を担うようになってきていることを意味する。会話に適した場や知能化された空間や環境というものはこれまでよりもっと広い意味でとらえておくと今後のさまざまな形態のコミュニケーションに対応することができるだろう。冒頭に述べたように，アンビエント・インタフェースの守備範囲があまり明確ではない（呼称がさまざま）という点にもつながるが，バーチャル・リアリティのような人工的な空間構築技術も十分応用ができることを踏まえると，その抽象度の高い定義が，ある意味アンビエント・インタフェースのコンセプトとしての強みのようにも感じる。アンビエント・インタフェースは，人を取り巻く空間を知能化するための技術的な学問であることは間違いないが，本説で述べたような具体例を超えて，空間の作り方と在り方は今後どんどん多様化しくと考えられる。今後は，分野の範囲に囚われずに，とにかく広く高い視座でアンビエント・インタフェースをとらえることが好ましいと思われる。

5. おわりに

本章では，働きかける環境としてのアンビエント・インタフェース技術を紹介し，それがコミュニケーションの活性化にどのようにつながるかについて，筆者らによる過去の研究事例を現在の動向とともに紹介し議論した。主に工学・情報学の視点で技術を述べたため，複雑で理解することが難しいコミュニケーション場面にどのように導入ができるのかはまだまだ未知数である。情報工学，特にヒューマン－コンピュータ・インタラクションや空間ユーザ・インタフェースの分野においては，社会心理学的な知見（たとえば，近接学）に基づいて各種設計が進められることが多く，かなり相性が良いため分野を跨いだ試みが比較的多いように見受けられる。しかしながら，実験や評価は協調作業の良し悪しやパフォーマンスの工学的な尺度で議論されることが多く，コミュニケーションのスキルや個性に本質的にどのように作用しているのかは今後も継続的な調査と，より強い文理融合コラボレーションが必要だと考える。現在は，IoT，デジタルツイン，AI，バーチャル・リアリティ等，アンビエント・コンピューティングと関わりの深い先進的な技術の進歩がめざましく，冒頭で書いたような，さりげないおもてなしが可能な未来の知能空間はもはや絵物語ではないと考える。しかしながら，異なるタイプの技術と技術の統合に難しさが発生しうるので，いろいろな試行錯誤的なシステム統合の研究も増えることが期待される。さらに，現場への導入可能性を考えると，情報技術者と心理学者だけでは力が足らず，空間性能を考える建築やインテリアデザインの研究の協力等も必要なとても深く広くテーマである。

第 4 章

時空を超えるコミュニケーション

Robert Thomson

1. 序　論

　2021 年の世界のアクティブなインターネット利用の普及率は約 63％と推定されている（ITU, 2022）。これは，インターネットにアクセスできる人が世界中に約 50 億人いることを意味する。そのユーザーの 90％以上がソーシャル・ネットワーク・サイト（以下，SNS）のユーザーだと推定される（DataReportal, 2022）。この数字は，21 世紀の対人関係の在り方に重要な意味をもつ。なぜならば，対人関係がますます SNS 上で維持管理されており，世界中の多くの人々にとって，特に若い世代（boyd, 2014）にとって，そのことがもはや当たり前のことになっているからである。

　このようなパラダイムシフトが社会的にどのような意味をもつのだろうか。この質問に答えるときに，必然的に対人関係における SNS の利用のコストとベネフィットが議論の中心となることを指摘しておきたい。たとえば，個人情報の漏洩や盗難・詐欺の脅威があるにもかかわらず，なぜインターネット利用者はプライバシーについて無関心なのだろうか？ネットでの呟きや写真などが他者に誤解され，炎上されるリスクがあるのにもかかわらず，なぜ人々はオンラインで自分のことをこれ見よがしに公開し続けるのだろうか。SNS では，オフラインの無数の社会的つながりを SNS 上のネットワークに載せることによって，その社会的つながりをより効率的に維持することができる反面，その無数の社会的つながりへの期待や個々に守られるべき規範が互いに異なり，摩擦が起こるのではないだろうか。本章では，このようなパラドックスについて理論的に考えていきたい。

　本章は SNS 上の対人関係の維持や行動を取り扱うが，比較文化的アプローチから，SNS 上の対人関係の諸問題を扱いたい。なぜなら，SNS での心理行動傾向を考えるうえでは，ユーザーのオフラインの状況を無視して考えることができないからである。多くのユーザーにとって，SNS というのは現実世界から切り離されたオンライン空間を意味するのではなく，既存の対人関係に根付いた空間であるとされているからである。したがって，オフラインの現実世界を無視しては SNS 上の行動を考えることはできない。ユーザーがそこに埋め込まれている

社会や文化を考慮する必要があるのはそのためである。人間の行動・心理傾向を考えるうえで社会・文化的要素を無視できないことは当然のことであるが，SNS上での行動もそれを無視できないのは同様である。

2.　ソーシャル・ネットワーク・サイトの定義

　本題に入る前に，「SNS」の定義を整理したい。SNSとは，個人が(1)オンラインシステム内で公開または限定公開のプロフィールを作成し，(2)ユーザーがシステム上でつながっている他者のリストを表示し，(3)自分がつながっている他者のリストを閲覧したり，さらに他者のネットワークも閲覧したりできるインターネット上のサービスである（boyd & Ellison, 2007, p. 211）。また，これらのオンライン空間は，ソーシャル「ネットワーキング」サイトではなく，ソーシャル「ネットワーク」サイトだということが定義の重要なところである。「ネットワーキング」という言葉は動名詞であり，見知らぬ人同士が関係を築く目的のことを意味するが，「ネットワーク」は名詞で，すでに形成されているソーシャル・ネットワークのことを指す。つまり，多くのSNSは，新しい対人関係をつくる場ではなく，既存のオフライン対人関係のネットワークをオンラインで再現し維持する場であるとされている（boyd & Ellison, 2007, p. 211）。

　上記の定義を踏まえて，大多数のユーザーにとって，SNSは匿名の空間ではなく，オンラインとオフラインのアイデンティティが本質的に絡み合う，現実世界の知り合い同士が集うオンライン空間である（Zhao et al., 2008）ということができる。このようなオンライン空間では，「現実世界」と「バーチャル世界」の区別が付きにくく，SNS内での行動は，対面での対人関係の在り方と密に連携している。本章が対象とするSNSというオンライン空間は，オンラインでの行動のインセンティブと帰結の構造がオフラインでの行動のインセンティブと帰結の構造と絡み合っている，オンラインとオフラインの区別が弱い空間だと想定できる。

コラム3

匿名性

Robert Thomson

　インターネットの誕生以来，ネット上の匿名性は論争の的となってきた。インターネット利用者が秘密のカーテンの後ろに隠れて悪意ある行為を行うことを可能にする一方，ネット上の匿名性が自由な表現を可能にし，個人のプライバシーを保護することも可能にするといえるであろう。ここでは，インターネットにおける匿名性の長所や短所を探っていきたい。

　まずは，インターネット上の匿名性の利点について考えよう。インターネットの掲示板やコメント欄などにおける匿名性の主な利点の1つは，表現の自由度が高まることである。批判や報復を恐れることなく自分の正直な意見や感情を共有しやすくし，少数派であったり，不人気な意見をもっていたりしても，意見が言えることが大きな利点である（Kummervold et al., 2002）。

　さらに，匿名性はネットユーザー間の平等性ももたらす。互いの識別情報を見ることができないため，社会的地位や人種，その他の偏見をなくし，言葉の内容のみに基づいて互いに関わり合うことができ，公平な競争の場が生まれやすい（Rubya & Yarosh, 2017）。

　そのうえ匿名性は，政府の監視から個人を守るための貴重なツールにもなりえる。一部の国では，政府がその国政に対する反対意見を抑圧したり，特定の意見を表明した個人を罰したりするために，オンラインでの活動やコミュニケーションを監視することがあるが，匿名性があれば，個人は報復を恐れることなく抑圧的な政権に対して組織化し動員することができる（Howard & Hussain, 2011）。

3. SNS のパラドックス

〰〰〰

　SNS での対人ネットワークがオフラインの対人ネットワークと密につながっているということは，実はそこはパラドックスに満ちた空間となることを意味する。ユーザーには SNS を通じて現実世界で出会った幅広い他者とのネットワークを形成し維持することができるという，明らかなメリットがある。そうすることにより，自分が直接につながってはいないが，有益な社会的資源をもつ他者とつながりをもつことができることによって橋渡し型ソーシャル・キャピタル[1]を充実させることができるという利点もある（Ellison, 2007）とともに，すでに親密性の高い友人との関係を深めたり，社会的つながりを強化していく内部結束型ソーシャル・キャピタルの維持・形成というメリットもある（Burke et al., 2010）。また，SNS でのコミュニケーションの非同期性は，対面での自己表現が苦手な人にとってもメリットとなる（Joinson, 2003）。その意味で，SNS は全体として，ユーザーの現実世界の社会的つながりを補完拡張するものとして考えることができる（Vergeer & Pelzer, 2009）。

　一方で，ソーシャル・キャピタルや既存の対人関係にメリットをもたらす SNS の技術的な特徴そのものは，逆にそうした利点を最大に活かすことの障害ともなっているかもしれない。たとえば，内部結束型ソーシャル・キャピタルを活かすことの障害の一例として，ストレス発散の気持ちから，自分の親友に対しての呟きのつもりで，バイト先の上司の悪口をつぶやいたとしよう。当ユーザーが親友としかつながっていないのであれば問題ないが，上司とつながりのある他者が当ユーザーとつながっているのであれば，当然当ユーザーの悪口の呟きは上司に伝わることになる。SNS は技術的に多くのオフラインつながりを維持できるという利点をもつが，それを可能にする技術的な特徴が，却ってその利点を最大に活かすことを同時に抑制してしまうというパラドックスが生れる（Binder et al., 2012）。

　これは，SNS に限った問題ではない。実は 2000 年代半ばから後半にかけての SNS 革命の到来以前から，電子メディアを介した対人関係とその帰結を取り扱う研究は数多く存在する。

―――――――――――――――――――――

1　ソーシャル・キャピタル（social capital）：社会的資源（人と人との信頼関係やつながり）

　　また，匿名の状況下では，人はメンタルヘルスや性的指向などのデリケートな問題について，現実世界における批判や差別を恐れることなく心配ごとを共有したり，貴重なサポートを得たりすることがきる。このような意味で，ネットでの匿名性は個人が必要とするサポートや社会的リソースにアクセスするのに役立つことがある（Buzi et al., 2015）。

　　一方で，インターネットにおける匿名性にはいくつかの欠点も存在する。まずは，人が自分のネット上の行動に対して責任を問われることなく，他者に対して有害な行為や犯罪行為に関与する可能性が高まりやすい。代表例として，ネットいじめや嫌がらせ，さらにはテロリズムを助長するためにインターネットが（利用されてきた（Wright, 2013）。

　　さらに，インターネット上の匿名性は，オンライン・コミュニティの発展を妨げ，効果的なコミュニケーションを阻害する可能性もある。炎上などの破壊的な行為が起こりやすくなる（Grazotis, 2018）。そのような行為の裏には，匿名性により，ネット利用者は画面上の議論に集中しすぎて自分自身や相手のアイデンティティを見失ってしまう「脱個人化」が起こり，社会的な抑制力を低下させ，より過激で論争的な意見が表明される可能性が高まることである（Lea & Spears, 1991）。また，匿名性がオンライン脱抑制効果を引き起こし，普段は口にしないような意見も自由に言えるようになり，対立や分裂の雰囲気が生まれる可能性がある（Suler, 2004）。

　　インターネット上の匿名性には多くの長所と短所がある。個人が自由に自己表現でき，個人のプライバシーを保護し，政府の監視に対する安全策となり，デリケートな問題を抱える人にとって安全な空間を生み出すことができる一方，同じようなメカニズムによって，インターネット上の匿名性は，有害な行為や犯罪を助長し，オンライン・コミュニティでのコミュニケーションや対人関係を妨害する可能性もある。全体として，匿名性はインターネット上でプラスとマイナスの両方の効果をもたらす諸刃の剣となりうるものである。

　たとえば，電子メディアが社会行動に与える影響に関するジョシュア・マイロウィッツの代表的な著作では，「地域，建物，部屋などという空間は，かつて人々に物理的，感情的，心理的に制約をもたらしたが，今や，情報が壁を越えて流れ，遠距離を駆け抜けることができるようになったため，物理的に制限されてきた空間は，あまり意味をもたなくなっており，電子メディアは社会的交流における時間と空間の重要性を変化させた」と述べている（Meyrowitz, 1986, p. viii）。当時のマイロウィッツの主張は，ラジオ，テレビ，電話の技術が社会的相互作用に与える影響について論じていたが，ソーシャル・メディア時代である現在，マイロウィッツの主張は1986年当時の影響以上に，通信環境に当あてはまるのではないだろうか。現在の情報時代にある私たち人間にとって，かつてなかった情報技術を使って対人関係を維持することができるようになったのである。

　これが，対人関係におけるSNSの役割を考えるうえで意義深いところである。つまり，SNSをツールとして対人関係を維持するうえで，そのメリットを最大にすると同時に，SNSが物理的かつ心理的な壁を取り払うという特性をどう考えるべきだろうか。

4.　文化や社会を比較する重要性

　序論に紹介したように，SNSの利用は世界的な現象であるため，上記の問いを考えるうえでは，単一国内の状況を見るだけで，SNSと対人関係の在り方を理解することはできない。必然的に，SNS利用に関する研究の中では，他文化との比較をとおして行動・心理傾向の文化差を探る研究が多く存在する。このような研究には，文化差を明らかにするだけではなく，そもそもその差はどこからくるかについても論じる研究が多い。

　文化を比較してSNSでの行動心理傾向をとらえる多くの先行研究は，古くから着目されてきた文化心理学の理論に基づいて論じている。このような研究の多くは，SNS上の行動・心理傾向の文化差は，国民のマインドの特性の違いから生まれると主張する。ライドナーとケイワース（Leidner & Kayworth, 2006）は，ICT利用の文化差を取り扱う50以上の研究のメタ分析をしたところ，その研究の60％以上は個人主義 対 集団主義をはじめとして，文化心理学者ホフステードの諸文化次元（Hofstede, 1980, 2001）に言及し，ICT利用の文化差を説明しているという。

　個人主義 対 集団主義をはじめとしたホフステードの文化の諸概念では，文化とは，ある国あるいは集団の人々のこころの心理的プログラミングであると定義される。ホフステードによると，アメリカのような人々の個人主義的傾向の高い国では，その人々は緩い社会的つながりを好み，自分と家族のことしか面倒を見ないようなマインドをもっているとされる。一方，日本を含む集団主義的文化圏の国々では，人々はより縛りのある対人関係を好み，集団内のメンバーのことを重視し，集団内の忠誠が求められる文化だとされる。

[1]　社会生態学的アプローチ

　オンライン上の人々の行動の違いについて考えるもう1つの方法は，人間の行動と心理を社会生態学的な視点から見る方法である（Oishi, 2014）。行動と心理の文化的差異を社会生態学的アプローチから見るというのは，社会の中であるいは社会的文脈からもたらされる客観的特性に対して人間がどのように適応しようとするか，その適応過程に生じる行動や心理の差を見ることを指す。つまり，人間が特定の社会生態系でうまく生きていくために必要な「適応的課題」を達成する必要があり，その適応課題は周りの社会の物理的，社会的，対人的な客観的特性から生まれてくるとされている。つまり，どのような状況でどのような行動をとるのが最適かは，その人が置かれている社会状況の性質に依存するというのである（Oishi & Graham,

2010, p. 1)。

　その意味で，社会生態学的アプローチでいう「生態」は自然科学でいうそれと類似している
ところがある。つまり，自然界では，動植物は自然環境（生態）に適応して繁栄している。こ
れは，行動生態学の分野でも中心的な考え方である（Davies et al., 2012）。同様に，人間の行
動のさまざまな社会における差を説明しようとする社会生態学的アプローチでは，人間は繁栄
するために，周囲の物理的・社会的環境に応じて，意識的に，あるいは無意識的に行動や考え
方を適応させようとすると主張する（Oishi, 2014; Oishi & Graham, 2010）。

［2］関係流動性

　近年，多くの注目が集まった社会生態学的変数の1つに関係流動性がある。この関係流動性
とは，ある社会または社会状況における，対人関係を形成するうえでの選択肢の多寡を指す
（Yuki et al., 2007; Yuki & Schug, 2012）。本章の後半で，この関係流動性を，SNS上での行動
心理傾向に影響を及ぼす一要因として扱うが，ここでは，関係流動性と対人行動との関連を説
明する。

［3］関係流動性の低い社会の特徴

　従来，部族社会などの小規模な人間社会では，関係流動性が低く，比較的「閉じた」対人
ネットワークと安定した集団メンバーシップで構成されていることが特徴であった。このよう
な小規模な社会状況においては，いわゆる対人関係は，一般に既存の社会的ネットワーク構造
によってつくられる。これらの構造は，社会的ヒエラルキー，集団の歴史，職場，学校，地域
集団などの特徴によって決定されるものである。こうした関係流動性の低い環境では，人々は
長年の関係を保持し，その集団に留まる傾向があり，関係の在り方を変えようと思ってもなか
なか変えられないものとされている。現在でも日本や中国など東アジアの文化圏ではこうした
特徴が強いと指摘されており，北アフリカ，中東でも同じことがいえると指摘されている
（Thomson et al., 2018）。

［4］関係流動性の高い社会の特徴

　関係流動性の低い社会と比較すると，関係流動性の高い社会では，人々は個人の意思に応じ
て友人関係を選択する機会と自由がある。簡単にいえば，関係流動性の高い環境とは，見知ら
ぬ人と出会い，自由に付き合う程度や機会が高く，また自分の意思で現在の関係から離れるこ
とができる自由の幅が広い環境である。アメリカやカナダなどの北米社会と，ヨーロッパ，南
米も同様に，関係流動性が高い（Thomson et al., 2018）といえそうだ。

［5］関係流動性の低い社会における適応課題と行動について

　関係流動性の低い社会における主要な適応的課題は，既存の対人関係の中で調和を保つこと
である（Krys et al., 2022）。なぜだろうか。先述のように，関係流動性の低い社会では，対人
関係は比較的閉鎖的で，個々の関わり（コミットメント）が密で高いとされている。このよう
な社会では，調和がとれていないということは，個人が以下のどちらかになる危険性があると
いうことを意味する。すなわち，⑴気まずい不調和な関係から永遠に抜け出せないままでいる
か，あるいは，⑵ひとたび拒絶されれば，代替関係が乏しい社会の中で新たな関係を築かなけ
ればならないという困難な状況に直面するという危険性である。

　関係流動性の低い社会の中で調和を保つという「適応課題」を達成するためには，そこにい
くつかの戦略が現れているという先行研究がある。調和を保つために有効な戦略の1つは，他
者を不快にさせないことである。このような社会では，もし，友人を不快な思いにさせれば，

不和な関係から抜け出せなくなるか，あるいは，拒絶され，新しい友人をつくるのに苦労することになるかもしれない。つまり，相手に不快な思いをさせないことが調和を保つという適応課題に有効な行動だと考えられる（Yamagishi et al., 2008）。

［6］ 関係流動性の高い社会における適応課題と行動戦略

　関係流動性の高い社会では，人々は，自分自身の意思に従って友人や知人を選択する自由の幅が広いため，重要な適応課題は望ましい人間関係の獲得と維持である（Oishi et al., 2014; Yuki & Schug, 2012）。その課題の重要性を理解するために，あなたが男女の友人の何人かと一緒に大きな合コンパーティー（関係流動性の高い社会状況）に参加することを想像してみよう。また，その参加者の中に，以前から密かに思いを寄せている友人もいるとしよう。合コンパーティーでは，当然たくさんの新しい人と出会うチャンスがある。そのような状況では，あなたは片思いをしている友人よりももっと魅力的な相手と出会う可能性もあるので，より魅力的な相手を探すチャンスはいくらでもある。この状況では，ひたすら最も魅力的なパートナーを探すことが合理的な戦略だろう。しかし一方で，片思いをしている友人自身も当然，合コンパーティーで魅力的な相手と多く接触することになる。片思いをしている友人が他の人のもとに走れば寂しいことだろう。したがって，このような開かれた恋愛状況では，あなたは，(1)より魅力的な恋愛相手の選択肢を保持すること（より良い関係を獲得すること）と同時に，(2)すでに好きな人が自分のもとを離れ，他の人のものに走らないこと（既存の関係を維持すること）に注力する必要がある。

　では，この2つの適応課題を達成するために，どのようにすればよいのだろうか。山岸（Yamagishi, 2011）によれば，新しい関係を獲得するために，知らない人に声をかけたり，アプローチしたりするために，知らない人を信頼することが関係流動性の高い社会において必要なスキルであるという。多くの研究で，関係流動性の高いアメリカなどでは，見知らぬ人を信頼する傾向（一般信頼）が高いことがわかっている（Thomson et al., 2018）。また，自分自身は能力のある存在だという確信をもつこと（自己高揚感: self-enhancement; Falk et al., 2009）や，他者に自分についての情報を開示すること（自己開示: self-disclosure; Schug et al., 2010）などの行動心理傾向が上記の適応課題の達成に関連しており，高関係流動性の高い社会においてはこれらのスキルがとられる傾向が高い。

5. ネット上の行動・心理と社会生態学的アプローチ

　なぜこの社会生態学的アプローチがインターネット上の行動や心理を理解するうえで重要なのだろうか。SNSというオンライン環境が利用者のオフラインの社会環境に埋め込まれていることを考えれば，人々のオフラインの社会環境での行動や心理を探ることが必要だろう。それがオフラインでの社会生態学的アプローチからは可能となり，そこからSNSでの行動や心理が理解される。すなわち，オフラインとオンラインの世界が区別しづらいなかでSNSでの行動を理解するには，オフラインの社会環境における社会生態を無視することはできない。

［1］ SNS上のプライバシー懸念

　個人情報の漏洩や盗難，なりすまし犯罪など，インターネット利用者がネット上に公開した情報が見知らぬ人の手に渡り，悪用されるリスクは依然として存在する。こうしたリスクに対して利用者はどのように考えているのだろうか。この質問への回答は実は重大な意味をもっている。電子商取引において個人情報が悪用されたり，不正アクセスされたりするというインターネット利用者の懸念がある。そのため一定数のインターネット利用者はネットショッピン

グなどをしなくなり，ウーら（Wu et al., 2012）の推定では，そうした懸念が全世界のeコマースに年間数百万ドルの収益損失を与えている可能性があるとしている。また，データ保護アクティビストらは，世界中にインターネット利用者のプライバシーを守ることが緊急課題だという。彼らによれば，データ保護政策などの対応が遅れている国も多くあり，それは各国の国民のプライバシーへの関心の度合いの違いから生まれると指摘している（Schrems, 2012）。また，文化や国を問わず，利用者が安心して情報共有できるような環境づくりは，個々のユーザーに合せたパーソナライズ広告の収入が不可欠のSNS（例：FacebookやInstagramなど）にとって極めて重要な課題だとされる（Pariser, 2011）。こうした意味で，これからのネットビジネスのために世界中のインターネット利用者のプライバシーに対する関心や考え方を明らかにして理解する必要がある。

［2］プライバシー懸念と文化的価値観

国によって，インターネット利用者のプライバシーに対する関心の度合いが異なることは，数多くの先行研究で明らかになっている。そうした社会を比較する研究のほとんどは，情報プライバシーに焦点を当てている。情報プライバシーとは，自分自身や集団に関する情報を，誰がどのような条件で収集し拡散できるかを，その情報の提供者自身がコントロールできる能力だと定義される（Burgoon et al., 1989, p. 134）。

国によってプライバシーへの関心が異なる理由は何なのだろうか。大半の研究者は，ホフステード（Hofstede, 1980, 2001）の古典的な文化次元に着目する。たとえば，ローリーら（Lowry et al., 2011）は，個人主義的な国とされるアメリカと集団主義とされる中国を比較したが，アメリカ人は中国人々よりもインターネット上のプライバシーに対する関心が低いことを明らかした。さらにその理由を探ると，個人主義が強い文化では，個人の成功や達成，経済的利益を，プライバシーよりも重視することが多いと説明する。つまり，ローリーらは，個人主義的な国の人々は，個人情報を他人と共有することで得られるベネフィットのために，プライバシーを犠牲にする傾向があると論じる。

一方，クラスノヴァとヴェルトリー（Krasnova & Veltri, 2010）のアメリカとドイツでの比較研究で，ローリーらの研究とは反対の傾向を示している。そのなかで個人主義的なアメリカ人は，集団主義的なドイツの人々よりもネット上のプライバシーに関心が高いことを示した。その理由として，個人主義的な価値観が強いアメリカでは，個人のプライバシーを守る権利に関する信念が社会規範の重要な部分だと指摘して，これらの国の人々はプライバシーに対して高い関心をもっているからだと論じた。つまり，この文化心理学に基づく説明では，個人主義的な人々は，自分の所有物である個人情報を自らでコントロールするという意思が強いのに対し，集団主義的な人々は，集団内ですでに多くの情報を互いに共有しているため，ネット上での個人情報の共有に抵抗がないと論じた。

［3］信　頼

プライバシー懸念とは，自分がどのような条件で自身に関する情報への他者からのアクセスをコントロールしたいのかという欲求の度合いを指すが，このことについて考えるもう1つの概念は「信頼（trust）」である。というのも，情報を提供する人と，その情報を取り扱う人との間に信頼関係があれば，プライバシーへの懸念は不要だと考えられるからである。しかし，「信頼」という言葉の定義は実は多面的で，確定的な概念ととらえることは難しい。ここで，まずは特定信頼（particularized trust），安心（assurance），そして一般信頼（general trust）という，3つの信頼のとらえ方について整理したい。

特定信頼とは，相手を信頼するかどうかを判断するときに，その相手が自分の利害を守るこ

とができる能力と意図があるかどうかの考量を指す（Gheorghiu et al., 2009; Yamagishi, 2011; Yamagishi & Yamagishi, 1994）。この概念をインターネットという空間に当てはめるとしたら，リユーら（Liu et al., 2004）のインターネット・プライバシーに関する懸念の国ごとの差異に関する研究がそれを説明する。リユーらは，オンライン取引における消費者の，インターネットプラットフォームへの信頼の先行要因として，そのサイトのプライバシー保護措置に関する知識の有無が重要だとしている。たとえば，消費者のプライバシーを保護するためのサービス提供者側のデータセキュリティ技術を，多くの利用者が知っていれば知っているほど，利用者はそのサービスを信頼してプライバシー懸念が軽減されると指摘している。

　安心とは，相手の能力や意図とは関係なく，社会構造あるいは社会的制裁によって相手が不正を働かないだろうという，信頼する側の期待だとされている（Yamagishi, 2011）。たとえばネット環境に関して，ベルマンら（Bellman et al., 2004）の多国調査では，当該国のプライバシーに関する法律や政策が，その人々のネット上の安心感につながることを指摘した。つまり，インターネットサービス事業者や企業，組織などが利用者のデータを漏洩した場合，何らかの形で罰せられることを消費者が理解していれば，利用者は，自分の個人情報について安心感を感じ，安心して情報をネット上に開示するというのだ。

　一般信頼は，上記の2つの信頼の概念とは多少違ってくる。一般信頼とは，相手の意図や能力など，相手に関する情報がない状態で，相手を信頼するかどうかの程度を指す（Yamagishi & Yamagishi, 1994, p. 131）。つまり，先述の社会生態学的アプローチのところで説明したように，一般信頼とは，まったく知らない人を，その人に関する情報をまったくもたない状況下で，その人を信頼するかどうかを指す。

　そこで，筆者ら（Thomson et al., 2015）は，こうした社会生態学的アプローチを用いて，国ごとによる一般信頼の度合いの違いが，インターネット上のプライバシーに対する人々の懸念に影響を与えると指摘した。それによると，アメリカと日本のFacebookユーザーを対象としたオンライン調査において，Facebook上の個人情報が未知の他者の手に渡るかもしれないという懸念の程度は，日本のFacebookユーザーはアメリカのユーザーよりも高いことがわかった。また，同じウェブアンケートで，回答者の社会環境の関係流動性と，回答者自身の一般信頼の度合いも測定した結果，プライバシー懸念の国ごとの差は確かに関係流動性と一般信頼によって説明できた。つまり，社会生態学的アプローチから見たら，日本のFacebook利用者のオフラインの社会環境の状況では，新たな対人関係を獲得する機会が比較的少なく，その結果，見知らぬ人を信頼するスキルが育まれることがなく，さらにその一般信頼の低さが，ネット上で第三者に個人情報が渡るときの心配を高めてしまうことを意味するというのである。

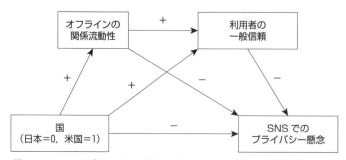

図4-1　SNSでのプライバシー懸念の国家間の差がオフラインの関係流動性と
ネット利用者の一般的信頼の度合いにより媒介されるモデル図
関係流動性がポジティブであれば一般的信頼にポジティブに作用し結果として
懸念を減らす。また関係流動性が高ければ，また一般的信頼が高ければ，それ
ぞれ懸念を減らす。

　一方，アメリカの Facebook 利用者は，オフラインでは新たな対人関係を築く機会が多くある社会，つまり関係流動性の高い社会の中にあり，そうした社会では，見知らぬ人を信頼するという心理傾向が社会への適応課題としてとらえられている。このように，Facebook 利用者の環境としてのオフラインの社会生態がオンラインの心理傾向に影響する。

　このように，インターネットから個人情報が流出されるリスクがあるなか，そもそもどうしてインターネット利用者が個人情報をネットにアップするのか，そこから答えの 1 つのヒントが得られる。

6. SNS での自己誇示行動

　次に，ネット上に自己に関する情報を載せるもう 1 つの課題について見ていきたい。

　2000 年代初頭の Web2.0 の登場前は，特殊なウェブプログラミング能力がなければ，一般のインターネット利用者が自らでインターネットにつぶやいたり，書き込んだり，動画や写真をアップしたりすることが困難であった。しかし Web2.0 以来，ユーザー生成メディア（user generated content: UGC）が一般大衆化された。そうしたなかで，一般のインターネット利用者のネット上の自己誇示，これ見よがし的な行動，自慢，ナルシズムなどがいくぶん不思議な現象として研究者に注目された（McCain & Campbell, 2018, p. 708）。Instagram，TikTok，Facebook などの SNS をざっと見ても，利用者によっては自らの優れた能力や特技をいかに披露しているかが見て取れるだろう。このような，自らの優れた能力や特性を直接に他者に伝えることは，自己誇示（self-promotion）と呼ばれ，この行動の定義は「成功につながるような自己特性を，自分の能力やスキルを他者に呈示することを通じて示す」とされている（Ellis & Wittenbaum, 2000）。

　ネットでの自己誇示行動を説明する要因として，多くの研究はユーザー自身の特性に着目する。たとえば，ナルシズム（narcissm; Buffardi & Campbell, 2008; Winter et al., 2014），外向性（Ong et al., 2011），自尊心（Mehdizadeh, 2010; Subramanian et al., 2014），人気欲求性（Utz et al., 2012; Winter et al., 2014），マキャベリズム（Abell & Brewer, 2014）などが高いほど，自己誇示行動をする傾向が強いことが指摘されている。

[1] 文化的価値観と SNS での自己誇示行動

　SNS 利用が世界的に普及していることから，SNS での自己誇示行動を引き起こす文化的要因にも着目が集まる。たとえば，ローゼンら（Rosen et al., 2010）とルイとステファノネ（Rui & Stefanone, 2013）は，アメリカ国内でより個人主義的な文化的アイデンティティをもつ人々は，より頻繁にネット上で写真を共有する傾向があることを見出した。その理由として，個人主義的な人は自己顕示欲が強く，自己成功のために自己のニーズを内集団のニーズよりも優先させる傾向があるというのである。また，個人主義的な文化では個人的な達成感が重視されるため，これらの人々は注目を集めるための競争手段として SNS 上にたくさんの写真を共有すると主張している。さらに，アメリカとクロアチアの大学生で Instagram の利用動機を比較したところ，シェルドンら（Sheldon et al., 2017）は，アメリカの学生は自己誇示欲の動機が強いことがわかった。一方，クロアチアの学生は，社会的相互作用が動機となる傾向が強かった。シェルドンらはこの違いを，両国の個人主義と集団主義の違いに帰結させた。アメリカはより個人主義的で，それゆえアメリカ人の Instagram の使用はより「自己」に焦点を当てたものであり，クロアチアは，アメリカと比較して，より集団主義的であり，それゆえ彼らの Instagram の使用は，より「集団」に焦点を当てていると理論づけられた。

　このような文化心理学的な説明は，オフラインでの自己誇示行動に関する研究の結果と類似

している。たとえば，エリスとウィッテンバウム（Ellis & Wittenbaum, 2000）は，口頭での自己アピールの内容の文化差を理解するために，いくつかの実験を行った。彼らは，自己アピールの個人差を，古典的な比較文化心理学的変数である相互独立的自己観と相互協調的自己観（Markus & Kitayama, 1991）の違いに結びつけている。つまり，相互独立的自己観をもつ人ほど，自己誇示をする傾向があることがわかり，このことは，自己が他者から独立した存在であることを表現するために自己アピールが不可欠で，そのために自己アピールを規範として大切にしているのだと解釈した。自分の成功は他者と独立した出来事だと思うほど，自己の特性をアピールして自己誇示すると主張した（Ellis & Wittenbaum, 2000, p. 708）。一方，相互協調的自己観をもつ人は，直接的な自己アピールを避ける傾向があり，自己卑下という規範を大切にしているとした。なぜなら，そうすることが，自己と他者の相互依存的なつながりを表すために不可欠だからだとエリスとウィッテンバウム（Ellis & Wittenbaum, 2000）は主張している。この理論の検証のために，エリスとウィッテンバウム（Ellis & Wittenbaum, 2000）はアメリカの大学生を対象に調査を実施し，相互独立的自己観をもっている学生は，相互協調的自己観をもっている学生よりも，口頭で自己アピールをすることが多いという結果を示した。

［2］社会生態と自己誇示行動

　上記の比較文化心理学的なアプローチとは別に，自己誇示行動を社会生態学的アプローチから考えることもできる。比較文化心理学のアプローチでは，個人のマインドの特徴が直接に行動や動機づけに影響するという理論である。それとは違って，社会生態学的アプローチでは，人の行動は，周りの社会状況に内在するインセンティヴへの適応反応だと位置づける。この考え方は特に自己誇示行動に当てはめられる。というのも，自己呈示（self-presentation）に関する古典的な理論的枠組みでは，そもそも自己呈示という行動は他者に向けた意識的，あるいは無意識的な戦略的行動だとされているからである。つまり，他者から好印象を得るために，人は他者の印象をコントロールしようとして，戦略的に自分を他者に見せているとされている（Bond, 2013; Goffman, 1959, 1990）。その戦略の目的は，地位と社交性を高めることだとされていることから，自己呈示行動は社会的なインセンティヴに応じた適応行動だとされている（Ichheiser, 1949, p. 9）。このように自己呈示行動を考えると，SNS上の自己誇示行動を理解するために，当然，人がその環境の社会状況と，その社会状況特有のインセンティヴ構造を理解する必要が出てくる。

　筆者（Thomson, 2016）は，国ごとの自己誇示行動の差を説明する社会変数の1つは関係流動性だとしている。先述のように，アメリカのような関係流動性の高い国では，そうした対人関係の開かれた状況において，望ましい対人関係の獲得と維持が重要な適応課題であり，日本のような関係流動性の低い国は，比較的に閉ざされた対人関係状況において，既存の対人関係内の調和を保つことが重要な適応課題となるということであった。

　関係流動性の国ごとの比較に関してもう一度合コンパーティーのシナリオを思い出していただきたい。片思いをしている友人も含めて，何人かの友人と一緒に合コンパーティーに参加したとしよう。新しい対人関係を築く機会がたくさんあるこの状況において，望ましい相手を獲得するために，できるだけ積極的に自分の優れたところや特徴をアピールする必要がある。ただし，同時に，片思いをしている友人が他の人に走らないよう，その友人に対してもある程度自分の魅力を提示しないといけない。このような状況において，自分の社会的成功は，あなたがどれだけうまく自分をアピールすることに左右されるであろう。

　このように，あからさまな自己アピールは，対人関係の選択の幅が狭い社会環境よりも，選択の幅が広い社会状況の方で意味をもつ。前述のように，競争の激しい対人状況では，提供できる社会的資源が少ない人よりも，資源と能力を多くもつ個人の方が，魅力的な他者に選ばれ

る可能性が高いからである。また，現在の対人関係が他の人に移るリスクが比較的高いため，自分の資源や能力を相手に思い出させることが重要となる。既存の望ましい友人が自分を友人として選択し続けるようにしなければならない。

一方，日本社会のような関係流動性の低い環境は，対人関係の状況が比較的閉じており，そのような社会では，既存の対人関係を変えることが比較的に難しく，他の人に不快な思いをさせないことが適応的な行動（Yamagishi et al., 2008）であるゆえに，地位競争を引き起こすこれ見よがし的な自己誇示（Merten, 1997; Urban, 2011）を避けることが得策だとされる。

大半のSNS利用者は，SNS上で既存のオフラインの社会的つながりの延長としてネットワークを作るので，当然SNSでの自己誇示の度合いも，SNS利用者のオフラインの社会環境に影響される。もしそうであれば，関係流動性の高いアメリカのSNS利用者は，望ましい対人関係を獲得したり維持したりするために，関係流動性の低い日本のSNS利用者よりも，SNS上に多く自己誇示行動を見せると推測できる。筆者（Thomson, 2016）はこの仮説を検証するために，アメリカと日本のFacebook利用者を対象に，ウェブアンケートを実施した。自己誇示行動を測定するために，「もし何等かの賞を受賞したらそれについてFacebookに投稿するだろう」「仕事で昇進したらそれについてFacebookで投稿する」などの文に対して，参加者の同意の程度を測った。結果として，予想どおり，日本のFacebook利用者よりもアメリカの利用者の方の自己誇示傾向が強く，また，その差が関係流動性によって媒介された（図4-2）。

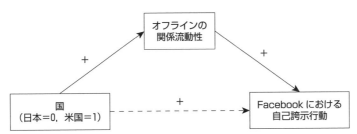

図4-2 Facebookにおける自己誇示行動の国間の差がオフラインの関係流動性により媒介されるモデル図（Thomson, 2016）

このように，ネット利用者のこれ見よがし的な自己呈示行動が，彼らのオフラインの社会状況の特性の現れの1つの帰結だと考えることができる。

7. コンテクスト・コラプス

ここまで，関係流動性の高い社会では，ネット利用者はプライバシー懸念を比較的重視することなく，積極的に自分の誇れるところをSNSで見せようとする傾向が比較的に強いことがわかった。自分について多くの情報をネット上で開示することは，対人関係にどのような影響をもたらすのだろうか。この点に関しては，コンテクスト・コラプス（文脈崩壊: context collapse）というキーワードから考えることができる。

コンテクスト・コラプスとは，ある個人が知っている複数の人脈に含まれる人々が一度に同じ場所に集合する状況を指す言葉である。マーウィックとボイド（Marwick & boyd, 2010）によって広められたコンテクスト・コラプスという言葉は，このような状況を指す1つの言葉であるが，他にも，group co-presence（Lampinen et al., 2009），conflicting social spheres（Binder et al., 2012; Marder et al., 2012），複数観衆問題（multiple audience problem; Clark &

Schaefer, 1987; Fleming et al., 1990; Van Boven et al., 2000）などとも呼ばれている。このような状況は結婚式の披露宴のようなオフラインの対面状況でも起こりうるが，SNSにおいて特に問題だとされる。つまり，オフラインでは，結婚式の披露宴などの特別な集まりの時以外では，ある人が所属する内集団の人々が，物理的・時間的に分離されていることが多く，同じ場所に一度に集うことは稀なことだが，オンラインでは，そうした分離がいとも簡単に崩壊することがしばしばある。

　コンテクスト・コラプスに関する多くの研究では，こうした個々の人脈が有する固有の意味の崩壊は対人摩擦を引き起こすとしている。デイヴィスとユールゲンソン（Davis & Jurgenson, 2014, p. 477）は，コンテクスト（context）を「ある役割とそれに関連するネットワーク」として定義する。つまり，デイヴィスとユールゲンソンによれば，人は複数の社会的アイデンティティをもっていて，そのそれぞれのアイデンティティに対して，他者はさまざまな期待をもっている。つまり，人は，親友，家族，バイト先の職場，大学のゼミなど多くの対人ネットワークに属しており，各ネットワーク内では，構成員同士の振る舞いに対して特有の規範が存在する。そのネットワークは，コンテクスト・コラプスのコンテクストにあたる。コンテクスト・コラプスのコラプスは，上記の複数のネットワークの構成員が同じ場所に集うことを指す。

[1] コンテクスト・コラプスの帰結

　これまでの研究で，SNSの利用者にとってコンテクスト・コラプスは，ポジティブな意味でもネガティブな意味でも，明確な意味をもっていることがわかっている。もちろん，複数のネットワークの人々が同じ場所に集うことにより，通常交流しない人々との有益な情報交換などができ，ポジティブな場合もある（Davis & Jurgenson, 2014, p. 477）。しかし，多くの場合，SNSでのコンテクスト・コラプスは対人摩擦につながる。

　バインダーら（Binder et al., 2012）は，イギリスの大学職員と学生のFacebookユーザーを対象にした研究で，ユーザーのネットワークが多様であればあるほど，Facebook上での対人摩擦が起こりやすいことがわかった。同様に，ブランドゼッグ（Brandtzæg et al., 2010）は，ノルウェーのFacebookユーザーを対象に，Facebookネットワーク内の多様性が高まるにつれ，ユーザーは社会的監視を感じ，リットら（Litt et al., 2014）は，アメリカの大学生を対象にしたサンプルで，Facebookのネットワーク多様性が増すと，対人摩擦も増すことを見出した。

[2] SNS利用者のコンテクスト・コラプスの対策

　ホーガン（Hogan, 2010）によれば，SNS上のオーディエンスの多様性が増すと，ユーザーは自分の想像するオーディエンスの中で最も規範が厳しい人たちに対して最も不快感を与えないようなコンテンツだけを選んで投稿するようになると論じた。つまり，自由にあらゆる社会的つながりでネットワークを築いて，何でも自由に投稿できるはずのSNSでは，ネットワークが大きくなればなるほど，利用者が自由に投稿できなくなるというパラドックスである。同じく，ブランドゼッグ（Brandtzæg et al., 2010）の研究では，ネットワークの多様性が増すとユーザーは自分の一部しか共有しなくなり，プライベートで個人的なことをあまり投稿しなくなると指摘した。

[3] コンテクスト・コラプスと文化

　コンテクスト・コラプス状態に対して，人の反応ははたして文化を問わず同じなのだろうか。これまで，コンテクスト・コラプスについていくつかの比較文化調査が行われてきた。たとえ

ばルイとステファノネ（Rui & Stefanone, 2013）は、シンガポールとアメリカの Facebook 利用者を比較したが、シンガポールの利用者のネットワークが大きくなればなるほど、摩擦が起こりそうなコンテンツを投稿しないようになり、仮に他の人が摩擦になりそうなコンテンツを投稿した場合、削除を要求したりして、対処しようとする傾向が強くなると指摘した。一方、アメリカの利用者のネットワークが大きければ大きいほど、シンガポールの利用者ほど投稿するコンテンツに対して敏感にならないことがわかり、むしろますますコンテンツを自由に投稿するようになる。この両者の違いについて、ルイとステファノネは個人主義 対 集団主義という文化的価値観に位置づけて考察した。つまり、集団主義的なシンガポールでは、集団内の調和が重視されるため、Facebook 利用者は、オーディエンスが多様になるほど、他の利用者にとって不快な思いをさせるような投稿をしなくなるというのである。

［4］社会生態学的アプローチから見た、対人摩擦のコスト

　上記の文化心理学的アプローチには批判がある。文化心理学的アプローチの説明はトートロジー（循環論法）だ、というのである（Matsumoto, 1999）。つまり、文化心理学アプローチでは、集団を重視する集団主義的な人は集団の調和を重視し、それを保つために行動するが、集団主義的な価値観をもつ人々が集団内の調和を保ちたがる証拠として、その調和維持行動が証拠となるという論法だからだ。こうした循環論法＝同語反復を避けるために、社会状況に内在する行動のインセンティブを重視する社会生態学的アプローチから対応することができる。ここで力点が置かれるのは、そもそも人間がどうして対人摩擦が避けたいかという点である。筆者（Thomson, 2016）は、人が対立を避ける理由は一部には、対立には結果予測不能のコストとベネフィットがあるからであり、また一部には、対人関係上の対立によって生じる対人関係内の不確実性を避けたいという人間の本質的な動機が働くからだという仮説を設定した。

　筆者（Thomson, 2016）は対立から引き起こされる対人関係の不確実性の意味は社会によって違うとしつつも、そこでもまた関係流動性の概念に言及する。日本のような関係流動性の低い社会では、状況に応じて関係の在り方を変えて新たな対人関係を築くことは難しい。そのような社会では、対人関係にひとたび乱れが生じてしまうと、不快な関係が長く続いてしまう可能性があり、最悪な場合その対人関係が断ち切られる。既存の関係を乱すことは当然ながら危険を伴うことであるのはそのためである。そうなると、代替の対人関係がそもそもつくりにくい社会において新しい対人関係を模索しなければならないという困難が伴う。そのため、調和を保つという適応が優先課題となり、人はできるだけ調和を保つような行動をする。

　一方、北米のような関係流動性が高い社会では、対人関係の選択に自由があり、新規対人関係を獲得する機会が多くある。先述のように、こうした社会では、魅力的な対人関係の獲得と維持が重要な適応課題とされているため、こうした開かれた対人関係状況では、他者との対立は傷つくことではあるかもしれないが、仮に対人摩擦が起こり既存の関係から排斥されても、代替の関係が比較的多くある。また、むしろ、関係流動性の高い社会においては、対人摩擦は、かえって望ましい関係を獲得することに貢献するかもしれない。というのも、他の人を気にせずに意見を言うことは、自分と類似した他者を自分に引き寄せ、類似しない他者を排除するという、望ましい相手の獲得にプラスに働くことだと考えられる（Schug et al., 2009）からである。

　こうした理論的な枠組みを背景に、筆者（Thomson, 2016）は、日本とアメリカの Facebook 利用者を対象にウェブアンケートを実施した。まずわかったのは、アメリカの Facebook 利用者よりも、日本の利用者の方はそもそも Facebook 上で対人摩擦を経験することが少ないことがわかった（図 4-3）。

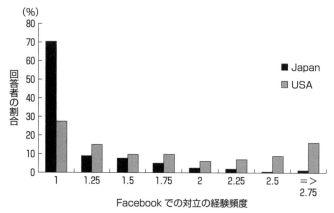

図 4-3　Facebook で経験する対立の頻度（4 項目尺度の平均）
(Thomson, 2016)
(1 ＝ まったく経験したことがない，2 ＝ 1 年に 1 回，3 ＝ 1 年に 1 回よりも多
く，1 か月 1 回よりも少ない)

　また，もっと興味深いことに，日本の Facebook 利用者の Facebook ネットワークの多様性
が上がれば，対人摩擦が多少上がったが，この傾向がアメリカの利用者の中ではもっと顕著で
あった（図 4-4）。

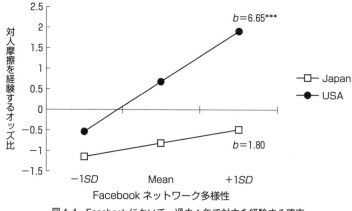

図 4-4　Facebook において，過去 1 年で対立を経験する確率
(*** $p < .001$)

　このように，異なった国々の SNS 利用者を比較することにより，ネット上での情報開示行
動傾向を理解することができる。当然，文化や社会の要因とは他に，個人個人のパーソナリ
ティなどの要因も，ネット上の行動心理傾向に影響を与えるが，SNS のグローバルな普及に
より，単一の国のインターネット利用者だけを見てインターネットの利用傾向を見ることが困
難な時代になったからこそ，社会を比較した見方が有効である。

コラム 4

アルゴリズム

Robert Thomson

　ウェブサイトやソーシャル・メディア・プラットフォームがユーザーにコンテンツを提供するために，アルゴリズムを使用することがますます一般的になってきている。アルゴリズムは，あるコンテンツの共有された回数，「いいね」の数，ユーザーの個人的な興味やネット上の閲覧歴などといった要素を使用し，最も関連性が高く魅力的なコンテンツをパーソナライズされた形でユーザーに提示するコンテンツ配信の仕組みである。アルゴリズムによるコンテンツ配信の長所と短所について考えよう。

　アルゴリズムによるコンテンツ配信の主な利点の１つは，ネット上のユーザー・エクスペリエンス（ウェブ閲覧や情報検索など）を，一人一人のウェブ・ユーザーにパーソナライズできることである。つまり，アルゴリズムは機械学習によりユーザーの興味，好み，行動などを分析することで，個々のユーザーに合わせたコンテンツを配信することができる。これにより，ユーザーにとって関連性が高く，興味深いコンテンツを目にすることができるようになり，ユーザーのエンゲージメント（コンテンツを共有したり，閲覧したりすること）を高めることができ，サイトやプラットフォームに長く滞在してもらえる可能性を高めることができる（Bleier et al., 2018）。近年では，その代表例は TikTok である。TikTok のアルゴリズムは，若いユーザーにとってより魅力的なコンテンツをキュレーションすることができ，若い層にリーチするための有効なツールになると指摘されている（Kang & Lou, 2022）。

　同様に，アルゴリズムによるコンテンツ配信は，情報オーバーロードを減らし，低品質なコンテンツや無関係なコンテンツを排除し，ユーザーにとって価値のあるコンテンツのみを表示させることができる（Liang et al., 2006）。インターネット上には膨大な量の情報が存在するため，ユーザーがすべてのコンテンツを選別し，探しているものを見つけるには，その数に圧倒される可能性がある。アルゴリズムは，ユーザーの興味や行動を分析し，ユーザーにとって関連性が高く，興味深いコンテンツのみを提示することで，このような情報オーバーロード問題を緩和することができる。

　しかし，アルゴリズムによるコンテンツ配信の潜在的な欠点として指摘されてきたのは，エコー・チェンバー*の発生が起こりやすいことである（Cinelli et al., 2021）。つまり，アルゴリズムは，ユーザーの興味や行動を分析することで，ユーザーにとって最も魅力的で関連性の高いコンテンツの種類を特定し，そのコンテンツをユーザーのフィードや検索結果に優先的に表示することができるが，これは，ユーザーが既存の信念や意見を補強するコンテンツにしか触れることができず，反対意見や異論に触れることがないエコー・チェンバーの形成につながる可能性もある（Pariser, 2011）。

　さらに，アルゴリズムによるコンテンツの配信は，誤報やフェイクニュースの拡散を助長する可能性もある（Fernández et al., 2021）。フェイクニュースの内容は，迅速かつ広く普及させるために非常に魅力的に設計されていることが多いため，アルゴリズムがそのようなコンテンツを多くのユーザーに優先的に表示し，誤った情報や誤解を招く情報の普及を増幅してしまう可能性がある。アルゴリズムが真実の情報と偽りの情報を区別するのは苦手で，正確さよりもエンゲージメントの可能性に基づいてコンテンツを優先させる可能性があるからである（Peck, 2020）。再び TikTok を例にとってみよう。TikTok のコンテンツは魅力的ではあるが，アルゴリズム推薦システムがしばしば陰謀論への「入り口」として機能し，ユーザーを偽の情報源に誘導していることが指摘されている（Grandinetti & Bruinsma, 2022）。

　また，アルゴリズムによるコンテンツ配信は，大手メディアなどの，すでにある程度人気のあるコンテンツ制作者のコンテンツを優遇し，独立系メディアや若手クリエーターが不利になるケースもあるとしてされている。このような「rich-get-richer」（すでにオーディエンスがある製作者がますますオーディエンスを獲得していくこと）の現象により，独自性のある若手クリエーターがなかなか知名度を上げることができず，新たなオーディエンスにリーチするのに苦労する可能性も出てくる（Harambam et al., 2018; Zareh Bidoki & Yazdani, 2008）。

　結論として，インターネットにおけるコンテンツのアルゴリズム配信には，長所と短所がある。ユーザー体験をパーソナライズでき，コンテンツ発見の効率も改善でき，情報オーバーロードを軽減できることである。その一方で，エコーチェンバーを作り出し，フェイクニュース拡散を助長し，若手クリエイターの出現を困難にさせる可能性がある。全体として，アルゴリズムによるコンテンツの配信は，インターネット利用者にプラスとマイナスの両方の影響を与える可能性があるといえるだろう。

*　エコー・チェンバー（echo chamber）とは，音楽録音用の残響室（閉鎖空間）のことで，そこで音を発するとその音だけが反響してくる。このように，閉鎖的な状況で，自分が発する意見と同様の意見が返ってくることをエコー・チェンバー効果という。異見に接する機会が乏しい状況といえる。

第5章

コミュニケーションの知識

小川 一美

1. コミュニケーションに関する知識

日頃，学生たちから「先生，もう少しコミュニケーションがうまくできるようになりたいです」「コミュニケーション力を身につけたいです」と相談を受けることがある。大学生になると生活範囲が広がり，多様な人と相互作用をする機会が増えることで，そのような気づきが生まれるのかもしれない。そこで彼らに「どうしたらよいと思う？」と聞いてみると，「経験を重ねることですかね」とか，なかには「親やアルバイト先の社会人の人に聞いたら，『経験だよ』とアドバイスされました」と答える学生たちがいる。たしかに，逆上がりができるようになるために，何度も何度も繰り返し練習をするのと同じで，コミュニケーションも経験を積み重ねて「からだで覚える」という側面はあるだろう。しかし，それだけで十分なのだろうか。たとえば，フィギュアスケートの練習をする際に，氷の上を滑るだけならば，何度も転びながらもバランスを取る感覚をからだにしみこませることで，うまくできるようになるかもしれない。しかし，高度なジャンプやスピンをしようと思ったら，理屈や理論を知り，理解をして，それに基づきからだを動かすということをしなくてはうまくできないだろう。つまり，コミュニケーションも同様で，コミュニケーションの理屈や法則性などを知識として獲得し，そのうえでメッセージを生成したり，他者から受け取るメッセージを判断したりすることが必要である。

［1］知識とは

知的な働きを担うわれわれの心は，外界について解釈ができるように視覚や聴覚などの感覚器官から得られる情報を変換する入力系と，外界に対する働きかけのための運動指令を司る出力系，そしてこの2つを結びつける働きである中央系からなっている。中央系の役割は，外界の状況を知り，そこでいかなる行動をすることが適切かを決定することであるが，その際に重要になってくるのが，中央系の中に貯えられている「知識」である。心理学でいうところの「知識」とは，「過去の集積された経験が整理されたもので，外界を，事物や事象およびその関

係として多少とも永続的に表象したもの，かつそれに対する働きかけといった手続きを含むもの」である（稲垣，2002a）。知識というと，勉強や学習が思い浮かぶかもしれないが，スポーツをするとき，料理をするとき，どんなときでもわれわれは蓄積した知識を活用して行動をしている。それは，他者とコミュニケーションをするときも同様である。

［2］コミュニケーションに関する知識とは

コミュニケーションのなかでも，個人レベルで行われ，しかも個人間で行われるコミュニケーションのことを対人コミュニケーションと呼ぶが，われわれが何気なく行っている日頃の対人コミュニケーションにおいても知識は重要な働きを担っている。

対人コミュニケーションに関する知識は，解読などの認知過程も含めたコミュニケーション行動に影響を及ぼす重要なものであるとされている（相川，2009; Hall et al., 2009; Morreale et al., 2007）。たとえば相川（2009）は，社会的スキルの生起過程の中心に社会的スキーマという知識が体制化されたものがあるとし，その社会的スキーマが相手の反応の解読，対人目標の決定，対人反応の決定，感情の統制，対人反応の実行というすべての過程と相互に影響を与え合うというモデルを提案した（図5-1）。つまり，知識は社会的スキルとしての対人行動や認知過程に影響を及ぼすと考えられ，対人関係に関して適切かつ豊富な知識をもち合わせていることは，適切かつ効果的な対人行動につながるということである。そして，対人コミュニケーションは社会的スキルの基礎的な側面であると考えられるため，対人コミュニケーションに関する知識もコミュニケーション行動や解読などの認知過程に影響を及ぼすと考えられる。モレアレら（Morreale et al., 2007）も，知識はすべてのコミュニケーションの基盤であるとして，知識を獲得することの重要性を主張している。

対人コミュニケーションは，送り手と受け手がメッセージを交換し合う行為であるが，メッセージは言語的メッセージと非言語的メッセージで構成されている。日本語，外国語といった言語に関する知識を蓄積することでわれわれは言語的メッセージを生成し，他者の言語的メッセージを理解することができる。また，国語の授業などで尊敬語や謙譲語といった敬語を学び，その知識を使って目上の人や顧客に対して適切だと考えられる言語的メッセージを発信したりする。しかし，敬語の知識が不十分だと，適切な敬語を使うことができずに注意をされたり，悪印象を与えてしまったりする。非言語的メッセージについても同様で，どのような表情をしたら良いのか，どのような声の出し方が良いのかなどといったことを知識として所有しているか否かで，適切な非言語的メッセージが生成されるかや，他者の非言語的メッセージを正確に理解できるかが変わってくる。

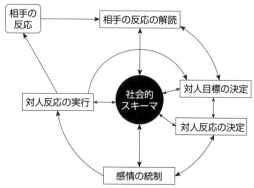

図5-1　社会的スキルの生起過程モデル v. 3
（相川，2009）

2. 表情に関する知識

［1］表示規則，解読規則とは

　対人コミュニケーションに関する知識として，非言語的メッセージの1つである表情に着目した研究を紹介する。表情は，感情表出としての側面と，コミュニケーションを果たすためのものとしての側面があると考えられているが（中村，2000），どのように表情が表出されるか，そして他者の示す表情をどのように理解するかには，表示規則（display rules）や解読規則（decoding rules）と呼ばれるある種の知識が影響を与えている。

　表示規則とは，さまざまな社会的環境，役割などのもとで，どのように感情表出を管理するかについての社会的，文化的規範や習慣・因習である（Ekman & Friesen, 1969）。そして，表示規則と類似した概念として，感情規則（feeling rules）というものもあり，ある刺激場面に対してどのような感情をもつべきかについての知識であるとされている（Hochschild, 1979）。つまり，表示規則も感情規則も，感情コミュニケーションに関する知識であるといえよう。中村（2000）は感情表出プロセスのモデルを提唱している（図5-2）。このモデルでは，感情喚起刺激によって直接感情喚起プログラムが発動する場合と，認知的評価を経て感情が発動する場合とを分けており，そして認知的評価のプロセスは喚起刺激の一般的評価とともに，状況が公的か私的か，相手は何歳くらいで自分より上か下かなど，文脈情報を評価すると考えられている。その評価を受けた情報は，感情規則を介して感情喚起プログラムと主観的感情経験に影響を与えるとともに，表示規則を介して表出行動に作用する。

　一方，相手の感情表出から相手の感情を知るための解読規則というものもある。これは，感情についての情報のどこに注意を払うか，表出された情報をどのように解釈するかについての文化的規則，期待と定義されている（Buck, 1984）。表示規則と解読規則は，コインの裏表の関係にあるともいわれている。

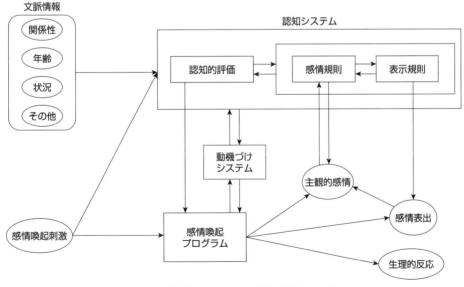

図5-2　感情表出プロセスのモデル（中村，2000）

[2] 文化の影響

　文化によって典型とされる顔面表情は異なり，そして，顔面表情が他者に与える心理的効果や社会的効果も通文化的ではないとされている。大坊（2007）は，文化によって典型とされる顔面表情が異なることや，顔によるコミュニケーションが及ぼす心理的な効果はどの文化でも同様とはいえないため，文化的な背景を考慮したうえで，顔が対人コミュニケーションにおいて果たす機能や役割を明確にしていく必要があると述べている。こうした文化による違いは，人々が所有する表示規則や解読規則といった知識が文化によって異なるからであると考えられる。前述したように，表示規則とは，さまざまな社会的環境，役割などのもとで，どのように感情表出を管理するかについての社会的，文化的規範や習慣・因習であるため，文化の影響を強く受ける。それと表裏一体の解読規則も同様である。

　では，具体的にどのような違いがあるのかについて，文化比較を行った実証的研究をみていこう。

　(1) 表情表出・解読の文化差　　エクマンとフリーセン（Ekman & Friesen, 1975／邦訳，1987）は，日本人とアメリカ人に2種類の映画を提示し，視聴後にその映画についてどのような感情を抱いたのかをインタビューした。実験中の参加者の行動も録画されており，その動画の分析から，インタビューの際にアメリカ人は映画に対して抱いた否定的な感情を表出したのに対し，日本人は否定的な感情を表出しようとはせず，さらには肯定的な表情を作ろうとしたことがわかった。エクマンとフリーセンはこの結果を，日本には社会的場面で否定的感情の表出をより強く抑制する文化的表示規則があるためだと解釈した。

　次に，中村（1991）が表示規則の文化差について質問紙を用いて調査したところ，日米の大学生参加者は，社会的状況において効果をもつ表出行動の制御について，それぞれの文化特有の知識を所有していることが明らかになった。具体的には，アメリカ人にとって悲しみは嫌悪より表出しにくいものであるが，日本人にとっては悲しみの方が嫌悪よりも表出しやすいものであるという結果であった。つまり，文化に依存した感情表出の制御についての知識が存在するということであった。

　表情の解読や判断においても文化による影響がある。文化が異なると，他者の表情を解読する際に注目する顔の部位が異なることが知られている。結城ら（Yuki et al., 2007）は，日本人とアメリカ人の大学生に図5-3のようなイラストを提示し，その顔が表す感情状態を「とても悲しい」から「とても幸せ」までの9段階で評定させた。その結果，口より目の方がより「幸せ」を意味する形をしていると（図5-3の左側3つのイラスト），日本人はアメリカ人よりもイラストの感情状態を「幸せ」と評価し，反対に，目より口の方がより「幸せ」を意味する形をしていると（図5-3の右側3つのイラスト），アメリカ人の方が日本人よりもイラストの感情状態を「幸せ」と評価した。イラストではなく実際の写真を用いた研究2でも，同様の傾向が示された。このことから，人の感情を読み取る際，日本人は目に注目をするが，アメリカ人は口に注目をするということが明らかとなった。この研究は，新型コロナウイルス感染症の流行により，世界中の人々がマスクを着用するようになった際に注目された研究でもある。日頃から目に注目をしている日本人に比べ，口に注目をして他者の感情状態を推測している欧米人は，マスクで相手の口元が隠されることの不都合さがより大きいのではないかという見解であった（Saito et al., 2022）。なお，ジャックら（Jack et al., 2012）も東アジア人と西洋白人を比較し，東アジア人は目の領域に注目するのに対し，西洋白人は眉と口に注目することを明らかにした。つまり，日本人を含めた東アジア人は人の感情は目に現れると考えているのに対し，西洋人は口や眉付近に現れると考えているのであろう。こうしたことも，コミュニケーションに関する知識の文化差である。

　エクマンとフリーセン（Ekman & Friesen, 1978）による Facial Action Coding System

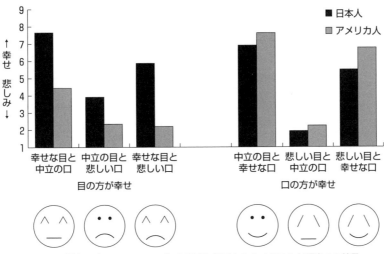

図 5-3　結城ら（Yuki et al., 2007）の実験に使用されたイラストと研究 1 の結果
（筆者による翻訳）

（FACS）は，人間の顔に現れる表情を，Action Unit（AU）と呼ばれるさまざまな顔面筋の動作の有無の組み合わせで判別可能な形に符号化するための仕組みであり，人は決まった顔面筋の動きの組み合わせにより基本的な表情を表出していると考えられている。そして，基本 6 感情と呼ばれる怒り，嫌悪，恐怖，喜び，悲しみ，驚きという表情は普遍的であると考えられ，また，その表情はある程度どの国の人が見ても共通して認識されるものだと考えられてきた。したがって，人々は基本的な感情に対する表情に関して世界的に共通した知識をもっていると推測されてきた。

　しかし，基本 6 感情の表情表出を実証的に調べた先行研究では，感情を表す普遍的な表情があるというエクマンの理論を部分的にしか支持しないものもあった。日本人を対象とした佐藤ら（Sato et al., 2019）の研究では，「生ゴミのにおいがすごく臭かった時の気持ち。臭いにおいが嫌だという気持ち」（嫌悪）といったシナリオに基づいて表情を表出させた条件と，エクマンの理論に基づきつくられた表情写真を模倣させた条件があり，表出された表情を AI による解析を行う FaceReader 7.0（Noldus Information Technology）というソフトを用いて表情の動きについて解析を行った。その結果，写真条件では各感情が明確に表出されたが，シナリオ条件では幸福と驚き感情しか明確に表出がされなかった。この結果を受け佐藤らは，日本人ではエクマンの普遍的な表情の理論は部分的にしか支持されず，理論を実証研究に基づいて修正する必要があると指摘している。

　さらに，信頼できそうか否かなどといった他者の顔の印象も，普遍的かつ安定した様式で，形態学的違い（上向きの口など）によって喚起されると考えられてきた。しかし，最近の研究では，こうした印象は知覚する人や対象となる人がどのような社会的集団に属しているかによってかなり異なることが示唆されている。4,247 人のアメリカ人を対象に行った研究では，人種とジェンダーのステレオタイプ的知識が顔に対する印象の違いの根底にある重要な要因であるかどうかを検討している（Xie et al., 2021）。その結果，顔の印象はターゲットのジェンダーや人種によって異なるだけでなく，ステレオタイプ的知識の構造と関連していることを見出した。つまり，他者の顔に対する印象は，顔の形態的特徴だけでなく，社会的集団に関するステレオタイプ的知識によっても影響を受けることが明らかとなった。ステレオタイプ的知識とは，学習されるものであり，正しいか正しくないかはともかく人々がもっている知識であることから，ステレオタイプ的知識そのものについても文化による影響があり，そのステレオタ

イプ的知識が顔に対して抱く印象に影響を与えるということである。

(2) 表情解読の文化内効果　　人には，異なる文化圏の人の表情よりも，同じ文化圏の人の表情の方が正確に判断できるという内集団優位性（in-group advantage）というものが存在する。そして，エルフェンベインとアンバディ（Elfenbein & Ambady, 2002）がメタ分析を行ったところ，同じ国に住んでいる，物理的に近い，電話によるコミュニケーションを行っているなど，互いに接する機会が多い文化圏の者に対しては内集団優位性が小さくなっていた。このような内集団優位性の原因は，表出スタイル，感情概念の違い，認知的表象などさまざまであると考えられているが，少なからず知識が関与しているといえよう。そもそも，自身の人種の顔の方がそれ以外の人種の顔よりも認識しやすく，記憶にも残りやすいという自人種バイアス（own-race bias）などと呼ばれるものが存在する（Meissner & Brigham, 2001; Wong et al., 2020）。心理学的研究において代表的とされていない集団（黒人，南アジア人，東アジア人）の参加者を対象とした実験でも，外集団よりも内集団の顔をより正確に認識できるという結果が示されている（Vingilis-Jaremko et al., 2020）。自人種バイアスと内集団優位性が生起するメカニズムを比較検証していくことは，表情研究をさらに発展させることにつながるだろう。

3.　コミュニケーションに関する知識を測る

　　自身のスキルや能力を測定するために，自己評定をさせている研究もある。しかし，人は自身のパフォーマンスに関してメタ認知をすることが苦手である。たとえば，イックス（Ickes, 1993）は，人が感情の認識という領域ではほとんどメタ認知ができないことを指摘した。さらに，イックスら（Ickes et al., 1990）によると，共感能力，他者の意図を読み取る能力，感情的知性が高いと答えた人は，そうでないと答えた人に比べて，感情を正確に識別することができなかった。何とも皮肉な結果である。つまり，自身のスキルや能力を自己評定という手法によって測定することは望ましくないということである。したがって，コミュニケーションの知識に関しても，「自分は知識があると思うか」などという質問に自己評定させるような測定方法では正確な測定はできない。そこで，シュレーゲルとシェーラー（Schlegel & Scherer, 2018）やロシップとホール（Rosip & Hall, 2004）は，コミュニケーションに関する知識があるかどうかを測定するために正解の存在するテストを作成し，それに対する正答率によって知識の多さを測定しようとした。

　　シュレーゲルとシェーラー（Schlegel & Scherer, 2018）は，ある感情が生じた際の人の特徴に関する意味的知識を測定するテストとして GEMOK-Features（Geneva EMOtion Knowledge test-Features）を開発した。ある人が SADNESS や SHAME といった感情語で表されるような感情的な経験をするとき，どのような特徴が生起すると思うかを参加者に評定させる形式であった。10 個の感情語に対し，10 個の要素（身体的反応，表出行動，気分など）について，「extremely likely（可能性はきわめて高い）」から「extremely unlikely（可能性はきわめて低い）」までの 9 段階で回答を求めるというものである。表 5-1 に SADNESS（悲しみ）の例を示すが，後述するように対人コミュニケーションに関しては文化差の問題があり，単純に文章を翻訳すれば異文化においても利用できるというわけではない点は，注意が必要である。GEMOK-Features は，感情の構成要素プロセスモデル（Scherer, 2007）から導き出された 5 つの感情構成要素（評価，気持ち，行動傾向，表情，身体反応）をすべて含む 24 の感情の特徴に関する大規模な異文化研究（GRID[1]プロジェクト; Fontaine et al., 2013）の結果に基づいて作成されている。この GRID プロジェクトでは，人がある感情語（「恐怖」など）を

1　スイスの感情に関する研究所（Swiss Center for the Affective Sciences）が立ち上げた国際的な研究プロジェクトの名称。

使って感情体験を説明するとき，142 の異なる特徴がどの程度起こりうるかを参加者に評定させている。GEMOK-Features の得点は，GRID プロジェクトの結果得られた各特徴の平均値と参加者が 9 段階で回答した値の相関係数に基づき算出される。したがって，GEMOK-Features は信憑性の高い研究知見に基づき作成されたテストであり，信頼性や妥当性についても確認がなされている。

表 5-1　GEMOK-Features の例（Schlegel & Scherer, 2018 に基づき筆者が翻訳した）

教示文：If somebody uses the word SADNESS to describe an emotional experience, how likely is it that …?
（もし誰かが感情的な経験を表現するために「悲しみ」という言葉を使うとしたら，次のようなことが起きる可能性はどれくらいだと思いますか？）
※「可能性はきわめて高い」から「可能性はきわめて低い」までの 9 段階で回答

the person would be able to live with and adjust to the consequences
（その人は，その結果を受け入れ適応することができる）
the situation required an immediate response or action
（その状況は即座の反応や行動を必要とする）
the person felt his/her muscles in the whole body relaxing
（その人は，全身の筋肉がリラックスしていくのを感じる）
the person became pale
（その人の顔色は悪くなる）
the person opened his/her eyes widely
（その人は目を大きく見開く）
など…

　ロシップとホール（Rosip & Hall, 2004）は，非言語的手がかりに関する知識の量が対人コミュニケーションにおける解読スキルの個人差に影響を与えると考え，非言語的手がかりについての知識量を測定する Test of Nonverbal Cue Knowledge（TONCK）を開発した。これは，質問に対して正誤の二択で回答する形式のテストである。TONCK の項目を作成するにあたっては，実証された知見に基づき，なおかつ主観に依る選定を排除するため，非言語的コミュニケーションに関する多数のテキストや研究論文が用意された。そして，その膨大な資料の中からテスト項目として採用する知見を抜粋するため，用意された資料に番号を振り，乱数表が示す資料番号と頁から知見を選定し，項目として採用するという慎重な作成過程を経ている。また，信頼性の分析や I-T 分析，妥当性の検証なども行われている。しかし，TONCK は項目数が 81 項目と多く，利便性が高いとはいえない。また，質問文の解釈によって正答が複数考えられる項目も一部含まれていた。そこで，小川とホール（Ogawa & Hall, 2022）は TONCK の項目を一部修正し，適切性を高めるとともに，項目数を減らして使いやすくした TONCK-II を新たに作成した。TONCK-II は，項目数が 19 項目と少ないにもかかわらず，十分な内的整合性を示すテストとなり，妥当性なども示されている。たとえば，他者の非言語的手がかりを正確に解読できるようになりたいという動機づけや，自分の解読精度の自己評価との相関関係を調べた結果，非言語的コミュニケーションに関する知識は，他者の非言語的手がかりを読み解くことに関する動機づけや自分の解読精度の自己評価とは概念的に異なるものであることが確認できた。TONCK-II の項目例を表 5-2 に示すが，GEMOK-Features 同様，翻訳しただけでは日本人の非言語的手がかりに関する知識を測定できるとは限らない点に注意が必要である。

　GEMOK-Features や TONCK-II は，社会的スキル・トレーニングや社会的スキル教育の効果を測定・評価するツール，あるいはアセスメントのための道具としても利用できる可能性がある。さらには，母語以外の言語によるコミュニケーションを学習する際の非言語的特徴に

関する資料としても期待できる。しかし，GEMOK-Features は大規模な異文化研究の結果に基づいているものの，TONCK-II は英語圏での研究知見に基づき作成された英語によるテストであるため，他の言語を用いる文化では使用できないという問題がある。これは，単にTONCK-II の項目を他の言語に翻訳すればよいということではない。先述したとおり，非言語的コミュニケーションの側面によっては文化の影響を受けることが明らかにされているため，TONCK-II は文化によって正解が異なる場合がある。したがって，他の言語を用いる文化圏で非言語的コミュニケーションに関する知識を測定するためには，項目選定から検討をし直し，文化に応じたテストを改めて開発する必要がある。この問題は TONCK-II に限らず，他の非言語的コミュニケーション研究において他文化の尺度やテストを利用する際にも同様に生じることであり，文化間比較の困難さの一因でもあろう。なお，日本人用の TONCK-II については小川らが開発を進めている（Ogawa et al., 2020 など）。さらに，GEMOK-Features は感情，TONCK-II は非言語的手がかりに関する知識を測定するものであるため，それら以外の対人コミュニケーションに関する側面の知識を測定できるテストや指標の開発も望まれる。

表5-2　TONCK-II の項目例（原文は Ogawa & Hall, 2022 より，翻訳は Ogawa et al., 2020 より引用）

項目	正　誤
Someone who blinks a lot may be anxious. （たくさんまばたきをする人は，恐らく不安を感じている）	正
People gaze less when they like or love their partner. （好意や愛情を感じている相手には，多くの視線を向けない）	誤
Sadness is not easily identified from a person's voice. （悲しんでいるかどうかを，その人の声から判断することは簡単ではない）	誤
People are likely to engage in self-touching when thinking (processing information). （人は考えているときや情報を処理しているときに，自分の体に触れることが多い）	正
Letting someone touch us on the head shows a trusting, or intimate, relationship. （誰かに頭をさわらせることは，その人と信頼できる関係や親密な関係にあることを示している） など…	正

4.　今後の課題

［1］誤った知識

　知識を獲得するのであれば，当然，正確な知識を獲得しなくては意味がない。しかし，コミュニケーションに関してはそもそも正解がわかりづらく，また，文脈などによって正解が変わることもある。したがって，自分が保有している知識が実は誤っていることもあるかもしれない。

　たとえば，人は，初対面の人との会話においてはあまり話さない方が好感をもたれると思い込んでいるという（Hirschi et al., 2022）。ハーシらはこれを「寡黙バイアス（reticence bias）」と呼んでいるが，実際に実験参加者らは「会話時間の半分以下しか話さない方が好かれる」と信じていた。しかし，会話実験の結果，こうした信念は誤っており，会話者は話せば話すほど好感をもたれることが明らかになった。また，「好かれたいときには話す時間を短くし，面白い人だと思われたいときには長い時間話した方が良い」という信念を人々がもっていることにも着目し，こちらについても検証を行った。その結果，会話相手に対する好感度と，会話相手を面白い人だと思うことは，正の相関関係にあり，区別して印象を形成しているわけではないことから，こちらの信念も誤っているということが示された。

　つまり，われわれは会話やコミュニケーションに関して多くの誤った知識や信念を保有している可能性があり，そしてこのように誤った知識や信念によって，効果的でない，もしくは望

ましくないコミュニケーション行動をとってしまうこともあるということだ。また，人々は，コミュニケーション行動に関してもジェンダーや国籍や年齢などのステレオタイプ的認知を所有していることがある。実際に性差や文化差などが見られるコミュニケーション行動も存在する一方で，単なる人々の思い込みによるものもある。何が真実で，何が誤った知識や信念なのかを明らかにするには，コミュニケーション研究を積み重ねていくしかないだろう。

[2] コミュニケーション教育と知識

では，どのようにしたらコミュニケーションに関する正しい知識を獲得することができるのだろうか。算数の知識や理科の知識は，学校の授業で学習することができる。しかし，授業などの機会がないにもかかわらず（国語の授業で言語については学習するが），われわれはいつの間にかコミュニケーションに関する膨大な知識を獲得している。ただし，前項のとおり，それは必ずしも正しいとは限らない。時には，保有している知識を修正する必要もある。

特定の領域での経験をつむにつれてその領域での知識の量が増大してくるが，同時に累積された知識の間で大幅な組み替えが生じることがあり，このことを認知心理学では「知識の再体制化（再構造化）」と呼んでいる（稲垣，2002b）。この知識の再体制化には，日常での経験の結果として生じる自発的再体制化と，学校教育等の教授による再体制化の2つのタイプがある。非言語的コミュニケーションなども含め，コミュニケーションに関しては，後者の学校教育等の教授による働きかけが積極的に行われることは少なかった。ただし，社会的スキル・トレーニングや社会的スキル教育のプログラムに含まれるコミュニケーション・スキルの部分は，これに該当すると考えても良いだろう。社会的スキル・トレーニングやコミュニケーション・スキル・トレーニングに関しては本書 Part 2 の6章に詳しく記されているが，たとえば，後藤（2005）による社会的スキル・トレーニングや太幡（2016）によるチームワーク能力に関するトレーニングなどがある。こうしたトレーニングによって，行動だけではなく知識の再体制化が行われることが期待できる。

また，対人認知におけるステレオタイプによるバイアスを軽減させようとした研究もある。人は，顔の形態に基づき他者のパーソナリティを自動的に推測してしまうという顔に対するステレオタイプを保有していることがある。チュアとフリーマン（Chua & Freeman, 2020）は，特定の顔の形態と社会的な特性の結びつきを再構成させることを目的としたトレーニングによって，顔に対するステレオタイプ・バイアスを軽減させることに成功した。彼らは，顔に対する印象は一般的に考えられているよりも変容可能なものであると指摘しており，何に関するステレオタイプなのかによってトレーニングの効果は異なるとは思われるものの，コミュニケーション行動に関するステレオタイプ的認知も変容させることが不可能ではないと考えられる。

コミュニケーションに関するトレーニングや教育プログラムを開発・充実させることで，正確な知識を増やし，それに基づく適切かつ効果的なコミュニケーション行動が可能になるはずである。

[3] コミュニケーション行動の変化による影響

2019 年末からの新型コロナウイルス感染症の流行によって，人々のコミュニケーション行動は変化を余儀なくされた。対面によるコミュニケーションを制限され，突如，インターネットを介したモニター越しのコミュニケーションに頼らざるをえなくなり，対面によるコミュニケーションが復活してもマスクを着用したままのコミュニケーションが必要となった。これまで築いてきた，そして頼ってきたコミュニケーションに関する知識が使えない事態に人々は追いやられた。

　マスク着用状態でのコミュニケーションに関しては，研究が急増した。たとえば，齊藤ら（Saito et al., 2022）は，実験結果よりマスクの有無による顔の感情認識には文化的な差異があることを明らかにした。特に，アメリカ人においては，マスクを着用することで「幸せ」な感情の認識精度が低下したが，日本人においてはそのようなことはなかった。これは，2節2項で紹介した結城ら（Yuki et al., 2007）のように，西洋と東洋の文化圏で感情を解読する際に利用する顔の手がかりが異なることが関連している。しかし，すべての感情において日本人の方がアメリカ人よりもマスクを着用していても正確に解読できるわけではなく，それは「幸せ」顔に限定されており，「恐怖」顔は日本人とアメリカ人共にマスク着用によっても解読の精度は低下せず，むしろアメリカ人の精度の方が向上していた。このように，コロナ禍をきっかけに詳細なコミュニケーション研究が行われたのは事実である。

　一方で，マスク着用によるコミュニケーション事態によって，人々が「マスクをしていると相手の気持ちがわかりづらい」「表情が見えないと話しづらい」と気づき，表情解読のメカニズムに少し興味をもったり，コミュニケーションそのものに着目したりしたのも事実であろう。なかには，メディアを通して結城らの研究知見を知識として獲得したものもいるかもしれない。変化を余儀なくされることで新たに気づくことがある。コミュニケーションに関しては，コロナ禍による変化が人々のコミュニケーションに対する関心や知識にどのような影響を与え，今後のコミュニケーション行動にどう影響を与えるのか，検討すべき課題が山積されている。

第6章

多文化共生のコミュニケーション

毛 新華

1. はじめに：グローバリゼーションにおける多文化共生の視点

||||||||||||||||||||||||||||||||||||||||||||||||||||||||||||||||||||||||||||||||||||||||||||||||||||

かの有名な Apple 社の製品製造には，世界 50 を超える国々の，数百万もの人々が関わっている。

中国人観光客は世界各国で爆買いをしている。

日本の企業は英語を社内公用語にし始めている。

日本にいる外国人留学生はついに 30 万人を超えた。

「かわいい（kawaii）」という発音は，近頃は諸外国でも通用するようになっている。

海外に行く航空券の値段は国内線より安い。等等。

枚挙に暇がないほど，多くの人々にとって，これらはどこかで聞いたことのあるグローバリゼーションに関する話である。

21 世紀に入って，グローバリゼーションが浸透し，世界規模の人・物の移動がより簡単になり，各国間の交流が空前の様相を呈している。国民の多くが世界各国からの移民であるアメリカでは，多人種，多文化のもとで，多文化共生を実現した。現在，多国間連携やグローバリゼーションにより，世界各国はアメリカのようになりつつあり，自国民がさまざまな目的で入国してきた外国人と 1 つの空間を共有し，そこで共生するようになり，多文化共生は各国にとって共通の課題となっている。日本では，「多文化共生」は，「国籍や民族などの異なる人々が，互いの文化的ちがいを認め合い，対等な関係を築こうとしながら，地域社会の構成員として共に生きていくこと」（総務省，2006）と定義されている。この定義から，多文化共生とは，異なる歴史背景・文化を有する人々が，異なる生活習慣・考え方のもとで，コミュニケーションを通して，相互理解を図り，課題を解決していくことであると理解される。

しかし，このような共生は決して容易に実現できるものではない。

かつて留学生だった筆者は，来日してしばらくして，大学の同じゼミの日本人学生から「家に遊びにおいでよ」と誘われ，遊びに行くことを心待ちにしていた。しかし，いくら待っても

同級生から声がかからず，そのうちにようやくその誘いが「社交辞令」だとわかり，がっかりしたことがある。残念なことに，この同級生を「口だけ」の人と思うようになってしまい，彼と距離を置くことになった。このように，文化背景の異なる人たちが交流すると，思わぬ文化摩擦が起きてしまうことがある。その摩擦の原因を考える際に，多角的に問題をとらえる必要がある。まず，筆者にとって，この類の誘いは日本では「社交辞令」の範囲に入ることがよくわかっていなかった。そして，筆者の国では「この類の誘いは皆がけっこう本気で受け止める」ということをその同級生は知らなかった。グローバル社会では，集まるメンバーの間で，一方が相手と関係を築くために良かれと思って口にした言葉が場合によって，かえって対人関係を悪化させてしまうことがある。なぜなら，各人がもっている文化や考え方が互いに異なっているからである。この時，原因は双方にある。そのため，グローバル社会において，異文化に参入した人々には，「郷に入れば郷に従え」という文化適応だけではなく，もともとその文化にいる人々にとっても新たに入ってきたメンバーとの付き合いには，新メンバーの文化に対する理解が必要不可欠であることがわかるであろう。このような相互理解ができれば，多文化共生がはじめて実現する可能性が生まれてくるであろう。

2.　文化の定義と主なとらえ方

　ここで，「多文化共生」を考えるに際して，文化とは何であるか，そして，文化はどのようにとらえられているかを概観する。

　「文化」という言葉の辞書的な意味として，広辞苑（第七版，2018）では，「人間が自然に手を加えて形成してきた物心両面の成果。衣食住をはじめ科学・技術・学問・芸術・道徳・宗教・政治など生活形成の様式と内容とを含む」としている。大辞林（第四版，2019）では，「社会を構成する人々によって習得・共有・伝達される行動様式ないし生活様式の総体」となっている。多くの文化に関する教科書では，文化の定義が難しいとしているなか，岡部（1996）は，文化を「ある集団のメンバーによって幾世代にも渡って獲得された蓄積された知識，経験，信念，価値観，態度，社会階層，宗教，役割，時間・空間関係，宇宙観，物質所有感といった諸相の集大成」と定義している。

　このように，文化は，多岐にわたる内容を含んでおり，概括することはできても，詳細に分類してとらえることはきわめて難しいと考えられる。それでも，文化心理学の領域では，なんとか文化をよりシンプルにとらえるように，いろいろな分類が試みられてきた。このうち，個人主義 – 集団主義，高コンテキスト – 低コンテキストなどの概念を用いて，多くの研究が積み重ねられ，その知見は広く認められてきた。

　個人主義 – 集団主義とはトリアンディス（Triandis, 1995／邦訳，2002）によって提案された文化を分ける次元である。トリアンディス（Triandis, 1995）は，集団主義と個人主義の特徴を以下のようにまとめた。集団主義では，個人と共同社会の目標が関連しており，集団目標が優先される。自己は他者と相互依存的に存在し，たとえ不利益を被ってもその関係性を重視し，規範，責務，義務に焦点を当てた認知が行われる。一方，個人主義では，個人と共同社会の目標が関連せず，個人の目標が優先される。個人は独立性を有し，他者との関係性を維持していくことが有益か無益かという合理的判断の方が重視され，態度，個人の欲求，権利，契約に焦点を当てた認知が行われる。また，トリアンディス（Triandis, 1995）は，アメリカやカナダなど北米の国は個人主義文化が中心であり，日本，韓国，中国を中心とした東アジアの国々は，集団主義文化が優勢だと主張している。また，ホフステード（Hofstede, 1980）による個人主義 – 集団主義次元を使った調査では，世界50ヵ国を順位づけした結果，個人主義の度合いはアメリカや英連邦諸国において最も高く，その次はヨーロッパ諸国で，日本は中程度

の位置づけであり，もっとも個人主義の低い，つまり集団主義の度合いの高い国は，中南米諸国などであった。

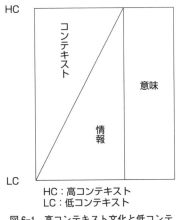

HC：高コンテキスト
LC：低コンテキスト

図6-1　高コンテキスト文化と低コンテキスト文化（Hall, 1976）

　一方，ホール（Hall, 1976／邦訳，1979）は，コミュニケーションによる意思伝達の文化差に着眼して，文化を高コンテキスト‐低コンテキストの次元で区分することを提案している（図6-1）。高井（1996）によると，コンテキストとは，対人相互作用が行われる物理的，社会的，心理的，時間的な環境のことである。人との相互作用で相手の言葉以外のメッセージを敏感に受け取り，刺激の選択性が高い文化は高コンテキスト文化とされ，その反対は，低コンテキスト文化とされる。高コンテキスト文化は，物理的環境やコミュニケーション自体に多くの情報を含んでおり，コミュニケーションの形式が明確に規定されているため，単純なメッセージでも深い意味をもつ可能性がある。中国，日本などの東洋文化の国はこの高コンテキスト文化にあるとされている。一方，低コンテキスト文化では，メンバー間で共有される前提が限定されているため，メッセージが明確さを欠くとコミュニケーションが成立しにくい。その結果，それぞれの状況にある細かい情報に気を配らず，言葉そのものに注意し，言語的なコミュニケーションの手段に強く依存することになる。欧米諸国の多くはこの低コンテキスト文化に位置している。

　トリアンディスやホールの文化に対する分け方は，いわゆる文化間の「違い」を中心に注目する分類法である。これに対して，文化現象の違いという文化の「特異性」だけではなく，文化間の普遍性にも注目するものとして，ベリー（Berry, 1969, 1989）による行動の「文化的共通性と特有性（etic-emic）」のアプローチがあげられる。文化的共通性（etic）のアプローチでは，複数の文化を比較しながら，どの文化においても観察できる行動を強調しており，また，文化的特有性（emic）のアプローチでは，特定の文化において顕著に観察できるが，他の文化ではそれほどではない行動に焦点を当てている。

　以上の文化の分類からわかるように，国や地域によって，物事の考え方や進め方がかなり異なっている。異なる文化に出自をもつ者がコミュニケーションをとる際に，その難しさが容易に想像できる。ここで，人々が他文化に触れるとき，どのようなことが起きるか，そして，起きたことにどのように対処するか，他文化にいかに溶け込むか，さらに自文化と他文化をいかに統合するか，といった観点から異文化適応に関する理論を概観する。

3.　異文化の理解と適応

　人はそれまでの生育環境と異なる環境に置かれた場合，気候などの「自然環境」，および，行き先の人間関係や人々の価値観体系を含む「社会環境」（近藤，1981）に対して，適応する部分と拒絶反応を示す部分がある。新しい「環境」を異なる「文化」として考えた場合，新しい環境を肯定的に受け入れて，慣れていくことは「異文化適応」ということになる。また，拒絶反応を示す部分にはいずれ慣れていかないと「適応」にならない。上に言及した「社会環境」に対する拒絶反応を引き起こす原因のうち，自文化でそれまでに学習した記号・象徴，スキーマ，スクリプトなどが新しい文化の中で通用しなくなり，少しずつ負のストレスが溜まっていき，心理的に混乱状態に陥る状態を「カルチャー・ショック」（Oberg, 1960）と呼ぶ。近藤（1981）は，カルチャー・ショックは一時的に見られるものではなく，一定期間にわたって生じる現象で，その度合いは，人によって軽度の当惑感からパニックや精神的障害など病的な症状までかなりの幅があると指摘している。

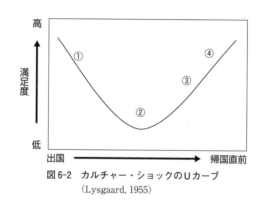

図 6-2　カルチャー・ショックのUカーブ
(Lysgaard, 1955)

　カルチャー・ショックという概念の延長線上で，時間的な展望をもって，異文化適応のプロセスを解明するのはリスガード（Lysgaard, 1955）のUカーブ理論である。この理論は，異文化への適応過程を，滞在期間の推移に伴って，①「ハネムーン期」，②「憂鬱期」，③「回復期」，④「適応期」という4つの段階によって構成されているU字型曲線で説明している（図6-2）。異文化にはじめて身を置く人は，まず最初に異文化環境下の人・物・出来事に対して，何もかもが目新しく，毎日新しいことを経験し，そこから新婚の蜜月のような驚きと興奮を覚える①「ハネムーン期」を過ごす。しかし，しばらく時間が経つと，異文化という環境に対する新鮮な感覚が鈍くなり，代わりに，現地の言葉が理解できないこと，現地の人々と対人関係が形成しにくいこと，そしてその他のさまざまな物理的困難に直面することになり，当初の違いによる驚きがだんだん不快感に変わり，自分のこれまでの常識に反する出来事が次から次へと発生し，異文化の悪い面が目につき，不安と孤独感，時には身体面の不調も現れる。そして，いわゆる適応のどん底である②「憂鬱期」に落ち込み，前述したカルチャー・ショックを最も強く感じることになる。カルチャー・ショックによって，再起不能に陥るケースはあるものの，ほとんどの人は，このようなショックを乗り越えることができる。異文化での課題や困難にたくさん直面することにより，それらの課題の解決方法，困難を克服する方策など，現地の人々から学習したり，さまざまな形で新しい知恵を身につけたりして，解決に至る。これらの成功体験を通して，異文化に身を置く人々は自文化と異文化の違いを真剣に考えて，受け入れ，異文化での生活に慣れ始める③「回復期」に入る。異文化の違いに慣れて，対処方法がわかる状

態が続き，現地の人々とのやりとりが難なくスムーズに行われるようになったら，異文化社会に溶け込み始める感覚が生まれてきて，④「適応期」に入ることになる。

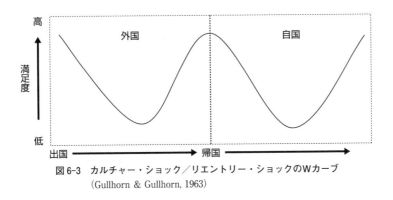

図 6-3　カルチャー・ショック／リエントリー・ショックのWカーブ
(Gullhorn & Gullhorn, 1963)

　上記のU字型曲線は異文化に身を置いた人々の適応プロセスを説明したものである。もしこのような人々がずっと異文化にとどまるなら，適応期がそのまま続く。しかし，異文化に適応した後，その人が出身文化に戻った時，そこでもう1つの新たな問題が起きる。それは，グルホーンとグルホーン（Gullhorn & Gullhorn, 1963）が言及しているリエントリー・ショックである。異文化に適応した人には，出身文化は当人にとって馴染みがあるとはいえ，既に別の文化の常識ややり方に順応した場合，出身文化に戻った時，さまざまな不合理性が目につくようになり，当人に不適応が起きる。その場合，異文化適応と同様な自文化再適応Uカーブを描くことになる。このUカーブと異文化適応の時に描いたUカーブと併せてWカーブが形成される（図 6-3）。

　異文化適応と自文化再適応の双方を経験した者は，両文化への適応経験を活かして，両文化の間で自由に行き来し，自文化からも異文化からも柔軟な視点や適応するための知恵を得る。Yoshikawa（1987）は，このような適応状態をダブル・スイング（double-swing）段階と称し，ダブル・スイングモデル（コラム5参照）を提示した。しかし，このような段階に到達するのは容易なことではなく，かなりの時間と豊富な経験を要し，そして，異文化適応する側の地道な努力と文化特徴に対する洞察が必要となる。

4. 多文化共生の実現に向け，文化的観点から考える「社会的スキル」

　本章では，多文化共生について考える。「共生」とは共に生きるということで，多くの異なる性質をもつ者が互いに交じり合うことである。この交じり合いには，相手と対人関係を結ぶことが必須条件で，相手の対人関係の特徴を知ることが重要なポイントと考えられる。共生の第一歩として，相手の文化に入り，その文化に対する異文化適応を行う。田中（2000）は，異文化適応の最大の課題は対人関係の形成であると指摘し，植松（2004）は，滞在国の対人関係に関わるスキルの獲得が異文化適応感に強く関与し，異文化適応において非常に重要な要因であることを明らかにした。対人関係の形成や対人スキルの質に言及する際に，「社会的スキル」というキーワードがよく用いられている。

　社会的スキルとは，対人関係を円滑に運ぶ技術（菊池，1988）であり，対人場面において適切かつ効果的に反応するために用いられる言語的，非言語的な対人行動，そして，そのような対人行動の発見を可能にする認知過程を含む（相川，1996）。前節で触れた文化に対するとらえ方である「文化的共通性と特有性」のアプローチと合わせると，社会的スキルには，どの文

化にも必要とされる文化共通のスキルと，ある特定文化にしか必要とされない文化特有のスキ
ルという2つの側面が含まれることになる。

表6-1 文化共通のスキルを測定する尺度の項目例

Kikuchi's Social Skills Scale（KiSS-18：18項目）（菊池，1988）
　知らない人とでも，すぐに会話が始められますか。
　他人にやってもらいたいことを，うまく指示することができますか。
　相手が怒っているときに，うまくなだめることができますか。
　他人を助けることを，上手にやれますか。
　あちこちから矛盾した話が伝わってきても，うまく処理できますか。
　仕事の上で，どこに問題があるかすぐにみつけることができますか。

Affective of Communication Test（ACT：13項目）
（Friedman, Prince, Riggio & DiMatteo, 1980; 大坊，1991）
　私は，素敵なダンス音楽を聴くと，じっとしていられない。
　私は，ソフトで低く抑えた声で笑う。
　私は，電話でも，たやすく感清を表すことができる。
　私は，友達と話しながら，体に触れることがよくある。
　私は，多くの人に見つめられるのは嫌いだ。

　文化共通のスキルとは，会話を始めるスキルや非言語能力など，対人関係を構築するのに基
本的なスキルを指す。このような社会的スキルを測る心理学的な尺度としては，KiSS-18
（Kikuchi's Social Skills Scale; 菊池，1988）や感情的コミュニケーション尺度（Affective of
Communication Test: ACT; Friedman, Prince, Riggio & DiMatteo, 1980）などがある（表6-1）。
KiSS-18はアメリカのゴールドスタインら（Goldstein et al., 1980）の「若者のための社会的ス
キル」の項目に基づき，日本の青年一般の初歩的なスキルの測定のために開発され，中国や韓
国でも適用されている（毛・大坊，2007）。ACTもアメリカで開発された尺度であり，大坊
（1991）によって検証された後，中国や韓国でも適用の可能性が検証されている（毛・大坊，
2007）。

　一方，文化特有のスキルとして，先述した「個人主義－集団主義」（Triandis, 1995）に基づ
けば，意見をはっきり伝える「アサーション（Assertion）」は北米では重要なスキルであるの
に対して，調和された対人関係である「和」を旨とすることが東アジア地域では重視されてい
る。また，「高コンテキスト－低コンテキスト」（Hall, 1976）の文化区分の観点から，高井
（1996）は，低コンテキストの欧米諸国においては，対人的な場面では相手の細かい情報に注
意を払うかわりに，自ら意図していることを言葉によってはっきりと相手に伝えることで，コ
ミュニケーションの直接性が大切にされていると指摘している。これに対して，日本では，民
族構成が複雑ではないため，多くの価値観や規範などが集団の中で広く共有され，コミュニ
ケーション自体の言語への依存度が低いため，間接的，婉曲的，示唆的なコミュニケーション
でも相手に通じる部分が多くあるとされる。また，言葉への依存度が低いことと関連して，相
手との上下関係，相互作用が行われる場所や状況などはコンテキストとして読み取られ，これ
らも互いの行動を調整する要因となっている（高井，1996）。高井・太田（Takai & Ota, 1994）
は，このような日本の特徴に基づき，日本人の社会的スキルを日本的対人コンピテンス尺度
（Japanese Interpersonal Communication Competence Scale: JICS）として標準化している。こ
の尺度で取り上げられているのは，日本文化において重要とされる間接的メッセージを認知す
る「察知能力（Perceptive Ability）」，本当の感情を隠し，自己主張を抑える「自己抑制能力
（Self-Restraint）」，目上の人との適切な相互作用ならびに言語使用に関する「上下関係の調整
能力（Hierarchical Relationship Management）」，感覚的メッセージの操作に関する「対人感

受性（Interpersonal Sensitivity）」，そして，曖昧な態度を必要とする相互作用スキルに関する「曖昧さに対する耐性（Tolerance for Ambiguity）」という5つのスキルであり，これらが日本人にとって必要とされている（表6-2(1)）。

表6-2　日本文化の社会スキルを測定する尺度の項目例

(1) Japanese Interpersonal Communication Competence（JICS：22項目）（Takai & Ota, 1994）
察知能力（Perceptive Ability）
　　相手から明確な返事がもらえなくても，大体どのような返事が意図されているのかがわかる
　　何か婉曲に示唆されていることにすぐ気づく
自己抑制（Self-Restraint）
　　強い反対意見をもっていても，それを表現せずに抑えて周囲の人に協調することができる
　　嫌いな相手とつきあうときに，相手に対する自分の本心が伝わらないようにすることができる
上下関係への調整能力（Hierarchical Relationship Management）
　　上司・先生・先輩には常に敬語で接するように心がけている
　　重要なことを目上の人に話す場合，適切な場所と時を難なくわきまえることができる
対人感受性（Interpersonal Sensitivity）
　　好きな異性に自分の気持ちをさりげなくわかってもらえるようにすることに自信がある
　　相手に話しにくいことでも，婉曲に示唆して伝えることができる
あいまいさへの耐性（Tolerance for Ambiguity）
　　自分の感情を素直に表さない相手は苦手である
　　相手と意見が対立したとき，自分の意見を主張しないと気がすまない

(2) 人あたりの良さ尺度（HIT-44：44項目）（堀毛, 1994）
同調性
　　他人の意見にうまく同調できる
　　自然と相手に調子をあわせることができる
素直さ
　　相手に良い感じをもったらそれをすなおに表現できる
　　相手の話をまじめな態度でよく聞くことができる
自己抑制
　　必要なとき以外，自分の考えはあまり表に出さない
　　目つき，言動などで相手に嫌な（不快な）印象をあたえない

　その他に，堀毛（1987, 1988）が指摘したように，日本人には，他者に否定的な印象を抱かれないように，誰とでも円滑な関係を保てるように，他者に対して，剥き出しの自己表現をしない，否定的な意見・感情を表出しないという「人あたりの良さ」を重視する傾向がある。堀毛（1994）は，「人あたりの良さ尺度（HIT-44）」を作成し，尺度を構成する9つのサブ・スキルのうち，「同調性」「素直さ」「自己抑制」の3つはこの「人あたりの良さ」の傾向を代表している（表6-2(2)）と述べている。

　同じ東アジアに位置づけられる日本と中国は，それぞれで重要視されている社会的スキルの要素が異なっている。中国の社会学者・人類学者の費（1985）は，中国人の対人関係の特徴を，関係性に応じて行動様式を変える「差序格局（格差と序列）」というモデルにまとめた。それによると，中国人は他人が自分との心理的・社会的距離を強く意識し，その距離を手がかりに，他者との関係の親疎を決めるという。距離の近いウチから距離の遠いソトに向かうにつれて人間関係は疎遠になり，感情も希薄になる。これはまるで水面に石を投げ入れた後に生じる波紋のようなものである。中国人の人間関係はこの波紋のように同心円状に広がっていて，ウチの人間に親切に接し，ソトの人間には淡白である。

　一方，フゥン（Hwang, 1987）は，中国人の行動様式を「人情－面子理論モデル（Renqing-Mianzi Model）」にまとめた。このモデルは，特定の資源を必要とする者（以下，「要請者」とする）と資源を所有している者（以下，「付与者」とする）との間の具体的なやりとりを例

に，中国人同士の間に特有な対人相互作用の心理的メカニズムを説明している。モデルの中では，「要請者」と「付与者」との関係を費（1985）の提示した対人的「遠近・親疎」という次元に応じて，「身内の人」「知人」「よその人」という3つの類型に区分けしている。「付与者」はこの3つの類型に対応し，「要請者」との間でさまざまに異なる関係が形成され，要請に対していろいろ異なる対応がなされる。具体的に，「要請者」が「付与者」の「身内の人」である場合，感情をベースとする「情緒的関係」が形成され，その要請をほぼ無条件に許諾する「欲求原則」が適用される。しかし，見知らぬ「よその人」に対しては感情を込める必要のない相互交換をベースとする「道具的関係」が形成され，その要請には，「公平原則」が適応される。そして，微妙な知り合い，つまり「よその人」に比べておおよその識別はできるものの，「身内の人」に比べると十分には理解できていない，それほど親しくない「知人」には，感情と道具の両方の要素が入り交じる「混合関係」が形成され，このタイプの「要請者」からの要請は，もっとも「付与者」を悩ませる。

　この感情と道具の混合は一種のジレンマであり，「付与者」がジレンマを解決するのに，コスト - ベネフィットの「収支決算」を考えるようになる。「付与者」が要請を受け入れるのにかかる「コスト」と最終的に「要請者」から支払われる「見返り」が天秤にかけられ，「コスト」が大きいと判断されれば要請を拒否し，逆に「見返り」が大きければ要請を受け入れて，「要請者」を助けるという「人情原則」が適用されるようになる。このように，「付与者」から資源をよりスムーズに入手できるように，「要請者」の視点からすると，「付与者」とより近い関係性をもった方が有利になる。そのために，できる限り「よその人」から「知人」になるように，さらに「身内の人」に位置づけられることが望ましいと考えられる。そこで，中国社会では，2人の間が近い関係ではない場合，資源の「要請者」は「付与者」の面子を立てることにより，「付与者」との関係を構築し，さらに結びつきを強化し，「付与者」から助けてもらうという構図ができあがる。このようなプロセスを構成する「面子を立てる」ことは中国人の「面子（Mianzi）」志向であり，「関係を構築し，結びを強化する」ことは「関係（Guanxi）」志向であり，そして「助ける」ことは「人情（Renqing）」志向である。

　毛と大坊（Mao & Daibo, 2006）はフゥン（Hwang, 1987）の「人情 - 面子理論モデル（Renqing-Mianzi Model）」にある「面子」志向，「人情」志向，そして「関係」志向に基づき，中国人大学生社会的スキル尺度（Chinese University-students Social Skills Inventory: ChUSSI）を作成し，中国の若者の社会的スキルの標準化を試みた。具体的な内容としては，対人関係に相手の面子を重んじる傾向を反映する「相手の面子」因子，対人関係において他者を助けたりする行動の傾向を反映する「友達への奉仕」因子，対人関係においてできる限り自分のネットワークを拡張しようとする行動を反映する「功利主義」因子，そして，個人が積極的に他者とコミュニケーションを行う傾向を反映する「社交性」因子である。4つの因子のうち，「社交性」因子の内容は他の文化で開発された社会的スキル尺度においても見られるため，この因子は文化的共通性を有するものであると考えられる。一方，「相手の面子」，「友人への奉仕」および「功利主義」という3つの因子はそれぞれ中国文化に根付いた特徴，つまり，「面子」志向，「人情」志向，そして「関係」志向に対応し，中国以外の文化を元に作成された社会的スキル尺度には存在していない。そのため，この3つの因子は中国文化の特有性を反映している可能性がきわめて高いといえる。

　一方，ChUSSI 原版は，41 項目と項目数が多く，しかも下位因子によって多寡があり（4項目～19 項目），使い勝手が良くないなどの課題点がある。毛・大坊（2018）は，これらの問題を改める目的で，ChUSSI の4因子から因子負荷量の高い4～5項目を抽出し，確認的因子分析を行った。その結果，4因子の成立を改めて確認することができ，ChUSSI 短縮版を作成した（表6-3）。

表6-3　中国文化の社会的スキルを測定する尺度
Chinese University-students Social Skills Inventory（ChUSSI）の短縮版

相手の面子
　　相手のことを尊重するように気をつけている。
　　私はいつもへりくだった態度でいるように心がけている。
　　相手の面子を潰さない。
　　私は相手の意見を尊重する方である。
社交性
　　人と一緒にいる時，共通の話題をすぐ見つけることができる。
　　見知らぬ人とでも，すぐ仲良くなる。
　　人見知りせず，どこでもとびこんでいける。
　　私は，周りの人の感情をどうすればうまくコントロールできるかを知っている。
友人への奉仕
　　友達と一体感をもってつき合う。
　　友達との間で損得の衝突が生じた時には，相手に譲る。
　　気前がよく，お金のことでけちけちしない。
　　友達とのつき合いでは，自分がちょっと損しても構わないと思う。
　　友達が困っている時に力を貸してあげる。
功利主義
　　自分に役に立つ者と積極的につき合う。
　　普段，私はできるだけたくさんのコネを作るように心がけている。
　　私は人脈を重視する方である。
　　飲食のつき合いをコミュニケーションの手段とする。

5.　多文化共生の社会的スキル獲得には，トレーニングが必要

　本章のこれまでの節では，多文化共生において，グローバリゼーション，そしてそれに関連する文化や文化の中で対人関係を構築するための社会的スキルについて言及してきた。多文化共生は，他文化への参入の方法や滞在期間，さらに自らの意思の在り方などによって，さまざまな形式に分類することができることがわかった。そして自文化に戻るか否かで，異文化移行者を永住者と一時的滞在者（非永住者）に分けることができる。鈴木（1990）は，ファーラムとボクナー（Furham & Bochner, 1986）が提示した滞在期間と文化間移行の動機の2つの観点を援用し，図6-4のように一時的滞在者を分類した。この分類によると，旅行者は滞在の動機が自発的ではあるが期間は短く，難民は強制的・不本意な動機のもとに長期間の滞在を余儀なくされる。一方，留学生や海外勤務者は異文化に中長期的に滞在し，留学生，勤務者の順に

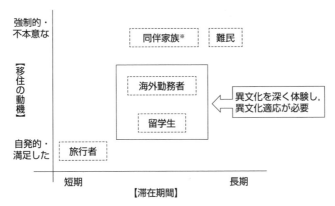

図6-4　文化間移行の型と異文化適応の関係性（鈴木，1997より改変）
（注：同伴家族は必ずしも強制的・不本意であると限らない）

本意 – 不本意な動機をもっている。このように考えると，留学生や海外勤務者の多くは，たとえ不本意な部分があったとしても，滞在には比較的明確な目的や目標，理由があり，目標達成のために現地の人々と対人的なやりとりを通して，対人様式に馴染み，他の滞在様式と比べて，異文化に適応する必要性がより高いと考えられる。

　そこで，本節では，日中という地理的に近い国同士での留学生と海外勤務者の文化適応に関する心理学的な取り組みを紹介し，どのような促進の手段で，どのような効果があるのかについて関連研究を取り上げる。

［1］中国人留学生の日本文化への適応を促進する取り組み

　近年，日本政府は留学生を継続的に受け入れており，留学生総数は年々増え続けている。1990年代以降，日本にいる留学生の絶対数や日本が受け入れた留学生総数に対する割合は，中国人留学生が常に最上位を占めている。前節でも言及したように，日中の対人関係の構築に関わる社会的スキルの中身は異なっており，日中両国の対人関係のスタイルやコミュニケーションの仕方の違いは，これまでに多くの先行研究（天児，2003；毛ら，2021；吉村，2012）によって明らかにされている。たとえば，日本人の間接的，婉曲的な表現は中国人にとって「話の主旨がわかりにくい」ものとなる。日中間のこうした相違点は，中国人留学生が日本文化に適応する際の大きな障害になりえる。また，毛（2010，2013）は中国人留学生の日本文化適応上の課題について，自由記述調査を実施した。その結果，中国人留学生は日本人の対人関係におけるさまざまな固有のルールや規則などを十分に理解できておらず，自分自身のこれまでのやり方で日本人とやりとりをすると，相手との思わぬ摩擦が生じることがわかった。このように，中国人留学生が日本文化に適応するには，対人関係の側面からサポートする必要があると考えられる。

　対人関係の形成を決める「社会的スキル」について，文化によってその中身は異なるという

コラム5

ダブル・スイングモデル

毛 新華

　ダブル・スイングモデルはヨシカワ（M. J. Yoshikawa）によって1978年ごろ構想され，1980年に提出された，異文化環境下における，個人，文化，異文化間の観念をいかにうまくまとめることができるかを概念化したモデルである。モデルのビジョン（図参照）は「メビウスの帯」に似ているため，「メビウス統合哲学（Möbius integration philosophy）」とも呼ばれている。

　ヨシカワ（Yoshikawa, 1987）によると，異文化適応過程は，接触（contact），崩壊（disintegration），再統合（reintegration），自律（autonomy），ダブル・スイング（double-swing）の5段階に分けられている。ダブル・スイングモデルはこの一連の段階の5つ目にあたる。

　最初の4つの異文化適応のプロセスは，以下のようにとらえられている。すなわち，異文化に出会った人々は，異文化という新しい現実に触れて（接触），興奮するとともに，文化の違いに圧倒され，カルチャー・ショックを経験する（崩壊）ことになる。自文化と異文化に挟まれ，疎外感を経験し，帰属意識を求め，アイデンティティの危機を体験しながら，困難な状況に対して解決策を見出す（再統合）。その後，視野がますます柔軟になり，新しい状況を新しい方法で解決する能力が身につき，自分の足で立つことができるようになる（自律）。ここまでのプロセスは，基本的にカルチャー・ショックやUカーブ理論など，異文化適応に関するそれまでに提示された先行研究の内容とそう違うことがない。

　しかし，ダブル・スイング段階の内容は上記の4つの段階を踏まえて，それまでの先行研究で言及されていない高度な段階を提示している。ヨシカワ（Yoshikawa, 1987）では，この段階に到達した適応者は，文化的な類似点と相違点の両方を受け入れ，そこからエッセンスを引き出すことができるようになると言及している。また，独立した存在でありながら，同時に相互依存の関係にあり，自文化だけでなく，異文化も受け入れ，両文化からの受益者になる。さらに，「我々 – 彼ら」という二元的な世界観を超越した，中間的な領域にいることにも

性質に言及してきた。社会的スキルのこの性質とともに，アーガイル（Argyle, 1967）は，社会的スキルが運動スキルと同じように，最初はできなくても，練習次第でできるようになり，さらに熟達していくものであると考えている。つまり，社会的スキルには，トレーニング（Social Skills Training，以下 SST とする）によって上達する可能性がある。中国人留学生の日本文化適応における対人関係のサポートに，この SST の活用が期待できる。

　毛・木村（2022）は上記の現状を踏まえて，2 つの SST のアプローチを融合させ，中国人留学生の文化共通のスキルと日本文化のスキル向上を目指す SST プログラムを作成した。アプローチの 1 つは「体験から人間関係を学ぶ」ラボラトリー・メソッドによる体験学習（Experiential Learning using the Laboratory Method，以下 ELLM とする）である。この方法は，参加者があらかじめ設定された構造的なプログラムを体験した後，プロセスを振り返り，体験から学ぶというアプローチとなっている。そして，もう 1 つは，吉田（2009）の提唱した異文化環境という文脈において新しい社会的スキルを習得する SST プログラムである。こちらのプログラムでは，「新しいルールを理解する」スキルや「文化的摩擦を理解する」スキル，さらに「新たなソーシャルサポートを獲得する，リラックスする」スキルの向上を目指している。ELLM では，文化共通の社会的スキルのトレーニングを目的とし，吉田（2009）の提唱したプログラムは，日本文化のスキルの向上を目指している。なお，毛・木村（2022）の用いたプログラムの詳細は表 6-4 のとおりである。また，プログラムの効果を評価するために，文化共通の社会的スキル尺度として，KiSS-18 と ACT を用い，中国文化と日本文化の社会的スキル尺度として，それぞれ ChUSSI と JICS を用いた。

　毛・木村（2022）の研究は，関西のある国立大学の大学院および大学に在籍している中国人留学生 22 名（男性 8 名，女性 14 名；平均年齢 26.37±2.58；日本滞在期間は 1.30±0.83 年）を対象（実験群）に，SST プログラムを実施した。プログラムにある 6 つのセッションを 1 週間間隔で合計 6 週間にわたり，大学の午後の授業終了後に実施した（1 セッションあたり約

なる。自文化での経験にも，異文化での経験にも焦点を当てることはなく，両者のダイナミックで対話的な相互作用を経験することができる。世界に対する開放性，感受性，反応性が高まり，違いや異変にますます興味をもつようになる。この段階は必ずしも異文化適応の最終段階や完璧な段階とはいえないが，高いレベルの知覚の成熟，開放性，バランスの取れた高度な段階である。
　ダブル・スイングモデルには，日本からの注目もあった。大坊（2007）によると，異文化適応のなかで異質と出会うことが多くなれば，一方の自文化から眺めての他の文化という仕切りは弱くなる。ダブル・スイング段階に達すると，人々は自文化からも，拮抗する異文化からも柔軟な視点を獲得し，適応するための知恵を得ることができるようになる。さらに，人々はどちらの文化にも基本となる軸足を置き，他方の文化にはゲスト的な関わりをもつのでなく，二元的な文化を超越した中間的な立場をとり，自文化と異文化の両者から総合的な視点をもつことができる。

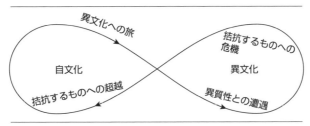

図　「ダブル・スイング」モデル―異質な世界への旅
（Yoshikawa, 1987）

表6-4　中国人留学生を対象とした日本文化的 SST プログラム

順序	レベル	テーマ（モジュール・プログラム名）	解説ポイント
1		・自己紹介 （自己紹介／第一印象）	・話し手，聞き手としてのスキル
		・自分の対人関係の認識 （対人関係地図）	・人間関係ネットの中で人と関わる／人に関わられる
		・購読資料（セッション後） 社会的スキルとは 人間関係とフィードバック ジョハリの窓	・社会的スキルが含むもの・特性 ・トレーニング可能性 ・自己開示・フィードバックの重要性
2	文化共通編	・言語／非言語によるコミュニケーション （一方通行／双方通行のコミュニケーション）	・理想的なコミュニケーション形態
		・視線の役割 （不思議な会話）	・表情の再確認
		・表情の表出・解読 （ミラーゲーム）	・コミュニケーションにおけるチャネル間の連動性
		・購読資料（セッション後） コミュニケーションのプロセスとその阻害要因	・最も効果的なコミュニケーションの在り方に気づく
3		・問題解決 （「ブックマートX」に行こう！）	・チームワークを作る ・組織の中の人間行動
		・購読資料（セッション後） チームワーク 組織の中の個人行動	・チームの特徴と働く原理の理解 ・組織と個人行動の関係に関する知識
4		・異文化環境下のルールを考える （国際会議のコーヒータイム）	・他文化の慣習を発見する ・異文化コミュニケーション展開の様相
		・購読資料（セッション後） コミュニケーションと異文化コミュニケーション	・自文化と異文化の違いを気づく，そして調整する能力の必要性を理解する
5	日本文化編	・異文化摩擦の解決法を身につける （D.I.E. 法）	・異文化環境下で誤解発生のメカニズムの理解 ・異文化をもつ相手の行動を自分と相手の双方から理解する方略
		・購読資料（セッション後） 文化と文化間摩擦	・文化普遍主義と自文化中心主義 ・中国文化と日本文化下の対人スキル
6		・新しいソーシャルサポートの獲得 （代替選択）	・自分をサポートする資源の重要性を理解する ・異国においてサポート資源の入手方法
		・ストレス緩和 （リラクセーションリスト）	・異文化環境下のストレスと表れ ・リラックスにつながる自己調整
		・購読資料（セッション後） 異文化への適応へ	・カルチャー・ショックへの理解（U字カーブ） ・カルチャー・ショックに乗り越える方法

ねらい （期待する向上領域）	コンテンツ
自己表現（話す，聞かせる），関係調整，他者理解，対人認知	グループを2つの作業班に分け，お互いに知り合うように班のすべてのメンバーと一対一で自己紹介をする。終了後，班ごとに自己紹介のプロセスでのコミュニケーションの問題点を話し合わせる。
自分意識／対人認知	自分と周囲にいる人々との間がどのような関係で結びつけられているかを図形化する。そのうえで，色塗りを通して，関係に対する感情を表現する。
社会的スキル概念の理解・参加意欲／モチベーションの高揚	社会的スキルの概念，人間関係の中のフィードバックの重要性，そしてジョハリの窓について資料を閲覧の形で理論から参加者に理解させる。
言語／非言語のそれぞれの役割 コミュニケーションの仕方の再認識 チャネルの役割 記号化／解読	ある図形を参加者の1人から他の全員に伝えさせる。1回目ではこの1人が他の成員とコミュニケーションができないように伝えてもらう。2回目に対話的な伝え方をさせる。2つの条件で起きたコミュニケーションの違いを話し合いを通して明らかにする。
非言語の表出・解読	「不思議な会話」では，2人で一組にし，条件を設けて，相手と会話させる（例，楽しいことを相手を見ないで話す）。
他者理解	「ミラーゲーム」では，2人一組にし，7つの感情（悲しみ，怒りなど）を相手に表出し，相手はそれを模倣する，当てるなどをさせる。
コミュニケーションの質を高めるためのチャネルの重要性に対する理解	コミュニケーションとは何であるか，どのようなプロセスをたどっているか，コミュニケーションがうまくいかない場合の要因を理論的に参加者に理解してもらう。
コミュニケーションの仕方，主張・抑制，リーダーシップ，計画，競争，組織に対する認識	4人一作業班に分け，それぞれ断片的な情報に基づき，口頭で情報を出し合って，作業班で規定時間内に1つの地図を完成させる。また，グループ間で競い合わせる。
協同作業におけるチーム・組織の中での要素と方法に対する理解	組織内の問題解決のプロセスに含まれる対人コミュニケーションの要素を理論的レベルから理解してもらう。
日本人のコミュニケーションスタイルの特徴の発見，日本文化にまつわるルールの発見，これまで自分のコミュニケーションの仕方と日本的コミュニケーションスタイルとの折り合いの付け方	参加者全員にあらかじめもともと互いに違う会話ルールを伝える。2人ペアを次から次へと組んでもらい，会話を展開させる。
日本文化環境下にある新しいコミュニケーションスタイルへの気づき	異文化への適応に関わるコミュニケーションスタイル変換に関する理論的な理解をしてもらう。
日本人との誤解を減らす，中国文化と日本文化での対人関係の特徴の理解，同じ行動の異なる解釈	D.I.E. 法に基づく異文化環境下での摩擦の分析例に習い，ある中国人留学生と日本学生との摩擦事案を分析する。その延長線上，普段各自感じている日本人の対人関係に対する違和感を参加者間で共有する。
文化現象を絶対視する視点からの脱却，多角度から異文化相手の行動を解読する	文化普遍主義，文化相対主義，文化間における誤解発生のメカニズムに関する理論を理解してもらう。
日本社会におけるソーシャルサポートへの理解とサポート資源の獲得方法	来日に伴い，失った自分をサポートするリソースをリストアップし，それに代替するリソースについて考え，記述する。参加者間で共有する。
ストレス緩和，自己調整，リラクセーション	大学や住まいの周辺にあるリラクセーション施設の共有，自分自身が使ったリラックス法をリストアップし，参加者間で共有する。
異文化環境下で発生しうるストレスの仕組みへの理解力	U字カーブ，カルチャー・ショックの現れる症状に関する理論的な理解をしてもらう。

1時間)。実験群に，SST の実施前，実施後および実施終了後3ヵ月の3時点に，前述した社会的スキル尺度を用いて，社会的スキルのレベルを測定した。一方，対照群として，関西の大学，専門学校および日本語学校に在籍している中国人留学生 252 名を対象とした。対照群には，プログラムを実施せず，また，社会的スキル尺度の得点は一時点のみのデータであった。

　実験群内における測定時期の比較（時期の要因についての分散分析），そして，実験群の各測定時期と対照群の一時点のデータとの比較（滞在期間と平均年齢を共変量とした共分散分析）という2種類の分析を行った。2種類の分析結果はいずれも，中国文化のスキル尺度 ChUSSI における4因子のスキルの得点に変化が見られなかった。これに対して，文化共通のスキルについては，「実験群内測定時期の比較」では ACT において，「実験群と対照群との比較」では KiSS-18 において，それぞれ得点の向上や有意な差が見られた。また，日本文化に関係するスキル尺度 JICS はどちらの分析の結果からも「自己抑制」と「対人感受性」因子に得点の向上が見られた。この研究で考案されたプログラムは留学生にとって異文化である日本文化に対する適応にある程度の効果を有すると考えられる。一方，トレーニングの持続効果については，「実験群内測定時期の比較」では ACT と JICS の「対人感受性」因子の実施終了3ヵ月後の得点は SST の実施前より有意に高くなった。また，「実験群と対照群との比較」では，実験群における JICS の「自己抑制」と「対人感受性」因子の実施終了3ヵ月後の得点は比較群より有意に高かった。このように，JICS の「対人感受性」因子は2種類の分析のいずれにおいても持続効果が確認されたが，それ以外の尺度では，分析の種類によって，バラツキがあった。プログラムは，参加者の文化共通および日本文化的スキルに対して，SST 直後に効果をもたらすが，SST 終了後3ヵ月後においては効果が減少していると言わざるをえない。

　この毛・木村（2022）による研究は，持続効果が限定的なものであっても，具体的かつ現実的な適応の問題を抱えている中国人留学生を取り上げて，日本の文化的スキルを向上させるプログラムの作成，トレーニングの実践，そして効果の検証を果たしたという点では重要である。このような実践を，留学生の人数規模において最も大きい中国人留学生を対象により広く普及させれば，彼らの日本人に対する理解を早い段階で深めることができ，その後のコミュニケーションがもっと円滑になると予想される。多文化共生をはからなければならず，日本社会がより多くの異文化出身者を受け入れていく時代に，この研究で得られた効果を，日本にいる他の文化出身者に適用することもできると考えられる。

［2］中国にいる日本企業の海外勤務邦人を対象とした異文化適応の取り組み

　1980 年代から始まった中国の改革開放政策により，多くの日本企業が中国に進出し始めた。さらに，2000 年代の中国の経済高度成長に伴い，日本と中国の間での経済交流や文化交流は，それまでにない活況を呈している。中国に進出している日系企業の数は3万社以上を数える（外務省，2022）。日本の海外進出企業数のうち，この数はその他の国への進出数を圧倒して1位であり，アジア全体の日系企業5万社の6割強を占め，世界全体では7万社の4割を占めている。それに伴って，留学や駐在・赴任などを目的として，中国に長期滞在する日本人（海外在留邦人）は 10 万人（外務省，2022）にも上っている。この数は日本の海外在留日本人数の8％を占めており，米国における在留邦人数に次いで2位である。

　前述した日中両国の対人関係のスタイルやコミュニケーションの仕方の違いは，日本にいる中国人留学生と同様に，中国にいる在留邦人にも，適応の難しさをもたらしている。在中国の日本企業社員と現地中国人従業員の間（西田，2007）や，日常生活での一般的状況（園田，2001）などのさまざまな場面で，対人トラブルが発生したり，日本人が対人ストレスを抱えたりするような状況が少なくない（西田，2007）。また，労務管理の観点から行われた調査（古沢，2011）は，北米と比べて，中国に派遣された日本人社員を対象とする生活面や現地の文化，

価値観などといった異文化適応に関する研修の実施頻度が少ないことが明らかとなっている。このような状況から，海外在留邦人の円滑な中国文化適応をどのように促進できるかを考えることは重要な社会的意義があるといえよう。さまざまな方法のうち，異文化適応トレーニング（Cross-Cultural Training: CCT）も1つの重要な選択肢となる。CCT は「異文化に滞在する者が滞在国の文化を理解し，その文化における日常生活上の適切な慣習を取り入れる」異文化適応（山田・トンプソン・トンプソン，1994）のためのトレーニングである。シットら（Sit, Mak, & Neill, 2017）は，それまでにあった CCT を，「訓示的（Didactic）」「認知的（Cognitive）」「行動的（Behavioural）」「認知行動的（Cognitive-behavioural）」という4つのタイプに整理している。このうち，「訓示的」タイプは，文化間の移動者に，心理的教育，該当地域の地理・政治に関する知識，そして対人関係および生活に関する知識を提供する「訓示的教示（didactic teaching）」である。このタイプには，いくつかの種類があり，なかには，シミュレーションでの体験を導入している場合もある。シミュレーションと講義の双方から得られた体験と知識によって，異文化に対する心構えを速やかに形成することができる。バウクら（Bhawuk & Brislin, 2000）は，介入の直接性，効率性，経済性，効果性において，訓示的教示は CCT の中で最も優れているアプローチであると評価している。なお，上記の4つのタイプのうち，「訓示的教示」以外の3つは，異文化適応のプロセスに何らかの問題を抱えている人々を対象にした問題解消のトレーニングであると解釈できる一方で，訓示的教示については，より教育的・予防的な観点からの取り組みであるといえる。

以上の背景を踏まえて，毛・清水（2019）は，この「訓示的教示」を用いて CCT の実践を試みた。「日本人の中国文化適応に向けて」と題するセミナーに参加した中国・大連に赴任している日系企業の日本人会社員12名（男性：6名，女性：6名，平均年齢36.5±15.07）を実験群とし，異文化におけるコミュニケーションと中国の特徴的な対人関係に関する知識を盛り込んだセミナーを開催した。セミナーの前半（約1時間）では，「国際会議のコーヒータイム」（毛，2016；吉田，2009）という参加者が互いに異なるルールに従って会話するエクスサイズを体験するシミュレーションを行った。異文化状況下において，相手のルールを認識し理解し，そして相手のルールと自分のルールをどのように融合すれば両者の調和が達成できるかを参加者に体験させた。セミナーの後半（約1時間）では，中国に特有な対人関係の特徴について講義を行った。講義では，文化心理学の観点から，日中の対人関係における相違点，とりわけ，前述した「人情 - 面子理論モデル」（Hwang, 1987; 園田, 2001）に基づき，「面子」，「人情」，「関係」を中心とした中国人の対人コミュニケーションの特徴について参加者に伝えた。また，日本人と中国人の対人距離の取り方や会話時の視線・うなずき・表情などといった社会的スキルに関する違い（木村・毛, 2013a, b）についてもレクチャーした。他方，統制群（8名，全員男性，平均年齢37.6±10.24）には，「駐在員たちの体験談」と題する座談会（1時間）を開催した。日本人同士による中国での勤務経験を語り合うことを目的とした。

CCT の効果を検証するために，セミナーで使用した内容に基づいて構成される9項目からなる「異文化・中国的対人関係知識尺度」を用いて，セミナー・座談会にて参加者から事前事後データが収集された。事後評価得点を従属変数とし，群（実験/統制）を独立変数とし，事前評価得点を共変量とした共分散分析を行った。その結果，9項目の合計点に，事後評価は，統制群よりも実験群の得点が有意に高かった。この分析の結果は尺度を構成するいくつか個別の項目（他者とのコミュニケーションや異文化コミュニケーション，そして人間関係を円滑にする社会的スキルについての知識の得点，さらに，中国文化における他者と対人関係を形成するのに中心的な概念である「面子」に対する理解度）にも反映されている。

これらの結果を踏まえて，毛・清水（2019）の研究で考案されたセミナーの内容は，中国に滞在する在留邦人の異文化適応および中国文化の行動様式に対する理解を促進していると考え

られる。つまり，訓示的教示アプローチの効果が裏づけられたといえる。

6.　おわりに

　本章では，限られている紙幅の中ではあるが，文化のとらえ方や異文化理解と適応，さらに，東アジア地域における中国と日本の文化的・社会的スキルおよびそれをベースとする文化的社会的スキル・トレーニング，あるいは異文化適応トレーニングについて，先行研究を取り上げながら，概観した。

　21世紀の世界はオープンな世界，ボーダレスな世界，そして，文化大融合の世界と言われている。グローバル規模でさまざまなことを見る必要がある。その意味では，本章で言及した日中間の異文化適応はグローバル規模のうちの一端に過ぎず，「多文化共生」の「多」にも及んでいないかもしれない。他方，「多」になるために，「一端」の事例を多く集める必要がある。この「一端」を通して，自文化に対する理解にとどまらず，他文化に対する理解を深めることによって，初めて自他の両側の視点取得ができるようになる。これによって多文化で共に生きるためのスタートラインに立つことができるようになる。

第7章

外見のコミュニケーション

鈴木 公啓

　われわれは，身体を有して存在している。身体は自己の一側面であり（James, 1982），つねに自他の目にさらされ続けている。社会において，この身体と身体でコミュニケーションをおこない，われわれは人としての営みを続けている。自他の目に映り，場合によっては触れることもできる身体の外観を工夫し加工することによって，われわれは何かを他者に伝え，そして受け取ることが可能となる。身体の外見を工夫することにより，社会の中に自己を位置づけることが可能となる。ただし，その工夫は必ずしも社会に適応的なものであるとは限らない。また，社会からあえてはぐれるように自己を位置づけることもあろう。そこには，自己のアイデンティティと社会への適応，そしてそのせめぎ合いが存在する。本章では，自己の外見というものが，社会でどのように呈示が試みられ，そこにどのようなアイデンティティの構築の試みがなされているのか，外見というコミュニケーション手段の特徴とともに再確認していく。

1. 身体の外観と装い

　身体の外観は何かしらの加工が施されている。どのような時代であっても，どのような文化であっても，人は必ず何かしらを身に着けており，完全な裸で生活をおくることはない[1]。生まれたばかりの乳児でさえ，すぐに産着に身をくるまれる。また，死後も死に装束を着せられることになる。つまり，裸でないこと，身体に何かしら身に着けているということが人の標であり，そして社会の一員であることの標ともなる。装うことによって，集団社会に組み込まれる（Turner, 1984）のである。

　装いの選択は，社会の影響を受けずにおこなわれることはない。時代や文化によって異なるとはいえ，その社会で善しとされる装い，美しいとされる装い，そして場面や慣習により推奨される装いなどが存在し，それを参照して装いはなされる。たとえば，流行のファッションを身にまとえば，他者から肯定的評価を受けることもある。一方，規範をはずれた装いは，社会から排斥されることにつながる。たとえば，会社の面接にTシャツと短パンで臨んだり，葬式

1　裸族といわれる人達はいるが，紐を腰に巻くなどはおこなわれており，まったく何も身に着けないわけではない。身体に何かしらを着けることによって，文化を有するヒトであるということを意味するところとなる。

に部屋着で臨んだりする人は，非常識と判断されることになり，他者とのその後の関係性に大きな軋轢を残すこととなる。

　時代と文化によって何が許容され何が許容されないかは異なってくる。その時々の社会を理解し，どのように自分を位置づけるかを思案し，その目的に合わせて装いを選択するということが日々おこなわれている。われわれは，社会を読み取り自己を装いによって調整して社会に位置づけているのである。

　装いは，広義には「様々な道具や手段を用いて自他の身体もしくは自他の所有物を整え飾り外観を変化させること，およびその結果としての状態」と定義される（鈴木, 2020）。そして，装いには外観変化のあらゆることが含まれる（例, Demello, 2007; 鈴木, 2020）。たとえば，化粧品の塗布による（狭義の）化粧，衣服（被服）を身に着けることによる服装（着装／衣装），アクセサリー（装身具）を身に着けることによる着装などがある。さらに，整髪・染髪，爪の加工（手入れ），日光浴などによる日焼け，ピアッシング，瘢痕文身（scarification），刺痕文身（tattoos: イレズミ），美容外科手術（通称，美容整形手術）による変化，歯科矯正による変化，痩身希求行動（ダイエッティングなど）やエクササイジング，そして，ボディビルディングによる体型変化もある。纏足，首輪で引き伸ばされた長い首，涅歯（お歯黒）など，現代日本では基本的には見かけないようなものもある。このほかにも，近年は新しいツールと技術による装いが，アーティストなどを中心に生み出されている。さらに，しぐさや言葉といったものも，装いに含まれる（鈴木, 2020）。装いの種類を概観すると図7-1のようになる。多様な種類が存在することが確認できるであろう。

　これらの装いには，身体管理機能や社会的機能，そして心理的機能などが存在する（鈴木, 2020）。この，社会的機能と心理的機能が，コミュニケーションとしての装いを考えていくう

コラム 6
顔は変えられる

鈴木 公啓

　顔は変えることができる。これは，大きく2つの内容を意味する。1つは，実際のその人の顔そのものを何らかの手段で変えることである。もう1つは，その人を映し取った何かを何らかの手段で変えることである。それぞれ順に見ていこう。

　自分の顔を変える

　まず，その人の顔を変えるということについてである。化粧などの装いによって素顔を整え飾ることは比較的日常的に行われているものである。また，いわゆるプチ整形や美容整形，脱毛といった装いにより，身体に直接加工を施し，化粧などで変容可能な範囲を超えた変容を顔にもたらすこともある。顔は人に特に見られる部位であるがゆえに，多様な手段で多様な状態へと変化させる試みがなされる。

　そして，顔を変えることによって，自他に対する多様な効用を得ることとなる。自分がどのような人物であるのか，柔らかい印象かそれとも固そうな印象か，おしゃれな印象か地味な印象か，さまざまなタイプの印象を顔の装いによって相手に伝えることができる。まさしく，非言語的コミュニケーションである。また，自分がどのような人間かといったアイデンティティを確認したり，もしくは，気分を引き締めたり高揚させたりすることができる。心理的健康にも結びつくものである。

　なお，顔を変えるという場合には別のもう1つの方法もある。それは表情である。難しそうな顔をする，明るい顔をする，実際の心理的な状態はともかく，さまざまな表情をすることができる。嫌いな相手に対しても微笑みで接したり，相手のためにあえて怒った表情をすることもあるであろう。感情労働などにおいて顕著であろうが，日常においては表情が自然と現れるだけではなく，表情をつくるということもなされている。土台の顔の形，そして装った姿の上に表情というものが重なり，コミュニケーションがとられていく。

　画像上の自分の顔を変える

　次に，画像上の自分の顔を変えるということについてである。日常において，スマートフォンで撮影した写真

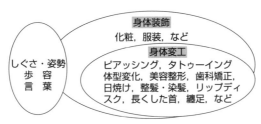

図 7-1　装いの種類（鈴木, 2020 をもとに改変）

えで重要な機能となる。

　社会的機能は，装いによって，所属する集団を自他に認識させたり，身分や立場を表したりといった働きである。このような装いによる区別は，多くの文化で確認される（Ross, 2008）。一般的に，多くの文化において装いは身分や立場と対応していた。特に伝統的な部族社会ではそれが顕著であった。特定の装いをおこなえる（おこなう）のは特定の立場の人に限られ，その社会にいる限り，その人がどういう立場か第三者から見ても明確となる。

　心理的機能は，自他の心理面への影響を生じさせる機能である。主に，「対他的機能」と「対自的機能」という 2 つの心理的な働きがある（鈴木, 2022）。対他的機能とは，装いの結果を他者の目を通して他者が認知することによって生じる働きであり，他者が魅力的と評価したり，個性的と評価するなどの効用を生じさせる。対自的機能とは，装いの結果を自分の目を通して認知することによって生じる働きであり，気分が高揚したり，自信が向上したり，自己充足感が生じたり，不安が低減したり，また，それによって積極的な行動をおこなうようになるなどの効用を生じさせる。

　を加工したり，プリントシール機（いわゆるプリクラ）で加工したり，証明写真機で加工したり，といったことがなされている。以前は週刊誌の表紙の写真や看板の写真など，モデルの写真をプロが加工するということが行われていた。しかしそれは，限られた対象に特殊なスキルによって施されることであり，目にすることはあっても自身で体感するものではなかった。しかし今は，一般の人が手軽にいつでも行えるようになってきている。たとえば，誰でもスマートフォンを使用して肌や目の大きさやその他もろもろを自由に加工できる。つまり，自分の顔を変えたものを手軽に見ることができる状況となっている。なお，加工した顔はインターネット上にアップされることで，変えた顔が社会に共有され，変えた顔でのコミュニケーションもとられていく。

　この，顔を写した画像を加工するということは何をもたらすのであろうか。まずは，ただでさえ曖昧な自己像（身体像）をある特定の方向へ誘導するということが考えられる。たとえば，写真上で目を大きくすることによって，自己像がそれに引きずられていく。それを繰り返すことにより，変化させた自己像が本当の自分という認識になり，そのような加工を施さない素の自分のことに不満を抱いたり，それをないものとしたいという欲求が生じる場合もありうる。際限なく理想像は揺らぎ，そしてそれに向かう行動が随伴し続け，同時に自己像も揺らいでいく。

　さらに，他者の素ではない加工した顔を見る機会も多くなっている。今や，SNS 上で直接には面識のない多くの人の顔，しかも加工後の顔を目にする機会が多くなっている。知人の写真であれば加工の存在や程度が把握できるにしても，SNS 上でしか知らない相手の素の状態は知りようがない。そのため，加工された顔が，「他者」の基準値となっていく。そうすると，美の基準や理想などもその影響を受けることになる。最終的に，その他者の加工された顔，つまり現実ではない顔との比較により，自身の顔に不満をもつということが生じうる。社会的比較の対象が，架空の顔になっているというわけである。先述のように，以前も特殊な対象や媒体における加工は施されていたが，その心理的距離の大きさや接触頻度の小ささゆえに，影響力は限られていた。しかし現在は，SNS にアクセスすれば大量にそして（比較的）身近に感じられる対象が，加工された顔を見せてくる。心理的距離の小ささと接触頻度の大きさゆえに，比較する他者として無視できない影響力を有することになる。

　このように，互いが加工した顔を見せ合うということは，今後もしばらく（ずっと？）続いていくことであろう。そのことが，顔の意味をどのように変えていくのか，非常に興味深いことといえる。われわれの顔はいったいどこに向かっていくのであろうか。

　この社会的機能そして心理的機能の１つである対他的機能には神山（1996）の「情報伝達機能」や「社会的相互作用の促進・抑制機能」が対応し，心理的機能のうちの対自的機能には同じく「自己の確認・強化・変容機能」が対応しているとみることもできる。ともあれ，われわれは，装いによって自分がどのようなものであるか確認し，そして，社会に情報発信し，それをお互い読み取って日々を営んでいるといえる。

2.　コミュニケーションにおける装いの位置づけ

　装いはコミュニケーションの形態の１つとして位置づけられてきた。対人的なコミュニケーション・チャネルは，言語的（verbal communication）と非言語的（nonverbal communication）に分類され，さらにそれらは細かく分類されている（図7-2）。ここで，装いは「人工物（事物）の使用」が主に該当する。装いは非言語的コミュニケーションの１つであることが確認できる。なお，身体動作なども装いに該当するが，ここでは装いの特徴を明確にするために，人工物（事物）の使用に焦点を当てて議論を進めることとする。

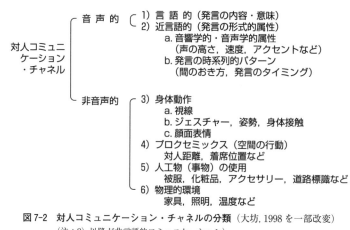

図7-2　対人コミュニケーション・チャネルの分類（大坊, 1998 を一部改変）
（注：2）以降が非言語的コミュニケーション）

　さて，化粧や服装や装飾，はてはタトゥーイングや美容整形といった装いの使用は，他のおもだったコミュニケーション・チャネルとどのような違いがあるのであろうか。そして，そもそもコミュニケーションとしてどのような特徴があるのだろうか。ここでは，コミュニケーションとしての装いについて概観してみたい。

　発話であれば，基本的には向けられた相手に対してメッセージを伝える意図が存在し，そして，メッセージが伝わる。しかし，発した言葉は発話とともに消失し残らない。もちろん，その言葉を聞いた他者は，発話内容を思い出すことは可能ではあるが過去の記憶の一部でしかなくなる。また，その言葉は，そこにいてそれを聞く人ができた人にのみ届き，普通は，伝えようとした対象から遠い人には伝わらない。そのため，たとえば流行を追うのが好きだということを他者に伝え続けようとした場合，それをずっと大きな声で周囲に聞こえるように言い続けるしかない[2]。

　しかし，人工物は言語や近言語，そして身体動作などと異なり，形として存在し，かつそれが持続するという特徴を有する。さらに，言葉よりも広い範囲まで届く。ある衣服を身に着け

2　もちろん，音声を録音すれば繰り返し再現できるため，他の人も後から発話を確認できるであろう。また，電波に乗せて広い範囲に届けることもできる。しかし，効果は永続的ではなく，認識され続けるのは難しい。

ていれば，それは着替えるまでずっと継続し，つねに他者にメッセージを伝えることができる。そしてそれは，特定他者だけではなく，生活場面においてその対象を目にする人すべてに伝えることができる。

　逆に，その場その場で調整することは基本的にはできない。つまり，他者に特定の印象を与えようとする自己呈示（例，Leary & Kowalski, 1990）の切り替えができないということが生じる。カジュアルな服装でいたものの，流れでフォーマルな場に向かわなければならなくなった場合，もしくは，思いがけずに大事な対面場面に向かわなければならなくなった場合（友達と遊んでいたら片思いの人が急に合流することになった場合なども），簡単に切り替えることができない。せめてメイクのタイプを調整したり，アクセサリーを身に着けたり外したりするぐらいはできるかもしれないが，衣服は変えるのが難しく（不可能ではないがコストがかかる），全体的に，基本的には調整に限界がある。装いは，一度設定した内容を容易に変更・修正しにくいことから，装いにより伝わる内容とその時発したい内容が一致しないという問題が生じうる。

　そうなると，継続して発信されたものが，ある場面においてふさわしくないものと見なされ，社会から受容されなくなるということが生じる。つまり，その状況が変わることによって，自己の表出がうまくいかないということが生じる。言葉やしぐさであればすぐに調整できても，人工物の装いの場合はそれが難しい。

　なお，装いも発話などと同様に，ノイズにより記号化と解読のミスは生じうる。記号化とは送り手が頭の中にある伝達したい情報内容を言語記号や非言語記号に変換することであり，解読とは（記号化による記号の集合体である）メッセージの意味を解釈することである。そして，ノイズとは，コミュニケーションを妨害するものである。コミュニケーションプロセスのさまざまなところで生じるものであり，物理的なものや心理的なものなどがある（深田, 1998）。

　このノイズにより，装いにおいてもコミュニケーションの失敗が生じうる。おしゃれと思った装いが必ずしもそう受け止められないという事態もありえるし，異国の装いのルールがわからなくて失敗することもありうる。これは，知識の不足というノイズなどによるものである。このようなことからも，装いがコミュニケーションの1つであることが再確認できる。新しい文化や社会に入った時に，言語がわからず苦労していても次第に話せるようになってくるのと同様に，装いなどの外見の整え方飾り方も，その文化や社会におけるルールをしだいに把握し適切に装うことができるようになる。ただし装いの場合，規範が明示化・明文化されないことが多いため，問題に気づきにくい可能性はある。

3.　外見と社会：規範と拒絶

　現在は，それなりに自由に装いを選択することができるが，少し前までは，今のように自由な装いを選択することが難しかった。もちろん，技術の発展によるアイテムのバリエーションの変化や経済力の変化などもあるが，それ以前のこととして，先述のように役割や立場，階級，そして部族によって，おこなえる装いが規定されていることが多かったのである。

　たとえば，タトゥーイングであれば，部族によってそのデザインが決まっており，他の部族のものを施すことはできない。それは，属する部族のデザインのタトゥーイングをおこなうことによって，集団アイデンティティを確認するのみならず，他者に対して自分がどの部族に所属しているかを明確に伝えるメッセージになるからである。もしここで自由にデザインを選ぶことができるとなると，個人的な心理的効用（たとえば自信がついたり積極的になったり）はともかく，集団アイデンティティは不明瞭になり，そしてなによりも，他者からはどの部族に属しているのか正確に判断できないこととなる。このことは，社会の混乱を招くことにつなが

る。したがって，そのような社会では自由なタトゥーイングは許容されないものとなる。

　また，日本には以前涅歯（お歯黒）という装いがあったが，江戸時代であれば，その時期や場所によって多少の違いはあるにしても，基本的には既婚女性が施したものであった。そして，本人の希望でおこなったりおこなわなかったりできる類いのものではなかった。そのため涅歯は，第三者に当人が結婚しているというメッセージを発することになる。何も標がなければ，男性がアプローチしたら既婚者であったというトラブルが生じうるが，涅歯により他者が明確に既婚・未婚を判別できれば，余計なトラブルは避けることができる。このように，社会によって規定されるからこそ，どのような身分であるか，どのような仕事をしているか，どこに所属しているのか，既婚か未婚かなど，発する側と受け取る側が問題なく適切にコミュニケーションをおこなうことができる。

　しかし，現在では，装いは社会ではなく個人の側に選択するパワーが移ってきている。女性の化粧については，ターナー（Turner, 1984）がその旨のことを述べているが，女性の化粧に限らず，装い全般において同様のことが生じているといえる。今は，化粧や服装，着装，またはタトゥーイングや美容整形により自由に自身の外見を変えるといったことをおこない，自身がどのような人物であるのかを他者に伝えることができる。おしゃれである，かっこいい，怖い，だらしないなど，本人の意図するところまたは意図しないところで発信がなされ，そしてそれを他者が解釈しさまざまな印象がそこで形成される。もちろん，ある程度制限がかかることもある。たとえば高校生であれば制服を着なければいけなかったり，化粧が禁止されていたりということもある。しかし，住んでいる場所によって決まったタトゥーイングをしなければいけないといったことはない。日常において，普段着る服の素材や色やがらには制限は少なく，自由に好きなものを購入し着装することができる。荒川（2023）が述べるような装いによる自己ブランディングがそこでおこなわれ，他者との差別化を意識しつつ，現実自己を理想自己に近づけるということがおこなわれている。

　この自分で選択するというところには，アイデンティティの構築や表出という機能があり，また，高揚感などの気分の変化なども生じうるものとなる。個々人で選択するからこそその効果が認められるといえよう。もちろん，部族の標を身体に刻み込めば，その集団の一員としてのアイデンティティは構築されるであろうし，高揚感もあるであろう。しかし，自身の選択ということによってもたらされる独特の効果もある[3]。

　とはいえ，個々人の選択であるからこそ，コミュニケーションに問題が生じうる。発信側と特に受信側がどのように認識し，それがどの程度共通のものであるかによって，伝達の安定性が変わってくる。発信する側と受信する側の認識が共有されている場合は比較的ノイズは少ないものとなる。たとえば，お歯黒は既婚女性がするものであるという共通認識が存在すれば，発信の側も受信の側も，基本的には間違いが生じない。しかし，そのような共通認識がなくなってくると，発する側が意図していない内容で受信するということが生じる。たとえば，未婚であるからと振り袖を着ているのに，規範を知らない人であれば，未婚者だと判断できないことになる。また，おしゃれとしてピアスをしているのに，受け取る側が反社会的な標と受け取ってしまうことがあるかもしれない。これが，装い選択が自由になった代償といえる。そうなると，むしろ社会や相手の視線をより意識し，気をつかって，装いを選択する必要も生じてくる。つまり，自由になったはずなのに，むしろ自由がなくなってくるということが生じる。制服がない学校に通う生徒が，制服があった方が楽だと感じるところにも，同様の問題が背景にあると考えられる。どのような装いをおこなうか，どのような外見であるか，その理由は個

3　もちろん，そもそも自由に選択したと認識されるものであっても，社会に規定されているものの中の選択であり，完全に自由ということはない。好きなメイクをしたとしても，使用した化粧品が流通している社会，そして，メイクのタイプに影響を与えたメディア等の存在する社会，といった当人が生活している社会の影響から逃れることはできない。

人に帰せられることになり，責任を負う必要が生じる。

　外見の呈示の仕方は，社会から規定されるものでもあり，今も新しい規範がつくられ，それによって人は縛られている。それは，現代の日本であれば痩身体型であったり，引き締まった体型であったり，大きな目であったり，ツルツルの肌であったり，はたまた，ふさふさの髪であったり，そして，歯並びの良い歯であったりと枚挙に暇がない。これは，規範が明確に構築され，明示され，そしてそれに従う圧力が生じているわけではない。社会に漫然と存在し無視できない力で個人へと圧力をかける。絶対的に従わなければいけない規範であるわけではないがゆえに，つまり，自由が一見残されているがゆえに，選択するかしないかがシビアに判断される。そして，同調圧力により，曖昧な規範を自らに当てはめるということも生じる。

　たとえば，本来は脱毛するしないは自由であり，必ずしも全員がしなければいけないようなものではない。しかし，脱毛することが良いこととされ，脱毛しないことが変わり者・逸脱者扱いされうる社会になる可能性はゼロではない。結局個人の選択という体をとりながらも，社会規範に沿うことが暗黙のうちに強制される。そのような社会でそうした規範に沿った行動をとることは，自分は所属するはずの社会における規範（たとえば流行の場合もある）を読み取っていること，そして読み取ってそれに合わせているということをアピールすることになり，ひいては社会に受け入れを求めていることになる。その場合，その規範に合わせられない者，自由な選択をおこなった者は，社会から排斥されうる可能性を有することになる。このように考えると，コミュニケーションなどと同様に，装いの選択や呈示は社会的スキルの1つということが可能であり，どのように自分を社会に位置づけるか管理していくということと切り離せないものとなる。

　一方，あえて社会に対して規範に沿わないことを装いにより発信する場合もあるであろう。過去の“不良”の象徴のピアスであったり，過去のヒッピーの服装であったりと，多くの例がある。これは一見，自由な選択のようにも見えるし——実際，自由な選択ではあるのだが——社会においてピアスを良くないものとする規範が存在するからこそ，ピアスをするという行為が意味をもつものとなる。もし，社会の側に規範がなくて，皆が共通認識していない場合，ピアスによる反抗のアピールはなりたたない。

　また，限定的な場面による装いの規範も存在し，それによって個々人の装いが規定される。たとえば，病院に行くときにはあまり派手な服装はしないであろうし，お葬式であれば喪服で行くであろう。面接場面ではスーツのことが多いであろうし，バカンスに出かけるのであればラフな格好で行くであろう。その暗黙の規範を無視すれば，その場にいる人達から非難されることとなる。つまり，社会から拒絶されることになる。実際には規範が明示されることが少ないということもあり，空気を読みながら（つまり，規範を読み取ろうと気を遣いながら）われわれは日々の装いを選択することになる。たとえば，今日は取引先の人と会うかもしれないしそしてその人は上下関係に厳しい人かもしれないから保守的な服装でよいかも，といったことを考え，そしてそのような服装で家を出るかもしれない。

　同時に，見えない基準に合わせて変化させることによって，自己が曖昧になることも考えられる。そもそも人は自分の姿形を明確に認識できているとは限らない。その曖昧なものを，装いによって（同じくあいまいな）理想に近づける営みがおこなわれている。その装いによる自己の変化は，多分に危険性をはらむものとなる。たとえば，社会による規範，そしてそれに連動した理想が変化することにともない，自己の向かう方向を次々と変化させなければならなくなる。そうなると，自己がどこに存在しているのかも不明瞭なものとなる。美容整形施術を繰り返し受けているような場合などはそれに該当するかもしれないし，そこまでではなくとも，めまぐるしく入れ替わる流行を追って疲弊することもあろう。

4. 社会に存在する虚実入り乱れた外見

　外見は社会が保有するものとも考えられてきた。携帯電話のカメラ機能が普及するまで，人は日常の自身の顔や姿をそれほど頻繁に明確に確認することができなかった。だからこそ，たまに撮影した自身の写真に対して違和感を抱くことがあったのだといえる。他者の方が，当人の顔や姿を目にすることが多く，他者の側にむしろ当人の姿が保有されていたともいえる。

　しかし近年は，自由に自身の姿をいつでも本人が明確に確認できるようになった[4]。そして，その姿はやはり他者に共有されることが多い。撮影した写真を SNS 等にアップすることにより，一層，自身の姿は他者が認識するものとなる。しかも，当人が直接知らない人にさえも認識されるものとなる。自己の姿が広く社会に保有されることになる。

　そして，話はそれだけでは終わらない。SNS で共有される際に，外見の加工が施されることがある。それは決して珍しいことではない。本人の姿形そのものではないものが他者に共有され，A' とでもいえるものが社会に存在することになる。もちろん，極端すぎて元の人物と紐付かないくらいになってくると話は変わるが，そうでない範囲であっても，当人そのものではない姿が当人の姿として社会に存在し，その姿を介してコミュニケーションがおこなわれることになる。そして，場合によっては，そのコミュニケーション相手も，実際の姿とは異なる姿として存在し，A' と B' によるコミュニケーションがなされることになる。

　それでは，そこで生じているコミュニケーションは，A と B によるものと本質的に異なるのであろうか。リアルでの付き合いがあるか，相手が誰か判明しているのか，裏アカなどで別キャラとして振る舞っているのか否かなどによっても異なってくるであろうが，少なくとも，社会において実際と異なる自己同士のコミュニケーションが成り立っているのだと考えられる。なお，このコミュニケーションは，多様な場面における自己呈示の多様性と対応しているとも考えられる。しかし，アイデンティティの脆弱性に関わる可能性もある。それは，外見という自己の主要構成要素そのものを変容させているからである。

　さて，このような半仮想とでもいえる自己のコミュニケーションがさらに極まったものが，次のようなコミュニケーションであろう。その1つが，空間の断絶を前提として現実生活とは異なる衣装による（別な）自己におけるアイデンティティの表出がおこなわれる場合である。そしてもう1つは，バーチャルな空間における，現実に束縛されないですむ（別な）自己の表出がおこなわれる場合である。もちろん，それらは表出の場面によって，また文脈によって，制限の程度は異なってくるが，基本的には現実と切り離された自由な表出が可能となる。それぞれ，簡単にではあるがみていきたい。

　1つ目はコスプレである。コスプレとは「漫画やアニメ・ゲームの登場人物，芸能人や実在する職業の衣装を身にまとい，変装・変身すること」（コミケット, 1999）である。そして，コスプレで表現し楽しむ人たちのことを，コスプレーヤー（レイヤー）という。レイヤーは，アニメやマンガなどの登場人物などの中からコスプレする対象を決め，自作した衣服やウイッグ，カラーコンタクトレンズ，そして小道具などを身にまとい化粧をおこなうことにより，対象へ自身の姿を近づけていく。装いの力を借りて自身を対象へと変化させる。

　コスプレは仮装とは異なる。一般の人の仮装においては，そのままの自己として普段と異なる格好をして友人と非日常を楽しみコミュニケーションの幅を広げているという特徴がある。しかし，レイヤーのコスプレにおいてはマンガやアニメのキャラクターや世界観を忠実に再現することを重要視し，そして，普段の自分から完全に切り離された別のキャラクターになる

4　これは，科学技術の発展によってもたらされたものといえる。時代を遡ると，鏡で自身の姿を見ることができるようになったことも同様のインパクトであったであろう。

（なりきる）という特徴がある。撮影会やコスプレイベントといった機会には，複数のレイヤーが集まって撮影や交流を楽しむことがあるが，その際，同じ趣味や世界観をもつ他者と独自のルールのもとで異なった自己として交流することを楽しむ。その際，レイヤーの多くは，「コスネーム」という仮名を用いて本名や普段の生活と切り離したうえで活動をおこなう。そのため自分ではない対象になりきることができる。

　日常において生活をしているAではなく，撮影会やコスプレイベントなどのコスプレの場におけるXという存在として自己（の別物）を呈示し，他者も，Xに対して対応する。そこには，Aが存在しない形でのコミュニケーションがなされることになる。もし，コスネームではなく本名で声をかける人がいたり，プライベートについての話をしてくる人がいたとしたら，それはルール違反であり，コミュニケーションを成り立たなくさせるだけでなく，世界を破壊するというレベルの問題を生じさせる[5]。ルールを守るからこそ，自分ではないキャラクターになり他者とコミュニケーションをおこなうということが楽しめる。そこには，装いによる外見の変化という要素は欠かせない[6]。

　そして2つ目は，バーチャル・リアリティ（VR）という場である。VRでの自己の表出も，コスプレ同様，もしくはそれ以上に，従来のコミュニケーションを超えたコミュニケーションを可能にする。VRにおいては，システム上の可能な範囲で自由な外見になることが可能である[7]（コラム7も参照）。しかも，現実の性別でない性別の外見や，人間以外の生き物（動物，怪物，妖精，宇宙人など）の外見も選択できる。はては，人工物や物体の外見を選択することも可能である。つまり，身体そのものから普段と異なる自己になり，また，それにともなう自由な装いも可能となる。

　自身の外見が変わるということは，自己が変わるということであり，自己認識の変容により振る舞いや発する言葉も変化しうる。たとえば，男性が女性のアバターになった場合，話し方は変わるであろう。現実よりも高齢の老人になったりロボットになったりすれば，やはり話し方は変わるであろう。自己認識の変容により，コミュニケーションが変わってくる。

　さらに，外見が変われば，他者側の関わり方や話しかけ方も変わるであろう[8]。男性に対する話しかけ方と女性に対するそれは異なる可能性があるし，ロボットに対するそれと怪物に対するそれも，また変わってくるであろう。つまり，異なった外見であることで，双方の認識が異なるものとなり，そして，リアルと異なるコミュニケーションが生まれる。そもそも，VRはリアルを切り離してのコミュニケーションが可能であるが，外見が変わることがそれをさらに増大させる。外見の自由度が高いがゆえに，普段のコミュニケーションとの違いも大きくなり，自由なコミュニケーションが可能となる。そこでの自由は，心理的に大きな影響を生じうる。

5.　自己に対するコミュニケーションとしての外見

　言葉のコミュニケーションには内言というものがある。自分自身のための内的言語であり思

5　日常生活であっても，葬式の時に場面を無視して愉快な話を明るくしている人がいたら，顰蹙を買うであろう。状況によってコミュニケーションは制限されるのである。

6　もちろん，コスプレ以外の場で，単に架空の名前と肩書きで他者とコミュニケーションをするということがあるとしたら，その場合も，元の自己とはある程度切り離された存在としてコミュニケーションをおこなうことができるであろう。しかし，自己を移し替える異なった外見の存在がないという点で大きく異なっている。

7　選択する外見が無料であったり，または有料でもそこに費やすお金があれば，という条件はあるかもしれないが。

8　もちろん，外見によってまったく対応を変えないような人であれば，こちらの外見がどうであっても，コミュニケーションは異ならないであろう。しかし，現実的にはそのような人は滅多にいないであろうし，いたとしても相手によってコミュニケーションや態度を調整できないという，スキル欠如の人という可能性がある。

考のための道具とされている（滝沢，1999）。本人に対して向けたメッセージとなり，自己教示的な影響を及ぼしうる。たとえば，何かに取り組む際に，「がんばるぞ」と心の中で（もしくは声に出して）言うことはあるであろう。

　装いにおける対自的機能は，同様の特徴を有しているといえる。装いも，他者や社会に向けたコミュニケーションのみならず，自己に対するコミュニケーションとしてもおこなわれる。たとえば衣服の場合，お気に入りの衣服を身にまとい気持ちを高揚させる，高級なスーツを身にまとい気合いを入れる，お気に入りの下着を身に着けて癒しを得るなど，装いによる自己へのさまざまな影響が存在する。これはまさに，自己に対するコミュニケーションの結果であろ

コラム 7
自分の社会的外見

鈴木 公啓

　現実場面では外見を変化させることには限界がある。もちろん，タトゥーイング（イレズミ）を施せば，かなり見た目も変わり，美容整形などを受ければ，これもまた見た目は変わる。自分自身が認識する姿のみならず，他者が抱く印象も変わってくる。それでも，あくまでも当人の元の姿がベースとなっており，自分も他者も，その外見をもとにその当人を認識する。つまり，社会においてその外見が，当人のアイデンティティを保証するものとなる。その外見は社会に保有され，それを仲立ちとしてコミュニケーションがとられる。

　しかし，当人を保証するはずの外見を隠すということも場合によっては可能である。仮面舞踏会であれば，互いに外見をある程度隠すことが可能である。そうすると，その場においては，元のアイデンティティが隠されることになる。つまり，外見を隠すということはその社会においてアイデンティティを隠すということになり，互いが本来とは異なる架空の姿で架空のアイデンティティのもと，コミュニケーションがもたれることになる。

　そしてそれが進んだケースとして，インターネット上の架空の空間での外見の扱いとそれによるコミュニケーションがあげられる。オンラインゲームやメタバースにおけるアバター等の使用とその上でのコミュニケーションである。オンライン空間上では，場合によってはリアルの自分を多少模したアバターを使うことができるが，普段の自分と違う外見のアバターを用いることも多いし，場合によっては人間でなくてもよい。つまり，普段の自分の外見を切り離してコミュニケーションをとることができる。そのため，普段の自分から解き放たれた自由なコミュニケーションが可能となる。この場合，自分とは異なる姿が社会に共有され，他者によりその姿で認識され，そのうえでのコミュニケーションがとられる。リアルタイムでのコミュニケーションが，「他の外見の上」で行われる状況が生じており，その社会には，元の姿の当人は存在しない。あくまでも，アバターの姿が，その社会で共有された外見なのである。

　当人の意識や行動が普段と違うものとなるだけでなく，その社会的外見に基づいて，社会の側の対応が変わってくる。つまり，他者の行動が変わってくる。リアルでは若い女性であってもバーチャルの中では年配の男性の外見のアバターでその外見相当に振る舞う場合，そして，その外見がバーチャルの社会の中で共有されている限り，他者はその共有された外見に即した対応をすることになる。そして，その社会では，そのアバターによって現実とは独立した社会的な役割や位置づけが生じることになる。その結果，バーチャルの社会におけるその外見を仲立ちとしたコミュニケーションがもたれることとなる。

　外見によって社会での位置づけが異なるということは，異なった自己を有するということになる。複数のキャラクターやサービスを用いれば，そこには複数の社会的位置づけが発生し，それだけの自己が存在することになる。そしてそれは，外見がそれぞれ異なることに立脚する。もし，外見が同じであれば，本人の認識も，そして他者の対応も，そう大きく変わらないものとなるであろう。自己の主要な側面である外見が異なるからこそ，双方の認識が異なり，そして，異なる自己が存在することとなる。

　そもそも，われわれはさまざまな場面で自己の異なる側面を示し，異なった自己が社会に共有され，それを元にコミュニケーションがとられている。家族の前での自己，職場での自己，友人の前での自己，それらはそれぞれ異なっており，異なったコミュニケーションが生じる。そして，異なった自己がそれぞれの社会で共有されているのはむしろ普通のことである。外見は，その多様な社会での多様な自己の存在を助けるものとなる。

　現在は，異なった自己を有しやすくなっている。SNS での加工された写真での存在やバーチャルにおける存在など，外見の力を借りて，これまでの自分から解放された自己を存在させることができる。このことによって，場合によっては生きづらさからの脱却や，架空の社会への依存といったことも生じうるであろう。どのような外見でどのように架空の社会で生きていくのか，人は新たな楽しみと悩みをもつようになったといえるのかもしれない。ともあれ，われわれは，複数の外見（とアイデンティティ）を社会におくことができる時代に向かっており，それをうまくやっていくことが求められるようになってきているように思われる。

う。選択する際の頭の中でのイメージ，そして選択して身にまとうという行為，そして，身にまとった姿の確認，それらが自己へ影響を与える。これについては，衣認知理論（enclothed cognition; Adam & Galinsly, 2012）という文脈での検討もおこなわれている。衣服に連合するイメージを自身に取り込み，自己のイメージが変容するのであろう。言語のコミュニケーションとは異なり，つねに目で見て変化した状態を確認しつづけることが可能という特徴があるため，心理的影響は大きいと考えられる。なお，VR における外見変化の影響についても，数多くの研究で確認されており，アバターの特徴を取り込んだ認識がなされることが示されている（例，Yee & Bailenson, 2007）。

　なお，VR においても外見が異なれば，相手からのコミュニケーションが変わり（Johnson et al., 2008），それに対する対応も変わるであろう。たとえば，若い女性が屈強な中年男性のアバターで振る舞えば，他者は屈強な男性に対する対応をし，そのような対応を受けた女性は，まるで自身が屈強な中年男性であるように応えるであろう。すでに屈強な男性へと自己認識を変容させており，現実世界と異なった自己になっている状態に加えて，相手からのコミュニケーションの力もあり，一層自己を異なるものと認識し，そしてそれに沿った対応となる。そこでは，現実世界と異なったコミュニケーションが生じるのがむしろあたりまえといえる。このような現実世界と切り離された自己によるコミュニケーションは，VR というツールによって容易になってきたといえる。

6.　まとめ

　社会において社会の一員として営んでいくには，ひいては社会に受容されるには，規範という枠組みに合わせることも大事である。しかし，より大事なのは，規範に反発したり，悩みながらおそるおそる自分の行動を規範からずらしてみたりといった，規範と自己の欲求の間のゆらぎの部分に立って自己を相対化することと考えられる。そこから，新たな装いが創り出されていったりする。社会の変化とともに，装いというコミュニケーションは変容を重ねていく。外見の装いを通すことによって，コミュニケーションの奥深さをさらに知ることができると考えられる。

Part 3

コミュニケーションを活かす実践

第8章

医療場面のコミュニケーション

宮島 直子

1. 医療の場の特徴

　現代の医療は，急激な進歩に伴って，専門化，複雑化が激しい。また，医療を受ける人々からは，質の高さが求められ，医療経済の面からは，入院期間の短縮など，医療費の削減が求められ，課題解決が急務となっている。医療には，病気の予防から，病気になった場合には，早期に健康を回復して，その人らしい生活を地域で過ごせる支援に至るまで求められ，その活動は，診断や治療を行う病院施設から地域という広範囲にまで展開されている。そして，それらに対応すべく，「患者中心の医療」が行われている。

　医療の専門的知識のない一般の人々にとって医療は，非日常的で，今までの経験やもち合わせている知識からだけでは，治療に関わる判断ができないことが多い。特に最先端の治療を受ける場合など，十分に理解することは困難であり，医療者からの情報や支援が頼りになる。短い期間にたくさんの重大な意思決定が求められるため，合理性に基づいた判断とスピードをもった決断が求められている。

[1] 医療を受ける人々の特徴

　医療を受ける人々は，実にさまざまである。たとえば，年齢，性別，疾病や障害とその程度，医療に関する知識や経験，そして社会的背景が異なっている。また，価値観が多様化しており，人と人との関わり方や接し方も大きく異なる。予後に関しても，治療を受けて完治する人もいるが，障害が残る人，慢性疾患でこれからも長期間にわたって治療が必要になる人，終末期で残りの人生の過ごし方を考える必要がある人など，さまざまである。

　心理的側面に関してもさまざまである。特にたとえば入院時の環境は非日常的環境であることに加えて，手術など身体的侵襲の大きな治療を受ける場合には緊張や不安を抱えている。痛みなどの苦痛を伴う症状は，主観的体験であり言語化するのが難しく，周囲の人々に自分の苦痛が理解されない場合，強い孤独を感じることがある。また，心身に障害を受けた人は，回復までに障害受容過程があることが知られており，自らがどの回復段階にいるのかによって，心

理的状態が異なる。

[2] 患者 – 医療者関係

1）患者中心の医療　　医療場面では，実にたくさんの意思決定が行われている。たとえば，治療を受けるか否かを始めとして，治療を受ける場合には，どのような治療を受けるのか，検査結果や診断を誰に伝えるのか，看取りの場所はどこにするのかなどさまざまである。

　この数十年，医療をとりまく社会的な変化により，患者 – 医療者関係は大きく変わってきた。医学の進歩に伴う延命や（急性期を脱した）慢性疾患の増加により，患者と医療者の治療関係が長期化している。また，患者が治療を受けながら，地域でその人らしい生活を送るための支援の必要から，患者の医療への主体的参加が求められ，患者 – 医療者間での多くの情報共有や合意が必要とされる。そこでは患者側の意思決定の在り方にも変更が迫られる。従来型の父権主義的な患者 – 医師関係は，医学的なものの見方に重きを置き，疾患だけに注目しがちであるという医療者側の視点の偏重に対する反省から，患者の考えや期待を重視することが求められ，「患者中心の医療」という概念が提唱されるようになった。そのなかで患者と医療者による意思決定の共有（SDM: Shared decision making）が目指されている。従来型の意思決定と SDM との相違は，表 8-1 に示した。従来型の意思決定と SDM では，情報交換，審議の構成員，最終治療方針の決定者において異なっている。情報交換の流れは，従来型では医師から患者と家族へ一方向であり，情報量は最小限であるのに対して，SDM では双方向であり情報量が多い。審議や最終治療方針の決定は，従来型では医師であるのに対して，SDM では，医師以外の医療者や患者と家族が加わり，協働のプロセスとなっている。したがって，患者や家族は，病状や治療法について，正確で十分な情報を得ることができ，医療者側は患者の期待や指向性を知ることができる。それを保証されるための患者中心の医療であり，協働のプロセスの実現にはコミュニケーションが重要となるのである。

表 8-1　従来型意思決定と SDM との比較（吉松他，2015）

項　目		従来型	SDM	インフォームド
情報交換	流れ	一方向（ほとんど）医師→患者・家族	双方向医療者（医療チーム）⇔患者・家族	一方向（ほとんど）医師→患者
	方向			
	タイプ	医学的	医学的，個人的	医学的
	情報量	最小限	十分量	十分量
審　議		医師単独または医師＋他の医師	医療者（医療チーム）＋患者・家族（有力な他者が加わることもある）	患者・家族（有力な他者が加わることもある）
最終治療方針決定		医師	医師＋患者・家族	患者

2）非日常的で多面的な関係　　患者と医療者との関係の特徴の１つに，非日常的ということがあげられる。石川（2020）は，医療におけるコミュニケーションが，日常のコミュニケーションとは異なる特徴として，①力の不均衡，②視点の違い，③コミュニケーションの内容，④コミュニケーションの環境の４つをあげている。力の不均衡とは，専門的情報や知識の多さや社会的な地位から，患者は医療者より力が弱いことを指摘している。またコミュニケーションの内容とは，「知り合って間もない段階で，死，宗教，性生活など，非常に個人的で話しにくい話題を取り扱わなければならないことも少なくない」ということである。加えて，患者と医療者の関係は，ただ単に，専門家と非専門家という関係以外の異なる関係を結ぶという特徴がある。中村ら（2001）は，医療の場には３つの人間関係が存在しており，それらの関係が重なり合って展開されていることを述べている。３つの人間関係とは，「上下関係」「役割による関係」「個人と個人との関係」である。上下関係とは，専門家と素人としての患者との関係で

あり，役割による関係とは，知識や技術のサービスの提供に対して，患者は報酬を支払うという関係であり，個人と個人との関係とは，一人の人間対一人の人間としての「個人としての出会い」という，かけがえのない対等な存在にあるそれぞれが個性をもったうえでの人間同士の関係である。そして，個人と個人の関係がコミュニケーションの土台となるというのである。

2. ヘルスコミュニケーション

　ヘルスコミュニケーションの視点と領域は，図8-1 に概観できる。欧米で health communication という語が使われるようになったのは 1970 年代半ばころからであり，医療現場におけるコミュニケーションという意味での医療コミュニケーションを含みつつ，より広い範囲の健康・医療に関するコミュニケーションを意味するという（石川, 2020）。また，一方で，疾病治療・予防のためのコミュニケーションをヘルスコミュニケーションと呼ぶことが通常ともいわれる（広義のヘルスコミュニケーション；ヘルスコミュニケーション学関連学会機構, 2022）。いずれにしてもヘルスコミュニケーションに関与する当事者は，医療者と患者・市民である。

図 8-1　ヘルスコミュニケーションの視点と領域（石川, 2020）

　ヘルスコミュニケーションは，2000 年にアメリカで策定された国民の健康づくり運動における重点領域の 1 つであり，健康を改善するために，コミュニケーションを戦略的に用いることが目指され，国家的な取り組みになっている。

　ヘルスコミュニケーションの意義と役割は広範であり，個人，グループ，社会全体に及び，石川（2020）は，それを以下の 6 つにまとめている。

　①コミュニケーションは医療において不可欠である

　②コミュニケーションは患者の健康のアウトカムに影響する

　③コミュニケーションは自信や対処能力の源となる

　④コミュニケーションは組織や社会にとってコストの節約につながる

　⑤コミュニケーションはチームや組織が効果的に機能するために不可欠である

　⑥さまざまなメディアを利用したコミュニケーションによって，人々の健康に関する行動に影響を与えることができる。

　人々の価値観が多様化し，健康や医療に関する情報が氾濫するなかで，医療コミュニケーションを駆使することによって，医療の専門家と非専門家が正しい情報を共有し，個人，集団，社会が望ましい行動をとることを促すことは，時代の変化を取り入れた，注目すべき取り組みといえる。

3. 医療場面のコミュニケーションの実際

[1] 医師，看護師とのコミュニケーション

1）専門性や立場の違いを活かしたコミュニケーション　　看護師は，診療上の補助と療養上の世話を業とする。診療上の補助は，医師の指示に基づいて行うため，医師の指示を正しく理解して，診療が安全でスムーズに行われるように補助することが求められる。療養上の世話では，患者の生活が安全で快適になるように，必要時，医師に療養上の制限などを調整したり，患者に代わって，患者の希望に関する許可を得たりする。また，医師が患者へ病状や治療について説明する際には同席して，患者や家族の緊張を低減して質問を促し，説明終了後には，患者の受け止めや理解できていないことについて確認し，医師へフィードバックを行う。このように，日々，医師と看護師は，頻回にコミュニケーションを行っている。

　医師は，診断や治療に対する専門家であり，患者への説明が専門的で難しい場合や患者が医師に対して遠慮して，質問ができない場合がある。看護師は，患者と近い関係にあるため，患者と医師とのコミュニケーションが円滑になるように支援できる。そのように，それぞれの立場でのメリットを活かし，デメリットを補うようなコミュニケーションが行われている。

[2] チームと多職種協働

　医療サービスや技術の専門分化，複雑化が進むにつれて，医療の提供におけるチームの重要性が増した。チームで医療を行う場合は，多職種が協働することになる。同じ医療者ではあっても，職種により，専門的知識や用語の理解，病気に対するとらえ方が異なることから，コミュニケーションのコンテクストにずれが生じることがある。このことが，コミュニケーションエラーの1つの原因となる場合がある。

　コミュニケーションエラーとは，コミュニケーションを通じて伝わるべき情報が伝わらないか，もしくは誤って伝わることであり，患者の健康や生命に重大な結果を及ぼす危険がある。石川（2020）はコミュニケーションエラーを大きく誤伝達と省略の2つに分けている。誤伝達には「誤った情報伝達」「曖昧な情報伝達」「情報伝達の誤った解釈」，省略には「情報伝達の省略」「確認の省略」があるとしている。

　コミュニケーションエラーの防止には，お互いの職種に対する理解とエラーそのものを確認し合えるコミュニケーションがとれる関係性であることが重要である。

[3] 患者と医療者とのコミュニケーション

　患者と医療者とのコミュニケーションは，信頼関係を築くうえで最も基本となる。患者と医療者との間の十分なコミュニケーションによってもたらされる良好な関係は，患者の満足度や治療へのアドヒアランス（理解したうえでの継続），自己管理，症状の改善や健康を示す指標の上昇などに影響することが知られている。また，コミュニケーションは，それ自体で治療的な効果があると見なされている。それは，語ることによって，不安や心配事が整理され，ストレスが解消することに役立つからである。

1）患者のコミュニケーションの特徴　　患者は，健康上の問題を抱えており，疾患や障害とそれに伴うさまざまな症状は，少なからずコミュニケーション過程に影響を与える。

　まず受信から整理してみよう。特徴としては，図8-2の個体要因の枠の中に位置づけられる要因が，受信チャネルの困難さとして表に現れるものと考えられる。

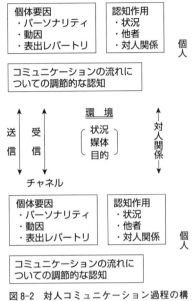

図8-2　対人コミュニケーション過程の構
　　　　成因（大坊，1998）

　一般的に，症状や身体機能に障害がない場合でも，医療者から説明を受けた内容を覚えていないことが多い。それは，医学的な知識をもたない患者が，一度に大量の専門的な説明をされた場合，しかも不安や緊張が強い場合に，それを理解して記憶に留めることは困難なことに違いない。受信の困難さである。

　身体の機能面の問題もある。非言語的コミュニケーションは，視覚，聴覚，嗅覚，味覚，触覚の感覚器を通してメッセージを受信するが，感覚器そのものに障害がある場合には，メッセージをうまく受信することができない。障害されていない他の感覚器を代替的に使用することを勧めるなどの工夫が必要となる。

　次に送信から整理してみよう。同じく，特徴としては，図8-2の個体要因の枠の中に位置づけられる要因が，送信チャネルの困難さとして表に現れるものと考えられる。

　患者が抱えている痛みや苦痛を医療者に伝える場合には，主観的でかつ変動する体験であるため，そもそも言語で表現することが難しい場合がある。じっくり耳を傾けて，言語化できるような支援が必要になる。

　また，病状や治療法などに関する説明が十分でなかったり，わかりにくい場合には，説明を求めたり質問をするべきであるが，遠慮や気遣いから質問を控える傾向があることが知られている。その結果，医師に体調を尋ねられると，調子が悪くても「大丈夫です」と正反対の返答をしている場面はよく見かける。この送信メッセージの内容が正しいのか否かを確認する必要がある。

　身体機能面からは，認知機能の低下や発声器官の障害がある場合には，言語的コミュニケーションそのものの発信に困難を生じる。

　2）医療者が患者とコミュニケーションをとる目的　　医療者が患者とコミュニケーションをとる場面は多々あり，その目的も多様である。医療者はそれぞれの専門領域を発揮して，医療を提供する。職種が異なり，背景となる専門領域が異なると，患者とコミュニケーションを

とる目的は異なるが，コミュニケーションをとるということにある程度共通した必要性があることがわかるであろう。

　石川（2020）は，医療者が患者とコミュニケーションをとる目的として，「相互理解のためのコミュニケーション」「情報提供のためのコミュニケーション」「行動変容を促すコミュニケーション」の3つをあげているが，ここでは，さらに「信頼関係をつくるためのコミュニケーション」「不安や緊張を低減させるコミュニケーション」「患者が自己表現するためのコミュニケーション」を加えてみたい。

　立場が異なると物事に対する感じ方や考え方も当然，異なってくる。医療において患者の意思決定で協働し，その人らしい生活を支援するためには，互いを理解するということが重要である。ただし，互いを理解するコミュニケーションが成立するためには，基盤となる信頼関係が必要である。信頼関係の醸成は，患者の不必要な不安や緊張を低減させ，治療に対して前向きにさせ，また患者からは必要な情報を得て，良質な医療を提供することにつながる。また，患者の生命や健康に関わる重要な意思決定をする場合にも，信頼関係が必要不可欠である。不安や緊張を低減させるコミュニケーションは，患者の苦痛を軽減するうえで，また，療養生活を円滑に過ごし，回復を促進するためにも大切である。

　最後に，患者が自己表現するためのコミュニケーションとは，患者が自己の内面を表現すること自体に患者の自己治癒能力を高める効果があり，医療における主体性を獲得することができることにつながる。

4. 臨床で用いられるコミュニケーション技術

[1] テクニカルコミュニケーションとノン・テクニカルコミュニケーション

　テクニカルコミュニケーションとは，「受信者の知らない技術的・専門的な情報や知識を，グラフィック・テキスト・音声などを通し，わかりやすく伝える技術を指す」（森口，2013）。医療は，専門分化して発展しており，専門領域が異なる多くの医療者が協働している場である。そして，それぞれの専門領域には，専門用語があり，それを用いて医療は提供されている。

コラム 8

サイエンス・カフェ

宮島 直子

　サイエンス・カフェとは，「コーヒーやビールを片手に気軽な雰囲気で，研究者と市民が一緒になって科学技術をめぐる話題について語ろうとする取り組み（中村，2008）」であり，サイエンス・コミュニケーションの一形態である。一般的な講演とは異なり，科学者と一般市民の対話が重視されている。そのため，サイエンス・カフェの特徴には，小規模の会であること，科学者と市民との間の双方向のコミュニケーションの場であること，気軽な雰囲気で開催されることがあげられる。

　サイエンス・カフェの誕生については，1997年以降に「英国やフランスで同時発生的に誕生した。ともにそのモデルとなったのは，1992年にパリで始まった哲学カフェだった（中村，2008）」ことが報告されている。

　日本で，サイエンス・カフェが広く知られるようになったきっかけは，『平成16年版　科学技術白書』に掲載された，イギリスのサイエンス・カフェに関する紹介のコラムであり，「科学者等と国民とが一緒に議論できる喫茶店～Café Scientifique～」と題された。同じ年には，日本で初めてのサイエンス・カフェが京都で開催された。その後，多くのサイエンス・カフェが立ち上がり，人々の関心を集め，急速に広まった。サイエンス・カフェが登場し，普及した背景には，科学の飛躍的な進歩と発展がある。社会が直面している多くの問題解決に，科学が大きく貢献していることは明白であるが，それと同時に，科学によって社会に重大な問題を生じさせることの可能性は否定できない。社会の問題解決やその手段となる科学の在り方について決定するのは，民主主義社会において，市民である。そのため，科学者は，市民に対して正しい意思決定ができるように，市民の科学リテラシーを高め，科学と社会との望ましい関係について市民とともに考える必要がある。また，科学者は，科学に

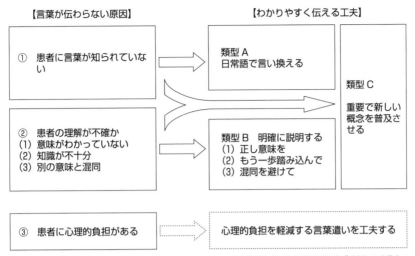

【言葉が伝わらない原因】　　　　　【わかりやすく伝える工夫】

① 患者に言葉が知られていない

類型 A
日常語で言い換える

類型 C

重要で新しい概念を普及させる

② 患者の理解が不確か
(1) 意味がわかっていない
(2) 知識が不十分
(3) 別の意味と混同

類型 B　明確に説明する
(1) 正し意味を
(2) もう一歩踏み込んで
(3) 混同を避けて

③ 患者に心理的負担がある

心理的負担を軽減する言葉遣いを工夫する

図 8-3　「病院の言葉」をわかりやすくするための工夫の類型（国立国語研究所「病院の言葉」委員会，2009）

　人々が高度な医療を受ける意思決定をするためには，正確で十分な情報を得る必要がある。しかし，高度な医療は専門性が高いため，専門的知識がない人々にとって，理解することは難しい。そのため，医療者が医療を受ける人々の意思決定のために，技術的・専門な情報や知識を正確で，わかりやすく伝えることが求められている。
　医療における専門的内容の説明がいかに難しいかという証左がある。国立国語研究所「病院の言葉」委員会（2009）は，全国調査を行い，「国民の 8 割を超す人たちが，医師が患者に説明するときの言葉には，わかりやすく言い換えたり，説明を加えたりしてほしい言葉がある」と答えたことを報告している。さらに，患者に言葉が伝わらない原因として，①患者に言葉が知られていない，②患者の理解が不正確，③理解を妨げる患者側の心理的負担の 3 つをあげ，「病院の言葉」をわかりやすくするための工夫の類型（図 8-3）について述べている。調査結

対する市民の思いを，謙虚に学ぶ姿勢が求められている。
　上記の社会的背景の他，日本においてサイエンス・カフェの普及に大きな影響を与えたのは，文部科学省と日本学術会議の取り組みであろう。サイエンス・カフェに関するガイドラインを明確に示すとともに，サイエンス・カフェを積極的に開催した。特に，日本学術会議は，サイエンス・カフェが大都市圏に集中していることを課題とし，全国的な普及を目的に，2016 年から「全国縦断サイエンス・カフェ」を開始した。その成果を得て，全国縦断サイエンス・カフェの開催地は着実に広がっている。
　日本のサイエンス・カフェは，歴史が浅く，主催や企画運営，プログラムにおいて多彩である。参加対象者は，広く一般市民を対象にしたものが多いが，中学生や高校生に限定した企画もある。参加人数も 30〜40 人の小規模な集まりから，100 人以上の大規模な集まりまで，幅が広い。土倉（2014）は，「大学生が企画・運営を行うのみならず，専門分野（心理学）を学びつつある『専門家見習い』である大学生が，サイエンス・カフェの話題提供を担う点に特色がある」という，ユニークな実践報告をしている。また，対話については，COVID-19 の感染症拡大に対する行動規制の影響もあり，ここ数年は，インターネット上での開催が多くみられる。
　サイエンス・カフェ実施に伴う課題として，紺屋（2008）は「多くのサイエンス・カフェではゲストからの発信がほとんどであり，参加者からの発言が少ない」ことを指摘し，その理由として「日本人が子供のころから学校で体験してきた授業の雰囲気をもち込んでしまうこと，多くの人前で発言しにくいこと，発言のタイミングを逸することなども考えられる」ことを示唆している。サイエンス・カフェの真の目的を果たすためには，国民性を考慮した企画・運営方法を柔軟に考え，試行錯誤していく必要性がある。
　このような，日本における多彩なサイエンス・カフェの開催情報や実施報告の多くは，科学技術振興機構（JST）が運営する Web サイトのサイエンスポータルに集約されており，人々が自由にアクセスして，タイムリーな情報が得られるようになっている。

果から，専門家が非専門家へ説明する場合には，極力専門用語を用いないで，わかりやすく説明する必要があり，たとえ，普段使い慣れている専門用語で，非専門の人にも広く知れわたっていると思う用語であっても，相手は理解できていないことや，誤った解釈をする場合があることが報告された。

　ノン・テクニカルコミュニケーションとは，専門領域から離れた，対等な人間同士の日常的なコミュニケーションのことであるが，医療においては，重要な役割を担っている。たとえば，患者は，それまでの非日常的な入院生活を終え，日常生活の場である地域に戻っていく。その意味で，医療は，非日常から日常への連続であり，医療の守備範囲は広範である。患者が戻る生活は，患者が主体であり，患者の望む，その人らしい生活である。そのような生活を支援するためには，テクニカルコミュニケーションだけでは不十分であり，ノン・テクニカルコミュニケーションが必要かつ重要となるのはこのためである。

［2］臨床で用いられる基本的なコミュニケーション技術

　医療者にとって，コミュニケーション技術の習得は重要であるため，関連する多くの書籍が出版されている。その内容は多彩であり，基礎的内容から各専門領域における実践編などある。ここでは，基本的な主要な内容を取り上げるに留める。

　1）開かれた質問（Open Questions）と閉ざされた質問（Closed Questions）　医療者が専門的知識を活用するためには，患者とその関係者に関する多くの情報が必要である。そのため，医療者は対象者に対して，いろいろな手段で情報を得ようとするが，質問という形で直接患者から情報を得ることが多い。質問は，その特徴から大きく Open Questions と Closed Questions の2種類に分けられる。Open Questions とは，回答の内容や形式については，すべて回答者に任されており，自由に回答できるという特徴がある。たとえば「どうしましたか？」と尋ね，自由に回答してもらう。それに対して Closed Questions は，質問に対する回答がきわめて限定されており，ほとんど「はい」または「いいえ」でしか回答できないという特徴がある。たとえば「食欲はありますか？」という質問に対して「はい」か「いいえ」で回答してもらう。Open Questions は，医療者が予想していない，患者の困っていることや悩んでいることの情報が得られる利点があるが，欲しい情報がすぐに得られないという欠点がある。それに対して Closed Questions は，こちらが欲しいと思う情報は確実に得られるという利点に対して，「言いたいことが話せない」という不満足感につながる可能性がある。

　Open Questions と Closed Questions は，どちらが良いということではなく，ケースや内容によって，使い分けることが効果的である。

　2）肯定的な感情を表出する笑顔　笑顔とは，表情の1つであり，にこにこと笑った顔である。笑顔には，ポジティブな笑顔もネガティブな笑顔もあるが，ここでは，医療者の患者に対する肯定的感情を表出する笑顔について述べる。

　笑顔は，コミュニケーションを円滑にするとともに，患者の不安や緊張を緩和させることができ，さらには闘病意欲を高める効果が期待できる。医療者の笑顔が患者にとって，大切であることは，実際に患者と関わるなかで実感した患者の思いから，さらにその手記などからもうかがい知ることができる。

　看護師の笑顔に関しては，小林（2013）が「看護師が笑顔で対応するということで，他部門や保健・医療・福祉との人的環境の中で連携がスムーズになり，健康上の問題の解決につながりやすい」「病気のために基本的ニーズが満たされなくなった時の援助は笑顔の看護師さんだと安心して頼むことができる」ことや「人間本来の持てる力を発揮できる環境をつくるためには看護師の笑顔はとても大切」であることを述べているが，うなづけることである。

　3）タッチング（身体接触）　タッチングとは，非言語的コミュニケーションの1つで，患

者の身体に触れることである。医療者から患者に対するタッチングは，医療場面でよく見かける。診察や検査などの手技としても，またあるいは，転倒の危険がある患者の体を支える場合にタッチングをする。そのような医療行為では，特に意図しなくても，しっかり支えることで，安心感が伝わる。医療行為以外でも，意図的にコミュニケーションの手段として行うことがある。その場合には，医療者は，温かな手で患者の肩や手にそっと触れる。触れられた患者は，緊張感や不安が低減し，安らぎを得る効果がある。また，言葉だけで理解できない子どもや皮膚感覚以外の感覚器に障害がある場合には，タッチングが有効なコミュニケーション手段となりえる。

4）沈黙　　沈黙とは，「黙り込むこと。口をきかないこと」である。大坊（1998）は，「沈黙することには，大きくは，相手への反発から応答しない，相手の発話の反芻・吟味や会話の流れを振り返り確認する，自分の発話の準備をするなどの意味があり，決してコミュニケーションの空白ではない」ことを示唆している。沈黙の意味は文脈によって異なるが，医療者による前向きで受容的な沈黙には，患者の発言を促進させる効果があることが知られている。沈黙は，効果的なコミュニケーション技法として，多くのテキストに取り上げられており，実際の場でも活用されている。

　特に，発達上の理由から言語表現が苦手な小児や認知機能や言語機能に障害があり，自分の考えを言語化することが困難である患者の場合には，医療者は，せかすことなく，十分な沈黙としての時間を提供することが大切である。

5）うなずき　　うなずきとは，「同意，意見の一致または確認を示すことなどのために頭を下げたり上げたりすること」である。斎藤（2000）は，「傾聴技法のもっとも重要な機能のひとつは，新たな質問をせずに相手に話し続けてもらうための『うながし』である。『うながし』の方法の一つとしてうなづきがある」とし，うなずきが会話を促進することを述べている。その理由として，大坊（1998）は，「うなずきは，話者の発言を妨げることなく，関心を払い，いわば相手のことを承認するという社会的に共通する意味を持っている」とし，その「一般化した学習の効果があるため，このように他の手がかりがあまりない場面では，面接者のうなずきが被面接者の承認欲求を満たす報酬価をストレートに持ち，相手に満足していることを示すことになる」という。その結果「『返礼』として発言時間が増す」と解説している。

　医療場面でのコミュニケーションは，横並びのコミュニケーションとしての性格をもち，かつ役割・専門性の落差を同時にもつ場面でのコミュニケーションといえる。役割の落差は，医療の提供者と受容者の間に生じ，専門性の落差は，専門職者と非専門職者の間に生じる。落差があること自体は，一概にネガティブではないが，立場が大きく異なるため，共通認識でのコミュニケーションがとれず，お互いの理解が難しいものとなる。しかし，横並びという，役割や専門性から離れた，対等な立場でのコミュニケーションは，互いの理解を容易にするはずである。

　互いの理解が深まったら，相手が何を求めているのかがわかり，相手にわかりやすいコミュニケーションを考えることが，自然とできるようになるのではないか。そして，互いに歩み寄ることで，患者は，自分の望む医療を受けることができ，医療者は，その専門性を最大限に発揮することが期待できるのではないだろうか。

第9章

アニマル・コミュニケーション：
集団で暮らす霊長類の情報伝達

上野 将敬

1. はじめに

　人間は集団を形成し，言語や身体的なジェスチャーを用いて他者とコミュニケーションを行う。研究によって定義が異なるが，動物研究において，コミュニケーションは広い定義として個体間の情報伝達と考えられている。人間以外の動物は，人間の言語ほどには複雑なコミュニケーションを行ってはいないだろうが，彼らも音声や身体的なジェスチャーを通して何らかの情報伝達を他個体と行っていると考えられる。そのため，人間のコミュニケーション能力は，人間が突如獲得したものではなく，人間以外の動物と共有する特徴を基盤として，人間の進化の過程で洗練されてきたものではないかと考えられる。人間と人間以外の動物の情報伝達の類似点や相違点を明らかにすることで，人間のコミュニケーションにおける進化的な先駆けとなるものが何かを探ることができる。特に，人間と進化的に近縁である他の霊長類の知見は，人間の進化過程を解明するために重要な手がかりとなるだろう。なお，本稿では，人間以外の霊長類については簡便のために以降は単に霊長類と表記する。

　人間は，特定の情報を他者に伝えることを意図してその情報を発信することができるが，情報発信は必ずしも伝達する意図をもって行われる必要はない。たとえば，家の中でくつろいでいる時に，隣人の叫び声が聞こえてきたとしよう。その叫び声を聞いた人は，隣家でゴキブリが出たり，お茶の入ったコップをひっくり返したりと声のもち主にとって好ましくないことが発生したのだろうと推測することができる。この場合，叫び声を発した人は，特別な意図もなく反射的に発声したのかもしれない。特に人間以外の動物がどのような意図をもって行動しているのかを判断することは多くの場合とても難しいため，人間以外の動物のコミュニケーションについて議論するときには，その意図性と切り分けて解釈することが重要である。

　本稿では，野生あるいは野生に近い環境において集団で生活する霊長類のコミュニケーションに関する知見を概観し，最後に人間のコミュニケーションについても議論する。ヒトを含む多くの霊長類は集団で生活し，その中でさまざまな相手とコミュケーションを行うことで，親密な関係を築く。その中での個体間のコミュニケーションは一対一で行われることが多いが，

集団で生活をしている場合，さまざまな相手とコミュニケーションをする機会がある。また，積極的に相互交渉を行うだけでなく，相手から離れることも選択肢としてありうる。お互いの意図が不明瞭な場合や，お互いの意図が一致していない場合には，相手に意図を伝達する必要が大きくなると考えられるため，さまざまな選択肢が存在する環境で生活する霊長類の観察研究は，複雑な人間のコミュニケーションの進化的起源に関して重要な視座を与えてくれるかもしれない。

2. 野外の霊長類を対象とする有用性

　人間のコミュニケーションの進化的起源を探るために，霊長類を対象として非常に多くの研究が行われてきた。コミュニケーションの研究は，野外環境や飼育環境の両方において，手法としても観察研究だけでなく実験的操作を取り入れて行われることもある（Slocombe et al., 2011）。個体間の相互交渉では複数の行動が連続して行われるため，ある行動が次の行動にどのような影響を与えているのか，すなわち2つの行動の因果関係を厳密に明らかにすることは難しい（上野，2018）。野外の霊長類を対象とした観察研究では，可能な限り条件を統制することで相互交渉における因果関係を探ろうとしてきた。因果関係の解明という点においてはそれでも実験的手法が勝るだろうが，野外霊長類を対象とした観察研究には，飼育環境での実験研究では取り入れにくい利点もある。

　霊長類の社会構造はさまざまであるが，他の哺乳類と比べると，霊長類の集団内の社会関係は比較的複雑な傾向がある。たとえば，筆者が継続的に観察を行っている，岡山県真庭市に生息する勝山ニホンザル集団では，176頭（2022年時点）が1つの集団を形成して暮らしている（図9-1）。そのような集団の個体間には，優劣順位関係，血縁関係，血縁関係以外の親密な関係など多様な関係性が重複して存在する。このような社会関係は個体の緊張状態や毛づくろいなどの社会交渉の様態に影響することが集団で生活する霊長類の研究から明らかにされてきた。ニホンザルでは，順位が相対的に高い優位個体から順位の低い劣位個体に対して攻撃が行われ，その逆方向に攻撃が行われることはほとんどない。また，普段から近くにいることが多い親密な個体が近くにいるときや親密な個体に毛づくろいを行った後には，親密ではない個体の場合

図9-1　岡山県真庭市に生息する勝山ニホンザル集団
毛づくろいをしている様子

と比べて，ストレスを示すことが少なくなる（Ueno et al., 2015）。このように多様な個体間関係は霊長類の行動に影響していると考えられ，集団で暮らす霊長類を対象とした観察研究ではそのような社会関係の影響を考慮，検討することができる。

　飼育環境で行われる実験的研究では，対象個体の行動を操作するためにしばしば食物が用いられる。しかし，食物を報酬とした実験では野外での観察研究とは異なる結果が示されることがある。たとえば，食物を用いた実験では，霊長類が同種他個体に利益を与えたとしても，その後相手から返報となる利益を得られるわけではないということが複数の研究結果から示されている（上野，2016など）。他方で，毛づくろいに関しては，他個体に毛づくろいを行うことで，その後相手から返報となる利益を得ることができると示されている。また，他個体と攻撃交渉を行った直後には，毛づくろいなどの親和的な行動を行うことによって社会関係を修復していると考えられているが，採食場面で生じた攻撃交渉の場合には，その直後に毛づくろいなどの行動が生じにくいことが指摘されている（Majolo et al., 2009）。食物を得ることは霊長類の生活の一部でしかないために，食物が関わる場面では，それ以外の場面とは異なる行動傾向が示されているのかもしれない。

　個体間の情報伝達が進化の過程で形成されたのだとすれば，生存に強く関わる場面でのやりとりはコミュニケーションの進化を解明するための重要な手がかりとなるだろう。野生環境では，飼育環境とは異なり，捕食者などの外敵が存在している可能性がある。ベルベットモンキーなどのいくつかの霊長類では，捕食者を発見した時に特有の警戒音声と呼ばれる音声を発する。警戒音声を聞いた個体は，その音声によって捕食者が周囲にいることを知り，捕食者に襲われないように反応することができる（Seyfarth et al., 1980）。野生に近い野外環境では，捕食者や他の他種動物とも遭遇する機会がありうるが，飼育環境では霊長類個体の生存に関わる実験的操作は倫理的にもかなり難しい。捕食者などの外敵と遭遇した場合に，霊長類がどのように行動するのかについては野生環境での研究が有用となるだろう。

3. 霊長類におけるさまざまなコミュニケーション

　個体間の情報伝達は，視覚，聴覚，嗅覚，触覚といった感覚器官を通して行われる。たとえば，顔面表情や身体動作によるジェスチャーは視覚的なコミュニケーションであり，人間の言語のような音声のやりとりは聴覚的なコミュニケーションである。表情とともに音声を発する場合のように複数の種類の行動が同時に行われることもあるが，本節では，霊長類が用いる3種類の伝達様式のそれぞれについて概観する。

［1］視覚的な情報伝達

　視覚的なコミュニケーションとして，集団で暮らす霊長類では，顔面表情やその他の身体動作によって情報が伝達される。表情は，意図や感情など，さまざまな情報を他者に伝達する。哺乳類以外の脊椎動物には表情筋がないため，顔の表情が変化することはない。他方で，霊長類は集団生活の中で豊かな表情の変化を見せる。ニホンザルなどの霊長類において，わかりやすい表情の変化を観察することができるのは攻撃交渉の場面だろう。図9-2は，相手を威嚇している時のニホンザルの表情，図9-3は，相手から威嚇や嚙みつきなどの攻撃を受けたニホンザルの表情である。われわれ研究者は，このような攻撃のやり取りと個体の表情の変化から，個体間の優劣関係を評価する。攻撃を受けた個体が歯をむき出しにする行動は，Bared Teeth Display（以降，BTD）あるいは Fear Grimace と呼ばれている。BTD は霊長類種において最も広範に見られる行動の1つであり，イヌなど霊長類以外の動物でも確認されている。ニホンザルでは優位個体が劣位個体に接近した場合や攻撃を行った場合に劣位個体によって行われる

ことから，劣位個体は BTD によってその劣位性を示していると考えられてきた。

図 9-2　威嚇をするニホンザル

図 9-3　劣位の表情（Bared Teeth Display: BTD）を見せるニホンザル

　筆者の授業において，霊長類の詳細な知識をあまりもたない学生に BTD の画像を見てもらうと，ニホンザルが笑っているように見えると言われる。実際に，BTD を行う際に筋肉の働きには，人間の笑顔との類似性が指摘されており，人間の笑顔の起源が霊長類の BTD なのではないかと考える研究者もいる（Waller & Dunbar, 2005）。もし霊長類における BTD が人間の笑顔の起源なのであれば，ニホンザルの BTD も劣位性を示すだけでなく，社会関係を調整するために行われるかもしれない。筆者は，勝山ニホンザル集団を対象としてニホンザルの給餌場面において，集団内で生起した攻撃交渉を記録し，攻撃を受けた個体のその後の行動を観察した（Ueno et al., in prep.）。すると，ニホンザルは血縁個体から攻撃を受けた後には，非血縁個体から攻撃を受けた場合に比べて，BTD を行うことが多かった。また，攻撃を受けた後で BTD を行った場合には，そうでないときに比べると，相手から再び攻撃を受けることが少なく，相手と近くにいられることが多くなっていた。霊長類の血縁個体間は強い社会的絆で結ばれていることが多く，攻撃交渉によってその社会関係が損なわれた場合，その個体にとって将来の利益が失われる可能性がある。そのため，霊長類は血縁個体と攻撃交渉が生起した場合に，BTD によって敵対的意図がないことを相手に伝えているのではないかと考えられる。特に，採食場面では，毛づくろいのように継続的に行われる行動よりも，BTD のように短時間で終了する行動を行うほうが速やかに採食を再開できるためお互いにとって有益であるだろう。

　表情以外の身体動作による情報伝達として，霊長類では毛づくろいの催促行動がしばしば観察される。毛づくろいは，霊長類を含め多くの動物種において行われる行動である。ニホンザルの毛づくろい交渉を観察していると，他個体の前に座ったり，横たわったりすることがある（Muroyama 1991，図 9-4）。このような行動は，催促行動と呼ばれ，催促行動を行うことで，毛づくろいの交換が行われやすくなることが示されている（Ueno et al., 2014a）。毛づくろいは，毛づくろいそのものと交換される以外にも，他の利益と交換されることもある。たとえば，冬期に他個体に毛づくろいを行うことで，その相手と体を接触させて暖を取ることができる（Ueno & Nakamichi, 2018）。このような場合には，毛づくろい後に，返報となる毛づくろいを催促することは少ない。毛づくろいはさまざまな利益を交換されうるため，人間のような言語

をもたない霊長類は，催促行動を行うことで返報として毛づくろいを要求しているのかもしれない。

図9-4　ニホンザルにおける毛づくろいの催促行動
右側の個体が左側の個体の前に横たわり毛づくろいを催促している

［2］音声コミュニケーション

　音声を用いた動物の情報伝達には，求愛音声（mating call），警戒音声（alarm call），触れ合い音声（contact call），救難音声（distress call）などが含まれる。警戒音声の研究としては，ベルベットモンキーが有名である（Seyfarth et al., 1980）。ベルベットモンキーには，猛禽類，ヒョウ，ヘビといった天敵がおり，ベルベットモンキーは，これら3種類の天敵に対して異なる警戒音声を発する。それぞれの天敵に応じた音声を聞いた他個体は，ヘビの場合には立ち上がって周囲を見回したり，猛禽類の場合には茂みなど襲われにくいところに隠れたりするなど，その天敵に応じた対応をすることができる。

　ニホンザルなどのマカク属の触れ合い音声として，クーコール（coo call），ガーニー（girny），グラント（grunt）がよく用いられる（勝，2019）。たとえばクーコールは，クー，クーと聞こえる穏やかな音声であり，ニホンザルを観察していると比較的頻繁に観察することができる。他個体に接近するときにこのような触れ合い音声を発することによって，相手に敵意がないことを伝えているのだと考えられる。京都府の嵐山ニホンザル集団では，血縁個体に接近する場合に比べて，非血縁個体に接近する場合にはガーニーやグラントといった音声が発信されることが多く，これらの音声が用いられた場合にはその後攻撃交渉が生じることは少なくなる（Katsu et al., 2014）。ニホンザルを含む多くの霊長類は血縁個体と多く交渉機会をもつため，非血縁個体の行動は血縁個体に比べると予測しにくいだろう。このような状況では，相手に非敵対的な意図を伝えることで，攻撃などのネガティブな交渉に発展してしまうことを避けているのだと考えられる。

　救難音声は，成体個体間では攻撃を受けたときに行われやすいが，子ザルの場合には，母親から授乳を拒否された時などにも観察される。救難音声としては，スクリーム（scream）やゲッカー（gecker）という音声が代表的であり，クーコールに比べると，音量が大きくノイズの多い音声である。筆者は，2011年の4月以降，14頭のニホンザルの個体追跡観察を行っていた。そのうち1頭のメス（Bs）は2010年生まれで当時1歳齢となる子（Bs'10）をもっていた。Bs'10は夏の時点で離乳が完了したと考えられ，母親の近くにいることもだんだんと少なくなっていた。しかし，2011年の11月，Bs'10は両足に骨折と思われる怪我を負ったため

に，両足を引きずり，両腕を使って移動するようになった。継続的な観察記録を基に，怪我をする前後の母子間の行動の変化を検討したところ，怪我をした子（Bs'10）は母親と近くにいるときに，以前よりも多く救難音声を発するようになった。また，救難音声が発された後は，母親から子への毛づくろいを行っていた。このような事例から，怪我をした子が救難音声を発することで母親からの毛づくろいを要求していた可能性が考えられる（Ueno et al., 2014b）。

［3］接触コミュニケーション

　人間の社会において，握手や抱擁などの接触行動もコミュニケーション手段の1つであり，多くの場合親和的な情報を相手に伝達すると考えられる。ニホンザルでも，毛づくろいや抱擁行動，マウンティングといった形で接触によるコミュニケーションが行われている。その中でも毛づくろいは，多くの霊長類種において広く観察される代表的な接触行動である。毛づくろいの時間は集団サイズとともに増加し，個体数が多い集団では一日の20%を他個体への毛づくろいに費やす（Dunbar, 1991）。このような知見から，毛づくろいは他個体との社会関係を構築・維持するために重要な機能をもつ行動ではないかと考えられてきた。

　攻撃交渉が生じた直後には，BTD以外にも，毛づくろい等の親和的な行動が当該の個体間で行われることがある。攻撃の直後に行われる親和的な行動は，仲直り行動（reconciliation）と呼ばれる（de Waal & van Roosmalen, 1979）。攻撃の直後に当該の2個体が毛づくろいなどの親和的な行動を行うと，その後2個体間で攻撃が再度生じることが少なくなり，2個体が近くにいることが多くなる。このような研究成果から，攻撃交渉の直後に行われる親和的な行動には，攻撃交渉によって損なわれた社会関係を修復する機能があると考えられた（Aureli et al., 2002）。また，ボツワナ・オカヴァンゴ湿地帯の野生チャクマヒヒ集団を対象とした研究によると，捕食者によって血縁個体を失った個体は，以前よりも毛づくろいを多くの相手に分散させて行うようになった（Engh et al., 2006）。この結果は，ヒヒのメスは毛づくろいをさまざまな個体に分散させることによって新たな相手と親密な関係を築こうとしていることを示唆している。

　毛づくろい以外の接触行動も親和的な機能をもつことが多いと考えられる。チンパンジーやゲラダヒヒなどの霊長類の場合，お互いに初対面の個体同士が遭遇した後は，しばしば敵対的交渉から始まり，マウンティングなどの短時間で終わる簡単な接触行動を行った後に毛づくろい交渉を行えるようになる（Aureli & Schino, 2022）。同様に，ベニガオザルは他個体と攻撃交渉を行った後は，短時間で終了する接触行動を先に行い，その後で毛づくろい交渉を行う（Call et al., 1999）。そのため，長時間継続する毛づくろいは関係の修復に用いられ，より簡易的な接触は，その場での攻撃を避けるための情報伝達の手段として機能していると考えられる（Aureli & Schino, 2022）。チンパンジーの場合，キスや抱擁行動は他の場面よりも攻撃交渉後に行われることが多い一方で，毛づくろいは攻撃交渉後以外の場面で多く行われる傾向があったという（Fraser & Aureli, 2008）。以上のように，短時間で終わる接触行動は，BTDと同じように，相手に非敵対的な意図を伝達する信号として機能していると考えられる。

4. コミュニケーションにおける生得性

　動物のコミュニケーションがどの程度生得的であるのかという問題は，これまで盛んに議論されてきた問いの1つである。たとえば，ミツバチは尻振りダンスによって複雑な情報を他個体に伝達している。餌場に戻ってきたミツバチは，平板上の巣の上を歩きながら8の字の軌道を描き，餌場までの距離，餌場の位置，餌の量といった情報を，ダンスの速さや動作の激しさを変化させることによって伝えている。ミツバチのダンスはこのように複数の情報を他個体に

伝えるが，その伝達方法は生得的で発達的な柔軟性に乏しいものだと考えられている（中島，2019）。他方で，ニホンザルなどの霊長類では，母親や母親以外の他個体と関わる経験を重ねることによって，音声をどのように使用するかを学習していることが示唆されている（Katsu et al., 2014, 2017）。本節では，霊長類の情報伝達における生得性に関連していると考えられる2つの現象についてまとめる。

［1］集団間・集団内の行動の多様性

　同じ種であれば基本的には同様の行動レパートリーをもつが，同種でも集団によって行動が異なる場合がある。宮崎県幸島のニホンザル集団では，1頭の個体が給餌されたサツマイモを川で洗い始めた（Kawamura 1959）。このイモ洗い行動は，その後，最初の個体の血縁個体から集団全体へと伝播していき，現在でも幸島集団では行われている。このように，ある行動が世代を超えて他個体から他個体へと伝達される場合，その行動は文化的行動と呼ばれる。

　個体間の情報伝達に用いられる行動も，文化的である可能性が指摘されている。宮城県金華山などいくつかのニホンザル集団では，成体個体間の抱擁行動が観察されている。抱擁行動は，毛づくろい交渉が中断した時や，他個体との攻撃交渉が生じた後に生起することが多く，特に血縁関係にない個体との交渉の際に行われる傾向があった（Shimooka & Nakagawa, 2014）。このことから，一部のニホンザル集団においてニホンザルの抱擁行動には緊張緩和の機能があると考えられた。日本国内では，複数の調査地で野外ニホンザル集団の研究が長期的に行われてきたが，抱擁行動は金華山など一部の集団でのみ確認されている。そのため成体間での緊張緩和として用いられる抱擁行動は，一部の集団で文化的行動として広がったのかもしれない。

　また，前節までに述べたように，毛づくろいは霊長類に広く見られる行動である。種によっては口を使って毛づくろいをしたり，手を使って毛づくろいをしたりと差異はあるが，ニホンザルであれば，どの集団のどの個体も同じように毛づくろいを行っているように見える。田中と竹節は，ニホンザルの毛づくろいを詳細に調べ，ニホンザルの毛づくろいがシラミの卵をつまみ上げる行動であることを明らかにした（Tanaka & Takefushi, 1993）。さらに，シラミの卵をつまみ上げるときの指の爪や腹の使い方には個体によってさまざまな種類があり，母娘や姉妹など母系血縁個体間ではシラミの卵のつまみ上げ方に類似性が見られたという（Tanaka, 1998）。シラミの卵のつまみ上げ方は同じ個体でも変化することがあるため，血縁個体間でのつまみ上げ方の類似は，血縁個体同士で頻繁に行われる毛づくろい交渉を通してその血縁個体から学習した可能性がある。このように，毛づくろいのように多くの霊長類種や集団で共通して行われる行動であっても，詳細に調べると集団や個体によって差異があることが示されている。

［2］異種間のシグナルの理解

　野生の霊長類は同種個体と集団を形成するが，野猿公苑のような観光地であれば，必然的に研究者や来園者といった人と関わる機会をもつ。個体によっては人間が近づいた時にBTDを行うニホンザルもいる。人間の大人はニホンザルに比べて体が大きいことが多いため，個体によっては恐怖に近い感情を人間に対して感じているのかもしれない。著者がニホンザルの観察をしている時，対象個体がこちらにBTDを行った場合，自分が怖がらせてしまったなと心の中でニホンザルに詫びながらゆっくりと距離を取るようしている。しかし，霊長類の表情に関する知識や経験がない人の場合には，ニホンザルを怖がらせてしまっているのに気づいていないように感じることがある。実際に，霊長類の表情に関する知識や経験がない人は，霊長類の感情の状態と表情の関連づけを適切に行えてはいないということが指摘されている（Maréchal et al., 2017; Parr & Waller, 2006）。人間であれば，さまざまな文化圏を通して感情と表情には

共通した対応関係があるため，外国の人の表情を理解する場合でもあまり困難は生じない。他方で，異種の霊長類の表情を理解するためには，その霊長類の表情に関する知識や経験が必要となるのだと考えられる。

　野生霊長類が異種動物と親和的な社会交渉を行うことは稀だが，他の哺乳類や鳥類と行動をともにして1つの群れ（混群）を一時的に形成することがある（辻，2008）。混群では，霊長類が樹上で採食するときに落とした食物を混群の哺乳類や鳥類が食べることできるといった利益が後者の動物にはある。また，異なる種同士が同所的に生活することによって，相手の警戒音声を利用することもできる（小田，1997）。アフリカ・マダガスカル島には，ワオキツネザルやベローシファカが生息しており，これらの種は捕食者の種類に応じた警戒音声を発する。小田と正高がこれらの霊長類の警戒音声を録音し，警戒音声に対するワオキツネザルの反応を調べたところ，ワオキツネザルは，同種個体の警戒音声だけはなく，他種であるベローシファカが発する警戒音声にも適切に反応していた（Oda & Masataka, 1996）。しかし，このような反応は，日本の動物園で暮らすワオキツネザル集団では観察されなかった。したがって，ワオキツネザルによるシファカの警戒音声への反応は，同所的に生活する経験から獲得した行動パターンだと考えられる。

5.　サルを通して人間を考える

　本稿では，野生に近い環境で生活する霊長類の知見を中心に，そのコミュニケーション様式を概観した。毛づくろいなどいくつかの行動は同種霊長類で共通して行われているものの，その行動パターンを詳細に観察することで環境や経験に伴って行動が変化することが示されてきた。したがって，霊長類における情報伝達は必ずしも生得的に決定されているわけではなく，ある程度の柔軟性をもつものだといえる。動物の表情は作為的に発信されてはいないと考えられることがあるが（中島，2019），本稿でBTDに関して言及したように，相手や状況が，表情を変化させるかどうかに影響していた。人間は確かに作為的に表情を変化させられるが，作為的な意図がなく表情を変化させることも多いだろう。ヒトとヒト以外の霊長類のコミュニケーションの違いは明確に区分できるものではなく，量的な違いであると考えられる。

　ヒト以外の霊長類の研究は，ヒトの進化的起源に関する知見以外に，人間についてどのような示唆を与えるだろうか。まず，動物や進化の理論をもとに人間の行動を解釈する場合には，「どのように進化してきたのか」と「どのように行動すべきか」はまったく別のものであることには注意をしたい。たとえば，進化の過程において霊長類の手の形態は木登りをする際に有利であったと考えられるが，現代の人間が手を使ってキーボードやゲームコントローラーを操作してももちろんよい。

　そのような点に注意をして霊長類やその他の動物のコミュニケーションを概観すると，コストのかかる信号であれば，相手をだまして利益を搾取するために信号を多用することは難しいため，その信号は「正直」であり信用できるかもしれない（Zahavi, 1975）。毛づくろいに関しては，毛づくろいを多く行うほど，相手との親密な関係は築かれやすくなり，相手から毛づくろいの返報となる利益も得られやすくなると考えられる（上野，2016，2017）。人間の生活においても，謝罪のメールを送るときには，あまり短いよりは長文のメールの方が相手に受け入れられやすいであろうし，何かお世話になるときには手土産を持って挨拶に行く場合もあるかもしれない。近年，コミュニケーションのオンライン化が進むなかで，社会のさまざまな場面で効率化がさらに求められているように感じられる。不要なコストは削減したらよいのかもしれないが，人間の社会関係を円滑にするためには，時間や労力を費やして"毛づくろい"をする必要がある場合もあるだろう。

　また，人間と動物との付き合い方を改めて考えてみてもよいかもしれない。人間は動物の行動に人間の意図を付与して，擬人的に解釈してしまいがちである。しかし，第4節でも指摘したとおり，その動物に関する知識がない場合，動物の表情を適切に解釈できない可能性があるため，人間と動物のいずれか，場合によっては双方が傷つく結果にもつながりうる。動物の研究者は，動物園や野猿公苑において，動物の表情などに関する知見を一般の人たちに伝えていくことで，人と動物の不要な軋轢の減少に貢献できるかもしれない。たとえば著者らの研究グループでは，人工知能（深層学習）を用いて，ニホンザルの個体識別を行うプログラムを作成した（Ueno et al., 2022）。さらに現在は，そのような研究を踏まえ，一般の来園者がニホンザルを見ながらその個体情報を得られるアプリの実装を進めている。人間同士の社会でも同じかもしれないが，お互いの類似点と相違点を適切に理解することが，動物とよい関係を築く第一歩となるのではないだろうか。

第 10 章

モノ，環境とのコミュニケーション

渡邊 伸行

1. はじめに

　1990年代後半，PCや携帯電話が急速に普及していき，他者とのコミュニケーションの在り方そのものが大きく変化した。IT革命とその結果としての情報社会は，トフラー（Toffler, 1980）が農業革命，産業革命に続く，「第三の波」（Toffler, 1980）が来ると予言したような，われわれ人類の歴史に大きな変化をもたらした。当時の携帯電話の普及の様子や，21世紀に入ってからの情報通信メディアの変遷については，浮谷・大坊編（2015）で詳述されている。ここは敢えて，当時，高校を卒業して浪人生活を経て大学に入学した，著者の目線で振り返ってみたい。

　1995年のWindows 95発売以降，PCが一般家庭に急速に普及した。同じ時期に，携帯電話も街角で0円で配布されるなどして，急速に普及していった。大学に入学すると，大学からeメールアドレスが発行され，学内のコンピュータルームでインターネットや友人とのeメールを楽しんでいた。そのうち，携帯電話で，eメールやインターネットを使えるようになった。電車で移動中も，いつでもどこでも，手のひらの上の端末で，他者との通信ができるようになった。携帯電話の機種変更をするたびに，機能が増えていき，マニュアルの冊子も分厚くなっていった。電話代を節約するため，相手に電話をかけてもらいたくて，「ワンギリ」（電話をかけて，ワンコールで切る）という行為も流行った。そのうち，「家に帰ったらワンギリする」など，家族や友人間で所在確認や共通の合図の意図で，「ワンギリ」が活用されていた。携帯電話やeメールが普及したことで，他者の顔を見なくても，コミュニケーションが行えるようになった。当時，著者はこれを「顔の見えないコミュニケーション」と表現した。ほぼ同時期に，原島（1998）が「匿顔のコミュニケーション社会」と表現していたことを，後で知ることになる。

　21世紀に入ってからの約20年間，私たちのコミュニケーション端末や環境は，飛躍的に進化をし続けている。2010年前後に，スマートフォンやタブレット端末が登場した。通話機能だけでなく写真や動画を撮影したり，音楽を聴くことができるようになった。またアプリをイ

ンストールして PC と同等の作業を行ったり，SNS でやり取りをしたり，さらには家電製品やウェアラブル端末と連携することで，装置の遠隔操作やユーザの生理指標の計測などが，簡便にできるようになった。一方，mixi，Facebook，YouTube，ニコニコ動画などの登場により，双方向型，参加型のコミュニケーションが行われるようになった。これら SNS の登場により，Web 上で気になるユーザをフォローし，同じ趣味や経歴をもつ人々でコミュニティを形成し，個人が情報を発信したり，ユーザ間で共有（シェア）ができるようになった。現在，スマートフォンは私たちの生活に欠かせないものであり，QOL を高めてくれるツールの 1 つである。

　2020 年 2 月頃から世界中に拡大した，新型コロナウイルス感染症（COVID-19）は，私たちの生活を一変させた。他者との直接の接触を避けなければならず，人と人との分断を意味するものであった（山口・渡邊，2022）。緊急事態宣言が発せられた頃，人から人への感染の広まりを防ぐため，いわゆる「おうち時間」が推奨された。学校の授業や会社の会議などは，オンラインで行われるようになり，コンサートや演劇，学会の年次大会などのイベントも，オンライン開催が模索された。そして，外出時や人と直接顔を合わせる際は，衛生マスクの着用が必須とされた。人と直接会う場や食事を摂る場には，アクリル板が設置されるようになり，他者との食事の際は黙食を求められた。人と顔を合わせて，食事を摂りながら，楽しく談笑する，という，日常でごく普通に行われていたことが，コロナ禍によって奪われてしまった。

　本章のテーマは，「モノ，環境とのコミュニケーション」である。技術の進歩と，コロナ禍によるオンライン環境の整備によって，オンライン・コミュニケーションが人々の間で浸透し，またそのための仕組みが各家庭でも整備された。本章では特にオンライン・コミュニケーション・ツールとメタバースを取り上げる。私たちのコミュニケーションを取り巻くモノや環境の変化に，私たちはどのように向き合い，他者とのコミュニケーションを続けてきたのか，振り返ってみたい。

2.　コミュニケーションの 3 つの形態とコロナ禍の影響

　私たちが日常行うコミュニケーションの形態は，大別すると，①人–人のコミュニケーション（対人コミュニケーション），②人–機械–人のコミュニケーション，③人–機械のコミュニケーション，の 3 つがあげられる（松尾，1999）。本章で取り上げる話題は，主に②であるが，まずはこの 3 つの形態の概要について解説し，コロナ禍でどのような変化が起こったかを説明したい。

[1] 人–人のコミュニケーション

　人–人のコミュニケーションとは，文字どおり，他者と直接顔を合わせることで行われる，対人コミュニケーション（あるいは face-to-face communication）のことである。私たちは主に言葉を交わして，何かを伝え合う。時には声に抑揚をつけたり，表情やしぐさで彩りを加えながら，相手に何かを伝える。これを繰り返して，私たちは他者とさまざまな情報を共有している。

　私たちは上述のように，言語情報だけでなく，非言語情報も活用しながら，情報の伝達や共有を行っている。非言語情報の中でも，特に顔は，さまざまな情報の提示装置だと考えられている。エクマンとフリーセン（Ekman & Friesen, 1975）は，顔がもたらす情報には，大別して 3 種類あるとしている。1 つは時間を経ても変化しない永続的な（static）情報（肌の色，顔全体の形状，骨格，顔の部位の大きさ，形，布置など），もう 1 つは時間と共に徐々に変化していく（slow）情報（皺，肌のきめなど），さらにもう 1 つは顔面筋の動きによってもたらされる瞬間的な（rapid）情報（表情など）である。また，時としてメイクや装飾品で顔を装

う。そうした情報は，人工的な（artificial）情報だとされている。私たちは他者の顔から以上のような情報を知覚して，他者が誰であるかを把握したり（個人識別），年齢，性別，国籍などを推定したり，時にはその顔貌から性格を推定したり，魅力を見出す。一方，一時的に表れる顔面筋の変化から感情を推定したり（表情認知），顔色からその人のコンディションや反応を把握することができる。なお，次項で述べる「人–機械–人のコミュニケーション」において，文字のみのコミュニケーションに感情的な意味を付与するために作られたのが，顔文字（emoticon）である（荒川，2007；竹原，2015 など）。このことは，円滑なコミュニケーションを行ううえで，顔が不可欠な情報源であることを示すものである。

　2020 年 2 月のコロナ禍以降，私たちは人との接触を避け，人前ではマスクを装着することが必須となった。その結果，コミュニケーションにおける貴重な情報源であるはずの，顔の半分が遮蔽されてしまった。そのため，上記のような情報を顔から取得できなくなることが懸念される。実際，マスクによって顔認識の成績が低下する研究例（Carragher & Hancock, 2020）や，表情認知の成績が低下する研究例（Grundmann et al., 2021; Marini et al., 2021 など）が報告されている。

　コロナ禍が始まって 3 年が過ぎ，国によっては「脱マスク」が進んでいる。日本も近い将来，マスクなしで会話を楽しむ，本来の face-to-face のコミュニケーションが戻ってくることを期待したい。

［2］人–機械–人のコミュニケーション

　人–機械–人のコミュニケーションは，電話や手紙などの，通信メディアを通して行われる，メディア・コミュニケーション（media communication）のことを指す。他者と直接会話するのではなく，通信メディアを通して，音声や文字によるコミュニケーションを行うことである。特にコンピュータが介在するコミュニケーションを，CMC（Computer-Mediated Communication）という。インターネットが普及した 1990 年代は，e メール（電子メール），BBS（Bulletin Board System: 電子掲示板），ブログ（ウェブログ），電子会議室，などによるオンラインコミュニケーションが行われた。2000 年代後半に入ると，mixi, Facebook, Twitter, Instagram などの SNS（Social Networking Service），YouTube，ニコニコ動画などの動画共有サイト，Ustream やニコニコ生放送などのリアルタイムで動画を配信する Web サイトが登場した。この結果，ユーザは特別な技術がなくても，世の中に情報配信ができるようになった。それまでのホームページ，e メール，BBS のような，一方向性のコミュニケーションを「Web 1.0」とした場合に，上記のような双方向的なコミュニケーションがオンラインで行われるようになった事態は，「Web 2.0」と定義された（斎藤，2022；城田，2022 など）。2010 年代には，LINE やカカオトークなどのメッセンジャーアプリ，Slack や Discord などのビジネス・チャット・ツールが登場した。こうしたツールにより，前者は他者との通信がより簡便かつ便利なものとなり，後者は他者との情報共有や整理がしやすくなった。特に前者の LINE は，スマートフォン初心者でも使えるシンプルなインタフェースと，さまざまな感情やメッセージを視覚的に表現している"スタンプ"が人気を呼び，今や最も利用されている通信メディアの 1 つといえる。

　松尾（1999）は CMC の特徴として，①時間の制約の解放，②対象の制約の解放，③情報再利用の制約の開放，④社会的制約の解放，⑤ハンディキャップの開放とコミュニケーションエイド，⑥偏見の解放，⑦自己開示の開放，をあげている。①はリアルタイムのコミュニケーションである必要がなく，それゆえユーザが送信する情報を整理しやすくする効果があるとしている。②は，同時に多くの人とコミュニケーションを行えることを指す。③は情報を共有し，共同作業ができることを意味している。④は上司と部下の関係など，社会的地位などの影響が

なくなり，発言が均一化することを指摘している。⑤と⑥は，コミュニケーションに関する何らかの障害をもつ人も，コミュニケーション支援ツールを用いることで，健常者と対等のコミュニケーションが行えるようになることを示している。⑦は対面よりも通信メディアを介した方が，自己開示が行われやすくなることを指摘している（村山，2015 も参照）。一方，柿本（2015）は，CMC の特徴を，①空間的制約からの解放，②情報発信の容易さ，③社会的存在感の希薄さ，④平等性，としている。松尾（1999）とほぼ共通しているが，③に関しては，コミュニケーションの相手の存在感が感じられる程度が，インターネットを介した場合に減少するため，たとえば他者に攻撃的な発言をして炎上を招くようなことが行われることを指摘している。

　コロナ禍の結果，感染拡大を抑止するため，いわゆる 3 密（密閉，密集，密接）を避けることが奨励された。その解決策として積極的に導入されたのが，オンライン・コミュニケーション・ツールであった。Zoom ミーティングに代表するようなオンライン・ツールによって，私たちは対面とほぼ同様のコミュニケーションが可能となった。さらに近年，メタバースの登場によって，私たちは仮想空間の中で現実世界とほぼ同じ振る舞いをすることが可能となりつつある。この，コロナ禍における CMC の変化は，本章の後半で改めて述べたい。

［3］人–機械のコミュニケーション

　人–機械のコミュニケーションとは，人が機械を操作する行為のことを指す。普段，家電製品などの機械を操作する際，ユーザは機械に何をしてほしいのかを，操作部（ボタンやリモコン，キーボードやマウスも含む）への入力を通して機械に伝える。操作が適切であれば，ユーザの意図が機械に伝わり，表示部（液晶画面など）にユーザの入力を受け付けた旨が表示され，ユーザが求める動作や処理を行ってくれる。ユーザが意図や意思を機械に伝え，機械がそれに対して何らかの反応を示す，ということを繰り返すのは，ユーザと機械の情報のやり取りであり，コミュニケーションである。

　機械の操作部や表示部など，ユーザと機械の情報のやり取りが行われる部分（接面）のことを，ヒューマン・インタフェース（Human Interface: HI）という。近年のスマートフォンやタブレット端末などは，操作部と表示部が一体化したタッチパネル型のインタフェースになっており，マニュアルがなくてもユーザが直感的に操作することができるインタフェース・デザインになっている。このような工夫により，ユーザと機械のコミュニケーションが円滑に行われている。なお，ヒューマン・インタフェースの定義には狭義と広義とがあり，狭義は上記のとおり，ユーザが機械に直接接する部分（接面）のことである。一般的にはユーザ・インタフェース（User Interface: UI）と呼ばれることもある。広義についてはユーザと機械の作業環境全体を含むものとされている（福住・笠松，2021）。ものづくりの現場では，心理学の知見に基づいて，見やすく，操作方法を学習しやすく，記憶しやすく，ヒューマン・エラーを引き起こさないインタフェースデザイン，あるいは作業環境のデザインを検討している。たとえば Apple は，「Human Interface Guidelines」（Apple, 2022）を公開しており，iOS や iPhone のインタフェースでどのような工夫をしているのかを知ることができる。

　ヒューマン・インタフェース以外の，ユーザに配慮したものづくりの概念として，人間中心設計（Human Centered Design: HCD）とユーザ・エクスペリエンス（User Experience: UX）に触れておきたい。人間中心設計とは，製品やサービスを使う人間（ユーザ）をつねに中心に置いて，ものやサービスの企画・設計・開発・デザインを行うことである（安藤，2016）。国際規格である ISO9241-210：2019 に，それを実践するためのガイドラインなどが示されている（福住・笠松，2021）。ユーザ・エクスペリエンスとは，ユーザが製品の使用を通して得る体験のことであり，その体験をより良いものにすることを目指す考え方である。ユーザ・エク

スペリエンスは，ユーザと製品の関わりの期間に着目して，予期的 UX，瞬間的 UX，エピソード的 UX，累積的 UX，の 4 種類に整理されている（安藤，2016; Roto et al., 2011）。予期的 UX は，製品購入前に消費者として，その製品を使ってどのような体験が得られるかを想像する段階である。瞬間的 UX は，実際に製品を購入して，その製品を経験する段階である。エピソード的 UX は，製品使用後に製品使用時のことを振り返ることを意味している。累積的 UX は，繰り返し製品を利用するなかで得られる体験のことである。この 4 つの UX のいずれにおいても，ユーザにより良い体験をしてもらうことを目指すのが，ユーザ・エクスペリエンスの概念である。

　近年のヒューマン・インタフェースのトピックの 1 つとして，アンビエント・インタフェース（ambient interface）に触れておきたい。アンビエントとは，環境に設置された情報機器が人の行動等のセンシングを行い，リアルタイムで処理して，その結果に基づいて，情報機器側から人や環境に何らかの働きかけを行うことを意味している（横山，2015，本書第 3 章参照）。首都圏の駅に，次世代自動販売機が設置されている。これは顧客の属性を判定するセンサと人感センサが搭載されていて，ユーザを自動判別してお勧めの商品を表示する（JR 東日本ウォータービジネス，2010）。これも環境に設置された機器がユーザのセンシングを行い，その情報に基づいて，リアルタイムでユーザに情報を提示する，アンビエント・インタフェースの一例である。環境そのものを設計した一例として，藤田ら（2013）による Ambient Suite があげられる。Ambient Suite は，センサによりユーザの発話，頭部の向き，手のジェスチャなどの情報を取得して，室内の壁と床に設置した大型ディスプレイに，リアルタイムで関連情報を提示することで，参加者間の会話を支援するシステムである。実際に評価実験を実施したところ，情報提示無し条件と比較して，情報提示有り条件の方が，「相互に興味を持って会話ができた」と「場が盛り上がった」の評定値が有意に上がり，環境の働きかけによってユーザの会話が促進されたことが確認された。今後，このようなアンビエント・インタフェースが実用化されていくことで，ユーザ一人一人に合わせた，より快適な生活空間や作業環境を提供してくれることが期待できる。

3. 人–機械–人のコミュニケーションの拡張

　前節で取り上げた，「人–機械–人のコミュニケーション」は，人と人の間に通信メディアや PC が介在したコミュニケーションである。ユーザがコミュニケーションで使用する端末や，インターネット環境が向上することにより，それを活用したコミュニケーション環境もより新しいものになっていく。

　上述のとおり，コロナ禍により，企業はテレワークを推奨し，大学など教育機関はオンライン授業へと移行した。コロナ禍以外にも，Society 5.0 や，DX（Digital Transformation）といったキーワードが，コミュニケーションのオンライン化推進の要因になったと考えられる。Society 5.0 は，2016 年に閣議決定された，「第 5 次科学技術基本計画」の中で述べられている，わが国が目指すべき姿を示すキーワードの 1 つである。Society 1.0 から 4.0 まではそれぞれ，狩猟社会，農耕社会，工業社会，情報社会に相当する。それに続く Society 5.0 は，サイバー空間と現実世界を融合させた取り組みにより，人々に豊かさをもたらす「超スマート社会」を目指すことを目標としている。一方，DX は，業務効率化や新規事業の立ち上げなどにおいて，積極的にデジタル技術を導入していくことで，新たな付加価値を生み出すような取り組みを指す（斎藤，2022 参照）。2018 年に経済産業省が発表した「DX レポート」において，わが国の DX 導入の現状と推進に向けた課題などが述べられており，以降，多くの企業がこの問題に取り組み始めた。

　そうしたなか，2020 年にコロナ禍が発生した。その結果，Society 5.0 や DX に向けた取り組みは，一層加速化したように思われる。企業ではテレワークが推奨され，大学の授業もオンライン化した。企業の採用面接も，オンラインで行われるようになった。そうした，コロナ禍前後のコミュニケーション技術の進展と，それによって人-機械-人のコミュニケーションがどのように拡張されていったかを振り返りたい。

［1］オンライン・ツール

　コロナ禍以降，さまざまなオンライン・ツールが登場し，テレワーク，授業，イベントなどで活用されるようになった。

　まず，オンライン・ミーティング・ツールとして，Zoom ミーティング，Webex，Microsoft Teams などがあげられる。ここでは Zoom ミーティングを例に，オンライン・ツールの機能や，コミュニケーションの変化について触れたい。

　Zoom ミーティングは，オンラインで複数人による会話ができるツールである。画面はギャラリービューとスピーカービューのいずれかを選択することができる。前者の場合，画面上に参加者全員の顔が並び，お互いの顔を見ながら会話をすることができる。スピーカービューにすると，発話している人の顔が大きく表示される。「画面を共有」すると，ユーザの PC の画面や，PC 上で開いているファイルなどを，すべての参加者の画面に共有して示すことができる。さらに，ブレイクアウトルームを活用すると，いくつかの "ルーム" に参加者を分けることができる。参加者が複数のグループに分かれて議論したり，トピックごとに部屋をいくつか用意する必要がある時に，この機能を活用することができる。以上の機能を活用することにより，対面でのミーティングとほぼ同等の会議，プレゼン，グループワークなどをすることができる。また，ユーザがオンラインミーティングに参加している実空間を見られたくない場合は，

コラム 9
ホログラム

渡邊　伸行

　1977 年に公開された映画「STAR WARS episode IV」の冒頭，主人公のルーク・スカイウォーカーは，2 体のドロイド（作品におけるロボットの総称）に出会う。そのうちの 1 体，R2-D2 の汚れたボディを磨いていると，何かのボタンを押してしまう。R2-D2 がプロジェクタのような光を発すると，助けを求めるレイア姫のホログラム映像が投映された。……ホログラムといえば，上記の場面を思い出す読者が多いのではないだろうか。この場面以外にも，SF 映画ではホログラムはたびたび登場する，言わば定番の映像表現の 1 つである。

　ホログラムの話題で，筆者が思い出すことがもう 1 つある。小学生の頃（1980 年代）に大流行した，「ビックリマンチョコ」のシールの中に，ホログラム的にキャラクターが描かれた，レアなシールがあった。自分でこのシールを引き当てた時の興奮を，今でも覚えている。キラキラしていて，立体的に見えて，角度を変えると頭部が回転しているように見えるのがとても不思議であった。

　ホログラム（hologram）とは，レーザを用いて，物体の光の強度と位相情報（面の情報）を表現することで作られる 3 次元像のことを指す（鵜飼ら，1998）。ホログラムを生成する技術のことを総称してホログラフィ（holography）という。ホロ（holo）は「全体の」，グラフィ（graphy）は「記録」を意味する。3 次元映像技術における主要な表示方式には，両眼視差方式，空間像再生型，体積型などがあり，ホログラフィは空間像再生型に分類されている（井ノ上ら，2015）。ホログラフィの原理についてのより詳しい説明は，高木（2007）などを参照されたい。

　ホログラムが実用化されている事例を以下にあげてみる。まず，3D ホログラムディスプレイがあげられる。これは一般的なディスプレイと同様，箱型の装置で，3 次元映像を投影することができる。Looking Glass 社は，「Looking Glass Portrait」などの卓上の小型ディスプレイを販売している（https://lookingglassfactory.com/looking-glass-portrait）。変わったディスプレイとして，「3D ホログラムディスプレイファン」（例: http://www.e-monz.jp/177_1067.html）がある。LED のバーがファンのように回転することで，宙に浮かんだ 3D 映像を表示することができる。これらは，文字どおり，3 次元形状のオブジェクトを表示するための

バーチャル背景と呼ばれる，任意の画像を背景にすることで，自身の周囲にあるものが映り込む心配がなくなる。会議以外にも，「Zoom 飲み会」というオンライン飲み会が一時的に流行し，おうち時間を楽しむ手段の 1 つとなった。

　Zoom ミーティングなどのツールによって，他者との会話，プレゼンテーション，ディスカッションなどが，オンラインでも対面とほぼ変わらない形式でできるようになった。画面共有の機能を用いて，視覚的に情報を共有できる点など，対面よりも利便性の高い側面もある。一方，対面と同じようにはいかないことがある。たとえば，対面とは異なる“間”が必要となる。会話をする際，複数のユーザが同時に発話すると，双方を聞き取ることができない。そのため，他者と発言がぶつからないよう，ユーザ間でターン・テイキング（話者交替）の配慮が必要となる。また，ユーザは画面上の他のユーザの顔に視線を向けながら会話をするが，Web カメラは画面の上部に設置されていることが多く，結果として表示されるユーザの顔は，視線が下を向いた状態になり，対面コミュニケーションにはない違和感を引き起こす。この点については，リアルタイムで視線を補正するソフトウェアが開発されており，それを用いることで解決する。今後，こういったツールがオンライン・ツールに直接搭載されていくことを期待したい。

　オンライン・コミュニケーションを長時間続けると，心身に何らかの疲労をもたらす。ベイレンソン（Bailenson, 2021）は「Zoom 疲れ」（Zoom fatigue）を指摘している。つねに参加者の視線に晒されること，認知負荷，自分の鏡像が表示され続けること，ディスプレイの前にいて身体を動かさないこと，などが Zoom 疲れを引き起こす恐れがあると述べている。

　以上，会議や授業などで最も用いられているタイプのオンライン・ツールについて紹介した。これらのツールは，全員が同じ画面上に表示されている場合は，ユーザ間で個別の会話をすることができない。一方，複数のユーザが参加しているなかで，特定のユーザのみとの会話を可

ものである。
　コミュニケーションという観点からも興味深い製品がいくつも販売されている。まず，SF 映画に登場するような人型のホログラムの事例として，Gatebox 社のホログラムコミュニケーションロボット「Gatebox」（https://www.gatebox.ai/about）があげられる。画像・音声認識や人工知能などの技術により，ディスプレイ内に浮かび上がった人型のキャラクターと，リアルタイムでコミュニケーションを楽しむことができる。
　NTT コミュニケーションズは，「エアリアル UI ソリューション」（https://www.ntt.com/business/solutions/communication-and-collaboration/vrsol/3dhologram.html）を実用化している。AI アバターや遠隔地の人物をホログラムで表示することで，ユーザがコミュニケーションを行えるようにしている。実際に導入された例として，JAL が羽田空港のラウンジでホログラムの従業員を受付に配置した事例が紹介されている（https://www.ntt.com/about-us/press-releases/news/article/2019/0410.html）。
　最後に，空間におけるコミュニケーションを実現するツールを紹介したい。3D Phantom 社のホログラム映写機「3D ホログラムサイネージ」は，実空間に 3 次元映像を投射することで，3D 映像を肉眼で体験することができる（https://lookingglassfactory.com/looking-glass-portrait）。店舗や野外広告などで導入された実績がある。一方，ゴーグル型のデバイスを装着して，現実世界にホログラムの映像を投影する，複合現実（Mixed Reality: MR）を実現したのが，「Microsoft HoloLens」（https://www.microsoft.com/ja-jp/hololens）である。現実の物理空間に，ホログラムでさまざまなオブジェクトを投影して，手で直接触れることで，さまざまな作業をハンズフリーで行うことができる。製造業，医療，教育など，さまざまな場面での利用が期待できる。
　以上，現在実用化されているホログラムの事例を紹介した。SF 映画で見られるような，遠く離れた他者とコミュニケーションを行えるツールも実用化されているが，STAR WARS の中で描かれたような，ディスプレイやゴーグルのないところに人を投影する，というのは，いまだ技術的に難しいようである。この先，技術の進展とともに，SF 映画で描かれているような，通信相手の 3D 映像が机の上でリアルタイムで話しかけてくれるようなデバイスが登場すると，既存のビデオ通話とは違った趣のコミュニケーションを楽しめるのではないかと想像している。

能にしているオンライン・ツールをいくつか紹介しておきたい。Gather は，ロール・プレイングゲームのような 2 次元空間の中で，自身のアバターを動かして移動し，会話したいユーザに近づくと，話をすることができる。著者が運営に関与した 2021 年の日本認知心理学会第 18 回大会では，Gather の中でポスター発表の会場が用意された。参加者にはポスター会場の中を歩き回って，それぞれのポスターの前にいる発表者に近づいてもらうことで，発表者と直接議論してもらった。オンラインでも，実際の学会に参加しているような雰囲気を味わってもらった。同様に著者が関与した，2020 年の日本顔学会第 25 回大会の懇親会では，Remo Conference が活用された。これは画面の中に，通常の懇親会会場をイメージしたような，テーブルと椅子が配置されていて，ユーザは自身が座りたい椅子のアイコンをクリックすることで，同じテーブルのユーザと会話を楽しむことができる。

　オンライン・ツールを用いた研究例を検索すると，主に教育場面での実践例が数多く報告されている。対面コミュニケーションと比較して，オンライン・ツールを用いたコミュニケーションではどのような特徴が見られるか，という点については，今後の研究の展開を期待したい。

［2］メタバース

　メタバース（metaverse）とは，VR ゴーグルや専用コントローラを装着して，仮想空間内で自身のアバターを操作しながら，現実世界と同等のコミュニケーションなどを行うことができる空間のことである。2022 年のインターネットにおける主要なキーワードの 1 つが，「メタバース」であった。語源は meta（超越した）と universe（世界，宇宙）を組み合わせた造語で，この用語が最初に登場したのは，小説『スノウ・クラッシュ』であった（岡嶋，2022；バーチャル美少女ねむ，2022）。2021 年 10 月に，Facebook 社が社名を「Meta」へと改名し，本格的にメタバース事業に参入することを明らかにしたことは，大きな話題として取り上げられた（岡嶋，2022；バーチャル美少女ねむ，2022 など）。

　メタバースの定義については，岡嶋（2022）は「現実とは少し異なる理で作られ，自分にとって都合がいい快適な世界」として，他の類似技術（デジタルツインや拡張現実，複合現実など）と区別している。前半部分の「現実とは少し異なる理で作られ」という部分は，現実をそのまま仮想空間に移したのではなく，現実を模倣しつつも，新しい空間を築こうとする意図がある。メタバースの世界で VTuber として活躍している，バーチャル美少女ねむ（2022）は，より詳細な定義をあげている。それは，①3 次元空間であること（空間性），②自己を投射したオブジェクト（アバター）が存在すること（自己同一性），③複数のアバターが同時に 3 次元空間に存在できること（大規模同時接続性），④空間内にオブジェクトを創造できること（創造性）（ここまでは三淵（2011）による VR の定義を引用），⑤経済活動ができること（経済性），⑥VR ゴーグルがなくてもスマホなどでアクセスできること（アクセス性），⑦現実を代替するような没入感を体験できること（没入性），の 7 つを満たすものが，メタバースだと定義している。

　特に，②自己同一性（自分のアイデンティティ）を投影した唯一無二の自由なアバターの姿で存在できる世界（バーチャル美少女ねむ，2022），という部分については，メタバースの世界では「なりたい自分」になれる，ということを，メタバースの大きな特徴としてあげている。実際，バーチャル美少女ねむ（2022）による調査によると，ユーザの現実世界における性別は男性が 9 割弱であり，また男女のユーザに共通してそれぞれ 8 割弱が，メタバースの世界では女性のアバターを使用しているという。

　コロナ禍で，人との接触が憚られた時期に，現実の世界ではできなかったことが，メタバースの世界では再現されている。たとえばメタバースには渋谷の街を再現した，その名も「バー

チャル渋谷」があり，2020年10月にはここでハロウィンフェスが開催された。2020年12月には，さっぽろ雪まつりの現地開催が中止になったため，有志ボランティアが「バーチャル札幌」で「バーチャル雪まつり2021」を開催した（バーチャル美少女ねむ，2022）。ほかにも，メタバースでミュージシャンによるコンサートが開かれたり，イベントが開催されるなど，現実世界と同等の経済活動や文化活動が行われている。

　ほかにも興味深い現象として，「VR飲み」「VR睡眠」「お砂糖」と「お塩」などがあげられる（バーチャル美少女ねむ，2022）。「VR飲み」はZoom飲みと同様，VRの世界での飲み会である。「VR睡眠」は，同じ部屋に複数のアバターが集まって寝るのだそうである。いずれも，現実世界でユーザはVRゴーグルを着けたまま，これらの行為を行うことになる。「お砂糖」は他のアバターと恋愛関係になること（甘い関係を示しているらしい），「お塩」は「お砂糖」をやめること，である。以上のように，現実世界の写しのようなことが，メタバースの中でも行われているのである。

　前述のとおり，CMCでは自己開示が行われやすくなることが指摘されている（松尾，1999；村山，2015）。メタバースでは，どうであろうか。「なりたい自分」になることで，自己開示が促進されたり，あるいは自己呈示が積極的になされるであろうか。また，松田（2015）は大坊（1998）によるコミュニケーション・チャネルの分類を取り上げ，近年の情報メディアがどのチャネルを代替するものなのかを考察している。その中で，非言語情報の1つであるプロクセミックス（空間における他者との位置関係，たとえば着席位置など）については，それを代替するメディアが見当たらないことをあげていた。メタバースでは，アバター同士が空間内に集まり，実際に身体接触もできることから，プロクセミックスというチャネルもコミュニケーションにおいて重要であると考えられる。一方，表情やしぐさについては，VRゴーグルやコントローラがセンシングしてくれることで，アバターにも表情などが反映されるようになっている。ただし，現実世界のユーザが表情やしぐさを抑制することで，アバターの表出をコントロールすることも可能であると思われる。メタバースにおいて表出されるコミュニケーション・チャネルのウエイトは，現実世界と比較してどうなのか，またそれはセンシング技術やアバターの解像度の向上によってよりリアルなものになっていくのか，など，興味が尽きない。

　なお，現状ではVRゴーグルは決して安価ではない。PCと接続して使用する場合は，PC側にそれなりのスペックが求められる。VRゴーグルそのものも重いため，首への負荷や，没入感に慣れていない場合は映像酔いが懸念される。今後の技術面の進展により，そうした負担が軽減されていくことを期待したい。

4. おわりに

　本章では，モノや環境とのコミュニケーションについて，コロナ禍前後のまさに現在進行中のトピックを取り上げて，コミュニケーションがどのように拡張されているかを考察した。オンライン・ツールもメタバースも，未検討の課題が山積しており，今後，多くの研究者がそれらの課題に着手していくものと思われる。心理学研究が進められることで，今後，対面コミュニケーションとオンライン・コミュニケーションの違いや，メタバースにおける自己の問題など，さまざまな知見が積み上げられていくことを期待したい。

第 11 章

職場のコミュニケーション

横山 ひとみ

1. 職場の特徴

　職場は，組織メンバーが組織の目標を達成するために仕事を遂行する物理的な場所であり，ベンチャー企業からグローバル企業，公的機関や非営利組織，中小企業など，さまざまな組織に置かれている。バーナード（Barnard, 1938／邦訳, 1968）は，組織が成立する要素として，コミュニケーション，貢献意欲，共通目標の３つをあげている。これらの１つでも欠けると不健全な組織となってしまうため，これら３つの要素は組織にとって不可欠である。組織に目標があると，その目標を共有するために組織メンバーとコミュニケーションが必要となる。そして，組織メンバーに目標が共有されると，組織メンバーはその共通目標に向かって協力して働くことができる。その際，情報の伝達や交換，意見や主張の擦り合わせ，スケジュールや業務内容，人間関係などの調整を，コミュニケーションを通して行うこととなる。したがって，コミュニケーションは組織の成立において中心的な役割を果たしているといえる。

　組織には複数の組織形態がある。たとえば，ライン組織，ライン＆スタッフ組織，職能別組織などがある。この組織形態の違いによってコミュニケーションの流れが異なる。ライン組織とは，トップの下に複数の管理者，その複数の管理者のそれぞれの下に管理者を置くといった，トップから最下層までが単一の指揮命令系統でつながっている。そのため，上から下へ迅速に画一化されたメッセージが伝達されるという特徴をもつ。ライン＆スタッフ組織とは，ライン組織の直系という特徴を保持しつつ職能的にも分化したライン組織と，ラインを補助しアドバイスをする役割を担うスタッフ部門から構成される組織である。ライン組織と同様，トップから最下層までの指揮命令系統は上から下に流れるという特徴をもつ。この組織では，ラインとスタッフの連携のためのコミュニケーションが業績への鍵となる。職能別組織とは，職能や機能によって部門が構成されている組織である。部門内のメンバーは同じコンテクスト内にいることからコミュニケーションが円滑に行われるが，部門内と比較して部門間の水平のコミュニケーションは調整が困難であるという特徴をもつ。狩俣（1992）は，組織の基本形態の決定において，専門化の原則，命令の一元化の原則，管理の幅の原則が重要な役割を果たすと述べて

いる。つまり，組織の形態は，上から下への指揮命令系統や部門内外のメンバーとの横のつながりが異なるため，職場のコミュニケーションに影響を与えるのである。

2.　職場のコミュニケーション

　松下ら（2011）が日本の15社の従業員に対して行った質問紙調査の結果によると，業務内容の1日に占める割合は個人作業が60.9％，コミュニケーションを伴う打合せや会議が26.8％であった。この結果から，職場においてコミュニケーションは欠かすことができないものであることがわかる。

　コミュニケーションが組織において果たす基本的機能として，狩俣（1992）は情報伝達，意味形成，連結，調整をあげている。組織では仕事の効率や生産性を高め，仕事で成功を収めるために，職場のメンバーと，報告・連絡・相談を行ったり，情報や意見を交換したり，議論をしたり，討論をしたり，フィードバックの送受信を行ったりというコミュニケーションをしながら協働する必要がある。

　また，組織の中では，基本的に，①上から下（下方向へのコミュニケーション），②下から上へ（上方向へのコミュニケーション），③水平（水平コミュニケーション）という3つの情報の流れがある。①は上司が部下に指示や命令などを伝えるコミュニケーション，②は部下が上司に報告・連絡・相談などをするコミュニケーション，③は同僚間や部門間のコミュニケーションを例としてあげることができる。職場では①から③のような仕事に関連するやりとりであるフォーマル・コミュニケーションだけではなく，仕事には直接関係しない雑談や噂話などがやりとりされるインフォーマル・コミュニケーションも行われる。このインフォーマル・コミュニケーションは，良好な人間関係や気分転換，異なる情報源との情報交換に役立つ（仲谷・西田，1994）。また，ヴァロとミッコラ（Valo & Mikkola, 2019）は，職場においてはタスクに関連したコミュニケーションと関係性コミュニケーションのいずれもが必要不可欠であり，タスクに関連したコミュニケーションだけに焦点を当てるだけでは不十分で，協力的な職場環境づくりやコンフリクトへの対処には，人間関係を重視した適切な手順が必要であると指摘している。したがって，仕事のためのコミュニケーションとそれ以外のコミュニケーションは補完し合っており，職場で働くためにはコミュニケーション相手や状況に応じて，適切にかつ柔軟にコミュニケーションをとることが求められる。

　一般社団法人日本オフィス家具協会（2019）が行った各企業へのヒアリングの結果では，「コミュニケーション」や「コラボレーション」がオフィスで重視しているポイントとしてあげられている。また，一般社団法人日本経済団体連合会（2018）が実施した新卒採用に関するアンケート調査結果において，入社対象の採用選考にあたって特に重視した点は「コミュニケーション能力」が第1位であり，16年も連続して1位を記録している。したがって，職場においてコミュニケーションは極めて重要であり，コミュニケーションが生まれる場やコミュニケーション・スキルの高い人材が求められていることがわかる。

3.　職場の人間関係

　職場の人間関係とは，一般に，上司・部下関係，同じ職位の同僚関係，職場の友人関係，恋愛関係，顧客との関係など，個人が仕事をするうえで関わるすべての対人関係のことを指し（Sias, 2009），実に多様である。また，職場で働く人々も多様である。正社員，派遣労働者，契約社員（有期労働契約），パートタイム労働者，短時間正社員，業務委託契約等（厚生労働省，2019）といった異なる雇用形態で人々は働いている。年齢にも幅があり，Z世代やY世代，

X世代，ベビーブーマー世代といった世代の異なる人々が一緒に働いている。また，現在の日本では，外国人労働者数が増加しており（厚生労働省，2022a），異なる文化的背景をもつ人々が同じ職場で働く機会も増えている。職場内では，組織形態とも関連して，営業部や経理部などの部門のメンバーとして，社長や部長，課長などの役職をもったメンバーとして，上司や部下，同僚といった関係性をもち，チームプロジェクトにおいてはリーダーやフォロワーといった役割を果たしながら，人々は働いている。年齢といった目に見えてわかりやすい違いだけではなく，学歴・経歴やパーソナリティ，価値観，経験，ICT スキルなど職場の人々は各人多様な特徴をもち，また同僚に対するさまざまな感情や印象（例，距離があると感じる，好ましくない）を抱いている。また，ミッコラとニッカネン（Mikkola & Nykänen, 2019）が指摘しているように，職場の人間関係は自由意志によるものではなく，チームや同僚を自分で選ぶ機会はほとんどない場合もある。そのようななかでも，組織の共通目標を達成するために，同僚と共に協働していく必要がある。

　職場は同僚とのコミュニティであり，職場の人々は相互に依存し，互いに影響を与え合い，仕事の目標やタスクを共有し，互いに協力して目標やタスクを完結あるいは達成する（Valo & Mikkola, 2019）。つまり，職場の人間関係は，職場のコミュニケーションが基本となる。多種多様な人がいるからこそ創造的なアイデアを生み出せる反面，見えざる互いのギャップを埋め，互いを真に理解するためにコミュニケーションが重要となる。したがって，職場の人間関係を理解することは，職場の目標を達成するうえで重要な役割を果たす。

　職場の人間関係は，組織と組織メンバーの双方にさまざまな影響を与えることが明らかになっている。職場の人間関係は，従業員のワークモチベーション（松木・中村，2020）や組織へのコミットメント（Rawlins, 1992），仕事の満足度（Alegre et al., 2016），ウェルビーイング（Ryan & Deci, 2000），ストレス（Harms et al., 2017）など心理的側面に影響を与える。また，職場の人間関係は生産性にも影響を与える。ギャラップ社は，10 人に 3 人の従業員が「仕事上で最高の友人と呼べる人がいる」ことに強く同意しており，職場に最高の友人がいれば，従業員の生産性や成果も上昇するという調査結果を報告している（Clifton & Harter, 2021／邦訳，2022）。また，職場の人間関係は，ソーシャルサポートの源を提供できるため，離職率を低下させることにつながる可能がある（Kram & Isabella, 1985）。一方で，職場の人間関係が離職理由の上位にあげられているという現実もあることから（厚生労働省，2022b；内閣府，2018），組織のマネジメントを行ううえでも職場における人間関係の構築や発展は重要である。職場でのコミュニケーション不足による認識の齟齬や人間関係の希薄化などを招かないようにするために，また組織と組織メンバーにポジティブな効果をもたらすためには，職場のコミュニケーションの量および質を高め，職場の人間関係をより良い方向に導くことが課題となる。

4. 職場のコミュニケーションの活性化に向けて

　職場のコミュニケーションを活性化するためには，コミュニケーションを行う場に対する不安の認知の低減や，働く人の個々のコミュニケーション・スキルの向上，物理的にコミュニケーションのとりやすい働く場の実現などが考えられる。

［1］心理的安全性

　職場の人間関係は気心の知れた間柄ばかりではないため，不安や緊張を生む場合がある。そのような場合は相談したいことがあったとしても一人で問題を処理しようとしてコミュニケーションは生まれない。エドモンドソン（Edmondson, 1999）によれば，心理的安全性とは，チームの中で対人関係上のリスクをとったとしても安全であるというチームメンバーがもつ共

有された信念である。具体的には，心理的安全性が高い場合は，意見を率直に発言したとしても，チームメンバーがその発言を馬鹿にしたり拒絶したり罰したりしないであろうという懸念がないといった状態である。

　ロゾフスキー（Rozovsky, 2015）は，Google 社が全社の 180 チームを調査し，チームを効果的にする要因を検討した結果，5 つの特徴が明らかになったことを報告している。5 つの特徴とは，①「心理的安全性」，②チームメンバーが時間内に質の高い仕事をしてくれるという「相互信頼」，③チームの役割，計画，目標が明確になっているという「構造の明確さ」，④仕事が個人的に意味があるという「仕事の意味」，⑤自分の仕事に意義があり変化を生むと考えているという「仕事にインパクトがあるという信念」であった。これら 5 つの特徴のうち，心理的安全性が最も重要な特徴であり，他の 4 つの土台となるという。そして，心理的安全性の高いチームは，離職率が低く，他のメンバーが発案した多様なアイデアをうまく利用することができ，収益性が高いなどの特徴が見られるという。

　山口ら（2019）は，精密機器製造企業における技術開発・製品開発を担うチームを対象とし，毎週定例でチーム活動の改善策をテーマにした対話活動とリーダーとメンバーが一対一で話をする活動，リーダー同士で意見交換をする活動を並行して実施した。その取り組みを実施したチームは実施しなかったチームよりも，取り組み後には心理的安定性が高まったという。

　田原と小川（2021）は，食品加工会社の従業員を対象とした質問紙調査を行った結果，心理的安全性が直接的に，また関係葛藤の低さを媒介して，業務遂行に関わる情報共有などの課題コミュニケーションと対人関係に配慮した情緒的コミュニケーションを促進することを明らかにしている。さらに，情緒的コミュニケーションが職場や同僚に対する貢献を促進することも示している。また，田原と小川（2022）は，心理的安全性の高さがワーク・エンゲージメントの向上を介して，パフォーマンスの高さや職務満足感の増大，ストレスの低減に影響することも示している。

　これらの研究結果から，職場における心理的安全性の高さが，個人，集団，組織のレベルに

コラム 10

ダブルバインド

横山 ひとみ

　ダブルバインドは二重拘束と翻訳される。この概念は，ベイトソン（Bateson, 1999／邦訳, 2000）が統合失調症の患者とその家族を観察し研究するなかで提唱された。ダブルバインドとは，矛盾した内容のメッセージＡとメッセージＢが送られると，メッセージの受け手が送り手との抜き差しならない関係によって，2 つのメッセージの矛盾を指摘することもできず，メッセージに対してどう反応したらよいかわからず混乱してしまう状況のことをいう。

　ベイトソン（Bateson, 1999／邦訳, 2000）は，ダブルバインド状況に陥りやすい以下の①から⑤のような必要条件を提示している。①ふたりあるいはそれ以上の人間の間で生まれ，そのうちのひとりが「犠牲者」となるということである。②ダブルバインドが犠牲者にとって一度きりの経験ではなく，繰り返される経験であるということである。その経験のなかで，ダブルバインド構造への構えが習慣化していく。③第一次の禁止命令は言語的手段によってなされることである。④第一次の禁止命令と衝突する第二次の禁止命令は通常，非言語的手段（姿勢，ジェスチャー，声の調子，有意なしぐさ，言葉に隠された含意など）によってなされることである。⑤第三次の禁止命令は犠牲者が関係の場から逃れることを禁止することである。

　職場におけるダブルバインドの例をいくつか見てみよう。たとえば，部下が仕事でミスをした際に，上司は眉間に皺を寄せ荒々しい口調で，「怒らないから，なぜミスが起こったのかを説明してほしい」と部下に言ったとしよう。この場合，犠牲者は部下となる。上司は「怒らない」という言語メッセージを発信するとともに，言語メッセージとは不一致の非言語メッセージ（明らかに怒っていることの表出である表情と口調）を発信している。部下は上司との関係性が重要であるためその場を逃れることができない状況である。上司に仕事のミスを説明してもミスをしたことを上司から叱責され，仕事のミスを説明しなければ命令に従わないと叱責され，上司によって同時に発信された 2 つのメッセージの矛盾を突いて言い返しても命令に逆らったと叱責されることとなる。そ

ポジティブな効果をもたらすことは明らかである。したがって，職場において，人間関係のトラブルや失敗などを恐れることのない積極的な行動がとれる心理的安全性が担保された話しやすい環境づくりが必要であると考えられる。エドモンドソン（Edmondson, 2019／邦訳, 2021）は，職場の心理的安全性をつくるためには上司やリーダーなどが極めて大きな役割を果たすが，そのような場をつくる後押しは，よい質問をすることや真剣に話をきくことなどによって誰にでも可能であると主張している。そこで，次の項では人に着目した環境づくりについて述べる。

［2］人へのアプローチ（コミュニケーション・スキル）

　職場では，性や年代，学歴・経歴，雇用形態，パーソナリティ，価値観，経験などが異なる人々が働いている。このような人々が共通目標に向かって協働していくためには，コミュニケーションによる調整が必要となる。メンバーにコミュニケーション・スキルが不足していては，円滑・良好なコミュニケーションは期待できず，職場の生産性を高め，対人関係を形成・維持・発展させることもできないであろう。そこで，この項では，コミュニケーション・スキルという観点から，職場コミュニケーションの活性化について考えていく。

　職場のみにとどまらず，どんな人とでも円滑で良好なコミュニケーションを行うためには，基礎的なコミュニケーション・スキルである「きく」スキルと「伝える」スキルを発揮することが重要となる。

　職場の仲間に対して無知や間違いを認めたり，率直な意見や感情を伝えることを恐れずに気軽に話せるような心理的安全性を高めるためには，メッセージの受け手が送り手の発話内容や送り手自身に興味を示すなどの送り手に配慮を示すことが不可欠である。「きく」には，受け手の積極性の高さの順に，「訊く」「聴く」「聞く」があり（平木, 2013），送り手の発する言語・非言語メッセージから送り手が本当に伝えたいことは何であるのかを判断し，3種の「きく」を柔軟に使い分ける必要がある。具体的には，受け手は言語メッセージと非言語メッセージを効果的に使うことによって，しっかり話をきいている態度や関心をもっている態度を示し

のため，部下はどうしてよいかわからず混乱してしまう。もし部下が上司に対して批判的な応答ができるのであればダブルバインド状況に陥ってはいないことになる。

　他の例をあげると，職場の先輩が仕事についてわからないことがあればいつでも相談してきてよいと声を掛けてくれていたので，実際に相談してみると，そんなことは自分で考えて仕事に取り組むようにと言われたとする。この場合，犠牲者は後輩となる。先輩は「何でも相談してもよい」というメッセージを発信したにもかかわらず，そのメッセージとは矛盾する「自分で考えて仕事に取り組むように」というメッセージを発信している。同じ部門で働く先輩後輩関係であり，その関係性を壊すことができないため，後輩は先輩に対して2つの矛盾するメッセージに対して口答えすることもできず，相談すると自分で考えて仕事をするようにとがめられ，相談せずに自分で考えて仕事を進めるとなぜ相談しないのかと苦言を呈され，相談もできず自分で考えて仕事ができずにいると仕事をしないと評価され，後輩は思考停止に陥ってしまう。

　これまでにあげた，一対一という関係ではなく組織やチーム内の複数人のメンバーが関わることでもダブルバインドは生じる。たとえば，多くの部門が関わるプロジェクトにおいて新たな企画の提案を行った際に，ある部門の上司からは企画の実現に向けて進めていくように指示があったのに対し，別の上司からは企画は到底受け入れられず再考するように求められたとする。この場合，犠牲者は部下となり，指揮命令系統が異なる複数の上司のメッセージが矛盾している状況である。どちらかの上司の意見を採用すると，一方の上司の指示に従わないことになり怒鳴られる。部下はどのように動いてよいのかわからず困惑してしまう。このような経験にさらされている場合も，ダブルバインド状況に陥っているという。

　ダブルバインドは職場の人間関係を悪化させ，メンタルヘルスを害する可能性がある。このような人間関係に伴う心の問題を個人の問題としてとらえるのではなく，システム理論に基づく家族療法のように職場のシステムの問題としてとらえることで問題を解消する必要がある。ダブルバインドに陥らないようにするためには，第11章4節で述べたように，傾聴およびアサーティブな自己表現の実現により心理的安全性の高い場を作り出す必要がある。

たり，送り手の言葉を言い換えて理解していることを示したり，送り手の立場や考え方，感情などを受け止めたり，共感を示したり，送り手の伝えたいことを確認したり，引き出したりするなどが「きく」スキルにあたる。特に，「聴く」（傾聴）は，メッセージの解釈や理解などの認知プロセス，相手のメッセージに関心をもつ動機づけなどの感情プロセス，言語的・非言語的フィードバックを与えるなどの行動プロセスから構成されている（Gearhart & Bodie, 2011）ため，心理的安全性を高めると考えられる。

　一方，送り手が伝えたいメッセージを受け手に理解してもらうためにも，受け手に対する送り手の配慮が必要である。だからといって，受け手と対立する意見を述べないということでも，受け手にとって耳の痛い話をしないということではない。アサーション・スキルを発揮して言語・非言語チャネルを使って自分の意見や気持ちを伝えると効果的である。平木（2021）によると，アサーションとは，「自分も相手も大切にした自己表現」のことであり，自分の気持ちや考えなどを正直に，率直に，その場に適切な方法で表現すると同時に，相手の自己表現の権利と自由も尊重する伝達の仕方である。したがって，アサーションの考え方は心理的安全性の醸成につながると考えられる。具体的な「伝える」方法としては，下記の①から⑧に示した原岡（1995）のメッセージを送る際の8つの重要点が参考になる。8つの重要点として，①自分の意見の場合，「私の」というような言葉を用いて自身のメッセージであることを明確にすること，②メッセージは完全で具体的であること，③言語的メッセージと非言語的メッセージを一貫させること，④複数のチャネルを用いること，⑤自分が送ったメッセージがどのように受け取られたかについてフィードバックを求めること，⑥受け手の準拠枠に合致するメッセージを出すこと，⑦感情を述べる場合，行為で示したり，言葉に出すなどして自分の感情として述べること，⑧評価や解釈を行わないで他者の行動を述べること，が示されている。これらを意識的に実践できればメッセージを効果的に伝えることができるであろう。

　コミュニケーションは，送り手あるいは受け手のいずれかに重きが置かれるものではない。送り手と受け手は絶えず入れ替わっているため，「きく」スキルと「伝える」スキルをつねに発揮することとなる。職場でのコミュニケーションに関連するスキルには，「きく」スキルや「伝える」スキル以外にも，プレゼンテーション・スキルや説得・交渉スキル，リーダーシップ，対人関係スキル，コーチング，メンタリング・スキル，マネジメント・スキルなどがある。これらのスキルは，「きく」スキルや「伝える」スキルを基盤として発展させたスキルである。そのため，「きく」スキルや「伝える」スキルを単なるコミュニケーション技術として自動的に活用するのではなく，相手と自分のいずれをも尊重するということを念頭に置き，「きく」スキルと「伝える」スキルを状況に合わせて学習しながら応用していけば，各々のスキルも発揮できるであろう。個人で意識的にスキルアップを図ることは可能であるが，職場のコミュニケーション能力は個人の資源であるだけでなく組織やチームなどの資源にもなるため，また研修を通して多様な同僚とコミュニケーションの機会を作り出すこともできるため，組織として職場のコミュニケーション能力に関する研修を実施するのもひとつの手であろう。

［3］環境へのアプローチ（オフィスの空間づくり）

　オフィスのレイアウトやオフィス環境は，職場のコミュニケーションに影響を与える。
　サイモン（Simon, 1997／邦訳，2009）は，オフィスのレイアウトに関して物理的な近さがコミュニケーション頻度を決める要因であると指摘している。これを支持する結果として，阿部（2008）は組織メンバー間の距離に着目し，国内電機メーカーの社員に対して質問紙調査を実施し，組織メンバー間の物理的な距離が離れるほど，対面でのコミュニケーション回数が減少することを明らかにしている。物理的距離の隔たりを補うために電話回数が増加することも示している。

　近接性を含めたオフィスの環境要因については財団法人建築環境・省エネルギー機構（2010）が参考になる。財団法人建築環境・省エネルギー機構（2010）は，フォーマル・コミュニケーションとインフォーマル・コミュニケーションでは，それぞれが知的活動として重要な意味をもつため，2つのコミュニケーションで求められる室内の環境性能（熱環境，空気環境，光環境，音環境，空間環境，IT環境）が大きく異なることを指摘している。会議や報告などのフォーマル・コミュニケーションにおいては，会話のしやすさに対人距離などが効果を発揮し，会議に集中して収束的思考を促すためにはすべての環境要素についてのストレスが小さい必要があり，会話内容が周囲へ漏洩しないような部屋の遮音性がプライバシーを確保するために必要となるという。一方，インフォーマル・コミュニケーションでは，ある程度の会話のしやすさや対人接触の機会が増すような環境要素が求められ，さらにはリラックスした雰囲気や拡散的思考を促すような周囲の情報刺激も求められるという。

　アレンとガースバーガー（Allen & Gerstberger, 1973）はノンテリトリアル・オフィスを提唱している。ノンテリトリアル・オフィスとは，「壁やパーティションを極力なくすオープン化と，個人専用スペースを共有スペースにする自由席化の二つを達成したオフィス」（稲水, 2008）のことであり，現在の日本におけるフリーアドレスのオフィス環境とほとんど違わないという。アレンらが実施した実験結果から，従業員は従来のオフィスレイアウトよりもノンテリトリアルエリアで仕事をすることを好み，自由に移動をし，部門内のコミュニケーションが増加することが明らかになっている。つまり，ノンテリトリアル・オフィスにはコミュニケーションを活性化させ，またセレンディピティを誘発する可能性があるのである。稲水（2008）によると，ノンテリトリアル・オフィスはファシリティ・コスト削減だけではなく，知的創造の促進の観点からも注目を集めているという。日本の企業においても，主に東京23区に本社が立地する企業で資本金上位の1万社を対象にしたアンケート調査結果によると（森ビル株式会社, 2021），2019年は19%，2020年は28%，2021年は32%とフリーアドレス・オフィスを導入する企業が年々増加している。しかし，フリーアドレスにもデメリットがあり，オープン化によるプライバシーの確保や自由席化によるパーソナリゼーションが問題となっており（稲水, 2008），生産性に関しては一貫した結果は得られていない。したがって，必ずしもフリーアドレス・オフィスの導入が効果的とはいえないのである。

　近年，国内外でABW（Activity-based working）を採用する組織が増えている（Van de Berg et al, 2020）。ABWとは，従業員が自席を持たず，自分が取り組んでいる仕事の特徴によって最適な働く場所を自律的に選ぶような働き方，あるいはそれを支援するオフィス環境のことである（正木ら, 2021）。正木ら（2021）は，働き方のことをABW，ABWを実現するオフィス環境のことをABWE（Activity-based work environment）と区別している。オフィスで働く人々は1日の中で多様な業務をこなしている（Heerwagen, 2004; 松下ら, 2011）。そのため，1人で集中して業務を行う場合には，予定外の中断や集中力が乱されないような作業スペースが求められ，他者と協働して作業を行う場合には，会議室やディスカッションを行うスペース，創造性を誘発するスペースなどが必要とされる。

　ABWEの効果に関しては，エンゲレンら（Engelen et al., 2019）がシステマティックレビューにより次の点を明らかにしている。ABWEはコミュニケーション，インタラクション，コラボレーション，従業員がいつどこで仕事をするかを自分で決められると感じる時間と空間のコントロールの認知，物理的なワークスペースに対する満足度にプラスの効果があることが報告されている。また，標準的なオフィス環境と比較してABWEにおけるパフォーマンスや生産性への影響について検討した研究の70%が，プラスの効果を報告している。つまり，ABWEはコミュニケーションを活性化することができ，生産性を高める可能性があるのである。その他のABWEの効果に関しては，集中作業型ABWEとコミュニケーション可能型

ABWE はそれぞれ従業員の仕事に対する姿勢や活力と正の関連をもつこと（Wohlers et al., 2019），業務内容に応じてワークスペースを積極的に切り替える場合には，職場環境に対する満足度が高いことが示されている（Hoendervanger et al., 2016）。

しかし，ABWE にはポジティブな効果だけではなく，ネガティブな効果も報告されている。たとえば，集中力とプライバシーに関してはネガティブな効果が確認されている（Engelen et al., 2019）。また，ABWE は意図したとおりに従業員に利用されておらず，1日に複数回業務を行う場所を変える人はわずか4％であり，ほぼ半数の48％はまったく場所を変えないか，週に1回以下の場所の変更にとどまっている（Hoendervanger et al., 2016）。ABWE の利用については，上司との信頼関係の構築が適切な利用を促進するが，従業員がルーチンワークを好むことが適切な利用を阻害するという結果が報告されている（Wohlers et al., 2019）。

以上のように，フリーアドレス・オフィスや ABWE にはメリットもデメリットもあるため，組織が従来と異なるオフィス空間を整備することが重要なのではなく，組織の中で働く人がその環境が整備された目的や意義を理解し，その環境を自律的に活用していくかがより重要となると考える。

5. 職場のコミュニケーションの今後の方向性

デジタル化とグローバル化がこの数十年の間に大きく進んだ。今後のさらなる発展によって，業務内容の変化や職場の人材の多様性が高まることが予想され，われわれが当然だと思っていた世界から新たな世界に突入していくことになる。従来と同じ準拠枠にとらわれていては前には進めない。この節では，新時代に向けた職場のコミュニケーションについて考える。

［1］グローバル化

企業は国内だけではなく海外にも目を向け，海外に拠点を置く企業も増えている。グローバル化や国際化の結果として，職場に異なる文化背景をもつ，国籍や言語も異なる人々が集まり，職場における多様性が進んでいる。また，職場においてテクノロジーの活用が進み，移動コストがなくなることによって，職場における多様性が今後さらに高まることが予想される。

多様性が高まれば，話し合いの過程で認知的葛藤を引き起こす可能性もあるが（山口，1997），さまざまな意見が集結することで，相乗効果による創造性やイノベーションを促進することが可能であろう。また，互いに顕在化した違いはあるであろうが，共通点にも目を向ければ，類似性は好意を引き起こすため（Byrne & Nelson, 1965），対人関係の形成や発展につながる可能性がある。

職場でのコミュニケーションに関しては，単に外国語で流暢にコミュニケーションがとれればよいわけではない。どのような職場のメンバーであったとしても，4節の2項で述べたように，「きく」スキルや「伝える」スキルを発揮して，つねに相手を理解しようとする姿勢が重要となる。

［2］デジタル化

人工知能（AI）やロボット技術の進歩によって，10年から20年の間にアメリカでは労働人口が行っている仕事の47％（Frey & Osborne, 2017）が，日本では49％（株式会社野村総合研究所，2015）が AI やロボットなどによって代替可能であるという報告が得られている。また，特別な知識・スキルが求められない職業や，データ分析や秩序的・体系的操作が求められる職業は AI やロボットなどによって代替可能である一方，抽象的な概念を整理・創出するための知識が要求される職業や，他者との協調が必要とされる職業については代替が困難である

傾向にある（株式会社野村総合研究所，2015）。この結果は，未来の人口減少が予測される日本においては（国立社会保障・人口問題研究所，2017），テクノロジーによって定型業務の負担を減らすことにつながり，コミュニケーションが求められる創造性や協調性が必要な業務に人間は力を注ぐことができるとも考えられる。AIやロボット化といった高度に自動化された社会においては，さまざまな状況や文脈に適応する能力をもつ人間の存在が従来以上に重要な意味をもつようになるかもしれない。

デジタル化の進展によって，オフィスで働くだけではなく，オフィス以外の場所で働くというテレワークやリモートワークという働き方の多様化も進んできた。昨今の新型コロナウイルス感染症の流行の影響も相まって，急速にテレワークやリモートワークが浸透し，働き方や職場のコミュニケーションに大きな変化が見られ，その影響が検討されている。

公益財団法人日本生産性本部（2021）が実施したメンタルヘルスの取り組みに関する企業アンケート調査結果によると，コロナ禍で従業員のメンタルヘルスが悪化したと回答した企業は41.3%であり，メンタルヘルスの悪化要因として「コミュニケーションの変化」（86.2%）が最も影響していると考えており，「在宅勤務の増加」と「感染への不安」（56.9%）が続いていた。一方，メンタルヘルスが悪化していないと回答した企業では，「在宅勤務の増加」（66.7%），次いで「職場の対人関係の変化」（52.9%）がメンタルヘルスが悪化していない要因であると考えていることが報告されている。また，厚生労働省（2022c）は，テレワークの頻度が高くなるにつれて睡眠時間が長いという結果や，テレワークを「一度もしていない」と回答した人よりも，「週1日程度」または「週2〜3日程度」と回答した人の方が主観的幸福感が高いことを報告している。

マイクロソフト（Microsoft, 2022）は，11か国2万人を対象にハイブリッドワーク（オフィスワークとテレワークを組み合わせた働き方）に関する調査を実施している。生産性については，ハイブリッドワークへの移行によって，リーダーの85%は従業員が生産的に働いているという確信をもてずにいるが，従業員の87%は自分が生産的であると回答したという。また，職場の人間関係については，従業員の73%は，同僚との交流機会（84%）やチームの絆の再構築（85%）をする機会があれば，従来型のオフィス勤務に戻る動機になると回答したことを報告している。

これらの結果は，新たな働き方やコミュニケーション方法を採用してから十分な時間を経ておらず，現時点では学習から適応への途上であるため，さらなる検討が求められる。善かれ悪しかれコロナ禍がコミュニケーションを変化させた。オフィス以外で働くことのメリットおよびデメリットを身を以って知るとともに，オフィスの役割や在り方を考える機会になったことであろう。オフィスというリアルな環境でメンバーと同じ時間を共有することで，ちょっとした相談がしやすかったり，情報共有といったコミュニケーションがとりやすかったり，職場のメンバーと直接対面することで相手の様子を把握したり，状況を察したり，コラボレーションが生まれたりと，オフィスの役割はこれまで以上に重要な意味をもつようになっていると思われる。

現在および未来のいずれにおいても，職能を発揮するためには，人と人とのコミュニケーションは欠かすことはできない。ヴァロとシヴネン（Valo & Sivunen, 2019）も指摘するように，今後は，変化する状況，多様な職場環境，多様な人々がいる職場において，対人コミュニケーションやチーム・コミュニケーションのような汎用的な能力が重視されるようになるであろう。

コラム 11

チーム・コミュニケーション（例：スポーツ）

横山　ひとみ

　野球やサッカー，バスケットボール，バレーボール，ラグビーなどの団体競技では，チームで勝利することが大きな目的となるだろう。チームの連携がうまくとれ，個人の力が最大限に発揮されて勝利を手にした経験もあれば，その逆に，チームがうまく機能せずに全力を出し切ることができず，思いどおりの結果につながらなかった経験もあるだろう。このように，チームスポーツにおいては，チームの目標を達成するためにチームワークが必要とされる。

　チームワークとは何であろうか。チーム内でメンバーが従事する活動にはタスクワークとチームワークという2つの活動がある（Morgan et al., 1993）。タスクワークとは，メンバーの個々人が取り組む活動であり，個人で完結させる活動（道具の使用や機器の操作など）を指す。一方，チームワークとは，メンバーと協働するための相互作用を伴う活動（メンバー間でのコミュニケーションや対人援助など）を指す。チームで勝利をつかむためには，すなわちチーム・パフォーマンスを高めるためには，タスクワークとチームワークの両活動が適切に行われることが求められる。

　スタイナー（Steiner, 1972）によると，実際に集団で作業をした結果（パフォーマンス）は，メンバー個々がもっている課題を遂行する潜在能力から期待されるパフォーマンスの総和からプロセス・ロスを減じたものであるとしている。プロセス・ロスが生じる理由として，①メンバーの間でのコミュニケーションや作業の調整がうまくいかないといった協調の失敗によるロス，②やる気を失ってしまったり，他者がいる安心感から全力を尽くさなくなってしまうという動機づけのロスが指摘されている。

　チームスポーツにおいてパフォーマンスを阻害する要因であるプロセス・ロスを低減することは主たる課題である。同一のスポーツチーム内には，競技年数や競技レベル，ポジション，性格などが異なる多様なメンバーが所属している。そのため，各自の経験に基づいた独自の知識による判断でプレーを選択すると，メンバーと連携がうまくとれずチーム・パフォーマンスの低下につながるであろう。なぜなら，メンバー間で情報共有がなされていないために個々のメンバーが発揮した力が分散されてしまい，プロセス・ロスが生じるからである。チームで成果を出すためには，競技種目による行動のタイプと動きのタイミング，位置を調整する必要があり，各チームメンバーが共有知識状態である必要がある（Eccles & Tran, 2012）。たとえば，バスケットボールで味方がパスを受け取った際，それを確認したチームメンバーは次のパスを受け取るために，ゴール下に走り込むかもしれない。パスをゴール下のメンバーに適切なタイミングで出せればシュートにつながるが，そうでないならば敵にパスをカットされる可能性もあるだろう。また，競技種目によってはチームの各メンバーは特定の場所で行動を起こす必要がある場合が多い。

　河津ら（2012）は，好成績を収めたチームはメンバーがチームの成功に必要な戦術に対する共通理解を高めていたことを報告している。チーム・コミュニケーションによって，練習や試合前に知っておくべき情報を共有することと練習や試合を通しての共通理解が不可欠である。エックルスとトラン（Eccles & Tran, 2012）はチームメンバーへコーチやリーダーが戦略を伝達する際，複数の感覚モードを使用すること，冗長性のあるコミュニケーションの仕組みを使用すること，いつでもどこでも情報にアクセスできる永続的な表現をすること，提示プランにどのような意味があるかを説明し理解させることをあげている。また，選手が新たなプランを受け入れる機会を高める戦略として，チームメンバーの傾聴力を高めること，質問を奨励すること，情報が共有されたかを確認することをあげている。つまり，送り手はメッセージを受け手に理解してもらい，実践に活用すべくメッセージの内容や行動の意味を記憶にとどめるためのコミュニケーションを図る必要があり，きき手は「きく」スキルを発揮したコミュニケーションをとることが期待される。

　久木留（2021）は「個の強さを高める努力と，チームの方向性を合わせる制度がそろったときにパフォーマンスは，最も高いレベルで発揮される」と述べている。チーム・コミュニケーションを円滑・良好に行うことができれば，プロセス・ロスの減少だけではなく，プロセス・ゲインにもつながり，チームワークが最大限に発揮されシナジー効果が生まれるであろう。

　チーム・コミュニケーションは，選手間や選手とコーチ間の報告・連絡・相談のような情報伝達だけではなく，チーム全体の現状確認，ソーシャルサポート，フィードバックなどにも有効である。

　ところで，近年，スポーツ界におけるパワーハラスメントに関する報道を目にする機会が増えている。山本（2021）によると，近代スポーツ移入の背景（例，選手は指導者に盲目的に従う）やスポーツと教育の密接な結びつき，勝利至上主義，スポーツ界の閉鎖性がスポーツにおけるハラスメントの原因となるという。これらの原因には，チーム内における人間関係の主従関係の優位性がコミュニケーションの流れやコミュニケーション・スタイルの固定化に影響していると思われる。したがって，心理的安全性が担保されアサーションを可能とするチーム・コミュニケーションがチームワーク発揮の鍵となるであろう。

文　献

序

Corballis, M. (2002). *From hand to mouth: The origins of language*. Princeton University Press.（コーバリス，M. 大久保 街亜（訳）（2008）．言葉は身振りから進化した：進化心理学が探る言語の起源　勁草書房）

大坊 郁夫（1998）．しぐさのコミュニケーション――人は親しさをどう伝えあうか　サイエンス社

大坊 郁夫（2012）．幸福を目指す科学――well-being の研究　大坊 郁夫（編）幸福を目指す対人社会心理学――対人コミュニケーションと対人関係の科学（pp. 3-22）　ナカニシヤ出版

大坊 郁夫（2014）．場を活性化する――対人コミュニケーションの社会心理学　高木 修（監修）　大坊 郁夫・竹村 和久（編）社会心理学研究の新展開――社会に生きる人々の心理と行動（pp. 26-39）　北大路書房

大坊 郁夫（2017）．社会心理学へのいざない：社会心理学の現在とこれから　大坊 郁夫（編）社会心理学（pp. 1-16）　北大路書房

Ekman, P., & Friesen, W. V. (1969). The repertoire of nonverbal behavior: Categories, origins, usages, and coding. *Semiotica, 1*, 49-98.

Fujiwara, K., & Daibo, I. (2016). Evaluating interpersonal synchrony: Wavelet transform toward an unstructured conversation. *Frontiers in Psychology* (Methods), *7*, Article 516, 1-9.

Fujiwara, K., Kimura, M., & Daibo, I. (2020). Rhythmic features of movement synchrony for bonding individuals in dyadic interaction. *Journal of Nonverbal Behavior, 44*, 173-193.

Hitokoto, H., & Uchida, Y. (2014). Interdependent happiness: Theoretical importance and measurement validity. *Journal of Happiness Studies, 16*(1), 211-239.

上出 寛子（2010）．親密な対人関係と well-being　堀毛 一也（編）ポジティブ心理学の展開：「強み」とは何か，それをどう伸ばせるのか　現代のエスプリ 512 号，120-129.

上出 寛子・新井 健生・福田 敏男（編）（2019）．今日，僕の家にロボットが来た：未来に安心をもたらすロボット幸学との出会い　北大路書房

菅 知絵美・唐澤 真弓（2008）．幸福感と健康の文化的規定因――中高年のコントロール感と関係性からの検討　東京女子大学紀要論集，*59*(1)，195-220.

Kan, C., Karasawa, M., & Kitayama, S. (2009). Minimalist in style: Self, identity, and well-being in Japan. *Self and Identity, 8*(2-3), 300-317.

喜多 壮太郎（2002）．ジェスチャー　考えるからだ　金子書房

宮司 正男（2001）．コミュニケーション行動発達史――特に文字成立を中心として　日本図書センター

Ogawa, K., & Hall, J. A. (2022). Development of the test of nonverbal cue knowledge-II (TONCK-II). *Journal of Nonverbal Behavior, 46*(4), 569-592. https://doi.org/10.1007/s10919-022-00414-5

Pariser, E. (2011). *The filter bubble: What the internet is hiding from you*. Penguin Press.（パリサー，E. 井口 耕二（訳）（2012）．閉じこもるインターネット――グーグル・パーソナライズ・民主主義　早川書房）

Patterson, M. L. (1983). *Nonverbal behavior: A functional perspective*. Springer-Verlag.（パターソン，M. L. 工藤 力（監訳）（1995）．非言語コミュニケーションの基礎理論　誠信書房）

Patterson, M. L. (2011). *More than words: The power of nonverbal communication*. Editorial Aresta.（パターソン，M. L. 大坊 郁夫（監訳）（2013）．ことばにできない想いを伝える：非言語コミュニケーションの心理学　誠信書房）

Peng, K., & Nisbett, R. E. (1999). Culture, dialectics, and reasoning about contradiction. *American Psychologist, 54*, 741-754.

Seligman, M. E. P. (2011). *Flourish: A visionary new understanding of happiness and well-being*. Atria Books.（セリグマン，M. E. P. 宇野 カオリ（監訳）（2014）．ポジティブ心理学の挑戦 “幸福” から “持続的幸福” へ　ディスカヴァー・トゥエンティワン）

Spencer-Rodgers, J., Peng, K., Wang, L., & Hou, Y. (2004). Dialectical self-esteem and east-west differences in psychological well-being. *Personality and Social Psychology Bulletin, 30*, 1416-1432.

Suh, E., Diener, E., Oishi, S., & Triandis, H. C. (1998). The shifting basis of life satisfaction judgments across cultures: Emotions versus norms. *Journal of Personality and Social Psychology, 74*, 482-493.

Suh, E. M., & Koo, J. (2008). Comparing subjective well-being across cultures and nations: The “what” and “why” questions. In M. Eid & R. J. Larsen (Eds.), *The science of subjective well-being* (pp. 414-427). Guilford Press.

Suzuki, T. N., Wheatcroft, D., & Griesser, M. (2016). Experimental evidence for compositional syntax in bird calls. *Nature Communications, 7*, Article 10986, 1-7.

Tschacher, W., Tschacher, N., & Stukenbrock, A. (2021). Eye synchrony: A method to capture mutual and joint attention in social eye movements. *Nonlinear Dynamics, Psychology, and Life Sciences, 25*, 309-333.

内田 由紀子（2020）．これからの幸福について――文化的幸福観のすすめ　新曜社

Yoshikawa, M. J. (1987). Cross-cultural adaptation and perceptual development. In Y. Y. Kim & W. B. Gudykunst (Eds.), *Cross-cultural adaptation current approaches* (pp. 140–148). Sage Publications.

コラム 1

大坊 郁夫 (2022). 人を結ぶコミュニケーション——対人関係におけるウェル・ビーイングの心理学　福村出版

Gudykunst, W. B., & Nishida, T. (1994). *Bridging Japanese/North American differences*. Sage.

Knapp, M. L., Hall, J. A., & Horgan, T. G. (2014). *Nonverbal communication in human interaction* (8th ed.). Wadsworth.

Richmond, V., McCroskey, J., & Hickson, M. (2011). *Nonverbal behavior in interpersonal relations* (7th ed.). Pearson.

Stivers, T., Enfield, N. J., Brown, P., Englert, C., Hayashi, M., Heinemann, T., Hoymann, G.,..., & Levinson, S. C. (2009). Universals and cultural variation in turn-taking in conversation. *Proceedings of the National Academy of Sciences, 106* (26), 10587–10592.

第 1 章

Ambady, N., & Rosenthal, R. (1992). Thin slices of expressive behavior as predictors of interpersonal consequences: A meta-analysis. *Psychological Bulletin, 111*(2), 256–274.

荒川 歩・鈴木 直人 (2004). しぐさと感情の関係の探索的研究 感情心理学研究, *10*(2), 56–64.

Baltrušaitis, T., Zadeh, A., Lim, Y. C., & Morency, L. P. (2018). OpenFace 2.0: Facial behavior analysis toolkit. *Proceedings of the IEEE International Conference on Automatic Face & Gesture Recognition*, 59–66.

Dimberg, U. (1982). Facial reactions to facial expressions. *Psychophysiology, 19*(6), 643–647.

Dimberg, U. (1990). Facial electromyography and emotional reactions. *Psychophysiology, 27*(5), 481–494.

Dunbar, N. E., Giles, H., Bernhold, Q., Adams, A., Giles, M., Zamanzadeh, N., Gangi, K., Coveleski, S., & Fujiwara, K. (2020). Strategic synchrony and rhythmic similarity in lies about ingroup affiliation. *Journal of Nonverbal Behavior, 44*(1), 153–172.

Bernieri, F. J. (1988). Coordinated movement and rapport in teacher-student interactions. *Journal of Nonverbal Behavior, 12* (2), 120–138.

Bernieri, F. J., & Rosenthal, R. (1991). Interpersonal coordination: Behavior matching and interactional synchrony. In R. S. Feldman & B. Rime (Eds.), *Fundamentals of nonverbal behavior: Studies in emotion and social interaction* (pp. 401–432). Cambridge University Press.

Boker, S. M., Rotondo, J. L., Xu, M., & King, K. (2002). Windowed cross-correlation and peak picking for the analysis of variability in the association between behavioral time series. *Psychological Methods, 7*(3), 338–355.

Burgoon, J. K., Dunbar, N. E., & White, C. (2014). Interpersonal adaptation. In C. R. Berger (Ed.), *Interpersonal communication* (pp. 225–248). De Gruyter Mouton Publisher.

Cao, Z., Simon, T., Wei, S.-E., & Sheikh, Y. (2017). Realtime multi-person 2D pose estimation using part affinity fields. *Proceedings of the IEEE Conference on Computer Vision and Pattern Recognition*, 7291–7299.

Chartrand, T. L., & Bargh, J. A. (1999). The chameleon effect: The perception-behavior link and social interaction. *Journal of Personality and Social Psychology, 76*(6), 893–910.

Chartrand, T. L., & Lakin, J. L. (2013). The antecedents and consequences of human behavioral mimicry. *Annual Review of Psychology, 64*(1), 285–308.

大坊 郁夫 (1998). しぐさのコミュニケーション——人は親しみをどう伝えあうか　サイエンス社

大坊 郁夫 (2022). 人を結ぶコミュニケーション——対人関係におけるウェル・ビーイングの心理学　福村出版

Ekman, P., & Friesen, W. V. (1978). *Facial Action Coding System: A technique for the measurement of facial movement*. Consulting Psychologists Press.

Fujiwara, K., Bernhold, Q. S., Dunbar, N. E., Otmar, C. D., & Hansia, M. (2021). Comparing manual and automated coding methods of nonverbal synchrony. *Communication Methods and Measures, 15*(2), 103–120.

Fujiwara, K., & Daibo, I. (2022). Empathic accuracy and interpersonal coordination: behavior matching can enhance accuracy but interactional synchrony may not. *The Journal of Social Psychology, 162*(1), 71–88.

Fujiwara, K., Hoegen, R., Gratch, J., & Dunbar, N. E. (2022). Synchrony facilitates altruistic decision making for non-human avatars. *Computers in Human Behavior, 128*, 107079.

Fujiwara, K., Kimura, M., & Daibo, I. (2019). Gender differences in synchrony: Females in sync during unstructured dyadic conversation. *European Journal of Social Psychology, 49*(5), 1042–1054.

Fujiwara, K., Kimura, M., & Daibo, I. (2020). Rhythmic features of movement synchrony for bonding individuals in dyadic interaction. *Journal of Nonverbal Behavior, 44*(1), 173–193.

Fujiwara, K., Otmar, C. D., Dunbar, N. E., & Hansia, M. (2022). Nonverbal synchrony in technology-mediated interviews: A cross-cultural study. *Journal of Nonverbal Behavior, 46*(4), 547–567.

Fujiwara, K., & Yokomitsu, K. (2021). Video-based tracking approach for nonverbal synchrony: A comparison of Motion Energy Analysis and OpenPose. *Behavior Research Methods, 53*(6), 2700–2711.

Haviva, C., & Starzyk, K. B. (2022). Zero to 60 laughs per hour: Observed laughter, physical health, personality, and well-being in people aged 67 to 95, an exploratory study. *Journal of Nonverbal Behavior, 46*(3), 363–381.

Igarashi, T., Okuda, S., & Sasahara, K. (2022). Development of the Japanese Version of the Linguistic Inquiry and Word Count

Dictionary 2015. *Frontiers in Psychology, 13*, 841534.

Knapp, M. L., Hall, J. A., & Horgan, T. G. (2014). *Nonverbal communication in human interaction*. Wadsworth.

児玉 謙太郎・岡﨑 俊太郎・藤原 健・清水 大地 (2021). シンクロする人々：個人間の身体的同期に関するレビュー 認知科学, *28*(4), 593–608.

小森 政嗣 (2022). R と Stan ではじめる心理学のための時系列分析入門 講談社

LaFrance, M., & Broadbent, M. (1976). Group rapport: Posture sharing as a nonverbal indicator. *Group & Organization Management, 1*(3), 328–333.

Lakin, J. L., Jefferis, V. E., Cheng, C. M., & Chartrand, T. L. (2003). The chameleon effect as social glue: Evidence for the evolutionary significance of nonconscious mimicry. *Journal of Nonverbal Behavior, 27*(3), 145–162.

Murphy, N. A., & Hall, J. A. (2021). Capturing behavior in small doses: A review of comparative research in evaluating thin slices for behavioral measurement. *Frontiers in Psychology, 12*, Article 667326.

Murphy, N. A., Hall, J. A., Ruben, M. A., Frauendorfer, D., Schmid Mast, M., Johnson, K. E., & Nguyen, L. (2019). Predictive Validity of Thin-Slice Nonverbal Behavior from Social Interactions. *Personality and Social Psychology Bulletin, 45*(7), 983–993.

Murphy, N. A., Hall, J. A., Schmid Mast, M., Ruben, M. A., Frauendorfer, D., Blanch-Hartigan, D., Roter, D. L., & Nguyen, L. (2015). Reliability and Validity of Nonverbal Thin Slices in Social Interactions. *Personality and Social Psychology Bulletin, 41*(2), 199–213.

Novotny, E., & Bente, G. (2022). Identifying signatures of perceived interpersonal synchrony. *Journal of Nonverbal Behavior, 46*(4), 485–517.

Patterson, M. L. (2008). Back to social behavior: Mining the mundane. *Basic and Applied Social Psychology, 30*(2), 93–101.

Paxton, A., & Dale, R. (2013). Frame-differencing methods for measuring bodily synchrony in conversation. *Behavior Research Methods, 45*(2), 329–343.

Pennebaker, J. W., Boyd, R. L., Jordan, K., & Blackburn, K. (2015). *The development and psychometric properties of LIWC2015*. The University of Texas at Austin.

Plusquellec, P., & Denault, V. (2018). The 1000 most cited papers on visible nonverbal behavior: A bibliometric analysis. *Journal of Nonverbal Behavior, 42*(3), 347–377.

Ramseyer, F. T. (2020). Exploring the evolution of nonverbal synchrony in psychotherapy: The idiographic perspective provides a different picture. *Psychotherapy Research, 30*(5), 622–634.

Ramseyer, F., & Tschacher, W. (2011). Nonverbal synchrony in psychotherapy: Coordinated body movement reflects relationship quality and outcome. *Journal of Consulting and Clinical Psychology, 79*(3), 284–295.

Ramseyer, F., & Tschacher, W. (2014). Nonverbal synchrony of head- and body-movement in psychotherapy: Different signals have different associations with outcome. *Frontiers in Psychology, 5*, Article 979.

Schmidt, R. C., Morr, S., Fitzpatrick, P., & Richardson, M. J. (2012). Measuring the dynamics of interactional synchrony. *Journal of Nonverbal Behavior, 36*(4), 263–279.

Schoenherr, D., Paulick, J., Worrack, S., Strauss, B. M., Rubel, J. A., Schwartz, B., Deisenhofer, A.-K., Lutz, W., Stangier, U., & Altmann, U. (2019). Quantification of nonverbal synchrony using linear time series analysis methods: Lack of convergent validity and evidence for facets of synchrony. *Behavior Research Methods, 51*(1), 361–383.

Wang, M. Z., Chen, K., & Hall, J. A. (2021). Predictive validity of thin slices of verbal and nonverbal behaviors: Comparison of slice lengths and rating methodologies. *Journal of Nonverbal Behavior, 45*(1), 53–66.

コラム 2

Ekman, P. (2006). Darwin, deception, and facial expression. *Annals of the New York Academy of Sciences, 1000*(1), 205–221.

Ekman, P., & Friesen, W. (1969). Nonverbal leakage and clues to deception. *Psychiatry, 32*(1), 88–106.

Ekman, P., & Rosenberg, E. L. (2005). *What the face reveals: Basic and applied studies of spontaneous expression using the Facial Action Coding System (FACS)* (2 ed.). Oxford University Press.

Frank, M. G., Maccario, C. J., & Govindaraju, V. (2009). Behavior and security. In P. Seidenstat (Ed.), *Protecting airline passengers in the age of terrorism* (pp. 86–106). Greenwood Pub Group.

Haggard, E. A., Isaacs, K. S. (1966). Micromomentary facial expressions as indicators of ego mechanisms in psychotherapy. In L. A. Gottschalk & A. H. Auerbach (Eds.), *Methods of research in psychotherapy* (pp. 154–165). Springer.

Jordan, S., Brimbal, L., Wallace, D. B., Kassin, S. M., Hartwig, M., & Street, C. N. H. (2019). A test of the micro-expressions training tool: Does it improve lie detection? *Journal of Investigative Psychology and Offender Profiling, 16*(3), 222–235.

Matsumoto, D., & Hwang, H. S. (2011). Evidence for training the ability to read microexpressions of emotion. *Motivation and Emotion, 35*(2), 181–191.

Porter, S., & ten Brinke, L. (2008). Reading between the lies: Identifying concealed and falsified emotions in universal facial expressions. *Psychological Science, 19*(5), 508–514.

Vrij, A. (2008). *Detecting lies and deceit: The psychology of lying and the implications for professional practice* (2nd ed.). John Wiley. (ヴレイ, A. 太幡 直也・佐藤 拓・菊地 史倫 (監訳) (2016). 嘘と欺瞞の心理学――対人関係から犯罪捜査まで 虚偽検出に関する真実 福村出版)

Yan, W. J., Wu, Q., Liang, J., Chen, Y. H., & Fu, X. (2013). How fast are the leaked facial expressions: The duration of micro-expressions. *Journal of Nonverbal Behavior, 37*(4), 217-230.

第2章

Admoni, H., Hayes, B., Feil-Seifer, D., Ullman, D., & Scassellati, B. (2013, 3-6 March 2013). Are you looking at me? Perception of robot attention is mediated by gaze type and group size. The 8th ACM/IEEE International Conference on Human-Robot Interaction (HRI), 2013.

Admoni, H., & Scassellati, B. (2017). Social eye gaze in human-robot interaction: A review. *Journal of Human-Robot Interaction, 6*(1), 25-63. https://doi.org/10.5898/JHRI.6.1.Admoni

Andrist, S., Mutlu, B., & Gleicher, M. (2013, 2013//). Conversational gaze aversion for virtual agents. Intelligent Virtual Agents, Berlin, Heidelberg.

Andrist, S., Mutlu, B., & Tapus, A. (2015). Look like me: Matching robot personality via gaze to increase motivation. Proceedings of the 33rd Annual ACM Conference on Human Factors in Computing Systems, Seoul, Republic of Korea. https://doi.org/10.1145/2702123.2702592

浅田 稔（2010）．ロボットという思想　脳と知能の謎に挑む　NHK出版

Bartneck, C., Eyssel, F., Keijsers, M., Šabanović, S., Kanda, T., & Belpaeme, T. (2020). Nonverbal interaction. In *Human-Robot interaction: An introduction* (pp. 81-97). Cambridge University Press. https://doi.org/DOI:10.1017/9781108676649.006

Blascovich, J., Loomis, J., Beall, A. C., Swinth, K. R., Hoyt, C. L., & Bailenson, J. N. (2002). TARGET ARTICLE: Immersive virtual environment technology as a methodological tool for social psychology. *Psychological Inquiry, 13*(2), 103-124. https://doi.org/10.1207/S15327965PLI1302_01

Breazeal, C., & Scassellati, B. (1999, 17-21 Oct. 1999). How to build robots that make friends and influence people. Proceedings 1999 IEEE/RSJ International Conference on Intelligent Robots and Systems. Human and Environment Friendly Robots with High Intelligence and Emotional Quotients (Cat. No. 99CH36289).

Breazeal, C., Wang, A., & Picard, R. (2007). Experiments with a robotic computer: Body, affect and cognition interactions. Proceedings of the ACM/IEEE international conference on Human-robot interaction, Arlington, Virginia, USA. https://doi.org/10.1145/1228716.1228737

Bremner, P., Pipe, A., Melhuish, C., Fraser, M., & Subramanian, S. (2009, 11-14 Oct. 2009). Conversational gestures in human-robot interaction. 2009 IEEE International Conference on Systems, Man and Cybernetics.

Bretan, M., Cicconet, M., Nikolaidis, R., & Weinberg, G. (2012). Developing and composing for a robotic musician using different modes of interaction. ICMC.

Bretan, M., Hoffman, G., & Weinberg, G. (2015). Emotionally expressive dynamic physical behaviors in robots. *International Journal of Human-Computer Studies, 78*, 1-16. https://doi.org/https://doi.org/10.1016/j.ijhcs.2015.01.006

Butow, P., & Hoque, E. (2020). Using artificial intelligence to analyse and teach communication in healthcare. *Breast, 50*, 49-55. https://doi.org/10.1016/j.breast.2020.01.008

Chidambaram, V., Chiang, Y.-H., & Mutlu, B. (2012). Designing persuasive robots: How robots might persuade people using vocal and nonverbal cues. The 7th ACM/IEEE International Conference on Human-Robot Interaction (HRI), 2012, 293-300.

Colburn, A., Cohen, M., & Drucker, S. (2000). The role of eye gaze in avatar mediated conversational interfaces. *Sketches and Applications, SIGGRAPH '00*.

Daza, M., Barrios-Aranibar, D., Diaz-Amado, J., Cardinale, Y., & Vilasboas, J. (2021). An approach of social navigation based on proxemics for crowded environments of humans and robots. *Micromachines* (Basel), *12*(2). https://doi.org/10.3390/mi12020193

Emery, N. J. (2000). The eyes have it: The neuroethology, function and evolution of social gaze. *Neuroscience & Biobehavioral Reviews, 24*(6), 581-604. https://doi.org/https://doi.org/10.1016/S0149-7634(00)00025-7

Fox, J., & Gambino, A. (2021). Relationship development with humanoid social robots: Applying interpersonal theories to human-robot interaction. *Cyberpsychology, Behavior, and Social Networking, 24*(5), 294-299. https://doi.org/10.1089/cyber.2020.0181

Ghazali, A. S., Ham, J., Barakova, E., & Markopoulos, P. (2018). The influence of social cues in persuasive social robots on psychological reactance and compliance. *Computers in Human Behavior, 87*, 58-65. https://doi.org/https://doi.org/10.1016/j.chb.2018.05.016

Grunberg, D. K., Batula, A. M., Schmidt, E. M., & Kim, Y. E. (2012). Synthetic emotions for humanoids: Perceptual effects of size and number of robot platforms. *International Journal of Synthetic Emotions, 3*(2), 68-83. https://doi.org/10.4018/jse.2012070104

稲見 昌彦・北崎 充晃・宮脇 陽一・ゴウリシャンカー ガネッシュ・岩田 浩康・杉本 麻樹・笠原 俊一・瓜生 大輔（2021a）．自在化身体論　超感覚・超身体・変身・分身・合体が織りなす人類の未来　エヌ・ティー・エス．

稲見 昌彦・瓜生 大輔・前川 和純（2021b）．自在化身体とその展望　日本ロボット学会誌, *39*(8), 685-692. https://doi.org/10.7210/jrsj.39.685

Inoue, K., Lala, D., & Kawahara, T. (2022). Can a robot laugh with you?: Shared laughter generation for empathetic spoken dialogue [Original Research]. *Frontiers in Robotics and AI, 9.* https://doi.org/10.3389/frobt.2022.933261

Itti, L., & Koch, C. (2000). A saliency-based search mechanism for overt and covert shifts of visual attention. *Vision Research, 40*(10), 1489–1506. https://doi.org/https://doi.org/10.1016/S0042-6989(99)00163-7

Kleinsmith, A., Rivera-Gutierrez, D., Finney, G., Cendan, J., & Lok, B. (2015). Understanding empathy training with virtual patients. *Comput Human Behav, 52*, 151–158. https://doi.org/10.1016/j.chb.2015.05.033

Kozima, H., & Ito, A. (1998). *Towards language acquisition by an attention-sharing robot.* Proceedings of the Joint Conferences on New Methods in Language Processing and Computational Natural Language Learning, Sydney, Australia.

Li, Z., & Mao, X. (2012). Emotional eye movement generation based on Geneva Emotion Wheel for virtual agents. *Journal of Visual Languages & Computing, 23*(5), 299–310. https://doi.org/https://doi.org/10.1016/j.jvlc.2012.06.001

Liu, L., Liu, Y., & Gao, X. Z. (2021). Impacts of human robot proxemics on human concentration-training games with humanoid robots. *Healthcare* (Basel), *9*(7). https://doi.org/10.3390/healthcare9070894

Massaro, D. W., Cohen, M. M., Daniel, S., & Cole, R. A. (1999). Developing and evaluating conversational agents. In P. A. Hancock (Ed.), *Human performance and ergonomics* (Chapter 7, pp. 173–194). Academic Press. https://doi.org/https://doi.org/10.1016/B978-012322735-5/50008-7

Michalowski, M. P., Sabanovic, S., & Kozima, H. (2007, 9-11 March 2007). A dancing robot for rhythmic social interaction. The 2nd ACM/IEEE International Conference on Human-Robot Interaction (HRI), 2007.

Moon, A., Parker, C. A. C., Croft, E. A., & Loos, H. F. M. V. d. (2013). Design and impact of hesitation gestures during human-robot resource conflicts. *Journal of Human-Robot Interaction, 2*(3), 18–40. https://doi.org/10.5898/JHRI.2.3.Moon

Movellan, J. R., & Watson, J. S. (2002, 12-15 June 2002). The development of gaze following as a Bayesian systems identification problem. Proceedings of the 2nd International Conference on Development and Learning. ICDL 2002.

Mutlu, B., Forlizzi, J., & Hodgins, J. (2006, 4-6 Dec. 2006). A storytelling robot: Modeling and evaluation of human-like gaze behavior. The 6th IEEE-RAS International Conference on Humanoid Robots, 2006.

内閣府 (n.d.). *Society 5.0* https://www8.cao.go.jp/cstp/society5_0/ (2022 年 11 月 24 日参照)

Nass, C., & Moon, Y. (2000). Machines and mindlessness: Social responses to computers. *Journal of Social Issues, 56*, 81–103. https://doi.org/10.1111/0022-4537.00153

日経クロストレンド (2022). AI アバターが同僚に　進化するデジタルヒューマンで変わる生活 https://xtrend.nikkei.com/atcl/contents/casestudy/00012/01011/ (2022 年 11 月 24 日参照)

Pan, X., Slater, M., Beacco, A., Navarro, X., Bellido Rivas, A. I., Swapp, D., Hale, J., Forbes, P. A. G., Denvir, C., Hamilton, A. F. d. C., & Delacroix, S. (2016). The responses of medical general practitioners to unreasonable patient demand for antibiotics: A study of medical ethics using immersive virtual reality. *PLoS One, 11.* https://doi.org/10.1371/journal.pone.0146837

Reeves, B., & Nass, C. (1998). *The media equation: How people treat computers, television, and new media like real people and places.* Center for the Study of Language and Information, Stanford University, CA. Cambridge University Press. (リーブス，B.・ナス，C. 細馬 宏通 (訳) (2001). 人はなぜコンピューターを人間として扱うか　翔泳社)

Roubroeks, M. A. J., Midden, C. J. H., & Ham, J. (2009). Does it make a difference who tells you what to do?: exploring the effect of social agency on psychological reactance. Persuasive '09: Proceedings of the 4th International Conference on Persuasive Technology April 2009 Article No. 15, 1–6. https://doi.org/10.1145/1541948.1541970

Sakita, K., Ogawara, K., Murakami, S., Kawamura, K., & Ikeuchi, K. (2004, 28 Sept.-2 Oct. 2004). Flexible cooperation between human and robot by interpreting human intention from gaze information. IEEE/RSJ International Conference on Intelligent Robots and Systems (IROS) (IEEE Cat. No.04CH37566), 2004.

Salem, M., Eyssel, F., Rohlfing, K., Kopp, S., & Joublin, F. (2013). To err is human(-like): Effects of robot gesture on perceived anthropomorphism and likability. *International Journal of Social Robotics, 5*(3), 313–323. https://doi.org/10.1007/s12369-013-0196-9

Scherer, K. R. (2005). What are emotions? And how can they be measured? *Social Science Information, 44*(4), 693–727.

Shibata, T. (2012). Therapeutic seal robot as biofeedback medical device: Qualitative and quantitative evaluations of robot therapy in dementia care. *Proceedings of the IEEE, 100*(8), 2527–2538. https://doi.org/10.1109/JPROC.2012.2200559

Siu, K.-C., Suh, I. H., Mukherjee, M., Oleynikov, D., & Stergiou, N. (2010). The effect of music on robot-assisted laparoscopic surgical performance. *Surgical Innovation, 17*(4), 306–311. https://doi.org/10.1177/1553350610381087

Tani, J. (2016). *Exploring robotic minds: Actions, symbols, and consciousness as self-organizing dynamic phenomena.* Oxford University Press.

Vijayakumar, S., Conradt, J., Shibata, T., & Schaal, S. (2001, 29 Oct.-3 Nov. 2001). Overt visual attention for a humanoid robot. Proceedings of 2001 IEEE/RSJ International Conference on Intelligent Robots and Systems. Expanding the Societal Role of Robotics in the the Next Millennium (Cat. No.01CH37180).

Vogeley, K., & Bente, G. (2010). "Artificial humans": Psychology and neuroscience perspectives on embodiment and nonverbal communication. *Neural Networks, 23*(8), 1077–1090. https://doi.org/https://doi.org/10.1016/j.neunet.2010.06.003

Walters, M. L., Dautenhahn, K., Boekhorst, R. t., Koay, K. L., Syrdal, D. S., & Nehaniv, C. L. (2009). An empirical framework for human-robot proxemics. *Procs of new frontiers in human-robot interaction.* http://hdl.handle.net/2299/9670

Wullenkord, R. (2017). Messung und Veränderung von Einstellungen gegenüber Robotern - Untersuchung des Einflusses von imaginiertem Kontakt auf implizite und explizite Maße. PhD dissertation thesis, University of Bielefeld.

Yim, Y., Noguchi, Y., & Tanaka, F. (2022). A wearable soft robot that can alleviate the pain and fear of the wearer. *Scientific Reports, 12*(1), 17003. https://doi.org/10.1038/s41598-022-21183-7

第3章

Adib, F. M., Hsu, C-Y., Mao, H., Katabi, D., & Durand, F. (2015). Capturing the human figure through a wall. *ACM Transactions on Graphics (TOG), 34* (6), Article 219, 1-13.

de Ruyter, B., & Aarts, E. H. L. (2004). Ambient intelligence: Visualizing the future. In Proceedings of the working conference on Advanced visual interfaces (AVI '04), 203-208, 2004.

Ducatel, K., Bogdanowicz, M., Scapolo, F., Leijten, J., & Burgelman, J-C. (2001). *Scenarios for ambient intelligence in 2010.* IPTS-Seville.

Fujita, K., Itoh, Y., Ohsaki, H., Ono, N., Kagawa, K., Takashima, K., Tsugawa, S., ..., & Kishino, F. (2011). Ambient Suite: Enhancing communication among multiple participants. In Proceedings of the International Conference on Advances in Computer Entertainment Technology (ACE '11), 25: 1-25: 8.

藤田 和之・高嶋 和毅・伊藤 雄一・大崎 博之・小野 直亮・香川 景一郎・津川 翔・中島 康祐・林 勇介・岸野 文郎 (2013)．Ambient Suite を用いたパーティ場面における部屋型会話支援システムの実装と評価　電子情報通信学会論文誌, *J96-D*(1), 120-132.

Grønbæk, J. E., Korsgaard, H., Petersen, M. G., Birk, M. H., & Krogh, P. G. (2017). Proxemic transitions: Designing shape-changing furniture for informal meetings. In Proceedings of the 2017 CHI Conference on Human Factors in Computing Systems (CHI '17), 7029-7041.

Hayashi, Y., Itoh, Y., Takashima, K., Fujita, K., Nakajima, K., & Onoye, T. (2013). Cuple: Cup-shaped tool for subtly collecting Information during conversational experiment. *International Journal of Advanced Computer Science, 3*(1), 44-50.

梶村 康祐・高嶋 和毅・山口 徳郎・北村 喜文・岸野 文郎・前田 奈穂・藤原 健・横山 ひとみ・大坊 郁夫 (2010)．3人会話における「場の活性度」の自己と第三者の評価の比較　電子情報通信学会技術研究報告, *110* (185), 43-48.

西村 泰洋 (2020)．IoT システムのプロジェクトがわかる本——企画・開発から運用・保守まで　翔泳社

岡田 将吾・石井 亮 (2017)．社会的信号処理と AI 人工知能, *32*(6), 915-920.

Onishi, Y., Takashima, K., Higashiyama, S., Fujita, K., & Kitamura, Y. (2022). WaddleWalls: Room-scale interactive partitioning system using a swarm of robotic partitions. In Proceedings of the 35th Annual ACM Symposium on User Interface Software and Technology (UIST '22), Article 29, 1-15.

Takashima, K., Aida, N., Yokoyama, H., & Kitamura, Y. (2013). TransformTable: A self-actuated shape-changing digital table. In Proceedings of Conferece on Interactive Tabletop and Surface (ITS), pp. 179-187, Oct. 2013.

Takashima, K., Asari, Y., Yokoyama, H., Sharlin, E., & Kitamura, Y. (2015). MovemenTable: The design of moving interactive tabletops, In Proceedings of Human-Computer Interaction - INTERACT, 296-314.

Takashima, K., Oyama, T., Asari, Y., Sharlin, E., Greenberg, S., & Kitamura, Y. (2016). Study and design of a shape-shifting wall display. In Proceedings of Conference on Designing of Interactive Systems, 796-806.

竹村 治雄 (2013)．アンビエントインタフェース技術の動向（〈特集〉アンビエント情報基盤）人工知能, *28*(2), 186-193.

續 毅海・伊藤 雄一・藤原 健・高嶋 和毅・宮崎 陽平・尾上 孝雄 (2017)．SenseChair による会話者間の同調傾向検出手法と会話の質評価　ヒューマンインターフェース学会論文誌, *19*(2), 151-162.

Weber, W., Rabaey, J. M., & Aarts E. (Eds.). (2004). *Ambient intelligence.* Springer.

Weiser, M. (1991). The computer for the 21st century. *Scientific American, 265*(3), 94-104.

Zhang, Y., Yang, C. (Jack), Hudson, S. E., Chris Harrison, C., & Sample, A. (2018). Wall++: Room-scale interactive and context-aware sensing. In Proceedings of the 2018 CHI Conference on Human Factors in Computing Systems (CHI '18), Paper 273, 1-15.

Ziefle, M., Röcker, C., Klack, L., Kasugai, K., Jakobs, E-M., Schmitz-Rode, T. Russell, P., & Borchers, J. (2009). eHealth—Enhancing mobility with aging. In Adjunct Proceedings of the 3rd European Conference on Ambient Intelligence (AmI '09), 25-28, 2009.

第4章

Abell, L., & Brewer, G. (2014). Machiavellianism, self-monitoring, self-promotion and relational aggression on Facebook. *Computers in Human Behavior, 36*, 258-262. https://doi.org/10.1016/j.chb.2014.03.076

Bellman, S., Johnson, E. J., Kobrin, S. J., & Lohse, G. L. (2004). International differences in information privacy concerns: A global survey of consumers. *The Information Society, 20*(5), 313-324.

Binder, J. F., Howes, A., & Smart, D. (2012). Harmony and tension on social network sites. *Information, Communication & Society, 15*(9), 1279-1297. https://doi.org/10.1080/1369118X.2011.648949

Bond, M. H. (2013). Refining Lewin's formula: A general model for explaining situational influence on individual social behavior. *Asian Journal of Social Psychology, 16*(1), 1-15. https://doi.org/10.1111/ajsp.12012

boyd, danah, & Ellison, N. (2007). Social network sites: Definition, history, and scholarship. *Journal of Computer-Mediated Communication, 13*(1), 210-230.

Brandtzæg, P. B., Lüders, M., & Skjetne, J. H. (2010). Too many Facebook "Friends"? Content sharing and sociability versus the need for privacy in social network sites. *International Journal of Human-Computer Interaction, 26*(11-12), 1006-1030. https://doi.org/10.1080/10447318.2010.516719

Buffardi, L. E., & Campbell, W. K. (2008). Narcissism and social networking web sites. *Personality and Social Psychology Bulletin, 34*(10), 1303-1314. https://doi.org/10.1177/0146167208320061

Burgoon, J. K., Parrott, R., Poire, B. A. L., Kelley, D. L., Walther, J. B., & Perry, D. (1989). Maintaining and restoring privacy through communication in different types of relationships. *Journal of Social and Personal Relationships, 6*(2), 131-158. https://doi.org/10.1177/026540758900600201

Burke, M., Marlow, C., & Lento, T. (2010). Social network activity and social well-being. *Proceedings of the 28th International Conference on Human Factors in Computing Systems*, 1909-1912. https://doi.org/10.1145/1753326.1753613

Clark, H. H., & Schaefer, E. F. (1987). Concealing one's meaning from overhearers. *Journal of Memory and Language, 26*(2), 209-225. https://doi.org/10.1016/0749-596X(87)90124-0

DataReportal. (2022). *Digital 2022 global digital overview.* https://datareportal.com/reports/digital-2022-global-overview-report

Davies, N. B., Krebs, J. R., & West, S. A. (2012). *An introduction to behavioural ecology* (4 ed.). Wiley-Blackwell.

Davis, J. L., & Jurgenson, N. (2014). Context collapse: Theorizing context collusions and collisions. *Information, Communication & Society, 17*(4), 476-485. https://doi.org/10.1080/1369118X.2014.888458

Ellis, J. B., & Wittenbaum, G. M. (2000). Relationships between self-construal and verbal promotion. *Communication Research, 27*(6), 704-722. https://doi.org/10.1177/009365000027006002

Ellison, N. (2007). The benefits of Facebook friends: Social capital and college students use of online social network sites. *Journal of Computer-Mediated Communication, 12*(4), 1143-1168.

Falk, C. F., Heine, S. J., Yuki, M., & Takemura, K. (2009). Why do Westerners self-enhance more than East Asians? *European Journal of Personality, 23*(3), 183-203. https://doi.org/10.1002/per.715

Fleming, J. H., Darley, J. M., Hilton, J. L., & Kojetin, B. A. (1990). Multiple audience problem: A strategic communication perspective on social perception. *Journal of Personality and Social Psychology, 58*(4), 593-609.

Gheorghiu, M. A., Vignoles, V. L., & Smith, P. B. (2009). Beyond the United States and Japan: Testing Yamagishi's Emancipation Theory of Trust across 31 nations. *Social Psychology Quarterly, 72*(4), 365-383. https://doi.org/10.1177/019027250907200408

Goffman, E. (1959). *The presentation of self in everyday life.* Doubleday.

Goffman, E. (1990). *The presentation of self in everyday life* (New ed.). Penguin.

Hofstede, G. H. (1980). *Culture's consequences: International differences in work-related values.* Sage Publications.

Hofstede, G. H. (2001). *Culture's consequences: Comparing values, behaviors, institutions, and organizations across nations.* Sage Publications.

Hogan, B. (2010). The presentation of self in the age of social media: Distinguishing performances and exhibitions online. *Bulletin of Science, Technology & Society, 30*(6), 377-386. https://doi.org/10.1177/0270467610385893

Ichheiser, G. (1949). *Misunderstandings in human relations: A study in false social perception.* University of Chicago Press. http://babel.hathitrust.org/cgi/pt?id=coo.31924014096121;view=1up;seq=7

Joinson, A. N. (2003). *Understanding the psychology of internet behaviour: Virtual worlds, real lives.* Palgrave Macmillan.

Krasnova, H., & Veltri, N. F. (2010). Privacy calculus on social networking sites: Explorative evidence from Germany and USA. *2010 43rd Hawaii International Conference on System Sciences* (*HICSS*), 1-10. https://doi.org/10.1109/HICSS.2010.307

Krys, K., Vignoles, V. L., de Almeida, I., & Uchida, Y. (2022). Outside the "Cultural Binary": Understanding why Latin American collectivist societies foster independent selves. *Perspectives on Psychological Science, 17*(4), 1166-1187. https://doi.org/10.1177/17456916211029632

Lampinen, A., Tamminen, S., & Oulasvirta, A. (2009). All my people right here, right now: Management of group co-presence on a social networking site. *Proceedings of the ACM 2009 International Conference on Supporting Group Work*, 281-290. https://doi.org/10.1145/1531674.1531717

Leidner, D. E., & Kayworth, T. (2006). Review: A review of culture in information systems Research: Toward a theory of information technology culture conflict. *MIS Quarterly, 30*(2), 357-399.

Litt, E., Spottswood, E., Birnholtz, J., Hancock, J. T., Smith, M. E., & Reynolds, L. (2014). Awkward encounters of an "Other" kind: Collective self-presentation and face threat on Facebook. *Proceedings of the 17th ACM Conference on Computer Supported Cooperative Work & Social Computing*, 449-460. https://doi.org/10.1145/2531602.2531646

Liu, C., Marchewka, J. T., & Ku, C. (2004). American and Taiwanese perceptions concerning privacy, trust, and behavioral intentions in electronic commerce. *Journal of Global Information Management, 12*(1), 18-40.

Lowry, P., Cao, J., & Everard, A. (2011). Privacy concerns versus desire for interpersonal awareness in driving the use of self-disclosure technologies: The case of instant messaging in two cultures. *Journal. Management Information Systems, 27*(4), 163-200. https://doi.org/10.2753/MIS0742-1222270406

Marder, B., Joinson, A., & Shankar, A. (2012). Every post you make, every pic you take, I'll be watching you: Behind social spheres on Facebook. *Proceedings of the Annual Hawaii International Conference on System Sciences*, 859-868. https:

//doi.org/10.1109/HICSS.2012.12

Markus, H. R., & Kitayama, S. (1991). Culture and the self: Implications for cognition, emotion, and motivation. *Psychological Review, 98*(2), 224–253.

Marwick, A. E., & boyd, danah. (2010). I tweet honestly, I tweet passionately: Twitter users, context collapse, and the imagined audience. *New Media & Society, 13*(1), 114–133. https://doi.org/10.1177/1461444810365313

Matsumoto, D. (1999). Culture and self: An empirical assessment of Markus and Kitayama's theory of independent and interdependedt self-construal. *Asian Journal of Social Psychology, 2*, 289–310. https://doi.org/10.1111/1467-839X.00042

McCain, J. L., & Campbell, W. K. (2018). Narcissism and social media use: A meta-analytic review. *Psychology of Popular Media Culture, 7*, 308–327. https://doi.org/10.1037/ppm0000137

Mehdizadeh, S. (2010). Self-presentation 2.0: Narcissism and self-esteem on Facebook. *Cyberpsychology Behavior and Social Networking, 13*(4), 357–364.

Merten, D. E. (1997). The meaning of meanness: Popularity, competition, and conflict among junior high school girls. *Sociology of Education, 70*(3), 175–191. https://doi.org/10.2307/2673207

Meyrowitz, J. (1986). *No sense of place: The impact of electronic media on social behavior.* Oxford University Press.

Oishi, S. (2014). Socioecological psychology. *Annual Review of Psychology, 65*(1), 581–609. https://doi.org/10.1146/annurev-psych-030413-152156

Oishi, S., & Graham, J. (2010). Social ecology: Lost and found in psychological science. *Perspectives on Psychological Science, 5* (4), 356–377.

Oishi, S., Schug, J., Yuki, M., & Axt, J. (2014). The psychology of residential and relational mobilities. In M. J. Gelfand, C. Chiu, & Y. Hong (Eds.), *Handbook of Advances in culture and psychology* (Vol. 5, pp. 221-272.). Oxford University Press.

Ong, E., Ang, R., Ho, J., Lim, J., Goh, D., Lee, C., & Chua, A. (2011). Narcissism, extraversion and adolescents? |Self| -presentation on |Facebook|. *Personality and Individual Differences, 50*(2), 180–185. https://doi.org/10.1016/j.paid.2010.09.022

Pariser, E. (2011). *The filter bubble: What the internet is hiding from you.* Penguin Press.

Rosen, D., Stefanone, M. A., & Lackaff, D. (2010). Online and offline social networks: Investigating culturally-specific behavior and satisfaction. *2010 43rd Hawaii International Conference on System Sciences* (*HICSS*), 1–10. https://doi.org/10.1109/HICSS.2010.292

Rui, J., & Stefanone, M. A. (2013). Strategic self-presentation online: A cross-cultural study. *Computers in Human Behavior, 29*(1), 110–118. https://doi.org/10.1016/j.chb.2012.07.022

Schrems, M. (2012, November 30). *Europe vs. Facebook.* Cyberspace 2012, Brno, Czech Republic.

Schug, J., Yuki, M., Horikawa, H., & Takemura, K. (2009). Similarity attraction and actually selecting similar others: How cross-societal differences in relational mobility affect interpersonal similarity in Japan and the USA. *Asian Journal of Social Psychology, 12*(2), 95–103. https://doi.org/10.1111/j.1467-839X.2009.01277.x

Schug, J., Yuki, M., & Maddux, W. (2010). Relational mobility explains between- and within-culture differences in self-disclosure to close friends. *Psychological Science, 21*(10), 1471–1478. https://doi.org/10.1177/0956797610382786

Sheldon, P., Rauschnabel, P. A., Antony, M. G., & Car, S. (2017). A cross-cultural comparison of Croatian and American social network sites. *Computers in Human Behavior, 75*(C), 643–651. https://doi.org/10.1016/j.chb.2017.06.009

Subramanian, R., Wise, K., Davis, D., Bhandari, M., & Morris, E. (2014). The relative contributions of implicit and explicit self-esteem to narcissistic use of Facebook. *Computers in Human Behavior, 39*, 306–311. https://doi.org/10.1016/j.chb.2014.07.023

Thomson, R. (2016). A socioecological approach to behavior and psychological tendencies on social network sites: The role of relational mobility. Ph.D. Dissertation Thesis, Hokkaido University.

Thomson, R., Yuki, M., & Ito, N. (2015). A socio-ecological approach to national differences in online privacy concern: The role of relational mobility and trust. *Computers in Human Behavior, 51* (Part A), 285–292. https://doi.org/10.1016/j.chb.2015.04.068

Thomson, R., Yuki, M., Talhelm, T., Schug, J., Kito, M., Ayanian, A. H., Becker, J. C., … & Visserman, M. L. (2018). Relational mobility predicts social behaviors in 39 countries and is tied to historical farming and threat. *Proceedings of the National Academy of Sciences, 115*(29), 7521–7526. https://doi.org/10.1073/pnas.1713191115

Urban, E. (2011). Competition and interpersonal conflict in same-sex platonic friendships. *The Hilltop Review, 1*(1), Article 3. http://scholarworks.wmich.edu/hilltopreview/vol1/iss1/3

Utz, S., Tanis, M., & Vermeulen, I. (2012). It is all about being popular: The effects of need for popularity on social network site use. *Cyberpsychology, Behavior and Social Networking, 15*(1), 37–42. https://doi.org/10.1089/cyber.2010.0651

Van Boven, L., Kruger, J., Savitsky, K., & Gilovich, T. (2000). When social worlds collide: Overconfidence in the multiple audience problem. *Personality and Social Psychology Bulletin, 26*(5), 619–628. https://doi.org/10.1177/0146167200267009

Vergeer, M., & Pelzer, B. (2009). Consequences of media and Internet use for offline and online network capital and well-being. A causal model approach. *Journal of Computer-Mediated Communication, 15*(1), 189–210. https://doi.org/10.1111/j.1083-6101.2009.01499.x

Winter, S., Neubaum, G., Eimler, S. C., Gordon, V., Theil, J., Herrmann, J., Meinert, J., & Krämer, N. C. (2014). Another brick in the Facebook wall: How personality traits relate to the content of status updates. *Computers in Human Behavior, 34,* 194–202. https://doi.org/10.1016/j.chb.2014.01.048

Wu, K.-W., Huang, S. Y., Yen, D. C., & Popova, I. (2012). The effect of online privacy policyon consumer privacy concern and trust. *Computers in Human Behavior, 28*(3), 889–897. https://doi.org/10.1016/j.chb.2011.12.008

Yamagishi, T. (2011). *Trust: The evolutionary game of mind and society.* Springer. http://dx.doi.org/10.1007/978-4-431-53936-0

Yamagishi, T., Hashimoto, H., & Schug, J. (2008). Preferences versus strategies as explanations for culture-specific behavior. *Psychological Science, 19*(6), 579–584. https://doi.org/10.1111/j.1467-9280.2008.02126.x

Yamagishi, T., & Yamagishi, M. (1994). Trust and commitment in the United States and Japan. *Motivation and Emotion, 18* (2), 129–166.

Yuki, M., & Schug, J. (2012). Relational mobility: A socio-ecological approach to personal relationships. In O. Gillath, G. Adams, & A. D. Kunkel (Eds.), *Relationship science: Integrating evolutionary, neuroscience, and sociocultural approaches* (pp. 137–152). American Psychological Association.

Yuki, M., Schug, J., Horikawa, H., Takemura, K., Sato, K., Yokota, K., & Kamaya, K. (2007). Development of a scale to measure perceptions of relational mobility in society. *CERSS Working Paper 75, Center for Experimental Research in Social Sciences, Hokkaido University.* http://lynx.let.hokudai.ac.jp/cerss/english/workingpaper/index.cgi?year=2007

Zhao, S., Grasmuck, S., & Martin, J. (2008). Identity construction on Facebook: Digital empowerment in anchored relationships. *Computers in Human Behavior, 24*(5), 1816–1836. https://doi.org/10.1016/j.chb.2008.02.012

コラム 3

Buzi, R. S., Smith, P. B., & Barrera, C. (2015). Talk with tiff: Teen's inquiries to a sexual health website. *Journal of Sex & Marital Therapy, 41*(2), 126–133. https://doi.org/10.1080/0092623X.2013.857375

Grazotis, E. (2018). *The negative effects of anonymity and excessive participation in online gaming communities.* Debating Communities and Social Networks 2018 OUA Conference. https://networkconference.netstudies.org/2018OUA/2018/04/23/the-negative-effects-of-anonymity-and-excessive-participation-in-online-gaming-communities/

Howard, P., & Hussain, M. (2011). Digital media and the Arab Spring. *Journal of Democracy, 22*(3). https://ora.ox.ac.uk/objects/uuid:05e13455-3e16-478b-b0b3-f75b58ef489c

Kummervold, P. E., Gammon, D., Bergvik, S., Johnsen, J.-A. K., Hasvold, T., & Rosenvinge, J. H. (2002). Social support in a wired world: Use of online mental health forums in Norway. *Nordic Journal of Psychiatry, 56*(1), 59–65. https://doi.org/10.1080/08039480252803945

Lea, M., & Spears, R. (1991). Computer-mediated communication, de-individuation and group decision-making. *International Journal of Man-Machine Studies, 34*(2), 283–301. https://doi.org/10.1016/0020-7373(91)90045-9

Rubya, S., & Yarosh, S. (2017). Interpretations of online anonymity in Alcoholics Anonymous and Narcotics Anonymous. *Proceedings of the ACM on Human-Computer Interaction,* 1(CSCW), 91:1–91:22. https://doi.org/10.1145/3134726

Suler, J. (2004). The online disinhibition effect. *CyberPsychology & Behavior, 7,* 321–326. https://doi.org/10.1089/1094931041291295

Tufekci, Z. (2014). Social movements and governments in the digital age: Evaluating a complex landscape. *Journal of International Affairs, 68*(1), 1–18.

Wright, M. F. (2013). The relationship between young adults' beliefs about anonymity and subsequent cyber agression. *Cyberpsychology, Behavior, and Social Networking, 16*(12), 858–862. https://doi.org/10.1089/cyber.2013.0009

コラム 4

Bleier, A., De Keyser, A., & Verleye, K. (2018). Customer engagement through personalization and customization. In R. W. Palmatier, V. Kumar, & C. M. Harmeling (Eds.), *Customer engagement marketing* (pp. 75–94). Springer International Publishing. https://doi.org/10.1007/978-3-319-61985-9_4

Cinelli, M., De Francisci Morales, G., Galeazzi, A., Quattrociocchi, W., & Starnini, M. (2021). The echo chamber effect on social media. *Proceedings of the National Academy of Sciences, 118*(9), e2023301118. https://doi.org/10.1073/pnas.2023301118

Fernández, M., Bellogín, A., & Cantador, I. (2021). Analysing the effect of recommendation algorithms on the amplification of misinformation (arXiv:2103.14748). arXiv. https://doi.org/10.48550/arXiv.2103.14748

Grandinetti, J., & Bruinsma, J. (2022). The affective algorithms of conspiracy TikTok. *Journal of Broadcasting & Electronic Media,* 0(0), 1–20. https://doi.org/10.1080/08838151.2022.2140806

Harambam, J., Helberger, N., & van Hoboken, J. (2018). Democratizing algorithmic news recommenders: How to materialize voice in a technologically saturated media ecosystem. *Philosophical Transactions of the Royal Society A: Mathematical, Physical and Engineering Sciences, 376*(2133), 20180088. https://doi.org/10.1098/rsta.2018.0088

Kang, H., & Lou, C. (2022). AI agency vs. human agency: Understanding human–AI interactions on TikTok and their implications for user engagement. *Journal of Computer-Mediated Communication, 27*(5), zmac014. https://doi.org/10.1093/jcmc/zmac014

Liang, T.-P., Lai, H.-J., & Ku, Y.-C. (2006). Personalized content recommendation and user satisfaction: Theoretical synthesis and empirical findings. *Journal of Management Information Systems, 23*(3), 45–70. https://doi.org/10.2753/MIS0742-1222230303

Pariser, E. (2011). *The filter bubble: How the new personalized web is changing what we read and how we think.* Penguin.

Peck, A. (2020). A problem of amplification: Folklore and fake news in the age of social media. *Journal of American Folklore, 133*(529), 329–351. https://doi.org/10.5406/jamerfolk.133.529.0329

Zareh Bidoki, A. M., & Yazdani, N. (2008). DistanceRank: An intelligent ranking algorithm for web pages. *Information Processing & Management, 44*(2), 877–892. https://doi.org/10.1016/j.ipm.2007.06.004

第5章

相川　充（2009）．新版　人づき合いの技術──ソーシャルスキルの心理学　サイエンス社

Buck, R. (1984). *The communication of emotion.* Guilford Press.

Chua, K-W., & Freeman, J. B. (2020). Facial stereotype bias is mitigated by training. *Social Psychological and Personality Science, 12*, 1335–1344.

大坊　郁夫（2007）．社会的脈絡における顔コミュニケーションへの文化的視点　対人社会心理学研究, 7, 1–10.

Ekman, P., & Friesen, W. V. (1969). The repertoire of nonverbal behavior: Categories, origins, usage, and coding. *Semiotica, 1,* 49–98.

Ekman, P., & Friesen, W. V. (1975). *Unmasking the face.* Prentice-Hall.（エクマン，P.・フリーセン，W. V.　工藤　力（訳編）（1987）．表情分析入門──表情に隠された意味をさぐる　誠信書房）

Ekman, P., & Friesen, W. V. (1978). *Facial action coding system.* Consulting Psychologists Press.

Elfenbein, H. A., & Ambady, N. (2002). On the universality and cultural specificity of emotion recognition: A meta-analysis. *Psychological Bulletin, 128*, 203–235.

Fontaine, J. R., Scherer, K. R., & Soriano, C. (2013). *Components of emotional meaning: A sourcebook.* Oxford University Press.

後藤　学（2005）．社会的スキル・トレーニングの効果性の検討　大坊　郁夫（編著）　社会的スキル向上を目指す対人コミュニケーション（pp. 135–155）　ナカニシヤ出版

Hall, J. A., Blanch, D. C., Horgan, T. G., Murphy, N. A., Rosip, J. C., & Schmid Mast, M. (2009). Motivation and interpersonal sensitivity: Does it matter how hard you try? *Motivation and Emotion, 33*, 291–302.

Hirschi, Q., Wilson, T. D., & Gilbert, D. T. (2022). Speak up! Mistaken beliefs about how much to talk in conversations. *Personality and Social Psychology Bulletin*, Online First.

Hochschild, A. R. (1979). Emotion work, feeling rules, and social structure. *American Journal of Sociology, 85*, 551–575.

Ickes, W. (1993). Empathic accuracy. *Journal of Personality, 61*, 587–610.

Ickes, W., Stinson, L., Bissonnette, V., & Garcia, S. (1990). Naturalistic social cognition: Empathic accuracy in mixed-sex dyads. *Journal of Personality and Social Psychology, 59*, 730–742.

稲垣　佳世子（2002a）．認知過程を研究するとは　稲垣　佳世子・鈴木　宏昭・亀田　達也　認知過程研究──知識の獲得とその利用（pp. 9–17）　財団法人放送大学教育振興会

稲垣　佳世子（2002b）．知識の大幅な組み替え　稲垣　佳世子・鈴木　宏昭・亀田　達也　認知過程研究──知識の獲得とその利用（pp. 30–43）　財団法人放送大学教育振興会

Jack, R. E., Caldara, R., & Schyns, P. G. (2012). Internal representations reveal cultural diversity in expectations of facial expressions of emotion. *Journal of Experimental Psychology: General, 141*, 19–25.

Meissner, C. A., & Brigham, J. C. (2001). Thirty years of investigating the own-race bias in memory for faces: A meta-analytic review. *Psychology, Public Policy, and Law, 7*, 3–35.

Morreale, S. P., Spitzberg, B. H., & Barge, J. K. (2007). Interpersonal competence: Building knowledge. In S. P. Morreale, B. H. Spitzberg, & J. K. Barge, *Human communication: Motivation, knowledge, and skills* (2nd ed., pp. 159–183). Thomson Learning.

中村　真（1991）．情動コミュニケーションにおける表示・解読規則──概念的検討と日米比較調査　大阪大学人間科学部紀要, 17, 115–145.

中村　真（2000）．表情と感情のコミュニケーション──表示規則と感情表出のモデル　心理学評論, 43, 307–317.

Ogawa, K., & Hall, J. A. (2022). Development of the Test of Nonverbal Cue Knowledge-II (TONCK-II). *Journal of Nonverbal Behavior, 46*, 569–592.

Ogawa, K., Kimura, M., Fujiwara, K., & Hall, J. A. (2020). Characteristics of Japanese nonverbal communication knowledge. Paper presented at *Society for Personality and Social Psychology 2020 Annual Convention.*

Rosip, J. C., & Hall, J. A. (2004). Knowledge of nonverbal cues, gender, and nonverbal decoding accuracy. *Journal of Nonverbal Behavior, 28*, 267–286.

Saito, T., Motoki, K., & Takano, Y. (2022). Cultural differences in recognizing emotions of masked faces. *Emotion*, Online First.

Sato, W., Hyniewska, S., Minemoto, K., & Yoshikawa, S. (2019). Facial expressions of basic emotions in Japanese laypeople. *Frontiers in Psychology, 10*, Article 259.

Scherer, K. R. (2007). Component models of emotion can inform the quest for emotional competence. In G. Matthews, M. Zeidner, & R. D. Roberts (Eds.), *The science of emotional intelligence: Knowns and unknowns* (pp. 101–126). Oxford

University Press.

Schlegel, K., & Scherer, K. R. (2018). The nomological network of emotional knowledge and understanding in adults: Evidence from two new performance-based tests. *Cognition and Emotion, 32*, 1514–1530.

太幡 直也 (2016). 大学生のチームワーク能力を向上させるトレーニングの有効性——チームワーク能力の構成要素に着目して 教育心理学研究, *64*, 118–130.

Vingilis-Jaremko, L., Kawakami, K., & Friesen, J. P. (2020). Other-groups bias effects: Recognizing majority and minority outgroup faces. *Social Psychological and Personality Science, 11*, 908–916.

Wong, H. K., Stephen, I. D., & Keeble, D. R. T. (2020). The own-race bias for face recognition in a multiracial society. *Frontiers in Psychology, 11*, Article 208.

Xie, S. Y., Flake, J. K., Stolier, R. M., Freeman, J. B., & Hehman, E. (2021). Facial impressions are predicted by the structure of group stereotypes. *Psychological Science, 32*, 1979–1993.

Yuki, M., Maddux, W. W., & Masuda, T. (2007). Are the windows to the soul the same in the East and West? Cultural differences in using the eyes and mouth as cues to recognize emotions in Japan and the United States. *Journal of Experimental Social Psychology, 43*, 303–311.

第6章

相川 充 (1996). 社会的スキルという概念 相川 充・津村 俊充 (編) 社会的スキルと対人関係——自己表現を援助する 誠信書房

Argyle, M. (1967). *The psychology of interpersonal behavior*. Penguin Books.

天児 慧 (2003). 中国とどう付き合うか 日本放送出版協会

Berry, J. (1969). On cross-cultural comparability. *International Journal of Psychology, 4*, 119–128.

Berry, J. (1989). Imposed etics-emics-derived etics: The Operationalization of a compelling idea. *International Journal of Psychology, 24*, 721–735.

Bhawuk, D. P. S., & Brislin, R. W. (2000). Cross-cultural training: A review. *Applied Psychology: An International Review, 49*, 162–191.

大坊 郁夫 (1991). 非言語的表出性の測定:ACT 尺度の構成 北星学園大学文学部北星論集, *28*, 1–12.

Furham, A., & Bochner, S. (1986). *Culture shock: Psychological reactions to unfamiliar Environments*. Methuen.

Friedman, H. S., Prince, L. M., Riggio, R. E., & DiMatteo, M. R. (1980). Understanding and assessing nonverbal expressiveness: The Affective Communication Test. *Journal of Personality and Social Psychology, 39*, 333–351.

古沢 昌之 (2011). 日本企業の海外派遣者に対する人的資源管理の研究——駐在経験者への調査を踏まえて 大阪商業大学論集, *6*, 1–22.

外務省 (2022). 海外在留邦人数調査統計 (令和4年) 外務省
Retrieved from https://www.mofa.go.jp/mofaj/toko/tokei/hojin/index.html (2022 年 10 月 21 日検索)

Goldstein, A. P., Sprafkin, R. P., Gershaw, N. J., & Klein, P. (1980). *Skill streaming the adolescent: A structured learning approach to teaching prosocial skills*. Research Press.

Gullahorn, J. T., & Gullahorn, H. E. (1963). An extension of the U-curve hypothesis. *Journal of Social Issues, 19*, 33–47.

Hall, E. T. (1976). *Beyond culture*. Doubleday & Company. (ホール, E. T. 岩田 慶治・谷 泰 (訳) (1979). 文化を超えて TBS ブリタニカ)

費 孝通 (1985). 郷土中国 生活・読書・新知 三聯書店 (中国・北京)

Hofstede, G. (1980). *Culture's consequences: International differences in work-related values*. Sage.

堀毛 一也. (1987). 日本的印象管理様式に関する基礎的検討 (1) ——社会的スキルとしての人あたりの良さの分析 日本社会心理学会第 28 回大会発表論文集, 39.

堀毛 一也. (1988). 日本的印象管理様式に関する基礎的検討 (2) ——「人あたりの良さ」と日本的対人関係 日本心理学会第 52 回大会発表論文集, 254.

堀毛 一也. (1994). 社会的スキルを測る 人あたりの良さ尺度 菊池 章夫・堀毛 一也 (編) 社会的スキルの心理学 (pp. 168–176) 川島書店

Hwang, K.-K. (1987). Face and favor: The Chinese power game. *American Journal of Sociology, 92*, 944–974.

菊池 章夫 (1988). 思いやりを科学する 川島書店

木村 昌紀・毛 新華 (2013a). 日本人と中国人の親密なコミュニケーションは何が違うのか?——未知関係と友人関係を対象にした検討 日本感情心理学会第 21 回大会発表論文集, 16.

木村 昌紀・毛 新華 (2013b). 日本人と中国人の討議のコミュニケーションは何が違うのか?——未知関係と友人関係を対象にした実験的検討 日本心理学会第 77 回大会発表論文集, 145.

近藤 裕 (1981). カルチュア・ショックの心理 創元社

Lysgaard, S. (1955). Adjustment in a foreign society: Norwegian Fulbright grantees visiting the United States. *International Social Sciences Bulletin, 7*, 45–51.

松村 明 (編) (2019). 大辞林 第四版 三省堂

毛 新華 (2010). 在日中国人留学生の抱える文化適応の問題——自由記述調査のデータより 日本社会心理学会第 51 回大会発表論文集, 682–683.

毛 新華（2013）．日本人から見た在日中国人留学生の文化適応の問題点——日本人を対象とする自由記述調査のデータより　日本社会心理学会第 54 回大会発表論文集, 196.

毛 新華（2016）．文化理解と適応　大坊 郁夫（監修）谷口 淳一・金政 祐司・木村 昌紀・石盛 真徳（編）対人社会心理学の研究レシピ——実験実習の基礎から研究作法まで（pp. 222-235）北大路書房

Mao, X., & Daibo, I. (2006). The development of Chinese university-students social skill inventory. *Chinese Mental Health Journal, 20,* 679-683. (in Chinese)

毛 新華・大坊 郁夫（2007）．KiSS-18 の中国人大学生への適用　対人社会心理学研究, 7, 55-60.

毛 新華・大坊 郁夫（2018）．中国人大学生社会的スキル尺度（ChUSSI）の短縮版作成の試み　対人社会心理学研究, 18, 113-121.

毛 新華・清水 寛之（2019）．訓示的教示アプローチによる日本人の中国文化適応の促進——大連市（中国）の在留邦人を対象とした異文化適応セミナーの効果　神戸学院大学心理学研究, 2, 1-8.

毛 新華・清水 寛之・木村 昌紀（2021）．中国の在留邦人における文化適応課題の検討——日中文化の相違点の認識に関する調査から　神戸学院大学心理学研究, 4, 31-40.

毛 新華・木村 昌紀（2022）．中国人留学生を対象とした日本文化的社会的スキル・トレーニングの効果　神戸学院大学心理学研究, 5, 39-52.

西田 ひろ子（2007）．米国，中国進出日系企業における異文化間コミュニケーション摩擦　風間書房

Oberg, K. (1960). Culture shock: Adjustment to new cultural environments. *Practical Anthropology, 7,* 177-182.

岡部 朗一（1996）文化とコミュニケーション　古田 暁（監修）石田 敏・岡部 朗一・久米 昭元　異文化コミュニケーション（p. 42）有斐閣

新村 出（編）（2018）．広辞苑 第七版　岩波書店

Sit, A., Mak, S. A., & Neill, T. J. (2017) Does cross-cultural training in tertiary education enhance cross-cultural adjustment? A systematic review. *International Journal of Intercultural Relations, 57,* 1-18.

総務省（2006）．多文化共生の推進に関する研究会報告書　総務省　Retrieved from https://www.soumu.go.jp/main_content/000539195.pdf（2022 年 10 月 21 日検索）

園田 茂人（2001）．中国人の心理と行動　日本放送出版協会

鈴木 一代（1990）．異文化に滞在する家族の適応に関する研究　東和大学紀要, 16, 175-187.

鈴木 一代（1997）．異文化遭遇の心理学——文化・社会の中の人間　ブレーン出版

高井 次郎（1996）．日本人の対人関係　長田 雅喜（編）対人関係の社会心理学（pp. 221-241）福村出版

Takai, J., & Ota, H. (1994). Assessing Japanese interpersonal communication competence. 実験社会心理学研究, 33, 224-236.

田中 共子（2000）．留学生のソーシャル・ネットワークとソーシャル・スキル　ナカニシヤ出版

Triandis, H. C. (1995). *Individualism and collectivism.* Westview Press.（トリアンディス, H. C. 神山 貴弥・藤原 武弘（編訳）(2002)．個人主義と集団主義——2 つのレンズを通して読み解く文化　北大路書房）

植松 晃子（2004）．日本人留学生の異文化適応の様相——滞在国の対人スキル，民族意識，セルフコントロールに着目して　発達心理学研究, 15, 313-323.

山田 玲子・トンプソン ハイジ ファインスタイン・トンプソン マイケル（1994）．異文化適応に関する基礎研究　北海道東海大学紀要 人文社会科学系, 7, 115-129.

吉田 友子（2009）．異文化との出会い——カルチャーショックと異文化適応　八代 京子・町 惠理子・小池 浩子・吉田 友子（編）異文化トレーニング［改訂版］——ボーダレス社会を生きる　三修社

Yoshikawa, M. J. (1987). Cross-cultural adaptation and perceptual development. In Y. Y. Kim & W. B. Gudykunst (Eds.), *Cross-cultural adaptation current approaches* (pp. 140-148). Sage.

吉村 章（2012）．中国人との実践交渉術　総合法令出版

コラム 5

大坊 郁夫（2007）．社会心理学からみた臨床心理学——個人から社会へのつながりにこそ well-being を見出す　坂本 真土・丹野 義彦・安藤 清志（編）臨床社会心理学（pp. 214-228）東京大学出版会

Yoshikawa, M. J. (1987). Cross-cultural adaptation and perceptual development. In Y. Y. Kim & W. B. Gudykunst (Eds.), *Cross-cultural adaptation current approaches* (pp. 140-148). Sage.

第 7 章

Adam, H., & Galinsky, A. D. (2012). Enclothed cognition. *Journal of Experimental Social Psychology, 48*(4), 918-925. https://doi.org/10.1016/j.jesp.2012.02.008

荒川 歩（2023）．自己ブランディングとしてのよそおい，ふたたび　荒川 歩・鈴木 公啓・木戸 彩恵（編著）〈よそおい〉の心理学——サバイブ技法としての身体装飾　第 9 章　北大路書房

大坊 郁夫（1998）．しぐさのコミュニケーション——人は親しみをどう伝え合うか　サイエンス社

Demello, M. (2007). *Encyclopedia of body adornment.* Greenwood Press.

深田 博己（1998）．インターパーソナルコミュニケーション　北大路書房

James, W. (1892). *Psychology: Briefer course.* Henry Holt.

Johnson, K. K. P., Yoo, J-J., Kim, M., & Lennon, S. J. (2008). Dress and human behavior: A review and critique. *Clothing and Textiles Research Journal, 26,* 3-22.

コミケット（1999）．コスプレって何？ https://www.comiket.co.jp/info-p/WhatIsCosPlay.html（2023年1月30日参照）

神山　進（1996）．被服心理学の動向　高木　修（監修）　大坊　郁夫・神山　進（編）　被服と化粧の社会心理学　北大路書房

Leary, M. R., & Kowalski, R. (1990). Impression management: A literature review. *Psychological Bulletin, 197,* 34-47.

Ross, R. (2008). Clothing: A Global History. Or, the Imperialists' New Clothes. Polity Pres.

鈴木　公啓（編著）（2020）．装いの心理学　北大路書房

滝沢　武久（1999）．内言／外言　中島　義明・安藤　清志・子安　増生・坂野　雄二・繁桝　算男・立花　政夫・箱田　裕司（編）　心理学事典　有斐閣

Turner, B. S. (1984). The body and society: Explorations in social theory. Basil Blackwell.

Yee, N., & Bailenson, J. (2007). The proteus effect: The effect of transformed self-representation on behavior. *Human Communication Research, 33,* 271-290.

第8章

大坊　郁夫（1998）．しぐさのコミュニケーション——人は親しみをどう伝えあうか　サイエンス社

ヘルスコミュニケーション学関連学会機構（2022）．ヘルスコミュニケーション学関連学会機構の分科会の相互関係と位置づけ http://healthcommunicationweek.jp/（2022年11月22日参照）

石川　ひろの（2020）．ヘルスコミュニケーション学入門　大修館書店

小林　廣美（2013）．笑いと看護　笑い学研究, *20,* 62-69.

国立国語研究所「病院の言葉」委員会（2009）．「病院の言葉」をわかりやすく——工夫の提案　勁草書房

森口　稔（2013）．テクニカルコミュニケーションへの招待　三省堂

中村　千賀子・白田　チヨ（2001）．高齢者とのグッドコミュニケーション　医歯薬出版

斎藤　清二（2000）．はじめての医療面接——コミュニケーション技法とその学び方　医学書院

吉松　和哉・小泉　典章・川野　雅資（編）（2015）．精神看護学Ⅰ　精神保健学（第6版）　ヌーヴェルヒロカワ

コラム8

紺屋　恵子（2008）．小規模サイエンス・カフェの可能性と課題　科学技術コミュニケーション, *3,* 149-158.

中村　征樹（2008）．サイエンスカフェ——現状と課題　科学技術社会論研究, *5,* 31-43.

土倉　英志（2014）．サイエンスカフェの創作プロセスの検討——2013年度のゼミナールの報告　浜松学院大学教職センター紀要, *3,* 31-54.

第9章

Aureli, F., Cords, M., & van Schaik, C. P. (2002). Conflict resolution following aggression in gregarious animals: A predictive framework. *Animal Behaviour, 64,* 325-343. https://doi.org/10.1006/anbe.2002.3071

Aureli, F., & Schino, G. (2022). Brief touch is different from a massage: Insights from nonhuman primates. *Current Opinion in Behavioral Sciences, 43,* 174-180. https://doi.org/10.1016/j.cobeha.2021.10.008

Call, J., Aureli, F., & de Waal, F. B. M. (1999). Reconciliation patterns among stumptailed macaques:A multivariate approach. *Animal Behaviour, 58,* 165-172. https://doi.org/10.1006/anbe.1999.1116

de Waal, F. B. M., & van Roosmalen, A. (1979). Reconciliation and consolation among chimpanzees. *Behavioral Ecology and Sociobiology, 5,* 55-66. https://doi.org/10.1007/BF00302695

Dunbar, R. I. M. (1991). Functional significance of social grooming in primates. *Folia Primatologica, 57,* 121-131. https://doi.org/10.1159/000156574

Engh, A. L., Beehner, J. C., Bergman, T. J., Whitten, P. L., Hoffmeier, R. R., Seyfarth, R. M., & Cheney, D. L. (2006). Behavioural and hormonal responses to predation in female chacma baboons (*Papio hamadryas ursinus*). *Proceedings of the Royal Society B: Biological Sciences, 273,* 707-712. https://doi.org/10.1098/rspb.2005.3378

Fraser, O. N., Aureli, F. (2008). Reconciliation, consolation and postconflict behavioral specificity in chimpanzees. *American Journal of Primatology, 70,* 1114-1123. https://doi.org/10.1002/ajp.20608

勝野吏子（2019）．霊長類における平静な状態で交わされる音声から発話の進化を探る　霊長類研究, *35,* 33-43. https://doi.org/10.2354/psj.35.013

Katsu, N., Yamada, K., & Nakamichi, M. (2014). Development in the usage and comprehension of greeting calls in a free-ranging group of Japanese macaques (*Macaca fuscata*). *Ethology, 120,* 1024-1034. https://doi.org/10.1111/eth.12275

Katsu, N., Yamada, K., & Nakamichi, M. (2017). Influence of social interactions with nonmother females on the development of call usage in Japanese macaques. *Animal Behaviour, 123,* 267-276. https://doi.org/10.1016/j.anbehav.2016.11.009

Kawamura, S. (1959). The process of sub-culture propagation among Japanese macaques. *Primates, 2,* 43-60. https://doi.org/10.1007/BF01666110

Majolo, B., Ventura, R., & Koyama, N. F. (2009). A statistical modelling approach to the occurrence and timing of reconciliation in wild Japanese macaques. *Ethology, 115,* 152-166. https://doi.org/10.1111/j.1439-0310.2008.01591.x

Maréchal, L., Levy, X., Meints, K., & Majolo, B. (2017). Experience-based human perception of facial expressions in Barbary macaques (*Macaca sylvanus*). *PeerJ, 5,* e3413. https://doi.org/10.7717/peerj.3413

Muroyama, Y. (1991). Mutual reciprocity of grooming in female Japanese macaques (*Macaca fuscata*). *Behaviour, 119,* 161-170. https://doi.org/10.1163/156853991X00427.

中島 定彦（2019）．動物心理学　昭和堂

小田 亮（1997）．霊長類における異種間の音声情報伝達　霊長類研究, 13, 215-222. https://doi.org/10.2354/psj.13.215

Oda, R., & Masataka, N. (1996). Interspecific responses of ringtailed lemurs to playback of antipredator alarm calls given by Verreaux's Sifakas. *Ethology, 102*, 441-453. https://doi.org/10.1111/j.1439-0310.1996.tb01138.x

Parr, L., & Waller, B. M. (2006). Understanding chimpanzee facial expression: insights into the evolution of communication. *Social Cognitive and Affective Neuroscience, 1*, 221-228. https://doi.org/10.1093/scan/nsl031

Seyfarth, R. M., Cheney, D. L., & Marler, P. (1980). Vervet monkey alarm calls: Semantic communication in a free-ranging primate. *Animal Behaviour, 28*, 1070-1094. https://doi.org/10.1016/S0003-3472(80)80097-2

Shimooka, Y., & Nakagawa, N. (2014). Functions of an unreported "rocking-embrace" gesture between female Japanese Macaques (*Macaca fuscata*) in Kinkazan Island, Japan. *Primates, 55*, 327-335. https://doi.org/10.1007/s10329-014-0411-9

Slocombe, K. E., Waller, B. M., & Liebal, K. (2011). The language void: The need for multimodality in primate communication research. *Animal Behaviour, 81*, 919-924 https://doi.org/10.1016/j.anbehav.2011.02.002

Tanaka, I. (1998). Social diffusion of modified louse egg-handling techniques during grooming in free-ranging Japanese macaques. *Animal Behaviour, 56*, 1229-1236. https://doi.org/10.1006/anbe.1998.0891

Tanaka, I., & Takefushi, H. (1993). Elimination of external parasites (lice) is the primary function of grooming in free-ranging Japanese macaques. *Anthropological Science, 101*, 187-193. https://doi.org/10.1537/ase.101.187

辻 大和（2008）．霊長類と他の動物の混群現象についての研究の現状　霊長類研究, 24, 3-15. https://doi.org/10.2354/psj.24.3

上野 将敬（2016）．霊長類における毛づくろいの互恵性に関する研究の展開　動物心理学研究, 66, 91-107. https://doi.org/10.2502/janip.66.2.3

上野 将敬（2017）．霊長類における親密さの量的記述　霊長類研究, 33, 21-34. https://doi.org/10.2354/psj.33.009

上野 将敬（2018）．霊長類の行動研究におけるロボットの利用可能性　霊長類研究, 34, 31-39. https://doi.org/10.2354/psj.34.002

Ueno, M., Kabata, R., Hayashi, H., Terada, K., & Yamada, K. (2022). Automatic individual recognition of Japanese macaques (*Macaca fuscata*) from sequential images. *Ethology, 128*, 461-470. https://doi.org/10.1111/eth.13277

Ueno, M., & Nakamichi, M. (2018). Grooming facilitates huddling formation in Japanese macaques. *Behavioral Ecology and Sociobiology, 72*, 98. https://doi.org/10.1007/s00265-018-2514-6.

Ueno, M., Yamada, K., & Nakamichi, M. (2014a). The effect of solicitations on grooming exchanges among female Japanese macaques at Katsuyama. *Primates, 55*, 81-87. https://doi.org/10.1007/s10329-013-0371-5

Ueno, M., Yamada, K., & Nakamichi, M. (2014b). Maternal responses to a 1-year-old male offspring with severe injury in a free-ranging group of Japanese macaques. *Primate Research, 30*, 157-162. https://doi.org/10.2354/psj.30.001

Ueno, M., Yamada, K., & Nakamichi, M. (2015). Emotional states after grooming interactions in Japanese macaques (*Macaca fuscata*). *Journal of Comparative Psychology, 129*, 394-401. https://doi.org/10.1037/a0039688

Ueno, M., Yamada, K., & Nakamichi, M. (submitted). Behavioral responses of solicitors after failure to receive grooming in *Macaca fuscata*.

Waller, B. M., & Dunbar, R. I. M. (2005). Differential behavioural effects of silent bared teeth display and relaxed open mouth display in chimpanzees (*Pan troglodytes*). *Ethology, 111*, 129-142. https://doi.org/10.1111/j.1439-0310.2004.01045.x

Zahavi, A. (1975). Mate selection-a selection for a handicap. *Journal of Theoretical Biology, 53*, 205-214. https://doi.org/10.1016/0022-5193(75)90111-3.

第10章

安藤 昌也（2016）．UX デザインの教科書　丸善出版

荒川 歩（2007）．顔文字研究の現状と展望――非言語コミュニケーション研究の視点から　心理学評論, 50, 361-370.

Apple (2022). *Human interface guidelines*. Apple. https://developer.apple.com/design/human-interface-guidelines/guidelines/overview/（2023 年 2 月 1 日参照）

Bailenson, J. N. (2021). Nonverbal overload: A theoretical argument for the causes of Zoom fatigue. *Technology, Mind, and Behavior, 2*(1). https://doi.org/10.1037/tmb0000030

Carragher, D. J., & Hancock, P. J. B. (2020). Surgical face masks impair human face matching performance for familiar and unfamiliar faces. *Cognitive Research: Principles and Implications, 5*, 59.

大坊 郁夫（1998）．しぐさのコミュニケーション――人は親しみをどう伝え合うか　サイエンス社

Ekman, P., & Friesen, W. V. (1975). *Unmasking the face: A guide to recognizing emotions from facial clues*. Prentice-Hall.

藤田 和之・高嶋 和毅・伊藤 雄一・大崎 博之・小野 直亮・香川 景一郎・津川 翔・中島 康祐・林 勇介・岸野 文郎（2013）．Ambient Suite を用いたパーティ場面における部屋型会話支援システムの実装と評価　電子情報通信学会論文誌 D, *J96-D*, 120-132.

福住 伸一・笠松 慶子（2021）．製品開発のための HCD 実践――ユーザの心を動かすモノづくり　近代科学社

Grundmann, F., Epstude, K., & Scheibe, S. (2021). Face masks reduce emotion-recognition accuracy and perceived closeness. *PLOS ONE, 16*: e0249792.

原島 博（1998）．顔学への招待　岩波書店

JR 東日本ウォータービジネス（2010）．夢の飲料自販機　エキナカ本格展開へ——マーケティング頭脳を搭載した次世代自販機　JR 東日本ウォータービジネス https://www.jre-water.com/pdf/100810jisedai-jihanki.pdf（2023 年 2 月 1 日参照）

柿本 敏克（2015）．メディア環境の進化　浮谷 秀一・大坊 郁夫（編）　クローズアップ「メディア」　現代社会と応用心理学 5（pp. 23-31）　福村出版

Marini, M., Ansani, A., Paglieri, F., Caruana, F., & Viola, M. (2021). The impact of facemasks on emotion recognition, trust attribution and re-identification. *Scientific Reports, 11,* 5577.

松田 昌史（2015）．遠隔コミュニケーション　浮谷 秀一・大坊 郁夫（編）　クローズアップ「メディア」　現代社会と応用心理学 5（pp. 192-203）　福村出版

松尾 太加志（1999）．コミュニケーションの心理学——認知心理学・社会心理学・認知工学からのアプローチ　ナカニシヤ出版

三淵 啓自（2011）．サイバースペースとコミュニケーション　舘 暲・佐藤 誠・廣瀬 通孝（監修）　日本バーチャルリアリティ学会（編）　バーチャルリアリティ学（pp. 250-256）　コロナ社

村山 綾（2015）．ブログ社会の「自己開示」と「自己呈示」　浮谷 秀一・大坊 郁夫（編）　クローズアップ「メディア」　現代社会と応用心理学 5（pp. 108-117）　福村出版

岡嶋 裕史（2022）．メタバースとは何か——ネット上の「もう一つの世界」　光文社

Roto, V., Law, E. C., Vermeeren, A. P., & Hoonhout, J. (Eds.). (2011). *User Experience White Paper: Bringing clarity to the concept of user experience.* Outcome of Dagstuhl Seminar 10373: Demarcating User Experience.

斎藤 昌義（2022）．図解コレ 1 枚でわかる最新 IT トレンド　増補改訂 4 版　技術評論社

城田 真琴（2022）．Q&A で学ぶウェブ 3 の基礎知識　週刊エコノミスト, *100*(40), 28-29.

竹原 卓真（2015）．顔文字　日本顔学会（編）　顔の百科事典（pp. 366-367）　丸善出版

Toffler, A. (1980). *The third wave.* Bantam Books.（トフラー，A. 徳岡 孝夫（監訳）（1982）．第三の波　中央公論新社）

浮谷 秀一・大坊 郁夫（編）（2015）．クローズアップ「メディア」　現代社会と応用心理学 5　福村出版

バーチャル美少女ねむ（2022）．メタバース進化論——仮想現実の荒野に芽吹く「解放」と「創造」の新世界　技術評論社

山口 真美・渡邊 克巳（2022）．コロナ下でのコミュニケーションとポスト・コロナに向けた顔身体　山口 真美・河野 哲也・床呂 郁哉（編）　コロナ時代の身体コミュニケーション　勁草書房

横山 ひとみ（2015）．アンビエント情報社会　浮谷 秀一・大坊 郁夫（編）　クローズアップ「メディア」　現代社会と応用心理学 5（pp. 173-181）　福村出版

コラム 9

井ノ上 直己・西村 竜一・奥井 誠人（2015）．臨場感コミュニケーションのインタフェース　舘 暲・佐藤 誠・廣瀬 通孝（監修）　日本バーチャルリアリティ学会（編）　バーチャルリアリティ学（pp. 226-232）　コロナ社

高木 康博（2007）．知っておきたいキーワード ホログラフィ　映像情報メディア学会誌, *61,* 1722-1724.

鵜飼 一彦・田中 二郎・杉山 公造・田村 佳弘・出澤 正徳・広瀬 通孝（1998）．視覚出力　田村 博（編）　ヒューマンインタフェース（pp. 212-216）　オーム社

第 11 章

阿部 智和（2008）．人員間の距離とコミュニケーション・パターンに関する実証分析：ある国内電機メーカーを対象として　経営と経済, *88*(1), 27-50.

Alegre, I., Mas-Machuca, M., & Berbegal-Mirabent, J. (2016). Antecedents of employee job satisfaction: Do they matter? *Journal of Business Research, 69*(4), 1390-1395.

Allen, T. J., & Gerstberger, P. G. (1973). A field experiment to improve communications in a product engineering department: The non-territorial office. *Human Factors, 15*(5), 487-498.

Barnard, C. I. (1938). The functions of the executive. Harvard University Press.（バーナード，C. I. 山本 安次郎・田杉 競・飯野 春樹（訳）（1968）．新訳 経営者の役割　ダイヤモンド社）

Byrne, D., & Nelson, D. (1965). Attraction as a linear function of proportion of positive reinforcements. *Journal of Personality and Social Psychology, 1*(6), 659-663.

Clifton, G., & Harter, J. (2021). *Wellbeing at work.* Gallup Press.（クリフトン，J.・ハーター，J. 古屋 博子（訳）（2022）．職場のウェルビーイングを高める——1 億人のデータが導く「しなやかなチーム」の共通項　日経 BP 日本経済新聞出版）

Edmondson, A. C. (1999). Psychological safety and learning behavior in work teams. *Administration Science Quarterly, 44*(2), 350-383.

Edmondson, A. C. (2019). *The fearless organization: Creating psychological safety in workplace for learning, innovation, and growth.* John Wiley & Sons.（エドモンドソン，A. C. 野津 智子（訳）・村瀬 俊朗（解説）（2021）．恐れのない組織：「心理的安全性」が学習・イノベーション・成長をもたらす　英治出版）

Engelen, L., Chau, J., Young, S., Mackey, M., Jeyapalan, D., & Bauman, A. (2019). Is activity-based working impacting health, work performance and perceptions? A systematic review. *Building Research & Information, 47*(4), 468-479.

Frey, C. B., & Osborne, M. A. (2017). The future of employment: How susceptible are jobs to computerisation? *Technological Forecasting and Social Change, 114,* 254-280.

Gerhart, C. C., & Bodie, G. D. (2011). Active-empathic listening as a general social skill: Evidence from bivariate and canonical correlations. *Communication Reports, 24*(2), 86–98.

原岡 一馬（1993）．効果的コミュニケーションの創造（pp. 280-302）　原岡 一馬・若林 満（編）　組織コミュニケーション——個と組織の対話　福村出版

Harms, P. D., Credé, M., Tynan, M., Leon, M., & Jeung, W. (2017). Leadership and stress: A meta-analytic review. *The Leadership Quarterly, 28*(1), 178–194.

平木 典子（2013）．図解 相手の気持ちをきちんと聞く技術　PHP 研究所

平木 典子（2021）．三訂版アサーション・トレーニング—さわやかな（自己実現）のために　金子書房

Heerwagen, J. H., Kampschroer, K., Powell, K. M., & Loftness, V. (2004). Collaborative knowledge work environments. *Building Research & Information, 32*(6), 510–528.

Hoendervanger, J. G., De Been, I., Van Yperen, N. W., Mobach, M. P., & Albers, C. J. (2016). Flexibility in use: Switching behaviour and satisfaction in activity-based work environments. *Journal of Corporate Real Estate, 18*(1), 48–62.

稲水 伸之（2008）．ノンテリトリアル・オフィス研究の現状と課題：文献レビューによる成功条件の模索　赤門マネジメント・レビュー, 7(8), 557–586.

一般社団法人日本経済団体連合会（2018）．2018 年度新卒採用に関するアンケート調査
　　https://www.keidanren.or.jp/policy/2018/110.pdf（2022 年 10 月 8 日参照）

一般社団法人日本オフィス家具協会（2019）．「企業ヒアリング」調査報告書
　　https://www.joifa.or.jp/pdf/report_hatarakikata.pdf（2022 年 10 月 8 日参照）

株式会社野村総合研究所（2015）．日本の労働人口の 49% が人工知能やロボット等で代替可能に
　　https://www.nri.com/Corporate/jp/Files/PDF/news/newsrelease/cc/2015/151202_1.pdf（2022 年 10 月 16 日参照）

狩俣 正雄（1992）．組織のコミュニケーション　中央経済社

Kram, K. E., & Isabella, L. A. (1985). Mentoring alternatives: The role of peer relationships in career development. *Academy of Management Journal, 28*(1), 110–132.

公益財団法人日本生産性本部（2021）．第 10 回「メンタルヘルスの取り組み」に関する企業アンケート調査結果概要
　　https://www.jpc-net.jp/research/assets/pdf/summary_mentalhealth2021.pdf（2022 年 10 月 26 日参照）

国立社会保障・人口問題研究所（2017）．日本の将来推計人口 平成 29 年推計　人口問題研究資料, 336.

厚生労働省（2019）．さまざまな雇用形態
　　https://www.mhlw.go.jp/seisakunitsuite/bunya/koyou_roudou/roudouseisaku/chushoukigyou/koyoukeitai.html（2022 年 9 月 12 日参照）

厚生労働省（2022a）．「外国人雇用状況」の届出状況まとめ【本文】（令和 3 年 10 月末現在）
　　https://www.mhlw.go.jp/content/11655000/000887554.pdf（2022 年 10 月 16 日参照）

厚生労働省（2022b）．令和 3 年雇用動向調査結果の概況
　　https://www.mhlw.go.jp/toukei/itiran/roudou/koyou/doukou/22-2/dl/gaikyou.pdf（2022 年 9 月 12 日参照）

厚生労働省（2022c）．令和 3 年度我が国における過労死等の概要及び政府が過労死等の防止のために講じた政策の状況
　　https://www.mhlw.go.jp/content/11200000/001001664.pdf（2022 年 10 月 21 日参照）

正木 郁太郎・小泉 喜之介・谷口 美虎人・森田 舞（2021）．オフィスにおける働く場所の選択肢とワークエンゲージメントの関係：心理的安全性の知覚による媒介効果の検討　産業・組織心理学研究, 34(2), 179–193.

松木 知徳・中村 潤（2020）．サービスチェーンにおける非正規従業員の働くモチベーションが業績に繋がるメカニズム——飲食チェーン 3 社での実証研究　マーケティングレビュー, 1(1), 76–84.

松下 大輔・宗本 順三・立岡 優介・仲 隆介（2011）．ワークプレイスにおける業務行為とワーカー属性の関係：生活時間調査法によるワークスタイルの分析　日本建築学会計画系論文集, 76(668), 1829–1838.

Microsoft (2022). Work trend index: Pulse report Hybrid works is just work. Are we doing it wrong?
　　https://assets.ctfassets.net/y8fb0rhks3b3/1vMxzsKg3F41x6RwBXxgOj/468c299de869f6b00f7e465458aebcde/2022_Work_Trend_Index_Pulse_Report_Sep.pdf（2022 年 10 月 27 日参照）

Mikkola, L., & Nykänen, H. (2019). Workplace Relationships. In L. Mikkola & M. Valo (Eds.), *Workplace communication* (pp. 15–27). Routledge.

森ビル株式会社（2021）．2021 年度東京 23 区オフィスニーズに関する調査
　　https://www.mori.co.jp/img/article/211223_2.pdf（2022 年 10 月 31 日参照）

内閣府（2018）．特集就労等に関する若者の意識 https://www8.cao.go.jp/youth/whitepaper/h30honpen/s0_0.html（2022 年 10 月 10 日参照）

仲谷 美江・西田 省吾（1994）．インフォーマルコミュニケーション研究の動向　計測と制御, 33(3), 214–221.

Rawlins, W. K. (1992). *Friendship matters: Communication, dialectics, and the life course.* Aldine de Gruyter.

Rozovsky, J. (2015). *The Five Keys to a Successful Google Team.* Re:Work.
　　https://rework.withgoogle.com/blog/five-keys-to-a-successful-google-team/（2022 年 10 月 28 日参照）

Ryan, R. M., & Deci, E. L. (2000). Self-determination theory and the facilitation of intrinsic motivation, social development, and well-being. *American Psychologist, 55*(1), 68–78.

Sias, P. M. (2008). *Organizing relationships: Traditional and emerging perspectives on workplace relationships.* Sage.

Simon, H. A. (1997). *Administrative behavior: A study of decision-making processes in administrative organizations* (4th ed.). Free Press.（サイモン, H. A.　二村 敏子・桑田 耕太郎・高尾 義明・西脇 暢子・高柳 美香（訳）（2009）．新版経営行

動——経営組織における意思決定過程の研究　ダイヤモンド社）

田原　直美・小川　邦治 (2021). 職場における心理的安全とチーム・コミュニケーションとの関連　西南学院大学人間科学論集, *16*(2), 27-42.

田原　直美・小川　邦治 (2022). 職務チームにおけるパフォーマンスとメンタルヘルス——心理的安全性とワーク・エンゲイジメントの影響　西南学院大学人間科学論集, *17*(2), 111-127.

Valo, M., & Mikkola, L. (2019). Focusing on workplace communication. In L. Mikkola, & M. Valo (Eds.), *Workplace communication* (pp. 3-14). Routledge.

Valo, M., & Sivunen, A. (2019). Future directions in workplace communication. In L. Mikkola & M. Valo (Eds.), *Workplace communication* (pp. 193-206). Routledge.

Van den Berg, J., Appel-Meulenbroek, R., Kemperman, A., & Sotthewes, M. (2020). Knowledge workers' stated preferences for important characteristics of activity-based workspaces. *Building Research & Information, 48*(7), 703-718.

Wohlers, C., Hartner-Tiefenthaler, M., & Hertel, G. (2019). The relation between activity-based work environments and office workers' job attitudes and vitality. *Environment and Behavior, 51*(2), 167-198.

山口　裕幸 (1997). メンバーの多様性が集団創造性に及ぼす影響　九州大学教育学部紀要（教育心理学部門）, *42*(1), 9-19.

山口　裕幸・縄田　健悟・池田　浩・青島　未佳 (2019). 組織におけるチーム・ダイアログ活性化活動が成員のプロアクティビティ育成にもたらす効果　日本グループ・ダイナミックス学会第66回大会発表論文集, 50-51.

財団法人建築環境・省エネルギー機構（編）(2010). 誰でもできるオフィスの知的生産性測定SAP入門　テツアドー出版

コラム 10

Bateson, G. (1999). *Steps to an ecology of mind.* University of Chicago Press.（ベイトソン, G. 佐藤　良明（訳）(2000). 精神の生態学（改訂版第2版）　新思索社）

コラム 11

Eccles, D. W., & Tran, K. B. (2012). Getting them on the same page: Strategies for enhancing coordination and communication in sports teams. *Journal of Sport Psychology in Action, 3*(1), 30-40.

河津　慶太・杉山　佳生・中須　賀巧 (2012). スポーツチームにおける組織市民行動，チームメンタルモデルとパフォーマンスの関係の検討——大学生球技スポーツ競技者を対象として　スポーツパフォーマンス研究, *4*, 117-134.

久木留　毅 (2021). 個の力を武器にする最強のチームマネジメント論　生産性出版

Morgan, B. B., Salas, E., & Glickman, A. S. (1993). An analysis of team evolution and maturation. *Journal of General Psychology, 120*, 277-291.

Steiner, I. D. (1972). *Group process and productivity.* Academic Press.

山本　健太 (2021). スポーツにおけるハラスメントの原因と予防　佐藤　大和・山本　健太（編）　スポーツにおけるハラスメントの弁護士実務 (pp. 215-247)　第一法規

索　引

人名・団体名索引

編者紹介

大坊　郁夫（だいぼう　いくお）
1973 年　北海道大学大学院文学研究科博士課程退学
札幌医科大学，山形大学，北星学園大学，大阪大学大学院人間科学研究科，東京未来大学を経て，
2018 年から北星学園大学および北星学園大学短期大学部　学長
主要著作に
社会的スキル向上を目指す対人コミュニケーション（編著）ナカニシヤ出版 2005
幸福を目指す対人社会心理学：対人コミュニケーションと対人関係の科学（編著）ナカニシヤ出版 2012
対人社会心理学の研究レシピ：実験実習の基礎から研究作法まで（監修著）北大路書房 2016
人を結ぶコミュニケーション：対人関係におけるウェル・ビーイングの心理学（著）福村出版 2022
心理学概論：Well-Being な生き方を学ぶ心理学（編著）ナカニシヤ出版 2022
などがある。

執筆者一覧

序	大坊　郁夫	[編者 北星学園大学／同短期大学部学長]
第 1 章	藤原　健	[國立中正大學心理學系 助理教授]
第 2 章	上出　寛子	[名古屋大学未来社会創造機構 特任准教授]
第 3 章	高嶋　和毅	[東北大学電気通信研究所 准教授]
第 4 章	Robert Thomson	[北星学園大学文学部英文学科 准教授]
第 5 章	小川　一美	[愛知淑徳大学心理学部心理学科 教授]
第 6 章	毛　新華	[神戸学院大学心理学部心理学科 准教授]
第 7 章	鈴木　公啓	[東京未来大学こども心理学部こども心理学科 准教授]
第 8 章	宮島　直子	[北海道大学大学院保健科学研究院 准教授]
第 9 章	上野　将敬	[近畿大学総合社会学部総合社会学科 講師]
第 10 章	渡邊　伸行	[金沢工業大学情報フロンティア学部心理科学科 教授]
第 11 章	横山　ひとみ	[岡山理科大学経営学部経営学科 准教授]

コミュニケーション・デザインのこころ戦略
対人コミュニケーションの最適化

2023 年 8 月 10 日　　初版第 1 刷発行　　　　　　　定価はカヴァーに
　　　　　　　　　　　　　　　　　　　　　　　　　表示してあります

編　者　大坊　郁夫
発行者　中西　　良
発行所　株式会社ナカニシヤ出版
☎ 606-8161　京都市左京区一乗寺木ノ本町 15 番地
Telephone 075-723-0111
Facsimile 075-723-0095
Website http://www.nakanishiya.co.jp/
Email iihon-ippai@nakanishiya.co.jp
郵便振替　01030-0-13128

装幀＝白沢　正／印刷・製本＝創栄図書印刷株式会社

Copyright © 2023 by Ikuo DAIBO

Printed in Japan

ISBN978-4-7795-1756-3 C3011

　福祉社会学（welfare sociology）とは，人々が福祉〈welfare〉と考える事象を探究する社会学である。それは厚生経済学（welfare economics）が人々の厚生〈welfare〉を探究する学問であるのと同様である。なぜそのような，言わずもがなのことを強調するかというと，厚生経済学の歴史が古い（ピグーが大著『厚生経済学』を刊行したのが1920年）のに対して，福祉社会学の歴史は短いからである。日本で最初に『福祉社会学』（松原治郎・副田義也編，川島書店）という標題の書物が刊行されたのは1966年のことであるが，福祉社会学という名称は久しく，厚生経済学のように定着することはなかった。

　ところが2003年6月28日に福祉社会学会が創立されて状況が少し変わった。学会誌『福祉社会学研究』（12号までは東信堂，13号からは学文社）が創刊されたのはもちろんだが，2008年には副田義也『福祉社会学宣言』（岩波書店）が，2013年には学会創立10周年を記念した『福祉社会学ハンドブック』（中央法規出版）と『シリーズ福祉社会学』（全4巻，東京大学出版会）がそれぞれ刊行された。他にも福祉社会学を銘打った書物が複数冊現れた。これらの出版によって福祉社会学もいちおう学としての体裁を整え，社会学のなかでの市民権を獲得することができたと思う。

　他方，大学の社会学部や社会学科の講義科目のなかに福祉社会学やその関連科目が置かれるようになってきた。なかには福祉社会学科や福祉社会学部を設置する大学もあるようだ。家族，コミュニティ，現代の仕事，産業，階層，メディア，コミュニケーション，環境などと同様に，福祉が，現代の人間生活に重要な部分を占めており，したがって社会学としてもこれは無視することのできない分野であるとの認識が定着してきたことの証左であろう。

　本書は編者の間で議論を繰り返し，現在，福祉社会学として取りあげられている課題はなにか，またこれから取りあげるべき課題はなにかといった視点から，全体を10章構成とし，各章を10項目とした。本書が福祉社会学を学ぼうとする人にとって，わかりやすい入口となってくれることを願う。企画から刊行までを忍耐強く待っていただいた涌井格氏に編者一同感謝申し上げたい。

2020年3月16日

編者を代表して　武川正吾

もくじ

はじめに

よくわかる
福 祉 社 会 学

福祉とはなにか
福祉は困っている人のためにあるのか？

現代日本社会では「福祉」という言葉が非常によく使われる。毎日のニュースのなかで「福祉」という言葉を見ない日はほとんどないといってよいほどである。しかしこの言葉の意味するところは使う人によって少しずつ異なる場合がある。

1 福祉の「誕生」

　一般に，福祉というと，困っている人や社会的に弱い立場にある人々を援助・支援することを意味することが多い。例えば，障害者福祉，児童福祉，高齢者福祉などの場合だ。また医療との対比で福祉という言葉が用いられる場合もある。病気やケガの治療が医療サービスであるのに対して，退院後の生活を支えるのが福祉サービスといったように。

　しかしこうした福祉という言葉の使い方は日本社会に昔からあったものではない。第2次世界大戦後に日本国憲法が公布・施行され，憲法の条文のなかに「公共の福祉」や「社会の福祉」（条文では社会福祉）などの表現が現れて以来のことである。憲法25条は生存権の保障を規定し，これを実現するため「国は，すべての生活部面について，社会福祉，社会保障及び公衆衛生の向上及び増進に努めなければならない」としている。

　戦後改革のなかで，憲法に基づいて，児童福祉法，身体障害者福祉法と，福祉を銘打った法律が制定された。この2つに生活保護法を加えて，福祉三法と呼ぶ。その後さらに，母子及び父子並びに寡婦福祉法，老人福祉法，知的障害者福祉法などの法律も整備され，福祉三法にこれらの新しく福祉と冠した3つの法律を加え，福祉六法と呼ばれるようになった（法律はいずれも現行の名称）。

　こうした社会福祉の制度が整備されていくなかで，福祉六法という制度の周辺で生じる事態，言い換えると困っている人々を助ける手立てに関することがらを指して，福祉または社会福祉と呼ぶことが多くなったのである。

2 狭義の福祉と広義の福祉

　それでは福祉という言葉が戦前には存在しなかったかというと，そういうわけでもない。福祉という言葉は，もともとは幸福という意味で用いられていた。このことは，言葉の語源から考えるとわかりやすい。福祉の「福」は幸福の「福」である。「社」は福祉以外ではあまり用いられない漢字であるが，これも

▷1　ちなみに福祉に該当する英語は welfare であるが，これも英英辞典では「幸福」「よい状態」「健康」「繁栄」などと説明されている。

もともと，神様が足を置く場所であり，やはり幸せを意味していた。要するに「福祉」の語源的意味は幸福であった。[1]

　こうした語源的な意味の福祉は現在でも使われている。「社会の福祉」や「公共の福祉」[2]というときは，必ずしも困っている人を支援するという意味だけを意味するのではない。**福祉国家**[3]の場合も同様である。

　このことから福祉に欠ける人の福祉を実現する，あるいは，社会福祉事業という場合の福祉を「狭義の福祉」，これに対して福祉国家における福祉のように，一般の人々の幸福を意味する場合の福祉を「広義の福祉」と呼ぶことにする。

　現在の日本では狭義と広義の2つの意味での福祉が併存している。

❸　自立と依存

　日本では福祉が肯定的な意味で用いられることが多い。与党も野党も選挙のときには「福祉の充実」を訴える。しかし国によっては福祉が否定的に語られることもある。福祉は自助努力を損なうと考えられている国の場合である。[4]

　近代社会は個人を基礎とする社会であり，[5]憲法は個人の幸福追求の権利を保障している。自立した個人が自助努力によって自らの幸福追求をすることが近代社会の大前提である。したがって幸福＝福祉に関する問題は個人的な問題であって，国家が介入すべきものではない。

　とはいえ人間はつねに自立した状態でいることはできない。誰でもなんらかの形で，自立と反対の依存の状態に陥ることがあるからだ。

　生まれてすぐの乳児は完全に依存の状態であろう。子供の時代の多くも親に依存して生きている。近年ではこの依存の時期が長期化している。また**健康寿命**[6]が伸び，昔の高齢者に比べ現在の高齢者は元気だといわれるが，それでも，多くの場合，終末期には**ADL**[7]が低下して依存の状態になる。

　また健康な成人でも一時的に依存の状態に移行することは少なくない。病気やケガをしたり，あるいは妊娠したりすると，完全に自立とはいえなくなる。また本人は自立していても，家族にケアを必要とする人がいると，ケアを担っ[8]ている人は「二次的依存」[9]の状態に置かれる。

　さらに，環境がどのように整備されているかによって自立と依存の境界は曖昧になる。自然環境はもちろんのこと，現在の都市社会では人工環境が非常に大きな意味を持っている。例えば超高層ビルでエレベーターが止まってしまった場合のことを考えてみよう。停電になったとたん，それまでの健常者も，たちまち移動に障害を持つことになってしまう。

　自立した人間が自由に幸福追求するというのが近代社会の基本的なありかたである。しかし，それができない場合があるからこそ，「狭義の福祉」と「広義の福祉」の併存が必要となるのである。　　　　　　　　　　　（武川正吾）

▷2　「公共の福祉」とは「社会全体の利益」を指し，個人の人権を制約するものと考えられている。例えば，憲法13条は「生命，自由及び幸福追求に対する国民の権利については，公共の福祉に反しない限り，立法その他の国政の上で，最大の尊重を必要とする」となっている。

▷3　福祉国家
福祉国家は，狭義の社会福祉だけでなく，雇用，年金，医療，教育，住宅などの社会政策に取り組んでいる国家である。

▷4　シンガポールにはそうした傾向がある。

▷5　憲法の13条は「すべて国民は，個人として尊重される」と規定している。

▷6　健康寿命
WHO（世界保健機関）は健康寿命を「健康上の問題で日常生活が制限されることなく生活できる期間」と定義する。

▷7　ADL
日常生活活動作能力を示す指標。ADLが低下すると日常生活を送るうえで介助や介護が必要となる。

▷8　ケアについては第Ⅱ章で詳しく扱う。

▷9　ファインマン，M.A.，棚田信子・速水葉子訳，2009，『ケアの絆——自律神話を超えて』岩波書店。

（参考文献）
庄司洋子ほか編，1990，『福祉社会事典』弘文堂。
古川孝順，2008，『福祉ってなんだ』岩波書店。
福祉社会学会編，2013，『福祉社会学ハンドブック』中央法規。

福祉と社会
社会的なものと福祉はどのような関係にあるのか？

1　会社としての社会

　現在の日本では社会という言葉も，福祉という言葉もありふれた言葉として使われているが，もともとそうであったわけではない。社会という言葉は江戸時代以前の日本語にはなかった。類義語の「世間」という言葉は1000年以上の歴史を持っているようだが，「社会」は欧米語のsocietyが翻訳輸入して使われるようになって広まった言葉である。また福祉の方は明治時代にも使われていたが，Ⅰ-1で解説したように，この言葉が現在のような狭義の意味で使われるようになったのは日本国憲法が成立・定着して以降のことである。もともとは「さいわい」という意味であった。

　「社会」が翻訳造語として定着する以前の日本の英和辞典では，societyは「交わる」「寄合」「仲間」「会社」などの訳語が列挙されていた。

　英語のsocietyも現在の「社会」の意味で用いられるようになるのは，そう古いことではない。岡田与好によると，19世紀のイギリスでは企業の共同出資者が20人を超えるとsocietyやcompanyと呼ばれるようになったという。現在でも協会や学会の英文名称でsocietyが使われるが，明治初期の日本でも，societyが会社の意味で用いられることが多かったようである。「明六社」や「新聞社」などの語が生まれるのもこのころである。

2　世間と社会

　身近な人々の集まりとしてのsocietyではなくて，もう少し抽象的な意味でのsociety，言い換えると，見ず知らずの他人まで含んだ人々の集まりとしてのsocietyに該当する日本語は1000年以上の歴史を持つ「世間」であった。

　ただし「世間」は日本の伝統社会のなかで用いられていた言葉であって，「文明開化」を進める当時の日本にあって，これをsocietyの訳語として用いるわけにはいかなかった。したがって伝統的な共同体を連想する「世間」ではなく，独立した近代的な個人の集まりとしてのsocietyには，「社会」の訳語が与えられることになる。

　このため明治10年代（1870年代から1880年代）以降，societyの訳語としては「社会」が定着するとともに，「社会」が「世間」の対立物として扱われるようになった。世間が情に流される世界だとすると，社会は，実際に存在している

▶1　この辺の事情については，柳父章，1982，『翻訳語成立事情』岩波書店が詳しいので，参照してほしい。

▶2　柳父章，1982，『翻訳語成立事情』岩波書店。

▶3　岡田与好，1987，『経済的自由主義』東京大学出版会。

▶4　柳父章，1982，『翻訳語成立事情』岩波書店。

▶5　世間と社会との関係についても，柳父章，1982，『翻訳語成立事情』岩波書店を参照。

▶6　柳父章，1982，『翻訳語成立事情』岩波書店。

4

か否かは別として，独立した諸個人から成り立つ市民社会である。近代化のなかで，共同体から市民社会への転換をうながす合い言葉としての役割を「社会」という言葉が担ったことになる（図I-2-1）。

③ 国家社会と「社会の発見」

ところが，その社会が世間や共同体からは区別されるものの，今度は国家や政府との区別が曖昧になる傾向も生まれた。洋学者として著名な中村正直が，ジョン・スチュアート・ミルの『自由論』を『自由の理』として紹介したとき，society に「政府」という訳語を当てていたのは有名な話である。ミルは政治権力から個人の自由が確立されたとしてもなお残る「社会的自由」の問題を取り上げた。彼の言葉によると「社会が個人に対して正当に行使しうる権力の本質と諸限界」を同書のなかで問題としたのであった。ところが中村は「社会」と「政府」との区別を理解しそこねた。これは中村に限ったことではなく，後に民本主義者として活躍する吉野作造の場合も同じで，19世紀末の当時は「国家即ち社会」「国家社会」などと書いていたのである[8]。

しかし産業化や近代化が進み，1920年代にもなると，家族でもなく国家とも異なる人間の集合体としての「社会」が意識されるようになる。このため1920年代は「社会の発見の時代」とも呼ばれた。大正デモクラシーを牽引した吉野作造をはじめ多くのリベラルな思想家たちが国家からは区別されるものとしての「社会」を競って論じた。

④ 社会・厚生・福祉

それと同時に，生活困窮者への援助事業や，そのための行政施策が「社会事業」や「社会行政」と呼ばれるようになる。当時の**内務省**[9]では救護（救貧）を扱う部署が1919年にそれまでの救護課から社会課へと改称され，事業の拡大にともない1920年には社会局へと格上げされた。さらに1938年には，厚生省[10]という独立した省となった。社会省とならずに厚生省となった背景には，当時，「社会」が社会主義を連想することから，この言葉を危険視する風潮もあった。

市野川容孝によれば，欧州の social には自然の対立物，個人の対置，国家の対比に加えて「第四の意味」があるという[12]。社会的に生み出された問題を社会的に解決するといった意味合いであろう。それが日本の場合，戦時中は「社会」ではなく「厚生」という言葉で表現され，第2次世界大戦後，とりわけ日本国憲法公布・施行以後は「（狭義の）福祉」がそうした意味を担い続けて，現在に至っている。極論すれば社会的と福祉的とは同じ意味である。

（武川正吾）

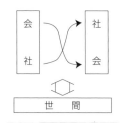

図I-2-1　会社・社会・世間

▷7　ただしこの場合の個人は，現在のように1人1人の人間というよりは，家長（家族の長）と見なされることも少なくなかった。このため「家長個人主義」といった言い方がされることもある。

▷8　飯田泰三，1997，『批判精神の航跡』筑摩書房。

▷9　**内務省**
第2次世界大戦以前の日本で，国内行政に関して警察や土木から民生に至る膨大な権限を持った官庁。

▷10　厚生は中国の古典『書経』にある「正徳利用厚生惟和」という言葉から採られた和製漢語であり，人々の生活を豊かにすることを意味している。

▷11　当初案は社会保健省ないし保健社会省であった。

▷12　市野川容孝，2006，『社会』岩波書店。ドイツやフランスでは福祉国家のことを社会国家（社会的な連邦国家，社会的な共和国）という。

参考文献

石田雄，1984，『日本の社会科学』東京大学出版会。
ミル，J. S.，塩尻公明・木村健康訳，1971，『自由論』岩波書店。

3 福祉社会学の性格
福祉社会学と社会福祉学に違いはあるのか？

① 福祉の社会学と社会福祉の学

　福祉社会学は Ⅰ-1 で述べた福祉（狭義のそれと広義のそれの双方を含む）を研究対象とする社会学である。と簡単に述べてしまうと，わかったような気になるが，しかしすぐに次のような疑問が浮かぶだろう。いったい福祉社会学と社会福祉学は同じなのか違うのか。現在の日本社会で社会福祉学の存在については誰もが知っているのに対して，福祉社会学の方は新参者であって，それほど多くの人に知られているわけではないからでもある。

　似たような事情は社会教育学と教育社会学との間にもある。前者が社会教育（現在は生涯学習と呼ばれることが多い）の学であるのに対して，後者は教育を研究対象とした社会学である。このことの意味合いは，社会教育学が，家庭教育や学校教育からは区別される「社会教育」（公民館，図書館，博物館や青少年団体，スポーツ団体，文化団体などの活動）といった教育のなかの特定の領域を学際的に研究する学であるのに対して，教育社会学の方は学校教育や社会教育など教育全般を扱う社会学である。学校教育法や社会教育法・生涯学習振興法などといった法律があることから，両者の相違はわりと明確だ。

　社会福祉についても，社会福祉法（旧社会福祉事業法）をはじめとする「福祉三法」「福祉六法」「福祉関係八法」など社会福祉関係の法律があるから，その研究対象の範囲はわりと明確である。しかし同法のなかに「社会福祉」の定義は記されていないので，具体的に社会福祉として実施されている事業の姿から「社会福祉」の内容を推し量ることになる。そうした「社会福祉」にまつわる社会現象を扱うのが社会福祉学ということになる。扱う方法のなかに社会学はもちろん含まれるが，社会福祉実践（処遇）の場面では，社会学にかぎらず心理学，教育学などが関係してくるし，社会福祉行財政（政策）の場面では法学，経済学，政治学などによるアプローチも関係してくる。

② 社会学のなかの福祉社会学

　社会学は研究対象が茫漠としていて広いといわれることがある。そのため日本の場合，一般の人から「社会学ってなに？」と聞かれることが多い。政治学や経済学に対しては，そうした疑問が抱かれることはまずない。たしかにこれまでの社会学者は，自我や家族から社会運動や革命に至るまでを社会学の研究

▷1　現在の日本では社会福祉は日常的に身近な存在であるから，社会福祉学はそれに関する学問だろうと想像するのは容易である。

▷2　福祉社会学会の創立は2003年6月である。これに対し，社会福祉学会の創立は1954年5月である。約半世紀遅れての出発である。

▷3　Ⅰ-1参照。

▷4　社会福祉事業の列挙（外延的定義）はされているが，内包的定義はされてない。

▷5　林周二，2004，『研究者という職業』東京図書，p. 88。

対象としてきた。しかし研究対象が広いのはなにも社会学にかぎったことではなく，それは社会科学の宿命である。経済的行為の存在するところには経済学があるし（例えば「恋愛の経済学」や「結婚の経済学」），権力現象の存在するところには政治学がある（例えば「家族の政治学」）。法律学は人間社会のあらゆる場面に関係してくる。林周二は，この点に関する自然科学と社会科学の相違を次のようにうまく説明している。

「自然諸科学では，例えば物理学の場合ならば『物理現象』，生物学の場合ならば『生物現象』のように，個別ごと自然科学の研究対象物は，それぞれ互いに相異なっていて，交わったり重なったりすることが，そこでは決してないのに対して，社会諸科学の場合には，それらの終局的な研究対象物が，すべて『人間現象』という単一の同一現象に帰着収束している。[5]」

社会学の場合は相互行為やその相互行為の集積といった観点から人間社会に切り込んでいくといった点に特徴がある。

「連字符社会学」という言葉がある。**カール・マンハイム**[6]の造語で，研究領域と社会学を連字符（ハイフン）で結びつけることを意味する。連字符社会学は領域別の社会学の名称としてよく使われる。家族社会学，農村社会学，都市社会学，産業社会学，政治社会学，法社会学，医療社会学などといった言い方がそれである。連字符経済学や連字符政治学といった言葉は聞かないが，社会学ではこの言葉がよく使われる。この用法に従うと，家族社会学や産業社会学のような伝統的な連字符社会学に比べると福祉社会学の歴史は浅いとはいえ，福祉社会学も連字符社会学の１つであるということになる。

❸ 福祉社会の学

他方，福祉社会学に「福祉社会の学」といった意味を込めて用いる人々もいる。福祉社会は，社会保険，社会保障，福祉国家などに比べると，やや曖昧な言葉である。[7]しかし従来の使い方を整理すると２つの意味に大別することができる。１つは「社会による福祉」という意味であり，他の１つは「福祉的な社会」という意味である。

前者は，個人の福祉が家族や政府だけでなく，地域社会（コミュニティ）や多様な民間団体によって担われることを意味する。福祉多元主義ともいわれ，[8]福祉国家と対比的に用いられることも多い。後者は「福祉に対して意識的な社会」あるいは「福祉コンシャスな社会」といった意味である。近年の日本では「やさしいまちづくり」と称して，地方自治体が高齢者，子供，障害のある人，妊産婦などをはじめ，あらゆる少数派（マイノリティ）の人々が安心して暮らせる物的・社会的な環境整備につとめる動きがある。ここで目指されているのは後者の意味での福祉社会であろう。こうした福祉社会の望ましい姿を論じることも福祉社会学の一分野としてありうる。　　　　　（武川正吾）

▷6　**カール・マンハイム**
ハンガリー出身の社会学者で，知識社会学の創始者として知られる。

▷7　社会保険や社会保障については国際機関や国内法による定義があり，それぞれの境界が比較的明確に定められている。もちろん研究者がそれらとは異なる定義を採用することもあるが，それらから著しくかけ離れるということはない。福祉国家についての学術的な定義は多様であるが，それでもある程度の合意は存在する。

▷8　I-7を参照。

（参考文献）
藤村正之編，2013，『協働性の福祉社会学』東京大学出版会。
庄司洋子，2013，『親密性の福祉社会学』東京大学出版会。
副田義也，2008，『福祉社会学宣言』岩波書店。
副田義也，2013，『福祉社会学の挑戦』岩波書店。
副田義也編，2013，『闘争性の福祉社会学』東京大学出版会。
武川正吾，2007，『連帯と承認』東京大学出版会。
武川正吾，2011，『福祉社会新版』有斐閣。
武川正吾，2012，『福祉社会学の想像力』弘文堂。
武川正吾編，2013，『公共性の福祉社会学』東京大学出版会。
三重野卓・平岡公一編，2006，『福祉対策の理論と実際』東信堂。

必要／ニーズ
欲しいものと必要なものは同じか？

▷1 例えば，上野千鶴子・中西正司編，2008，『ニーズ中心の福祉社会へ』医学書院。

社会福祉の世界では「ニーズ」「ニード」という言葉がよく使われる。[1]「ニーズ」はマーケティングの用語でもあり，潜在的な需要を意味している。まだ市場に出回っていないが，商品化されれば売れる可能性のあるものである。これとの混同を避けるため，ここでは「必要」(needs) という用語を使う。

1 必要と需要の違い

必要はしばしば需要（demand）の対語として用いられる。日本語では必要が日常語として用いられるが，需要は経済学の用語として使われる。しかし英語では両方とも日常語として使われる。英語では，I don't strongly demand it.（私はそれを強くは求めません）[2]というが，日本語で「私はそれを強くは需要しません」とはいわない。

▷2 https://ejje.weblio.jp/sentence/content/demand 2018/08/17.

需要は人々がなにかを求めているということを意味する。求められているものがなんであるか，求められる理由がなんであるかは問わない。例えば「ワンルーム・マンションの需要がある」というのは，ワンルーム・マンションを求めている人々がいることである。自ら住むためかもしれないし，他人に貸して家賃収入を得るためかもしれない。この需要に貨幣的な裏付けができると，その需要は「有効需要」となる。

これに対して「必要がある」というのと「需要がある」というのとでは意味が異なる。なにかが求められている点は共通だが，求められる理由が違う。なんらかの望ましい状態が想定されていて，なにかが欠けているためにその状態を実現できないでいるとき，その欠けているなにかが「必要」となる。[3]

▷3 望ましい状態は価値判断を前提とするため，必要か否かについての判断に関しては意見が分かれることがある。だからといって，そもそも必要の認定が不可能である（価値判断は科学的決着をつけることができないから）ということもない。社会的な合意がどのあたりにあるのかを探ることのほうが重要である。

壊れた時計に修理が必要なのは，時計は時を刻むことが正常な状態であるからだ。また患者に治療が必要なのは，人間は健康でいることが望ましいと考えられているからだ。ケア（保育や介護）が必要なのは，人間は自立した生活を送ることが望ましいと考えられているからだ。

2 「要る」と「欲しい」

必要と需要の違いは，それぞれの大和言葉に対応する「要る」と「欲しい」の違いで考えてみるとわかりやすい。

例えば，ある人が「自動車が欲しい」と思うとき，それはなんらかの欲望や欲求に基づいている。どのような種類の欲望や欲求であるかは問題とならない。

これに対して「自動車が要る」という場合はどうだろう。自動車は高価であるから十分な資力（収入や財産）のない人は，いくら欲しいと思っても買うことができない（有効需要にはならない）。ところが有効需要にならないけれども「自動車が要る」ことはある。公共交通が未発達な地域では「自動車が要る」，子供や老親を施設へ送り迎えするため「自動車が要る」等々。

必要（ニーズ）に応えなければならないというとき，生活に必要なもののすべてが公共政策によって提供されなければならない，ということを意味するわけではない。生活に必要なものは，多くの場合，消費者の需要となって現れる。生命を維持するために必要な食品は，食品の需要として現れる。市場を基礎にした社会では，自分の使えるお金で自分に必要なものを買う。

しかし必要なものが市場から入手できない場合もある。そもそも市場が存在していないかもしれないし，市場が成立していても必要なものを購入するのに十分な資力がないからかもしれない。また平均的な人々の購買力にとって，それが高すぎるからかもしれない。理由はともあれ，そうした不充足の状態にある必要は，市場以外の手段（家族やコミュニティや政府など）によって充足されるしかない。

3 公正の原理としての必要

必要には，以上に加えてもう1つの意味がある。それは分配の公正（正義）の原理としての意味である。

多くの人々が協力して仕事をした成果を分配するときの基準はいくつかある。参加した人全員にまったく同じ分量を均等に分けるというのは1つの考え方である。しかし，それだと生産にどれだけ貢献したのかが反映されないので不公平だという不満が出てくるかもしれない。そこで働きに応じて分配すべきだという考え方が出てくる。これを「貢献原則」という。

これに対して貢献の度合は同じであっても，参加者はそれぞれ異なる事情を抱えていて，必要な分け前の量が違うかもしれない。必要な量は扶養家族がいるかいないかによって異なるし，障害があるかないかによっても異なる。また必要とする量は同じであっても，貢献の度合が異なる場合もある。このため貢献の度合とは別に，必要の度合によって分配すべきだという考え方が登場する。こうした考えを「必要原則」という。

貢献原則にも必要原則にもそれぞれ説得力があるので，私たちの社会では両方が併用される。ただし場面によってその割合は異なってくる。賃金の決定の場合には貢献原則が優先されるが，必要原則が無視されるわけでもない（例えば扶養手当や住宅手当）。社会政策の場合には必要原則が優先されるが，貢献原則が採り入れられることもある（例えば年金の所得比例部分）。contribution（貢献）は拠出，保険料という意味でも用いられる。　　　　　　（武川正吾）

▶4　このように数量がまったく同一の平等を「数量的平等」という。これに対して以下に述べる貢献原則や必要原則による扱いは「比例的平等」と呼ばれる。いずれの場合も，人格の平等を前提にしているという点では共通である。

参考文献
武川正吾，2011，『福祉社会』［新版］有斐閣。
上野千鶴子・中西正司編，2008，『ニーズ中心の福祉社会へ』医学書院。

5 資源とその供給
福祉はお金であげるのがいいのか, ものであげるのがいいのか？

▷1　『ベヴァリッジ報告』
第2次世界大戦のとき, ド
イツと戦っていたイギリス
が戦後の社会保障制度の体
系化をはかるための検討を
行い, 1942年に発表した報
告書。正式の題名は『社会
保険および関連サービス』
であるが, 一般には, この
問題を検討した委員会の委
員長の名にちなんで『ベ
ヴァリッジ報告』と呼ばれ
る。日本を含め多くの国に
影響を及ぼした。ベヴァ
リッジ, W., 一圓光彌監
訳, 2014, 『ベヴァリッジ
報告』法律文化社。

▷2　ギリシャ神話などに
登場し, 人間を困らせる想
像上の巨漢。

▷3　イギリスでは社会保
障を, 所得保障の意味に限
定して用いるため, 医療は
社会保障に含まれない。日
本では生活保護, 公的年金,
児童手当だけでなく, 医療
も社会保障の一環と考えら
れている。また『ベヴァ
リッジ報告』では, 社会保
障が, より広範な社会政策
の一部として扱われている。

▷4　民間部門による自発
的な資源の提供も含めて社
会政策とする考え方もある
が, 一般には, 公共部門が
関与する資源の供給を社会
政策と呼ぶことが多い。

1 資源とはなにか

　なにかが欠けているためになんらかの望ましい状態が実現できないでいると
き, その欠けているものが必要となるということを Ⅰ-4 で述べた。その欠
けているもの, すなわち必要（needs）を充足することのできる事物を「資源」
（resources）と総称する。すなわち資源とは必要とされるもののことである。

　必要を充たすことのできるものであれば, 資源は有形であるか無形であるか
を問わない。抽象的にいえば, 手で触ることのできる有体物でもありうるし,
人間の諸活動やその成果を含む無体物でもありうる。

　資源は必要との対応で考えられるため, 必要の分類に応じて資源を分類する
ことができる。社会保障制度の体系化を提案した『ベヴァリッジ報告』[1]は, 人
間の生存を脅かす5つの状態, すなわち①窮乏, ②疾病, ③無知, ④陋隘（不
潔）, ⑤無為を「5人の巨人」[2]に喩えた。それぞれの「巨人」に対しては, ①
社会保障[3], ②ヘルスケア, ③教育, ④住宅・環境, ⑤雇用などの社会政策[4]が必
要となる。今日であれば, 障害（impairment, disability）やフレイル（frailty）[5]も
また「巨人」と見なされるべきであり, これに対しては「福祉サービス」[6]が必
要となる。

2 現金給付と現物給付

　社会政策によって供給される資源は, 通常, 現金給付（benefit in cash）と現
物給付（benefit in kind）の2つに区分される。

　前者は一定の資格要件を定めて, 有資格者に対して現金を直接給付すること
である。年金, 家族手当（児童手当）, 家賃補助, 生活保護費などが現金給付で
ある。人々が生活をしていくうえで直接必要なものは衣食住と呼ばれる生活必
需品であって, 現金そのものではない。しかし市場経済の下では現金を用いて
生活に必要なものを入手することができるから, 現金給付が必要充足の重要な
手段となる。

　これに対して現物給付は現金給付以外の給付である。現物という言葉の響き
から, 住居, 医薬品, 福祉用具など物品の提供のみを連想しがちであるが, こ
うした物品以外の諸サービスも現物給付に含まれる。例えば, 職業訓練, 職業
紹介, 医療, 看護, 福祉サービス等々も現物給付である。むしろ現物給付の大

半は, 物品というよりは, サービスの提供である。このためサービス給付という言い方もされる。

③ バウチャー

現金給付の利点は, 受給者に選択の自由が保証されることである。しかし選択の自由があるということは, 受給者は受け取った現金をなんにでも使えるということでもある。遊興費にも使える。遊びが生活のなかで必要なことは誰もが認めるとして, 必要な遊びの範囲を定義することは難しい。保護費を競輪や競馬などのギャンブルに用いることについて, 納税者の多くは納得しないだろう。しかし子供をディズニーランドに連れて行くことについての判断は微妙である。

そこで現金給付と現物給付の中間的な形態としてバウチャー（voucher）といったアイデアが生まれることになる。バウチャーは使途が特定された給付（利用券, クーポン券）である。特定の品目の入手に用いることはできるが, それ以外のものを入手するために用いることはできない。このため納税者の反発を招くことなく, 受給者の選択の自由も一定の範囲で守られる。

バウチャーは現金給付の短所を補うだけでなく, 現物給付にも生かすことのできるアイデアである。例えば, 公立の小中学校には学区制があって, 原則として, 住所によって通うべき学校が決まる。教育バウチャーを導入すると, 生徒は学区外の学校にも通うことができるようになり, 小中学校間で競争が始まる。これによって教育の質が向上するという理屈である。[7]

日本の場合は住所と無関係に病院で診療を受けることができるが（フリーアクセス制）, そうでない国では, 教育だけでなく保育や福祉サービスの分野でもバウチャーの導入が社会政策の争点となる。

④ 社会資源

社会学用語としての「社会資源」（社会的資源）は非常に広い意味で用いられていて,「社会的行為の手段（用具）または報酬」[8]などと定義される。そこでは一般的な意味での財, 権力, 威信などのすべてが社会的資源となる。

これに対して福祉（狭義）の世界で使われる「社会資源」は別の角度から定義される。すなわちなんらかの困難が生じたとき身近で利用することのできる諸資源が社会資源である。法令によって定められた制度を問題解決のために利用することができるなら, それは社会資源である。また民間団体が（法人であるか任意団体であるかは別として）[9]自発的に行っている活動も（公的助成を受けているか否かは別として）社会資源となりうる。さらに地域を越えたインフォーマルなネットワークや, 隣近所の顔見知り同士の助け合いも社会資源となりうる。これら社会資源の連絡調整が社会福祉（狭義）の重要な課題となる。　　（武川正吾）

▷5　加齢にともなう心身の虚弱化。

▷6　福祉サービスには, 対人社会サービス,（ヘルスケアに対しての）社会的ケアなどの呼称もある。

▷7　ただし, 定員を超えて生徒を入学させることはできないため, 行きたい学校に行けない子どもが出るといった問題もある。

▷8　見田宗介・栗原彬・田中義久編, 1988,『社会学事典』弘文堂。また別の事典（森岡清美・塩原勉・本間康平編, 1993,『新社会学事典』有斐閣）では「個人または社会システムにとって有用な行為の客体」と定義されている。

▷9　法律上の権利・義務の主体となりうる団体が法人であるのに対して, それ以外は任意団体という。

6 再分配
働いて得たお金と実際に使えるお金は同じか？

1 再分配とは

　一定の期間に，働いたり，事業を営んだり，資産（不動産や預貯金など）を持つことによったり，相続などによって獲得した経済的に価値のあるものを「収入」という。そして収入を得るために用いた経費を差し引いた残りの額を「所得」という。貨幣経済のなかで暮らす私たちは，生活に必要なものの多くを，所得を用いて市場から調達する。

　税や社会保険料などが徴収される前の所得を「当初所得」という。市場経済の下での当初所得の分布は，能力や努力や運や出身階層などさまざまな要因の相乗効果によって不平等な形態をとるのが普通である。不労所得によって優雅な生活を営むことができる人々がいる一方，貧困や低所得のために生活に必要なものを入手することができず困窮に陥る人々が出てくる。このため政府は所得の「再分配」（redistribution）を行う。再分配後の所得を「可処分所得」という。

2 財政支出と租税支出

　政府による所得再分配は税制と社会保障を通して行われる。

　税にはいくつかの種類があり，発生した所得に対して課されるのが所得税である。所得税には（個人）所得税，法人（所得）税，住民税などがある。これに対して，所有する資産（預貯金，土地，建物など）に対して課されるのが財産税である。財産税には固定資産税，相続税，贈与税などがある。また消費に対して課されるのが消費税（付加価値税）である。

　国や自治体が集めた税の一定部分は所得の再分配に用いられる。予算からの歳出は財政支出（例えば，社会保障関係費，文教費など）として再分配に用いられる。これに対して，徴税の段階における「支出」が租税支出（tax expenditure）である。租税支出は日本では馴染みのない概念であるが，再分配を考える場合には重要である。

　租税支出は税を徴収するさいに行われるさまざまな控除のことを意味する。例えば扶養する配偶者がいる場合の配偶者控除は，課税される所得から一定額を控除する仕組みである。これによって夫または妻の課税総所得が減額されるから，政府の税収は減り，世帯の可処分所得は増える。世帯にとっては「給

付」を受けたのと同様の効果を持ち，政府にとっては「支出」を行ったのと同様の結果となることから租税支出と呼ばれる[1]。

　所得控除に対して，一定の条件の下に納付すべき税額を減免することを税額控除という。税額控除も所得控除と同様の役割を果たすことから租税支出の一種である。日本の税制における税額控除には，住宅ローンを対象にした住宅借入金等特別控除，住宅耐震改修特別控除，認定NPO法人等寄付金特別控除などがある[2]。

　租税支出が重要なのは，財政支出と類似の機能を果たすからである。また後述の社会保障とも類似の機能を果たすからでもある。例えば，障害者控除は障害年金と類似の役割を担う。公共政策の一貫性を保つためには，これらの調整が重要な課題となるが，租税支出は財政支出や社会保障に比べて見えにくい存在であるため，注意が必要である。

③　社会保障

　社会保障はなんらかの必要に対して，一定の条件の下に給付を行う制度である。社会保険，社会手当，公的扶助（生活保護）などから成る。社会保険は保険料の納付に応じて，一定の保険事故（例えば，病気やケガ，所得の喪失，失業，障害，要介護）が生じたときに給付を行う制度である（社会保険料が財源であるが，税の投入もある）。公的扶助は税を財源として，**資力調査**を前提に，最低生活を保障するための制度である[3]。社会手当は税を主たる財源としながら，特定の範疇（子供，障害児・者，要介護者など）に対して，現金給付を行う[4]。日本の場合は，児童手当，児童扶養手当などの制度が所得制限の下に実施されている[5]。

④　再分配の規模と効果

　税と社会保障を通した再分配の規模は，社会保障費用（社会保障給付費や社会支出[6]）の総額が国民所得や国内総生産に対して占める割合によって測ることができる。他の条件が同じなら，社会支出の規模を拡大するためには税や社会保険料の引き上げが必要になる（高福祉高負担）。税や社会保険料を低くするためには社会支出の規模を抑制する必要がある（低負担低福祉）。2015年現在の日本の社会支出は対国内総生産比の23%でイギリス（22%）と同程度で，ドイツ（27%），スウェーデン（27%）やフランス（32%）より低い[7]。

　これに対して，再分配の効果は，当初所得の分布と再分配後の所得の分布との間で，不平等（格差）が縮まったか広がったかによって測ることができる。一般には所得再分配によって格差が縮小すると考えられている。不平等の度合を示す**ジニ係数**[8]は2017年現在，再分配によって0.55から0.37に減少している[9]。しかしOECDから日本は再分配の効果の低い国と指摘されており，とくに子どもの貧困に対しては再分配による効果がほとんどみられない。　（武川正吾）

▷1　日本の税制では，配偶者控除のほか，寡婦・寡夫控除，障害者控除，勤労学生控除，医療費控除，生命保険料控除，雑損控除（災害や盗難）などがある。

▷2　このほか政党等寄付金特別控除，公益社団法人等寄付金特別控除，認定新築住宅等特別税額控除などがある。

▷3　**資力調査**
財産や所得がどれくらいあるかについての調査。ミーンズテストともいう。

▷4　母子家庭や父子家庭に対して給付される。

▷5　ILO（国際労働機関）の定義による社会保障の給付費。

▷6　OECD（経済協力開発機構）の定義による社会保障や社会政策に関する公共支出。

▷7　国立社会保障・人口問題研究所『平成29年度社会保障費用統計』による。

▷8　**ジニ係数**
不平等の指標で0から1の間の値を示し，完全に平等だと0，1に近づくほど不平等が大きいと判定される。

▷9　厚生労働省『平成29年度所得再分配調査報告書』による。

（参考文献）

阿部彩，2008，『子どもの貧困——日本の不平等を考える』岩波書店。

福祉の社会的分業
福祉は行政や家族だけが提供するものなのか？

 社会政策と福祉

　伝統的な農業社会では政府が個人の福祉の向上に直接関与することはなかった。産業革命後の資本主義社会でも，初期の段階では，政府は余計なことをせずに市場に任せておけば，すべてがうまくいくという自由放任（レッセフェール）の考えが強かった。こうした政府のありかたは**夜警国家**とも呼ばれた。

　しかし市場に任せておいただけではうまくいかないことがあるということ（「市場の失敗」）が認識されるようになり，次第に政府の仕事は増えてきた。とくに世界経済が**大恐慌**を経験したあと，その傾向が強まった。そうした政府の仕事のうち，本書では，経済の安定や発展を直接の目的とする公共政策のことを経済政策と呼び，市民生活の安定や向上を直接の目的とした公共政策のことを社会政策と呼ぶ。

　現代社会では，このような意味での社会政策が広狭両義の福祉の実現にとって重要な役割を果たしている。

2　ティトマスによる問題提起

　こうした状況のなかで，イギリスの社会政策学者であるティトマスが，1955年に「福祉の社会的分業」（social division of welfare）という考え方を提案した。彼は，社会政策が福祉にとって重要な役割を果たしていることは間違いないが，このほかにも類似の機能を果たしている社会制度が存在すると主張した。

　ティトマスは政府による社会政策を「**国家福祉**」としたうえで，国家福祉と類似の機能を果たすものに「財政福祉」（fiscal welfare）と「職域福祉」（occupational welfare）があると述べた。

　ここで財政福祉とは，ⅠｰⅠ-6 の再分配の説明のところで述べた租税支出に相当する。例えば，税制で子どもの扶養のための所得控除や税額控除が認められている場合，これらの控除は社会保障制度としての家族手当（児童手当）と類似の機能を果たすことになる。どちらも子どもの養育に要する追加的費用を補塡する意味合いを持っているからである。手段は異なるが，目的は同じだというわけである。ところが両者の関連を意識せずに制度設計を行うと，制度間に不整合が生じることがある。こうしたことを避けるために，現代日本の文脈でいうと，税制と社会保障は一体的に考える必要があるということになる。

▷1　夜警国家
ドイツの社会主義者ラッサールが，自由放任主義の国家を，国防や国内の治安維持の役割しか果たしていないとして，夜警国家として批判した。後の福祉国家と対置される。

▷2　公共財の提供，公害などの外部不経済，所得分配の公正などの問題を解決できないことが「市場の失敗」の例としてあげられる。

▷3　大恐慌
1929年のニューヨークの株式市場の大暴落をきっかけにして始まった世界規模での経済的混乱。これ以降，政府による経済への介入が大規模化する。

▷4　ティトマス自身は「社会福祉」という言葉を用いているが，混乱を引き起こすといけないので，ここではティトマスの「社会福祉」を国家福祉と言い換えておく。

ティトマスの職域福祉は，本来の賃金に加えて，現金や現物の形態で被用者に支給される便益（「付加給付」）のことである。日本では企業福利と呼ばれることが多い。企業が提供する各種の扶養手当や社宅などがこれにあたる。これらは社会保障や住宅政策と類似の機能を持っていることから，これらとの整合性が課題となる。ティトマスは職域福祉が発達しすぎると「社会政策の諸目的やその統一性と矛盾をきたすようになる」と警告を発している。

▷5 フリンジベネフィット（fringe benefits）や従業員給付（employee's benefits）ともいう。

③ 混合福祉と福祉多元主義

ティトマスの分業論のなかで家族の役割は暗黙の前提とはなっているが，国家福祉，財政福祉，職域福祉と並ぶ扱いは受けていない。また民間市場から入手される資源（例えば，有料老人ホームをはじめとするシルバービジネスなど）についても格別注意が払われているわけでもなかった。ティトマスが福祉の社会的分業に関する学説を発表した当時は，福祉に関連する市場が未発達であったためである。

家族や市場を含む分業論としてはローズと白鳥による「混合福祉」「福祉ミックス」（welfare mix）といった考え方がある。彼らによれば，「社会における福祉の全体量」（TWS）は，次の式によって表される。

$$TWS = H + M + S$$

ここでHは「家族による福祉」を，Mは「民間市場で販売される福祉」を，Sは「国家により提供される福祉」を意味している。すなわち福祉ミックス論における福祉の社会的分業は，家族と市場と国家から成り立つことになる。

福祉ミックス論では，NPO・NGOなどの民間非営利団体の福祉に対する貢献が視野に入っていない。これに対して，家族，市場，国家に加えて，民間非営利団体の役割を強調したのが福祉多元主義（welfare pluralism）の議論である。

福祉多元主義は1978年にイギリスで刊行された『ウルフェンデン報告』に由来する。同報告は社会サービスの発展に対する民間非営利組織の将来に期待を寄せながら，4セクター論を展開した。同報告によれば，社会サービスは，民間非営利団体による「ボランタリー・システム」，家族，友人，近隣などによる「インフォーマル・システム」，市場で活躍する「営利システム」（commercial system），国や自治体による「法定システム」（statutory system）といった4つのセクターによって供給されており，社会サービスは各セクターが独自の役割を果たしながら多元的に供給されるという立場を採った。

4つのセクターについて『ウルフェンデン報告』では上記の名称を使っているが，基本的分類は同じであるものの，論者によって4つのセクターの呼び方が異なる場合がある。例えば上野千鶴子は『ケアの社会学』のなかで，福祉多元主義の4セクターを官セクター（国家），民セクター（市場），協セクター（市民社会），私セクター（家族）と言い換えている。　　　　（武川正吾）

▷6 上野千鶴子，2011，『ケアの社会学』太田出版。

（参考文献）
ジョンソン，N., 青木郁夫・山本隆訳，1993，『福祉国家のゆくえ』法律文化社。
ティトマス，R., 谷昌恒訳，1983，『福祉国家の理想と現実』東京大学出版会。
ローズ，R.・白鳥令，1990，『世界の福祉国家』新評論。

官僚制と専門性
社会サービス利用者の味方は誰か？

1　社会サービス供給の関係者

人々が必要とする社会サービスが供給される過程では，少なくとも3種類の人々が関係してくる。第1は利用者本人（あるいはそれに加えてその家族）である。第2は社会サービスを提供する専門家（専門職）である。そして第3は両者を結びつける役割を果たす行政機関や民間事業者などの官僚である（図I-8-1参照）。

社会サービスの利用者（あるいは当事者）が日常生活の世界で暮らしているのに対して，専門家や官僚は（有給か無給かは別として）仕事として社会サービスの供給に携わっている。ある意味で専門家や官僚は利用者とは別の世界に生きている。このため利用者と供給者の利害は一致しないことがある。通常は利用者の方が供給者よりも弱い立場に立たされていることもあり，両者の間には権力関係が生じがちである。当事者が供給者と対等な立場を維持するためには，利用者参加やエンパワーメントのための仕組みが必要となる。

他方，供給者の側も一心同体というわけではなく，専門家と官僚は意識や行動の面で対立することがある。官僚は所属組織の規則に従って行動し，組織に対して忠誠を尽くす。これに対して専門家は，多くの場合官僚制組織に所属はするものの，そこから独立した専門家集団の行動規範に従って行動することが求められる。例えば，病院の官僚（経営者）は病院の存続と発展を第一に考えるが，医師は医療職の倫理に従って患者を第一に考える（ことが期待されている）。

2　社会サービスにおける官僚制

官僚制は英語では bureaucracy という。bureau はもともと事務机を意味し，やがて机に座って仕事をする人のことを指すようになった。また cracy はギリシャ語に由来し「支配」を意味する。したがって官僚制とは事務官による支配のことである。

近代官僚制の研究で重要な功績をあげたのはドイツの社会学者ウェーバーである。彼は官僚制の理念型（無限に多様な現実のなかから典型的な性質を抽出して列挙したモデル）として，以下の特徴を列挙した。

・組織内の各部署の権限が規則によって明確に定められている。

・各部署は上下関係にある（ヒエラルヒー，階統制）。

・職務は文書に基づいて遂行される。

・職務は公私が明確に分離された事務机で遂行される。

　上記の特徴は複雑化した社会のなかで巨大化した組織を効率的に運営するために発達した。これらの特徴を欠くと組織は組織としての一体性を保つことができない。しかし規則が杓子定規的に解釈され一人歩きを始めると，組織は非効率で不合理な行動に陥ることがある。これは官僚制の逆機能と呼ばれる。

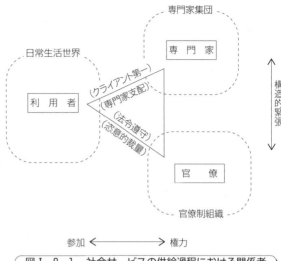

図Ⅰ-8-1　社会サービスの供給過程における関係者

出所：筆者作成。

　官僚というと一般には官公庁の官僚のことを思い浮かべがちだが，私たちが日常生活で出会うことが多いのは，役所・役場や福祉事務所など現場の官僚である。これらの官僚はストリートレベルの官僚（ストリート官僚）とも呼ばれる。ストリート官僚の恣意的な裁量によって利用者の権利が奪われることも少なくない（例えば有資格者が生活保護を受給できない，など）。これも官僚制の逆機能である。

　とくに利用者にとって必要な資源はほとんどの場合，稀少性を帯びているから配給（ラショニング）によって需給調整が行われる。窓口であるストリート官僚の配給に及ぼす役割は大きい。

③ 社会サービスにおける専門家の役割

　社会サービスの供給は医療職・福祉職をはじめとして多くの専門家によって担われている。専門家の理念型については，ウェーバーによるもののように確固としたものは存在しないが，多くの研究者が指摘する以下のような共通の特徴がある。

・体系的な知識と技能を習得し，これに基づいて職務が遂行される。

・専門的な知識や技能の習得には長期の教育・訓練機関が要求される。

・資格取得が求められる。[6]

・利他主義的な倫理綱領が存在する。[7]

　専門家は顧客第一（クライアント・ファースト）で振る舞うことが期待される。しかし素人である利用者と専門家との間には情報や経験などの点において大きな差があるため，両者はなかなか対等な立場に立つことができない。このため，フリードソンが専門家支配と呼んだ現象が生じがちである。こうした事態を防ぐため今日では説明と同意（インフォームド・コンセント）が重視されるようになっている。最近は患者を「患者様」と呼ぶ医師もいる。　　　（武川正吾）

▷6　有資格者でなければ業務を遂行できない場合（業務独占）と，無資格でも業務は遂行できるが有資格でないと専門家を名乗れない場合（名称独占）とがある。

▷7　このほかにも「専門職には高い威信が与えられている」「自律的な職能団体を結成する」などの特徴もある。

参考文献

石村善助，1977，『現代のプロフェッション』至誠堂。

リプスキー，M.，田尾雅夫・北大路信郷訳，1986『行政サービスのディレンマ──ストリートレベルの官僚制』木鐸社。

マートン，R. K.，森東吾訳，1961，『社会理論と社会構造』みすず書房。

中村秀一郎，1981，『プロフェッションの社会学』木鐸社。

中西正司・上野千鶴子，2003，『当事者主権』岩波書店。

9 市民権
誰が社会のメンバーか？

国籍と市民権

　日本語による日常会話で，市民権（citizenship）という言葉はそれほど多く使われることはない。使われる場合でも，市民社会と同様そこになにか理念的で規範的な意味合いが込められることが多い。しかし欧米諸国で市民権は法律上の用語でもあり，国籍とほぼ同じような意味である。イギリスの市民権を持っているということは，イギリス国籍を有しており，イギリス人としての権利と義務を持っていることを意味する。

　ただし市民権の方は，国家との関係で個人の権利，義務，責任などを強調する概念であるので，両者がまったく同じというわけでもない。また定住外国人（デニズンともいい，国籍は持たないが，正規の居住資格は持っている者）の場合も，法律によって実質的な市民権が与えられている場合もあるから，国籍と市民権がまったく同じとはいえない。とはいえ市民権は，もともと抽象的な観念ではなくて，実定法上の概念であったことには注意しておきたい。

　日本では，後述する公民権（civil rights）を市民権と訳す場合もあるので，混乱を避けるため，ここでいう市民権をシティズンシップと片仮名書きする場合や，市民資格，市民性と訳される場合もある。

2 市民社会の会員権

　これまで市民権は，国民国家単位で考えられることが多かった。フランスの市民権，ドイツの市民権などのように，国民国家における正式なメンバーであることを市民権という言葉で表してきた。ところが近年，EU（欧州連合）の成立と発展によって，ヨーロッパ市民権が確立した。また地球市民権（global citizenship）といった理念も掲げられることがある。つまり市民権はいろいろな水準で考えることができるということである。

　市民権は会員権との類推で考えると理解しやすい。市民権を市民社会の会員権と考えるのである。ゴルフクラブでもスポーツクラブでもよいが，会員権を所有するためには，入会の資格要件を充たす必要があり，これに合致した人のみが会員となれる。会員権を所有すると，会費の納入をはじめとしてさまざまな義務を負うことになるが，会員専用の施設を利用することができるようになる。日本の市民権を持つということは，教育，勤労，納税その他の義務が課さ

れるとともに，社会保障の給付をはじめとして基本的人権が保障されることを意味する。

③　社会的市民権の発達と福祉国家の成立

　福祉社会学との関係で，市民権の概念が着目されるようになったのは，T. H.マーシャルが1949年に「市民権と社会階級」と題する講演を行って以来のことである。マーシャルは市民権を，①公民権（civil rights），②参政権（political rights），③社会権（social rights）といった３つに区分し，これら３つがそれぞれイギリスで18世紀，19世紀，20世紀に，この順番で確立されてきたと主張する。

　公民権（市民権や市民的諸権利と呼ばれることもある）が市民権の第１の構成要素で，マーシャルによれば，それは「個人の自由のために必要とされる権利」のことを指しており，「人身の自由，言論・思想・信条の自由，財産を所有し正当な契約を結ぶ権利，裁判に訴える権利」などを含む。日本国憲法の基本的人権のうちで自由権と呼ばれるものに対応する。イギリスの場合，公民権は名誉革命（1688年）から第１次選挙法改正（1832年）までの時期に確立されたが，日本の場合は，明治憲法（1889年公布90年施行）で部分的に確立され，日本国憲法（1946年公布47年施行）で最終的に確立された。

　参政権（政治的諸権利と呼ばれることもある）が市民権の第２の構成要素である。マーシャルによれば，参政権とは「政治権力の行使に参加する権利」のことであり，19世紀を通じて選挙権の拡大が行われ，1918年に男子普通選挙権が，1928年に女性の選挙権が認められ完全普通選挙権が確立した。日本の場合は1928年に男子普通選挙権（ただし植民地支配下の台湾人と朝鮮人には認められなかった）が，1945年に完全普通選挙権が確立した。日英間の時間差は，男子普通選挙権で10年，完全普通選挙権で17年である。イギリスでは労働者階級への参政権の拡大が，議会活動を通じて次の社会権の確立につながった。

　社会権（社会的諸権利，社会的市民権〔social citizenship〕と呼ばれることもある）が市民権の第３の構成要素である。マーシャルは社会権を「広範囲な権利であり，そこには経済的な福祉や保障に対する少しばかりの権利だけでなく，社会的遺産（過去の世代から受け継がれてきた文化や文明）を完全に分かち合う権利や，社会の標準的な水準に応じた文明生活を営む権利が含まれる」と述べている。マーシャルは教育や社会サービスの拡充に社会権の確立が表れており，これは20世紀に入ってからのことであるという。20世紀の前半に社会サービスの拡大が生じ，これをもとに20世紀半ば以降，イギリスでは福祉国家の成立が語られるようになった。日本国憲法のなかの生存権（「健康で文化的な最低限度の生活」），教育を受ける権利，労働基本権などが社会権に該当する。　　　　（武川正吾）

▷ 2　なお国連は，1966年に多国間条約として社会権規約を総会で採択している。

（参考文献）

マーシャル，T. H.・ボトモア，T.，岩崎信彦・中村健吾訳，1993，『シティズンシップと社会階級』法律文化社。

宮島喬，2004，『ヨーロッパ市民の誕生』岩波書店。

安江則子，1992，『ヨーロッパ市民権の誕生』丸善。

10 福祉社会学の現在
どのようなことが研究されているのか？

▷1　福祉社会学を扱った書籍や論文がまったくないわけではない。例えば，Graham Room, 1979, *The sociology of welfare : social policy, stratification, and political order*, St. Martin's Press；Taylor-Gooby, 1989, "Current Developments in the Sociology of Welfare", *The British Journal of Sociology*, 40(4).

▷2　武川正吾編，2013,『シリーズ福祉社会学 1 ──公共性の福祉社会学』東京大学出版会。副田義也編，2013,『シリーズ福祉社会学 2 ──闘争性の福祉社会学』東京大学出版会。藤村正之編，2013,『シリーズ福祉社会学 3 ──協働性の福祉社会学』東京大学出版会。庄司洋子編，2013,『シリーズ福祉社会学 4 ──親密性の福祉社会学』東京大学出版会。

▷3　ミクロ（微視的）とマクロ（巨視的）に対して，その中間的な水準がメゾレベルといわれる。

▷4　もっともこれも研究動向を眺めながら試行錯誤の末にそうなったのであって，最初からそうした分類が存在していたというわけではない。

▷5　福祉社会学会編，2013,『福祉社会学ハンドブック』中央法規。

▷6　一般に，学問の研究

1　福祉社会学の日本的な特徴

　福祉社会学が「福祉を研究対象とする社会学」であるとして，具体的には福祉社会学ではどのような研究が行われてきたのだろうか。言い換えると，福祉社会学には現在どのような研究分野があるのだろうか。

　本題に入る前に，国際的な視点でみたときの日本の福祉社会学の特徴を記しておきたい。福祉社会学は英語に訳すと welfare sociology か sociology of welfare となるはずである。ところが海外では welfare sociology という言い方があまりされない。日本の福祉社会学で行われている後述するような研究が，海外では行われていないということではない。国内外で共通する研究テーマは多数あるのだが，それが福祉社会学という名称でくくられることがほとんどないということである。これは家族社会学（sociology of the family）や産業社会学（industrial sociology）など他の連字符社会学の場合とは異なる。また福祉を対象とした経済学である「厚生経済学」（welfare economics）という言い方が日本でも定着しているのとも対照的である。

　ここからわかることは，福祉社会学という名称が日本に固有のものだということである。しかしこのことは福祉社会学の研究内容が日本に固有のものだということまでは意味しない。実質的に同じテーマの研究は海外にも多数ある。国際社会学会（ISA）という世界規模の社会学会があるが，そこでは2019年現在，57の部会（言い換えると研究分野）があって，それらのなかには「貧困・社会福祉・社会政策」「高齢化」等々といった部会がある。ただそれらが「福祉社会学」という名で総称されているわけではないということである。

2　福祉社会学の研究領域

　ある学問がどのような研究領域から成り立っているのかということを知るためには，2つの方法がある。

　第1は，当該学問の本質から，その学問の体系を導き出す方法である。数学や自然科学の場合はそうした方法が有効かもしれない。社会科学の場合も，経済学などでは伝統的に理論・歴史・政策といった3区分を用い，さらにそれぞれを細分化して研究分野を構成することがあった。社会学者のコントは，単に1つの学問の体系ではなく，数学から始まって社会学を頂点とする壮大な諸学

の体系を構想しているが，これも，このような方法を用いた学問体系の例であろう。

しかし他方で，それぞれの学問分野の研究者が実際に探究している問題をグループ化して，これによって学問を分類する方法もある。それぞれの研究者の暗黙の前提が一致している場合もあるが，ずれている場合もあるかもしれない。しかしそこには立ち入らず，とりあえず〇〇学者を名のる人々が関心を持って研究している領域をリスト化すると，〇〇学の学問体系ができあがるということになる。

福祉社会学の場合は（も？）両方の方法が適用が可能である。第1の例は『シリーズ福祉社会学』[▷2]であろう。このシリーズではミクロ・メゾ・マクロ[▷3]といった水準に即して福祉社会学が整理される[▷4]。ここでは個人や家族がミクロ，政府や国民社会がマクロであるのに対して，地域がメゾである。

これに対して福祉社会学会が創立10周年事業として刊行した『福祉社会学ハンドブック[▷5]』の場合は，どちらかというと第2の方法に拠っている。福祉社会学の①枠組み，②諸領域，③福祉政策と実践といった3部構成をとり，②の諸領域では49の論点が扱われている。介護や家族に関連する論点から始まって，ライフコースに関わる論点，貧困や差別などに関わる論点などが扱われる。

本書『よくわかる福祉社会学』は両者の折衷的な方法を採っている。ここまで読まれた方には察しがつくと思うが，Ⅰ章では，福祉に関連して多く用いられる基本概念を説明している。第1の方法である。これに対して，Ⅱ章からⅩ章までは，福祉社会学者（主として福祉社会学会の会員）が実際に行っている，あるいはまだ行っていなくとも関心がありそうなテーマを取り上げている。一方の極にケアがあり（Ⅱ章），他方の極にレジーム（Ⅴ章）がある。そして，その中間に福祉社会学者が関心を抱いている論点がちりばめられている。この構成は編者4人による長時間の討論の末できあがったものだが，詳しくは本書の目次を参照してほしい。

福祉社会学における研究の要約的な姿は学会誌（ジャーナル[▷6]）の特集に表れる。表Ⅰ-10-1は福祉社会学会の学会誌である『福祉社会学研究』の創刊以来の特集の一覧表である。東日本大震災の影響が大きいのは当然として，ミクロやマクロの福祉に関する社会学的研究とともに，NPOやNGOなどのサードセクターに関する特集も多く，これらが福祉社会学の「福祉社会の学」としての性格も強めていることがわかる。

（武川正吾）

表Ⅰ-10-1　福祉社会学の研究動向

年	特集
2004	福祉社会学の日本的展開
	福祉社会学研究のフロンティア
2005	福祉社会の可能性
	諸外国の福祉政策に関する展望
2006	ソーシャル・ガバナンスの可能性
2007	福祉社会の基盤を問う：ソーシャル・キャピタルとソーシャル・サポート
2008	東アジア福祉社会の可能性
2009	介護労働のグローバル化と介護の社会化
2010	「共助」の時代・再考
2011	小規模・高齢化集落の生活・福祉課題と持続可能性
2012	東日本大震災と福祉社会の課題：〈交響〉と〈公共〉の臨界
2013	ポスト3.11における社会理論と実践
2014	比較福祉研究の新展開
	福祉社会学のアジェンダを問う
2015	生きる場から構想する福祉社会学
2016	規範的探究の学としての福祉社会学の可能性
2017	領域横断性：創造的活動との接点から福祉社会を考える
	シティズンシップとその外部：複数の排除，複数の包摂
2018	福祉社会学とソーシャルワーク研究
2019	「市民」の境界と福祉
	市民福祉の制度化

出所：筆者作成。

成果は，同じ分野の専門家による査読（ピアレビューという）を経た論文の形で発表されるのが標準的な姿であるが，分野による違いもある。一方で論文よりも学術図書（単行書）の方が重要な分野もあり，他方で論文よりも学会報告やそのための予稿集（学会報告のための概要を集めたもの）の方が重要な分野もある。福祉社会学会はおそらく両者の中間に位置する。

（参考文献）

福祉社会学研究編集委員会編，2004-2015，『福祉社会学研究』（1-12）東信堂。

福祉社会学研究編集委員会編，2016-2018，『福祉社会学研究』（13-15）学文社。

副田義也，2008，『福祉社会学宣言』岩波書店。

副田義也，2013，『福祉社会学の挑戦』岩波書店。

ケアとはなにか
誰の手も借りずに生きていくことはできるか？

▷1　三井さよ，2004，『ケアの社会学』勁草書房。

▷2　脳性マヒを持つ医師の熊谷晋一郎の記述する幼少期のリハビリ経験は，専門家による（ときに善意の）行いが，受ける側にとってはケアどころか，辛い体験となっている場合があることを示している（熊谷晋一郎，2009，『リハビリの夜』医学書院）。

▷3　ケアのこうした面について，平山亮は，メイソンによる「感知すること」「思考すること」を含んだ，ケアをケアとして成立させる感覚的活動（Sentient Activity）という概念（Mason, Jennifer, 1996, Gender, "care and sensibility in family and kin relationships," *Sex, sensibility and the gendered body*. Macmillan. pp. 15-36）を当て，息子介護者の語りを分析している。感覚的活動が誰によってなされているのかに注目し，負担が妻などの女性に偏っている点を指摘している（平山亮，2017，『介護する息子たち』勁草書房）。

▷4　子どもへのケア（育児・保育）においては，少子化や労働力人口の確保の文脈のために女性が労働力化されるなかで，別様の担

1　福祉社会学からみるケア

　ケアという言葉は，語源的には，世話や配慮などの意味を持ち，広義には他者の生を支えようとする働きかけの総体を指す。福祉社会学が具体的な対象とするのは，主に高齢者や障害を持った人への介護や子どもへのケアとしての育児などである。これらの行為の内容は，ある人ができないことの手助け（食事介助など）や，生活を支える家事などであり，それらが，家族間などで無償でなされる場合はインフォーマルなケア，外部のサービスや専門職などによってなされる場合はフォーマルなケアと呼ばれる。

　ケアを考えていくうえで重要なのは，サービス提供行為そのものだけでは，必ずしもケアとはならないという点だ。例えば，身体的リハビリを，そのリハビリをしたとしても医学的回復の見込みのない人や，自分のライフスタイルから，それを特に望んでいない人に熱心に行ったとしたら，それはケアではなく迷惑，場合によっては虐待であろう。受け手に必要なものとなって，あるいは受け手の必要を把握しようとすることを前提に，初めてケアが成立するのである。このように考えると，ケアを考えていく際には，個々の具体的行為を見るだけでは不十分である。個々の具体的行為をケアとして成立させるための必要度のくみ取りやマネジメントなどの見えにくい面への注目が重要なのである。そして，その作業をケアの与え手だけでなく，他方の関与者である受け手の意向や，受け手との相互行為プロセスに注目してみていくことが必要になる。

2　私たちの問題としてのケア

　高齢化にともない，介護や医療の必要な人の数や，それに携わる人は社会全体において増していく。そのなかで，ケアを供給する介護保険制度などの具体的な政策や，認知症に対応したケアのありかたなどが考えられるようになってきた。家族やプライベートの問題としてとらえられがちだったケアが，社会全体で分担していくべきパブリックな問題とされるようになってきたのである。

　以上のような必要度の増大という背景はわかりやすい。だが，ケアは，それを今現在必要とする人や，行っている人，その負担に苦しんでいる人にとってだけの問題だろうか。おそらく，ケアを今の時点で必要としてなかったり担ったりしていない人たちは，それを今の自分から離れた，別の人たちの問題であ

るようにとらえるかもしれない。だが，私たちの人生を振り返ると，生まれてからしばらくの間は，ケアを必要とする状態であり，誰かのケアを受けることで生き，現在の状態に至っている。すなわち，過去の誰かからのケアを前提に，今現在の「自立」しているようにみえる人間が存在しうるのである。そのことは確認しておく必要がある。

　また，想像してみよう。仮に，今あるいは未来に自分の家族の誰かに介護が必要になって，それを担うことになった場合，仕事や学業で，それまでと同じように成果をあげられるだろうか。学業や仕事に割く時間や労力はケアを行う分確実に減るだろう。普段，気づかないかもしれないが，ひょっとしたらあなたの隣で机を並べている人は，見えない所でケアを行っているかもしれない。▷5
あるいは，ケアを担う人たちは，あなたと同様の世界に参加したくてもできていないのかもしれない。以上のようにとらえると，この社会のなかで誰かに担われているケアの存在をあたかもないものとした，学業や仕事の仕組みづくりや評価システムは果たして適切だろうか。

③　ケアの社会的分配のために

　これからの社会構想においては，ケアから自由な個人ではなく，なんらかのケアを担っている人を前提に社会の規範的ありかたを考えていくことが重要である。例えば，N. フレイザーは，男性が稼ぎ手，女性がケア提供者という想定を基にした既存の社会制度（male breadwinner model）に対して，カップル双方が稼ぎ手となれる総稼ぎ手モデル（universal breadwinner model），ケアを担う者への金銭的評価を行うケア提供者対等モデル（caregiver parity model），働き方の柔軟性を前提にすべての人がケアを担う総ケア提供者モデル（universal care giver model）の3つのオルタナティブを提起している。▷6　普遍的ケア提供者モデルは，すべての人がケアを担うことを前提とした構想であるが，こうしたモデルの実現可能性を，ケア労働者供給の文脈や家族のありかたの変化などの条件と関連づけて考えていくことが求められるだろう。▷7

　また社会のありかたの考察と並行して，日常の相互行為のなかで，ケアが誰に，なぜ偏るのかを考えておくことも必要である。いうまでもなく，家族内でのケアの担い手のジェンダーの偏りは無視できない。この偏りの背景に，冒頭で述べた，受け手が必要としていることのくみ取りや作業のマネジメントを通じてある行為が初めてケアの意味を持つという特質がある。この部分の負担の多くが，一般的には女性に偏り，カップル間で公正な分担をしようとしても最後に分担し難いものとして残る。しかし，それはなぜか。どのようにすればそれを変えられるのだろうか。▷8　福祉社会学は，そうしたミクロなケアの不均等化メカニズムの分析も踏まえて，ケアをめぐる社会構想を提起する必要がある。

（井口高志）

▷5　見えにくいケアの例として，学齢期の子が担うケアがある（澁谷智子，2018，『ヤングケアラー』中央公論新社）。また，貧困家庭の子どもが，家庭内で家事やケア役割を担い，それを担うことを学校などの公的領域では得ることの難しい，自己の肯定的アイデンティティの源泉としている場合があることも指摘されている（林明子，2016，『生活保護世帯の子どものライフストーリー——貧困の世代的再生産』勁草書房）。

▷6　フレイザー，N.，仲正昌樹監訳，2003，『中断された正義——「ポスト社会主義的」条件をめぐる批判的考察』御茶の水書房。また，Ⅱ-10 も参照。

▷7　例えば，オランダにおける同一労働同一賃金を基礎にしたフレキシブルな働き方に基づく政策は，普遍的ケア提供者モデルに近似した制度といえる。

▷8　筒井淳也は，男女間の家事分担の偏りのメカニズムとして，日本社会は他社会と比して女性側への負担の偏りが維持されてきたため，日本人女性は，周囲と比較して不満を認知し問題化しにくいことや，女性側が男性側の家事の学習・習熟を待つ間のコストを受け入れることが難しい点などを指摘している（筒井淳也，2015，『仕事と家族』中央公論新社，pp. 174-181）。

インフォーマルケア
なぜ家族がケアをするのか？

1　個別性，パーソナルな関係性

　インフォーマルケアとは，どのようなケアのことだろうか。文字通りにとれば「フォーマルではないケア」という意味である。フォーマルなケアは，行政・民間を問わず社会の公式な（＝フォーマルな）制度の枠内でのケアという意味で，提供内容が一定の規則や契約関係により定められている。インフォーマルケアは，その反対で，非公式に実践されるケアということになろう。家族による育児や介護はインフォーマルなケアの典型例といえる。

　大学生のAさんの隣家に，片側の手足がマヒしている高齢の妻を介護するB氏がいる。ある夏の日，AさんとB氏がこんなやり取りをした。

Aさん：「毎日暑いですね。奥様の水分補給にも気をつかうのではないですか？」

B氏：「水分はとくに気をつけますね。妻のお気に入りのグラスで，水はグラスに半分くらい，妻の左手側に置くなど，いろいろ決まりごともあるんです。」

Aさん：「ご苦労様です。Bさんは立派なインフォーマルケアの担い手ですね。」

B氏：「インフォーマルケア？　妻と暮らすなかでやることをやっているだけですが。立派な担い手といわれてもピンとこないなあ……」

　インフォーマルケアの当事者は，自分のしていることや自分自身が，「インフォーマルケア」とか「担い手」と一般化して表現されることに違和感を持つ。なぜなら，そこで展開されているのは，特定の関係のなかで了解された，個別具体的なやり取りだからである。インフォーマルケアの特徴は，パーソナルで個別的な関係性のなかで展開される相互行為という点にあるのである。

2　規範としてのインフォーマルケア：「おつとめ」から「愛」へ？

　現在の日本では，家族による育児や介護などのインフォーマルケアは，保育所や介護事業所などのフォーマルケアよりも膨大である。なぜ，家族はケアをするのだろうか[1]。それが当然の義務だからという答えが浮かぶかもしれない。

▷1　「ケアする根拠」については，上野千鶴子，2015，「ケアに根拠はあるか」『ケアの社会学』太田出版を参照。

しかし，本当に当然の義務なのだろうか。たしかに民法では，家族はお互いに扶養する義務があると定められている。未成年の子や配偶者に対して負う義務は，自分と同等の生活を維持させるという強い義務（生活保持義務）とされる一方，成人子による親の扶養や成人子同士の扶養は，自分の生活を壊さず経済的な余力のある範囲での義務（生活扶助義務）とされている。

　現実には，嫁には夫の親への生活保持義務はないのに，30年前には家族介護の主な担い手であった。嫁のつとめとして介護すべきという規範があったからであろう。成人子が親に負うのは生活扶助義務（「そこまでしなくていい」義務）だが，実際には，介護を理由に離職するなど，「そこまでする」状況も少なくない。法律上の義務とは異なる次元で「家族ならすべき」という規範があり，そこに育児・介護の手が足りない状況が重なることで，家族の誰かが育児・介護を担う状況が発生している。また，育児にせよ介護にせよ現実により多くを担っているのは女性である。こうした「インフォーマルケアにおけるジェンダーの非対称性」は，法的義務では説明できない。ケアをよりすべきは女性であるとの規範があるのだ。

　であれば，「ケアをすべき」という規範か，家族外のケアサービスの利用可能性か，いずれかが変われば，家族によるケアのありようは変化するともいえる。実際，主たる介護者の続柄は，この20年間で大きく変化した。国が実施する「国民生活基礎調査」の結果を2000年から現在までみると，主たる介護者が配偶者や子である割合は，安定的ないしやや増えた一方，嫁の割合は激減し，事業者の割合が増えた。介護保険制度（2000年施行）を通じて介護サービスが増えたなかで，介護は嫁のつとめという規範が大きく揺らぎ，介護は夫婦や子の愛や責任によるという規範が維持・強化されているのかもしれない。

❸　多様なケアの形とインフォーマルケアの保全

　ケアを家族だけが担うことに限界があるならば，家族以外の多様な供給部門（民間部門や公的部門）が，家族のケアを代替したり補完したりする仕組みが必要となる（福祉多元主義）。どのような仕組みがつくられるのか，それにともないインフォーマルケアが家族の内側と外側で，どのように継承されたり変容していくのかは，各国で異なっている。また，インフォーマルケアの保全の仕方も，さまざまである。例えば，近年，世界的に広がっているのが，社会保障制度によるインフォーマルケアへの現金払い（Cash for Care）である。インフォーマルなケアと現金とは相容れないようにみえるが，必ずしもそうではない。日本を含む各国で進められているケア供給の再編，そこで生まれるケアの多様な形態について検証を重ねながら，インフォーマルケアの課題と展望を描くことが問われている。

（森川美絵）

▶2　ケアと貨幣との関係について掘り下げた議論としては，深田耕一郎，2016，「ケアと貨幣──障害者自立生活運動における介護労働の意味」『福祉社会学研究』13：pp. 59-81を参照。

参考文献

稲葉昭英，2013，「インフォーマルなケアの構造」庄司洋子編『親密性の福祉社会学』東京大学出版会，第11章。

上野千鶴子・大熊由紀子・大沢真理・神野直彦・副田義也編，2008，『ケアその思想と実践3──家族のケア　家族へのケア』岩波書店。

平山亮，2014，『迫りくる「息子介護」の時代──28人の現場から』光文社。

親密圏とケアラー支援
なぜ熱心に介護する家族が虐待をしてしまうのか？

1　特別な関係としての家族

　家族による，子どもや介護を必要とする高齢者などへの虐待のニュースを私たちはよく目にする。その虐待の背景や内容はさまざまだが，そうした事件を見たとき「家族なのに，そんなことをしてひどい」と思う人も多いだろう。もちろん，虐待は「ひどい」ことで許されるべきではない。しかし，ここでは前段の「家族なのに」という表現に注目してみよう。実は，このように感じてしまう意識そのものが，家族による虐待の発生を支える背景の１つになっているかもしれないのである。「そんな馬鹿な」と思うだろうか。

　「家族なのに」と私たちが言うとき，その裏には「本来の家族はそんなことはしない」とか，「家族こそがいいケアをする」という暗黙の想定がある。そうした期待は，家族を第一のケア責任を持つものとしてとらえることとつながっている。また，そうした周囲からの期待を受けて，ケアをする家族は，自分こそがやらなければ，という気持ちを強く持ってしまう。そして，うまくケアできないことを，家族の外に相談するのではなく，自分でなんとかすべき問題として抱え込んでしまうかもしれない。うまくできなかったとき，それが周りにわかると「家族なのに」と非難されると思ってしまうからである。

　このようにケアにおいて家族は特別な責任主体とされがちである。そして，そのことが，結果として，家族だけにケアを担わせ，関係を閉じさせることにつながり，ケアを行う者の負担や，場合によっては暴力をともなうような張り詰めた関係を生み出してしまうことがある。こうした「特別な関係」として（周囲もケアする家族自身も）とらえてしまう家族を，いかに外へと開いていくかが，これまでケアラー支援の１つの大きな課題とされてきた。

2　ケアの社会化とそれにともなう課題

　介護保険制度や子育て支援に具現化されているように，社会がケアを担っていくこと（ケアの社会化）は，もちろんケアラーへの支援の意味を持つ。しかし，サービスや支援があっても，支援がスムーズに届くわけではない。家族や支援者は「家族が第一のケア提供者」という規範との間の葛藤を感じながら支援の授受を行い，そして，その葛藤に対して，さまざまな技法を用いて対処していかなくてはならない。

▶1　孤立した育児から虐待に至る母親のケースなどを想定してもよいだろう。こうした問題は，近代家族（Ⅵ-2）という家族の特徴とも関連している。

▶2　ケアの社会学の研究においては，ケアを介した関係をケアを行う者がどう認知的に距離化・相対化できるかが，１つの論題になってきた（藤村正之，2005，「分野別研究動向（福祉）親密圏と公共圏の交錯する場の解読」『社会学評論』56(2)：pp. 518-534）。

▶3　知念渉は貧困家庭の子どもたちにとって家族は「機能的欲求」に還元できない「アイデンティティ欲求」を満たす関係であるため，支援者側が援助対象者の家族を「逸脱的な家族」ととらえることが，かえって彼らに自らの家族を「正常」なものと意味づける実践を促進させ，外部からの支援的介入の難しさにつながる可能性を指摘している（知念渉，2018，『〈ヤンチャな子ら〉のエスノグラフィー』青弓社）。

例えば,「ケアの社会化」を実現するための政策・実践として登場した「子育て支援」の現場の論理を記述してきた松木洋人は,ファミリーサポートや保育所における支援者が,「家族がケアをすべき」という規範に抵触するように感じられる自らの支援実践をどのように意味づけて,葛藤を回避しているのかを記述している。支援者は,社会的なケア提供者として,子どもへのケアを提供しつつも,子どもとその親が「家族であること」を支援するようなものと自らの実践を意味づけてもいるのである[4]。

このように私的領域(家族)とその外部との境界面では,人々の相互行為を通じて,2つの領域間のジレンマの調整がつねに試みられながら,ケア実践が可能になっている。そうした人々の実践への注目は重要な研究課題である。

❸　親密圏の編み直し

市場のルールや法律に則って成立している公共圏に対置される親密圏は,具体的な他者の生やそのありかたを支える持続的な関係性とされる[5]。家族関係は,親密圏の1つだが,外に対して閉じることで,暴力や虐待が許容,隠蔽されてきた場でもあった。そうした家族という関係の問題化とともに,それに変わる新しい関係性の可能性への探求が生まれ,親密圏という家族に変わる言葉が積極的に用いられるようになってきた[6]。

社会学などが親密圏の例として注目してきた関係性は,例えば,家族関係ではない人たちが集まって暮らすシェアハウスやコーポラティブハウジング,ゲイやレズビアン家族におけるジェンダー役割,シングルマザーの住まい方などである[7]。それらは,従来の家族という関係の特徴を照らし出すものとして,また従来の家族の負の側面を克服した新たな可能性としても注目されてきた。

とくに,オルタナティブとしての可能性を考えていくうえで重要なのは,ケアの位置づけである。新たな親密圏という際は,自立した人たちが選択的に結ぶような関係が想定されることが多い。しかし,子どもや高齢者,障害者など依存的な他者がそのメンバーに含まれる際,その関係は形成・維持できるだろうか。そうした意味で,依存的な他者をその内に含んだうえで,それまで前提とされた家族とは異なる形でケアの授受がなされうる可能性[8],あるいはそうした関係性を可能にする制度的条件を考えていくことが課題となる[9]。

親密圏の構想や,従来の家族の問い直しは,公私の二分的理解の問い返しを含む。例えば,個別的で無限定的な関係だとみなされてきた家族関係に一定のルールを組み込むことや,公的領域で個別の事情に応じた配慮を倫理として組み込もうとすることなどである。このことをふまえると,ケアラー支援の構想は,介護や育児などのケア行為の外部化や,その負担軽減などの範囲に止まらない。介護者の行いを法律で規制することや,介護を行いながら仕事をする人への社会保障上の配慮なども含むような課題なのである[10]。　　　(井口高志)

▷4　松木洋人,2014,『子育て支援の社会学』学文社。

▷5　齋藤純一,2003,「親密圏と安全性の政治」齋藤純一編『親密圏のポリティクス』ナカニシヤ出版。

▷6　親密圏は暴力を孕む場所でもある。欧米では,親密性概念が共依存という病理的関係性に対比して用いられてきたのに対して,日本では「密室性」「閉鎖性」という病理的ニュアンスも含めて用いられてきた(野口裕二,2013,「親密性と共同性——『親密性の変容』再考」庄司洋子編『シリーズ福祉社会学4　親密性の福祉社会学——ケアが織りなす関係』東京大学出版会,pp. 198-199)。

▷7　牟田和恵編,2009,『家族を超える社会学——新たな生の基盤を求めて』新曜社の各章参照。

▷8　家族以外の介助者を含む密接な関係性のなかで生きてきた障害者の生活のモノグラフは,新たな可能性のヒントを示している(深田耕一郎,2013,『福祉と贈与』生活書院など)。

▷9　M. ファインマンは,従来の制度で前提とされる性の絆(結婚したカップル)単位ではなく,親子関係に代表されるケアの授受の関係(ケアの絆)単位を社会的に保障すべきことを主張している(ファインマン,M.,上野千鶴子監訳・解説,速水葉子・穐田信子訳,2003,『家族,積みすぎた方舟——ポスト平等主義のフェミニズム法理論』学陽書房)。

▷10　Ⅱ-1 も参照。

4 ケア労働の特質と社会化
介護や保育で食べていけるか？

ケアの社会化

　街なかに「デイサービス〇〇」の看板がついた建物がある。介護が必要な高齢者が通い日中を過ごす場所である。朝9時過ぎに建物入口にワゴン車が横づけされ，何人もの高齢者が付き添われて車から降り，建物に入っていく。日常のありふれた光景である。しかし，30年前の1990年ごろには，身近な場所で介護サービスを気軽に利用することなど，思いもよらないことであった。この間の大きな変化は，どうやって起こったのだろうか。

　30年前に，高齢者の介護は，もっぱら家族とりわけ嫁や妻，娘などの女性が，引き受けていた。家族介護の経験は，金銭的な補償や報酬のない不払い労働（アンペイドワーク）であったことに加え，その時間的，肉体的，精神的な負担が非常に厳しかったことから「介護地獄」とすら表現されていた。介護は社会問題となり，国の政策として介護を家族だけに任せるのではなく社会で支える，つまり「介護の社会化」が目指された。

　それが本格化したのが2000年に始まった介護保険制度である。介護保険制度は，人々が拠出する保険料や税金で介護のための社会的な費用をまかない，被保険者である高齢者が比較的低額の利用料で民間の介護サービスを利用できるようにする仕組みである。介護保険制度の開始以降，高齢者向けの民間介護サービスが爆発的に増加し，介護サービスの利用は「日常のありふれた光景」にまでなったのである。

　近年では保育の分野でも「社会化」の必要が増えている。認可保育所への入所を希望しても入れない「待機児童問題」のニュースを耳にしたことがあるだろう。保育サービスを利用しやすくし，その費用を社会で負担する仕組みをつくることは，「保育の社会化」といえる。[1]

2 ケア人材の不足

　介護や保育などのケアの社会化は，個々の家庭では充足しきれないケアの必要を，社会的に充足する基盤整備の動きである。しかし，そこでネックになっているのが担い手の確保という問題である。多くの介護や保育の事業所は慢性的なスタッフ不足に直面している。職員を十分に確保できず，定員より少ない人数しか受け入れられない施設も出ている。待機児童問題の解消のために保育

▷1　ケアの社会化を家族のケアとの対比で検討したものとして，庄司洋子，2013，「ケア関係の社会学——家族のケア・社会のケア」庄司洋子編『親密性の福祉社会学——ケアが織りなす関係』東京大学出版会，pp. 1-20。

▷2　現場の実態を丁寧に取材したものとして，NHKスペシャル取材班・佐々木とく子，2008，『「愛」

所の増設を計画しても，スタッフが確保できなければ話にならない。

　職員不足が生じるのは，就職希望者が少ないか，離職者が発生して必要な職員数を満たせないためである。それは，仕事・職業としてのケア労働の魅力やありかたと表裏一体の問題である。例えば，介護労働の実態調査（2015年度）によれば，「あなたが現在の仕事を選んだ理由」として，「働きがいのある仕事だと思ったから」を選んだ人が52.2%いた。他方で，就職後にキャリアアップの機会や生計を立てていける見込み，働きぶりの適正な評価などを感じている人の割合は少なかった（表Ⅱ-4-1）。このように，ケア労働に意義は感じても，労働の特徴や能力に見合った評価を金銭面あるいはその他の待遇面で得て生計を立てていくという期待を，持ちにくい状況がある。

③　ケア労働の特質と公正な評価

　では，ケア労働の特徴や必要な能力とはなにか。ケア労働には肉体労働の面があるが，それだけではない。ケアは，工場生産のように作業効率を最大化するために規格化された動作を繰り返してなにかをつくる行為ではない。個々の相手の状態や人間性に応じた個別的な対応や，状況変化に応じた臨機応変な対応が求められる点で，状況把握力や想像力，コミュニケーション力がいる。相手とのやりとりは心地よいばかりではないから，自分の感情を制御する技を駆使しつつ，感情を消耗する。この点でケア労働は「感情労働」でもある。はたらきぶりの評価というとき，こうしたケア労働の多面的な特徴が，実際に職場でどう発揮され，また尊重される／されないのかをみていくことも，大事である。

　さらに，介護や保育の職場は典型的な女性職場であったがゆえに，賃金に「生計を立てる」という前提が弱く，時間給や非正規雇用を中心とする働き方が容認されてきた側面もある。しかし，近年では男性職員の割合も増えてきた。男性職員の増加は，ケア労働が「食べていける仕事」となる可能性を拡げるのだろうか，それとも食べていけないケア労働者を男性も含めさらに増やすのだろうか。

　ケア労働者の働き方や待遇は，「ケアの社会化」の制度や政策が，ケア労働をどのように定義し，どのようなケア労働者像を描くかということにも影響される。ケア労働者が直面する問題の分析を通じ，ケアの担い手にも優しいケアの社会化の未来を考える余地は大きい。

（森川美絵）

表Ⅱ-4-1　介護従事者の職場・仕事に対する意識

あなたの今の仕事や職場には，次のようなことがあてはまりますか。（あてはまる番号全てに○）

1．専門性が発揮できる	35.1%
2．自分が成長している実感がある	31.4%
3．キャリアアップの機会がある	17.3%
4．利用者の援助・支援や生活改善につながる	44.3%
5．仕事が楽しい	33.4%
6．福祉に貢献できる	30.5%
7．生計を立てていく見込みがある	16.2%
8．法人（事業所）や上司から働きぶりが評価される	9.6%
9．業務改善の機会がある	8.7%
10．期待される役割が明確である	13.0%
11．目標にしたい先輩・同僚がいる	14.2%
12．いずれもあてはまらない	10.4%

出所：(公財) 介護労働安全センター「平成27年度介護労働実態調査」（介護労働者調査票）結果。

なき国——介護の人材が逃げていく』阪急コミュニケーションズ。

▶3　この概念を提案したのは，ホックシールドである（ホックシールド，A. R.，石川准・室伏亜希訳，2000，『管理される心——感情が商品になるとき』世界思想社）。感情労働の視点から介護職の置かれた困難を分析したものとして，春日キスヨ，2003，「高齢者介護倫理のパラダイム転換とケア労働」『思想』955：pp. 216-236。

▶4　この点のまとまった考察として，山根純佳，2010，『なぜ女性はケア労働をするのか——性別分業の再生産を超えて』勁草書房がある。

（参考文献）

上野千鶴子，2011，『ケアの社会学』太田出版。
森川美絵，2015，『介護はいかにして「労働」となったのか——制度としての承認と評価のメカニズム』ミネルヴァ書房。

5　ケアのグローバル化
ケアは国境を越えるか？

1　グローバル・ケア・チェーン

　ロバート夫妻はロサンゼルス在住，ともに大企業のフルタイム社員で，サラという４歳の娘がいる。夫妻は，サラが生まれたときからマリアという住み込みのナニー（家政婦）を雇っている。マリアは，サラの食事・着替え・入浴・遊び・本の読みきかせなど，身の回りの世話をしてくれ，ロバート一家にはなくてはならない存在である。マリアはメキシコ出身の40歳。アメリカに渡り６年，郷里には９歳の娘と７歳の息子がおり，マリアの母が子どもたちの世話を引き受けている。マリアは稼いだお金をできるだけ郷里に送金し，子どもの養育にあててもらっているが，自分が子どもたちとゆっくり過ごせるのは年に一度の帰郷のときのみで，普段はスマートフォンの画面越しのやりとりである。マリアは，毎日をサラと過ごす中でサラへの愛情が日増しに膨らみ，本当の子どもたちとサラと，果たして自分はどちらをより愛しているのだろうという思いがふとよぎる……。

　こうした事例は決して特別ではない。先進国で需要の高まるケアワークを途上国出身の移住女性たちが担い，移住女性たちが自国に残してきた家族・子どものケアは，自国にいる家事労働者の女性や親族女性が担う，こうした女性によるケアの世界的な分業が，先進国と開発途上国の経済発展の格差を背景に進行している。この状況を，A. ホックシールドは，グローバルなケアの連鎖（グローバル・ケア・チェーン）と表現した。[1]

2　再生産領域のグローバル化と公正な社会

　育児・看護・介護といった生命の再生産に関わる活動への需要の高まりに対し，それを国内労働力だけでなく国境を越えた労働供給により充足する傾向は，全世界に広がっている（再生産領域のグローバル化）。ケアへの需要の高まりの背景には，共働き世帯の増加，高齢化による要介護者の増加，公的サービスの弱さにともなう家庭のケア責任の増大などが関連している。国際労働機関（ILO）の近年の推定によれば，家庭内の家事，子ども・病人・高齢者の世話などを行う domestic worker（家事労働者）は世界で6700万人，うち1150万人は移民労働者であり，[2]その約４分の３は女性である。

　しかし，劣悪な就業環境，労働者としての権利や保護の未適用など，移民家

▷1　Hochschild, A. R., 2001, "Global Care Chains and Emotional Surplus Labor", Will Hutton and Anthony Giddens eds., *On the Edge : Living with Global Capitalism*, Vintage.

▷2　ILO, 2015, *Global estimates on migrant workers : Results and methodology.*

事労働者の人権や市民権に関して深刻な問題もあることが指摘されている[3]。また，グローバル・ケア・チェーンについても，より低階層の女性にケアを担わせることで中流階級以上の世帯のジェンダー平等やワークライフバランスを達成する社会は，果たして公正な社会なのかという議論もある。

③ 日本の外国人ケアワーカー受け入れ政策と今後の展望

　ケアのグローバル化は，公的責任としてどのようなケア保障の仕組みを整えるのか，移民ケア労働力をどう導入するのか，またはどう送り出すのか，こうしたケア政策と移民政策が交差するなかで生じている。日本はこれまで外国人のケア労働者・家事労働者の受け入れに消極的であった。二国間経済連携協定（EPA）を通じ，インドネシア（2008年〜），フィリピン（2008年〜），ベトナム（2012年〜）から外国人看護師・介護福祉士候補者を受け入れてきたが，累計受け入れ人数は2017年9月時点で4700人と少なく，受け入れの目的はケアの労働力不足への対応ではなく，あくまで相手国との経済活動の連携強化とされてきた。ただし，近年では，国内のケア人材の不足を背景に，外国人介護労働者の受け入れの門戸を広げる動きがある。2016年の技能実習生の受け入れに関する法改正により，**技能実習制度**[4]の対象に介護職種が追加された。また，同年の入管法の改正で，外国人の在留資格として「介護」が新たに創設され，国籍に関係なく外国人留学生が介護の国家資格を取得した場合，日本で引き続き介護有資格者として就労できるようになった。在留期間は最長5年で，問題なければ無制限に更新可能であり，母国から配偶者や子どもを呼べる。

　ケアのグローバル化が日本でも身近になりつつあるなか，その日本的な展開の特徴を明らかにすることが求められる。日本におけるケアのグローバル化は，結婚移民を含む定住外国人によるケアを通じても進んできた。国際結婚の花嫁たちは，無償で家族をケアしてきた。また，1980〜90年代にエンターティナーとして来日し，日本に定住したフィリピン人女性の中には，年齢を重ねて介護職に転職する者もいる[5]。そして，外国人によるケアの実態にはバリエーションが存在する。短期滞在者か永住資格を持つ移民か，無償の家族ケアを提供するのか有償のケア労働に従事するのか，有資格の専門職として雇われるのか非専門の家事労働者として雇われるのか，これらの組み合わせにより，その人に与えられる権利も異なる[6]。日本における外国人ケアワーカーの就業や生活のリアリティ，ケア現場における自国ワーカーと外国人ワーカーの協働・分業・階層構造，その背景にあるケア人材の確保育成策など，検証すべき実態は多い。ケアのグローバル化と公正な社会とをどう両立させていくのかという課題に，私たちは向き合っている。

（森川美絵）

▷3　Marie-José, Tayah & ILO, 2016, *Decent work for migrant domestic workers : Moving the agenda forward*.

▷4　技能実習制度
技能実習制度は，開発途上国等の外国人を日本で一定期間（最長5年間）に限り受け入れ，OJTを通じて技能を移転する制度（1993年創設）。

▷5　小川玲子，2014，「東アジアのグローバル化するケアワーク——日韓の移民と高齢者ケア」『相関社会科学』24：pp. 3-23。

▷6　安里和晃，2016，「移民レジームが提起する問題——アジア諸国における家事労働者と結婚移民」『季刊社会保障研究』51（3-4）：pp. 270-286。

参考文献

安里和晃編，2018，『国際移動と親密圏——ケア・結婚・セックス』京都大学学術出版会。

伊藤るり・足立眞理子編，2008，『国際移動と〈連鎖するジェンダー〉——再生産領域のグローバル化』作品社。

陳正芬，2018，「台湾の高齢者ケア政策とケアワーカーの『内』と『外』」須田木綿子・平岡公一・森川美絵編『東アジアの高齢者ケア——国・地域・国家のゆくえ』東信堂。

6　障害とはなにか
個人の身体の問題なのか？

1　障害の個人モデルから社会モデルへ

　「障害」という言葉を『広辞苑』でひくと，「①障り・妨げ・じゃま，②身体器官に何らかの障りがあって機能を果たさないこと」という2つの意味が書いてある。それでは，障害のある人の生活において障りや妨げとなることは，その人の身体器官の問題なのだろうか。

　ここに，エレベーターのついていないビルの2階に行きたい車いすを利用する身体障害者がいるとする。この人が2階に行くことを"妨げて"いるのは，この人の足の"障り"のせいなのか，それともエレベーターがついていないという建物の構造の問題なのか。前者のようなとらえかたを「障害の個人モデル」，後者を「障害の社会モデル」と呼ぶ。

　心身の機能障害を「治す」ことを目的とする医療の分野で暗黙の前提となっているのは障害の個人モデルである。これに対して，障害の社会モデルでは，障害のある人の身体器官の損傷・欠損・変型（インペアメント，impairment）ではなく，障害のある人がこうむる「障り・妨げ・じゃま」こそが障害（ディスアビリティ，disability）の本質である，と考える。

　障害の社会モデルは，イギリスの障害当事者運動から生まれ，障害学（disability studies）というディスアビリティを切り口とする新たな知の体系の確立を目指す学問研究の潮流と手を携える形で発展してきた。

　2013年に日本も批准した**障害者権利条約**には，DPIを中心とする国際的な障害当事者運動の後押しもあって，この障害の社会モデルの考え方が取り入れられており，日本においても，障害に関わる社会政策において必ず押さえておかねばならない障害観となっている。

2　なぜ社会モデルなのか

　障害の社会モデルの考え方が，バリアフリーの推進や福祉サービスを含む障害者施策のための財源確保の強力な支えとなることは，容易に理解できるだろう。障害当事者運動は，障害のある人を保護の客体から権利の主体へと転換し，政府の裁量で配給（delivery）される社会サービスを当事者の求める必要（needs）に従って分配することを求めてきた。そのよりどころとなるのが障害の社会モデルであり，障害者権利条約に採用されることはある意味必然ともい

▷1　最初に障害の社会モデルを唱えたのは，UP-IAS（隔離に反対する身体障害者連盟）のアクティビストであるヴィク・フィンケルシュタイン，それを理論的に展開したのが，社会学者のマイケル・オリバー。2人とも身体障害の当事者である。オリバーの主著として，オリバー，M.，三島亜紀子ほか訳，2006，『障害の政治──イギリス障害学の原点』明石書店。

▷2　**障害者権利条約**
正式名称は，「障害者の権利に関する条約」（Convention on the Rights of Persons with Disabilities）。あらゆる障害のある人の尊厳と権利を保障するための国際人権条約として，2006年の国連総会で採択された。2016年12月時点の批准国は130ヶ国。

えよう。

　医療やリハビリテーションにおいては，インペアメントとは個人の問題であり，治療し，改善する対象となる。障害のある人自身が自分のインペアメントを治したりよくしたいと思う場合はそれでよいだろう。しかし，体形や肌の色などと同じく，インペアメントが，その人の多様性の現れとアイデンティティのよりどころとされている場合はどうだろうか。例えば，自らを，手話を言語とするろう文化に所属する言語的マイノリティである，と自己定義する耳の聞こえない人たちも多い。彼らにとっては，人工内耳を埋め込むなどの治療を強いられることは，手話を言語としないマジョリティ文化に従属的に強制統合させられることを意味する。

　冒頭の「ビルの２階に行きたい車いす利用者」の例でもわかるように，障害のある人のこうむるディスアビリティは，それを緩和したり解消したりする社会的な対応があれば，インペアメントの治療や改善とは別の次元で解決可能である。しかし，個人モデルが医療や福祉の領域を超えて一般化されることで，障害のある人に常時**病人役割**を期待し，それに従わないときは，その人がこうむるディスアビリティを自己責任とする障害観へと容易に接続されてしまうことに注意が必要である。

③ 拡張し進化する社会モデル

　障害の社会モデルは，社会構築主義や社会運動論，ジェンダー論とも親和性が高く，障害の領域のみならず，セクシュアルマイノリティのための政策や貧困などの社会問題への対応を検討する枠組みとしても有効である。しかし，同時に，社会モデルは，あくまで障害のある人がこうむる「障り・妨げ・じゃま」をその人自身の自己責任とすることなく社会的な解決を求めるための１つのモデル＝概念枠組みであり，「障害とはなにか」を完全に説明する一般理論（グランドセオリー）ではない。

　フィンケルシュタインやオリバーが社会モデルを主張したときから，女性障害当事者を中心として，つねに提起されてきた批判は，「障害の社会モデルは障害当事者の経験，とくに身体性，インペアメントに関わる経験をその射程に含んでいないのではないか」というものである。また，アメリカ障害学においては，障害に基づく社会的排除を唯物論的・経済的な問題というよりも，もっぱら文化や社会規範の観点から考察する，という独自の社会モデルを発展させている。その１つの帰結となるのが，身体の経験としてたちあらわれるインペアメントも個人ではなく社会のレベルでとらえようとする「インペアメントの社会モデル」である。

　拡張し進化し続ける社会モデルの射程を注視していく必要がある。

（岡部耕典）

▶3　現代思想編集部編，2000，『ろう文化』青土社。

▶4　**病人役割**
病気の状態にはその状態にある人に期待される社会的役割がある，とする考え方。タルコット・パーソンズによればその役割は，①病気であることに対して責任を問われない権利，②通常の社会的責務を免除される権利と③他者と協力して病気を治療するように努力する義務，④専門家（医師）の治療を求め，医師と協力する義務の４つである。

（参考文献）
杉野昭博，2007，『障害学――理論形成と射程』東京大学出版会。
星加良司，2007，『障害とはなにか――ディスアビリティの社会理論に向けて』生活書院。

7　障害に対する合理的配慮
障害のある人は「特別扱い」されているのか？

1　配慮の平等

　エレベーターのない校舎の2階に教室がある学校に，歩行が困難で車いすを利用する生徒が入学することになった，とする。その生徒がほかの生徒と同じ教室で授業を受けるためには，多額の費用を掛けてエレベーターを新設しなくてはならない。ではそれは，「障害者を特別扱いしている」ことになるのだろうか。

　多くの人たちから想定される答えは，「車いすの生徒が授業を受けるためにエレベーターをつけることは必要かもしれないが，特別な配慮であることは間違いない」というものである。しかし，ここで少し考えてほしい。「2階建て以上だが階段がない建物」というのは存在するだろうか。階段すらなかったら，足が不自由な人でなくても誰も階上には上がれない。足が不自由ではないマジョリティに対しては「階段を設置する」という配慮が当然のこととして行われるのに対して，足が不自由なマイノリティへの配慮は特別なこととして可視化されてしまうのである。このような社会の構造を，社会学者の石川准は，世の中に「配慮を必要としない人々」と「特別な配慮が必要な人々」がいるのではなく，「すでに配慮されている人々」と「まだ配慮されていない人々」がいるだけだ，と喝破し，障害のある人に配慮して建物にエレベーターを設置するのは「特別扱い」ではなく，「配慮の平等」である，という。[1]

2　障害者差別とはなにか

　障害者権利条約[2]では，障害を理由とする差別を以下のように定義する。

　「『障害に基づく差別』とは，障害に基づくあらゆる区別，排除又は制限であって，政治的，経済的，社会的，文化的，市民的その他のあらゆる分野において，他の者との平等を基礎として全ての人権及び基本的自由を認識し，享受し，又は行使することを害し，又は妨げる目的又は効果を有するものをいう。障害に基づく差別には，あらゆる形態の差別（合理的配慮の否定を含む。）を含む。」（第2条）

　障害のある人が大学受験をするときのことを考えてみよう。「障害者は受験できない」と入試要項に謳わずとも，点字の試験問題や読み上げソフトの利用を認めなくては，視覚障害のある人はその大学を受験できない。「受験を認め

▷1　石川准，2004，『見えないものと見えるもの──社交とアシストの障害学』医学書院。石川准は全盲の障害当事者であり，障害者基本計画の策定・変更とモニタリングのための国の機関である障害者政策委員会の会長を務めている。（2020年1月時点）

▷2　Ⅱ-6 参照。障害者権利条約についての参考文献としては，松井亮輔・川島聡編，2010，『概説　障害者権利条約』法律文化社など。合理的配慮については，川島聡・飯野由里子・西倉実季・星加良司編著，2016，『合理的配慮──対話を開く，対話が拓く』有斐閣など。

ない」という直接差別に対して，障害に対する配慮を行わないことで実質的に障害のある人を「区別，排除または制限」する後者を間接差別という。直接差別に比べて差別と認識されにくい間接差別によって，多くの障害のある人たちの社会参加が阻まれているのである。

なお，間接差別の考え方は，障害者権利条約や障害者政策に固有のものではない。世界的には，男女差別や人種差別などの理解と解消のために必要な概念として発展し，日本でもすでに男女雇用機会均等法などに取り入れられている。

③ 非差別アプローチと合理的配慮

障害ゆえの特別な配慮ではなく，障害のない人との平等を求めることで障害のある人の人権および基本的自由を確保するために必要な対応や配慮を実現することを非差別アプローチ（non-discrimination approach）という。

障害のある人に必要な配慮としてすぐ浮かぶのが**バリアフリー**や**ユニバーサルデザイン**[3][4]である。しかし，障害の状況やニーズは障害のある人それぞれによって異なるので，こういった一律かつハード面中心の対応だけですべて事足れりとなるわけではない。環境や設備の面での対応に加えて，障害のある人の個々の状況と求めに応じて行われる個別の対応や配慮，人的支援の提供といったことも**合理的配慮**[5]（reasonable accommodation）として必要になる。

障害者権利条約の批准を踏まえて制定された**障害者差別解消法**[6]では，障害のある人に対する不当な差別的取扱いを禁止し，行政機関に対して合理的配慮の提供を義務づけている。

④ 今後の課題と法制化の意義

合理的配慮の法定化により，障害のある人に対する非差別アプローチは格段に実効性をともなったものとなった。今後の課題は，合理的配慮をどこまで義務とするか，「均衡を失した又は過度の負担」（障害者権利条約第2条）を誰がどのようにして判断するのか，ということであろう。

現段階では民間事業者の提供は努力義務である。また，紛争解決の仕組みは新設されず，行政機関など既存のものの活用が前提となっている。実施後のモニタリングを踏まえ，差別解消を実効性のあるものとするための今後の見直しが求められるところである。

社会政策は給付と規制の両輪で推進される。障害の分野で非差別アプローチによる社会政策の推進が進んでいることは，セクシュアルマイノリティなどに対する差別の解消においてもおおいに参考にされるべきであろう。障害者差別解消法と合理的配慮の法制化が，今後のさまざまな領域におけるマイノリティ差別の解消と「配慮の平等」実現のための法制化の先駆けとなることが期待されている。

（岡部耕典）

▷3　バリアフリー
障害のある人の社会参加を困難にしている社会的，制度的，心理的なすべての障壁の除去という意味であるが，主として段差等の物理的障壁の解消をいうことが多い。

▷4　ユニバーサルデザイン
障害の有無，年齢，性別，人種等にかかわらず多様な人々が利用しやすいよう都市や生活環境，設備器具などをデザインする考え方。

▷5　合理的配慮
「合理的配慮」とは，「障害者が他の者との平等を基礎として全ての人権及び基本的自由を享有し，又は行使することを確保するための必要かつ適当な変更及び調整であって，特定の場合において必要とされるものであり，かつ，均衡を失した又は過度の負担を課さないものをいう」（障害者権利条約第2条）。

▷6　障害者差別解消法
正式名称「障害を理由とする差別の解消の推進に関する法律」。障害者権利条約締結に向けた国内法制度の整備の一環として，2013年6月に制定，2016年4月より施行。

自助・自立と自己決定
障害のある人たちはなぜ施設と家を出て地域で暮らそうとしたのか？

① 〈親〉と〈施設〉からの自立を求めた70年代障害当事者運動

　自立を求める日本の障害当事者運動としてよく知られているのが，70年代の各地の「青い芝の会」の運動や「府中療育センター闘争」である。1970年におこった「重症児殺害事件」の減刑嘆願運動を鋭く批判した神奈川青い芝の会がまず焦点化したのは〈親からの自立／自律〉であった。「泣きながらでも親不孝を詫びながらでも親不孝を蹴っ飛ばさなくてはならない[1]」という言葉に端的に表れているように，その運動は当事者自身に内在する自立に対するコンフリクトを外破するモメントでもあった。

　1971年には移転計画に反対する施設入所者を中心として府中療育センター闘争が始まる。その後の都庁前での3年半に及ぶ座り込みに発展する闘争において最終的に求められたのは〈施設からの自立〉であり，そのために必要な重度身体障害者の在宅介護保障の要求を受けて「東京都脳性麻痺者等介護人派遣事業」が制度化され，今日の**重度訪問介護**[2]に至る長時間見守り型介護の礎となった。

② 〈支援を受けた自立〉を支えた〈自己決定による自立〉

　「障害者への社会的抑圧に対する〈抵抗〉や〈告発〉」を焦点化する70年代の当事者運動の〈図〉と〈地〉を反転させ，「障害者の自立」を「自律的・能動的行為を意味する〈創出〉や〈実現〉」として積極的に位置づけていったのが80年代以降の自立生活運動である[3]。

　自立生活運動で共有される自立観とは，「介助者のケアを受けて，自らの人生や生活の在り方を自らの責任において決定し，また，自らの望む生活目標や生活様式を選択して生きる行為を自立とする」考え方であり，「障害者らが生活主体者となって，生きる行為を自立生活とする理念」である[4]。

　90年代以降，〈支援を受けた自立〉を支えてきたのは，このような〈自己決定による自立〉観および自立生活センターという障害当事者主体で運営する権利擁護／情報提供／介助／自立生活プログラム／ピアカウンセリング等を提供する非営利組織であった。自立生活運動によって重度の肢体不自由者自らがプロシューマーとなり，〈親〉や〈施設〉からの自立を獲得するシステムが家族介護や施設入所のオルタナティブとして実体化されていくのである[5]。

▷1　横塚晃一，[1981]2007，『母よ！殺すな』生活書院，p. 27。

▷2　**重度訪問介護**

ヘルパーを付けた在宅自立生活を求める障害当事者運動によって創設された障害者居宅介護の類型。自立生活センターが行う当事者主体のヘルパー派遣（介助）の中心となっている。利用は重度肢体不自由者に限定されていたが，2014年より，行動障害が激しい重度知的障害者・精神障害者にも対象が拡大された。

▷3　田中耕一郎，2005，『障害者運動と価値形成——日英の比較から』現代書館，p. 43。

▷4　定藤丈弘・北野誠一・岡本栄一編著，1993，『自立生活の思想と展望——福祉のまちづくりと新しい地域福祉の創造をめざして』ミネルヴァ書房，p. 9。

▷5　安積純子・尾中文哉・立岩真也・岡原正幸，[1990]2013，『生の技法——家と施設を出て暮らす障害者の社会学』生活書院。

〈支援を受けた自立〉が内在する「ケアの自律」の志向は，2000年代になって「当事者主権」として整理され，障害者のみならず高齢者や子どもを含むケアの実践に対して大きな影響を及ぼしていくことになる。

3　障害者権利条約と〈支援を受けた自律〉

障害者権利条約では，「個人の自律（自ら選択する自由を含む）」（第3条(a)項）だけでなく，「自立した生活」とコミュニティを含む社会への完全かつ効果的な参加とインクルージョン（第19条）が障害当事者の権利として規定されている。第19条は，家族／保護者への従属的状況や施設／病院での生活からの自立を障害当事者の権利として位置づけるというパラダイムシフトの基礎となっているが，条文に「パーソナルアシスタンス，Personal assistance」が明記されたことも含め，その制定過程において日本の自立生活運動が直接的・間接的に大きな影響力を行使したことが知られている。

このような自立と支援のパラダイムシフトの展開のなかで近年注目されているのが，知的障害／自閉の人たちの自立生活支援である。知的障害者の日常生活に必要な支援において，身体的な介護はその一部に過ぎない。〈支援を受けた自立〉の実際においては，ADL自立のための介護と同時に，認知的な活動において当事者の意向を汲み取り一緒に考えるという〈支援を受けた自律〉が必要となるのである。当事者主体を大前提としつつ，一方的な当事者の自己決定／指示ではなく，支援者と当事者の関係性のなかで成立する「生活をまわす／生活を拡げる」支援が注目されている。

4　〈自己決定による自立〉を超えて

当事者（支援される者）と支援者（支援する者）の非対称性を反転させたという「当事者主権」の意義は大きい。しかし，「支援される客体」という当事者概念を反転させるために「自律した個人」という当事者概念を選びとってしまった／選びとらざるをえなかったことは，自立生活運動における今後の大きな課題である。

「自己決定による自立」というのは，自分でできる（ADL自立）という能力から自分で決められる（自己決定）という別の能力へというシフトに過ぎない。個の能力（「強さ」）に依拠する〈自己決定による自立〉から，支援する側とされる側の相互依存と互いの「弱さ」を絆とする〈関係性のなかでの自立〉への移行が求められている。

互いに依存することを前提とした社会では，すべての人々の基本的ニーズの解決はその個人の能力や努力へ帰せられるのではなく，集団＝社会の責任となる。障害のある人たちが模索する〈関係性のなかでの自立〉は，「自律神話」を超えるそのような社会全体の構想へと接続されているのである。　（岡部耕典）

▶6　岡部耕典，2006，『障害者自立支援法とケアの自律——パーソナルアシスタンスとダイレクトペイメント』明石書店。

▶7　中西正司・上野千鶴子，2003，『当事者主権』岩波書店。

▶8　岡部耕典，2010，『ポスト障害者自立支援法の福祉政策——生活の自立とケアの自律を求めて』明石書店。

▶9　三井さよ，2010，「生活をまわす／生活を拡げる——知的障害当事者の自立生活への支援から」『福祉社会学研究』7。

参考文献
竹内章郎，1993，『「弱者」の哲学』大月書店。
キテイ，E. F.，岡野八代・牟田和恵訳，2010，『愛の労働あるいは依存とケアの正義論』白澤社。
ファインマン，M.，穐田信子・速水華子訳，2009，『ケアの絆——自律神話を超えて』岩波書店。

9 看取り
どのように人生を終えるか？

1 家族から医療／福祉サービスによる看取りへ

　死の迎え方は，個人的な問題だと考えられがちであるが，実際は本人と看とろうとする他者との相互関係のなかで構成されていくものである。その他者には，家族だけではなく，親族や友人，近隣者，医療関係者，社会福祉施設の専門職等が含まれる。そして，人は，死についての一定の文化やそれを取り巻く制度のなかで，死を迎える[1]。この意味で，死とは，死にゆく本人ひとりの問題ではなく，他者あるいは社会との関係性のうちに位置づけられるものである。

　死は，その「原因の帰属」と「意図の有無」の観点から，大きく4つに整理される[2]。第1に災害や事故による死，第2に他殺，第3に自死，第4に病死・老衰死である。以下では，死の迎え方として大多数を占める病死・老衰死に関する看取りを扱う。この特徴は，看護／介護といった看取りのための時間があり，看取られる本人にも看取る側にも別れの時間が与えられていることである。

　死を迎える場所・環境の変化も重要である。ここ50年で，それは自宅から病院へと急速に変化した。厚生労働省の「人口動態統計」によれば，1951年には8割以上の人々が自宅で死を迎えていたが，1976年を境に，病院死が自宅死を上回り，近年では8割以上が病院で死を迎えるようになった[3]。これは，医療の高度化とそれにともなう長寿化，急変時の医療頼み，あるいは医療過信などにより，死が「医療化」されていった結果である。現代社会において，死は管理の対象となり，人々はその枠組みから逃れられなくなっている。

　一方，死それ自体は日常から隔離・隠蔽されるようになったが，「『死と隣り合わせの生』はかえって慢性化し日常化」した[4]。死が急性的なものから慢性的なものになるにつれ，ホスピスをはじめとした医療施設のみならず，特別養護老人ホームのような老人福祉施設などで最期を迎える人も増えてくる。死は「福祉国家の提供する社会サービス」のなかで迎えるものとなり，これにつれて看取りのありかたも変化する。

2 家族内の看取りから家族外での看取りへ

　医療・福祉などの社会サービスの発達を通して，死を迎える空間が変化し，看取りのありかたも変化した。さらに，家族の観点から看取りの変化をとらえる視点も重要である。看取りの場を囲んできた家族の量的・質的な変化である。

▷1　副田義也編，2001，『死の社会学』岩波書店。

▷2　藤村正之，2008，『〈生〉の社会学』東京大学出版会。

▷3　厚生労働省保険局総務課企画調査係，2005，「医療機関における死亡割合の年次推移」『第18回社会保障審議会医療保険部会資料4』（http://www.mhlw.go.jp/shingi/2005/08/s0810-3g.html，2020/2/12）。

▷4　武川正吾，2008，「生と死の社会学」武川正吾・西平直編『死生学3 ライフサイクルと死』東京大学出版会，pp. 9-22。

産業構造の変化にともなう人口移動によって，都市化，核家族化，単身世帯の増加といった，社会構造の変動が進んだ。核家族とは，親と子どもからなる世帯であるが，それは夫婦のみ世帯となり，最終的に単身高齢者世帯へと至る。これに加えて，ライフスタイルの「個人化」と呼ばれる現象が進行した。看取りの場所とそのありかたを考えるとき，こうした家族構造の変動や家族規範の変容といった観点からとらえる必要がある。

　家族構造の変動によって家族機能は縮小し，看取る人がいないという場合も増える。また家族規範の変容により，親族がいても親族に看取ってほしくない／親族を看取りたくないという選択肢も，現実的に人々が選択可能なものになってきたのである。

❸ 死の準備における自己決定と成年後見制度

　こうして，これまで家族や親族をはじめとした限定的な関係性のなかで執り行われてきた看取りを，家族外で社会的に行う仕組みとして整えることが求められるようになってきた。例えば，一部の社会福祉協議会では，従来の見守り・権利擁護・緊急時対応などのサービスを拡充し，死後のことに関する事務委任として，家財処分・葬儀・埋葬・納骨などのサービスを新たに始めたところもある。あるいは，将来に備え，成年後見制度の1つである任意後見制度を利用するという方法もある。

　成年後見制度には，将来に備えて後見人を自身で選んでおく任意後見制度と，家庭裁判所が後見人を選ぶ法定後見制度があり，両者を比較すると，任意後見制度のほうが自己決定を実現する仕組みとしては優れている。なぜなら，任意後見制度では，判断能力が不十分となったときに後見人に代行してほしい内容を事前に明示し，自身が選択した後見人との間で公正証書を作成し，契約することが可能となるからだ。

　信頼できる任意後見人をみつけることで，判断能力が低下したあとも，希望する生活ができるかぎり保障されるだけでなく，死後事務に対する不安が軽減され，安心して暮らすことが可能になる。最期まで自己決定に貫かれた人生を実現するという意味で，また自身のことで遠縁の親族の手を煩わせたくないという希望や期待に応えるものとして，注目される制度の1つである。

　死とは，他者との関係性のうちに構成され，人々を取り巻く制度のなかで迎えるものであった。したがって，社会の変化に応じて，死の迎え方，看取りのありかたも変わっていく。そうした動きに対応するものとしてここでは任意後見制度を取り上げたが，成年後見制度には課題も多い。ケアと看取りを切り離すことなく社会で担っていくにはいかなる形がありうるのか，看取りを支える諸制度の整備と選択肢の充実が，まさに喫緊の課題となっている。

（税所真也）

▷5　夫婦の一方または双方の死亡により消滅する家族。

▷6　成年後見制度とは，判断能力が不十分な認知症高齢者，知的障害者，精神障害者の財産管理と身上監護（生活をしていくうえで必要となる契約の締結）などを本人に代わって成年後見人等が代行し，支援する制度である。

▷7　例えば，葬儀，病院等への支払い，家財処分や遺品の整理，遺言や相続のことなど。

ケアの倫理
気づかいしあえる社会をどうつくるか？

1　自立の問題点

　「自立」という言葉からは「大人になった」「しっかりしている」「一人前の社会人」というポジティブなニュアンスを感じることが多いのではないだろうか。現代社会では，自立に大きな価値が置かれている。とくに経済的自立すなわち賃労働でお金を稼ぎ，そのお金で生活することが，社会成員として当然であり重視されている。それゆえ，人間は生まれたときから自立するように，すなわち親に頼らず，国に頼らず，自分で稼いで生きていくことができるよう育てられ，促され，ときには強制されたりもする。

　近年では，「**新自由主義**」という能力主義とセットになった自己責任の高まりによって，働いて自分の食い扶持を稼ぎ，誰にも頼らずに生活し，自分で自分の能力を成長させていく姿勢が「当然のもの」「あるべき姿」として強調されている。そして，それができない他者や国に依存する者は，「能力がない」「怠けている」と，自己責任の名のもとに切り捨てられる風潮がある。

　男性に経済的に依存することがむしろ適切であるとみなされてきた女性も，新自由主義のもとではグローバル市場経済に動員され，性別にかかわりなく競争することが当たり前となり，能力と意欲があれば稼ぐことができるようになった。しかし，その一方で，親や配偶者の稼ぎあるいは福祉の給付によって生活する者は，社会の経済活動に貢献しない怠惰で無力な者とみなされるようになった。新自由主義のもとでは不平等と格差が広がるだけではなく，依存は個人の性格や特徴を表す用語となり，「あいつは自立できず，依存していて情けない！」というような負の烙印が押されたりもする。

　しかし，そもそも人間は本当に自立した存在なのだろうか。依存を「誰かがケアをしなければ生命の維持が難しい状態」と考えてみれば，そもそも人間は，乳幼児のとき，病気になったとき，高齢の要介護者になったとき，誰の手も借りずに生きていくことはできない。誰もが依存者になる（期間がある）のであるならば，人の手を借りて生きるという依存を正当に評価し，依存を「当たり前のもの」として認識する社会を構想する必要があるのではないだろうか。

2　自立と依存：正義の倫理とケアの倫理

　自立と依存という概念について理解するには，哲学的な議論が参考になる。

▷1　新自由主義
政府が市場や個人に介入することは最小限にとどめ，自由競争による秩序を重視する考え方のこと。

▷2　藤原千沙，2017，「新自由主義への抵抗軸としての反貧困とフェミニズム」松本伊智朗編『「子どもの貧困」を問いなおす──家族・ジェンダーの視点から』法律文化社，p. 48。

▷3　藤原千沙，2017，「新自由主義への抵抗軸としての反貧困とフェミニズム」松本伊智朗編『「子どもの貧困」を問いなおす──家族・ジェンダーの視点から』法律文化社，p. 46。

まず，自立がどのように価値づけられてきたのかを確認しよう。自立を正当化する根拠の1つとして，「正義の倫理」がある。「正義の倫理」とは，効率性や合理性に価値をおき，機会の平等と自由競争のもとで，自立した個人が能力を十分に発揮することで社会の富が最大化すると考える倫理である。ここでは，人間は自立した存在とみなされており，「誰かがケアをしなければ生命の維持が難しい状態」の依存者は想定されない。依存者を想定しないで構築された近代社会は，不平等と格差を広げる新自由主義の土壌となった。[4]

一方，依存を正当化する根拠の1つとして，「ケアの倫理」がある。「ケアの倫理」とは，人間はすべて誰かに依存している存在であるとみなし，他者のニーズを認識しそれに応えることを求める倫理である。

③ なぜケアの倫理が必要なのか

現代社会において，なぜケアの倫理が必要とされるのだろうか。それは，第1に，人間は誰もがケアを必要とする依存状態を経験するからである。それにもかかわらず，それを「甘えている」「価値がない」「早く依存から脱するべき」と貶め，依存は自己責任であると放置することは倫理的とはいえない。第2に，ケアをする人を正当に評価し，保護することが必要だからである。ケアされる人だけではなく，ケアする人もまた依存状態におかれることが多い。ケアをする人は，ケアをしている間は賃労働をすることが困難になり，そのために貧困状態に陥ったり，福祉の給付を受けたりすることがある。[5]このような状態を，社会の経済活動に貢献しない怠惰で無力な者として貶めることは，やはり倫理的とはいえない。人間社会はケアがなければ成り立たない（誰もがケアを必要とする依存状態を経験し，誰かのケアを受ける／誰かにケアを与える）のであるから，ケアを引き受けることから生じる負担やコストを個人に押し付けてはならない。哲学者のキテイは，ケアを受け取ること／与えることを社会の核としてとらえることを提唱している。[6]ケアの倫理を重視する社会は，ケアされる人のみならずケアをする人も保護する社会であり，気づかいしあえる社会なのだ。

④ ケアの倫理とジェンダー平等

ケアの倫理を重視し，ケアを受け取ること／与えることの保護を社会制度に組み込んだ社会はジェンダー平等にもつながる。ジェンダー不平等な社会では，育児，介護，介助，看護など，ケアをする人は圧倒的に（とくに家族・親族の）女性に偏っている。ケアを抱えた女性は，賃労働をすることが困難になり貧困のリスクを抱える。ケアの倫理を重視する社会を構築することで，ケアをする人が貧困に陥ることを防ぐことができる。それは現在のジェンダー不平等な社会を修正することにもつながるのだ。

（野辺陽子）

▶4 藤原千沙，2017，「新自由主義への抵抗軸としての反貧困とフェミニズム」松本伊智朗編『「子どもの貧困」を問いなおす——家族・ジェンダーの視点から』法律文化社，p.50。

▶5 これを，法哲学者のマーサ・ファインマンは，「二次的依存」と呼ぶ。ファインマンは，乳幼児や高齢者などのケアを受ける人が抱える不可避な依存を「一次的依存」，そして，ケアをする者が抱えてしまう依存を「二次的依存」と呼び，区別した。ファインマン，M.，上野千鶴子監訳，2003，『家族，積みすぎた箱舟——ポスト平等主義のフェミニズム法理論』学陽書房。

▶6 キテイ，E.，岡野八代ほか監訳，2010，『愛の労働あるいは依存とケアの正義論』白澤社。

福祉社会におけるリスク
不透明な社会の中でどう生き延びるか？

❶ リスク社会論

　雇用や家族がゆらぐ現代社会は，先行きを見通せない不安定な社会であると考えられている。福祉社会学では「リスク」と「個人化」という概念を用いて，こうした現代社会が置かれた状況を説明している。

　リスクという概念が多用されるようになったきっかけは，ドイツの社会学者**ウルリヒ・ベック**の著書『リスク社会』（1986年）にある。ベックは，とくに環境や食糧といった自然科学の文脈で，現代社会においては人間が知覚できない，つまり予見困難な（予測できない）出来事が数多く発生し，社会に大きな損害を与えていることを考察した。そのような予見困難なリスクに満ちている不透明な社会を「リスク社会」と呼んでいる。

　例えば原発（核開発）はリスク社会を象徴するものである。原発は安全で効率的に管理できる最先端の科学技術として開発されたが，現実には各国でたびたび想定外の事故を起こし，放射能汚染や核廃棄物処理という重大な問題を生じさせている。

　またリスク社会論では，リスクというものが科学の進歩および社会の制度・機構を改良することの結果として生み落とされている点に注目する。つまり，人間はいっそう科学技術を発達させ社会制度を開発しようとして，しかしその結果として（意に反して）人間が知覚できない新たなリスクを生じさせているのである。これを「再帰性」と表現することができる。

　原発の例でいえば，石炭よりも効率的な石油による火力発電が開発され，さらに科学技術が進歩することで原発が誕生した。このように人間の科学的知見そのものが再帰的にリスクを生んでしまっている。それは自然災害の「危険」（danger）とは異なり，まさに人災としてのリスクだといえよう。

❷ 福祉社会というリスク社会

　社会科学の議論においては，このリスク社会論が「個人化」というもう１つのキーワードに関連づけられて論じられてきた。個人化とは，人々が職場や家族に帰属しないでバラバラになり，土地や階級のアイデンティティを失い，自分自身の日常や人生を自分で組み立て，自分で責任をとらなければならない状態に追いやられていく様子をあらわしている。リスク社会では個人が集合的に

▷１　**ウルリヒ・ベック**（Ulrich Beck）
リスク，個人化，再帰性といった概念を用いて，現代社会がリスク社会であることを説明したドイツの社会学者。『リスク社会』の翻訳は，ベック，U., 東廉・伊藤美登里訳，1988，『危険社会──新しい近代への道』法政大学出版局。

▷２　原発のほかにも現代社会は，地球温暖化，新型ウイルス感染，環境ホルモン，テロの脅威，株価の暴落といった，まさに予見困難な無数のリスクにさらされているのである。
　新型コロナウイルス感染症によるパンデミックもリスクとして考えられるだろう。

（会社や地縁・血縁的な共同体に属して）生きることがなくなり，自己の利害に従順となり，その結果個人化がさらに加速するという循環が生まれている。つまりここでも再帰性が基礎にある。

また個人化は福祉国家の産物であり，20世紀後半になって現れてきた現象である。というのも，工業経済や**近代家族**を前提とした福祉国家においては，人々のライフコースは予見可能であり，社会保険によって集合的に管理することができた。人々は正規雇用で雇われ，適齢期に結婚・出産し，定年を迎えて年金生活を送る。こうしたライフイベントを社会保険という制度が支えていた。

しかし，雇用が流動化し，家族・地域・共同体がゆらぎ，つまり個人化が進展したことで福祉国家の前提が失われた。こうして「標準的」な暮らしや生き方が失われたこと（「脱標準化」）で社会保障制度の根幹がゆらぎ，ケアや再分配を困難にしているのが今日の福祉社会である。個人化によって予見不可能なリスクが直接個人に降りかかり，個人が受けとめて対処しなければならなくなったのである（リスク管理の私事化）。

③ 福祉社会におけるリスク管理

リスクは万人に降りかかり，しかしその対処は個人にゆだねられる。原発事故がそうであるように，リスクによってダメージを受けるのは特定の「弱者」ではなく，すべての立ち位置，境遇にある人間である。それは普遍的に起こり，国境を越えてグローバルに影響を及ぼす。

だがリスク社会において，あらゆるリスクに備えるのは困難であり，その対処は受動的にならざるを得ないとベックは考えていた。なぜならリスクはそもそも社会が「科学」——科学的根拠に基づく判断——に支配されて合理性を追求した結果（再帰性）によるものだから，リスクへの対処はそのような科学のみに依拠して予防すべきではないと考えていたからである。

しかし，現実の福祉社会においてリスクはますます科学的・合理的に対処し，予防すべきものとして語られる傾向にある。例えば児童虐待の議論では，親の生育歴や精神疾患といった虐待の「リスク・ファクター（要因）」が分析され，「虐待ハイリスク家庭」の早期発見と介入が行われる。あるいは出生前診断によって障害のある子どもを産む「リスク」が確率論的に診断される。こうした「**リスク・マネジメント**」によって，リスク発生の要因はますます個人的なものとされ，確率の問題として人間の生が管理されることになる。

一方ベックは，リスクへの対処や回避を「政治的対話」を通して行うべきだと考えている。それは，科学的な因果論や確率論ではなく，諸個人が政治的対話に参加することを重視し，「個人的なことは政治的なことである」という考えに立脚する。先行き不透明なリスク社会だからといって，そのリスク回避のために人の暮らしや生命を合理的に管理してよいのかが問われている。（金子　充）

▷3　近代家族
近代以降に「標準的」であると考えられている家族スタイル。すなわち，男性稼ぎ手と専業主婦によるジェンダー役割を固定化した一夫一婦制の核家族を意味する。近代以降に確立され，家族規範や家族制度によって維持されてきた。

▷4　リスク・マネジメント
リスクへの備えを万全にし，損害の軽減を図ろうとして，リスク要因となるものを科学的・合理的に管理しようとすること。福祉の文脈では，介護予防，健康管理，災害防止，施設・病院での事故防止などがリスク・マネジメントとして議論されている。

リスクと社会保険
なぜ保険に入らなければならないのか？

1　自賠責保険と保険の考え方

　日本では自動車の所有者は自賠責保険（自動車損害賠償責任保険）への加入が義務づけられている。自賠責に加入していないと車検を受けることができず，無車検の車は一般道を走ることができない。無車検の車で一般道を運転すると罰金が科せられ，運転者には免許停止の処分がくだされる。

　なぜそういうことになるかというと，みなが交通安全を心がけていても，毎年，必ずどこかで交通事故が発生するからである。あらかじめ誰が事故を起こすかはわからないし，どこで事故が起きるかもわからない。事故を起こしそうな人間や，事故が起こりそうな場所を過去の経験から予測することはある程度できる。しかし確実なことはわからない。このため自動車の所有者や運転者はつねに交通事故による損害賠償責任のリスクを負うことになる。このリスクを回避するための仕組みが自賠責保険である。

▷1　損失や危害が生じる可能性のこと。

　自賠責保険が成り立つのは，交通事故の具体的状況を予測することができなくとも，日本全体でみると，毎年一定の割合で事故が発生することがわかっているからである。このように，ある事象が繰り返されると，確率が一定値に近づいていくことを大数の法則という。サイコロを何度も振ると1の目の出現する回数は，振る回数が増えれば増えるほど6分の1に近づいていく。不謹慎な言い方ではあるが，交通事故もこれと同じことである。北海道で起こる事故と九州で起こる事故はそれぞれ偶発的であって直接にはなんの関係もない。ところが47都道府県で大量に事故が発生することによって，個々の車輛による保険事故の発生率がわかる。日本全体での交通事故による損害賠償の総額もわかるので，個々の車輛の持ち主が支払うべき保険料もわかることになる。

▷2　保険の対象となる事故。海難，火災，死亡など。

2　損害保険と生命保険

▷3　ただし自賠責で補償されるのは最低限の金額であり，それ以上については任意加入の自動車保険による。

　保険の歴史は古い。古代ギリシャでも海上貿易での海賊の襲来や，暴風雨による船の沈没にそなえるため荷主と船主でリスクをプールする海上保険が生まれた。さらに14世紀から15世紀にかけて，大航海時代の始まりとともに，地中海のイタリア諸都市で現代と同じような海上保険が発達した。海難事故のリスクを回避するために船主や荷主は保険業者に前もってプレミアム（保険料）を払い，海難事故が起きたときは保険業者が損害を補償することとなった。

海上保険と同様に古くから存在するのが火災保険である。1666年9月にロンドンで大火災が発生し市内の85％が消失した。この事件をきっかけにイギリスでは火災保険会社が次々と誕生した。

保険のもう1つの重要な分野は生命保険である。損保ほどではないが生命保険の歴史も古く，中世ヨーロッパにまで遡る。生命保険は家計支持者が死亡したときに遺族の生活を保障するためのものであった。当初は年齢に関係なく保険料を拠出していたが，人間の死亡率は年齢と性別によって異なるため，18世紀に，数学者ドドソンによって年齢別死亡率を考慮に入れた保険料の決定方法が考案され，以後，近代的な生命保険会社が設立されることとなった。

❸ 社会保険の誕生

社会保障の歴史のなかで，以上のような保険の考え方が取り入れられた典型例は労働者災害補償保険である。産業革命によって工場が増えるにつれて労働災害（工場内での事故による病気やケガなど）が増加した。当初，労災に対する補償は私法による損害賠償の一環として位置づけられた。このため被害者である労働者は雇い主の過失を証明しなければ損害の補償が受けられなかった。ところが19世紀末までに，無過失責任の原則に基づいて，労災事故の発生する可能性のある事業を営む雇い主は労災事故に対する責任を持つという考え方が欧州先進諸国で普及した。そしてこれに対応するため雇い主向けの保険制度が発達した。労災事故も海難，火災，死亡といったリスクと同様に発生確率を予測することができたからである。この保険が強制加入による国の制度となったのが，現在各国に存在する労働者災害補償保険の制度である。

同じく19世紀後半，国民国家としての統一を遂げ，産業革命を経たドイツでは，労働運動や社会主義運動が盛んとなり，既存の支配体制が脅かされていた。当時「鉄血宰相」と呼ばれたビスマルクはこれらを抑え込むために「飴と鞭」の政策として社会保険の制度を創設した。このとき創設されたのが疾病保険，労災保険，老齢・障害保険である。労働者にとっては労災と同様，疾病や老齢・障害も所得喪失のリスクであり，これらに対応するための保険がドイツで生まれた社会保険である。

社会保険が社会保障の歴史のなかで重要な意味を持つのは，被保険者が保険への加入と同時に保険料を支払い，その見返りとして，保険事故に遭遇した（すなわちなにかが必要となった）ときに，給付を受け取ることができるから（すなわち必要な資源が提供されるから）である。言いかえると，社会保険は共助（mutual help）であると同時に自助（self help）でもあるということになる。このため社会保険の給付は憐憫の情や施しによるものではなく，損害保険や生命保険の保険金と同様，スティグマなしに権利としての性格を強く帯びることになる。

（武川正吾）

▷4　明暦の大火（1657年）もこれに匹敵し，江戸の大半が消失した。

▷5　日本の損保（損害保険会社）の社名に〇〇海上火災という名称が使われているのは，こうした歴史に由来する。

▷6　民法や商法など私人間の権利義務関係を定めた法律。

▷7　加害者に過失がなくても，被害者に対して損害賠償の責任を負うということ。

▷8　こうした歴史的事情から，労災保険の保険料は事業主が全額負担することになっている。

▷9　飴が社会保険であり，鞭は社会主義者鎮圧法である。

▷10　Ⅳ-4 参照。

▷11　民間保険と社会保険はどこが違うのかという点については Ⅲ-4 参照。

（参考文献）

佐口卓，1976，『社会保障概説』光生館。
土田武史編著，2015，『社会保障論』誠文堂。

3 第二の近代と社会保険
老後に年金はあてにできるのか？

1 近代化と社会保険

　20世紀初頭から工業化を進めてきた先進国の多くは，社会保険と呼ばれる社会保障制度を整備してきた。社会保険は，保険という方法を用いて生活を保障する制度のことであり，年金，医療，介護，失業，労災などの経済給付やサービス保障を普遍的に（全国民を対象に）提供するものである。このような社会保険を基本にし，それを社会扶助が補うという構造の社会保障制度を整備しているのが福祉国家である。

　クリストファー・ピアソンは，各国がいつ頃からこうした福祉国家体制を確立させたのかを論じるなかで，社会保険の導入時期に注目した議論を展開している。例えば，社会保険の導入が世界で最も早かったドイツでは，1870～80年代にビスマルクが３つの社会保険（労災，医療，年金）を制度化している。他の多くのヨーロッパ諸国でも20世紀直前から第一次世界大戦までの間に，労災，医療，年金を中心とする社会保険を整備している。

　社会保険の導入時期は，各国の工業経済の発展，およびそれを支える近代家族および国民国家の確立と深い関係がある。というのも，年金や医療といった社会保険は国家・経済の発展を支える労働者とその家族を主たる対象として展開され，労働者以外の人々を後回しにしてきたからである。

　保険という仕組みには「加入」と「拠出」という前提があるから，社会保険の給付やサービスを受ける条件として，まず国民として制度に加入し，労働者として働き，保険料を納める必要がある。さらに，多くの福祉国家は女性を扶養家族として位置づけ，また家庭内で男性（稼ぎ手）の生活上の世話と子ども（次世代の労働力）の養育をするよう女性に役割を与えた（これを男性稼ぎ手モデル世帯と呼ぶ）。女性はそのような地位に収まることで，**税控除**を受けられたり，保険料が免除されたり，**遺族年金**がもらえたりする。

　このように，工業経済，近代家族，国民国家の確立とセットで社会保険が整備され，福祉国家が成立してきた。この福祉国家の時代を「第一の近代」と呼ぶことができる。

2 「第二の近代」における社会保険のゆらぎ

　[Ⅲ-1]で見たように，現代社会は「リスク社会」としての特徴を持ってい

▷1　一般的に社会保障制度は，社会保険と社会扶助によって構成されている。社会保険は，年金，医療，失業，労災等に備える公的な保険である。一方，社会扶助は公的扶助，社会手当，福祉サービスなど税方式（公費負担方式）で運営され，加入や拠出が不要で事後的に給付やサービスを保障する制度をあらわす。

▷2　ドイツ（プロイセン）の宰相ビスマルクは，いわゆる「飴と鞭」の政策として，医療保険(1883年)，労災保険(1884年)，年金保険（障害・老齢保険）(1889年)という社会保険を世界に先駆けて導入した。

▷3　費用を負担すること。社会保険の場合，保険料を支払うことを意味する。

▷4　税控除
税金が安くなる仕組み。扶養家族のいる者や低所得者は，それらの条件だけで算出された所得税額から課税額がマイナスされ，税が軽減される。

▷5　遺族年金
一家の稼ぎ手が亡くなった場合，その者によって扶養されていた遺族には公的年金が支給される。

る。それは予見困難なリスクに満ちている不透明な社会のことであり，雇用や家族のゆらぎによって「個人化」が進展した社会を意味している。

　そこで，雇用や家族の崩壊をくい止めようとして社会保障が整備される。すると人は雇用や家族に依存せずとも生きていけるようになり，それらの崩壊をいっそう加速させるのである。つまり近代化が進展することでリスク社会が「再帰的」に生み出される。このように，近代化の「副作用」として展開する時代を「第二の近代」（再帰的近代）と呼ぶことができる。

　「第二の近代」であるリスク社会では，雇用が流動化し，家族・地域・共同体がゆらいだことで，人々は社会保険に加入して保険料を拠出することが困難になる[6]。さらに，個人化によって予見不可能なリスクが増えると，保険では対応できなくなる。保険はあらかじめ定められた事故に対して給付を行う仕組みであるから，想定外のリスクには保険が効かないことになる[7]。

❸　新たな連帯に向けた保険の問いなおし

　多くの先進諸国が年金保険を用意しているものの，「第二の近代」に至った今，年金制度への不信が高まり，年金破綻説がささやかれている。公的年金はあてにできないので，民間保険や貯金のほうが安心だと考える者もいる。

　しかし老後に年金がもらえるかどうかの議論は，年金保険という制度枠組みをいったん取り払って考える必要があるだろう。つまり，年金制度は必ずしも「保険」である必要はなく，不信感や破綻説の矛先は年金「保険」に向かうべきものであろう。老後や障害に備えて年金制度が必要であるか否かという議論と，それを保険方式でまかなうか否かという議論は，ほんらい別々の議論のはずである。

　ピエール・ロザンヴァロンは「保険社会の衰退」について論じている。第一の近代（福祉国家）において，相互扶助を掲げる保険は人々の連帯を促す役割を果たし，あるいは連帯の哲学に立脚していたが，第二の近代においてそれらが崩壊してしまった。長期失業やワーキングプア，ホームレスといった社会的排除に対して社会保険が機能しなくなり，保険による階層間・世代間の再分配が成り立たなくなってしまったからである。

　そこで，社会の連帯を促すために，保険ではない新たな原理が求められている。デンマークやカナダのように，はじめから税方式による年金制度を用意している国もあるし，イギリスやスウェーデンのように，保険方式の年金制度の不備を補うための税負担による「**最低保障年金**[8]」を別立てで用意する国もある。社会的連帯や社会統合を図るためには，保険よりもむしろ扶助（税方式）の意義が確認されており，こうした議論の延長として**ベーシックインカム**[9]も注目されている。

（金子　充）

▷6　とくに日本では，雇用の流動化は年金保険に大きなダメージを与えている。終身雇用や年功序列型賃金といった日本的雇用システムが破壊されたことで，安定的に十分な額の年金を積み立てたり，世代間扶養を行ったりすることが困難になっている。ワーキングプアやフリーターと呼ばれる低所得者にとって社会保険料の負担は過重である。

▷7　例えばリスク社会の現代においては，医療保険では対応できない難病にかかったり，失業が長期化したり，認定されにくい精神疾患にかかったりする。あるいはDVを受けたり，ひきこもり状態になったり，借金を抱えたりもするが，いずれも社会保険では対応してくれない。不妊治療，遺伝子検査，臓器移植，安楽死などにも保険は不向きである。

▷8　**最低保障年金**
年金がもらえず最低生活基準以下の生活に陥ること（無年金）を防ぐために，税負担（公費負担）で老後の最低生活を保障する年金制度である。

▷9　**ベーシックインカム**
すべての人が最低限度の生活を営めるように無条件による所得保障（現金給付）を行うという政策の構想。既存の社会保障はすべての人の生活保障になり得ておらず，また無条件でもないという批判をもとに議論されている。

4 福祉国家と伝統的リスク
国が福祉を保障する仕組みはどうやって生まれたか？

▷1　福祉国家は先進諸国では20世紀の半ばころまでに成立したと考えられている。それ以前の段階の国家は「夜警国家」（国家の仕事は私有財産の夜警にとどまる国家）として特徴づけられる。

▷2　福祉国家のこの側面は「国家目標としての福祉国家」と呼ぶことができる。

▷3　福祉国家のこの側面は「給付国家としての福祉国家」と呼ぶことができる。給付とは年金や医療や福祉サービスなどである。しかし福祉国家はこうした現金や現物の給付を行うだけでなく、国民の福祉のためにさまざまな規制も行っている。例えば労働基準法の制定や男女雇用機会均等法の制定などである。福祉国家のこうした側面は「規制国家としての福祉国家」と呼ぶことができる。

▷4　福祉国家の成熟の度合はしばしば国民総所得に占める社会保障費用（社会保障給付費と社会支出）の割合によって示される。

▷5　公的扶助の源流は救貧法である。

▷6　生活保護のように税金を用いて実施される救貧施策のこと。

1 福祉国家とはなにか

　福祉国家は一般に国民の（広義・狭義双方の）福祉に責任を持つ国家のことだと考えられている[1]。それはそれで間違いない。ただし、これだけだと福祉国家の抽象的な目的を示した[2]にすぎない。福祉国家がその目的を実現するための手段として採用しているのが、完全雇用や社会保障、場合によっては教育、住宅など国民生活の安定と向上のための諸施策、すなわち社会政策である[3]。

　福祉国家の社会政策として最も典型的なものとは社会保障である。社会保障は Ⅲ-2 で解説した社会保険と[4]、これとは別に発達してきた公的扶助が20世紀の初頭に統合して成立した[5]、人類の歴史のなかでは比較的新しい制度である[6]。

　社会保障の名称は1930年代のアメリカに由来する。英語表現は Social Security である。セキュリティは不安のない状態を意味し、国家レベルでは「安全保障」のことを指している。つまり社会保障とは「社会的な安全保障」である。国の安全保障が国民の生命や財産を守るため他国から攻撃される危険を回避することであるのに対し、社会保障、すなわち社会的な安全保障は貧困・困窮や疾病といった社会的リスクから国民の安全や生活を守ることである[7]。

2 社会保険によるリスク回避

　社会保険は、保険技術を用いた社会的リスク回避のための社会保障制度である。ここでいう保険技術とは、①危険率の測定、②共同準備財産の形成、③収支相当の原則のことを言い、これらは保険が成り立つための条件である。

　危険率の測定とは、Ⅲ-2 で説明した「大数の法則」によって、各リスクの発生率を計算することである。

　共同準備財産の形成とは保険事故が発生したときに、あらかじめ約束した保険給付が支払われるように、共同準備財産（保険基金、ファンド）が形成されていなければならないことを意味する。被保険者は危険率の測定によって算出された保険料（拠出、プレミアム）を納付しなければならない。

　収支相等の原則とは保険における収入の総額と、保険給付の総額が等しくなければならないことを言う。危険率の測定が正しく行われ、これに見合った共同準備財産が形成されれば、保険制度の収支は過不足なく一致するはずである[8]。

　これらの保険技術は民間保険と共通である。しかし社会保険は、①国家が管

理していること，②強制加入であること，③国庫負担があること，④事業主（雇い主）負担があること，などの点で民間保険から区別される。また民間保険では保険料と保険金が比例すると同時に，リスクの大きさによって保険料が異なる（給付反対給付均等の原則という）。例えば，生命保険の保険料は年齢によって異なるし，火災保険の保険料は木造か鉄筋かによって異なる。しかし社会保険の場合，そうしたリスク別の区分は原則としてない。健康な人も病気の人も健康保険の保険料率は同じである[9]。このため社会保険は民間保険では事実上扱えないようなリスクに対応することができ，そのことによって再分配（Ⅰ-6）や生活保障の機能を果たすことになる（人々の必要が充足される）。

　社会保障のなかでも社会保険によって対応できないリスクについては，主として税金を用いた公的扶助や社会手当がこれを補うことになっている。

❸　伝統的リスク，古いリスク

　1880年代のドイツでビスマルクによって創設された社会保険は疾病，労災，老齢・障害が対象であった。1911年にはイギリスで世界最初の失業保険がロイド・ジョージ蔵相の主導により設立された。またアメリカのルーズベルト大統領のもとで1935年に制度化された世界最初の社会保障法が対象としたリスクは高齢・遺族・障害であった[10]。さらにイギリスで1942年に発表された報告書『社会保険および関連諸サービス』（通称『ベヴァリッジ報告』）は人間の生存が脅かされる状態を「5人の巨人」に喩えた（Ⅰ-5を参照）。①窮乏，②疾病，③無知，④陋隘（不潔），⑤無為（怠惰）である。このような状態に陥るリスクを回避するためには所得保障，ヘルスケア，教育，住宅・環境，雇用などの社会政策が必要となることを説いた。

　福祉国家はもともと第2次世界大戦中に，ナチスドイツの「権力国家」と戦ったイギリスが，戦後再建のために掲げた国家目標であった。連合軍がドイツに勝利したあと，イギリスでは社会保障，国営医療（NHS），教育，住宅などの各種社会政策が整備され，20世紀の半ばには名実ともに福祉国家が成立した[11]。そして当初の福祉国家が回避しようとしたのは，上述のビスマルクからベヴァリッジがとりあげたような社会的リスクであった。

　産業革命後の工業社会において，人々の生活を脅かすリスクは，労災・疾病・高齢・障害・失業・遺族・窮乏・無知・不潔・無為（怠惰）であった。これらのリスクヘッジ（将来起こりうる危害を最小限に抑えこむこと）をするため福祉国家が生まれた。ところが，脱工業化や家族の変化がすすむなかで，既存の福祉国家によっては対応が困難な「新しい社会的リスク」（NSR）が生まれた（Ⅲ-5参照）。このため上述のリスクは「古い社会的リスク」や「伝統的な社会的リスク」と呼ばれるようになった。　　　　　　　（武川正吾）

▷7　Social Security は当初「社会的安寧」などと訳されたこともあったが，日本国憲法が成立して以降，社会保障の用語が定着した。

▷8　ただし社会保険は保険料収入だけでなく，資産収入（ファンドの利息）や国庫負担もあるため，民間保険のような収支相当の原則は成り立たない。

▷9　ただし所得に応じて実際に納める保険料の額は異なる（応能負担）。

▷10　それぞれの頭文字をとって OASDI などと呼ばれる（Old-Age and Survivors Insurance と Disability Insurance のこと）。

▷11　福祉国家の成立とともに「揺籃から墓場まで」という標語がうまれた。なお戦後ドイツの基本法（憲法）で福祉国家は「社会国家」として位置づけられた。

（参考文献）
武川正吾，2011，『福祉社会』［新版］有斐閣。
土田武史編著，2015，『社会保障論』誠文堂。
Taylor-Gooby, Peter, 2014, *New Risks, New Welfare*, Oxford University Press.

新しい社会的リスク
経済社会の変化と新しい生活上の困難とはなにか？

1 新しい社会的リスクとはなにか

　新しい社会的リスク（New Social Risks：NSR）とは，グローバル化や産業構造の変化（サービス経済化）にともなって発生する，家庭生活と仕事との両立リスク，単親家庭におけるリスク，ケア提供のリスク，低熟練の非正規・不安定就労のリスクなどを総称したリスクを意味する。[1]

　旧来の社会的リスクは製造業を中心とした産業社会において主流であった男性稼ぎ主モデルのもとで発生する健康リスク，退職リスクが中心であったが，ポスト産業社会においては，女性の労働力化にともなう共稼ぎ世帯の増加，高齢化社会の進展にともなうケアニーズの増加，グローバル化による不安定・非熟練労働の増大，そして，市場メカニズムを通じて消費者として利用する福祉サービスの拡大などによって，新たな社会的対応を必要とするリスクが高まった。[2]

　NSR は，労働市場への参加やケアの提供にかかわって生起するものであるため，旧来のリスクが人生の後半期（高齢期）に主として生じていたのに対し，人生の前半期（幼児期や若年期）に生じるという特徴がある。また，旧来のリスクは中高年の男性といった比較的同質の集団によって経験されるものであったが，NSR については，若者，女性，非熟練労働者，失業者，単親，移民などの多様な属性を持つさまざまな集団に対して降りかかってくるものである。とくに，グローバリゼーションにともなって増加する移民は福祉サービスへのアクセスが保障されておらず，不安定就労の可能性が高いため，そのリスクによる耐性が弱いとされる。

　また，各国においてどのような NSR が発生しやすいかということは，レジームによって規定される部分が大きいが，各国における固有の状況によって左右される部分もある。例えば，社会民主主義レジームでは不安定就労やケアに関するリスクは小さく，自由主義レジームでは雇用に関するリスクが高い。また，保守主義レジームでは，例えばオランダは労働市場リスクが小さいが，ドイツは小さい子どもがいる家庭における女性が失業や不安定就労に陥る雇用上のリスクは高い。また，イタリアは全般的に非熟練労働に就くリスクや失業リスクが高いとされる。[3]

▷1　Bonoli, Giuliano, 2005, "The Politics of the New Social Policies : Providing Coverage Against New Social Risks in Mature Welfare States", *Policy & Politics*, 33(3) : pp. 431-449.

▷2　Taylor-Gooby, Peter, 2004, "New Risks and Social Change", Peter Taylor-Gooby ed., *New Risks, New Welfare : The Transformation of the European Welfare State*, Oxford University Press, pp. 1-28.

▷3　Zutavern, Jan, Kohli, Martin, 2010, "Needs and Risks in the Welfare State," Francis G. Castles, Stephan Leibfried, Jane Lewis, Herbert Obinger, Christopher Pierson eds., *The Oxford Handbook of the Welfare State*, Oxford University Press, pp. 169-195.

② 新しいリスクに対する社会政策

　旧来のリスクは病気や高齢などによる所得の中断や失業や高齢による労働市場からの退出であったため，それへの対応は，世代間の所得移転や世代内のリスクプーリングなどの脱商品化によって対処するものと想定されていた。他方，NSRに対しては，労働市場への参入を促進し，経済的な競争力を高めることを目的として，雇用・教育訓練やケアサービスの提供などによる**フレキシキュリティ**[4]を通じて，労働力を再商品化して対処するという特徴がある。

　その具体的な政策内容としては，①労働市場の外におかれている人に対して積極的労働市場政策を提供すること，②ワーキングプアに対して所得補助を行うこと，③家庭と仕事の両立支援に向けて，保育に対する公的補助，育児休業制度の整備，育児休業中の社会保険料の免除，児童養育のための柔軟な働き方の提供などを行うこと，④高齢者に対して介護サービスを保障すること，⑤非正規労働者にとって不利な雇用条件を改善すること，などがあげられる[5]。

③ 新しいリスクに対する福祉国家の対応

　NSRのリスクにさらされやすいのは，上記のように多様な集団である。そうした集団は，一般的に投票率が低く，議会における代表者が少ない。また，労働組合での組織率も低いなどの特徴があるとされ，NSRに対する社会政策を進展させる政治的圧力が弱いと指摘されている[6]。

　そうしたなかで，NSRに対する社会政策を促進させるためには，NSRに対処することのメリットを社会的に認識させ，雇用主を含む多様なアクターをその政策の推進勢力へと転換させることが重要であると主張されている[7]。NSRに対する社会的政策は，旧来のリスク対応策である年金や失業給付と比べて少ない費用で，育児関連の給付によって少子高齢化にともなう労働力不足を補い，職業訓練等を通じて雇用可能性の向上を図ることによって，社会的な生産性を高めることができるとされる。日本に関するNSRに対する政策研究でも，保育サービスや児童手当等の子育て支援策やワークシェアリングといった柔軟な働き方をすすめることの政策効果が確かめられている[8]。NSRへの社会政策は，直接的には女性の労働力率を高めて，世帯収入の増加をもたらす。それは，ワークライフバランス問題や子どもの貧困問題の解消に寄与する効果がある。また，女性労働力率の上昇や子どもの貧困率の減少は社会全体の生産性を高め，それは，企業業績の上昇や税収増による財政健全化にも寄与することにもつながる。そのため，そうした社会政策の充実は，社会的投資であるとする見方もある。

（鎮目真人）

▷4　**フレキシキュリティ**
労働市場の解雇規制や就労規制を柔軟化し（flexibility），失業やケアサービスなどの社会保障政策や積極的労働市場政策を手厚く保障（security）する政策とを同時並行的に行う政策。

▷5　Bonoli, Giuliano, Natali, David, 2012, The politics of the 'New' Welfare Sates：Analyzing Reforms in Western Europe, Giuliano Bonoli, David Natali eds., *The Politics of the New Welfare State*, Oxford University, pp. 3-20.

▷6　Zutavern, Jan, Kohli, Martin, 2010, "Needs and Risks in the Welfare State", Francis G. Castles, Stephan Leibfried, Jane Lewis, Herbert Obinger, Christopher *Pierson eds., The Oxford Handbook of the Welfare State*, Oxford University Press, pp. 169-195.

▷7　Bonoli, Giuliano, Natali, David, 2012, The politics of the 'New' Welfare Sates：Analyzing Reforms in Western Europe, Giuliano Bonoli, David Natali eds., *The Politics of the New Welfare State*, Oxford University, pp. 3-20.

▷8　柴田悠, 2016,『子育て支援が日本を救う——政策効果の統計分析』勁草書房。

6 個人化の進行と福祉
家族の多様化によって福祉の仕組みはどう変わるか？

1 家族のありかたに着目した福祉システムの類型

　旧来の男性は仕事，女性は家庭内での家事育児という伝統的な男女の役割分担のもとで成立していた福祉のシステムは，「男性稼ぎ主モデル（male breadwinner model）」と呼ばれる。ここでは，女性の社会保障上の諸権利や税制上の優遇措置が主婦としての地位に基づき，家族単位で付随的に与えられる。そのため，女性のケア労働は無償労働であることが一般的である。ただし，主婦の地位を得ることが難しい未婚や離婚の女性は周縁化され，通常の家族を対象とした政策の対象とはならない。ルイスによれば，こうしたモデルは19世紀後半[1]の産業化された国における中産階級の女性において顕著な形態であったという。しかし，労働者階級の女性は，家事・育児だけでなく生産活動にも関わらざるを得なかったため，必ずしも，男女の性別役割分担は自明なものではなかった。現在は，女性の社会進出が中間層にも広がっており，また，非婚や離別も一般的になっており，中間層の家族形態も19世紀的なものとは異なっている。

　そこでこれに派生したシステムとして「修正された稼ぎ主モデル（modified[2] male breadwinner model）」あるいは「男女の役割分離モデル（separate gender[3] role model）」などが登場したといわれている。これらのモデルでは，伝統的な家庭内での男女の役割分担を前提としながらも，ケアの必要のある家庭とそうでない家庭での負担の平等を図ることなどを目的にして，ケア労働に対する公的なサポートがケア手当や公的サービスなどを通じて行われるという特長がある。[4]

2 個人化・家族の多様化にともなう今後の福祉システムの方向性

　今後，個人化と多様化の進展した家族をベースにした福祉システムを考えるうえでは，フレイザーによる福祉モデルの２類型が参考になる。[5]

　その１つは「総稼ぎ手モデル（universal breadwinner model）」である。ここでは，ジェンダーの平等は，労働者としての市民権の獲得を通じて図られるため，女性の雇用促進が重要であるとされる。そのため，市場や国家を通じたケアサービスと女性の雇用上の権利保障（女性の雇用差別やハラスメントの規制）が重要な政策を構成する。女性が男性と同等な稼ぎ主になることによって，社会保険の給付権も個人単位で保障されることになるのである。このモデルでは，女性の貧困化や搾取は稼ぎ主（Breadwinner）としての安定した雇用が保証され

▷1　Lewis, Jane, 1992, "Gender and the Development of Welfare Regimes," *Journal of European Social Policy*, 2(3)：pp. 159-173.

▷2　Lewis, Jane, 1992, "Gender and the Development of Welfare Regimes," *Journal of European Social Policy*, 2(3)：pp. 159-173.

▷3　Sainsbury, Diane, 1999, "Gender and Social-Democratic Welfare Sate," Diane Sainsbury ed., *Gender and Welfare State Regimes*, Oxford University Press, pp. 75-114.

▷4　修正された男性稼ぎ主モデルには，フランスのシステム，男女の役割分離モデルには高度経済成長以前のスウェーデンの制度などがこれに該当するとされる。

▷5　Fraser, Nancy, 1994, "After the Family Wage：Gender Equity and the Welfare State," *Political Theory*, 22(4)：pp. 591-618.

れば問題とならなくなる可能性がある。しかし，家事や育児に関しては夫の協力を得られる保証はなく，女性の側にアンペイドワークが依然として生じる可能性がある。また，パートナーのいない女性は自力で解決を図らなければならないし，低所得世帯の女性も家事育児サービスを購入できないおそれがあるため，生活上の自由時間（Leisure-time）における男女の平等は保証されない。

もう１つの「ケア提供者対等モデル（caregiver parity model）」[6]は，男女の差異に基づく不利益をケア費用の公的負担や公的サービス給付などの公的介入によって小さくすることにより，ジェンダー平等を図ろうというものである。そのため，家事労働や家族ケアに対して，賃労働と同じ社会的評価を付与して公的サポートを行うことが重要な施策となる。具体的には，賃金と同等のケア手当（caregiver allowances），妊娠休暇や育児休暇の充実とその間の社会保障の権利付与，家事・育児と仕事との両立を可能にする雇用の柔軟化，雇用形態による差別の解消などが必要な施策とされる。このモデルでは，寛大な家族手当や正社員と同じ待遇のパートタイム労働を保障することにより，普遍的稼ぎ主モデルと同様に，女性の貧困と搾取の減少が期待できる。

しかし，家庭内でのケアニーズなどに応じて，パートタイム労働とフルタイム労働との間の移動が頻繁に行われる状況では，低賃金で女性が大半を占める母親向けの就労形態（Mommy track）が一般化するおそれがある。また，インフォーマルケアの主たる担い手が女性であるという構造が変わらなければ，主として男性労働者によるフルタイム労働と主として女性によるケア提供者向けの縁辺的な労働とに労働市場が分断され，女性の周縁化（marginalization）が残存するおそれがある。

フレイザーは，今後の家族形態の変化に応じて重要なのは，どのモデルを選択するかということよりも，男性もインフォーマルケアや家事に参加することであるとしている。それによって，両者モデルともその短所が是正され，ジェンダーの平等化が達成する可能性がある。

ルイスも同様の主張を展開しており[7]，最も必要なのは，男性のケアワークへの参加であり，それによる男女間で自由に使える時間の平等化であると述べている。そのためにも社会保障において求められるのは，男性に対する育児休業の取得を促す方策，育児休業中に社会保障上で不利益にならない仕組みの導入（例えば，育児休業中の年金保険料の免除）であり，これに加え，賃労働に対して家事労働の選択を可能にさせるベーシックインカムも検討に値するとしている。

こうした取り組みなしに，単にライフスタイルに中立であるという名目で個人単位化を進めることは，かえって女性にとって不利益をもたらす可能性がある。例えば，遺族年金の廃止は個人化の１つの形態であるが，雇用を含む生活スタイルの平等化や他の代替的な社会保障が整備されなければ，女性の貧困化が深刻化するおそれがある。　　　　　　　　　　　　　　　　　　　（鎮目真人）

▷6 このモデルと近いものとして，セインズベリーによって，個人稼得者・ケア提供者（individual earner-care）モデルも提唱されている。ここでは，性別や婚姻形態を問わず，社会保障上の諸権利は市民権や居住権に基づいて公的に保障されるとされる。Sainsbury, Diane, 1999, "Gender and Social-Democratic Welfare Sate," Diane Sainsbury ed., *Gender and Welfare State Regimes*, Oxford University Press, pp. 75-114.

▷7 Lewis, Jane, 2002, "Gender and Welfare State Change," *European Societies*, 4(4)：pp. 331-357.

テクノロジーとリスク
福祉は AI におさまるのか？

1　テクノロジー：福祉の唯一の "希望"

　「福祉を劇的に変えるのは，人ではなくテクノロジーだ」といったら，言い過ぎだろうか。15年前は「ヒューマン・サービスそのものの福祉に，テクノロジーの出番はない」と反論されるのがオチだった。最近は「テクノロジーが福祉を変える」といっても，誰も驚かない。むしろ私たちは，その予感に震える時代に生きている。考えてみると，私たちの社会福祉を取り巻く未来は，過酷で悲観に満ちている。急速に高齢化する現在，団塊世代が次々と後期高齢者になるなかで，福祉サービスのニーズが止めどもなく爆発しつつあるのに，予算も人的資源も顕著に枯渇している。少子化し人口減少する未来には，明るい材料がほとんどどころかまったく見当たらない。そんななかで，唯一の「蜘蛛の糸」ともいえるのが，「テクノロジー」になっているのである。

2　2つのテクノロジー利用とリスクをめぐって

　福祉領域でのテクノロジー利用は，大きく2つの形態に整理できる。①「福祉サービスそのものを代替する直接的なテクノロジー」と，②「福祉サービスの改善のために情報収集し判断に活かす間接的なテクノロジー」である。

　1つめは，福祉サービスという行為そのものがテクノロジーで代替されたり補助されたりという形で実現する。

　このような直接的なテクノロジーを「①工学的発展」と呼ぶとすれば，もう1つの間接的なテクノロジーの形態は「②情報学的発展」と呼びうる。例えば，介護記録などを記録し管理するようにした「介護情報ソフト」などはすでに利用していない事業所のほうが珍しいほど，広範囲に普及している。

　福祉業界においてこれまで，テクノロジーが諸手をあげての歓迎を受けてこなかった理由は，私たちがこれらのテクノロジーに「リスク」を感じるからかもしれない。しかし，介護などを置き換えていく「①工学的発展」面のリスクとは機械の誤作動や故障といったものだが，これはおそらく人間自身が間違えたり誤解したりといった問題と同程度ないしは低く抑えることができる。正確で素早く信頼性が高いのは，機械のほうが十八番でさえある。テクノロジーによって，福祉領域でも社会的包摂が進んでいく現場はいくつもある。

　一方，「介護情報ソフト」が代表するようなテクノロジーの「②情報学的発

▷1　その領域を担当してきた Assistive Technology（支援工学）の分野も，医学・リハビリテーション領域とは異なり，福祉業界では軽んじられる傾向があったといえる。

▷2　介護職の代わりにベッドから車いすへの移乗をアシストするような「介護ロボット」を思い浮かべてもらうとわかりやすい。例えば，「Honda 歩行アシスト」などがあげられる（http://www.honda.co.jp/robotics/rhythm/）。

▷3　近年は端末をスマートフォンにしたり，ユーザーにセンサーを着けてもらって生活情報を記録する（ライフログ）といった活用までされるようになっている。経済産業省の「未来投資戦略2017」において，「技術革新を活用し，健康管理と介護予防，自立支援に軸足を置いた，新しい健康・医療・介護システムの構築」が華々しく提起されているのが，その代表例といえよう。

展」のリスクは，前者とは随分異なる。とはいえ，それが「個人情報の漏洩や不正利用」という意味であれば，そのリスクは技術的に最小にしうるし，法的に不正利用を禁止したり罰則を設けたりといった社会的なコントロールもできる。「プライバシー漏洩」や「情報の悪用」といったリスクはテクノロジーに内在しているのではない。あくまでそれを利用する人間の側にあるのだ。

❸ AIの福祉的利用というリスク

福祉におけるテクノロジーのリスクは，利用の失敗や個人情報の悪用にはない。むしろ「適正に技術が使用される」行為にこそある。そして福祉領域でそのリスクを最も現出させるのが，人工知能（AI）であることは論を俟たない。

AIはすでに分野によっては，人間を上回る分析力を備え，選択肢の提示を可能にしている。そもそもAIが，私たちが担当する福祉分野ときわめて親和性が高いことを自覚できている人が，どれほどいるだろうか。問題はAIが「②情報学的発展」と統合された先にある。すでに人事管理や政策提言にAIを活用する例が増えているが，そこでAIが出している判断は「どうしてそう分析されたのか，開発者にも専門家にもわからないが，結論は正しい」というものである。飛躍的に蓄積されている要介護者のライフログをビッグデータとして活用し，効率的な介護計画に結びつけるのは，どんな研究者よりも冷静で，どんなケアマネージャーよりも経験豊富な，AIのほうが向いているのである。

「機械に人の生活が判断できるのか」という疑問には，すでに要介護認定は一次判定をコンピュータに依存していると答えるしかない。AIによりさらに精度の凄みが増すであろう未来の一次判定結果には，二次判定で異議を唱えられる審議委員のほうが少なくなり，判定会議はより形式化していく。立ち現れるのは「技術の暴走」でも「情報の漏洩」でもない。「高性能AIによって，精緻かつ厳正に判断された結果，あなたへのこのサービス提供を中止することになりました」と利用者に説明し，実際に中止するような未来に支援者も利用者も，耐えることができるかである。つまり，社会にどう支えられ包摂されるかという「介護・介助をめぐる倫理的リスク」のほうなのだ。

私たちは自分たちの存在を，多様で創造的で予見不可能で，だからこそ未来に溢れるものと考えてきたし，それが人間性の根源だと信じてきた。しかし福祉においてAIが稼動したときに現出するのは，「人間の生き様はAIの予測範囲で本当に収まるのか」「収まらなかったとき，誰がどうAIに抗するのか」「収まったとき，その人の存在価値や生きる意味は，どうなるのか」というリスクである。人間の存在を扱う福祉だからこそ，テクノロジーとの間に横たわる深淵に立つ覚悟を備えねばならない。その未来はさほど遠くはない。

（柴田邦臣）

▶4 AIによる車の自動運転は高齢者を主要なターゲットとしているし，コミュニケーションAIが認知症患者のケアのために開発されていることを見聞きした人も多いだろう。

▶5 「NHKスペシャル 人工知能——天使か悪魔か」2017年6月25日（日）放送など参照。

▶6 福祉サービスと情報化の論点は，柴田邦臣，2019，『〈情弱〉の社会学——ポスト・ビッグデータ時代の生の技法』青土社などを参照。

8　個人化と社会政策
福祉は自分らしい人生を後押ししてくれるのか？

1　標準世帯の衰退

　日本の社会保障制度は，いわゆる標準世帯を対象として設計されていた。例えば，生活保護は夫婦2人と子ども1人を標準世帯として保障すべき生活扶助の金額が示されている[1]。年金は，夫が働き妻は専業主婦であった片働きの夫婦を想定して，年金水準を設定したり，制度的に保障される年金の姿を端的に示したりする際の標準とされてきた[2]。構成員の想定は制度ごとにばらつきがあるが，いずれにせよ人々は世帯のなかで誰かと家族となることが当たり前だと考えられ，社会保障制度の制度設計の前提とされてきたのである。

　しかしながら，ライフスタイルが多様化して，標準世帯は必ずしも標準的な生活イメージを提供しなくなった[3]。

　結婚して子どもをつくりマイホーム家族に幸せを見出す人もいるが，あえて1人で生きることに充実感を見出す人，子どもをつくらず夫婦だけの関係性を重視する人などなど，どのような家族を選ぶかは人それぞれとなった。誰かと暮らすとしても，男女の夫婦関係だけではなく，同性同士のカップルや性愛関係を前提としないパートナー同士での生活，婚姻関係を結ばない同棲関係など，これまたさまざまな状況である。

　人々の生活様式はある意味で家族から解放され多様化したが，社会保障制度の設計はこの変化に追いついていない。また，個々人の生活設計も必ずしもこの変化に追いついていない。例えば，母子家庭の母は子育て中の現役時代には，特別児童扶養手当などの支援制度はあるが，平均的な賃金が低く働きながら子育てするのは困難を抱える。さらに，現役時代の賃金水準と老後の年金は連動するので，1人分の稼ぎでは老後の保障も標準世帯のなかで生活してきた人々と比べて低水準になりがちである。

2　福祉国家の充実と個人化の進展

　それでは，どうして人々の生活はこうした多様なものになったのだろうか。それは，社会が豊かになり，個々人の関心に従った生活設計が可能になったからである。豊かになった社会では，人々は所属する社会階級や家族に縛られることなく，「自分自身の人生設計と生き方を中心に置こう」[4]になった。こうした状況を，ウルリヒ・ベックは「個人化」と呼んでいる。

▷1　『平成24年版厚生労働白書』p. 68。

▷2　『女性のライフスタイルの変化等に対応した年金の在り方に関する検討会報告書（平成13年12月）』

▷3　例えば，近年の国勢調査（平成27年度）では，夫婦と子からなる標準世帯は全体の26.9%でしかない。最大の割合を占めるのは単独世帯である。全体の34.6%となっており，むしろこちらの方を標準世帯と考えたいほどの割合である。どちらを標準と考えるかは諸説あるとして，現代人はさまざまな世帯構成のなかで生活している様子が見てとれよう。とはいえ，夫婦のみの世帯（20.1%），夫婦と子どもからなる世帯，ひとり親と子どもからなる世帯（8.9%）を足し合わせた各家族全体だと55.9%となる。

▷4　ベック，U.，東廉・伊藤美登里訳，1998，『危険社会』法政大学出版局，p. 139。

以前は，貧しければ，地域の共同性や家族の支え，貧しい者同士の連帯（階級的連帯）を頼りに生活しなくてはならなくなった。しかし，社会が豊かになったために，人々はこうしたつながりから解放され，「私は私」と自らの生き方に忠実に生きていくことが可能になったのである。

それでは，社会を豊かにしたのはなんであろうか。経済成長も大きな理由だが，生活を国家が支える社会保障・社会福祉の体制が整備されたことも大きな要因である。こうした国家体制は，福祉国家と呼ばれる。戦後70年代までの高度経済成長期にかけて世界の先進国は福祉国家化したが，この時代の福祉国家を「ケインズ＝ベヴァリッジ型福祉国家」と呼ぶこともある。1936年に出版されたケインズの『雇用・利子および貨幣の一般理論』に従った完全雇用政策と，1942年に提出された『社会保険および関連サービス』（『ベヴァリッジ報告』）において明らかにされた社会保障政策を組み合わせたことが大きな特徴だったからである。労働政策と社会保障政策は車の両輪として社会を豊かにした。

労働，社会保障の両政策をまとめて扱う学問領域は，日本では社会政策学と呼ばれてきた。

❸　個人化とリスク社会

個人化の広がる社会はバラ色のユートピアではない。個人化を扱う研究はリスク社会論と呼ばれているように，個人化は新たな危険を生み出してきた。例えば，以前であれば失業や傷病，パートナーとの別れなどの生活上のリスクは，なんらかの連帯で支えられたが，今では「自分一人でそれに耐え忍ばなくてはならない」。個人化するということは，人々のつながりから解放されるということだが，裏を返せば，困ったときにはそのつながりを期待できないということでもある。

豊かな社会は個人化を生む。個人化とは，階級・地縁のつながりがなくなり，離婚などが増加し家族が弱体化するということでもある。すると，生活の不安定を支える福祉国家への要求はますます増していくことになる。また，人々は個人化した価値観に従うから，福祉国家に無自覚に納税したり，制度のありかたにも疑問を挟まない，ということもなくなる。そうであるなら，社会保障制度も安泰ではなくなる。個人化は福祉国家の基盤を揺るがす危険性を生みだした。これは新たなリスクである。福祉国家は人々の生活を豊かに安全なものにしようとしてつくられてきたが，皮肉にも新たなリスクを生みだしてしまった。

また，個人化は必ずしも個々人の選択によって生みだされたものではないという指摘もある。福祉国家の多様性への対応が可能となれば標準世帯のようなモデルは撤廃され，否が応でも個々人に生き方の決定を迫ることになる。福祉国家がこのように決定の強制を課してくる個人化のことを，ベックは「制度化された個人化」と呼んでいる。
（畑本裕介）

▶5　ベック，U.，東廉・伊藤美登里訳，1998，『危険社会』法政大学出版局，p. 174。

▶6　ベックはこうした個人化を福祉社会的個人化ととくに名前を付けている（ベック，U.，鈴木直訳，2011，『〈私〉だけの神——平和と暴力のはざまにある宗教』岩波書店，p. 151）。

▶7　ベック，U.，鈴木直訳，2011，『〈私〉だけの神——平和と暴力のはざまにある宗教』岩波書店，p. 176。

個人化社会における共同性
見ず知らずの他人と支え合えるか？

1 個人化と孤立化

Ⅲ-8 での説明のように，福祉国家の諸制度が用意した「個人化」は，人々の自律した生き方を可能にした。その一方で，なにかの危険には「自分一人でそれに耐え忍ばなくてはならない」というリスクを生んだ。個人化とは，裏を返せば孤立化でもある。

社会が豊かではなく，階級社会の不平等が色濃く残る時代には，人々は正義・平等・参加を求めて，搾取・不平等・抑圧から解放されるための政治活動を繰り広げた。これは，「解放のポリティクス」と呼ばれている。豊かで平等性の高い社会をつくっていくということでみながまとまった政治状況の時代であった。地域のつながりも残り，同じ働く者同士の立場で団結する労働組合などでの階級的連帯もあった。

しかし，一定程度解放のポリティクスの目標が達成されると，人々はそれぞれ個人化された目標を抱くようになり，「私は私」というそれぞれの生き方を求めるようになる。とはいえ，それぞれの個人がそれぞれの目標を抱くと，多様化した目標が互いに衝突する機会が増えてしまう[1]。こうした新たな対立状況を，ギデンズは「ライフ・ポリティクス」と名付けた[2]。

それぞれの生き方が認められるのだから，これは人々にとっては大きな幸福であり後戻りはできない。しかしながら，人々が目標を共有できない孤立化を招きやすい社会となる新たなリスクを抱えることになった。

2 個人化社会で求められる連帯①：コミュニティの再発見

ライフ・ポリティクスの時代では，自然に人々がまとまるわけではない。そのため，どこかに連帯のきっかけを意図的に求めなくてはならなくなる。そのアイデアはさまざまである。

1つには，地域共同体を再発見して，その紐帯を育み直す試みがあり，「共同体主義」や「共和主義」と呼ばれている。地域を基盤とした参加を強調し，地域活動への貢献を人々に求める。また，地域の物語や道徳といった文化的伝統が強調される[3]。高度経済成長期の仕事を中心としたライフスタイルから，地域にも価値を見出すライフスタイルへの移行が求められるのである。

社会福祉政策においても，地域の共同性を見直すものが次々に打ち出されてい

▷1　例えば，現代の結婚は経済的な理由で結びつくとはかぎらず，お互いの愛情が冷めれば以前よりも離婚の可能性は高くなった。互いの相手に抱く愛情の物語が互いに継続する間だけの関係となり，一方が求めてももう一方がその物語を受け入れるとはかぎらないという対立関係があらわになることも多くなった。ギデンズ，A., 松尾精文・松川昭子訳，1995，『親密性の変容――近代社会におけるセクシュアリティ，愛情，エロティシズム』而立書房，p. 12。

▷2　ギデンズ，A., 秋吉美都・安藤太郎・筒井淳也訳，2005，『モダニティと自己アイデンティティ――後期近代における自己と社会』ハーベスト社，p. 242。

▷3　デランティ，G., 佐藤康行訳，2004，『グローバル時代のシティズンシップ――新しい社会理論の地平』日本経済評論社，p. 68。

る。例えば，高齢者福祉政策における「地域共生社会」の理念はここに該当する。

　この理念の先駆けとしては，地域包括ケアシステムがあった。これは，「医療，介護，介護予防，住まい及び生活支援が包括的に提供されるネットワークを作る」ものである。2013年（平成25）12月に成立した「社会保障改革プログラム法[4]」第4条第4項に規定された。わが国は高齢化が進むが，高齢者が在宅（地域）で生活するシステム整備が十分であるとはいえない。そのため，必要なときに必要なサービスが提供される体制を用意することが求められたのである。

　ここからさらに踏み込んで，包括的支援体制を強化しようと提唱されたのが地域共生社会の理念である。この理念は，2017年（平成29）に厚生労働省が提唱したものである[5]。地域包括ケアを拡充させる土台として，地域力の強化を訴えるものである。

　こうした考え方は，先の共同体主義や共和主義といった思想と理念を共有する政策の方向性だといえるだろう。しかしながら，共同体主義や共和主義には注意すべき点がある。ともすれば，これらは保守的な地域の閉鎖性を呼び戻してしまう危険性があるからである。地域のなかで居心地の悪い思いをする人々に負担を強いてはならない。

❸　個人化社会で求められる連帯②：市民的共同性の構築

　2つ目は，アクティブな市民社会を育て上げることであり，先に取り上げたギデンズが提唱する連帯のありかたである[6]。これは，主体性を持った現代の市民が，失われた地域の連帯に必ずしも頼らずに，問題意識を共有して新たに関係性をつくり上げていくような連帯のありかたのことである（高度な自己組織化能力）。こうした連帯を育む団体は，従来からのものは，慈善団体とかボランティア団体といった形をとった。新しい形態としては，NPOなどをそのなかに含みこむ概念として「サード・セクター」と呼ぶ場合もある。

　多様性が求められる時代の連帯は，理念や価値に従って結びつく市民による自発的連帯が必要である。フェミニズムや多文化主義といった運動は，女性，移民，多様なセクシュアリティの人々などが社会のなかで共存するための権利を求めている。地域のなかでまとまる同質性を前提とせず，多様なアイデンティティを認め合ったうえで連帯を模索しなければならない。なんらかのもともとあるつながりを必ずしも利用できないのだから，こうした連帯では，つながろうとする人々の市民としての主体性がとくに強調されるのである。

　多様性を許容する連帯は基盤が必ずしも強くはない。地域社会のような連帯の実体的基盤を前提としないからである。経済が安定している時期には連帯が広がるが，経済が低迷したとたんに批判的な人々に連帯が掘り崩されてしまうことが常であったとの指摘もある[7]。

（畑本裕介）

▷4　正式名称は「持続可能な社会保障制度の確立を図るための改革の推進に関する法律」である。

▷5　地域包括ケアのネットワークを機能させるためには土台としての地域力の強化が必要となると政府は唱える。「他人事」ではなく「我が事」と考える地域づくりに住民に参加してもらうことで，地域包括ケアシステムの理念を普遍化する。そうして，地域を「丸ごと」支える包括的な支援体制の構築につなげていこうとする理念である。平成29年2月7日に厚生労働省「我が事・丸ごと」地域共生社会実現本部が決定した。

▷6　ギデンズ，A.，佐和隆光訳，1999，『第3の道──効率と公正の新たな同盟』日本経済新聞社，p. 137。

▷7　デランティ，G.，佐藤康行訳，2004，『グローバル時代のシティズンシップ──新しい社会理論の地平』日本経済評論社，p. 206。

自然災害のリスクと社会の脆弱性
災害に強い社会とはどのようなものか？

▷1　リスク社会は U.
ベックが提起した概念であ
るが，論者によって以下の
さまざまな意味が込められ
る。①リスクの生産と分配
が重要な争点になる，②近
代化やその基盤にある科学
的合理性自体がリスクを生
む，③原発事故などの大規
模な厄災のリスクがある，
④安定したライフコースが
消え，誰もが転落するリス
クを持つ，⑤あらゆる被害
が人間／社会の意思決定や
行為の結果と観察される。
リスクおよびリスク社会概
念を的確に整理としたもの
として，山口節郎，2002，
『現代社会のゆらぎとリス
ク』新曜社がある。

▷2　Wisner, Ben, Piers
Blaikie, Terry Cannon
and Ian Davis, 2003, *At
Risk : Natural Hazards,
People's Vulnerability and
Disasters*, Routledge.

▷3　東日本大震災に対し
ては，社会学や社会福祉学
を中心に，この観点に基づ
く多くの貴重な研究が蓄積
されている。なかでも，土
屋葉・岩永理恵・井口高
志・田宮遊子，2018，『被
災経験の聴きとりから考え
る──東日本大震災後の日
常生活と公的支援』生活書
院は，福祉社会学における
重要な成果の1つである。

1　災害は天災？

　落語に「天災」という噺がある。江戸に短気な男がいた。打ち水で着物を濡
らされようものなら，その家に殴り込まないと気が済まない。この男が学者に
次のように諭される。「急な夕立でずぶぬれにされたといって，天と喧嘩する
ことはできない。人になにかされても天災だと思って，何事も勘弁しなければ
いけない」。男は大いに感じ入って自分も同じ説法をしようとするのだが，う
ろ覚えだったのでうまくいかないというオチだ。天災とは天が与える災い。責
任を追求しても仕方ないので受け入れるしかない。これが伝統的な自然災害に
対する考え方だ。同様に「世直し」も災害の伝統的なとらえかたの1つである。
地震は誰に対しても均等に襲いかかる。金持ちが家屋敷と財産を失う一方，材
木商や職人は復興特需で潤うこともある。その意味で天災の「世直し」は格差
を解消する「世均し」でもあった。

　このように伝統社会では，自然災害は責任の体系や階層秩序の彼岸にあり，
社会の外部から来るものだった。しかし現代に生きる私たちはそのようにとら
えない。津波によって大きな被害が出たとき，天災だから仕方ないとは見なさ
ず，予測と備えのありかたを厳しく問い直すことになる。同様に災害は階層秩
序とも無縁ではなく，平時の社会構造との連関が問われる。私たちが生きるリ
スク社会では，自然災害の被害も社会の内部に起因するものとして観察される[1]。

2　脆弱性のパターン

　災害研究者のワイズナーらによると，災害のリスクは，地震や洪水などの自
然要因である「ハザード」と社会的・経済的・政治的要因が生み出す「脆弱
性」（vulnerability）の積で表される[2]。脆弱性は，資源や権力を持たない人々が，
危険な環境での居住や経済的貧困など，災害の備えがない生活を余儀なくされ
ることで生じる。ハザードが起こると，その被害は脆弱性のパターンに従って
生じ，社会的に弱い層がより大きな被害を受けやすい。災害時にとりわけ困難
が集中しやすい層は災害弱者や災害時要援護者と呼ばれ，一般に高齢者，障害
者，傷病者，外国人，妊産婦，乳幼児，低所得者などがあてはまる。「世均し」
どころではない。社会的な力の差を反映した形で災害被害が生じるというこの
視点こそが，福祉社会学的に災害をとらえるうえで重要だ[3]。

❸ 「標準」重視が生み出す問題

　災害における脆弱性のパターンはさまざまな形で現れる。東日本大震災では犠牲者の半数以上が高齢者で，被災3県の障害者の死亡率は全体の死亡率の2倍にのぼった。肢体不自由者の避難経路が確保されておらず，視覚や聴覚が不自由な人に対する情報保障も十分ではなかった[4]。避難所の生活でも，高齢者や障害者はさまざまな困難に直面した。例えば，健常者を前提につくられた仮設トイレは体が不自由な人には使いづらいため水分を摂ることを控えて体調を悪化させることがあった。避難所で亡くなる震災関連死の多くは高齢者である。

　脆弱性は経済的な側面も持つ。例えば阪神・淡路大震災では，高齢者，障害者，生活保護世帯，母子世帯，在日外国人，被差別部落住民などの被害がとくに大きかった。低所得のため老朽化した木造住宅に住む傾向が高かったためである[5]。逆のパターンも見られる。例えば仮設住宅では，一般に社会的な強者と見なされがちな中年男性が孤独死するというケースがしばしば報告される[6]。男性は主要な稼ぎ手として家族を扶養する規範が強い分，それらの喪失によって承認を奪われるリスクがある。仕事に打ち込むことが「当たり前」とされてきたために，地域でのつながりが希薄で孤立するリスクも高い。社会が設定する「標準」的な生き方は，非常時にリスクに転化することもある。

❹ 災害に強い社会とは

　日本の社会保障は普遍主義的ではない。その代わり「標準」的とされる生き方を送っていれば，リスクを低減させられる仕組みだった。例えば「標準」的な正社員は住宅手当などを通じて安全な住まいを手に入れやすい。公共空間も施設も健常な人の「標準」に合わせて設計される。それが災害時に「標準」とは異なる人々のリスクを高める。その意味で災害被害の多くは人災でもある。現在はその「標準」が揺らいでいる。非正規雇用，貧困世帯，単身世帯が増えている。高齢化は身体的・認知的な不自由を抱える人を増やす。かつての「標準」は今や「当たり前」ではない。それは悪いことばかりではない。多様な生のありかたが認められやすくなってきたからでもある。それにもかかわらず，社会がかつての「標準」を前提にしたままなら，多くの人を脆弱な環境に追いやることになる。それは社会の脆弱性に直結する。

　災害に備えるために堅牢な防潮堤をつくることも重要だろう。だが同時に，特定の人にリスクが集中しないことも大切である。具体的には，障害者や高齢者などの特別なニーズに対応する福祉避難所の拡充や緊急医療体制の整備などが挙げられる。しかしなにより重要な点は，安定した収入，安全な居住空間や公共空間，包摂的な関係性に誰もがアクセスできることが，災害に対して強靱（レジリエント）な社会の条件だということである。

（仁平典宏）

▷ 4　日本弁護士連合会編，2012，『災害時における高齢者・障がい者支援に関する課題——東日本大震災から検証する』あけび書房。

▷ 5　早川和男，2001，『災害と居住福祉——神戸失策行政を未来に生かすために』三五館。

▷ 6　額田勲，1999，『孤独死——被災地神戸で考える人間の復興』岩波書店。

不平等と貧困・剝奪
貧しさの基準は人類共通か？

① 平等と不平等

　近代市民社会ではフランス革命のスローガンであった自由・平等・友愛が社会的に共有された価値として受け入れられている。ところが21世紀に入ってからの日本は「格差社会」であるとの認識が人々の間で定着している。「格差社会」は平等ではない社会，すなわち不平等な社会のことを意味するから，現代日本では「格差社会」が社会問題と見なされている。ちなみに海外では，より直接的に「不平等な社会」（unequal society）の語が使われることが多い。

　不平等の対極は平等である。平等には数量的平等と比例的平等がある。資源（Ⅰ-5）の分配を考えた場合，100万円を10世帯に10万円ずつ分けるのは，数量的平等である。これに対し，各世帯の個別的状況を勘案して数量的には不平等となるが，客観的にみて公正な分けるのが比例的平等である。例えば，扶養家族の多い世帯は家計支出も多くなるから，単身世帯よりは多く受け取る方が公正だと考えられる（Ⅰ-4）。また資源が生産されるさいにより多くの貢献をした世帯がより多く受け取るのも比例的平等の例である。その方が公正だと考えられるからである。

　数量的平等は必要や貢献を考慮に入れないので，悪平等だと批判されることもある。しかし法律や政治の世界では数量的平等が重要である。人権は人間の本質的平等（Intrinsic Equality）を前提とするからである。民主主義政治は性別や学歴や財産や見識とは関係なしに「一人一票」が原則となる。

　とはいえ現実の人間社会は，資源の分配・分布の面で（数量的・比例的いずれの意味においても）完全な平等ではない。このため社会政策による再分配がこれを是正する。ただし，この場合も，数量的な完全平等が目指されるのではなく，どこまでが社会的に許容される不平等か，あるいは社会的に好ましい不平等（合理的な不平等）かということが争点となる。

② ローレンツ曲線とジニ係数

　ある集団における資源の分配（分布）の不平等はローレンツ曲線によって示される（図Ⅳ-1-1参照）。個人所得の場合，ローレンツ曲線は以下のような手順で作成される。最初に，当該集団内部で所得が最も少ない個人から，最も所得の多い個人までを所得の額に応じて順序づける。そして所得の少ない方から

▷1　20世紀後半の日本は「一億総中流」と見なされることがあったが，橘木俊詔，1998，『日本の経済格差』岩波書店や佐藤俊樹，2000，『不平等社会日本』中央公論新社が出版されたころから日本社会に対する見方が変わった。

▷2　各人の必要や貢献が平等に扱われるということは，分配の結果はそれらに比例することになり，数量的には不平等となることが多い。

▷3　狩猟採集社会では必要に応じた分配が行われていた。また現代でも漁村では，魚介類は穀物と異なり貯蔵が困難なため，必要に応じた分配が行われる集落もある。

▷4　アメリカの経済学者マックス・Ｏ・ローレンツが考案した。

多い方に向かって累積額を計算する。例えばある集団の下から３人の所得が０円，100万円，200万円だったとしたら，そこまでの累積所得額は300万円である。そして当該集団全員の所得の合計額に対する％を算出して図IV-1-1のなかにプロットする。全員をプロットして描かれた曲線がローレンツ曲線（図IV-1-1のなかのOAT）となる。OETとOATによって作られた弓形の面積が大きければ大きいほど，その集団は不平等の度合が大きいことになる。

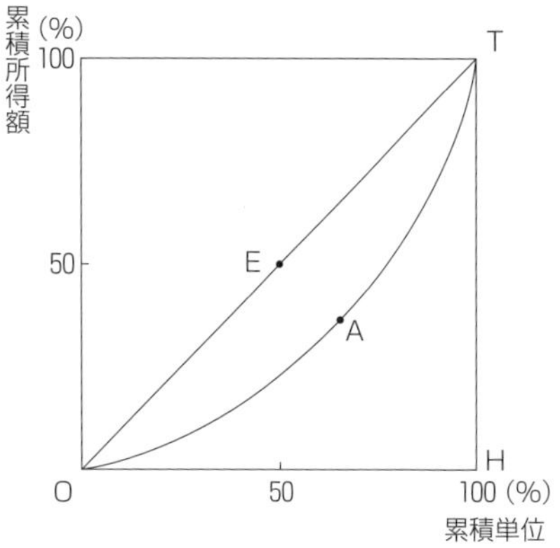

この弓形の面積が三角形OHTの面積に対して，どれくらいの割合になっているかを示すのがジニ係数である。ジニ係数[5]は完全平等なら０の値を示し，ローレンツ曲線と対角線が一致する。また，完全不平等（１人に所得があり他の者には所得がない状態）なら１になる。所得や資産の不平等に関する国際比較ではジニ係数がよく用いられる。各国のジニ係数は表IV-1-1の通りである。

図IV-1-1　ローレンツ曲線

表IV-1-1　OECD主要国のジニ係数（2011/2012年）

国名	ジニ係数
カナダ *	0.319
デンマーク *	0.253
ドイツ *	0.293
イタリア	0.329
日本	0.330
オランダ	0.278
ニュージーランド *	0.323
ノルウェー *	0.250
スウェーデン *	0.273
アメリカ	0.389

出所：『平成29年度版厚生労働白書』
注：* は2011年

3 絶対的貧困と相対的貧困

資源の分配の不平等が極端な形で現れると貧困が生まれる。貧困は，生活に必要な資源が入手できないために困窮している状態である。

貧困のうち人間の生存を脅かすようなものを絶対的貧困という。国連は2015年の時点では１日1.9ドル未満での生活を余儀なくされている状態を貧困と呼び，こうした状態にある人々が世界全体で７億3600万人いると発表した。貧困は単に所得水準が低いだけでなく，安全な水が得られない，栄養不足に陥る，学校に通うことができないなど，健康や教育の機会を剥奪する。2015年に開催された「国連持続可能なサミット」で定められた「持続可能な開発目標」（SDGs）は，貧困の撲滅をトップに掲げ，2030年までに貧困をなくすことを目標としている。

絶対的貧困は人類に共通の基準によってとらえられる。ところが標準的な生活水準は国によって異なる。このため，それぞれの国の生活実態に合わせて設定されるのが相対的貧困である。OECDは国民を所得順に並べたときの中央値の50％（ないし40％）以下の所得しかない人々の割合を相対的貧困率と定義している。相対的貧困に陥ると，当該国で普通の人々に対して与えられている生活の機会が剥奪される。日本の相対貧困率は15.7％で，G7のなかではアメリカ（17.8％）に次いで高い（2016年）。日本は「一億総中流」どころか，もはや「格差社会」だけでなく「貧困大国」にまでなってしまった。　　　（武川正吾）

▶5　イタリアの統計学者コッラド・ジニが考案した。

参考文献

アトキンソン，A. B.，佐藤隆三・高川清明訳，1981，『不平等の経済学』時潮社。

社会的排除と包摂
なぜ貧しい人が世間からつまはじきにされることがあるのか？

① 貧困の背景に目を向ける社会的排除論

　貧困とは，「お金」，すなわち所得などの経済的資源の欠乏状態を指すが，それに至る過程を，特定の人々が社会のメインストリームから追いやられることや，社会連帯が縮小を重ねる悪循環に注目して描き出すのが社会的排除（Social Exclusion）論である。この概念は，脱工業化（のちにグローバル化も）が生じて，大量の長期失業──とくに移民やその子孫である若者の失業──と，それによる社会保険からの脱落が生じた1970年代の西欧ではじめて用いられた。

② 伏線としての可視化された社会的マイノリティ：移民と住宅政策

　この社会的排除には，マイノリティの空間的集中という伏線があった。西欧では，戦後の経済成長下での工業労働力不足への対応として，移民を大量に受け入れた。その過程で移民の多くが仕事に便利な都市周辺の公営住宅に集中することになったが，これは低所得者に住居を低廉な家賃で保障する政策が活用された結果である。のちの多くの雇用が失われると，その空間が「貧困者や長期失業者である移民の巣窟」として可視化される原因にもなった。

③ 社会的排除の怖さ：社会連帯が弱体化する悪循環

　貧困過程の説明枠組としての社会的排除論は，社会変動を前に不安にかられた社会のマジョリティのよくある認識作用──複雑な問題の「犯人」を探す──に注目する。その過程で，特定地域に集中するマイノリティの若年失業者や，公的扶助を受ける母子世帯などは，決して産業構造の変化の被害者としてではなく，社会に害を与える「悪魔」として認識される。

　問題が特定の逸脱者の存在に矮小化されたとき，福祉政策は社会的排除の過程の重要な構成要素となりうる。ワークフェア政策はその一例であり，最も苛烈なものは，貧困者・失業者を福祉給付に依存する「怠惰な不心得者」ととらえ，彼らを働かせるために給付を打ち切るべきだ，との論理をとる。この政策の対象となった人々が，劣悪な労働市場に放り出したマジョリティへの憎悪をたぎらせるのも無理からぬことである。

　このように社会的排除とは，社会全体での人々の仲間意識，すなわち社会連帯が弱体化する悪循環の過程であり，一度始まるとそれを止めるのは難しい。

▷1　はじめて社会的排除概念を用いたのは Lenoir, René, 1974, *Les Exclus : un Français sur dix*, Seuil. である。

▷2　他者が悪魔化され，社会から排除される過程の詳細はヤング，J.，青木秀男・伊藤泰郎・岸政彦・村澤真保呂訳，2007，『排除型社会──後期近代における犯罪・雇用・差異』洛北出版を参照。なお，ここでは西欧を念頭に，悪魔化の例として移民や母子世帯を挙げたが，日本では1990〜2000年代にかけての「若者」バッシング──非正規雇用，無業（ニート），成人後も親元にとどまる未婚者（パラサイト・シングル）──が類似の現象といいうるだろう。

4 社会的包摂はなぜ難しいのか

　排除に抗して，困難に直面した人々の社会への受け入れを試みることは「社会的包摂」（social inclusion）と呼ばれる。そのための諸施策は，良好な雇用と社会連帯の双方が失われた状況を前提に展開されることになる。

　すべての市民に無条件に所得を給付するベーシックインカム（BI）構想は，社会的包摂策の一環と位置づけうる。そのもとでは就労は強制されないが，これは賃労働が貴重な資源であり，分かち合う（ワークシェアリング）対象となるためである。BI で所得が保障されることにより，人々は各種の社会活動に従事する自由を享受できる。その状況では，マイノリティへの差別も失業者へのスティグマも弱まり，人々が社会に包摂されたことを実感するだろうから，社会連帯が強まる好循環が起きるだろう。しかし社会連帯を強める手段であるBI が導入されるには，そもそも社会連帯がある程度強くなければならない。

　このような状況下でも，社会的排除の悪循環は断ち切られねばならない。このため，限定的な BI ——なんらかの有益な活動への従事を条件に給付される参加所得など——の導入や，失業者に就労可能性を高めるための充実した教育訓練給付を保障するアクティベーション政策の導入が，包摂策として提案・実施されている。

5 社会的包摂政策の展開

　1980年代以降の欧州共同体（EC，現：欧州連合（EU））は，「社会的排除との闘い」を主要な政策目標に掲げてきた。目標実現に当たっては，「貧困と社会的排除に抗するナショナルアクションプラン」のように，「貧困」と「排除」が並べられることが多い。これは両者が互いに関連しつつも区別されるものとして理解されている証拠である。

　日本では，2010年に民主党の菅直人政権が「一人ひとりを包摂する社会」を掲げ，内閣府に設置した「社会的包摂推進室」のもと，社会的排除の調査とそれに基づく包摂政策を展開した。2000年代以降の日本で深刻化した，若年非正規雇用や，孤独死・孤立死等の現象は，社会のメンバーシップからの脱落＝排除であり，貧困と関連しつつも区別されるべき問題であった。この意味で，排除-包摂概念を政策において用いる必然性や有効性があったのは明らかである。

　しかし，排除-包摂概念に「民主党政権色」がつくことにもなり，自公政権（2012年〜）では，政策論議でほとんど用いられなくなった。

　この間，社会的排除問題が解決したわけではなく，排除-包摂概念の学術面での有効性自体が揺らいだわけではない。したがって，自公政権も，これらの概念は使わないまでも，事実上の「包摂政策」を講じなければならない状況におかれている。

（菊地英明）

▷3　アクティベーションのための諸施策については，宮本太郎，2009，『生活保障——排除しない社会へ』岩波書店を参照。

▷4　欧州委員会（欧州連合の行政執行機関）が，2000年のリスボン州理事会において各国に制定を求めた。

▷5　この方式は，イギリスの労働党政権（1997〜2010）が1999年に副首相府（その後内閣府）に設置した「社会的排除対策室」の影響を受けている。経緯等の詳細は阿部彩，2011，『弱者の居場所がない社会』講談社を参照。

3 ケイパビリティ
多様な生き方がある社会での貧しさや平等をどうとらえるか？

❶ 「人それぞれ」ですませてよいか

　標準的な生き方が揺らいでいる今，福祉政策は，人々の境遇にどのような介入を行えばよいのだろうか。人がそれぞれ多様であることを前提にしたとき，平等（同じであること）を目指すという考え方はナンセンスだろうか。あるいは，克服されるべき貧しさや保障されるべき平等をどう考えればよいだろうか。

　こうしたことを考える際のヒントとなるのが，A. センが提唱したケイパビリティ（capability）という概念である。ケイパビリティとは，それぞれの人が選びとれる機能の集合を指す。ここでの機能とは，その人の状態（〜であること）や行動（〜していること）のことである。つまり，ケイパビリティとは，「個人が選択できるあり方や行動の幅であり，その意味で『自由』を表す」。人々の境遇を，個人が選択できるあり方や行動の幅からとらえる場合と（ケイパビリティ・アプローチ），個人の願望の達成（効用）や，実際に達成されている状態・行動（機能）からとらえる場合とでは，私たちの状況認識に違いが出てくることがある。

❷ 「満足している」が意味すること

　AさんとBさんの2人とも「暮らしに満足している」と答えたとき，2人の暮らしは同じように問題ないと言えるだろうか。実際は，Aさんは持ち家に家族と仲良く住み，安定した収入があり友人とのつきあいを楽しんでいるのに対し，Bさんはホームレスとなり駅や公園で人目を避けて過ごし，食べることもままならなかったのが，最近は炊き出しボランティアとつながり3日に1回は温かい汁物を食べられるようになったとすればどうか。

　困窮した生活が続くと，人は厳しい状況を受け入れ，願望のレベルを下げて少しのことから大きな満足を得ようとするかもしれない。「3日に1回の温かい汁物」という，ささやかな（現実的な）ものに願望のレベルを切り下げたBさんのように。願望や欲望の充足といった効用によって人々の平等をとらえると，実際の個人の状態や行動における重要な差が見逃されてしまうことがある。

❸ 「飢え」と「断食」

　それでは，（不）平等や貧困をみるには，実現している個人の状態や行動に

▷1　ケイパビリティは，日本語では「潜在能力」と訳されているが，私たちが日常で用いる「潜在的な力」とは意味が異なるので注意が必要である。

▷2　大沢真理，2008，「三つの福祉政府体系と当事者主権」上野千鶴子・中西正司編『ニーズ中心の福祉社会へ——当事者主権の次世代福祉戦略』医学書院，pp.178-199.

焦点をあてればよいのだろうか。飲まず食わずで2日間過ごした空腹な2人がいるとする。空腹である点で，2人の現在の機能は同程度である。しかし，1人は食料を買うお金もない状況であるのに対し，もう1人はお金には困っていなくて「プチ断食」の最中であったとしたら，どうだろうか。前者は，空腹以外の状況を選択できないのに対し，後者には満腹になるという選択肢がある。実現している状態（機能）だけに着目すると，その状態を選択的に実現する自由（＝ケイパビリティ）における重要な不平等を見逃しかねない。

ケイパビリティという考え方からは，貧困とは人々の暮らしぶり（機能）が「受け入れ可能な最低限の水準」に達するのに必要なケイパビリティを欠いた状態といえる。センは貧困に関連の深い機能の例として，「十分に栄養をとる」，「衣料や住居が満たされている」，「予防可能な病気にかからない」，「コミュニティの一員として社会生活に参加する」，「恥をかかずに人前に出ることができる」などを挙げている。ケイパビリティ・アプローチによる貧困対策の基本は，個人がこれらの機能を達成できるよう，その人が選択できるあり方や行動の幅を保障する，ということになる。

④ 所得や機会を平等に保障すれば十分か

人々のケイパビリティが狭くなる背景には，一定のあり方や行動を実現するための手段である資源や機会が不足している場合がままある。経済的手段であるお金（所得）の不足や，お金を稼ぐ機会（雇用機会）の喪失を考えれば，わかりやすいだろう。

しかし，そうした手段を均等に分配すれば人々のケイパビリティが均等になるとは限らない。ジェンダー，年齢，健康や障害の状態，エスニシティ，階級，コミュニティの地理的条件や気象状況など，個人の特質や社会環境・自然環境により，持っている資源をケイパビリティに変換する能力や程度は異なってくる。例えば，日本では男女雇用機会均等法によって男性にも女性にも雇用機会が均等に保障されているが，実際には女性労働者の非正規雇用の割合は男性に比べて圧倒的に高い。正規雇用で働き続けることが，多くの女性には現実的な選択肢になりえていない可能性がある。

また，他の人々と同じような選択肢の幅を得るためにはより多くの資源を要する人もいる。両足に麻痺のある者が，麻痺のない者と同程度に社会参加の選択肢を持つには，多くの移動の支援や費用が必要かもしれない。

多様な生き方が容認され，個人の選択を尊重する社会を構想するうえで，よい暮らしぶりを達成するための現実的な選択肢の幅（自由）を保障するという観点から，すなわちケイパビリティ・アプローチから福祉政策を考えることの重要性は高まっている。

(森川美絵)

▷3 セン，A．，池本幸生・野上裕生・佐藤仁訳，2018，『不平等の再検討──潜在能力と自由』岩波書店，p.193。貧困をどのようにとらえるかは大きな課題である。貧困の概念については，Ⅳ-1 も参照のこと。貧困基準については以下が参考になる。山田篤実，2018，「貧困基準」駒村康平編『貧困』ミネルヴァ書房，pp.24-39。

▷4 お金以外の物的な資源や人的なサービスも，ケイパビリティを広げる手段となる。

▷5 社会政策は「必要」の充足を目的の1つとするが，「必要」を「ケイパビリティが欠如した状態」として定義し，政策の体系を構想するような議論もされている。例えば，▷2にあげた大沢真理の議論はその例である。

(参考文献)

岩崎晋也，1998，「社会福祉の人間観と潜在能力アプローチ」東京都立大学人文学部『人文学報』291：pp.49-68.

公的扶助とスティグマ
生活保護の受給がなぜ後ろめたく感じられるのか？

1　不心得者を取り締まるほど，受給者の肩身は狭くなる

　公的扶助とは，貧困に陥った者を対象に，税金を財源に行われる給付である。日本の生活保護制度はその典型であり，その受給は法律に定められた国民の権利だから，本来「後ろめたい」とか「肩身が狭い」ものではないはずである。

　一方，この種の制度をめぐっては，収入や資産を隠す不正受給者や，貧困から抜け出すための努力を真摯に行わない受給者の存在が報道されることがある。このような一部の不心得者のために，多くの善良な受給者は肩身の狭い思いをしているかもしれない。しかし，皮肉なことに，そのような不心得者を取り締まれば取り締まるほど，善良な受給者の肩身はますます狭くなっていく。それは，後ろめたさを生む原因が，少数の不心得者の存在にあるというよりは，以下で述べるような公的扶助の構造にあるためである。

2　スティグマの付与：「後ろめたさ」の構造的背景①

　第1に，そもそも公的扶助が対象とする「貧困」が，差別や偏見の対象となりうるようなマイナスの属性（スティグマ）の1つだからである。給付を申請すると，その人が本当に貧しいかどうかを確認するため，役所のケースワーカーが収入や資産などを調査する（資力調査^{ミーンズテスト}）。日本の生活保護制度を例にとると，申請者に収入・資産申告書や，包括同意書（福祉事務所が官公庁や銀行等にその人に関するあらゆる情報を照会することに同意する書類）の提出を求めて綿密な調査が行われる。これに加えて親族には，民法が定める扶養義務の履行に関する調査が行われる。

　これらの情報は給付の必要の有無や程度を判定するうえで不可欠だが，すべてプライバシーに深く関わる。本当に貧しい人のみに給付が行われるよう，資力調査を厳密に行えば行うほど，申請者は自らの尊厳を傷つけられていく。

3　有限な資源と官僚制：「後ろめたさ」の構造的背景②

　第2に，公的扶助に投入できる資源（予算や人員）が有限で，それが官僚機構のもとでやりくりされるからである。近年，各国で労働市場や家族が不安定になっている影響で，公的扶助への需要は高まっている。しかし，資源には限りがある以上，すべての者の必要を十分に満たせるわけではない。このため，

▷1　スティグマ
スティグマとは，もともとは犯罪者や奴隷などに入れられた刺青のことである。ゴフマンは，それを社会的相互行為の過程である者に対して他者・集団から付与されたマイナスの烙印として論じた（ゴフマン，E，石黒毅訳，1980，『スティグマの社会学』せりか書房）

なんらかの基準によって「やりくり」（配給・割当，rationing）しなければならない。

役所のケースワーカーのように，官僚機構の末端で裁量——行政機関に認められた選択・決定の余地のこと——を行使する者たちは「ストリートレベルの官僚[2]」と呼ばれる。彼らは専門知識を活かして人々の必要を判定しつつ，裁量を行使して資源の範囲で給付をやりくりするのである。

ストリートレベルの官僚たちは，「官僚」である以上は組織の掲げた目標に従わねばならない。資源不足が厳しくなり，組織上部からの締め付けが強まった場合，利用者負担の導入・増額，資格の厳格化，支給期間制限，給付水準の引き下げといった形でのやりくりが行われる。

公的扶助の場合，そのようなやりくりが明瞭な基準によってなされるとはかぎらない。生活保護行政では，制度の存在を積極的に告知しない，窓口で高圧的な態度をとるといった，申請者の無知や恐怖につけ込むことによって受給を断念させる事例（いわゆる「水際作戦[3]」）も報告されている。これは違法かそれに近く，裁量の不適切な形での行使である。

❹ では，どうすればいいのか

以上で見たのは，悪循環の構図である。第1に，本当に貧しい人に給付をしようとすればするほど，スティグマ感が強まり，逆に何も届かなくなるリスクが高まる。第2に，ケースワーカーが官僚機構の一員として，組織の上部が掲げた目標（この場合，給付を予算内におさめること）に真面目に取り組めば取り組むほど，本当に貧しい人は救われなくなってしまう。まさに「官僚制の逆機能[4]」の典型である。

このような状況を一朝一夕に解決することは難しいが，受給の後ろめたさを軽減するための取り組みや構想があるので，以下で紹介する。

生活保護においては，貧困者・受給者支援を行うNPO（非営利団体）が各地で活動しており，各種の生活相談や，弁護士や司法書士といった法律家・専門家が申請に同行するアドボカシー（権利擁護）の取り組みが行われている。また，各国の社会保障改革構想の中で注目されているベーシックインカムは，貧富の差を問わず，すべての市民に一定額の所得保障を行うことを内容とする普遍主義的[5]な給付である。これは，一見すると「バラマキ」である。しかし，給付の必要ない富裕層が受けられるからこそ，貧しい人も堂々と受けられるのである。この意味で，富裕層には給付を受け取ってもらわねばならない（そのために必要な費用は税金を多く課して回収すればよい）。むしろ，対象者を選別するために官僚機構が関与することで，かえって貧しい人に給付されない事態が生じることの方が有害であり，それを取り除くことを優先しようとする問題関心がある。

（菊地英明）

▷2 ストリートレベルの官僚
いわゆる官僚とは，中央省庁で高度な企画・立案業務に携わる者（テクノクラートレベルの官僚）だけではない。リプスキーは，ケースワーカー，教師，警官のように，絶対的な権限は小さいものの，行政機関の末端で一般市民や受給者の生殺与奪の権を握る官僚のことをストリートレベルの官僚と呼んだ（リプスキー，M.，田尾雅夫・北大路信郷訳，1986，『行政サービスのディレンマ』木鐸社）。

▷3 水際作戦
もともとは敵の上陸を阻止することを指す軍事用語だが，生活保護行政では，受給申請を窓口レベルで阻止する意味で使われる。生活保護制度の運用が厳格化された1980年代以降，各地の福祉事務所でこの種の問題の発生が報告されている。

▷4 官僚制の逆機能
マートンが『社会理論と社会構造』において提起した，官僚制がもたらす弊害のこと。法律・規則を守ることが自己目的化し，本来の目的が達成されなくなる事態などがあげられる。マートン，森東吾・森好夫・金沢実・中島竜太郎訳，1961，『社会理論と社会構造』みすず書房。

▷5 Ⅰ-6参照。

5 貧困の女性化
「家」のなかのみえにくい貧困とは？

1 「貧困の女性化」とは

「貧困の女性化」（feminization of poverty）という言葉は，アメリカにおける貧困者の多くが女性であるという事実を強調するために，1978年にダイアナ・ピアースによって初めて用いられた。[1] 彼女はまた，「貧困の女性化」をもたらした要因として，1950年から1970年代半ばにかけて女性の労働力化が進展しているのに経済的な地位は低下していること，離別女性や単身女性への政策や支援が不十分であることなどを指摘している。1970年代後半は，女性の社会的地位の向上を訴える運動が活発化した時代でもあり，「貧困の女性化」という問題は広く注目されるようになっていった。

「貧困の女性化」は女性世帯主世帯との関連が深いことから，母子世帯の貧困や「子どもの貧困」[2] とともに議論されることも多い。またそれは，性差別的な労働市場と社会保障・社会福祉政策に由来する現象であることから，ジェンダー視点からの政策研究をうながしもした。

2 「家」のなかに隠される女性の貧困

「貧困の女性化」をめぐる国際比較研究の成果によると，日本は，他の先進諸国でみられるような貧困の女性化現象があまり進んでいない特殊なケースだとされている。[3] このことは，必ずしも日本型福祉国家においてジェンダー平等が進んでいるということを意味するわけではない。むしろ，その背景には離婚率の低さなどがあるという。つまり日本では，女性の経済的・社会的地位が低いために，女性が夫の扶養を離れて独立することが難しく，なかなか家族・世帯から逃れることができない。このため，皮肉にも，「貧困の女性化」が進むほどに女性が経済的・社会的に自立していない，ということなのである。

ところで，貧困把握において最もよく用いられる相対的貧困率は世帯を単位としており，[4] そこでは，世帯内の構成員間で所得が平等に分配されるものと前提されている。しかし現実はそのようになっているとはかぎらない。仮に夫が高収入を得ていても，妻に生活費を渡さないことがあるかもしれない。つまり，ある世帯のなかで，特定の構成員だけが貧困状態にあるという可能性もあるのだ。独立した収入のない女性や子どもの場合，経済的に夫や父に依存せざるをえず，そうした状態に陥りやすいといえよう。とりわけ，女性が「家」から出

▷1 ピアースは，貧困状態にある成人女性の割合を推計することによって，貧困の女性化の程度を測定しようと試みている。具体的には，①1976年のアメリカで，16歳以上の貧困者1500万人のほぼ3人に2人を女性が占めており，②女性が世帯主である貧困世帯は1950年から1976年までの間に倍増し，貧困世帯のほぼ半数を女性世帯主世帯が占めるまでになっていると指摘した。

▷2 「子どもの貧困」については，Ⅳ-6 参照。

▷3 Axinn, J., 1990, "Japan : A Special Case", G. S. Goldberg and E. Kremen ed., The Feminization of Poverty : Only in America?, Greenwood Press.

▷4 例えば OECD が用いている相対的貧困率は「世帯の可処分所得を世帯人員数の平方根で割った中央値の50％（＝貧困線）に達しない世帯員の割合」であり，日本政府もこの基準を採用している。

て自立して生きていくことが難しい日本社会においては，女性はたとえ経済的に困窮していても，家庭・世帯に留まらざるをえないことも少なくない。つまり日本では，貧困の女性化が進まないというよりは，女性の貧困が世帯のなかに隠されている可能性があるということである。しかし，世帯を単位とした貧困把握では，世帯内に隠された貧困を把握することは難しい。こうした問題意識から，今日では，ジェンダー視点からの家計研究などにおいて，世帯内の分配のありようや個人単位の貧困を把握するための取り組みが少しずつ行われている。[5]

③　なぜ女性はより貧困に陥りやすいのか

　日本では女性の貧困が家のなかに隠蔽され顕在化しにくいと述べた。それでも，2012年の相対的貧困率を男女別にみてみると，若年期の一時期を除き，女性の貧困率は男性のそれより高くなっており，この傾向は2006年，2009年に遡ってみても変わらない。[6]その背景には，性別分業と，これに基づく標準家族（男性稼ぎ主-女性家事従事者）モデルがある。性別分業とは，労働市場における賃労働を男性が，家庭における家事労働を女性が担うといった仕組みを指し，そこでは一般に，女性は男性に経済的に依存することを期待される。それはまた，私たちの生活を強力に統制する規範として社会の隅々に浸透し，労働や社会保障のありようにも影響を与えている。

　2016年の「労働力調査」（総務省）によると，稼働年齢層の男性の就労率が82.5％であるのに対し，女性のそれは66.0％と低く，雇用形態も不安定であることが多い——全男性労働者のうち非正規雇用者の割合は22.1％であるのに対し，女性の場合は55.9％と半数以上が非正規雇用である。また2016年の「賃金構造基本統計調査」（厚生労働省）によれば，一般男性労働者の賃金を100とすると，一般女性労働者の賃金は73.0と30ポイント近く低くなっている。このように，女性の労働は不安定で低賃金なものになりやすく，一般に女性がより貧困に陥りやすいことがわかる。それでも，標準家族モデルが支配的な社会においては，女性の労働は「家計補助」のために過ぎないとみなされ，その不安定さも賃金の低さもあまり問題化されてこなかった。

　また，福祉国家における社会保障も一般に女性の男性（夫）への経済的依存を正当化・促進するよう構築されてきた。[7]結婚（夫への経済的依存）を通した標準家族の形成が社会保障制度を通して促進されてきたのである。それはまた，標準家族から逸脱した家族形態にある者——例えば母子世帯——への福祉給付の水準を低く抑えることで，結婚を通した標準家族の中心性を維持してもきた。このため日本では，とくに母子世帯の貧困率が高いといわれている。[8]

　以上から，もし私たちが女性の貧困問題を解消しようとするならば，第1に世帯内に隠蔽された貧困に光を当てること，第2に性別分業とそれに基づく標準家族モデルを問い直すことが必要であることが理解されよう。　　　　（堅田香緒里）

▷5　代表的なものに，ジャン・パール，室住真麻子・木村清美・御船美智子訳，1994，『マネー＆マリッジ——貨幣をめぐる制度と家族』ミネルヴァ書房；室住眞麻子，2006，『日本の貧困——家計とジェンダーからの考察』法律文化社などを挙げることができる。

▷6　阿部彩，2014，「相対的貧困率の動向——2006, 2009, 2012年」貧困統計ホームページ（www.hinkonstat.net）。

▷7　フレイザー，N.，仲正昌樹監訳，2003，『中断された正義』御茶の水書房など。他方で，労働者そして市民としての男性の自立は，女性の家事労働に依存することで可能となっているが，その依存は積極的に隠蔽されてきたことも忘れずに指摘しておきたい。

▷8　国民生活基礎調査（2016年）によると，ひとり親世帯の貧困率は50.8％と半数以上に上る。また全国母子世帯等調査（2011年）によると，シングルマザーの平均年間就労収入は181万円で，100万円未満が28.6％，100～200万円未満が35.4％と200万円に満たない世帯が約6割を占めている。

6 子どもの貧困
「子どもの貧困」の社会問題化はなにを意味するのか？

❶ 「子どもの貧困」という問題構成

　日本における子どもの**相対的貧困率**は，2009年の国民生活基礎調査で15.7%，2012年の同調査で16.3%と過去最悪の記録を更新した。これは約6～7人に1人の子どもが貧困状態にあるということを示しており，「子どもの貧困」問題はその数字とともに広く注目されるようになり一種の「ブーム」にもなった。「子どもの貧困」をめぐる議論が活発化するにつれ，貧困状態にある子どもが抱える諸問題（の一部）がたしかに可視化され，社会問題化されていった。

　しかし，あらためて考えてみると「子どもの貧困」とはなんだろうか。家計とは一般に世帯単位で営まれるものであり，子どものみで構成される世帯でもないかぎり，「子どもの貧困」が単独で存在するわけではない。つまり「子どもの貧困」とは，より正確には「大人を含む貧困世帯の構成員である子どもの困窮状態」を表すものであり，大人を含む貧困世帯から「子ども」のみを取り出してとらえようとする問題構成であるといえよう。それは，貧困一般とは切り離された形での「子どもの貧困」理解をうながしかねない。

　阿部彩は，そうした問題を自覚しつつ，それでもなお「子どもの貧困」に焦点化する理由として「貧困の自己責任論」の回避をあげている。「大人の貧困」に対してしばしば用いられる「自己責任論」を避け，貧困への社会的・政策的対応を速やかに引き出すために，まずは自己責任を問いづらい「子どもの貧困」に限定した議論を戦略的に展開しようというわけだ。

❷ 子どもの貧困対策の内容と含意

　こうして「子どもの貧困」は社会問題化し，政策的課題としても位置づけられるようになる。2013年には「子どもの貧困対策の推進に関する法律」（子どもの貧困対策法）が成立（2019年に改正），翌2014年には「子供の貧困対策に関する大綱」（以下，大綱）が閣議決定されるなど，政策的対応が明文化されていった。

　では，一連の子どもの貧困対策において「子どもの貧困」とはなにを指すのだろうか。実は，子どもの貧困対策法自体はこれを定義していない。そこで大綱内に示された「子供の貧困に関する指標」を参照してみると，進学率や中退率，奨学金利用率やスクールカウンセラーの配置率など，そのほとんどが「教

▷1　相対的貧困率
ここで相対的貧困率とは，等価可処分所得の中央値の半分の額を貧困線としたとき，それを下回る等価可処分所得しか得ていない状態にある者の割合を指す。

▷2　文字通り『子どもの貧困』というタイトルの阿部彩の本が出版された2008年は，「子どもの貧困」に関する議論が活発化し，子どもの貧困が「発見」されたという意味で「子どもの貧困元年」とも呼ばれる（阿部彩，2014，『子どもの貧困Ⅱ──解決策を考える』岩波書店，p. i）。

▷3　阿部彩，2008，『子どもの貧困──日本の不公平を考える』岩波書店，p. 247。

▷4　ここで指標とは，貧困を測定する際のモノサシのことである。指標として挙げられているものをみれば，「子どもの貧困」をどのような問題として（どのようなモノサシで）認識しようとしているのかが具体的に理解されるだろう。

育」や「学校」に関わるものになっている。つまり，一連の指標で測定しようとしているのは，主に子どもと「教育」機関との関わりであり，ここで「子どもの貧困」とは，貧困状態にある子どもの教育的不利として理解されていることがわかる。このため，「子どもの貧困」への政策的対応としては，学習支援ないし教育の支援が重視され，貧困ないし困窮状態の解消に即時的効果を持つ経済的支援には消極的な意味付けしか与えられない。

③　背景にある「貧困の世代的再生産」の考え方

　教育に力点を置く，これら一連の「子どもの貧困」対策の背景には，親世代の貧困が子ども世代に移転するという「貧困の世代的再生産」への危惧があるといえよう。しかし，貧困の解消という点からみると，「貧困の世代的再生産」のみに光を当てることにはいくつかの問題がある。

　第1に，問題を貧困そのものではなく「貧困の世代的再生産」とすることで，貧困家庭に育つ子どもの現在の貧困状態の解消にはあまり役立たない。第2に，子ども個人の「学力」に働きかけようとする支援は，問題を個人化してしまいかねない。先述したように，教育を通して貧困を脱却しようというアプローチは，その程度をはかる指標として進学率等を用いることが多い。これは，「進学するか否か」という個人の振る舞いに焦点を当てることで，進学先である学校そのものを問う視点を埒外に置いてしまう。また，子どもの学業達成の程度や学歴を測定することを通して，そうしたモノサシの正当化に貢献してしまってもいる——学業達成の程度や学歴に意味があるのだ，というように。それは，学歴社会・能力主義社会の問題や，学校が階層の不平等を再生産する装置であることを不問に付してしまうし，貧困の個人主義的理解を通して，貧困の個人／自己責任論と親和的にならざるをえないだろう。[15]

④　「貧困の世代的再生産」ではなく「貧困」そのものを問う

　「子どもの貧困」という問題構成および一連の「子どもの貧困対策」は一般に，「貧困の世代的再生産」の議論を媒介に，問題を個人化し得ると述べた。しかしそれでも，「子どもの貧困」を論じる社会的な意味があるとすれば，それは世帯内の分配の不平等に目を向けるときであろう。貧困は一般に，世帯を単位として把握されるが，現実には，世帯所得でみれば貧困でなかったとしても，家庭内の権力関係を反映し，世帯内の特定の構成員——例えば，独立した収入のない子ども——のみが貧困状態におかれるというケースもあり得る。[16]「子どもの貧困」という問題構成は，そうした状態に光を当ててくれるだろう。

（堅田香緒里）

▷5　実際，「貧困の世代的再生産」という論点は，伝統的に，「アンダークラス」論や「貧困の文化」論などの，貧困問題において公的責任を問うというよりはむしろ，自己責任を追及し，「犠牲者を非難する」(blaming the victim) アプローチにおいて多く提起されてきたことは，決して偶然ではないだろう。

▷6　詳しくは，Ⅳ-5参照。

参考文献

浅井春夫・松本伊智朗・湯澤直美，2008，『子どもの貧困——子ども時代のしあわせ平等のために』明石書店。

松本伊智朗・湯澤直美編，2019，『シリーズ子どもの貧困①——生まれ，育つ基盤』明石書店。

佐々木宏・鳥山まどか編，2019，『シリーズ子どもの貧困③——教える・学ぶ』明石書店。

リッジ，T.，中村好孝・松田洋介訳，渡辺雅男監訳，2010，『子どもの貧困と社会的排除』桜井書店。

ワーキングプア
なぜ働いても暮らしていけない人がいるのか？

① ワーキングプアとはなにか

　ワーキングプアとは，フルタイム（かそれに近い時間）の労働を行っているにもかかわらず**貧困線**[▷1]以下の賃金しか得られない人々を指す。先進諸国で問題になって久しく，日本では90年代後半以降に若者を中心に深刻化した[▷2]。その原因を，賃金抑制圧力としての脱工業化とグローバル化，人々からの機会の剥奪とに分けて，以下で説明しよう。

② 脱工業化による賃金抑制圧力

　脱工業化とは産業構造に占めるサービス業（第3次産業）の割合が高まることを指す。労働集約的なサービス業は，機械化が容易な工業に比べて生産性の向上が遅く，賃上げが相対的に抑制されがちである。また，サービスは生産と消費が同時に行われ「作りだめ」が困難なため，労働力需要が変動しやすい。企業は正規雇用の労働者数を抑制し，必要なときのみ非正規雇用の労働者を雇おうとするので，脱工業化が進むと雇用は不安定になりやすい。

　さらに，家事労働が社会化されたサービス労働——保育や介護といったケアも含まれる——も賃金が抑制されやすい。これはサービス価格の上昇が購入の抑制を招くからである。再び家事労働化されて女性の社会進出を阻害しないようにするため，サービス価格は政策的に抑制されがちである。その費用が政府の財政から補填されないと，労働者が賃金抑制の形で割を食うことになる。

③ グローバル化による賃金抑制圧力

　経済のグローバル化も賃金抑制の圧力となる。製造業が商品価格を抑えるために生産拠点を途上国に移すと，先進国では産業の空洞化，すなわち雇用の喪失が生じる。先進国内に生産拠点を残すためには，労働者は途上国に近い水準までの賃金抑制を容認しなければならない。また，グローバルな労働力移動，とくに先進国への移民や外国人労働者の流入は，彼らと競合する未熟練労働者にとって強い賃金抑制圧力となる。

④ 個人の機会剥奪：労働市場における差別・貧困の再生産・子どもの貧困

　労働者個人のレベルでは，労働市場でのさまざまな差別が機会を奪ってきた。

▷1　貧困線
貧困か否かを判別する所得水準のことで，定義はさまざまである。日本では公式の「貧困線」はなく，生活保護基準，地域別最低賃金，相対的貧困率（等価可処分所得の中央値の2分の1未満の者の割合。厚生労働省「国民生活基礎調査」によれば，2015年に15.6%）の水準がワーキングプアとの関連で引き合いに出されることが多い。

▷2　NHKスペシャル「ワーキングプア」（2006年放映）によりこの概念の知名度が高まった。詳細はNHKスペシャル『ワーキングプア』取材班編，2007，『ワーキングプア——日本を蝕む病』ポプラ社を参照。

女性差別はその典型であり，これは男性が女性を扶養し，女性が家事・育児と補助的な労働に従事することが前提とされてきたためである。その是正の一環として，ILO（世界労働機関）は100号条約（1951）において，「同一価値労働同一賃金」の実現を求めてきた。

日本に目を転ずると，正規雇用（期間の定めのないフルタイム雇用）と非正規雇用との待遇格差と，新卒一括採用の慣行のもと，1970年代生まれを中心とする団塊ジュニア世代が「就職氷河期世代」として機会を奪われてきた。1990年代以降に社会に出た彼らは，中年期にさしかかった現在も，賃金・福祉・昇進機会などが劣る非正規雇用への従事を余儀なくされている場合が多い。

労働者の低賃金の原因として，労働市場に参入するうえでのスキルの低さ，具体的には低学歴や無資格などがある。これは家庭での「貧困の再生産」や「子どもの貧困」により機会が剥奪された結果かもしれない。栄養・健康・教育などにおいて不利な貧困世帯で育った子どもは，成長後も良好な雇用を得づらく，貧困状態で子どもを産み育て，貧困を継承させがちになる。

⑤ ワーキングプアへの対策とその困難

以上を踏まえると，ワーキングプアへの対策として，安定雇用を創出すること，十分な賃金を保障すること，労働市場での差別を解消することといった労働市場に直接働きかける施策が必要となる。それに加えて，労働者本人に教育・訓練の機会を提供するとともに，働く者も受給できる所得保障（給付付き税額控除）を充実することも欠かせない。ただし，財源の確保や産業界の抵抗といった難題を抱えており，いずれも言うは易く行うは難しの典型である。

日本では2020年時点で，正規と非正規との間の身分格差，あるいは差別構造の解体には至っていないものの，それを縮小しようとする動きが見られる。第1に，賃金面では，同一価値労働同一賃金の実施が求められる（2020年4月施行の改正パートタイム・有期雇用労働法に基づく）。雇用主には正規・非正規間の待遇格差について説明責任が求められるとともに，不合理な差別が禁止されることになる。第2に，社会保険（厚生年金と健康保険）の加入要件は，従来週30時間以上の労働時間とされていたが，2016年10月以降，企業規模や労働時間等の規定を変えて対象の拡大が図られ，その後もさらなる拡大が模索されている。これらの施策の効果を注視することが必要となるだろう。　　　　　（菊地英明）

▷3　このような待遇格差があるのは，日本の雇用システムにおいて，正規雇用がジョブ（職務）という「機能」としてではなく，会社のメンバーシップという「身分」として位置付けられてきたからである。この「身分」は，若いときに獲得できない，あるいはいったんそれを喪失すると二度と獲得できないという特徴を持つ。詳しくは，濱口桂一郎，2014，『日本の雇用と中高年』筑摩書房を参照。

▷4　日本では貧困の再生産よりも未婚化や少子化の方が問題視されてきたが，近年では子どもの貧困も相当な広がりを持つことが判明している。詳細は阿部彩，2008，『子どもの貧困──日本の不公平を考える』岩波書店を参照。

8 健康格差
健康状態の差をなくすには？

▷1　厚生科学審議会地域保健健康増進栄養部会・次期国民健康づくり運動プラン策定専門委員会，2012，「健康日本21（第2次）の推進に関する参考資料」p. 25.（http: //www. mhlw. go.jp/bunya/kenkou/dl/kenkounippon21_02. pdf 2017/ 6/23）

▷2　ここで言及する諸調査結果は，以下の文献を参照。近藤尚己，2016，『健康格差対策の進め方──効果をもたらす5つの視点』医学書院，pp. 5-8；日本学術会議基礎医学委員会・健康・生活科学委員会合同パブリックヘルス科学分科会，2011，「わが国の健康の社会格差の現状理解とその改善に向けて」p. 3.（http://www.scj.go.jp/ja/info/kohyo/pdf/kohyo-21-t133-7.pdf 2017/6/23）

▷3　厚生科学審議会地域保健健康増進栄養部会・次期国民健康づくり運動プラン策定専門委員会，2012，「健康日本21（第2次）の推進に関する参考資料」pp. 27-28。

▷4　Wada, Koji, Naoki Kondo, Stuart Gilmour, Yukinobu Ichida, Yoshihisa Fujino, Toshihiko Satoh, Kenji Shibuya, 2012, "Trends in Cause Specific Mortal-

1 健康格差の発見

　健康格差とは，「地域や社会経済状況の違いによる集団における健康状態の差」[1]をいう。

　健康格差が注目されるようになったきっかけは，1980年のイギリスの『ブラック報告書』である。この報告書は，職業階層によって死亡率に2倍以上の差があることを明らかにした。その後も『アチェソン報告』（1998年）で，健康格差が拡大していることが指摘された。

　世界保健機関（WHO）も健康格差に注目するようになった。2008年に健康の社会的決定要因に関する委員会の最終報告書が出され，2009年のWHO総会決議で取り上げられた。

　日本は，国民の健康増進（ヘルス・プロモーション）対策として，「21世紀における第2次国民健康づくり運動（健康日本21（第2次））」（2013〜2022年度）を現在行っている。この健康日本21（第2次）の具体的目標の1つに，健康寿命（健康上の問題で日常生活が制限されることなく生活できる期間）の延伸と健康格差の縮小が挙げられている。あらゆる世代の健やかな暮らしを支える良好な社会環境を構築することによって，健康格差の縮小を目指すとしている。では，日本社会における健康格差の現状はどうだろうか。

2 日本における健康格差の現状

　日本では，地域による健康格差がある[2]。例えば，都道府県間の健康寿命は2010年時点で最上位と最下位の県の間には男女とも3年弱の差がある。健康日本21（第2次）では，この健康寿命の最上位県の数値を目標としたうえでの都道府県格差の縮小を目標項目の1つとしている[3]。

　また，個人の社会経済的属性による健康格差がある。低学歴の人は高学歴の人より不健康である。低所得の人は高所得の人より不健康である。これらは諸外国と同様である。個人的属性だけでなく地域的影響も指摘されている。低学歴の人が多い地域や所得格差の大きな地域に住むほど，死亡リスクが高まるという調査結果がある。

　人口動態職業・産業別統計などのデータを用いた分析によると，職業別死亡率（男性）は特徴的な動きを示している[4]。1980年から1990年代半ばまでは，肉

体労働者など職業威信の低い職業従事者の方が，専門職や管理職といった職業威信の高い職業従事者より職業別死亡率が高かった。しかし，それ以降2000年代半ばまで，つまり日本経済の低迷期は，専門職や管理職の方が肉体労働者などより死亡率が高くなるという逆転現象が起きている。

社会経済的属性が健康に及ぼす影響の仕方には男女差がある。高齢者を対象にした研究では，男性に比べて女性の場合，家族や友人との接触頻度が死亡率と強く関連していた。近年，人とのつながりなど社会関係資本（ソーシャル・キャピタル）による健康格差が注目されている。

従来，日本における健康の社会経済的格差は欧米諸国に比べると小さいと指摘されてきた。しかし，近年はこうした社会経済的要因による健康格差が増大している可能性を指摘する調査結果がある。

③ 健康格差縮小への対策

健康格差を縮小するにはどういった対策が必要だろうか。近藤克則らは次の7原則を挙げている[5]。

まず健康格差の縮小を実現するために，始める・考える・動かすの3段階を設定する。始める段階では，関係者が健康格差を縮小するための理念・情報・課題を共有する必要性（第1原則：課題共有）を挙げる。

考える段階には2つの原則がある。1つは，貧困層など社会的に不利な人々ほど配慮を強めつつ，すべての人を対象にした普遍的な取り組みをすること（第2原則：配慮ある普遍的対策）である。これはハイリスク・アプローチ（リスクの高い人々に焦点を合わせる対策）とポピュレーション・アプローチ（集団全体のリスクを全体的に下げる対策）を組み合わせた対策である。もう1つは，胎児期からの生涯にわたる経験と世代に応じた対策（第3原則：ライフコース）である。

動かす段階には4つの原則がある。第1に，長・中・短期の目標設定と根拠に基づくマネジメント（第4原則：PDCA）である。PDCAとは，計画（Plan），実施・実行（Do），点検・評価（Check），対処・改善（Action）のことである。第2に，国・地方自治体・コミュニティなどそれぞれの特性と関係の変化を理解した重層的な対策（第5原則：重層的対策）である。第3に，住民やNPO，企業，行政各部門など多様な担い手をつなげること（第6原則：縦割りを超える）である。最後に，コミュニティづくりを目指す健康以外の他部門との協働（第7原則：コミュニティづくり）である。

これら3つの段階，7つの原則を実行することによって，健康格差縮小の実現を目指すべきだと，近藤らは提唱している。　　　　　　　　（金子雅彦）

ity across Occupations in Japanese Men of Working Age during Period of Economic Stagnation, 1980-2005 : Retrospective Cohort Study", *British Medical Journal*, 344 : e1191.

▶5　近藤克則・石川善樹・稲葉陽二・尾島俊之・金光淳・近藤尚己・村上慎司，2015，『健康格差対策の7原則』[第1.1版] 医療科学研究所（http://www.iken. org/project/sdh/pdf/15SDHpj_full_ver1_1.pdf 2017/6/23）。

（参考文献）

近藤克則，2017，『健康格差社会への処方箋』医学書院。

9 貧困の再生産
どうすれば貧困から抜け出せるか？

▷1　文化資本

経済以外の個人的に保有された資産・資本を指す概念であり，ブルデューらが提唱した。文化資本には，身体化されたもの（家庭内で親を通して身につけた考え方や立ち居振る舞い等），客体化されたもの（絵画，楽器，書物等），制度化されたもの（学歴や資格等）の3種類がある。それらは人々の社会的な成功を左右するものであるとともに，階級・階層ごとに不平等に配分されている。また，家庭内で親から子に継承されるため，可視化されにくく，是正のための公的な介入にも限界がある。詳細は，ブルデュー，P.・パスロン，J-C.，宮島喬訳，1991『再生産――教育・社会・文化』藤原書店を参照。

▷2　詳しくは，道中隆，2009，『生活保護と日本型ワーキングプア――貧困の固定化と世代間継承』ミネルヴァ書房を参照。

▷3　詳しくは，ルイス，O.，高山智博・染谷臣道・宮本勝訳，1985，『貧困の文化――メキシコの＜五つの家族＞』思索社を参照。

▷4　詳しくは，ウィルソン，W.，青木秀男監訳，1999，『アメリカのアン

1　貧困の再生産とはなにか

貧困の再生産とは，親の貧困が子へと継承されることをいい，「貧困の世代的継承」や「貧困の悪循環」とも呼ばれる。子どもが人生の出発点でわずかな機会しか与えられていない点で，社会的不公正とも関連する問題である。

2　なぜ親の貧困が子どもに受け継がれるのか

貧困が再生産されるのは，子どもの養育が家庭という私的な領域で，その責任のもとに行われる原則があるためである。その過程で，親の所得・資産の多寡という経済的な不平等のみならず，行動様式や立ち振る舞い等の「**文化資本**」の不平等が子どもの人生の成否に影響する。

また，脱工業化やグローバル化の影響で，先進国で安定雇用が減少し，離婚やひとり親世帯が増加した結果，各国で「子どもの貧困」，とくにひとり親世帯の貧困が生じている。日本の場合，厚生労働省が国民生活基礎調査から算出した2015年の相対的貧困率は，子どもが13.9%で（この数字はOECD諸国の平均（13.5%）よりも高い），ひとり親世帯は50%を超えている。貧困の再生産関連で入手できるデータはかぎられるが，生活保護について「保護二世，三世」が一定程度存在することを道中隆が明らかにしている。

3　アメリカ：福祉は貧困を助長するか

貧困の再生産の問題は，アメリカでは1950～60年代から，とくに人種的マイノリティ（黒人）のひとり親世帯（母子世帯）の貧困と福祉との関係で議論されてきた。そこで強い影響力を持った主張は，「貧困の文化」論とその変種である。貧困の文化とは，貧困者に内面化された，自立や労働を重んじない価値観や態度のことである（ルイス）。また，教育・職業面で成功した者が衰退地域から流出することで，「人生の成功モデル」を身近に得られなくなった黒人の若者が無為に過ごしがちな傾向も指摘された（ウィルソン）。

この議論の主張は多岐にわたるが，政策場面では「福祉が依存を招き，貧困を助長する」という主張（「福祉があるから離婚が増える」「政府が親の責任を肩代わりしている」といった批判）に縮約されがちであった。そこから，貧困の再生産を断ち切るためには，福祉を厳格化し，家族に責任を果たさせる，という処方

ダークラス——本当に不利な立場に置かれた人々』明石書店を参照。

▷5　IV-10参照。

箋が現れる。これが後の,「ワークフェア」改革の伏線となる。例えば,アメリカの1996年福祉改革では,従来の要扶養世帯児童援助（AFDC）が貧困世帯一時扶助（TANF）に改められたが,それにより公的扶助の受給期間が制限され,受給者は就労などが義務づけられることとなった。

④ ヨーロッパ：子どもの貧困対策の充実

もっとも,上記の主張には批判も多く,実証面での根拠も不確かである。逆に,貧困の再生産を断ち切り,すべての子どもたちに機会の平等を提供するために,人生の初期から各種の福祉的介入を積極的に行うべきとのアプローチもあり,ヨーロッパを中心に展開されてきた。例えばイギリスのブレア政権は,子どもの貧困を「社会的排除」の一形態としてとらえるとともに,子どもの貧困率を低下させる数値目標を掲げ,低所得世帯向けの所得保障の充実（いわゆる給付付き税額控除）や,早期教育の実施,学校中退者や非正規雇用の若者向けの支援といった政策を実施したことで知られる。

▷6　IV-2参照。

5 日本：貧困の再生産防止への取り組みの開始

日本では,1990〜2000年代の「格差社会」論以降,貧困や不平等への関心が高まったが,少子化問題を除けば,子どもの福祉への関心は近年まで低かった。

民主党政権（2009〜12年）は,子どもの貧困対策を主要な政策に掲げ,子どもの貧困率に関するデータをはじめて公表するとともに,子ども手当（従来の児童手当の所得制限を撤廃し,給付額を引き上げる）や高校授業料無償化などの政策を相次いで実施した。これら一連の政策は,財源確保の問題があり,計画通りの実現からはほど遠かった。しかし,財源以上に,子育てをもっぱら「私事」や自己責任としてとらえる風潮が強く,「公事」の側面もあることが国民に十分に理解されていなかったことも見落とせない。

その後の自公政権（2012年〜）下でも,子どもの貧困対策を拡充しようとする動きは続いている。2013年には「子どもの貧困対策法」が議員立法により全会一致で制定された（2019年に改正）。それによって5年に1度政府が作成する「子どもの貧困対策大綱」（2014年制定,2019年改定）では,「貧困の世代間連鎖の解消」が基本的な方針の1つに掲げられるとともに,子どもの貧困に関する諸指標（「生活保護世帯の子どもの高等学校等進学率」など）の改善に向けた取り組みが図られることになった。

また,消費税率の引き上げによる財源の確保を背景に,幼児教育・保育の無償化（2019年10月〜）や,高等教育の無償化・負担軽減（2020年4月〜）といった子育て費用の軽減策も,相次いで導入されている。

今後も,貧困の再生産防止に向け,支援のいっそうの拡充が期待される。

（菊地英明）

10 ワークフェアとベーシックインカム
「働かざる者食うべからず」か？

1 ワークフェアとベーシックインカムとはなにか

　ワークフェア（WF）とベーシックインカム（BI）は，公的扶助を中心とする現金給付の改革構想である。前者はワーク（就労）とウェルフェア（福祉）を組み合わせた造語で，「賃労働への従事は幸せにつながる」との哲学のもと，公的扶助の受給者に就労や職業教育・訓練プログラムの受講を義務づける構想である。後者は逆に，既存の社会保険・公的扶助などを廃し，すべての市民に無条件に一定の所得を給付することで，賃労働と生存とを切り離す構想である。

2 「標準的な生き方」の揺らぎと公的扶助への負荷

　第2次世界大戦後の先進国では，男性は長期にわたり安定雇用に従事して家族を養い，女性は主婦として家事・育児に従事する「標準的な生き方」が成立した。そのもとで典型的な生活リスク（退職後の生活費など）は社会保険でカバーされる一方，標準的な生き方から外れた少数の者は公的扶助の対象とされてきた。

　しかし，おおむね1970年代以降の先進国では，脱工業化などを背景に，雇用や家族が不安定化し，「標準的な生き方」が揺らいでいった。社会保険によって対応されない生活困難に直面した人々が頼ったのが，公的扶助などの選別主義的な給付である。その受給者や財政支出が増加する過程で，公的扶助制度自体への不信・不満が噴出し，WFとBIが改革構想として提起されるに至った。

3 ワークフェア：生き方への介入を強めた福祉給付

　公的扶助の受給者が増加するにつれ，真に必要とする者「以外」の者も受給しているのではないか，そしてその一因が働くと損をするような制度設計にあるのではないかとの批判が，主に納税者側から提起されるようになった。

　以上を踏まえ，各国で行われたのが，受給者に就労を促すWF改革である。その内容は，受給期間の制限を行う厳格なもの（アメリカの貧困世帯一時扶助（TANF）など）から，よりよい条件の就労につなげる教育・訓練プログラムの受講を受給者に求める穏当なもの（北欧各国の積極的労働市場政策が典型）まで多様である。しかし，就労＝賃労働への従事は幸せにつながる（あるいは「働かざる者食うべからず」）という哲学が背景にあり，それに沿った生き方を受給者に

▷1　北欧は失業給付が手厚いことで知られるが，それは人々が「遊んで暮らしていい」ことを意味しない。スウェーデンの場合，企業規模を問わず同一労働同一賃金が保障されているが，そのためには生産性の低い企業の倒産と，そこに勤務する労働者の失業が避けられない。しかし失業者には，現金給付とともに，教育・訓練プログラムが提供されることにより，成長部門での再就職が支援される。このように，産業政策と福祉政策が密接に組み合わされている。詳細は，湯元健治・佐藤吉宗，2010，『スウェーデン・パラドックス——高福祉，高競争力経済の真実』日本経済新聞社を参照のこと。

求めている点において共通しているといえよう。

❹ ベーシックインカム：生き方への不介入を徹底した福祉給付

最も公的扶助を必要としているはずの困窮者が，受給に至らず餓死すると
いった悲劇を耳にすることがある。これは公的扶助の要否認定のために行政が
実施するミーンズテスト（資力調査）が，経済的な貧困の程度に加え，標準的
な生き方からの「逸脱」の程度も問題にするためである。ひとり親世帯向け給
付の支給要件の確認過程で交際相手の有無が調査されるのは，生存のための受
給と，人間としての尊厳とが二者択一のものになっている典型例である。

この問題への解決として提唱されるBI構想[2]は，受給者の生き方を一切問わ
ないことを原則とする（無条件性）。結婚の有無，活動への従事状況——賃労働，
家事労働，さまざまな社会貢献活動，そして「何もしない」こと——などに
よって差別されることはない。また，困窮者から大富豪まですべての市民に給
付される（普遍性）。一見すると無駄なバラマキだが，大富豪も受給するからこ
そ，困窮者もスティグマを感じずに受給できるというメリットがある。

❺ 「生き方の自由」はどこまで可能か

このように，WFとBIの「生き方の自由」のとらえかたは対立する。その
当否を論ずるにあたっては，社会構造のありかたにも目を向ける必要がある。

受給者に賃労働への従事を促すWFは，「自分の力で稼げるようになる」こ
とが望ましい生き方だと考える多くの人々から支持されよう。しかし安定雇用
が減少した状況が抜本的に変わらないかぎり，WF改革は，単なるワーキング
プアの創出政策となって，困難を抱える人々をさらに苦しめかねない。

一方，いくつかの社会実験を除き，BIが純粋な形で実現した社会は存在し
ない。賃労働を義務づけないと給付の原資が確保できなくなる，との持続可能
性への懸念が払拭されないことなどが背景にある。個人レベルでは生き方の自
由が尊重されるとしても，社会全体では相当数の人々の賃労働が必要となるだ
ろう。

また，BIの導入によって，生き方の自由を制約するさまざまな障害や差別
まで除去されるわけではないから，BIの導入に加えて社会全体の変革が不可
欠になる。事実，BIの歴史を見ると，BIが単体で要求されてきたというより
も，生き方の自由を実現するための社会運動や闘争が先にあり，そこでの諸要
求や手段の1つとしてBIが位置付けられた例をいくつも見ることができるの
である。

(菊地英明)

▷2 BI構想の詳細は，
以下の3冊を参照のこと。
フィッツパトリック，T.,
武川正吾，菊地英明訳，
2005，『自由と保障——
ベーシック・インカム論
争』勁草書房；小沢修司，
2007，『福祉社会と社会保
障改革——ベーシック・イ
ンカム構想の新地平』高菅
出版；山森亮，2009，
『ベーシック・インカム入
門——無条件給付の基本所
得を考える』光文社。

▷3 フェミニズムを例に
とると，イタリアのダラ・
コスタは，「家事労働に賃
金を」というスローガンを
掲げ，事実上のBIを要求
したことで知られる。この
要求は，女性が無償の家事
労働を強いられることに
よって，資本家と男性の双
方から搾取されているとい
う認識のもと，その構造を
打破する運動の一環として
なされたものである。詳し
くは，ダラ・コスタ，M.
伊田久美子・伊藤公雄訳，
1986，『家事労働に賃金を
——フェミニズムの新たな
展望』インパクト出版会を
参照。

1 福祉レジーム
福祉の仕組みは国によって変わるのか？

1 福祉レジームとはなにか：「三つの世界」論

　福祉レジームとは，福祉の供給主体としての家族・市場・国家の組み合わせを指す。エスピン-アンデルセンは，福祉レジームは自由主義・保守主義・社会民主主義の「三つの世界」に分けられるとし，これにより各国の福祉の仕組みの違いとその起源，1980年代以降の福祉改革のありかたが説明できるとする。

　この背景にあるのは，カール・ポランニの議論である。彼は近代化の過程で市場経済が席巻したことにより，人間が「労働力」として商品化されたことを批判した。福祉国家が保障する市民権の一要素である「社会的権利」（T. H. マーシャル）は，商品化による搾取を一定程度和らげる機能を持つ。エスピン-アンデルセンは，社会的権利の強弱を「脱商品化」[▷1]の高低として定義づけ，国家や家族の役割に注目しつつ福祉レジームの類型論を構築した。要するに，福祉レジーム論とは，市場の荒波に立ち向かうために，人々が「誰と」支え合い，連帯するか——国家か，家族などの中間集団か，個人の自助努力か——の違いを示したものである。

　このほか，「階層化」（富める者と富まざる者の格差を創出しかつ正統化すること），「脱家族化」[▷2]指標がとくに有名である。例えば，脱商品化と脱家族化とを組み合わせることにより，国家の福祉支出の「量」だけでなく「質」（どのように支出されるか）も比較可能となる。高齢者福祉の場合，（主婦による）家族介護への手当の支給に比べ，介護サービスを提供する方が，支出が同額であったとしても（＝脱商品化度は同じ），脱家族化度が高く，社会のジェンダー平等を促進するだろう。

2 自由主義レジーム：アングロサクソン諸国

　以下，レジームごとの福祉の違いを具体的に検討しよう。自由主義レジームは，アングロサクソンの「低負担・低福祉」の国々である（＝脱商品化度低）。このもとでは市場の機能と各人の自助努力が重視され，福祉は貧困者・失業者向けのセーフティネットが中心となる。正規雇用の従業員には，福利厚生（企業福祉）の一環として，民間医療保険や住宅手当が支給されることも多い。

▷1　脱商品化
　個人または家族が労働市場に参加せずに一定水準の生活を維持できる程度のことで，そのためには政府から充実した福祉給付が権利として保障される必要がある。しかし，脱商品化を「遊んで暮らせる程度」を意味する概念であると誤解してはならない。脱商品化の進んだ北欧諸国（社会民主主義レジーム）では，失業者は再就職（＝商品化）に向けた教育・訓練プログラムを受講することが強く求められる。この意味で，労働力の脱商品化は商品化の前提であるといえる。

▷2　脱家族化
　人々が福祉を得るために家族に依存しないで済む程度のこと。女性は脱商品化の恩恵に直接浴せるとはかぎらない。なぜなら，女性が就労（＝商品化）しづらい社会や，生きるために主婦として夫の稼ぎに依存することが強いられがちな社会があるためである。このとき，脱家族化という視点が必要になる。福祉の給付の脱家族化度を高めるには，家族（世帯）を通してでなく，個人に直接行うことが望ましい。

③　保守主義レジーム：ヨーロッパ大陸諸国

　ヨーロッパ大陸諸国にみられる保守主義レジームは，家族や地域社会などの中間集団が十分に機能しない場合にかぎり，国家は介入すべき，というカトリックの「補完性原理」を背景にしている。国家による社会保険も，「男性＝賃労働，女性＝家事労働」という家族の性分業を前提に，同業組合（ギルド，友愛組合など）の相互扶助を取り込み，法的な根拠を与える形で制度化されている。

　したがって，国家の制度は伝統的な社会構造を守る機能を有しており，職業ごとの所得格差や，ジェンダー不平等は基本的に再生産される。また，「稼ぎ主たる男性」の脱商品化度が比較的高いが，これは家族（女性と子ども）が路頭に迷わないでも済むようにという配慮によるものである。

　なお，エスピン-アンデルセンは，儒教倫理がカトリックの倫理と機能的に等価だという理由で，日本を保守主義レジームに含めている。

④　社会民主主義レジーム：北欧諸国

　北欧諸国の社会民主主義レジームは，「高負担・高福祉」を特徴とし，国民の連帯を高めるため，階層を問わずすべての者が1つの福祉制度でカバーすることを原則とする。ただし，年金については，中産階級のニーズを満たせるよう，高度な報酬比例給付も導入されている。

　また，保育などの社会サービスの充実により，女性の社会進出が進んでいることや，失業者向けの教育・訓練プログラムが充実していることも特筆される。

⑤　意義と批判

　以上でみた議論は，北欧の社会民主主義レジームを理想化しすぎている感がある。データ上，北欧が脱商品化と脱家族化の双方を高いレベルで実現していたとしても，それは広義の公共部門（≒公務員）での雇用創出によるもので，男性＝民間，女性が公務・公共という性別職域分離の問題などは依然存在する（そしてこの問題をエスピン-アンデルセン本人が認めている）。

　とはいえ，この「三つの世界」論は，市場原理主義や福祉の切り下げ競争が跋扈する今日，市場に対する「社会」の役割の重要性や，社会連帯のありかたの違いを描き出したものとして，未だに輝きを放っている。　　　　　　（菊地英明）

参考文献

エスピン-アンデルセン，G., 岡沢憲芙・宮本太郎監訳，2001，『福祉資本主義の三つの世界——比較福祉国家の理論と動態』ミネルヴァ書房。

エスピン-アンデルセン，G., 渡辺雅男・渡辺景子訳，2000，『ポスト工業経済の社会的基礎——市場・福祉国家・家族の政治経済学』桜井書店。

2 福祉国家の起源と展開
国が福祉に力を入れるようになったのはいつからか？

① 福祉国家はなぜ誕生したか

　福祉国家は20世紀半ばに誕生したといわれるが，その起源を論じるためには，まず福祉国家とはなにかをはっきりさせる必要がある。ポランニは，社会保護なしの労働市場は人間破壊をもたらすと述べた[▷1]。19世紀に成立した自由な労働市場の原則は，「働かざる者食うべからず」である。この原則だけで押し通せば，高齢・障害・失業などの理由で働けない人は，落ちぶれていずれ死んでしまうだろう。人間破壊とはこのことである。そうならないように，働けない人を社会的に保護する必要がある。エスピン-アンデルセンはポランニの議論を受けて，福祉国家の核心は「労働の脱商品化」にあると考えた[▷2]。人々は労働力という商品として労働市場に登場するが，人間はほんらい売買の対象ではない。働けないときに労働市場から降りられるようにする脱商品化の仕組み（社会保護）が必要であり，現代ではそれを提供するのは福祉国家の役割である。

　しかし，脱商品化の仕組みなら19世紀にもあった。救貧法は，市民権剝奪と引き換えに貧困者に衣食を提供する仕組みだった。また，労働者が自主的に助け合う共済組合もあった。困ったときに家族や親戚で助け合うのも脱商品化である。脱商品化の仕組みは，自由な労働市場の成立（労働の商品化）と同時に必要となった。脱商品化は権利に基づいてなされるとはかぎらず，救貧法や家族福祉も脱商品化を担いうる。したがって，単に脱商品化というだけでは，20世紀半ばに誕生した福祉国家の特徴をとらえたことにはならない。福祉国家の核心は，脱商品化を権利に基づくものに変え，全国民に行き渡らせようとするところにある。これを脱階層化（平等化）と呼ぶ。脱階層化は，民主主義の進展にともなって要請される。福祉国家は，脱商品化（市場経済に対応）と脱階層化（民主主義に対応）が掛け合わされたものだといえる[▷3]。だからこそ，自由な労働市場が成立した19世紀ではなく，普通選挙によって民主主義が進展した20世紀半ばになってようやく誕生したのである。

② 福祉国家以前はどうなっていたか

　福祉国家以前にも，欧米諸国には救貧法という脱商品化の仕組みがあった（一方，東アジアでは家族福祉が中心だった）。20世紀の福祉国家は，救貧法の基礎のうえに築かれた。その救貧法は，16世紀に宗教改革の副産物として生まれた。

▷1　ポラニー，K.，野口建彦・栖原学訳，2009，『大転換——市場社会の形成と崩壊』東洋経済新報社。

▷2　エスピン-アンデルセン，G.，岡沢憲芙・宮本太郎監訳，2001，『福祉資本主義の三つの世界——比較福祉国家の理論と動態』ミネルヴァ書房。

▷3　上村泰裕，2018，「東アジアの福祉ギャップ——少子高齢化のなかの家族と国家」『家族研究年報』43。

▷4　Goody, Jack, 1983, *The Development of the Family and Marriage in Europe*, Cambridge University Press.

▷5　Kahl, Sigrun, 2005, "The Religious Roots of Modern Poverty Policy : Catholic, Lutheran, and Reformed Protestant Traditions Compared", *European Journal of Sociology*, 46(1)

宗教改革以前には，貧民救済は教会の仕事だった。キリスト教世界では，なぜ教会が救貧を担うようになったのか。

　グディによれば，欧州で親族集団が縮小したのは，6世紀に教会が，近親婚，親族と寡婦との結婚，養子縁組，内縁，離婚などを禁止した結果である。これは聖書の教義によるものではなく，相続人のない親族集団を増やし，財産を教会に寄進させる目的だった。これによって親族集団は縮小し，親族集団の財産は教会へと移転され，それと引き換えに貧困者・孤児・寡婦の保護が教会の責任となったのである。これは自由な労働市場が成立する以前の話であり，教会福祉は脱商品化の仕組みとはいえないが，近代西洋における脱商品化は教会福祉の歴史的遺産に支えられている。その後，ルターの宗教改革は修道院の腐敗を批判し，教会福祉を解体した。それを受けて，ルター派の諸都市では市参事会が救貧の仕事を引き受けることになったのである。さらに，改革派プロテスタントの社会改革者たちは，貧困者を救貧院に収容して強制的に働かせる制度を発明した。イギリスでは1834年に救貧法が改正され，院外救済廃止と劣等処遇原則によって受給者を最小限に絞り込んだはずだったが，1840年に至っても受給者は約120万人（総人口の7.7%）を数えた。一方，日本では明治7年（1874）に旧藩の救貧制度を引き継いで恤救規則が制定されたが，受給者は最多の年（1892年）でも全国で1万8545人（総人口の0.06%）に過ぎなかった。

③ 東アジアと欧米の違いはなにか

　第2次世界大戦後の欧米先進国では，エスピン-アンデルセンのいう福祉レジームが出現した。これは彼の想定とは異なり，脱商品化よりも脱階層化の3つのタイプだったと考えられる。前述のように，欧米先進国では，救貧法による脱商品化の下支えが歴史的遺産として存在していた。その基礎のうえに，ブレトンウッズ体制の安定的な国際経済環境にも恵まれ，福祉国家を形成して脱階層化を進めることができたのである。ベヴァリッジ報告（1942年）に基づく戦後イギリスの福祉国家は，その典型の1つといえよう。脱階層化が3つのタイプのいずれの形態で進むかは，エスピン-アンデルセンの論じた通り，議会における階級間連合の構造によって規定されていた。

　一方，東アジア諸国をはじめとする多くの途上国は，同じ時期を国家コーポラティズムと呼ばれる権威主義体制のもとで過ごした。権威主義体制の政府は，国民の権利要求を抑圧したり，一部の体制支持層の権利だけを認めたりすることで，社会政策よりも産業政策に力を入れることが可能だった。これらの国では，民主主義なき自由労働市場を，家族福祉による脱商品化が下支えしていた。家族福祉が大きな役割を担ったのは，救貧法の伝統がなかったからでもある。東アジアの多くの国では，脱階層化はあまり進まず，先進福祉国家とは異なるタイプの福祉国家が形成されることになったのである。　　　　（上村泰裕）

▷6　両国の受給率の違いは，親族集団ないし家族と国家との役割分担に関する欧米と東アジアの歴史的な差異の大きさを象徴している。上村泰裕，2018，「東アジアの福祉ギャップ——少子高齢化のなかの家族と国家」『家族研究年報』43。

▷7　エスピン-アンデルセン，G.，岡沢憲芙・宮本太郎監訳，2001，『福祉資本主義の三つの世界——比較福祉国家の理論と動態』ミネルヴァ書房；エスピン-アンデルセン，G.，渡辺雅男・渡辺景子訳，2000，『ポスト工業経済の社会的基礎——市場・福祉国家・家族の政治経済学』桜井書店。

▷8　東アジア諸国では，①救貧法の伝統がないので国家による脱商品化がもともと弱い。②民主化後も，ブレトンウッズ体制の崩壊による厳しい国際経済環境のせいで，脱階層化のための福祉制度の整備を進めにくい。③福祉国家の十分な支えなしに個人化が進みつつある。④その結果として，貧困高齢者の問題や少子化の問題が生じている。韓国や台湾が典型だが，①と③，および④の少子化の問題は日本も共有する課題である。上村泰裕，2018，「東アジアの福祉ギャップ——少子高齢化のなかの家族と国家」『家族研究年報』43。

3 福祉国家の再編
どのような社会をデザインするか？

1 福祉国家の再編が求められるのはなぜか

　ベヴァリッジ報告（1942年）は，窮乏，疾病，無知，陋隘，無為という「5人の巨人」をやっつけるために，所得保障，医療保障，教育政策，住宅政策，完全雇用を包括的に実施することを提案していた。ベヴァリッジ報告は，完全雇用の維持のために政府が経済に介入することを正当化したケインズ理論（1936年）とともに，「ケインズ＝ベヴァリッジ型福祉国家」モデルをつくり出す。第2次世界大戦後の先進福祉国家はこの青写真に沿って建設された。

　ところが1980年代になると，イギリスのサッチャー首相やアメリカのレーガン大統領が，福祉国家の解体と市場の再生をめざすネオリベラリズムの政策を展開した。福祉国家の拡充が相対的に遅れていた日本にもネオリベラリズムの理念は伝わり，国家より家族の責任を強調する「日本型福祉社会論」が提唱された。

　ネオリベラリズムによる福祉国家批判に対抗して，1990年代には社会民主主義の立場から福祉国家を刷新する「第三の道」論が登場した。脱工業化とグローバル化によって仕事や家族のありかたが変化し，人生におけるリスクのありかたも変わったので，福祉国家もそれに合わせてつくりかえる必要があると論じたのである。

　福祉国家は，脱商品化（市場経済に対応）と脱階層化（民主主義に対応）を掛け合わせた制度であるが，私たちがめざす社会の理念でもある。市場経済がもたらす不平等と民主主義が要請する平等をどうやって調整するか。環境条件の変化に応じて，自由と平等をつなぐ連帯の方法も更新していく必要がある。福祉国家は，いったんスイッチを押せば自動的に働き続ける部品の堆積ではなく，絶えず新たな精神を吹き込んで再編すべき体系なのである。

2 仕事と福祉の結びつきが弱まるのはなぜか

　2020年代の福祉国家が直面する課題はなにか。高齢化，人口減少，移民問題，ポピュリズムなどが思い浮かぶが，最大の課題の1つは仕事と福祉の結びつきの弛緩に備えることだろう。20世紀半ばに誕生した福祉国家は，規制能力の強い政府とフルタイム正規雇用中心の労働市場の組み合わせを前提としていた。労使が拠出する方式の社会保険（年金・医療・失業保険など）がうまくいくため

▷1　具体的には，福祉サービスの供給における国家責任の縮小と市場原理の導入が課題とされ，さまざまな政策分野で民営化が推進された。

▷2　ギデンズ，A.，佐和隆光訳，1999，『第三の道──効率と公正の新たな同盟』日本経済新聞社。

▷3　具体的には，失業者や貧困者に魚を与えるよりも魚の釣り方を教えるべきだとする社会的投資の戦略が打ち出された。

の条件は，制度を設立運営する政府の能力と，従業員のために保険料を拠出する余裕のある安定的な企業が多数を占める労働市場の存在である。

　ところが，いわゆるギグエコノミー[14]の登場によって，フルタイム正規雇用を前提とした制度からこぼれ落ちる新たなインフォーマル雇用が発生しつつあり，今後さらなる増加が予想される。労働市場において，従来型の福祉国家の規制能力を超える事態が生じているのだ。インフォーマル雇用とは，税制・労働法・社会保障その他の規制や保護を受けない雇用を指す。ただし，税金は払っているのに保障は受けられないといったグレーゾーンが生じるので，インフォーマル雇用とフォーマル雇用の境界は連続的である[15]。

　さらに，近未来のこととして，汎用人工知能と汎用ロボットが出現すれば安定的なフォーマル雇用の大半が失われるという予測も流布している[16]。

③ 福祉国家の未来にはどのような選択肢があるか

　雇用と労働市場のこうした展望をふまえると，福祉国家にはどのような選択肢があるだろうか。市場経済と民主主義を諦めるわけにはいかない以上，両者をつなぐ福祉国家を放棄することは選択肢にならない。福祉国家を更新する新たな理念を探求しなければならない。

　1つの案は，ベーシックインカムを軸に福祉国家を再編することである。雇用が不安定になり低所得層が大半になる社会では，仕事と福祉の結びつきを解き，ベーシックインカムですべての人に最低所得を保障すべきだという[17]。もう1つの案は，社会サービスを軸に福祉国家を再編することである。パリエは，誰でも利用できる社会サービスの整備を主張している。失業者がいつでも学び直せる生涯学習サービス，子どもや老親がいても働ける保育や介護の充実こそが社会的投資であり，そうしたサービス自体も雇用を生む。ベーシックインカムでお金をもらうだけでは何の役にも立たないという[18]。

　AI（人工知能）時代の到来を，BI（ベーシックインカム）とSI（社会的投資）のどちらで迎え撃つか。汎用人工知能の実現のスピードにもよるが，今しばらくは社会的に有用な仕事を下支えする社会的投資戦略のほうが現実的な選択肢だと思われる。しかし，ハイリスク・ハイリターンの投資が所得格差を拡大していく時代に，生涯学習だけで社会の安定が保てるか心もとない。そこでロドリックは，政府が積極的に技術開発に投資し，新たなイノベーションから得られる利益を社会的イノベーション配当として国民に還元すべきだと主張する。福祉国家からイノベーション国家への移行が求められているという[19]。

　その際，政府の開発投資は，企業ではなく大学に向けるべきではないか。クリエイティヴィティ系の仕事をめざす若者に失敗する自由を保障するとともに，万に一つの成功から得られる利益を公有する社会。これこそが2050年に向けた福祉国家の再編戦略であろう。　　　　　　　　　　　　　（上村泰裕）

▷4　ウーバーやクラウドソーシングなど，インターネット上のプラットフォームを通じた単発仕事のこと。

▷5　上村泰裕, 2015, 『福祉のアジア——国際比較から政策構想へ』名古屋大学出版会。

▷6　井上智洋によれば，そこにはクリエイティヴィティ系（芸術や研究開発など），マネージメント系（会社経営や工場管理など），ホスピタリティ系（福祉サービスや接客など）の仕事しか残らないという。しかも，そうした仕事も機械との競争にさらされる。また，従来の職業では中間所得層が多数を占めていたが，クリエイティヴィティ系の仕事は勝者総取りなので，一部を除いて不安定な低所得層になる。なお，ホスピタリティ系の仕事はもともと低所得であることが多い。井上智洋, 2018, 『AI時代の新・ベーシックインカム論』光文社。

▷7　井上智洋, 2018, 『AI時代の新・ベーシックインカム論』光文社。

▷8　Palier, Bruno, 2019, "Work, Social Protection and the Middle Classes: What Future in the Digital Age?," *International Social Security Review*, 72(3).

▷9　ロドリック, D., 岩本正明訳, 2019, 『貿易戦争の政治経済学——資本主義を再構築する』白水社。

労働市場
働く世界はどう変わったか？

誰が高収入の仕事に就き，誰が低収入の仕事に就くか。人々は同じ会社に勤め続けるか，転職するか。これらは，誰が福祉の支援対象となりやすいかや，誰が家事などの市場外の労働を担うかに影響するものである。

これらを規定するのが，社会や時代により異なる**労働市場**のあり方だ。理論上はさまざまな**ジョブ・マッチング**や契約の内容がありうるが，実際は社会や時代によって当たり前となっているいくつかのパターンがある。これは法律だけでなく，人々の意識や組織の慣行などにより定まるものである。では，日本の労働市場の特徴はどのようなもので，それはどのように変化してきたか。そしてそれは福祉とどうかかわってきたか。

1　日本的雇用

主に1960年代以降，日本の大企業の男性**正社員**に広く見られた雇用のパターンを日本的雇用と呼ぶ。それは以下の関連しあう諸特徴からなる。

・長期雇用：企業は正社員を，不祥事などがない限り，定年まで雇い続ける。

・新規学卒採用：企業は，職務経験を持つ者よりも，これを持たない高校・大学を卒業したばかりの者を採用する。

・企業内教育訓練：企業は職務上必要な技能や知識を企業内で身につけさせる。特に日本では，数年おきに所属部署や担当職務を変え，多様な経験を積ませる柔軟な配置転換を実施する企業が多い。

・年功賃金：賃金は，職務内容というよりも年齢や勤続年数に応じて徐々に上がる部分と，企業内での評価により変動する部分の組み合わせにより決定される。

・企業別組合：労働者は職種や産業ごとでなく，企業ごとに労働組合を組織する。

これ以外の特徴として，企業は従業員が忠誠心を持ち長く働くよう，住宅手当，家族手当，社会保険などの福利厚生を充実させて生活を保障することが挙げられる。

これらの特徴は相互に支えあうので日本型雇用システムと呼ばれることもある。この日本的雇用の仕組みは，若年失業率の低さや，従業員がライフプランを立てやすいことと結びついていた。また企業が生活保障の相当部分を担うあり方は，国の社会保障支出の少なさ（特に現役世代）とも結びついていた。

▷1　労働市場
果物屋がみかんを売ることで相応分の対価を得るように，労働者は自らの労働力を商品として売り，それにふさわしい賃金等を支払う買い手（雇用主）を見つけているとみなすことができる。これを労働市場と呼ぶ。

▷2　ジョブ・マッチング
誰がどのようにしてどの雇用主に雇われるかの過程と結果を指す。

▷3　正社員
企業に直接雇用され，雇用期間に定めがなく，フルタイムで働く者の通称で，従業員の企業へのメンバーシップを重視する人々の見方を反映している。

▷4　かつて定年は50歳や55歳だったが，現在では60歳や65歳が一般的となっている。

▷5　日本型雇用システムは，契約が職務を中心に定められ，それにより賃金が定まり，職務変更を伴う配置転換がなされにくいという他国の雇用システムと対比されることも多い。

▷6　一方国は中小企業を保護することで失業を減らそうとした。

ただし，日本的雇用は基本的に大企業の男性正社員の雇用の特徴であったことには注意する必要がある。中小企業では転職がより多くあったし，女性は結婚・出産とともに一度退職することが前提とされ，再就職後はパートタイムで働くことが多かった。また男性正社員に求められた，所定労働時間を超えた残業や急な転勤の命令に従うような無限定的な働き方は，家事・育児を妻が担うことを半ば前提としていた。

② 日本的雇用の揺らぎと非正規雇用の増加

日本的雇用は，多くの企業で業績が伸びていた時代には，企業にとって安定した労働力の確保を可能にするものであった。しかし経済成長が鈍化するとともに需要の変動等のリスクが高まると，人件費が多くかかり，需要の変動に応じて従業員の数を調整しづらいというデメリットが顕在化した。そこで1990年代以降，日本的雇用を見直す動きが多くの企業で見られるようになった。[7]

企業は長期雇用する者を従来よりも狭く限定し，多くの業務を，期間に定めがある契約社員や派遣労働者など，**非正規雇用**[8]を活用して行うようになった。[9]これは需要変動に対応したフレキシブルな経営を可能にするものだが，他方で非正規雇用労働者に対して，雇用の不安定さ，訓練機会や昇給の少なさ，生活保障の手薄さをもたらしやすい。企業は，すでに正規雇用されている者を法律上簡単に解雇できないため，若年者の採用を絞ることで正規雇用の縮小を行ってきた。バブル崩壊後の不況がこの傾向を強めたため，特に1990年代中頃から2000年代前半にかけて，新卒者における非正規雇用労働者や無業者の割合が高まった。国の現役世代向けの社会保障支出が少なかったこともあり，これらの世代の非正規雇用労働者の経済基盤の脆弱さが社会問題化した。

③ 働き手の多様化

2010年代以降，正規／非正規間の格差縮小や，非正規雇用労働者の正社員登用を政府は進めようとしているが，課題も多い。

また，少子高齢化の進展とともに働き手が不足することを見越し，企業は従来正規雇用の対象から外れがちだった人々（例えば女性や外国人）を，より中核的な人材として雇用しようとしている。これらの人々は，残業や転勤の多い無限定的な働き方を望まない場合もあるため，企業はそうした要望に配慮しつつ，その能力を活用できる雇用管理のあり方（例えば転勤のないエリア限定正社員）を模索している。さらに契約期間を限定した形が主であるが，高齢者の雇用も増加している。このように企業からの賃金・生活保障の程度や，誰がそれを受けられるかは多様化していく傾向が見られ，福祉制度にも対応の必要が生じている。

（井口尚樹）

▷7 年功賃金を改め，個人の業績に応じて賃金をより大きく変動させる成果主義的な賃金体系の導入も試みられた。

▷8 **非正規雇用**
正規雇用以外の雇用形態をまとめて非正規雇用と呼ぶ。フルタイムではない（パート，アルバイト），期間に定めがある（契約社員），勤務先に直接雇用されていない（派遣）という場合がこれに当てはまる。

▷9 総務省統計局「労働力調査」によれば，雇用されている者（役員を除く）のうち非正規雇用者の割合は，1989年は19.1%だったが2019年には38.2%となっている。

（参考文献）
濱口桂一郎，2009，『新しい労働社会——雇用システムの再構築へ』岩波書店。
小杉礼子，2010，『若者と初期キャリア——「非典型」からの出発のために』勁草書房。
労働政策研究・研修機構編，2012，『非正規雇用の実態とその政策課題——非正規雇用とキャリア形成，均衡・均等処遇を中心に』労働政策研究・研修機構。

5 福祉政治
どのような議論で福祉は変わるのか？

▷1　社会学では，産業化，少子高齢化，仕事や家族の変化，グローバル化といった，福祉制度のありかたに影響を与える環境条件に注目することが多い。しかし人間は，ただ環境条件の変化に流されていくだけの存在ではない。むしろ，互いに協力し対立しながら，福祉のありかたを能動的に作り替えていく存在でもある。

▷2　Hall, Peter A., 1997, "The Role of Interests, Institutions, and Ideas in the Comparative Political Economy of the Indus-trialized Nations," Mark Irving Lichbach and Alan S. Zuckerman eds., *Compa-rative Politics : Rationality, Culture, and Structure*, Cambridge University Press.

▷3　貧乏な人は所得再分配に賛成するのに対して，金持ちは増税を心配して反対するかもしれない。子育て世代は保育所の増設を求めるのに対して，高齢者は老人ホームの増設を求めるかもしれない。

▷4　公的年金制度が定着している社会で，いきなり年金の廃止を提案したら人々は怒り出すだろう。制度はいったん成立すると，ふつうは漸進的にしか変化しない。

▷5　以下の説明も含めて，Spicker, Paul, 2008, *Social Policy : Theory and Prac-*

① 福祉政治をどうとらえるか

　福祉政治は，人々が能動的に福祉制度のありかたに影響を与えようとする行為である。福祉政治をとらえるには，利害（Interests），理念（Ideas），制度（Institutions）の３つのＩの絡み合いに注目するとわかりやすい。利害とは，個人や集団のむきだしの損得勘定のことである。人々は，福祉の問題も自分の損得で考える。

　しかし，人間は単に自分の利害通りに動く機械ではない。理念（アイデア）の役割も重要である。理念とは，個人や集団が持つ規範（こうすべきだという信念）や枠組み（こう理解すべきだという解釈図式）のことである。人々は，自分の利害を超えて弱い立場の人を助けることがある。また，自分の利害を主張する場合も理念の言葉で語ることが多い。そもそも自分にとって何が得なのか，規範や枠組みの助けがなければ自分でもわからない。

　こうして人々の利害と理念が絡み合い，多数を獲得した集団の主張が制度として実現されていく。一方，既存の制度の影響も見落とせない。既存の制度は，過去の人々の利害と理念によって形成された規則の堆積である。制度は人々の利害や理念に影響を及ぼす。

② いかなる理念の対立があるか

　福祉政治で主張される理念の代表例として，社会連帯，社会的包摂，社会的投資，自立支援，自己決定，男女共同参画，女性活躍などがある。さらに一般的に，政治上の理念が体系化されたものを政治イデオロギーと呼ぶ。図Ⅴ-5-1は，左派から右派までの政治イデオロギーを福祉政治との関連で整理したものである。縦軸は集合主義（公共の利益を重視）と個人主義（私的な利益を重視）の対立を表わしており，横軸は平等に対する賛否を表わしている。破線の矢印に沿って左派から右派へ，社会主義，社会民主主義，自由主義，保守主義の順に並んでいる。

　社会主義は，人々の間の助け合いを重視し，公的な力で平等を実現しようとする（集合主義かつ平等賛成派）。なお，共産主義も集合主義かつ平等賛成派だが，暴力革命と一党独裁を是認していた点で主流派の社会主義とは異なる。社会民主主義は，社会主義と同じく平等をめざすが，社会主義よりも個人の自由

を重視する（平等賛成派かつ個人主義）。上記の意味での社会主義との区別は曖昧だが，経済的不平等よりも社会的不平等を問題にする点が異なる。自由主義は，個人の自由を守るために公的介入を制限し，不平等が生じても仕方ないと考える（個人主義かつ平等反対派）。この立場から福祉国家を批判するのがネオリベラリズムである。なお，アメリカの「リベラル」は社会民主主義に近い。保守主義は，社会秩序の基礎としての不平等を受け入れ，公的な力で秩序を守ろうとする（平等反対派かつ集合主義）。なお，ファシズムも平等反対派かつ集合主義だが，権威主義と人種差別主義を信奉する点で主流派の保守主義とは異なる。

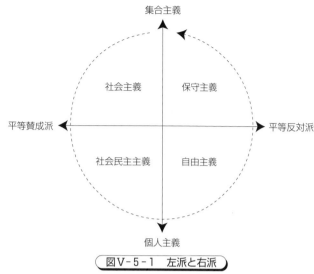

図V-5-1　左派と右派

出所：Spicker, Paul, 2008, *Social Policy : Theory and Practice* (Second Edition), Policy Press, p. 97.

3　いかなる構想が待望されているか

　福祉政治にはさまざまな利害対立がある。どんな政策を選んでも，損をする人と得をする人が出てくる。利害対立に敏感になると同時に，利害を超えた協力の方法を模索すべきだろう。

　人々の利害がそのまま政治に反映するとは限らない。利害からいえば福祉の拡充を望むはずの人が，理念に邪魔されて逆の主張をすることがある。左派政党が政府の「バラマキ」や「無駄遣い」を糾弾したり，消費税増税に反対したりするのは，敵方の理念の罠に縛られているのかもしれない。

　福祉政治に影響を及ぼす制度には，選挙制度もある。小選挙区制の多数決型民主主義よりも，比例代表制のコンセンサス型民主主義のほうが，少数派を包容する福祉制度の形成につながりやすい。実現可能性のない公約を掲げて選挙を勝ち抜くポピュリズムや，対立政党の政策を一部盗用して中位投票者を取り込む狡猾な選挙マーケティングなど，福祉政治の落とし穴も少なくない。制度の作動を分析し，その運営を改善すべきだろう。

　グローバル化と技術変化が国内外の不平等と不安定を拡大するなか，社会を再び安定軌道に乗せるための構想が待望されている。第2次世界大戦後の安定をもたらしたのは，「労働を単に商品や取引の対象と見なしてはならない」としたヴェルサイユ条約第13編（1919年）や，社会保障制度の骨格を描いたベヴァリッジ報告（1942年）をはじめとする大胆な理念だった。人々の利害を結びつけて制度化する福祉政治の新たな理念が求められている。　　　（上村泰裕）

tice (Second Edition), Policy Press を簡略化し補足したものである。

▷6　フェミニズムや環境主義など，この座標軸では整理しにくい政治イデオロギーもある。

▷7　高齢者福祉の水準を維持すべきか，それとも人生前半の社会保障（子育て支援や奨学金）を拡充すべきか。膨張する医療費を窓口負担の引き上げで賄うべきか，税金や保険料を引き上げるべきか。孫への生前贈与を非課税にすべきか，一律の児童手当を増額すべきか，といった利害対立である。

▷8　ケインズは，本など読まないと豪語する政治家も過去の経済学者の奴隷であることが多いと述べた。理念の影響の大きさを認識し，分析すべきである。

▷9　レイプハルト, A., 粕谷祐子訳, 2014,『民主主義対民主主義──多数決型とコンセンサス型の36カ国比較研究』勁草書房。

日本の福祉レジーム
日本は特殊なレジームなのか？

1　福祉レジームにおける日本の特徴

　福祉レジームに関する1980年初頭のデータをもとになされたエスピン-アンデルセンの分析では，日本は脱商品化度と社会階層化の指標に関しては中位に属しており，基本的には保守主義レジームとして括られる範囲とされていた。[1]エスピン・アンデルセン自身は，日本は公的な給付水準が低いという点では自由主義に近く，福祉サービスの生産モデルとしては，職域ごとに分立したコーポラティスト型公的福祉と家族主義を特徴とする保守主義的な特徴を持っているため，両者をミックスしたレジームとしてとらえられるとしつつも，彼が分析を行った90年代末の時点では，福祉制度の成熟化が進んでいないため，どのレジームに区分できるのかという点について留保している。[2]しかし，日本のシステムの基本構造は保守主義レジーム型であるため，今後，少子高齢化や制度の成熟化に従って，保守主義レジームとしての性格を強めると予想している。[3]

　ただし，エスピン-アンデルセンの脱商品化度の指標には，データ上の誤りがあり，それを考慮に入れて再集計すると，日本のレジームは自由主義レジームに位置づけるのが妥当であるという研究もある。[4]ここでは，日本の脱商品化のスコアはエスピン-アンデルセンの示した値だと2.73であり，2.75の保守主義のフランスと近いが，再集計による値だと2.50にすぎず，22.9の自由主義のイギリスに近いと論じられている。これと関連して，日本は福祉国家レジーム全体としては，保守主義タイプ（「コーポラティストタイプ」）に分類するのが妥当だが，国家福祉についてはリベラルタイプと多くの共通点を持ち，それを補完する形でワークフェア体制を整えた特殊性なモデルであるという見方もある。[5]

2　東アジアレジームと日本

　日本は，その福祉制度の発展の経緯と信仰に基づけば，エスピン-アンデルセンの3つのレジームのなかには位置づかず，韓国や台湾などといった東アジア単位で独自の「東アジアレジーム」を構成すると主張する研究がある。この東アジアレジームでは，給付水準の低い残余的な職業別の社会保険が社会保障の中軸となっており，手厚い家族福祉と大企業の中核的労働者を対象とした企業福祉が充実しているという特徴がある。このレジームが形成された背景には，強い官僚機構のもとで経済発展が推し進められるなかで，その副産物として社

▷1　エスピン-アンデルセン，G.，岡沢憲芙・宮本太郎監訳，2001，『福祉資本主義の三つの世界——比較福祉国家の理論と動態』ミネルヴァ書房。

▷2　Esping-Andersen, G., 1997, "Hybrid or unique？: the Japanese welfare state between Europe and America", *Journal of European Social Policy*, 7(3)：pp. 179-189.

▷3　エスピン アンデルセン，G.，渡辺雅男・渡辺景子訳，2000，『ポスト工業経済の社会的基礎——市場・福祉国家・家族の政治経済学』桜井書店。

▷4　Scruggs, Lyle, James Allan, 2006, "Welfare-state decommodification in 18 OECD countries：a replication and revision", *Journal of European Social Policy*, Vol 16(1)：pp. 55-72.

▷5　埋橋孝文，1997，『現代福祉国家の国際比較——日本モデルの位置づけと展望』日本評論社。

会保障が整えられてきたことや福祉サービス提供における家族主義を肯定する思想として儒教の教えが社会的に共有されてきたことなどが影響していると指摘されている[6]。

❸ ジェンダーを考慮にいれた福祉レジームと日本

福祉サービスの供給における家族や女性の役割に着目して福祉レジームをとらえなおした場合，日本はそうしたリソースに相当程度依存した類型に当てはまるという主張がある。例えば，女性労働環境と家族福祉の充実度の2つの指標に基づいて各国を類型化すると，日本はスイス，スペイン，ギリシャなどとともに，女性の労働環境や公的な家族福祉の水準の低い「女性動員後発福祉国家」(late female mobilization welfare state) という類型に該当するとされる[7]。

また，脱商品化指標と脱家父長制，もしくは，脱家族化という指標によって，各国を類型化した場合，日本は，家父長制や家族化の程度が高く，脱商品化の程度が低い独自のレジームに属すると主張されている[8]。

❹ 企業活動や社会諸制度を考慮に入れた資本主義レジームと日本

企業活動は4つの制度（教育訓練制度，労働市場を規制するフォーマルとインフォーマルな規制の枠組み，コーポレート・ガバナンスのルール，企業間関係）に支えられて行われているとし，その制度間の補完関係の形式をベースに資本主義レジームを類型すると，日本は，各企業や系列企業からなる「集団ベースのコーディネートされた市場経済」であると指摘されている[9]。ここでは，ヨーロッパのような産業単位ではなく，企業や系列企業単位で従業員に対して高度の産業・企業特殊技能教育・訓練制度などが提供され，企業による正社員への福祉サービスが福利厚生として充実しているというところに特徴がある。

さらに，企業だけなく，国家による商品市場規制，教育制度，金融システムなどの全体的な制度間の補完関係を考慮にいれてレジーム分析をすると，日本は，韓国とともに，不透明なルールに基づく強固な製品市場規制によって統治された製品市場競争，常用雇用を中心とした規制された労働市場，銀行ベース型の金融システム，低水準の社会保障，私学中心の高等教育システムなどの特徴を持つ，「アジア型資本主義レジーム」に分類できるとする見解もある[10]。

日本の福祉レジームは論者によって多様に定義されるが，そこに共通している特徴は，企業が雇用と福祉厚生を正社員に保障し，そのなかで女性は縁辺労働力として補助的な地位におかれ，家庭において福祉サービスを提供しているという姿である。そして，国や地方自治体などの公約セクターは，その補完として社会保障を提供している。これは企業中心の保守主義体制といえるだろう。

（鎮目真人）

▷6 Goodman, Roger, Ito Peng, 1996, "The East Asian Welfare State：Peripatetic Learning, Adaptive Change, and Nation-building", Esping-Andersen ed., *Welfare State in Transition：National Adaptation in Global Economies*, Sage, pp. 192-224.

▷7 Siaroff, Alan, 1994, "Work, Welfare and Gender Equality：A New Typology", Diane Sainsbury ed., *Gendering Welfare States*, Sage, pp. 82-100.

▷8 武川正吾，1997，「福祉国家の行方」宮本太郎・岡沢憲芙編『比較福祉国家論』法律文化社，pp. 250-275；新川敏光，2011，「日本型家族主義変容の政治学」新川敏光編『福祉レジームの収斂と分岐——脱商品化と脱家族化の多様性』ミネルヴァ書房，pp. 309-331。

▷9 Hall, Peter A., David Soskice, 2001, "An Introduction to Varaieties of Capitalism", P. A. Hall and D. Soskice eds., *Varieties of Capitalism：The Institutional Foundations of Comparative Advantage*, Oxford University Press, pp. 1-68.

▷10 アマーブル，B.，山田鋭夫・原田裕治ほか訳，2005，『五つの資本主義——グローバリズム時代における社会経済システムの多様性』藤原書店。

東アジアの福祉レジーム
西欧との違いをどうとらえるか？

▷1　エスピン-アンデルセン，G.，岡沢憲芙・宮本太郎監訳，2001,『福祉資本主義の三つの世界——比較福祉国家研究の理論と動態』ミネルヴァ書房。

▷2　ウィレンスキー，H. L.，下平好博訳，1985,『福祉国家と平等』木鐸社。

▷3　武川正吾，2007,『連帯と承認——グローバル化と個人化のなかの福祉国家』東京大学出版会；金成垣，2008,『後発福祉国家論——比較のなかの韓国と東アジア』東京大学出版会；金成垣編，2010,『現代の比較福祉国家論——東アジア発の新しい理論構築に向けて』ミネルヴァ書房。

▷4　武川正吾，2007,『連帯と承認——グローバル化と個人化のなかの福祉国家』東京大学出版会。

▷5　金成垣，2008,『後発福祉国家論——比較のな

1　福祉レジーム論の意義

　1990年以来，比較福祉国家研究の新しいパラダイムとなったエスピン-アンデルセンの福祉レジーム論[1]は，東アジア研究の発展にも大きな役割を果たした。

　福祉レジーム論においては，ある国が「福祉国家か否か」ということより，「いかなる福祉国家か」ということの方が重要な問いとなっている。その問いの設定のなかで彼の提示した自由主義・保守主義・社会民主主義レジームという３つの類型に依拠することで，西欧の福祉国家と同一線上で東アジアの国・地域の特徴を分析することができるようになったのである。かつて，ウィレンスキーの福祉先進国・福祉後進国[2]に代表される単線的で二分法的な類型論のなかで，福祉後進国と位置づけられてきた東アジア諸国・地域の状況を考えると，福祉レジーム論の貢献は非常に大きいといえる。

2　福祉レジーム論のなかの東アジア

　しかしながら，福祉レジーム論に依拠して行われた東アジア研究のなかで，それらの国・地域の特徴が明らかになったかというとそうではない。なぜなら，３つのレジームのうち，いずれに属するかをめぐる議論において，東アジア諸国・地域がいずれにも「ぴったり」合うことがなかったからである。

　すなわち，社会保障や福祉にかかわる公的支出の低さや諸制度の残余的な特徴から自由主義レジームとする見解もあれば，社会保障や福祉における企業や家族の役割の強さから保守主義レジームの一種とする見解もあった。また，1990年末以降における普遍的な社会保障および福祉制度の整備と，そこにみられる公的役割の強化に着目して社会民主主義的な特徴を強調する見解もあった。さらには，いくつかの特徴を併せ持っていることから混合型レジームとする見解もあれば，それを第４のレジームとする見解もあった。

　かつての福祉後進国とは違って，多様な位置づけが可能になったとはいえ，このように見解が多岐に分かれると，なにが本当の東アジアの姿なのかわからない。そこで，西欧諸国の歴史的経験から生まれた福祉レジーム論を東アジア諸国・地域に機械的に適用することには無理があるのではないかという批判があらわれるようになった[3]。

3 「後発」という考え方

このような問題意識を背景にして，2000年代後半あるいは2010年代初頭以降，西欧諸国に比べて遅れて福祉国家化に乗り出した東アジア諸国・地域の「後発」という経験に着目する「新しい３つの世界論」や「後発福祉国家論」，また「後発近代化論」あるいは「後発福祉レジーム論」などの研究が展開されるようになった。これらの研究においては，従来の研究にみられたような，西欧と同一線上で東アジアを比較分析し単にその表面的な特徴を見出すのではなく，遅れて福祉国家化に乗り出したがゆえに東アジアがおかれた，あるいはおかれざるをえなかった西欧とは異なる歴史的な文脈を明らかにしていること，そして，従来の研究のように東アジアにみられるなにかの共通の特徴を見出すというより，その西欧と異なる歴史的な文脈のなかで各国・地域の歴史・現状を分析しそれぞれの特徴を探っていることが，重要な意義といえる。

4 異なる歴史的文脈

後発のアプローチは，アジア金融危機以降における韓国や台湾，国有企業の改革やWTO加盟以降の中国など，20世紀末あるいは21世紀初頭以降の東アジア諸国・地域にみられた社会保障および福祉制度の急速な整備を福祉国家化ととらえ，その福祉国家化が西欧諸国とは異なる文脈で進みつつあることを強調する。その異なる文脈は，ひとつは，「福祉国家の黄金時代」のスキップという文脈であり，もうひとつは，古い社会的リスクと新しい社会的リスクへの同時対応という文脈である。

すなわち，東アジア諸国・地域は，後発であるがゆえに，「福祉国家の黄金時代」のスキップと，古い社会的リスクと新しい社会的リスクへの同時対応という２つの状況が絡み合い，西欧諸国とは異なる歴史的文脈のなかで福祉国家化を進めることとなっているのである。

5 脱キャッチアップ型福祉国家化？

これまでの東アジア研究では，明示的であれ暗黙的であれ，西欧諸国に追いつくというキャッチアップの考え方が強かった。しかしながら，以上のような，後発であるがゆえに東アジア諸国・地域がおかれた文脈を考えると，もはやキャッチアップの考え方は有効ではないようにみえる。そのため，その後発という文脈を，キャッチアップの過程ではなく，むしろ「脱キャッチアップ型福祉国家化」ともいうべき過程ととらえつつ，そこにみられる各国・地域の新しい動きや試みを明らかにし，それが示す理論的・実践的意味を探ることが，今後の東アジア研究に求められている重要な課題であるといえよう。

（金　成垣）

かの韓国と東アジア』東京大学出版会；金成垣，2016，『福祉国家の日韓比較——「後発国」における雇用保障・社会保障』明石書店。

▷6　李蓮花，2011，『東アジアにおける後発近代化と社会政策——韓国と台湾の医療保険政策』ミネルヴァ書房；李蓮花，2012，「後発福祉レジームにおける社会政策——韓国と台湾を比較して」盛山和夫・上野千鶴子・武川正吾編『公共社会学２——少子高齢社会の公共性』東京大学出版会；李蓮花，2013，「社会政策における『東アジア的な道』」『社会政策』3(2)。

▷7　20世紀前半の福祉国家化後，戦後の工業化社会における高度経済成長のなかで「福祉国家の黄金時代」を経験した西欧諸国とは異なり，20世紀末以降あるいは21世紀初頭に遅れて福祉国家化に乗り出した東アジア諸国・地域は，世界的な低成長時代のなかで，その「福祉国家の黄金時代」をスキップせざるをえず，むしろ抑制基調のもとで福祉国家化を進めなければならないことである。

▷8　東アジア諸国・地域は，遅れて福祉国家化に乗り出したがゆえに，西欧諸国が20世紀前半から21世紀初頭にかけて長いスパンで経験してきた古い社会的リスク＝「生産年齢人口問題」＝失業・貧困問題から新しい社会的リスク＝「従属人口問題」＝少子高齢化問題への対応を，20世紀末あるいは21世紀初頭に同時多発的に経験している状況におかれていることである。

8　欧米諸国の福祉レジーム
欧米諸国の福祉国家はどのように分類できるか？

1　福祉国家類型と福祉レジーム

　介護や育児，所得保障などの福祉的サービスは，国家，市場，家族を中心とするインフォーマルセクターなどの場で生産されるが，その生産を統治する体制を福祉レジームという。福祉レジーム論が説かれる以前では，主として国家と市場に焦点を当てて，各国の福祉国家を類型化する試みが行われてきた。例えば，ウィレンスキーとルボーは，福祉国家の特性を残余的な福祉体制と制度的な福祉体制とに区分し，前者は民間市場や家族などを通じて個人的な必要を充足できない場合に，それに代わって国家が必要を満たす諸制度であるとし，後者は，国民が標準的な人生を送り・コミュニティと調和した生活をしたり，自己の能力を十全に発達させることを手助けする諸制度を整えている体制であるとしている。また，ミシュラは，分散型福祉国家（ケインズ-ベヴァリッジ型）では，社会保障制度は，政府，雇用主，労働者の三者間での協力関係なしに構築されるとし（例えば，イギリス），統合型福祉国家（ポストケインジアン型）では，社会保障制度は，政府，雇用主，労働者の密接な関係の下で築かれ，それらの利害を調整して統合した結果築かれるとしている（例えば，スウェーデン，オーストリア）。

2　福祉資本主義の三つの世界

　エスピン-アンデルセンは，国家と市場との関係だけでなく，家族といったインフォーマルな領域も考慮に入れるとともに，老齢年金制度，医療給付制度，失業保険制度について脱商品化と社会階層化という指標に基づいて，福祉レジームを「自由主義レジーム」「保守主義レジーム」「社会民主主義レジーム」の３つに類型化した。自由主義レジームにはアメリカ，イギリス，カナダなど英語圏諸国があてはまり，民間の福祉サービスが大きな比重を占める一方，社会保障給付は資力調査付の最低限保障給付が中心であり，社会保障の受給者と非受給者の間で二極化が進展している。保守主義レジームにはドイツやフランス，イタリアなどのヨーロッパ大陸諸国があてはまり，社会保障制度が大きな位置を占めるが，その中心は職能別・地位別に細分化された社会保険給付であり，また，家族（女性）の役割が比較的大きく，福祉サービスは家族の役割を補完するために供給される。その結果，伝統的な家族主義が保持され，階層間

▷1　ウィレンスキー，H. L.・ルボー，C. N.，四方寿雄ほか監訳，1971，『産業社会と社会福祉』岩崎学術出版社。

▷2　Mishra, R., 1984, *The Welfare State in Crisis : Social Thought and Social Change*, Wheatsheaf.

▷3　エスピン-アンデルセン，G.，岡沢憲芙・宮本太郎訳，2001，『福祉資本主義の三つの世界──比較福祉国家の理論と動態』ミネルヴァ書房。

格差の維持・再生産が行われる。社会民主主義レジームにはスウェーデンやノルウェーなどの北欧諸国が該当し，すべての階層が単一の普遍的制度（公費負担による制度もしくは社会保険）によってカバーされ，給付水準も高い。そうした社会保障制度では公的なケアサービスが供給されて家族維持のコストが社会化されるので，女性の社会進出も促進される。

❸ 第4の類型

福祉レジームに関する研究は，雇用保障や家族の役割を明示的に比較軸に組み込み，類型を拡張する取り組みがなされている。キャッスルズとミッチェルらは，オーストラリアとニュージーランドからなるオセアニア諸国は自由主義レジームに属するのではなく，独自のオセアニアレジームを形成すると説いている。このレジームは，社会保障給付に関しては，自由主義レジームと同様に家計への移転額は多くなく，資力調査付きの給付が中心であるが，それらの給付水準は高く，資力調査も寛大で給付はかなり包括的である。また賃金仲裁制度を通じて一次分配が平等である。さらに，非右派政党による政権運営は自由主義レジームと同様にまれであるが，労働組合の組織率は高いという特徴があり，それがこのレジームを推進するとされる。[4]

ライブフリードやフェレーラによる南欧レジームでは，（南）イタリアやフランスの一部は保守主義レジームに含まれるのではなく，スペイン，ポルトガル，ギリシャなどとともに南欧レジームを構成すると主張されている。これらの国はベーシックインカム的な給付政策を重視しているが（例えばイタリアの障害年金），総じて給付は残余的であり，また，雇用保障も十分ではない「未成熟な福祉国家」（rudimentary welfare state）であると主張されている。そして，その成立においては，伝統的なカトリック勢力が大きな役割を果たしているとされる。[5]

シーロフは女性労働環境と家族福祉の充実度の2つの指標に基づいて各国を4つに類型化している。そこでは，女性就労保護と家族福祉水準の高く就労と福祉が選択可能な「プロテスタント社会民主主義福祉国家」（デンマーク，フィンランド，ノルウェー，スウェーデン），家族福祉水準は低いが男女の平等主義的雇用政策がなされている「プロテスタント自由主義福祉国家」（アメリカ，カナダ，オーストラリア，ニュージーランド），女性労働へのインセティブが弱く家族福祉が女性の家族役割を強化するために給付されている「先進的なキリスト教民主主義福祉国家」（オーストリア，ベルギー，フランス，ドイツ），そして，女性の労働環境も家族福祉も充実していない「女性動員後発福祉国家」（ギリシャ，アイルランド，イタリア，日本，スイス，スペイン）などが区分されている。[6]

（鎮目真人）

▶ 4 Cathles, Francis G. and Deborah Mitchell, 1993, "Worlds of Welfare and Families of Nations", F. G. Cathles ed., *Families of Nations : Patterns of Public Policy in Western Democracies*, Dartmouth, pp. 93-128.

▶ 5 Leibfried, Stephan, 1992, "Towrds a European Welfare State : On Integrateing Poverty Regimes in the European Community", X. Ferge and J. E. Kolberg eds., *Social Policy in a Changing Europe*, Campus Verlag, pp. 245-280.

▶ 6 Siaroff, Alan, 1994, "Work, Welfare and Gender Equality : A New Typology", Diane Sainsbury ed., *Gendering Welfare States*, Sage, pp. 82-100.

グローバル化と福祉レジーム
福祉レジームは変容するのか？

1　グルーバル化と3つの福祉レジーム

　グローバル化による今後の福祉レジームの趨勢については，レジームごとにその対応の仕方が異なると主張されている。

　社会民主主義レジームは公的部門の福祉や雇用サービスに依存する部分が大きいので，グローバル化により完全雇用や一定の経済成長が見込めなければ，税収が落ち込み，その体制を支えるうえで問題が深刻化する可能性が高い。それに対して脱家族化と社会的投資としてアクティベーションによる雇用政策を進展させることにより，雇用の維持や出生率の向上を結果としてもたらすことができる。これは若年層や壮年層に向けた公的介入の比重を高めるということを意味する。

　自由主義レジームは市場に福祉サービスの多くを委ねており，公的部門がそれを補完している。グローバル化により市場での競争が強まると，正規雇用者と不安定雇用者（主として若年労働者と低熟練労働者）との間の二極化が深まるとともに，事業主による固定労働コストの軽減により，正規労働者の職域福祉の縮小も進展する。レジームにおける社会保障が低所得層向けの給付を中心としているため，中間層は租税の引き上げに反発し，市場が提供するサービスにますます依存するようになる。こうした状況に対処するために，このレジーム諸国のなかには，労働へのインセンティブを高めて低賃金の労働を創出するように，ニーズを要件とする給付から就労を条件とするワークフェア的な政策に公的施策の重点を移しているところもある。しかし，こうした低賃金政策は不熟練労働者や単親世帯における貧困問題を深刻化させるおそれを孕んでいる。そのため，ここでも教育訓練への助成などの積極的な社会的投資が必要とされる。

　保守主義レジームは家族福祉の依存（とりわけ南欧）と社会保険を中心とした公的保障による男性稼ぎ主モデルを特徴としている。しかし，グローバル化による労働市場の流動化と伝統的な家族スタイルの変容によって，女性労働者や非正規労働者が増加すると，従来のモデルを前提にしてレジームを維持することが難しくなる。こうした状況では，終身雇用や厳格な解雇ルールを特徴とする従来の強固な雇用制度と正規労働者を対象とした社会保険制度は，そのシステムのなかで守られる「内部者」（insider）とその適用外となる「外部者」（outsider）を生み出し，社会的な分断が発生する。こうした事態に対処するに

▶1　エスピン-アンデルセン，G.，埋橋孝文監訳，2003，『転換期の福祉国家──グローバル経済下の適応戦略』早稲田大学出版部；Esping-Andersen, Gøsta, 2002, "Towards the Good Society, Once Again?", Gøsta Esping-Andersen, Duncan Gallie, Anton Hemerijck and John Myles eds., *Why we need a new welfare state*, Oxford University Press, pp. 1-25.

は，子どもや高齢者に対する社会サービスを増やして脱家族化を進めるとともに，**オランダモデル**[2]のように女性や高齢者雇用を促進する雇用制度をつくり出すことが考えられる。

② グローバル化と福祉レジームの収斂と分岐

グローバル化による経済競争のもとで，より非効率なレジームはそれに適応するか淘汰される可能性がある。そうした場合，より競争に適したモデルに向けて，レジームは収斂することが考えられる。その収斂の仕方としては，自由主義市場収斂モデル（Liberal Market Convergence Model），組織資本主義収斂モデル（Organized Capitalism Convergence Model），混合経済収斂モデル（Mixed Economy Convergence Model），の3つが考えられる[3]。自由主義市場収斂モデルは市場への政治的介入は非効率とされ，経済のグローバル化により，小さな福祉国家へと収斂することが想定される。政府や企業の負担を減らし，それによってグローバル化に生き残るという「底辺への競争」が進展するというシナリオである。他方，組織資本主義モデルは，政府組織の組織的介入による福祉資源などの割り当ては市場経済よりも経済的に効率的であるとし，グローバル化の進展により，大きな福祉国家へと向かうとするものである。混合経済収斂モデルは，両者の間にあり，市場の発展とともに政府の介入が経済成長を促進するように行われることを想定し，政治による政府の福祉などの資源分配が少ないレジームでは政府の介入が増え，逆に，政府による資源配分が多いレジームでは介入が減少し，最終的に中程度の福祉国家へと収斂するという見方に立っている。

こうした収斂モデルとは異なり，各レジームは多様性を保持したまま，グローバル化に対応するという考え方もある。これには，新自由主義モデル（Neo-Liberal Model）と新制度論モデル（Neo-Institutional Model）がある。新自由主義モデルでは，グローバル化が進展すると，政府による福祉資源の投入の絶対的な水準はレジームごとに異なりながらも，全体として縮小すると予想されている。他方，新制度論モデルでは，グローバル化が進んでも，政府による介入の水準と方向性は，各レジームで変わらずに維持されると想定している。

OECD加盟国中21ヶ国を対象に1980年から2005年までの社会保障支出の年次変化を計量的に分析した研究では，この間，社会保障支出について収斂化が進展し，経済のグローバル化を意味する貿易や海外直接投資が増えると，それにともなう社会的リスクを軽減するために社会保障支出が増えるという傾向がみいだされている[4]。こうした研究を踏まえると，今後の福祉レジームは，少なくとも，自由主義市場収斂モデル，あるいは，新自由主義モデルにみられるように，政府による介入が小さいレジームへと収斂する可能性は小さいといえよう。

（鎮目真人）

▶2　**オランダモデル**
パートタイム労働者と正規労働者の均等待遇を目指したもので，同一労働同一賃金，社会保険の平等適用などを内容とする。

▶3　Kitschelt, Herbert, Peter Lange, Gary Marks and John D. Stephens, 1999, "Convergence and Divergence of Advanced Capitalist Democracies," H. Kitschelt, P. Lange, G. Marks and J. D. Stephens eds., *Continuity and Change in Contemporary Capitalism*, Cambridge University Press, pp. 427-460.

▶4　Schmitt, Carina, Peter Starke, 2011, "Explaining convergence of OECD welfare states : a conditional approach," *Journal of European Social Policy*, 21(2) : pp. 120-135.

10 グローバル社会政策
グローバルな社会政策はどのように達成されるのか？

▷1　Bob Deacon, Michelle, Hulse, Paul Stubbs, 1997, "The Prospects for Global Social Policy", Bob Deacon, Michelle Hulse and Paul Stubbs eds., *Global social policy : International organizations and the future of welfare*, Sage, pp. 195-221.

▷2　Deacon, Bob, 2014, "Global and regional social governance," Nicola Yeates ed., *Understanding welfare : social issues, policy and practice*, 2 ed, Policy Press, pp. 53-76.

▷3　非政府組織は，南北の組織同士で連携し，政府系の組織が立案した政策を側面的に援助するだけでなく，企業や労働組合といった国内組織には反映されないニーズをくみ取って，新たな社会政策を開拓する契機をつくり出している。Yeates, Nicola, 2001, *Globalisation and Social Policy*, Sage, pp. 127-163.

▷4　貧困，飢餓，福祉，公衆衛生，教育，ジェンダー平等に関し，MDGsは2015年までに8つの政策目標を立て，SDGsはその後継として，17の目標を2030年を目途に達成するとされている。

▷5　Falkner, Gerda, 2010, "European Union", Francis G. Castles, Stephan

1　グローバル社会政策

　グローバル社会政策とは，超国家機関によるグローバルな再分配，社会的規制，グローバルな社会権の保障，社会給付やエンパワーメントを意味し，政策の対象は，EUやASEANなどの地域共同体のほか，世界銀行やIMF，国連などの国際機関によって世界規模で実行される。国際機関は表V-10-1のように多岐にわたり，それぞれ独自の考えや方針に基づいて社会政策を実行している。

　政府系の国際機関のほかにも，国際的な非政府組織（NGOs）も，人権，ジェンダー，開発分野などのグローバル社会政策に与える影響が強まっている。

2　グローバル社会政策の内容

　グローバルな社会的再分配は，医療，教育，社会的保護などを目的に，官民共同で組織されるグローバルファンドの創設のほか，国際線旅客機利用者への課税（airline ticket tax）や世界的な資金移動への課税（トービン税）などのグローバルな課税を通じてなされることが想定されている。グローバルな社会的規制は，国連によるグローバル協定に基づく雇用や環境に関する国際的企業への規制，ILOによる社会保障や労働環境への条約，ユネスコによる私的な高等教育に関するガイドラインの制定などがあげられる。また，グローバルな社会権に関しては，国連によるミレニアム開発目標（Millennium Development Goals：MDGs）や持続可能な開発目標（Sustainable Development Goals：SDGs）による教育や医療の保障，貧困の軽減への取り組みなどがある。世界的な市民社会に向けたエンパワメントとしては，非政府組織や市民運動などの育成があげられる。1995年の社会開発世界サミット以降，非政府組織がその宣言や行動計画に関するアジェンダセッティングに積極的にかかわるようになるとともに，グローバル社会政策の企画立案やモニタリングなどを行うようになってきている。

3　地域共同体による社会政策

　地域共同体による社会政策が最も進展しているのはEUである。EUによる社会政策の手段は，社会的規制，再分配，開かれた政策協調手法（Open Method of Coordination：OMC）に大別できる。このうち，社会的規制について

表V-10-1　国際機関における国際社会政策

国際機関	社会政策に関する主要なアプローチ
世界銀行・WB（国際復興開発銀行・IBRD と国際開発協会・IDA）	途上国に対する残余的（セーフティネット的）な反貧困政策。ただし，より高次元の公的サービス給付など普遍的な政策も推進するようになってきている。
世界銀行（国際金融公社・IFC）	途上国に対する健康分野や教育分野を中心に残余的な政策を推進。
国際通貨基金・IMF	セーフティネット的残余的な政策。ただし，近年，医療分野などに対する社会支出増加のための支援も推進。
世界貿易機関・WTO	市場を通じた医療や福祉サービスの促進。
経済協力開発機構・OECD	雇用・労働・社会問題担当課による公的サービスと財政・企業問題担当部局による市場を通じたサービスを促進。
国際労働機関・ILO	年金や医療などに関してビスマルク型の普遍主義的政策を推進。
国連児童基金・UNICE，国際連合教育科学文化機関・UNESCO，世界保健機関・WHO	保健，医療，福祉，教育などを実施。
国連開発プログラムと経済社会局・UNDESA	貧困や飢餓の撲滅などの MDGs と SDGs の実施やインクルーシブな雇用と社会政策を促進。
国連経済的，社会的及び文化的権利委員会（UNCESCR）	社会サービスや社会権に関わる活動に関する監督や報告書の作成。

出所：Bob Deacon, 2008, Global and regional social governance, In Nicola Yeates ed., *Understanding welfare : social issues, policy and practice*, Policy Press, p. 34を一部改編

は，1997年のアムステルダム条約を機に性，年齢，人種，思想信条，性的志向などに関してより公正な政策を域内で進めることが定められた。健康や職場での安全確保などについては，個別のアクションプログラムや EU の指令（Directive）で取り決められている。再分配は1957年に創設された欧州社会基金（European Social Fund）による，職業訓練や再雇用教育などを通じた雇用対策があるが，近年，それ以外にも対象は，若年失業者，長期失業者，雇用を得るうえでなんらかのハンディのある者などに広がっている。また，グローバル化に対する欧州調整基金（European Adjustment Fund for Globalization）はグローバル化によって雇用調整の対象になった者に向けて再就職を支援するために設けられている。OMC は EU による直接的規制や法令ではなく，EU 域内諸国間でのベンチマークやガイドラインなどの策定や相互学習を通じて，自国内の政策を他国と協調させるものである。OMC では，社会政策についてガイドラインなどによって定められた共通のルールに従いながらも，基本的には自国の状況に応じて政策の内容を国家的行動計画（National Action Plans）として決定することが想定されている。

　その他，EU では，欧州司法裁判所（European Court of Justice）による，労働条件などに関する司法判断や EU 参加の財政基準[6]によっても，間接的に社会政策が規定されている。総じて，欧州社会政策は義務的な法令によって定められるのでなく，OMC や社会基金などを通じて，緩やかに実施されてきたという特徴がある。[7]

（鎮目真人）

Leibfried, Jane Lewis, Herbert Obinger, Christopher Pierson eds., *The Oxford Handbook of the Welfare State*, Oxford University Press, pp. 292-305.

▷6　財政規律は，EU 参加の条件として，財政赤字と債務残高を GDP の一定以下に求める1992年のマーストリヒト条約を嚆矢としている。Kvist, Jon, Juho Saari, 2007, "The Europeanisation of social protection: domestic impacts and national responses", Jon Kvist and Juho Saari eds., *The Europeanisation of Social Protection*, Policy Press, pp. 229-248.

▷7　Larsen, Trine P., Peter Taylor-Gooby, 2004, "New Risks at EU Level; A Spillover from Open Market Policies", Peter Taylor-Gooby ed., *New Risks, New Welfare : The Transformation of the European Welfare State*, Oxford University Press, pp. 181-206.

1 福祉社会学におけるジェンダー視点
福祉社会学は女と男の問題か？

1 ジェンダー化された社会

　私たちは，生まれたときから，赤ちゃんが女の子か男の子か，娘なのか息子なのかというように，性別で区別をされる。その後も，女性であること，男性であることが，社会に生きる私たちを分類する基準として，頻繁に使われていく。こうして，私たちは，生物学的な次元でというよりも，女性として社会で生きること，男性として社会で生きることを社会的・文化的な次元で習得していく。ジェンダーとは，こうした社会的・文化的につくられた男女という二元的な性別のことをいう。そして，女性は「女らしく」，男性は「男らしく」あることが望ましい，そうあるべきだという考え方を，「ジェンダー規範」という。私たちが自分や相手のことを，「女（または男）のくせに〇〇するなんて」「男（または女）なのに〇〇もできないとは」といった目線で見ることは，珍しいことではない。そこでは，自己や他者を評価する基準として，ジェンダー規範が作動しているのである。

　ジェンダーを基準にした人々の分類は，社会生活のあらゆるところに浸透している。私たちの生きている社会は，ジェンダー化された社会ともいえるだろう。ジェンダー視点とは，これを当たり前のことがらとして受けとめる（ジェンダー・ブラインドになる）のではなく，私たちの生き方が，割り振られるジェンダーから大きな影響を受けていることに敏感になり（ジェンダー・センシティブになり），その状況を批判的にとらえようとする見方のことである。

2 ジェンダーと不平等

　ジェンダーは，社会のさまざまな法制度や構造のなかに埋め込まれている。そのなかには，単に男女を区別するのではなく「男女差別」につながるものもある。[1]

　また世界には，政治，経済，教育などさまざまな分野において「ジェンダーによる不平等[2]」が存在する。それは世界のなかで大きな問題である。そして，日本は，世界のなかで男女格差が非常に大きい部類の国である。「ジェンダー・ギャップ指数（GGI）[3]」を用いて各国の男女平等の状況をランキングすると，日本は2019年版のランキングで153ヶ国中121位，先進 7 ヶ国（G 7 ）[4]のなかでも最低の順位であった。

▷1　例えば，日本で女性に参政権が認められた時期は男性よりも遅い，大学への入学は男性のみに認められていたなど，法制度上の権利おいて男女の差別が存在した。2019年には，東京医科大学医学部の入試の採点で，受験生が女性の場合に一律に減点していたことが社会的な事件になった。受験生は，女性であるという理由だけで，合格判定で不利を被ったのである。また，就職活動で性別不問の記載があっても，実際には女性を採用対象外としている場合もある。

▷2　この点については，Ⅵ-10 も参照。

▷3　ジェンダー・ギャップ指数（GGI）
世界経済フォーラム（WEF）という国際団体が，各国の男女の不平等・格差を数値化しランキングする際に使用している指標（ものさし）。経済・教育・健康・政治の 4 分野14項目のデータをもとに，男女の格差状況を点数化している。GGI の分野別ランキングで日本は，経済分野115位，教育分野91位，健康分野40位，政治分野144位であり，経済分野と政治分野における男女の格差，女性の劣位が際立っている。

3 「女性の問題」から「男女の問題」そして「人々の新たな関係」へ

日本では「女性活躍」という言葉を耳にすることも多くなった。そこには，男性ほどに女性が活躍できていない，という意味が込められている。では，こうした状況を変えるためには，どうしたらよいのだろうか。経済の分野を例にとってみよう。日本の女性の平均賃金は男性の平均賃金にはるか及ばない。その背景には，女性労働者の方がパートタイムや非正規で働く割合が，男性労働者よりも圧倒的に多いという状況がある。それでは，女性に対して正社員になる機会を保障すれば，経済分野の男女格差の縮小は達成されるのだろうか。しかし，日本では，雇用分野における男女間の機会と待遇の平等に関する法律がすでに制定されている。[5] 雇用の機会と待遇に関して，「制度上は」男女平等が達成されているのである。だとすると，あとは「女性の頑張り次第」，つまり女性がさらなる活躍のための努力をすればよいだけ，ということになるのだろうか。

ここで注意したいのは，同じような機会があっても，「生き方の選択肢の幅」が異なるという問題である。[6] 例えば，幼い子のいる共働き家庭の女性にとり，仕事の機会が男性と平等に与えられても，その機会が現実的な選択肢になるかどうかは，家庭内での育児を夫婦でどのように分担しているか，子どもを安心して預けられる保育所が使えるかどうかなどによって異なる。制度上は正社員になれるとしても，家庭内での自らの果たす責任や役割を考えると，現実的な選択肢としてはパートタイムで働くことしかなく，自らパートタイマーを選択する女性も少なくない。

こうしてみると，公の場での女性の活躍は，私的な場すなわち家庭での家事や子育て・介護といったケアの領域で，誰がどのような活躍をするかに大きくかかっているともいえる。「女性活躍」は，「家庭の活動に，誰が（とくに男性が）どのように関わるのか，そのことが社会的にどのように承認されたり評価されたりするのか」をめぐる，社会の規範や制度構造に関わる問題としてとらえることもできる。男性が家庭内で活躍したいと思っても，思うようにいかないこともありそうである。そのときには，「男性は○○あるべき」というジェンダー規範や「男性は家の外，女性は家の中」という性別役割分担の規範，それを前提にした企業の人事管理のありかたを見直したり，男性の家庭内での活躍をうながす環境整備に政策として取り組んだりすることが必要になる。これは，これからの社会において，「生きづらさを抱えた女性」だけでなく，「生きづらさを抱えた男性」を支援する，新たな社会の仕組みを考えることにもつながっていく。ジェンダー視点は，どのように人々の新たな関係や生き方を，そしてそれを支える仕組みを構想するのかという，福祉社会に対する私たちの想像力を広げてくれる視点でもあるのだ。

（森川美絵）

▶4 G7とは，"Group of Seven" の略で，フランス，アメリカ，イギリス，ドイツ，日本，イタリア，カナダの7つの先進国のことである。

▶5 男女雇用機会均等法が1985年に制定されている（1986年施行）。

▶6 経済学者のアマルティア・センは，この「生き方の選択肢の幅」をケイパビリティ（capability）と呼んで，人々の不平等について議論している。ケイパビリティについては，IV-3 参照。

参考文献

杉本貴代栄，2012，『福祉社会の行方とジェンダー』勁草書房。

2 日本型近代家族
専業主婦はいつ生まれたか？

1 近代家族とは：専業主婦の誕生

　近代家族とは，近代化の過程で近代社会に適合的に形成される家族のことである。近代とは，ヨーロッパでは市民革命，とくにフランス革命から始まったと考えられている。社会が近代化される以前は，多くの庶民の仕事は農業や自営業で，女性もそれらの家業に従事していた。一方，上流階級の貴族などの女性は，育児は乳母に，料理などは使用人にまかせており，家事・育児にほとんど関わっていなかった。専業主婦の女性は，庶民の女性にも貴族の女性にも存在していなかったのである。

　ヨーロッパでは，17世紀から18世紀にかけて中産階級に専業主婦が誕生したといわれている。産業化が進行すると，農業や自営業によって生活する時代とは異なり，男性が工場など家の外で働く機会が増大し職場と住居が分離するようになった。それにともない，労働は，外でお金を稼ぐ賃労働と家族のなかで行う家事労働に分解して，女性が家事労働の専従者となった。男性は家族全員が暮らしていけるだけの賃金（これを家族賃金という）を得られたため，女性は賃労働をせずにすみ，このような性別分業が可能になった。[2]

2 日本型近代家族と専業主婦の誕生

　では，日本での近代家族と専業主婦の誕生をみていこう。日本の近代化は，明治維新から始まると考えられている。明治維新の後から徐々に近代家族が形成されたと考えれば，日本では，近代家族は150年ほどの歴史しか持たない「新しい」家族のかたちだ。

　日本でも戦前までは大部分の人々が農業や自営業に従事していた。ほとんどの女性は他の家族成員と一緒に農作業や家業に携わっていた。また，当時は男性工場労働者の賃金は低く就労も不安定だったので，妻が専業主婦でいられる余裕はなかった。労働者の妻は夫と同じく働いたり，内職をしたりしなければ生活できなかった。

　農業などの自営業が衰退し，企業が勃興し，工場や会社で長時間働く労働者が必要になると，次第に職場と住居が分離し，男性が職場に行き女性は住居で家事労働の専従者となっていった。明治末年から大正期に，都市の公務員や教員などの**新中産階級**[3]の間に専業主婦が誕生する。[4]

▷1　近代社会とは，資本主義，民主主義などの特徴を備えた社会のことを指す。

▷2　山田昌弘，2008，「専業主婦という存在」江原由美子・山田昌弘『ジェンダーの社会学入門』岩波書店，pp. 42-55。

▷3　**新中産階級**
被雇用者であるホワイトカラー労働者を指す。

▷4　ただ，戦前は，近代家族は中産階級の間でのみに成立し（また，中産階級の近代家族には下層出身の家事使用人がいた），他の人々は別のタイプの家族に暮らしていた。そのため，すべての人々が専業主婦のいる近代家族を形成したわけではない。

近代家族と同時に専業主婦が誕生すると，女性にとって，母や妻の役割を担うことは中産階級への上昇を意味し，あこがれの対象となった。女性は家事労働専従者となることで地位が低下したが，同時に，子どもの教育担当者になることで家庭内での役割と地位を確保した。江戸時代には，女性に期待されることはよい子どもを産むことだけで，育てることは期待されておらず，むしろ男の子のしつけなどは父親に任されていた。しかし，明治20年代以降は，情緒的であたたかい子ども中心の家族像が広がり，次第に女性は子どもの教育の担当者になることが期待されるようになっていった。[5]

3　日本型近代家族の大衆化

戦前は，中産階級の一部でのみ専業主婦がいる近代家族が形成されたが，戦後になると専業主婦のいる近代家族が大衆化していく。サラリーマンの夫と専業主婦の組み合わせからなる近代家族は，高度経済成長期に増加し，1975年には片働き世帯（専業主婦のいる世帯）の数が最大になりピークを迎える。

戦後は，憲法などで男女平等が保障された。例えば，戦後の教育の分野では，男女共学，男女別学にかかわらず，男女は同一の教育内容を学ぶことが可能になり，女性の大学進学も制度的に保証されるようになった。一方，戦前の性別分業の考え方も基本的に継承され，むしろ高度経済成長の過程で，性別分業が定着していった。[6]

労働の分野では，日本型雇用システムと性別分業社会が不可分な構造として相互を支えあった。日本型雇用システムとは，日本の経営慣行を指す言葉で，新卒一括採用，終身雇用，年功序列，**企業別労働組合**などを特徴とする。日本型雇用システムのなかで働くことができるのは男性のみだったため，このシステムが「男性1人の稼ぎで家族を養う」という性別分業社会を支えてきたといえる。年功序列制度のもとでは昇進も年功を前提とする。女性は短期雇用と位置づけられたため，企業は女性の労働者に昇進の道を開くことすらなかった。この日本型雇用システムのため女性は働き続けることが困難で，結婚によって男性の被扶養者とならざるをえなかった。[7]

しかし，1980年代から先進国では産業構造が変化し，経済発展が新しい段階を迎え，政治的・国際的要因によって雇用が不安定化し，日本型雇用システムも揺らぎをみせはじめる。[8]1990年代には共働き世帯と片働き世帯の数が逆転し，実態としては専業主婦のいる家庭は多数派ではなくなった。とはいえ，専業主婦を前提としているシステムはいまだに残っている。専業主婦とそれを支えてきた性別分業社会のゆくえを私たちは注視していく必要がある。　（野辺陽子）

▷5　落合恵美子，2019，『21世紀家族へ——家族の戦後体制の見かた・超えかた』［第4版］有斐閣。

▷6　しかし，一方で，中学校での技術家庭科の男女別履修，高等学校での家庭科の女子のみの必修，進学の際の「女子は短大，男子は四大」という指導など，男女共学の教育になっても，性別役割分担の考え方が存在していた。

▷7　企業別労働組合
企業ごとに常勤の従業員だけを組合員として組織する労働組合のことを指す。

▷8　この時期に，製造業中心のオールドエコノミーに対して，IT産業などに代表される新しい産業が出現した。

アンペイドワークと性別役割意識
家事に給料は出るのか？

1　支払われない仕事とは

　アンペイドワーク（unpaid work）とは，文字通り「支払われない仕事または労働」ということだが，みなさんはこの言葉からどのような仕事・労働を想像するだろうか。社会人になり仕事に就くと，仕事の見返りとして報酬・給与をもらうようになる。しかし，現実には残業のように，契約に定められた通常の就業時間を超えて働くこともある。その超過分の働きの対価が「残業代」になるわけだが，残業代が十分に払われない，またはまったく払われないことがある。「サービス残業」という表現は，「残業は本来支払われるべきなのに不払いになっており，しかも，そのことが仕事をする側のサービス精神で支えられている状況」を揶揄（やゆ）したものだ。サービス残業が問題になるのは，仕事が無償の自主的なサービス行為として扱われることが「不公正」であるという前提があるからだろう。

　しかし，よく考えてみると，世の中には，支払われない活動はたくさんある。家庭のなかで家族が行う家事や家族・親族の世話（ケア），学校のPTA活動，地域での町内会活動や小学生の登下校時の交差点での安全確認など，家庭や地域のなかで暮らしを支えるために膨大な活動が行われているが，多くは支払われていない。このことについて，私たちは，「サービス残業」のように「不当である」とはあまり感じないかもしれない。ただし，「支払われない仕事」を担うことで，「やりきれない」気持ちになることはある。次のような状況を考えてみよう。

2　性別役割分担と「誰のおかげで食べていけているんだ」問題

　森川さん一家は，夫，妻，3歳の子どもという3人暮らしである。夫は大企業のサラリーマンで，毎日帰宅は遅く，週末は趣味の釣りに毎週のように出かけている。妻は，かつては企業の総合職として働いていたが，出産を機に退職し，現在は専業主婦で家庭内の家事や育児を一手に引き受けている。再就職したいと思っているが，子どもの預け先がないまま1年が過ぎている。ある日，夫婦でちょっとしたことから口論になり，夫からこんな言葉が飛び出した。「誰のおかげで食べていけているんだ！　家では好きにさせてもらうぞ！」

　あなたは，この発言をどう感じるだろう。妻は，家事や育児を一手に引き受

けているが，それらはアンペイドワークであり，稼ぎはゼロである。家の外の稼ぎ，家のなかのはたらき，どちらがなくても家族の生活は成り立たない。しかし，「誰のおかげで食べていけているんだ」という夫の発言には，家の外での稼ぎの有無や多寡で夫婦の立場に優劣がつき，アンペイドワークを担当する妻は夫に従うべきだとのメッセージが込められている。

　世の中には，「男は家の外での仕事中心，女は家庭中心」という性別役割分担が存在している。これは単に男女の役割分担の状況を表すだけではない。男性は「稼ぎ」のある仕事，女性は家庭でのただ働きという分業は，「稼ぎ」を重視する社会では男女間の経済的な不平等や，女性の社会的・経済的な不利をもたらす原因となる。[1]

3　日本のジェンダー・ギャップと性別役割分担意識

　国連は1975年を「国際婦人年」と定め，第1回「世界女性会議」を開催した。それ以降，男女平等やそれと密接に関わる性別役割分担のありかたを問題化する世界的議論の枠組みを構築してきた。国際婦人年以降，各国の性別役割分担の程度や，男女間の格差の度合は，時代とともに変化してきた。

　日本では1950〜70年代始めの高度経済成長期において「男は仕事，女は家庭」という性別役割分担が強化された。「専業主婦」が最も多いのは団塊の世代である。ただし，1990年代に入るとこうした分担が揺らぎ始め，1990年代末には共働き世帯の数が専業主婦世帯の数を上回った。また，内閣府の世論調査によれば，2010年代には「自分もできるだけ稼ぎたい」という女性が増え，「妻には稼いでもらいたい」と考える男性も増えてきている。

　他方で，「男性は仕事，女性は家庭」という考え方に賛同する割合は，2000年以降も半数程度を維持するなど，根強い。現代の日本の性別役割分担意識は，「男性は仕事，女性は家庭」から，「男性は仕事，女性は家庭も仕事も」に移行しつつあるといえそうである。[2]

　世界経済フォーラム（WEF）による男女格差の度合を示す「グローバル・ジェンダー・ギャップ指数」（2019年版）によれば，日本は153ヶ国のうち121位，G7のうち最下位であり，とりわけ男女の経済的格差が大きいことが示されている。女性の正規雇用へのアクセスの低さや給与水準の低さなどが原因だが，その背景には，家庭内のアンペイドワークの責任・負担の多くを，依然として女性が担っていることがあげられよう。日本のジェンダー・ギャップ解消には，「男女ともに，家庭も仕事も」という性別役割分担意識への移行や，家庭内の家事やケアといったアンペイドワークへの男性参加の進展をいかに実現するか，ということが大きな課題になりそうだ。

（森川美絵）

▷1　1960〜70年代には国内外で，家事労働の無償性や，既存の経済理論による家事労働の説明に対する異議申立が，「家事労働論争」として争われた。家事労働論争については，上野千鶴子，1990，『家父長制と資本制』岩波書店が詳しい。

▷2　内閣府男女共同参画局「『男性は仕事，女性は家庭』という考え方」（http://www.gender.go.jp/policy/men_danjo/pdf/basic/kiso_chishiki1.pdf）。

【参考文献】
上野千鶴子，1990，『家父長制と資本制——マルクス主義フェミニズムの地平』岩波書店。
川崎賢子・中村陽一編，2000，『アンペイド・ワークとは何か』藤原書店。
I. イリイチ，1998，玉野井芳郎・栗原彬訳『シャドウ・ワーク』岩波書店。

4 男性の家事・育児・介護
日本の男性は家事をするようになるのか？

1 「イクメン」は増えているか

　育児をする父親を肯定的に表す「イクメン」という言葉を耳にしたことがあるかもしれない。男性が育児をするのが当たり前の社会であれば，「イクメン」という言葉を持ち出すまでもない[▷1]。現実には，男性の育児，ましてや育児休業の取得は，当たり前にはなっていない。

　日本で，父親が育児休業をとれるようになったのは，1992年に育児休業法が改正されてからである[▷2]。しかし，配偶者が出産した男性のうち育児休業を取得した人の割合は，1992年から2005年までは1％以下，2010年になってもわずか1.38％であった[▷3]。政府は，男性が育児休業を取りやすくなるよう育児・介護休業法を改正した（2010年施行）。これにより，専業主婦を持つ夫も育児休業を取得できるようになったり，夫婦で育児休業を取得すれば育児休業の期間が2ヶ月増える仕組みが導入されたりした（「パパ・ママ育休プラス」）。同じ時期に政府が立ち上げたのが「イクメンプロジェクト」であり，その目的は「社会全体で，男性がもっと積極的に育児に関わることができる一大ムーブメントを巻き起こす」ことであった。しかし，その後の男性の育児休業取得率の推移をみると，2017年に初めて5％を超えた程度である。2017年の調査では，3歳未満の子どもを持つ男性正社員のうち，育児休業を利用したかったが利用しなかった人の割合は30％を超えていた[▷4]。その理由としては，「業務が繁忙で職場の人手が不足していた」「育児休業を取得しづらい雰囲気だった」といった回答の割合が高かった。育児に積極的に参加したい男性はある程度いるが，男性が育児休業を取得する際の障壁は大きい。「イクメン」を持ちあげることが，仕事と育児の「板挟み」でストレスを抱える父親を増やすことにならないための対策が必要だろう。

2 「家事メン」は日本で増えるか

　それでは，男性の家事はどのような状況だろうか。働く妻が増えるにつれ，夫は家事をより分担するようになったのだろうか。これまでの研究から，日本の夫は，先進国のなかで際立って家事をしないことが明らかになっている。2009年のデータを用いた4ヶ国比較では，正規雇用者の平日1日あたりの家事時間は，日本の男性が15.4分（アメリカ53.1分，フランス30.5分，韓国24.1分）と

▷1 「イクウィメン」という言葉がないことを考えてみよう。

▷2 1995年からは，介護を含めて育児・介護休業法（正式名称「育児休業，介護休業等育児又は家族介護を行う労働者の福祉に関する法律」）となった。

▷3 同年の女性の育児休業取得率は83.7％。厚生労働省「雇用均等基本調査」。

▷4 三菱UFJリサーチ＆コンサルティング，2018，「平成29年度仕事と育児の両立に関する実態把握のための調査研究事業　労働者調査　結果の概要」。

最も短く，日本の女性は94.5分であった。男女ともに正規雇用の共働き夫婦の間でも，大きな家事時間の差が生まれているのが現状だ。正規雇用の男性は長時間労働のために家事を担うゆとりがないという説明も考えられる。しかし，同じ国際比較のデータで非正規雇用者の平日1日あたりの家事時間をみると，日本の男性の場合は24.3分と，わずかに増えただけである（アメリカ72.1分，フランス48.1分，韓国42.5分）。これに対し，日本の非正規雇用の女性は138.8分と4ヶ国中最も長かった。雇用労働の時間にゆとりができたからといって，日本の夫は家事に時間を割くようになるわけではなさそうだ。「働き方改革」がさけばれているが，雇用労働時間の短縮が，日本の既婚男性の家事時間の増加や，夫婦間での家事分担の不公平の緩和につながるかは，あやしい。妻が非正規雇用よりも正規雇用の夫の方が，家事も育児もしているという分析もあるが，このことは，非正規雇用で働く既婚女性が多い日本社会では，夫の家事時間の増加を見込むことが難しいということになるだろう。

「夫」ではなく「男性」の家事はどうだろうか。単身未婚の男性は，自ら家事をせざるをえない。未婚化，晩婚化が進めば，家事をする「男性」が増えるかもしれない。ただし，そのことと，家事をする「夫」が増えることとはまったく別の話である。

❸ 「ケアメン」時代の到来

家事や育児とは異なり，介護を担う男性いわば「ケアメン」は，目立って増えている。日本社会における家族の形態とくに世帯構造の変化と，公的な介護保障の制度の存在は，介護の性別分業にも大きな影響を及ぼしている。

日本の介護保障制度の中心となる介護保険制度は2000年に開始されたが，その時期からの，介護が必要な高齢者のいる世帯の構成の変化をみると，三世代同居の世帯が大きく減った。その代わりに増加したのが，単身世帯や高齢者夫婦世帯，未婚の子がいる世帯である。つまり，配偶者や未婚の子，別居している家族が，「主たる介護者」になる可能性が高くなったのである。しかも，介護保険制度により介護サービスが使いやすくなったことは，「嫁のつとめ」として介護に従事してきた女性にとって，介護義務からの解放を部分的にもたらした可能性がある。実際，2000年以降，「主たる介護者の続柄」のなかで「子の配偶者」の割合が大きく下がっている。家族介護の規範は，「介護は嫁・妻の義務」から「介護は，配偶者や親への愛情・責任として女性も男性も引き受けるべき」に変化しつつあるのかもしれない。同居の主たる介護者の性別は，2016年には3分の1以上が男性となった。介護は，女性のケア役割の問題として議論されることが多かったが，夫や息子などの立場に応じた介護への関わり方の特徴と課題を明らかにし，男性にも女性にも優しい介護環境をつくることへの社会的要請が高まっている。

(森川美絵)

▶5　労働政策研究・研修機構，2014，『データブック国際労働比較2015』第9-18-1表，第9-18-2表。

▶6　例えば，久保桂子，2017，「共働き夫婦の家事・育児分担の実態」『日本労働研究雑誌』No. 689：pp. 17-27。

【参考文献】

平山亮，2017，『介護する息子たち——男性性の死角とケアのジェンダー分析』勁草書房。

石井クンツ昌子，2013，『「育メン」現象の社会学——育児・子育て参加への希望を叶えるために』ミネルヴァ書房。

津止正敏・斎藤真緒，2007，『男性介護者白書——家族介護者支援への提言』かもがわ出版。

筒井淳也，2016，『結婚と家族のこれから——共働き社会の限界』光文社。

ジェンダーと支援・ケア
なぜ支援／ケアはジェンダー不均衡に配分されるのか？

 支援・ケアとはなにか

　ケアとはなんだろう。支援・ケアと聞くと，高齢者の介護や地域生活を送る障害者の介助，育児などを思い浮かべる人が多いかもしれない。もちろん，これらはすべてケアに含まれるのだけれど，ケアとは必ずしもそうした行為だけを指すのではない。トイレ介助を一例に考えてみよう。トイレ介助は，ケアを必要とする人が尿意や便意を感じるたび，あるいはオムツが濡れるたびに行うものであり，ケアの担い手には，ニーズが生じた瞬間に即座に対応することが求められる。このため，タイミングよく対応しようと思えば，ケアの担い手は，ケアの必要が生じる瞬間に備えてつねに待機しておく必要がある。とすると，トイレ介助といっても，例えばオムツを交換するといった行為そのもののほかに，待機という行為も含まれることになろう。このように，一見するとケアとは認識されないような行為もまたケアに含まれるため，ケアとそれ以外の活動との間に明確な境界を引くことは困難であるといえよう。

　また，ケアは一般に，ある種の親密圏——多くの場合，家族——の内部で，情緒的・感情的な側面をともなってなされる相互行為である。渋谷望は，このようなケアの特質に関連して，ケアは，「対人関係的な愛情を伴った二重行為」と「単なる身体的行為」という「二重性」を帯びることになると指摘している。[1]言うまでもないことだが，現実に遂行されるケアにおいて，これら2つの要素を切り分けることはできない。また，ケアの情緒的な側面というのは，多くの場合私的で個別的なものであり，普遍化することが難しいものである。

　以上から理解できるのは，なにがケアで，なにがそうでないかを一義的・普遍的に同定することは困難であるということだ。[2]

 家族は福祉の「含み資産」

　先述したように，ケアは一般に，家族のような親密圏において担われてきた。より正確には，家族のなかの女性（妻／嫁／母）によって担われてきたといってよいだろう。その背景には，標準家族という家族像がある。標準家族とは，婚姻関係にある男女——男性稼得者と女性家事従事者——の対とその子からなる核家族を指している。ここで期待されているのは，男性が稼ぎ手となる一方で，女性は家事のほか，育児や介護といった支援・ケアを担うこと，すなわち

▷1　渋谷望，2000，「魂の労働——介護の可視化／労働の不可視化」『現代思想』28（4）：pp. 80-89。

▷2　この同定不可能性のため，ケアは一般に，介護や介助といった具体的な行為に限定されるような狭義の定義を与えられるのではなく，むしろ非常に幅広く定義されてきた。例えば井口高志は，「受け手と行う者という非対称的な関係の中に生まれる相互行為」と定義している。井口高志，2010，「支援・ケアの社会学と家族研究」『家族社会学研究』22（2）：p. 166。

性別分業である。日本では，とくに高度経済成長期に標準家族が一般化して
いった。熾烈な経済成長を支える男性労働者の長時間労働は，女性が労働力の
再生産を家庭内で一手に引き受けることとセットだったのである。

　こうした家族像は，オイルショック以降，福祉の再編が進められるなかでも
維持され，家族は福祉の「含み資産」と呼ばれさえした。この傾向を決定づけ
たのが，いわゆる日本型福祉社会論である。そこでは，新自由主義的な思想を
背景に，公的福祉の削減と家族や地域・企業による自助・相互扶助の必要性が
説かれ，なかでも家族による福祉機能の重要性が強調されていた。こうして，
多くの福祉国家が，福祉・ケア機能の「社会化」に向けて舵を切り始めていた
時期に，日本では，依然として家族（のなかの女性）が，公的福祉の削減を補
完し，私的な福祉・ケア機能を担う主体として期待されていたのである。

▷3　1979年に自民党が発表した「日本型福祉社会」という叢書に端を発する。

❸ ケアの「社会化」のゆくえ

　とはいえ日本でも，1990年代になると家族（のなかの女性）によって担われ
てきたケア・支援が少しずつ「社会化」され始めた。その最大の象徴は2000年
に成立した介護保険制度であろう。ケアの「社会化」が進むにつれ，行政や家
族だけではなく企業やNPOなど，多様な主体がケアを提供するようになって
きた。ケアの担い手の多様化は一般に，利用者の選択と自己決定をうながすと
いうことで望ましいものとみなされてきた。他方で，ケアの「社会化」が民営
化をともないながら進行するなかで，福祉に関する公的責任がますます後退し
ていく危険性や，介護労働をめぐる問題などが指摘されることもあった。

　ここではとくに，このようなケアの「社会化」により，女性のケア負担は変
化したのかを考えてみたい。平成30年度「介護労働実態調査」（公益財団法人介
護労働安定センター）によると，ケアの「社会化」により，ケアが家庭外で労働
として提供されるようになっても，その担い手の多くは女性のままだとわかる。
では，このようなジェンダーに不均衡なケア配分を変えるにはどうすればよい
だろうか。

　フェミニスト哲学者のエヴァ・フェダー・キテイは，人間は誰もが他者に依
存して生きているという事実を議論の出発点に据え，「自立」した市民像を前
提とした従来の社会理論を批判し，ケアを必要とする「依存者」と，ケアする
「依存労働者」を中心に置いた社会理論を構想した。さらに彼女は，依存労働
者が依存者のニーズを満たすことに集中せざるをえず，自分自身のニーズを後
回しにせざるをえないような状況を二次的依存として概念化し，そうした状態
に置かれた依存労働者のサポートが重要であると論じている。もし私たちが，
ケアが社会的に価値づけられ，ジェンダー平等に配分されることを求めるので
あれば，このようなケア関係を中心とした社会理論や社会制度の根本的再編が
必要になるだろう。

（堅田香緒里）

▷4　このようなケアを含む福祉の担い手の多様化をとらえるために，福祉多元主義という言葉が用いられることもある。

▷5　介護労働に従事する労働者のうち72.0％を女性が占め，男性は20.6％にとどまっている。さらに訪問介護員に限定すると，女性が79.3％で男性は12.9％に過ぎない。

▷6　キテイ，E. F.，岡野八代・牟田和恵監訳，2010，『愛の労働あるいは依存とケアの正義論』白澤社。

▷7　彼女はこうした規範を「ドゥーリア」という言葉で概念化している。この言葉は，赤ん坊のケアをする女性をサポートする人を指す「ドゥーラ」に由来している。

6 ジェンダーと暴力・ハラスメント
性暴力は個人的な欲望の爆発なのか？

1 女性に対する暴力とはなにか

　暴力というと，殴る・蹴るなどの身体的暴力をイメージする人が多いかもしれない。そうした行為が暴力行為であることは論をまたないが，実はこの社会で行使される暴力には，身体的暴力以外の暴力行為が多く含まれている。このことは，女性に対する暴力においてもあてはまる。例えば「女性に対する暴力の撤廃に関する宣言」（第１条）においては，「女性に対する暴力」を「性別に基づく暴力行為であって，女性に対して身体的，性的，若しくは心理的な危害又は苦痛となる行為，あるいはそうなるおそれのある行為であり，さらにそのような行為の威嚇，強制もしくはいわれのない自由の剥奪をも含み，それらが公的生活で起こるか私的生活で起こるかを問わない」ものと定めている。つまり，肉体的，精神的，性的な苦痛や自由の剥奪を生じさせ得るあらゆる行為を暴力と規定しているのである。

　このような女性に対する暴力が問題化されるようになったのは比較的最近で，1970年代以降のことである。1990年代に入り，旧ユーゴやルワンダにおける紛争下の性暴力問題や，日本軍の戦時性暴力の問題（「慰安婦」問題）が明るみになり，また国内外の女性運動の高まりを受けて，ようやく「女性に対する暴力」が国際社会における重要課題の１つとみなされるようになっていった。1993年の国連世界人権会議で採択されたウィーン宣言において「女性に対する公私の暴力撤廃」が明記され，これを受けて1993年12月，国連は先述の「女性に対する暴力の撤廃に関する宣言」を採択するに至ったのである。

2 ドメスティック・バイオレンスとセクシュアル・ハラスメント

　女性に対する暴力は，戦時中や紛争下のみならず，日常においても生起している。例えば配偶者やパートナーなど親密な関係のなかで起こる暴力（ドメスティック・バイオレンス，以下DV）はその典型といえよう。DV は1990年代ころから社会問題化し，2001年には「配偶者からの暴力の防止および被害者の保護に関する法律」（DV法）が制定され，DV が被害者への重大な人権侵害であり，この問題に対する社会的取り組みが必要であることが明示化されるに至った。しかしそれ以前は，DV は私的な領域における個人的な問題（例えば，夫婦間の「痴話喧嘩」あるいは夫による妻の「しつけ」）であるとみなされ，軽んじられてき

▷1　しかし1979年に国連で採択された女性差別撤廃条約（女子に対するあらゆる形態の差別の撤廃に関する条約）では，女性に対する暴力の問題が明文化されることはなかった。

た。今日では，DVはあってはならない暴力であるという認識が社会的に共有されつつあるが，それでもいまだに，性別役割意識を背景に，家事をうまくこなせない妻に「腹を立てても当然」と暴力を振るう加害者や，役割をうまくこなせない「自分が悪い」のだから「責められても仕方がない」と暴力を受忍する被害者がおり，潜在化しているDV被害が少なくないともいわれる。

　同様に，その被害が潜在化しがちな性暴力の一形態が「セクシュアル・ハラスメント」である。1999年施行の改正男女雇用機会均等法（正式名称「雇用の分野における男女の均等な機会及び待遇の確保等に関する法律」）では，セクシュアル・ハラスメントを職場において行われる性的な言動で女性労働者の対応によりその労働条件につき不利益を受けること，またはその性的な言動により当該女性労働者の就業環境が害されることと定義している（その後，2007年の改正で男性労働者もセクハラの被害対象に含まれるよう変更された）。こうした法的規制などもあり，セクハラも「社会問題」化したが，それでもいまだにセクハラと短縮されたその言葉には，若干の揶揄が含まれ，問題を軽くみるような傾向があることは否めない。また，仮にセクハラが問題化した場合も，その非難がハラッサーの男性ではなく被害者の女性に向けられることも少なくない──例えば，露出の多い服装をしていた女性が悪い，軽率な行動をとった女性にも落ち度がある，といったように。このため，加害者は自身の言動が性暴力であるとの自覚を持ちにくく，被害者もまた被害を訴えにくくなりがちである。また，セクハラは職場や学校において非対称的な関係性・立場を背景に行われることが多く，「ノー」と言えずに我慢してしまうこともあるだろう。このことから，セクハラはDV以上に問題が潜在化しやすいともいわれる。

③ 社会に構造化された性暴力

　もちろん，DVやセクハラはつねに男性から女性に対するものだというわけではなく，その逆の場合もあるし，同性による加害のケースもある。しかしそれでも，被害者の大部分は女性であり，加害者の大部分は男性である。その背景には根深い男性優位な社会構造や規範があるだろう。女性に対する暴力の問題に長年取り組んできたキャサリン・マッキノンは，性暴力は，政治的不平等である性差別（主として男性による支配と，主として女性による服従）をつくり出し，かつこれを維持する恐怖の一形態として機能してきたと喝破している。

　性暴力は，それが加害者ではなく被害者の責任に帰せられがちであり，被害者の声を封じてしまうという点で，最も効果的な支配の方法だといえよう。それは，政治的不平等である性差別の現実と男性支配の権力を女性に思い知らせる手段でもある。この意味で，性暴力は，決して個人的な欲望の爆発などではない。それは，男性優位社会のなかに構造化された暴力を背景に／とともに発動されるものなのである。

（堅田香緒里）

▷2　例えば2018年の警察庁の調べによると，DV被害相談件数7万7482件のうち，8割が女性被害者からのものであり，加害者の8割が男性である。

▷3　マッキノン，C. A.，奥田暁子ほか訳，1993，『フェミニズムと表現の自由』明石書店。

（参考文献）

金子正臣，2006，『壊れる男たち──セクハラはなぜ繰り返されるのか』岩波書店。
牟田和恵，2013，『部長，その恋愛はセクハラです！』集英社。

7　介助労働とジェンダー・セクシュアリティ
他者の身体をどのように扱えばよいのか？

1　相互行為としての介助

　介助／介護は，人々の身体に他者がはたらきかけることを通して，社会生活を十全に営むことのできる状態とするべくアシストする行為と関係のことであり，また，その相互行為のプロセスそのものを指す。

　介助の場面ではしばしば，介助する者とされる者との間で，さまざまな「当惑」が経験される。具体的には，排泄・入浴・着替えといった，日常生活に不可欠な活動に対して他者からの一定のアシストが提供される場合に避けることの困難な不快感，嫌悪感，羞恥心といった感情がそれである。なかでもとりわけ困難な問題であり続けてきたのは，セクシュアリティに抵触する形で経験される「当惑」である。すなわち，身体をまなざす／まなざされること，あるいは，身体に触れる／触れられることによって，羞恥心に見舞われたり，欲情をおぼえたりしてしまうことなどである。こうした，セクシュアリティをめぐる当事者たちの「当惑」を，介助の現場でどう扱うべきだろうか。あるいは，どのようにすれば問題として顕在化しにくいだろうか。これらの問いに対しては，「男性が男性を介助し，女性が女性を介助すること」，つまり「同性介助の徹底」というアイデアが，まずは「無難な」解答となろう。

　これまで，介護を担う主体として，家族，とくに女性がしばしば期待されてきた。また，介護が「家族の外」へと委ねられ，「介護の社会化」が一定程度行われるようになっても，依然として介護は「女性の仕事」であり続けている。[1] このため，介助現場では，男性高齢者や男性障害者を女性が介助する機会が多くなってしまう。しかし，原則的に，その人が具体的に誰に介助されたいのか，自身の身体を他者からどのように扱われたいのかは，まずは介助される本人が決定すべきであり，また，その決定を実現すべく配慮される必要があるだろう。介助は相互行為である。にもかかわらず，介助される者は，ただ一方的に介助を受けるだけの，受動的な客体としてとらえられ，扱われてしまいがちである。しかし当然ながら，介助を受ける者にも意思や主体性はある。

2　同性介助では足りないもの

　しかし一方で，この「同性介助」という方法規準によって取りこぼされてしまう問題を看過することはできない。

▶1　職種別では，訪問介護員の88.0%，介護職員の73.6%，全体でも77.7%が女性である。公益財団法人介護労働安定センター「平成30年度 介護労働実態調査」を参照（http://www.kaigo-center.or.jp/report/2019_chousa_01.html 2020/1/1）。

　まず1つに，ケアの担い手として女性が想定されてきたという経緯から，介助される男性から女性介助者への，あるいは男性介助者から女性への「セクシュアル・ハラスメント」および性暴力（とその防止）の問題である[2]。次に，介助する‐される両者が，ともに異性愛者（ヘテロ・セクシュアル）であるという想定や規範が強化され，各人の性的指向や性自認の多様性が看過されてしまうことである[3]。

　よって，ここで重要になるのは，こうした「セクシュアルな当惑」を，私たちにとってそもそも「他者の身体に触れること」とはどのような行いであるのか，という問いとともに検討することである。他者の身体をまなざす／まなざされる，あるいは，触れる／触れられることによって経験される「当惑」は，必ずしも「同性」同士であれば避けられるものではない。さしあたってここでは，いわゆる「身体介護」の場面を例にとりながら，介助する者とされる者が経験する「セクシュアルな当惑」がいかにして生起するかについて考えてみよう。

❸　身体をまなざし，触れる

　介助する／される両者の身体接触，および身体間の距離の近さによって経験される「当惑」は，社会的に共有されている身体規則，いわば，人々にとって「自然」な身体間の距離のとりかたや身体接触に関する規範が脅かされた結果，喚起されやすい[4]。排泄・入浴・着替えといった介助行為は，他者との「取るべき距離」を侵犯し，私たちの身体をめぐる規範に抵触する行いなのである。

　また，介助の最中に感じるに「ふさわしい」感情として一般的に想定されているのは，例えば，互いに対する「親密さ」であったり，仕事に対する「やりがい」であったりするだろう。しかし「当惑」感情は，こうした社会的に共有された「感情規則」（feeling rules），すなわち，「ある状況において感じるべきものとして共有されている感情」からの逸脱である[5]。介助の最中に欲情したり羞恥心をおぼえたりしてしまうことは，介助の現場に「ふさわしくない」。こうして，そのような「逸脱した感情」を持った自分自身に内的な制裁が向けられた結果，セクシュアリティが，介助に携わる者たちに「問題」として経験されるのである。

　こうした経験をどのようにすれば解消，あるいは回避できるか。一般的な答えは存在しない。いずれにせよここで重要なのは，介助を相互行為として，言い換えれば，ケアする者とされる者との間に生起する感情経験を，つねに関係性のなかでとらえるという観点を持つことである。　　　　　　（前田拓也）

▷2　もちろん，男性が女性介助者に，あるいは，男性介助者が介助する女性によって性暴力にさらされる可能性もある。

▷3　異性愛を「ふつう／ただしい」とする社会構造への批判を試みるのが「クィア・スタディーズ」である。その，基礎的な諸概念の整理については，森山至貴，2017，『LGBTを読みとく──クィア・スタディーズ入門』筑摩書房を参照。

▷4　岡原正幸，[1995] 2012，「コンフリクトへの自由──介助関係の模索」安積純子・岡原正幸・尾中文哉・立岩真也編『生の技法──家と施設を出て暮らす障害者の社会学』[第3版] 生活書院，pp. 191-231。

▷5　感情は社会的に構築されたものであり，制度そのものであるという視座を示した「感情社会学」の古典として，ホックシールド，A. R.，石川准・室伏亜希訳，2000，『管理される心──感情が商品になるとき』世界思想社。

参考文献

前田拓也，2009，『介助現場の社会学──身体障害者の自立生活と介助者のリアリティ』生活書院。

税制・所得保障におけるジェンダーバイアス
働く女性は損をするか？

1　日本の公的年金制度における「モデル世帯」

　将来どれくらいの年金をもらえるのか，不安を漠然と抱えている若者も少なくないだろう。公的年金制度は，福祉国家の代表的な所得保障の制度である。定年退職などで就労収入がなくなるといったリスクに対応し，高齢期の所得を保障するためのものである。日本では社会保険の仕組みで運営され，20歳からは毎月の保険料の拠出（支払い）が義務づけられ，現在は65歳になると年金を受け取れるようになる。公的年金制度は長期的な制度であるため，若い人たちが高齢になったときに制度がどのようになるのかは，社会の変化や年金財政も視野に，いくつかのパターンを想定した政策的な判断が求められる。日本では5年ごとに年金財政の現状や将来の見通しが検討されている（財政検証）。

　ところで，財政検証では，「モデル世帯」という仮想の年金受給世帯を設定し，将来の見通しを試算している。「モデル世帯」を構成するのは，平均的な賃金を得て第2号被保険者として厚生年金に40年間加入している夫と，20歳から60歳まで専業主婦で，第3号被保険者として国民年金（基礎年金）に加入している妻，である。「モデル世帯」は，「夫は家の外，妻は家庭」という性別役割分担を前提にした近代家族と見事に一致する。これは，日本の年金制度が近代家族をモデル（参照すべき標準的な型）としていることのあらわれといえる。

2　主婦は優遇されているのか

　さて，このモデル世帯の妻には，第3号被保険者という立場が与えられている。第3号被保険者とは，第2号被保険者（企業の正社員などで厚生年金に加入している者）に扶養されている20歳以上60歳未満の配偶者（年収130万円未満）を指す。その大多数は，専業主婦または兼業主婦（パートタイムで働くが収入は少なく夫に扶養される立場にある主婦）である。現在の年金制度では，第3号被保険者になると，保険料の支払い義務が免除され，第2号被保険者（夫）の加入する厚生年金が，第3号被保険者の保険料を負担する。第3号被保険者妻は，夫に扶養されることと引き換えに，保険料の自己負担を免除されつつ基礎年金の受給資格を得ることができるのである。

　女性が家の外で働くことがままならない時代に，「外」での稼ぎの有無によって年金を受け取れる資格の有無や支給水準が決まってしまうとしたら，年

▷1　公的年金制度の概要は，厚生労働省「公的年金制度の概要」を参照（https://www.mhlw.go.jp/stf/seisakunitsuite/bunya/nenkin/nenkin/zaisei01/index.html 2019/8/31）。

▷2　財政検証の結果は，厚生労働省ホームページに公開されている（https://www.mhlw.go.jp/stf/seisakunitsuite/bunya/nenkin/nenkin/zaisei-kensyo.html 2019/9/13）。

金制度を通じた所得保障の道は女性にとり非常に狭いものとなる。第3号被保険者という資格は，「家で夫を支えること」を妻の貢献として制度上評価したものともいえる。ただし，第3号被保険者の資格は，配偶者（夫）に経済的に依存することが前提で，しかも，配偶者（夫）に第2号被保険者の資格があってこそ与えられるものに過ぎない。夫が，離職や退職をして第2号被保険者としての資格を失えば，妻も第3号被保険者の資格を失う。

　現在は，晩婚化や未婚化が進み，女性の就業率も高まり，ある程度の就労収入を得ている女性たちも増えつつある。就労していなかったりパートタイム就労でわずかな収入しか得ていなかったりする女性でも，結婚していなければ保険料の自己負担は発生する。また，共働き夫婦で，妻が夫に扶養されない場合も，妻の保険料は免除されない。こうした社会のなかで，第3号被保険者という仕組みは，「夫に扶養される立場を維持する妻」を優遇し，女性間や家族形態間の不公正な取り扱いを生んでいるようにもみえる。[3]

❸ 働く女性や母子世帯に対する税制・所得保障の逆機能

　フェミニズムは，福祉国家が，性別分業や家父長制に依拠した近代家族を前提として組み立てられており，構造的に性差別を内包していると批判した。女は結婚し男に扶養されて子どもを産み育てるものだというイデオロギーを「家族倫理」と名付け，福祉国家はこうした「家族倫理」に従順な女を優遇する一方，それに従わない女を懲罰的に扱ってきたとの議論もある。[4]

　第2次世界大戦以降に構築された日本の社会保障制度や税制も，性別分業からなる近代家族を規範的な家族モデルとしてきた。規範的な家族モデルから逸脱する人々は，所得保障上の不利を経験したり，所得保障が十分に機能しない結果としての生活困難を経験したりしてきた。働く女性や母子世帯に対し，日本の税制・所得保障制度が適切に機能しないばかりか，むしろ「逆機能」していることを証明した研究まである。[5] その研究によれば，日本の税制や所得保障制度には，女性の就業を罰するようなジェンダーバイアスがあるという。また，日本の母子世帯の貧困率は，他の世帯と比べて非常に高いという特徴があるが，その貧困率は税・社会保障を通じた所得再分配の後の方が高くなる，すなわち，税・社会保障が母子世帯の貧困を深めているという。

　福祉国家は，つねに「家族倫理」に従わない人を罰してきたわけではない。諸外国を見渡せば，制度のジェンダーバイアスを是正し，ジェンダー平等を進めてきた国もある。日本も，2010年以降の社会保障制度改革では，「男性稼ぎ主」を前提とする生活保障モデルの転換が目指されつつある。[6] 家族や就業の形態が多様化する社会において，人々の生活を公正に保障するような税制や所得保障の仕組みを考えるためにも，ジェンダーバイアスという視点からの税制・所得保障制度改革の検証が不可欠である。

　　　　　　　　　　　　　　　　　　　　　　　　　　　（森川美絵）

▷3　税制においても，扶養されている配偶者（ほとんどは妻）がいる世帯に対し，税金を控除する仕組みがある（配偶者控除，配偶者特別控除）。

▷4　Abramovitz, Mimi, 1988, *Regulating the Lives of Women*, South End Press.

▷5　大沢真理，2018，「税・社会保障におけるジェンダーバイアス」『学術の動向』2018年5月。

▷6　『平成24年版厚生労働白書』は，2010年度以降の社会保障制度改革を丁寧に解説している。

参考文献

杉本貴代栄，2004，『福祉社会のジェンダー構造』勁草書房。

木本美喜子・大森真紀・室住眞麻子編，2010，『社会政策のなかのジェンダー（講座　現代の社会政策　第4巻）』明石書店。

大沢真理，2014，『生活保障のガバナンス──ジェンダーとお金の流れで読み解く』有斐閣。

9 社会サービスにおけるジェンダーバイアス
保護者はいつまで「お母さんたち」と言われ続けるか？

1　社会サービスの担い手側の前提

　公的な福祉は，低所得者に対して救貧的なサービスを提供するだけでなく，子育てや介護など，人々のライフステージごとのニーズに応じて，幅広い支援を提供している。人々が生活のなかでどのような課題に直面するか，どのような社会サービスを必要とするか，そして，社会サービスを提供する側が，そうした課題・困難を抱えた人々にどのようにサービスを提供するかということは，社会のなかで，また，社会サービスの実施体制のなかで，ジェンダーがどのように構造化されているかということと，密接な関係がある。▷1

　Aさん（男性）は，保育所の保護者会に出席したが，憤慨して帰ってきた。Aさんは配偶者に，次のような話をした。「保育士さんは，『お母さんたち』って話しかけるんだよね。俺のことが見えていないわけじゃないのに，最後まで『お母さんたち』って。俺は，ママの代理で保護者会に来たんじゃなくて，自分もさ，保護者としてしっかり関わろうと思って参加したわけ。なのにさ，『お父さん』のひと言もない。保護者を『お母さん』って呼ぶ癖がついているんだろうね。悪気はないんだろうけどさ，保護者のメイン・メンバーとして認められていないんだ，っていう気持ちにさせられたよ」。

　こうした状況は，保育の社会サービスのなかに，家庭で育児を担う主たるジェンダーに関する偏見があることによって生じている。「なにが普通の状態か」もしくは「なにがよい状態か，なにがなされるべきか」について，ジェンダーに応じた偏った見方があるとき，その偏見をジェンダーバイアスという。「イクメン」が持てはやされるのは，育児を女性役割とするジェンダーバイアスによって，男性の育児が「普通ではない」と思われるからこそである。

2　近代家族モデルから「外れる」ことの困難

　私たちの社会は，性別役割分担を基本にした近代家族をモデルにして，男性に「主たる稼ぎ手として家の外で仕事をする役割」を，女性に「主たる稼ぎ手である夫を助け，家庭内でケアをする役割」を割り当てることを，無自覚に行っていることがままある。

　日本の第2次世界大戦以降において社会保障の体系は，こうした性別役割分担や近代家族を規範的なモデルとして構築されてきた。▷2 このことは，人々がこ

▷1　ここでは，人々の社会生活の「よりよい状態」（well-being）を保障するための幅広い各種のサービスを「社会サービス」と呼ぶ。

▷2　これを社会保障制度におけるジェンダーバイアスという。

うした近代家族モデルから「外れる」状況に直面したときに，生活に対する社会的な保障を得にくくなり，生活困難に陥りやすくなることを意味する。その典型的な例が，ひとり親世帯である。

女性のひとり親の場合，子育てをしながら労働市場に（男性と）平等に参加することは困難であり，就労をしていても非正規の形態となり，生計を立てるだけの収入を確保することがきわめて困難な状況に直面する。そして，日本の現状では，そうした経済的困難に対して十分な生活保障の制度が機能しているとは言い難い。これに対して，男性のひとり親の場合，「一人前の男性」としての仕事を期待されつつ家庭内の育児・家事もしなくてはならないという困難に直面する。「父子世帯独自の困難」には，家事を担当するといったことのほかにも，次のようなことが指摘されている。すなわち，「『男らしさ』の規範があること」「子育てや家事が，女性の役割とされていること」「働き方が，『片働き』を基本にしていること」「社会福祉制度や教育制度が，父子世帯に適応していないこと」に起因する困難である。

③ 「逸脱する女性」へのまなざし

社会サービスを提供する法制度や社会福祉の専門機関さらに専門職・支援者自身のなかにも，男性，女性の「望ましいありかた」に関するジェンダーバイアスが潜んでいる。制度そのものが，性別役割分担を基本にした近代家族モデルから「逸脱」した者を，「望ましからぬ存在」として懲罰的に取り扱うこともある。

その例が，「婚姻関係に入らず男性に有償で性を売る」女性への対応である。彼女たちは，「婚姻関係の中で，夫に無償で性を提供する妻」とは相反する存在として，倫理的・道徳的な非難の対象とされやすい。売買春に関わる日本の社会福祉法制に，売春防止法（1956年制定）がある。法の目的は，売春が，「売春を助長する行為等を処罰するとともに，性行又は環境に照して売春を行うおそれのある女子に対する補導処分及び保護更生の措置を講ずることによつて，売春の防止を図ること」（第1条）である。法では，売春目的で相手を勧誘することや，売春を斡旋・助長する行為を刑事処分の対象としているが，「買うこと」は処分の対象外である。売春は買う側が存在してこそ成立するのだが，法は，男性が女性を買うことを許容し，「婚姻関係に入らず男性に有償で性を売る」女性に「転落した者」「処罰・更生すべき者」というまなざしで関わるという，「無償で夫に身を捧げる妻」を基準とするジェンダーバイアスが潜んでいる。

人々の生活の困難は，社会に潜むジェンダーバイアスと密接に結びついていることが少なくなく，困難を抱えた人々に向き合う支援自体にもジェンダーバイアスが潜んでいる可能性がある。こうしたことに，私たちはもっと敏感であってよいだろう。

(森川美絵)

▷3 Ⅵ-8 参照。

▷4 杉本貴代栄，2004，「父子世帯が抱えるジェンダー問題」『福祉社会のジェンダー構造』勁草書房，pp. 93-104。

参考文献

杉本貴代栄，2000，『ジェンダーエシックスと社会福祉』ミネルヴァ書房。
坂爪真吾，2018，『「身体を売る彼女たち」の事情——自立と依存の性風俗』筑摩書房。
SWASH 編，2018，『セックスワーク・スタディーズ——当事者視点で考える性と労働』日本評論社。

ジェンダー平等
女性優遇は逆差別か？

1　女性専用車両は男性差別？

　女性差別に言及すると，「現代日本には女性差別などもはやなく，むしろ逆差別が存在するのではないか」という声があがることがある。そうした主張をする人がしばしばその根拠にあげるのは，女性専用車両や映画館の「レディース・デイ」（女性を対象とした割引制度）等である。たしかに，女性に限定した車両や割引は一見すると女性を優遇しているように思えるかもしれない。しかし，何故このような制度が生まれたのかという社会的背景に目を向けるとき，それは単純な女性優遇策，男性差別の制度ではないことが理解されるだろう。

　ここでは女性専用車両を例に考えてみよう。女性専用車両が導入された背景には，止まない痴漢という性暴力の存在がある。もちろん，性暴力それ自体は男性から女性に対して行使されるものにかぎらないが，一般に被害者の多くは女性であり，加害者の多くは男性である。そうしたジェンダー不均衡な事実を反映し，性暴力犯罪の防止・抑止策として女性に限定した車両が導入されたのである。こうした背景を理解すると，これが女性を「優遇」するものではないことがわかるだろう。女性専用車両は，差別を是正するための補償措置の1つなのである。

　以上より，ジェンダー不平等な社会においては，男女の取り扱いをまったく等しくすることがジェンダー平等の追求につながるわけではないことが理解されよう。

2　日本におけるジェンダー平等の現実

　世界経済フォーラムは毎年，各国の男女格差を測るジェンダー・ギャップ指数（Gender Gap Index：GGI）に基づくランキングを公開している。2019年の日本の順位は153ヶ国中121位と過去最低を記録した。なかでも，日本の場合，突出して低いのが政治参画と経済参画の領域で，それぞれ144位，115位である。政治参画においては，国会議員や閣僚に占める女性の割合の低さや女性首相の不在などを，経済参画においては，勤労所得の男女間格差が大きいことや管理職や専門職に占める女性割合の低さなどを反映して，低い順位に留まっているといえる。順にみてみよう。政治参画では，国会議員の男女比が135位，女性閣僚の比率が139位と低くなっている。2019年は，世界的に政治分野への女性

▷1　性暴力については，Ⅵ-6 参照。

▷2　実はこのような補償措置は私たちの社会に多く存在する。女性専用車両と同様，今日多くの電車は「優先席」を設けているし，車いすの乗客がいれば電車の乗降の際に手助けをすることは障害者の移動の権利を保障するものとして正当化されている。これを，障害者を「優遇」する逆差別だと非難する者は多くないだろう。

▷3　GGIは，経済参画，政治参画，教育，健康の4分野の14項目で，男女平等の度合いを測定しようとするもので，男女平等を1，完全不平等を0とした場合の数値としてスコアが示される。

の参画が進み，全体としてジェンダー・ギャップが改善したといわれ，例えば下院議員（日本の衆議院に相当）に占める女性割合の平均は25.2％となった。しかし，2019年12月時点で日本の衆議院465議席に占める女性割合は10.11％（47人）と相当低いままである。

　次に経済参画をめぐって。生産年齢人口の就業率をみてみると，男性は82.9％であるのに対し，女性は67.4％と低く，雇用形態も不安定であることが多い。また，一般男性労働者の賃金を100としたとき一般女性労働者の賃金は73.3と約30ポイント低くなっている（「賃金構造基本統計調査」厚生労働省2018）。このように，女性は働いていたとしても，その労働は不安定で低賃金なものになりやすいといえよう。それでも，標準家族モデルが支配的な社会においては，女性の労働は家計補助のためのものに過ぎないとみなされ，その不安定さも賃金の低さもほとんど社会問題化されてこなかったといえよう。

▷4　全男性労働者のうち非正規雇用者の割合は22.2％であるのに対し，女性の場合は56.1％と半数以上が非正規雇用である（「労働力調査」総務省2018）

③　では，ジェンダー平等って？

　女性の解放を志向するフェミニストたちは，男性との「平等」と「差異」のどちらに照準するかをめぐる緊張・ジレンマと向き合ってきた。「平等派」は，女性も男性と同等に働いたり政治参加したりすることを求めてきたが，これに対しては，家庭内の家事・ケアを軽視しているという批判がある。対照的に「差異派」は，従来男性が中心に従事してきた労働や政治とは異なる，従来女性が中心に従事してきたケアなどの価値の再評価を志向してきたが，これに対しては，家事やケアを女性の労働として本質化し，性別分業を維持・再生産してしまうという批判がある。こうしてさまざまな議論が蓄積されてきたが，両者は必ずしも二律背反であるわけではないし，またこの2つの視座だけが唯一の視座であるわけでもない。

　例えばナンシー・フレイザーは，女性も男性と同様「稼ぎ手」になることを求めるリベラルな「総稼ぎ手モデル」（Universal Breadwinner model）と，女性が家庭内で担ってきた家事やケアを，賃労働と対等に評価しようとする「ケア提供者対等モデル」（Caregiver Parity model）とを比較検討したうえで，その両者よりも望ましいモデルとして「総ケア提供者モデル」（Universal Caregiver model）を提案している。これは，「総稼ぎ手モデル」のように，女性が男性のパターンやグラマーに合わせるのではなく，また「ケア提供者対等モデル」のように，本質主義の問題に陥るのでもなく，男性が女性のパターンやグラマーに合わせてケアを担うようになることを志向するモデルである。

▷5　18世紀末にイギリスで出版された「フェミニズムの古典」ともいえる『女性の権利の擁護』において，著者のメアリ・ウルストンクラフトがすでにこのジレンマに言及していたことから，「ウルストンクラフトのジレンマ」と呼ばれる。

　ジェンダー平等度がきわめて低い日本においては，こうしたフェミニストたちの諸提案を踏まえつつ，ジェンダー平等の推進に向けた途を探ることが喫緊の課題であろう。

（堅田香緒里）

【参考文献】

フレイザー，N.，仲正昌樹監訳，2003，『中断された正義──「ポスト社会主義的」条件をめぐる批判的省察』御茶の水書房。
内閣府『男女共同参画白書令和元年版』。

コミュニティとはなにか
なぜ関心が高まっているのか？

▶1　脱地域的な性格を強めていくコミュニティとして，ネットコミュニティなどの例がある。また，交通や通信手段の発達によって，物理的な距離が遠くとも個々人のパーソナルネットワークに基づいた親密な関係が成立しているとして，空間的共有を要件とすることに疑問を呈する立場もある。さらに，ゲーテッドコミュニティ（社会階層の高い人々が集住するコミュニティが，他の階層の人々と空間的に分離すること）といったコミュニティの空間的な意味の問い直しを求めるような事態も出現している。バウマン，Z.，奥井智之訳，2008，『コミュニティ——安全と自由の戦場』筑摩書房；ウェルマン，B.，レイトン，B.，野沢慎司訳，1979，「ネットワーク，近隣，コミュニティ」森岡清志編『都市社会学セレクション第2巻 都市空間と都市コミュニティ』日本評論社。

▶2　ソローキン，P. A.・ツィンマーマン，C. C.，京野正樹訳，1977，『都市と農村——その人口交流』巌南堂書店。

▶3　ワース，L.，1965，「生活様式としてのアーバニズム」鈴木廣訳編『都市化の社会学』誠信書房。

1　コミュニティへの関心

　コミュニティとしてとらえられる対象は多様であり，その全体像を示すことはなかなか難しい。コミュニティという概念が，社会学をはじめ，社会福祉学，政治学などの多様な研究領域で用いられていることに加え，地域住民によるまちづくり活動や，地域福祉活動といった実践の場でもさまざまな立場から使われているためである。とはいえ，コミュニティを地理的，空間的な範囲としての地域性と，帰属意識などに認められる共同性の両面からとらえることは研究者間で共有されている。つまり，一定の地理的範囲のなかで，そこへの帰属を意識している人々によって共同生活が営まれている状態がコミュニティであると，ひとまず考えることができる。日本では，地域，地区といった用語が使用される場合もあり，コミュニティとの使い分けは曖昧であるが，強いて区別すれば，地域，地区が居住にともなう地理的範囲を示す場合が多いのに対して，コミュニティでは帰属意識が重視されている[1]。

2　コミュニティの維持と解体

　人々の定住性が高い農山村と，流動性が高い都市とでは，コミュニティ形成のための条件は異なる。20世紀初頭のアメリカ合衆国を研究対象としたソローキンとツィンマーマンは，人々の生活時間や生活空間，職業構成などが異なる都市と農村とでは，都市の方が共同性を支える条件が脆弱であるととらえた[2]。シカゴ学派のワースは，コミュニティ解体論を主張し，都市は住民の異質性が高いため，親族関係や近隣関係といった第一次的関係が弱体化し，社会解体が起こるとした[3]。一方，アクセルロッドは，都市にあっても第一次的な関係は存在しており，コミュニティは維持されると指摘した[4]。このようなコミュニティの解体，維持をめぐる議論はその後も続けられている。

3　日本におけるコミュニティ

　日本では高度経済成長期に地方から大都市圏に急激な労働者人口の地域移動が起こり，地方では過疎化が，大都市圏では過密化が進行した。大都市圏では社会基盤の整備が追いつかず生活環境が悪化し，住民運動が各地で起こった。そうしたなかで，多くの社会学者も参画してまとめられた国民生活審議会調査

部会コミュニティ問題小委員会報告書『コミュニティ——生活の場における人間性の回復』(1969年) は，従来の地域社会のありかたを批判し，新しいコミュニティの形成をうながし，生活環境改善などの主体となることを期待した。奥田道大によるコミュニティモデルに関する研究，鈴木廣のコミュニティ意識研究[5]などはこうした状況のなかで展開された。1980年代になると住民運動は低調となり，コミュニティ論が新たな展開を見せるなかで，階級や階層，宗教や民族などの違いに基づく集住によって形成されるのではなく，ある地域に居住する多数の世帯をいわば自動的に組織してきた町内会・自治会を再評価する動きもでてくる。

　日本の社会学研究における独自の研究領域ともいえる町内会・自治会研究[7]は，それらを包括的な地域組織としてとらえ，地域管理のさまざまな機能の検討を通じて，地域自治の姿を解明しようとするものでもあった。その後の，地方分権の拡大，地方自治体の財政問題，市町村合併，大規模災害の多発などといった状況のなかで，コミュニティと呼ぶにせよ，町内会・自治会と呼ぶにせよ，住民にとって身近な範域での活動の意味が問い直されることになる。さらに，NPOなどの課題解決型組織との協働も求められるようになる。

　日本全体の人口減少が進んで現実問題としてコミュニティの維持が難しくなるなかで，どのように対処すべきかが問われており，コミュニティをめぐる議論は広がりつつある。

④　コミュニティへの期待と限界

　地域課題解決をコミュニティに期待する動きは地域福祉活動の領域で顕著である。政策的に推進されている **地域包括ケアシステム**[8]では，福祉サービス提供体制の効率化を図るために，さまざまなサービスを統合し，総合的な提供が目指されているが，福祉課題は多様であり，制度的なサービスですべてには対応できないとして，コミュニティでの相互支援活動による福祉課題解決が期待されている。

　しかし，コミュニティが福祉課題解決機能を持つという前提は，人口減少や少子高齢化といった人口構造の変化や地域住民の脱地域的な生活構造の拡大もあって揺らいでいる。地域住民は多少無理をしても，自分たちの地域のためにできることがあればと，見守り活動や居場所づくりなどの地域福祉活動に取り組んでいる。コミュニティでの相互支援は望ましいという地域福祉政策からの期待と，それに応えたいという地域貢献意識が共振すれば，地域福祉活動に参加している人々は，たとえ負担を感じたとしても，これ以上活動は続けられないと言い出しにくくなるかもしれない。コミュニティに単純に課題解決機能を期待する動きに対しては，正確な現状分析に基づき，コミュニティに内在する拘束性などもすくい上げていくような視点も忘れてはならない。　　(高野和良)

▷4　アクセルロッド，M.，1965，「都市構造と集団参加」鈴木廣訳編『都市化の社会学』誠信書房

▷5　奥田道大，1983，『都市コミュニティの理論』東京大学出版会。住民の行動体系の主体化・客体化軸と，意識体系の普遍化・特殊化軸を交差させ，地域社会の4類型を設定した。村落での集落，都市の旧町内などの「地域共同体モデル」，大都市近郊農村のように混住化する解体地域である「伝統的アノミーモデル」，大規模団地などの「個我モデル」から，主体的な行動体系と普遍的価値意識に支えられた「コミュニティ」モデルへの移行が理念型的に描かれる。

▷6　鈴木廣編著，1978，『コミュニティ・モラールと社会移動の研究』アカデミア出版会。

▷7　鳥越皓之，1994，『地域自治会の研究』ミネルヴァ書房。

▷8　**地域包括ケアシステム**
「ニーズに応じた住宅が提供されることを基本とした上で，生活上の安全・安心・健康を確保するために，医療や介護のみならず福祉サービスを含めた様々な生活支援サービスが日常生活の場 (日常生活圏域) で適切に提供できるような地域での体制」(地域包括ケア研究会) として導入され，単なる介護問題ではなく，医療や生活支援，住居などを含めた総合的な生活支援体制整備である。

2 都市におけるくらしと福祉
都会に出てくるとなぜお金がかかるのか？

1 都市的生活様式

　都市に特徴的な生活様式の解明は，つねに都市社会学の主題であり続けてきた。日本で都市的生活様式を体系化しようとした試みとしてしばしば引用されるのは，倉沢進の理論である。倉沢によると，都市的生活様式の特徴は以下の2点によって説明される。まず，都市は村落に比べ，個人や家族における自給自足性が低い。衣服を例にとれば，村落の住民が自ら織ってしていたのに対し，都市では市場で購入する者が大半であろう。第2の特徴は，個人や家族で対処しきれない問題を処理する方法に現れる。村落では住民による相互扶助的な問題処理が行われるのに対し，都市では専門家や専門機関に金銭を支払い，サービスや物財を購入する。例えば村落では（「井戸端会議」という言葉が示すように），住民たちが共同で井戸を管理することが少なくなかったが，上水道が整備された都市では，各自が水道料金を支払って飲み水などを確保する。また，村落では薪を確保するために住民が共同で山を管理していたが，都市では各自が市場を介して灯油などの燃料を確保することが一般的であろう。

2 資源配分の4形態

　倉沢の都市的生活様式の理論に関する理解をさらに深めるうえで，有効だと思われる枠組みが同じく都市社会学者の町村敬志によって提示されている。それによると，生活に必要な資源の供給は，①自助（個人や家族の内部における自給自足），②相互扶助（地縁や血縁で結ばれた互酬的な関係），③市場交換（貨幣を媒介とする等価交換），④再分配（国や地方自治体によるサービス等の提供）に類型化される。先の生活様式との関連でいえば，①自助では対応できない問題を解決する際，村落的生活様式では②相互扶助が，都市的生活様式では③市場交換と④再分配が主要な手段になる。

　現代都市で生活を送るには，これらの方法を組み合わせて必要な社会資源を確保することが求められるが，そのなかで最も重要な位置を占めるのは③市場交換であろう。今日，食料品からスマートフォンに至るまで生活必需品と呼ばれる物の大半が，市場を介して提供されるからである。私たちは市場経済の拡大にともない，自助や相互扶助では得られないような高度なサービスや物財を手にすることができるようになり，計り知れない恩恵を受けるようになった。

▷1　倉沢進，1977，「都市的生活様式論序説」磯村英一編『現代都市の社会学』鹿島出版会，pp. 19-29。

▷2　もっとも，今日，個人や世帯で対処できない問題の解決を専門家に委ねる生活様式は，都市に特有のものというわけではない。市場経済の拡大にともない，都市的生活様式は程度の差こそあれ，日本のおよそすべての地域で広く認められるようになった。

▷3　町村敬志，1986，「都市生活の制度的基盤——資源配分の社会過程」吉原直樹・岩崎信彦編『都市論のフロンティア——〈新都市社会学〉の挑戦』有斐閣，pp. 99-132。

身分や地位，相手との関係性にかかわらず，貨幣さえあれば誰もが自由に商品を購入できることも，市場交換の優れた点である。

しかし，市場交換にも自ずと限界がある。例えば，市場にアクセスする環境やサービスや物財を選択する能力が乏しい人は，市場を通じて適切な生活要求を充足することが難しい。また，個々の経済状況によって市場で得られるものに格差が生じ，それが次の世代で再生産されていくことも社会問題として認識され始めている。

こうした市場による分配の歪みを是正するため，福祉国家の成熟にともなって整備されてきたのが，再分配を目的とするさまざまな制度である。しかし，これらの制度を利用できるのは，原則としてそれぞれの制度が定める資格要件に該当し，かつ，申請の意思表示をした者に限られる点に留意する必要がある。

❸　都市における生活困窮

すでにみてきたように，都市的生活様式の眼目は，専門機関に金銭を支払うことで問題の解決を試みるところにあるため，金銭の不足は生活困難に直面する危険性を一気に高めることになる。自由に使える金銭が不足すると，当然のことながら，市場でサービスなどを購入して生活要求を充足することが難しくなる。食料を例に挙げると，今でも農村では自分が食べる分の一部を自給自足的に確保している人々が少なくないのに対し，都市は自給自足性が低いため，金銭が不足した人々は明日の食べ物にも事欠くようになるだろう。

再分配についても，国や地方自治体によって提供される具体的なサービスなどをみると，金銭的な負担をともなうものが少なくないことがわかる。失業や老齢など生活困窮のリスクに対応すべく各種社会保険制度が整備されてきたが，事前に保険料を支払っていない者は原則として制度の対象にならない。若いころは生活が苦しく保険料を支払っていなかったため，老齢年金を受け取ることができない者がそうである。また，低所得世帯が優先的に入居できる公営住宅も応能負担を原則としており，賃料を長期間滞納し続ければ退去を迫られることもある。"最後のセーフティネット"といわれる公的扶助（生活保護）も資格要件が定められており，これを満たさなければ給付を受けることはできない。

このように市場交換および再分配によって資源を十分に獲得できないとき，当人の生活基盤はきわめて不安定になる。「自己責任」の圧力が強まるなか，自給自足性が低い都市のなかで個人の努力や家族の助け合いのみに依拠して生活することを余儀なくされるからである。都市で顕著になっている孤独死や介護苦殺人，無理心中などは特殊な例のように見えるが，市場交換や再分配を介しても十分に生活保障を構築できず，誰にも頼ることなく地域で孤独した生活を送った後，自助が限界に達したところで生じている場合が少なくないのである。

（川村岳人）

3 都市における近隣関係
井戸端会議はまだあるか？

1 都市社会学における研究の蓄積

▷1　ワース，L.，高橋勇悦訳，1965，「生活様式としてのアーバニズム」鈴木広編『都市化の社会学』誠信書房。

　L. ワースによって1938年に発表された「生活様式としてのアーバニズム」[1]は，最も多く言及される都市社会学の論文の1つである。ワースのアーバニズム論では，都市住民が取り結ぶ人間関係は二次的接触（表面的で一時的なつきあい）が中心となるため，家族の社会的意義が減少したり，近隣社会が消滅したりするなど，社会的連帯の伝統的基礎が揺らぐと考えられている。この論文は，都市住民に特徴的な生活様式の解明を主題に設定した点もさることながら，経験的に検証可能なモデルを提示したという点でも，後の都市研究に多大な影響を与えることになった。

　しかし，その後の経験的な研究が明らかにしたのは，都市化にともなって人間関係の希薄化が全面的に進行しているわけではないということであった。W. F. ホワイトなどのすぐれた研究[2]により，都市においても人々は親密な人間関係を形成し，強固なコミュニティ意識を持っているという実態が明らかになったのである。

▷2　ホワイト，W. F.，奥田道大・有里典三訳，2000，『ストリート・コーナー・ソサイエティ』有斐閣。

2 わが国における都市化の進行と近隣関係

　わが国における戦後最大の社会変動は，高度経済成長期に生じた農村から都市への人口の大移動であるが，この時期に農村から都市に移った人々は，農村で維持していたような閉鎖的なコミュニティを放棄して開放的な人間関係を形成したわけではなかった。彼らは都市のなかで「カイシャ」や「家族」というコミュニティを築き，その内部で親密な人間関係を形成していったのである。[3]

　一方，地域社会における近所づきあいは，少なくとも家族や職場での人間関係ほど強固なものとはならなかった。近隣関係において互いのプライバシーを尊重しようとする心理的な傾向が，当時，都市に移り住んだ人々の住まいとして大量に建設された集合住宅団地が高倍率だったことにも現れている。[4]

▷3　広井良典，2009，『コミュニティを問いなおす――つながり・都市・日本社会の未来』筑摩書房。

▷4　シリンダー錠や自宅用浴室を備え，ひとたび部屋に入れば近隣関係の「煩わしさ」とは無縁の生活を送ることができる集合住宅団地は，当時，都市的なライフスタイルの象徴であり，多くの人々のあこがれであった。

　もっとも，近年の都市研究により，一部の都市住民が地域に根ざして人間関係を形成してきたことも明らかになっている。例えば，自営業者や高齢者は地域に密着した暮らしを送っているため，その人間関係は主に近隣で形成されやすく，また，子育て世代の女性は子どもを通じた活動を通して近隣関係を築きやすいとされる。自治会・町内会といった地縁組織が，前近代的であるとの批判や加入率の低下に直面しつつ，今日まで多くの地域で存続してきたことも，

現代都市で近隣関係が完全に失われたわけではないことを示している。しかし，近隣関係を形成していたのは，多様な都市住民のうち，自営業者や高齢者，専業主婦などあくまで特定の層の人たちに限られていた点に留意する必要がある。

③　都市における近隣関係の今日的意義

　今日，近隣関係を結ぶことの意義は低下しているようにも見える。就学や就職，結婚などを機に居住地を変える人は少なくないが，移住先に定住する意思がなければ，そこで近隣関係を形成する動機は生まれにくい。また，交通機関の発達により移動範囲が飛躍的に拡大したため，もはや誰もが地域に根ざして生活しているわけではない。都市住民の多くは居住する地域を離れたところで，職場や趣味のサークルなどの集団に所属し，そこで人間関係を形成している。

　しかし近年，地域コミュニティや近隣関係への期待は，かつてないほど高まっている。「コミュニティ・インフレーション[5]」とさえ呼ばれるこうした事態は，さまざまな要因が複雑に絡まり合って生じているが，ここでは重要と思われる要因をいくつか挙げておきたい。

　まず，地域コミュニティへの関心の高まりの背景として，家族や職場の弱体化を挙げることができる。すでにみたように，戦後，都市に移住した人々は「家族」や「カイシャ」という強固な中間集団を形成していった。しかし，今，前者は生涯未婚率や離婚率の上昇，単身世帯化によって，後者は非正規雇用の拡大など雇用の不安定化によって大きく揺らいでいる。こうした状況のなかで，ほかならぬ誰かとして承認される「帰属の場」として地域コミュニティを再生しようとする動きが出てきたのである。

　もっとも，近年の地域コミュニティへの関心の高まりの特徴は，「帰属の場」というより，「協働の場」として再評価されつつあることである。公的な制度による生活保障が後退し，地域社会で虐待やDV，孤独死などさまざまな問題が生じているなか，個人に強く「自己責任」を求める風潮に疑問を感じる人々が増えている。このような人々がPTAや自治会などで培った人脈も駆使して一定の地理的範囲のなかで連帯し，問題解決に向けて協働している。こうした動きは，近隣住民たちによる自発的な取り組みである「コミュニティカフェ」や「こども食堂」などの現象として現れている。

　また，とりわけ2011年（平成23）の東日本大震災以降，防災や減災の観点からも近隣関係への関心が高まっている点にも留意する必要がある。日本列島の各地で地震や津波，洪水，大雪などの災害が頻発しているなか，行政や交通機関が機能しなくなるほどの大規模な災害に見舞われれば，頼りになるのは近隣の人であるという認識が多くの人々に共有されつつある。防災や減災に由来する近隣関係への期待も，共通の生活課題に立ち向かう「協働の場」としての地域社会を希求する流れに連なっている。　　　　　　　　（川村岳人）

▶5　吉原直樹，2013，「ポスト3.11の地層からいまコミュニティを問うことの意味」伊豫谷登士翁・齋藤純一・吉原直樹『コミュニティを再考する』平凡社。

農山村の過疎化

過疎地域の高齢者はなぜ暮らしていけるのか？

 過疎化の背景

　過疎地域は，過疎地域自立促進特別措置法（第1条）で「人口の著しい減少¹に伴って地域社会における活力が低下し，生産機能及び生活環境の整備等が他の地域に比較して低位にある地域」と規定されている。同法では高度経済成長期からの人口減少率や高齢化率などの人口要件と，財政力指数などに基づく財政力要件との組み合わせで過疎地域が定義されている。だが，過疎とは単に人口が少ない状態ではなく，短期間で起こった人口減少に地域社会が対応できず，さまざまな問題が発生している状態を意味していることに注意すべきである。つまり，時間軸の視点からとらえる必要があり，人口流出による生活の急激な変化とそれへの対応の遅れこそが過疎問題の本質である。また，単に地方だけの問題としてとらえると過疎が起こった背景が見えにくくなる。それは，全体社会の構造変動との関係である。日本では，高度経済成長期に産業構造が農業中心から工業へと急激に変化した結果，農山村から大都市圏へ労働力移動が起こり，過疎化が進行したのである。地方が全体社会の変化に翻弄されてきたことを忘れてはならない。

2　過疎地域の現状と過疎対策への評価

　ここで，過疎地域の現状を確認しておこう。過疎地域自立促進特別措置法によって過疎地域に指定されている自治体数は全国で817市町村（279市410町128村）で，市町村総数に占める割合は47.5％である（2020年4月1日時点）。また，過疎地域の人口は1088万人で，総人口（1億2709万人）に占める割合は1割（8.6％）にも満たない。一方で，日本の総面積に占める過疎地域の面積の割合は6割（59.7％）に近い。このことから，**中山間地域**とも呼ばれる山間地や林野地といった居住条件が厳しい地域が過疎地域の大半を占めていることがわかる。

　過疎対策は，過疎法に基づき，施設建設による生活環境の整備や，道路整備などの交通環境の改善などを中心として行われてきた。過去数十年にわたる事業展開によって，たしかに過疎地域の生活環境は改善されてきたが，これまでの対策では人口減少に歯止めをかけるには至っていない。

　もちろん，人口増加を目標に掲げることを否定するものではないが，過疎対策として重要なことは，人口減少を前提としたうえで，そこで暮らす人々に必

▷1　政策的な過疎対策は，1970年から4次にわたって議員立法として制定されてきた法律（過疎地域対策緊急措置法，過疎地域振興特別措置法，過疎地域活性化特別措置法，過疎地域自立促進特別措置法）に基づいて実施されている。

▷2　例えば，炭鉱の閉山をきっかけとして，青壮年層が仕事を求めて一気に流出した旧産炭地域では，仕事を見つけることが難しい比較的高齢の人々は移動できず残らざるを得なかった。そうした自治体では，高齢化率が急激に上昇し，数万人規模の人口が維持されていたとしても過疎地域の指定を受けることになる。このような過疎化は，地方が問題を抱えていたために起こったのではなく，石炭から石油へのエネルギー構造の変化という全体社会の変動の結果としてもたらされたともいえる。

▷3　2015年国勢調査

▷4　**中山間地域**
農林水産省の農林統計で使用される地域区分のうち中間農業地域（林野率50〜80％，耕地に傾斜地が多い市町村）と山間農業地域（林野率が80％以上，耕地率10％未満の市町村）をあわせた地域である。

要な支援を考えることである。近年再び過疎地域の人口減少率が上昇しつつあるが，過疎地域の人々は実際にどのように暮らしているのか，日々なにを思い，将来をどのように考えているのか，こうした基本的なことをまず確認したうえで対策を考えるべきである。そのためには，法的な規定だけではなく，社会学的に過疎をとらえる必要がある。つまり，人々の意識の状況に注目し，過疎を単なる人口減少や財政力の問題とみなすだけではこぼれ落ちてしまう問題をすくい上げることが，社会学的な分析として求められている。

③　過疎高齢者の生活構造分析

　そうした観点から，現在の過疎地域の高齢者の生活構造を見ると，過疎地域での生活継続を支えている要因が理解できる。まず，農業という継続性の高い活動を維持していることである。農業といっても，収入を得るためや販売を目的としているわけではなく，自家用の野菜を育てる程度ではある。しかし，農作業は，高齢になっても身体機能に応じて作業内容を変えながら続けていける。「働くことが幸せ」といった感覚を支える具体的な手段を持っていることは，生きがい感の維持という観点からも，都市高齢者と比較して過疎高齢者の有利な点である。また，世帯でみれば１人暮らしであるが，自動車で数十分の場所に暮らす家族（別居子）が生活を支えている場合もある。さらに，過疎高齢者は，青年団，消防団，婦人会，老人会といった地域組織，頼母子講や祭といった地域集団に継続的に参加してきた。いわば集まることに慣れている人々であり，世帯が小規模化しても社会参加活動を軸として生活を続けている。

　このように，空間的に孤立はしていてもさまざまな関係性に支えられて孤独ではないということ，より正確にいえば，孤独に陥りにくい生活構造を過疎地域の高齢者は維持している可能性がある。

④　過疎地域と都市地域の関係性

　日本全体で人口減少と高齢化が進行するなかで，過疎地域の経験から学ぶことは少なくない。地方で暮らすことに魅力を感じ，実際に移住する青壮年層もたしかに現れている。しかし，都市地域で暮らす多くの人々にとって過疎地域での生活の具体的な姿は摑みにくい。そのため，**限界集落**という言葉を耳にすると，過疎地域では，高齢化が進み，先の見えない集落が広がっていると受け取る都市地域の人は少なくない。また，そもそも過疎地域がどうなろうと自分たちとは関係ないとして，過疎地域の問題を切り捨ててしまいがちでもある。過疎地域は，都市地域の人々にとって地理的に遠いことに加え，意識のうえでも切り捨てられてしまっている。弱くなった過疎地域と都市地域との関係をどのように再生できるのか，関係性の問題として過疎問題をとらえなおす必要もある。
　　　　　　　　　　　　　　　　　　　　　　　　　　　（高野和良）

▶5　限界集落
「65歳以上の高齢者が集落人口の50％を超え，独居老人世帯が増加し集落の共同生活機能が低下し，社会的共同生活の維持が困難な状態にある集落」であり，存続集落，限界集落，消滅集落という推移の一段階を示す概念である。大野晃，2005，『山村環境社会学序説──現代山村の限界集落化と流域共同管理』農山村漁村文化協会。

（参考文献）
総務省地域力創造グループ過疎対策室，2021，「過疎対策の現況」（http://www.soumu.go.jp/main_content/000743329.pdf 2021／7／27）。

まちづくりと福祉コミュニティ
障害者に優しいまちをどうつくるのか？

① 障害者に優しいまちとは

「障害者に優しいまち」とは，施設や建築物を整備したり，地域社会でサポートをしたりすることによって，障害者も円滑に日常生活の営みや社会参加ができるまちである。そのようなまちの実現を目指した取り組みは「優しいまちづくり」や「福祉のまちづくり」と呼ばれている。

しかし，この言葉には障害を持つ当事者から批判的な声も多い。日本のバリアフリー研究の第一人者である福島智は「『障害者に優しいまちに』と叫ぶことは，現在のまちが『優しくない』，すなわち『冷淡』で『残酷』なことを示しているのだともいえる。『優しいまち』ではなく，『当たり前のまち』，つまり障害者を含めて『みんなにとって暮らしやすいまち』をめざしたい」と提言している。

これは，「ユニバーサルデザイン」や「ノーマライゼーション」に通じる。「バリアフリー」が，高齢者や障害者などのために物理的な障壁を除去することであるのに対し，「ユニバーサルデザイン」は，特別なデザインやあとから改修などを行うのではなく，最初からすべての人が使いやすいようなものをつくることを意図している。また，「ノーマライゼーション」とは，障害を持つ人も持たない人も同じように普通の生活を送ることができる社会を実現させる考え方である。アメリカやヨーロッパでは，1950年代から，障害者の権利獲得運動として，これらの運動が行われてきた。

② 「福祉のまちづくり」のはじまり

日本で「福祉のまちづくり」という言葉が使われ出したのは1970年代である。1971年に，仙台市で障害者団体らが「福祉のまちづくり市民の集い」を発足し，車いす使用者らがまちの点検活動を行い，行政に改善を求めた。1973年には仙台市で「車いす市民全国集会」が行われ，このころから全国的な運動として障害当事者らが参加する福祉のまちづくりが展開していったといわれている。当時は，国や多くの自治体で道路や鉄道の整備・住宅地開発などの都市計画事業が行政主導で進められていたが，経済成長の効率性を重視した結果，公害の発生や生活環境の悪化が社会問題となり，住民運動が活発化した時期でもあった。障害を持つ当事者によるまちづくり活動は，このような社会状況が背景にあった。

▶1　福島智，1999，「『優しいまちづくり』ってなんだろう？」『ノーマライゼーション――障害者の福祉』19 (215)（http://www.dinf.ne.jp/doc/japanese/prdl/jsrd/norma/n215/n215_02-02.html#D02-02）。

▶2　ユニバーサルデザイン
ノースカロライナ州立大学教授で建築士でもあったロン・メイスが提唱した概念。以下の7つの原則から成る。①公平な利用，②利用における柔軟性，③単純で直観的な利用，④認知できる情報，⑤失敗に対する寛大さ，⑥少ない身体的な努力，⑦接近や利用のためのサイズと空間。詳細は，ノースカロライナ州立大学ユニバーサルデザインセンターのホームページを参照（https://www.ncsu.edu/ncsu/design/cud/index.htm）。

▶3　ノーマライゼーション
デンマークの行政官であったバンク・ミケルセンが提唱した概念。知的障害児者が普通の生活を送ることができるようにするための活動から始まった。

その後，厚生省（当時）は「身体障害者福祉モデル事業」(1973年)，「障害者福祉都市事業」(1979年)，「障害者の住みよいまちづくり推進事業」(1986年)，「住みよい福祉のまちづくり事業」(1990年)，「高齢者や障害者に優しいまちづくり推進事業」(1994年) など，一連の事業を展開していく。

一方，建設省（当時）は，1973年に道路の段差切り下げ基準を作成し，1983年には公共交通ターミナルにおける身体障害者用施設整備ガイドラインを策定した。また厚生省の事業と関連して「ハートビル法」[4](1994年)，「交通バリアフリー法」[5](2000年) が制定された。

自治体レベルでは，町田市が1974年に全国に先駆けて「町田市の建築物等に関する福祉環境整備要綱」を作成した。1992年に兵庫県と大阪府が福祉のまちづくり条例を施行したのを皮切りに，全国の都道府県で福祉のまちづくり条例が策定された。

❸　法制度の整備

2005年に「ユニバーサルデザイン政策大綱」が定められ，翌年にはこの考え方にのっとり「バリアフリー新法」[6]が策定された。バリアフリー新法は，ハートビル法と交通バリアフリー法を一体化したものである。バリアフリー新法では，ハード面やシステム面のバリアだけでなく，情報や心のバリアに対する施策を充実し，国民の意識啓発や人材育成も推進している。

2006年に国連において障害者の権利に関する条約が採択され，日本はその翌年にこの権利条約に署名し国内法の整備を進めてきた。2013年に「障害者差別解消法」[7]が制定され，2014年にようやく権利条約が締結された。この法律は，障害のある人に対する差別的扱いを禁止し「合理的配慮」を行うことにより「共生社会」を実現することを目指している。「合理的配慮」とは，障害のある人にとって障壁となる社会のなかのバリアに負担がすぎない範囲で対応することであり，ハード面のみならず，ソフト面の対応も含まれる。

❹　福祉コミュニティ

「福祉コミュニティ」とは，「社会福祉サービスの利用者ないし対象者の真実の生活要求を充足させるための組織体」であり，①当事者参加，②情報活動，③地域福祉計画の立案，④コミュニケーション，⑤社会福祉サービスの新設・運営，の5つの機能がある。[8]

「障害者に優しいまち」とは，障害者の日常生活や社会参加が普通に行われるまちであり，そのためには，障害者自身も主体となり参加できるように，物理的環境を整備し，地域社会の意識・態度を変容させコミュニティとして組織化し，福祉コミュニティを醸成させていくことが必要である。この一連の活動がすなわち「障害者に優しいまちづくり」だといえよう。　　　　　（阪東美智子）

▷4　正式名称は「高齢者，身体障害者等が円滑に利用できる特定建築物の建築の促進に関する法律」。

▷5　正式名称は「高齢者，身体障害者等の公共交通機関を利用した移動の円滑化の促進に関する法律」。

▷6　正式名称は「高齢者，障害者等の移動等の円滑化の促進に関する法律」。

▷7　正式名称は「障害を理由とする差別の解消の推進に関する法律」。

▷8　岡村重夫，1974，『地域福祉論』光生館。

コミュニティと異質性
なぜ大規模施設は町の外れにつくられるのか？

1　福祉におけるコミュニティ概念

「コミュニティ」はさまざまな思想の系譜が混在し，多義的な概念である[1]。地域福祉の文脈で用いられるときは，①同じ地域に住むという「地域性」のほか，②共通の帰属意識やアイデンティティを持つという「同質性」，③地域の公共的なことがら・活動に住民が主体的に関わるという「主体性」，④各メンバーが相互に支え合うという「互酬性」などの要素に言及されることが多い。その意味で分析的というより規範的な側面が強い概念である。

　その一方で，公的な社会保障を抑制・削減するために地域コミュニティの活用が図られてきた歴史もある。この点を踏まえるとコミュニティ概念を善き理念として自明視することなく，それがどう運用され，いかなる社会的帰結につながりうるのか，個別の文脈に即してとらえる必要がある。

2　異質性を抑圧するコミュニティ

　コミュニティがマイナスの側面を見せるとき，②「同質性」の要素が関係していることが多い。強い帰属意識や集合的アイデンティティを共有する集団は，メンバーをエンパワーする一方，外部の人や異質とされる人を排除・抑圧する傾向があるからだ。社会学者のニコラス・ローズによると，1980年代以降，アメリカやイギリスの政治的保守主義者は，社会の秩序を回復する拠点としてコミュニティをとらえてきた[2]。そこでは，ドラッグ使用者やシングルマザー，ホームレスなどは，モラルを欠いた「異質」な人々とラベリングされ，地域による監視や処罰，教化などを通した矯正の対象として位置づけられる。そして彼／彼女らは，地域に住むマジョリティの働きかけによって自助努力で立ち直り，それが福祉予算の削減につながるという道筋が描かれる。この文脈では，コミュニティの力は，脆弱な立場の人々の支援や包摂ではなく，抑圧や管理と結びつけられている。地域福祉をめぐる議論では，③住民が地域に関わる「主体性」が重視されるが，その主体的活動が異質性とどういう関係にあるのかという点こそが，福祉にとって決定的に重要である。

3　互酬性と異質性

　誰を「異質」な存在と見なすかというメカニズムには，④「互酬性」の要素

▷1　デランティ, G., 山之内靖ほか訳, 2006, 『コミュニティ——グローバル化と社会理論の変容』NTT出版。

▷2　Rose, N., 1999, Powers of Freedom : Reframing political thought, Polity.

が関与することがある。支え合いを望ましいとする規範は，ときに，コミュニティに十分貢献しない／できない，もしくはマイナスを及ぼすとされる人々を「異質」な他者として浮かび上がらせ，その排除・抑圧を正当化する論理に転化するためだ。地域の支え合いが盛んな地方において，低所得地域にかかわらず生活保護の受給率が低いのは，福祉受給を通じて一方的に依存する立場になることに対するスティグマが強いからという指摘がある。

　また日本では，福祉施設は人家から離れた場所につくられることが多く，施設の建設計画が立つと，近隣住民たちが共同で反対運動を起こすことも稀ではなかった。とくに精神障害者への偏見は強く，地域での自立生活は先進国のなかで最も進んでいない。また生活保護受給者に対するまなざしも厳しく，不正受給を発見することを地域住民に求める自治体もある。そのような地域では，生活保護の受給自体が非道徳的と見なされ，それを必要とする人を萎縮させてしまうだろう。他者の存在によって，リスクやコストが自分の居住区域に降りかかると認識されるとき，地域は排除的になる。高所得者のみが集住し，外部の人間が入ってくることすら拒否・制限する「ゲーテッドコミュニティ」（Gated community）が海外で増えているが，それはその最たる例だろう。しかしこの動きは，多様な立場の人々の連帯という福祉の根本理念を掘り崩すものだ。

❹　異質性を前提にすること

　かつて日本の地域，職場，家族は情緒的な結びつきが強く，メンバー間の助け合いも盛んだといわれてきた。それは，メンバーの流動性が低く同質性が高いことに起因していた。だが近年，既存の集団の流動性は高まり，雇用・家族形態の多様化，多様なセクシュアリティの顕在化，健常／障害の境界の揺らぎなどによって，メンバーの同質性を前提にすることは現実的でなくなりつつある。高齢化が進むなかで，人々の身体機能や認知機能の多様性も増大している。外国からの移住者が増えれば，その傾向はさらに加速するだろう。異質性を排除せず，支え合いを実装化したコミュニティ概念が求められており，福祉社会学でも探求されてよい課題である。

　その１つの方向性として，福祉受給者を含む多くの人に，地域での社会的活動に参加する機会を開くことで，社会的包摂を実現しようとする動きがある[3]。これは「互酬」的関係に多様な他者を巻き込むことで，コミュニティの編み直しと福祉の正統性を確保しようとする試みであると理解できる。重要な動きだが，それを個人に「貢献」を強いる抑圧へと転化させないためには，多様な他者が地域で共生しているということ自体が地域にとってプラスであり，すでに別のレベルの〈互酬性〉が人々の間に成立しているという認識が随伴することが重要だと思われる。

（仁平典宏）

▷3　この方向性が有する政治思想的意味を検討したものとして，ロザンヴァロン，P.，北垣徹訳，2017，『連帯の新たなる哲学──福祉国家再考』岩波書店がある。

7 情報コミュニティと福祉
SNS で介護はできるか？

① 情報技術と福祉：VSM の具体例から

　近年，アメリカの福祉支援では「Video Self Modeling（VSM）」という情報技術の活用が注目を集めている。具体的には，利用者の問題行動をタブレットなどで録画して本人に後で見てもらったり，保護者などがモデルとなるような行動を録画しておき，同じようなシチュエーションになったときにそれを見て参考にしてもらうといった利用法である。近年はさらに VSM を，当事者コミュニティおけるソーシャル・スキル育成のために活用していたりもする。

　鏡や写真ではない「動いている自分」を見慣れている人は多くない。だからビデオのなかの自分を見ると，セルフ・イメージと違いすぎて恥ずかしく感じたり，思わぬ発見があったりする。自分の行動を客観的に観察する VSM は，ASD・発達障害の支援として評価されている。効果が期待できる障害児は少なくないし，さらに広範囲な層，例えば認知症予防への応用も図られている。

　このような VSM は私たちに「福祉領域における情報技術」の意味を，象徴的に教えてくれる。VSM は発達障害の子どもや認知症の患者に，「自己像」「社会からの見られ方」という，これまで自覚できなかった視点を与えてくれるテクノロジーである。そのアシストがあれば，利用者自身が，自分の行動や身の回りの生活を大きく改善できる可能性を示してくれる。情報技術は，単に従来の福祉サービスを効率的にしたり，福祉サービスの担い手や専門家が，自分たちの支援を改善するためのものだけではない。それを当事者自身が使うことで，当事者自身に新しい視点を提供したり，そのための力になったりすることもあるのだ。「福祉領域での情報化」を考える場合，その２つは，分けて整理されなければならない。

② 福祉領域における情報技術のコミュニティ的利用

　福祉サービス提供側の情報化と，それを受ける当事者側の情報化の違いに，なぜこだわらなければならないのか。例えば先日，ある市の福祉専門相談員が「福祉の情報は，ご家族同士の口コミが一番ですよね！」というので，私が「それなら相談事業は家族自身でなされ，事業予算も家族自身が経費として使用したほうがよいですね」と答えたことがあった。障害者福祉サービスを受ける場合に，「計画相談支援」や「障害児相談支援」を受けることがある。福祉

▶1　Haslam, L. K., and Green, V. A., 2015, "Using Video Self-Modeling and the peer group to increase the social skills of a preschool child," *New Zealand Journal of Psychology*, 44(2) などに詳しい。

▶2　Prater, M. A., Carter, N., and etc., 2012, "Video Self-Modeling to Improve Academic Performance：a Literature Review", *Psychology in the Schools*, 49(1) を参照。なお，ここで Autism Spectrum Disorder（ASD）は自閉スペクトラム症のこと。

制度の理念としてはこの相談の場で，専門の相談員が希望者からニーズを聞き取り，各地域のサービス状況と照らし合わせて，利用者に情報提供して計画を立てることになっている。しかし実際には，障害当事者や障害児の保護者が独力で探してきたサービス・通所施設などについて聞き取ったり，ときには教えてもらったりして，実態が公的補助のため調査表作成ばかりとなっていることも少なくない。この場合の福祉サービスに関する情報は，知識豊富な相談員から提供されるというより，当事者や保護者が自ら探してきたものである。そしてその情報源は「あそこの施設はとてもよい」とか「あそこが新しいサービスを始めたらしい」といった，地元の当事者団体の口コミや，保護者同士，知り合い同士の紹介などの，当事者間の情報交換に大きく依存している。実際のところ福祉の現場では，「最も良質な情報は口コミ」といっても過言ではない。

福祉に関する情報ネットワーク形成の試みは，福祉・保険・医療総合情報サイト「WAM-NET」，障害者情報ネットワーク「NORMANET」など，前世紀末から20年近くにわたって繰り返されてきた。それなりの成果もあげてはいるが，障害者・高齢者が具体的に福祉サービスを知り選択するさいに，どれほど広く活用されているかは疑問が残る。一方で福祉サービスを受ける側や家族が最も多用しているのが，blog や Facebook・twitter などの Social Networking Service（SNS）である。それぞれ当事者自身が日々の生活で役立ったこと，困ったことを発信したり，当事者がコミュニティをつくって情報共有したりしている。それによって同じ境遇の当事者が，サービスを発見したり病院や福祉施設と相談するときの力になっていたりする。

❸ SNS の功罪とリテラシー

このような SNS などを駆使した IT の活用法を「情報コミュニティ」と呼ぶとすれば，それは福祉領域でこそ求められている。「情報コミュニティ」は，当事者が自らに関する情報を，余人を介さず自ら収集する能力をもたらす，直接的にエンパワメントするテクノロジーとして機能している。さらに当事者自身がつながる効果は，VSM に見られたように専門家に依存せず当事者同士が支え合うような「ピア・コミュニティ」としても効果が期待できる。このような情報技術の活用は，福祉領域における心髄といっても過言ではない。

しかし「情報コミュニティ」には弊害もある。現に，2016年のアメリカ大統領選挙でも，SNS が事実に基づかないフェイクニュースを流したり，偏見を助長したりなどで大きな問題になったことは，記憶に新しい。福祉領域における情報コミュニティも，現実には玉石混交と言わざるをえない。だからといってそれは無用ではないし，過大評価して右往左往するべきでもない。重要なのは，コミュニティのなかの情報の質を見抜き，つながり支え合っていくことを可能にする力，つまり当事者のリテラシーだといえよう。　　　　　（柴田邦臣）

▷3　「WAM-NET」(http://www.wam.go.jp）は福祉医療機構，「NORMANET」(http://www.normanet.ne.jp）は日本障害者リハビリテーション協会が運営している。

▷4　津田塾大学のインクルーシブ教育支援室における SNS 活用も，その一例といえるだろう（https://www.facebook.com/TsudaIES/)。

▷5　近年は当事者が情報を投稿したり，Q＆A に答えたりといった Web サイトも急成長している。発達障害における「LITALICO 発達ナビ」などが，その一例だろう。「LITALICO 発達ナビ」(https://h-navi.jp)。

▷6　詳しくは池田純一，2017，『〈ポスト・トゥルース〉アメリカの誕生──ウェブにハックされた大統領選』青土社などを参照。

▷7　ここでのリテラシーは，単なる識字力やメディア送受信力ではなく，より広いメディアを生きるために使いこなす力を示す。詳細は柴田邦臣，2019，『〈情弱〉の社会学──ポスト・ビッグデータ時代の生の技法』青土社に詳しい。

8 セルフ・ヘルプ・グループとピア・サポート
問題を抱えた人たちが集まるのは傷のなめあいなのか？

▷1　野口裕二, 1996,『アルコホリズムの社会学』日本評論社, p. 74。また, 日本でのAAの最初のミーティングは1975年だったという（信田さよ子, 2014,『依存症臨床論──援助の現場から』青土社, pp. 54-55）。さらに, 日本では断酒会というAAとは異なった組織原理・文化に基づくアルコール依存症のSHGが1950年代から存在している（野口裕二, 1996,『アルコホリズムの社会学』日本評論社, pp. 52-62）。

▷2　AAでは,「酒に勝てない自らの無力さ」を認めて自分の力を超えた神に自らを委ね, 自己の振る舞いをみつめなおし, 最終的には他のアルコールに苦しむ人にメッセージを届ける段階に至る12ステップといわれる, 回復に向けたチェックリストのような文言が共有されている（伊藤智樹, 2009,『セルフヘルプ・グループの自己物語論──アルコホリズムと死別体験を例に』ハーベスト社）。

▷3　社会福祉系のSHG研究が注目してきたグループの効能や機能については, 伊藤智樹, 2009,『セルフヘルプ・グループの自己物語論──アルコホリズムと

1 問題を抱えた人たちの集い

　困りごとを抱えた人たちが集ってなにか話をしている。そんな光景を想像してみよう。あなたは, なんで親きょうだいや仲のよい友だちに相談しないんだろうかとか, 難しいことなら専門の医師やカウンセラーに相談すればいいじゃないか, と思うだろうか。結局, 困った人たち同士で集まっても傷のなめ合いでなんの解決にもつながらないよ。そんなふうにも思うだろうか。

　集まって話すのにも多様な形がある。月1回と日を決めて実際に会って膝突き合わせて話す形もあれば, ネット上でSNSやオンライン会議システムを介して話す場合もある。実際に会うなら意味あるけどネットでグダグダやってもねえ, と思う人もいれば, 逆に匿名のネットなら思い切り話せる人もいるだろう。いずれにせよ, こうした集まりや話をする活動の意義を考えていくには, 場の特性も考慮に入れて, そこでどのようなことがなされ, その結果なにが起こっているかを, 社会学の分析も含めてきちんと見たほうがよさそうだ。

2 セルフ・ヘルプ・グループとピア・サポート

　同じ問題を抱えた者同士のグループを, セルフ・ヘルプ・グループ（SHG：自助グループ）と呼ぶことがある。SHGは援助実践の現場や学問において注目され, さらに社会学的な研究もなされてきた。SHGはもともとアルコール依存症の2人の当事者の出会いによって1935年にアメリカで生まれたAA（Alcoholics Anonymous）を原点とし, その後, ギャンブルや薬物などのさまざまなアディクション（嗜癖）全般において広がっていった[1]。こうしたグループの1つの大きな意味は, 嗜癖対象との接触機会を減らし, 新たな人間関係をつくり, そのなかで自分の生き方を見直す点にある。また,「12ステップ」[2]と呼ばれる「回復のプログラム」が特徴的であり,「治らないが回復する」といわれるアディクションにおいて回復し続けるための場として重要視されている。

　SHGはアディクション領域から始まったが, 広義には特定の病気の患者や家族のグループ, 介護者の集いや犯罪被害者の会など, 人生におけるなんらかの悩みを抱えた人たちの集いを指す。「12ステップ」などを共有するかどうかはその問題の性質によって異なるが, 一般的には, ベテランの参加者からの体験に基づく日々を生きるコツ（体験的知識）の伝達や, 繰り返し参加して他者

に自らの経験を伝える側も他者を助ける感覚を得られること（ヘルパーセラピー原理）などの機能を持つことが特徴とされる。[3] また，仲間や社会・行政に対して自分たちのメッセージを発信する運動的な面を持つこともある。

　以上のような機能を持つ活動には，対面だけでなく電話やネットを介した相談など，相互援助の形式にバリエーションがあり，恒常的なグループとして組織化されていないものもある。それらの，より広いサポート活動全般は，ピア・サポートという緩やかな言葉で概念化されている。[4]

③ 物語（ナラティヴ）という視点とさらなる課題

　この種の集まりや活動の内容と意義はなんとなくはわかっただろうか。だが，そもそもなぜこうした集まりへの参加が，人々が抱える問題によい影響を与えるのか，まだ十分に納得できない人もいるかもしれない。そうした疑問に対して，いくつかの社会学研究は，このような集まりの意義を，新たな物語を得たり，それまでの物語を書き換えたりしていく活動としてとらえてきた。[5]

　物語とは事象の連鎖であり，私たちはなにか苦悩に直面した際などに，自分自身を主人公とした物語を成立させ，その後の生き方の指針を導き出すことがある。[6] 例えば，根治方法の存在しない難病だと診断された場合を考えてみよう。私たちの社会では，病気は治療を経て治るという筋の「回復の物語」[7]が優勢な物語として存在している。しかし，難病の場合，その筋に即した自分の物語を成立させることが難しく，先の見えぬ混沌のなかに置かれる。それに対して，同じ難病を抱えた人たち同士のサポートの場では，難病の現状にフィットした別の物語が参加者同士で共有されている。参加者たちは，そこで周囲の語りを聞きつつ自分も語ることで，「医学的には治らない」自分の物語を代替の物語へと書き換えて，違った生き方をみいだしていくのである。

　SHGやピア・サポートに関する（福祉）社会学的研究の課題はほかにもある。例えば，「同じ問題を抱える人たち」と繰り返し表現してきたが，他者との間でまったくの同じ経験はない。そのため，自分の問題は，グループの他の人の抱える問題と違うので参加の意味はないととらえる人や，参加者間での「不幸比べ」が生まれかねない。そうすると「同じだから援助効果がある」と説明するのは安易である。むしろ，調査データから，そうした差異があるなかから，いかに参加者が「同じ」感覚を得てサポートが達成されているのかを明らかにする必要がある。それぞれ違うはずの経験が尊重されつつ，ピアとしての活動がいかにして可能になっているのか。「言いっぱなし，聞きっぱなし」といわれる一般的ルールの存在はもちろん前提にあるだろう。しかし，より明らかにする必要があるのは，ピア・サポートを成立させている参与者の相互行為実践の具体的ありようである。[8]

（井口高志）

▷3　死別体験を例に』ハーベスト社，pp. 31-39。

▷4　伊藤智樹編，2013，『ピア・サポートの社会学』晃洋書房，p. 2。

▷5　伊藤智樹編，2013，『ピア・サポートの社会学』晃洋書房の各章を参照。

▷6　伊藤智樹，2013，『ピア・サポートの社会学』晃洋書房，p. 13。なお，「物語」は「ナラティヴ」と互換的，またはナラティヴの一側面を示す語として用いられ，「複数の出来事が時間軸上に並べられている」という最小限の特徴を持つ（野口裕二，2009，「ナラティヴ・アプローチの展開」野口裕二編『ナラティヴ・アプローチ』勁草書房，pp. 2-3）。

▷7　フランク，A. W.，鈴木智之訳，2002，『傷ついた物語の語り手──身体・病い・倫理』ゆみる出版。

▷8　例えば，平井秀幸，2015，「いかにして『当事者』は『仲間（ピア）』になるのか？──少年院における『矯正教育プログラム（薬物非行）』の質的分析」『四天王寺大学紀要』60，pp. 113-145；浦野茂・綾屋紗月・青野楓・喜多ことこ・早乙女ミナリ・陽月トウコ・水谷みつる・熊谷晋一郎，2015，「言いっぱなし聞きっぱなし──自閉スペクトラム症当事者による当事者研究における物語り」『N：ナラティヴとケア』6：pp. 92-101。

ソーシャル・キャピタルと福祉
つきあいの数は生活を豊かにするか？

1　財としてのソーシャル・キャピタル

　ちょっと前，「地域力」や「住民力」という言葉が流行したことを覚えている人も多いだろう。2011年の東日本大震災のあとにも，「絆」や「縁」といった言葉に注目が集まった。さらに古来より，「情けは人のためならず」「お互いさま」「持ちつ持たれつ」などのことわざや俚諺も存在している。

　このような，人と人のつながりやネットワークが生み出す好ましい影響のことを，近年の社会科学ではソーシャル・キャピタル（社会関係資本）と呼ぶ。政治学者のロバート・パットナムはこれを，「協調的行動を容易にすることにより社会の効率を改善しうる信頼・規範・ネットワークなどの社会的仕組みの特徴」と定義している[1]。また経済学・経営学者の稲葉陽二は，広義のソーシャル・キャピタルを，「人々や組織の間の協調的な行動をともなう信頼・お互いさまという意識に基づく規範・ネットワーク」と定義している[2]。詳細に議論する際にはさらに，認知的な側面（信頼や互酬性）と構造的な側面（ネットワークや組織・団体への所属やその活動頻度など）に分けたり，ネットワークのあり方に着目して，結束型／橋渡し型／連結型などに分類することもある。

　ソーシャル・キャピタルは，ありていにいえば，ツテやコネという形で個人が有する私的財である。だが，それだけでなく，特定の集団や組織に属することで得られるクラブ財という側面もある。さらに非競合的で非排除的な財，つまり多くの人が同時に不自由なく利用できる公共財でもありうる。要するにソーシャル・キャピタルは，個人というミクロなレベルでも，組織や集団というメゾなレベルでも，地域や全体社会というマクロなレベルでも存在するものであり，さまざまな形で社会の役に立っている。具体的には「ソーシャル・キャピタルがあるコミュニティは災害復興の速度が早い」「ソーシャル・キャピタルが高い地域は，犯罪発生率が低く，出生率が高く，行政の効率がよい」「ソーシャル・キャピタルの高い社会では，市場取引が円滑になる」「ソーシャル・キャピタルの高い組織は，生産性が高い」「ソーシャル・キャピタルの高い地域に住む人は健康になる」などの仮説が提唱され[3]，実際に多くの調査や実験をもとに肯定的な結果が得られている[4]。

▷1　パットナム R., 河田潤一訳, 2001, 『哲学する民主主義』NTT出版。

▷2　稲葉陽二, 2014, 『ソーシャル・キャピタル』ミネルヴァ書房, p.i。

▷3　総括的な紹介として稲葉陽二・吉野諒三編, 2016, 『ソーシャル・キャピタルの世界』ミネルヴァ書房がある。

▷4　実際にソーシャル・キャピタルを測定する試みもなされている。たとえば他人や地域・社会に対する信頼や互酬性の度合，あるいは個人が属する集団やネットワークの種類や多寡を，個人ベースで測定していけば，それは私的財としてのソーシャル・キャピタルということになる。また個人が有するソーシャル・キャピタルの測定値を，組織や集団や地域や社会全体の平均値や中央値として計算すれば，メゾ・マクロベースでのソーシャル・キャピタルを測定することもできる。

❷　福祉社会学とソーシャル・キャピタル

　ソーシャル・キャピタルという考え方が，福祉社会学に与えるインパクトとしては，次のことが挙げられる。

　第1に，ソーシャル・キャピタルの充実が，個人や地域の健康や幸福度を高めることである。とくに，健康の社会的決定要因を研究する社会疫学の分野では，個人の所得，学歴，職業などの社会経済的地位に加えて，「社会的決定要因」の1つとしてソーシャル・キャピタルに注目が集まっている。[5]とりわけ他者や地域に対する信頼などの認知的側面，あるいは種々の組織，団体，ボランティアに参加することで発生するネットワークという構造的側面が，個人の主観的健康感や幸福感を高めたり，個人を取り囲む近隣環境としてのソーシャル・キャピタル（隣にどんな人が住んでいるかの効果や，地域全体の所得格差の少なさ）が，個人や地域全体での健康度や幸福度を高めることが知られている。社会疫学では，病気や要介護になるリスクが高い集団だけでなく，人口全体の底上げを図るポピュレーションアプローチを重視するため，ソーシャル・キャピタルに対する期待も高い。

　第2に，ソーシャル・キャピタルの充実が，社会的孤立を防止する効果を有していることである。日本でも近年，孤独死や無縁社会の問題が注目され，2018年にイギリスでは孤独担当大臣のポストが新設されて話題を呼んだ。これらを学術的に扱う際には，孤立がもたらす主観的側面を「孤独」，頼りにできる人や日常的に接する人がいないという客観的状態を「孤立」と呼んで区別することもあるが，いずれにせよ，ソーシャル・キャピタルや，その人に対するソーシャル・サポートが量・質ともに高まることで，社会的孤立が防止され，当人の健康状態が改善されていくことは，わかりやすい見立てであろう。問題は，ソーシャル・サポートやソーシャル・キャピタルが十分でない人を，公共的にいかに支えていくかである。ここに福祉社会学の出番がある。

　以上を踏まえたうえで，第3に，多職種連携や公私連携を基盤としながら，ソーシャル・キャピタルを高める政策やビジョンないしプログラムを地域や社会の中にどう現実化・実装していけるかが大きな課題となる。これらの政策や施策は，行政が音頭を取るだけでは成功はおぼつかない。逆に「地域力」や「住民力」などの住民自治にだけ依存するわけにもいかない。各種機関や専門領域，組織の縦割りをこえた，顔の見える関係に基づく，クライアント本位の実践をいかにベストミックスしていくかが問われている。[6]ここでも地域全体のソーシャル・キャピタルを高めることで，行政効率や福祉サービスの質を高めるという経路が存在しうる。なぜなら適切なソーシャル・キャピタルは，行政に良い意味でのプレッシャーを与えて，形式主義，官僚主義，文書主義の壁を突破できる可能性があるからである。　　　　　　　　　　　（赤川　学）

▶5　イチロー・カワチ・高尾総司・スブラマニアン，S. V. 編，近藤克則・白井こころ・近藤尚己監訳，2013，『ソーシャル・キャピタルと健康政策』日本評論社；バークマン，リサ・F.，イチロー・カワチ・グリモール M, マリア編，高尾総司・藤原武男・近藤尚己監訳，2017，『社会疫学』（上・下）大修館書店などを参照。

▶6　具体例として藤本健太郎編，2014，『ソーシャルデザインで社会的孤立を防ぐ』ミネルヴァ書房；牧田満知子・立花直樹編，2017，『ソーシャル・キャピタルを生かした社会的孤立への支援』ミネルヴァ書房など。

10　地域福祉
なぜ福祉で地域が注目されるのか？

1　地域福祉をめぐる誤解

　地域福祉は日本に固有の概念であるとされる。従来，この言葉は「在宅者保護」や「地域住民の福祉」程度の漠然とした意味で用いられてきたが，1970年代以降，岡村重夫をはじめとする研究者らによって理論化・体系化が進められた。今日では，地域福祉という用語は福祉関係者のみならず多くの人々に浸透しているが，学術的に誤った意味で用いられることも少なくない。

　よくみられる誤用の1つに，地域福祉を地域で展開される福祉サービスの総称の意で用いるものがある。もっとも，「地域生活を可能にするための福祉サービス（＝在宅福祉サービス）」という意味合いであれば，この用法は完全な間違いとは言い切れない。在宅福祉サービスは，地域福祉の主要な構成要件の1つだからである。しかし，地域福祉は在宅福祉サービスより包括的な概念であり，在宅福祉サービスと同義に用いると地域福祉に固有な思想が抜け落ちてしまいかねない。そこで，以下では在宅福祉サービスとの対比に基づき，地域福祉の固有性を確認していくことにしよう。

2　地域福祉の固有性

　「在宅福祉サービス」という語は，ともすると既存の制度に基づく公的なサービスを指しているような印象を与える。例えば，介護保険制度に基づく訪問介護（ホームヘルプサービス）や通所介護（デイサービス）などである。しかし，実際に個々の住民の地域生活を支援するにあたり，既存の公的サービスにつなげるだけですべてのニーズが充足されるとはかぎらない。とくに今日の地域福祉では，多問題家族やごみ屋敷などにみられるように，深刻な問題を抱えた人や家族の地域生活をいかにして継続的に支援するかが重要な課題となっているが，こうした事例では，公的なサービスと住民の自発的な活動を組み合わせたり，必要に応じて新しい社会資源を開発したりしながら支援していくことが求められる。

　地域福祉を在宅福祉サービスと同義に用いることは，住民に対する認識を見誤らせる危険もある。住民をどのように認識するかは地域福祉の根幹に関わるため，この問題はより深刻である。地域福祉を在宅福祉サービスと同義に用いるかぎり，住民を自らの生活や地域社会を改善する力を持つ存在として認識す

▷1　岡村重夫，1974，『地域福祉論』光生館。

▷2　この点，右田紀久惠は，住民を自らが置かれた状況に抗うことのない受動的な存在ではなく，能動的に生活を営む主体として認識することの重要性を強調している。そして，このような認識に基づき，住民が生活を営む過程で福祉に対する理解を深め，地域の福祉への参加を通して新しい地域社会を創造する力を形成するという展望にこそ地域福祉の固有性を見出したのである（右田紀久惠，2005，『自治型地域福祉の理論』ミネルヴァ書房）。

る発想は導かれにくい。そして，住民を能動的な主体と認識しなければ，そうした認識を前提とすべき住民の組織化や住民参加，地域社会の変革を構想しても内実をともなわない空論にすぎない。地域福祉は，地域生活上なんらかの課題を持つ住民への個別的な支援のありかたを問い直すとともに，個々の住民が自らの主体性を発揮し，他の住民と協働して地域社会の変革を目指すところにこそその固有の意味があるためである。

③ 地域福祉の主流化とその背景

　今日，地域福祉は社会福祉の中核的な位置を占めるようになった。そのことは，2000年（平成12）に社会福祉の基本法である社会福祉事業法が社会福祉法に改称された際，第1条で同法の目的に「地域福祉の推進」が加えられたことにも現れている。武川正吾が「地域福祉の主流化」と称したように，地域という生活の場で社会福祉をとらえなおそうとする地域福祉の理念は，今や社会福祉の主流を占めるようになったといえる。

　地域福祉を社会福祉の主流に押し上げた要因の1つは，福祉サービスを必要とする人が増加したことである。わが国が世界でも最高水準の平均寿命を誇るようになって久しいが，超高齢社会では，多くの人が生涯の間になんらかの福祉サービスを必要とすることになる。このため，誰もが住み慣れた地域で安心して住み続けるためには，地域のなかで多様な福祉サービスが切れ目なく提供されることが求められるようになった。

　医療や福祉に関する政策動向の影響も，地域福祉への期待を高める要因となっている。現在，高齢者福祉や精神保健福祉の領域で，施設収容から地域生活への移行が政策的に進められている。こうした地域生活への移行や定着を重視する傾向は，刑余者や路上生活者の支援など他の福祉領域でも共通してみられる。こうした政策動向の結果，地域はこれまで以上に多様な人々が暮らす場へと変容しつつあるのであり，福祉対象層の受け皿や援助が展開される場として地域がより大きな関心を集めているのである。

　また，市民社会の成熟にともない，ボランティア活動に対する国民の意識が高まっていることも，地域福祉の主流化を促進する要因となっている。かねてより自治会や町内会などの地縁型組織は見守りや声かけなどの活動を行ってきたが，昨今，盛り上がりをみせているのが，特定のテーマに関心を持つ人々が集まり，自発的に展開する活動である。こうした活動は，特定の地域に根ざして展開される場合が少なくない。福祉の問題解決に向けて地域で活動しようとする住民が増えるということは，先に述べた地域福祉の理念の実現に向けた前提条件が整いつつあることにほかならず，その意味で地域福祉の内実化がこれまで以上に求められるようになったといえるだろう。　　　　　（川村岳人）

▷3　武川正吾，2006，『地域福祉の主流化──福祉国家と市民社会Ⅲ』法律文化社。

▷4　社会的孤立の予防・解消を目的とするサロン活動や，子どもの貧困問題に取り組むこども食堂など。

サードセクター
福祉にかかわる組織は国家や企業だけか？

1　サードセクターが注目されるようになった背景

　サードセクターとは一般的に，企業（市場：第1セクター）でもなく，国家（第2セクター）でもない非営利組織の集合のことを指す。主として「福祉国家の危機」以降関心を向けられてきた存在である。

　福祉の供給主体としてどのような担い手が望ましいかに関しては議論がある。ただ，福祉社会学・社会福祉の研究者や実践家は福祉ないし社会政策と株式会社などの営利企業をあまり親和的なものと考えない傾向にある。一方で，国家による福祉は非柔軟性やパターナリズムという問題を抱えると考えられがちである。そのため，とくに日本では1990年代以降サードセクターによる福祉供給が介護や子育て支援，就労支援サービスなどの領域で注目された。加えて，サードセクターの諸組織は生活困難者の利益代弁者（アドボケーター）となることもあり，そのような政治的な役割もまた注目された。

　サードセクターの類似の概念として，アメリカでは非営利セクター（より近年ではソーシャルセクター），イギリスではボランタリーセクター，フランスなどの大陸欧州では社会（連帯）経済という概念が使用されることがある。サードセクターという言葉は，当該社会の文脈に依存することなく使用されることが多く，中立的だと考えられる。ただ，1990年代ごろ，日本では「第3セクター」という概念によって行政と企業が共同運営する事業を指すことがあったが，両者の区別には注意が必要である。

2　サードセクターの構成要素

　サードセクターがどのような組織から構成されるかは議論が分かれる。非営利組織の国際比較研究を主導してきたグループがアメリカだったこともあり，当初は，非営利組織（利潤を資金提供者に分配しない組織）がサードセクターの主たる構成主体と考えられていた。一方，大陸欧州では，協同組合や共済組合などの利潤を限定的な範囲で還元する相互扶助的な組織が重要な役割を果たすことが少なくなかったため，国際的な研究者間での論争があった。

　また，日本ではサードセクターのなかに社会福祉法人や学校法人などの伝統的な非営利組織を含めるかどうかも争点になった。伝統的な非営利組織に対しては，行政による規制が強いため，サードセクターには含まれないと考える論

▷1　例えば，有力な国際的な非営利組織の学会は，「世界サードセクター学会」（International Society for Third-Sector Research）であり，各国制度に中立的な表現が用いられている。

▷2　このような利潤分配を制限する規則は「利潤の非分配制約」と言われ，とくにアメリカの非営利組織研究では重要な特性であると考えられた。

者がいる一方で，これらの法人も国際的定義には該当し，社会サービス供給の重要な担い手であるため，対象に含める論者もいる。近年では，サードセクターは，非営利組織（伝統的なものも含む），協同組合，共済組合などを含むと考えることが一般的であろう。

3　福祉多元主義の時代とその後

サードセクターが注目された背景には，先にも述べた通り「福祉国家の危機」があった。サービス供給において国家だけでは十分な担い手となることができないという考えとともに，営利セクターでは「クリームスキミング」などの問題が生じやすいという懸念もあった。ここで注目されたのが福祉多元主義という考え方である。

福祉多元主義は，社会サービス供給に関して法定セクター（行政），営利セクター，非営利セクター，インフォーマルセクターから構成されるという考え方である。それらの適切な役割分担や協力関係が人々の必要を充足するためには重要であるとの考え方に基づく。とくに，イギリスにおいてまとめられた『ウルフェンデン報告』において，非営利セクターも含めたサービス供給の重要性が強調された。

日本でも，介護保険の導入などを背景として，1990年代後半から2000年代にかけて福祉多元主義は一定の影響力を持った。どのような役割分担が必要であり，いかなるセクターが担い手となることが望ましいかが論点とされた。ただし，この背景には，同じセクターであれば同じ規範的原理を共有すると考える見方がある。例えば，サードセクターは互酬性を体現し，営利セクターは交換原則を体現し，政府セクターは平等性を体現するというような想定である。

しかし，そのような状況は2000年代後半以降，揺らぎを見せている。例えば，社会的企業と呼ばれるようなサードセクターと営利セクターの境界をまたぐような組織形態への関心が高まったり，非営利法人であっても営利的な行動をとる事業体（あるいはその逆）も見られるようになった。このような状況は「セクター境界の曖昧化」と呼ばれる。

「セクター境界の曖昧化」に関しては，国際的にも注目されている現象であり，議論は進行中である。なによりも，明確な境界を設定できないとすると，どのように対象をとらえることができるのかという論点が重要になる。近年ではセクターというとらえかたの社会構築性を強調するような研究も見られている。これからの福祉社会学においてサードセクターをどのようにとらえるのかという論点は重要な主題となるだろう。　　　　　　　　　　　（米澤　旦）

▷3　この文脈でのクリームスキミングとは，福祉供給において「事業者にとって都合のよい対象者」ばかりを選択することを指す。

▷4　国内でこの論点に関して，まとまった理論と国内の実証の結果を提示しているのは，須田木綿子，2011，『対人サービスの民営化——行政–営利–非営利の境界線』東信堂である。

2 社会の福祉化
福祉と他の分野ではどのようなコラボが生まれているか？

▷1　SDGs は，国連サミットで採択された「持続可能な開発のための2030アジェンダ」に記載された国際目標。2016年から2030年までを期間として17の目標で構成される。

▷2　日本の経団連（一般社団法人日本経済団体連合会）も，「SDGs に資するイノベーション事例集」を掲載するなど企業活動のSDGs への貢献を推進している。経団連 SDGs（https://www.keidanrensdgs.com/home-jp 2019/ 7 /13）。

▷3　その目的は，「活発な企業活動，豊富な経験と知識を持った多くの人たちの力を活かし，いままで『福祉』という分野を“自分ごと”と捉える機会が少なかったような人たちをも巻き込みながら，多様な主体が，力を合わせて『いくつになっても，いきいきと暮らせるまちをつくる』」ことである。東京都福祉保健局東京ホームタウンプロジェクト（https://hometown.metro.tokyo.jp/whatisthtp/ 2019/ 7 /13）。

▷4　「プロボノ」は，ラテン語の Pro Bono Publico（公共善のために）に由来する言葉で，もともと弁護士などの一部の職種で，職業上の専門知識を活かし

1 社会目標としての福祉

　福祉の活動について，みなさんはどのようなイメージを持っているだろうか。福祉を目的とする団体による非営利活動やボランティア活動，または福祉の専門職が行う活動というイメージを持つ人も多いのではないか。福祉は，もちろん，特定の分野の特定の活動形態，そして限られた人たちが関わるものとして展開されることもある。他方で，福祉が，「社会全体で解決を図るべき課題」となる場合もある。しかも，解決に関わる主体が，当事者や「福祉分野」の関係者に限定されず，社会の多様な構成メンバーにまで広がる場合もある。「福祉が社会的な課題になる」という意味であれば，それは「福祉の社会化」といえるだろう。さらに，「福祉的な活動が社会目標となり，社会の多様な主体にとって一般的に行う活動となる」のであれば，それは「社会の福祉化」といえるだろう。

　「社会の福祉化」を後押しする国際的な枠組みも存在する。その1つが，持続可能な社会を実現するために国連で合意された国際目標 SDGs（Sustainable Development Goals：持続可能な開発目標）である。目標には，貧困の撲滅，ジェンダー平等など，人々の well-being に関わるものも多い。SDGs は，発展途上国だけでなく先進国も取り組む目標，また，政府だけでなく企業や NGO・NPO などあらゆる社会の構成員が関与するユニバーサル（普遍的）な目標として位置づけられている。

2 企業人の参加と「市民社会の福祉化」

　経済分野と福祉との関わりでは，福祉分野の活動が「企業化」するだけでなく，経済分野の活動が「福祉化」することもある。上述の SDGs に向けた企業活動はその例であろう。その他にも，企業で働く人々（企業人）が，福祉分野との接点を増やしながら生活するということも考えられる。この新たな動きを意図的につくり出そうとする例が，東京都福祉保健局による「東京ホームタウンプロジェクト」である。地域で活動する福祉系団体には，「情報発信・支援者開拓」「組織運営・人事」「事業戦略・評価」といった組織の運営管理面に課題を抱え，課題解決のための専門知識・スキルを必要としている団体も多い。そこで，東京都は，経営戦略，マーケティング，IT，建築，デザインといっ

た分野の企業人による「職業上の専門知識を活かしたボランティア活動」（プロボノ[14]）と，組織運営管理上の支援ニーズを持つ福祉系団体とのマッチングを進めている。プロボノが福祉分野でどの程度普及するかは今後の検証が必要になるが，企業人を含めた多様な市民にとって福祉に関わることが当たり前になれば，それは「市民社会の福祉化」が進んだことになるだろう。

❸ 領域横断性

　福祉領域では，就労などの参加の場や居場所を地域につくるうえで，既存の福祉制度・実践の枠組みを超えて他の領域とコラボレーションを試みる活動が生まれてきている。福祉社会学は，資本主義に基づく市場経済のなかでの「福祉・社会政策」の役割を考えることを主眼の1つとしてきた。そのために，福祉と他領域との接点についての議論では，雇用や産業，市場などとの接点に関する議論が中心になってきた。しかし，これ以外の領域との接点もある。例えば，農業，アート，宗教といった領域と福祉との接点も考えられる[15]。これらの領域での活動は，市場との付き合い方という点で，すなわち，市場の論理を援用したり，また経済的価値とは異なった価値を生み出そうとする点で，福祉領域と共通の課題を抱えている。こうした「接点」となる場でなにが起きているのか，そこに福祉社会を問い直すヒントがないかを考えることも，福祉社会学の課題である。

　また，情報通信の進展など社会の大きな動きを背景に，福祉の実践も情報通信技術の活用が進められてきている。支援の現場におけるSNS（ソーシャル・ネットワーキング・サービス）やAI（人工知能）の活用・導入なども徐々に進んでいる。ICT（情報通信技術），データサイエンスの知識・技術，そこで開発されるツールの活用などが，福祉分野でも進むことになるだろう。日本政府は，データサイエンスの発展により実現する未来社会の構想として「Society5.0」を打ち出している[16]。そこには，多様な事象がデータ化され，そのデータをAIなどが分析した結果をもとに，さまざまな経済・社会活動が営まれていき，社会目標としての福祉も達成されるという，「未来社会の福祉化」についての希望的な観測がある。ただし，現実には，テクノロジーを使いこなすことで福祉を達成する人々もいれば，そこから排除される人々も出てくるだろう。新たなテクノロジーがもたらす新たな社会的な排除・分断・不平等に，私たちがどう応えるのかが問われる[17]。

　福祉社会学の1つの特徴は，具体的な福祉行政の制度にかぎらず，より広い社会システムの中で福祉の位置づけを考えていくことにある。「社会の福祉化」を，大きな社会的な動きの中でどう位置づけるか，理解するかという学問的な問いに向き合う必要がある。

（森川美絵）

て取り組むボランティア活動のことを指す。近年，経営戦略，マーケティング，IT，建築，デザインなど，幅広い分野に広がりを見せつつある（https://hometown.metro.tokyo.jp/whatisthtp/ 2019/ 7 /14）。

▷5　農業，アート，宗教と福祉との関連については2017年の福祉社会学会の学会誌『福祉社会学研究』で特集が組まれている。特集の解題は，井口高志・森川美絵，2017，「領域横断性──創造的活動との接点から福祉社会を考える」『福祉社会学研究』14を参照。

▷6　内閣府 Society5.0（https://www8.cao.go.jp/cstp/society5_0/index.html 2019/ 7 /13）。

▷7　この点については Ⅲ-7 ，SNSの活用については Ⅶ-7 もあわせて参照。

参考文献

アトリエ インカーブ編，2019，『共感を超える市場──つながりすぎない社会福祉とアート』メディア・パル。

金子郁容・玉村雅敏・宮垣元編，2009，『コミュニティ科学──技術と社会のイノベーション』勁草書房。

嵯峨生馬，2011，『プロボノ──新しい社会貢献新しい働き方』勁草書房。

白波瀬達也，2015，『宗教の社会貢献を問い直す──ホームレス支援の現場から』ナカニシヤ出版。

ボランティア
流行現象にすぎないのか？

❶ 災害時に活躍するボランティア

　今や日常用語となった「**ボランティア**」という言葉だが，とりわけ頻繁に見聞きするのは，大規模災害が起こったときだろう。日本でボランティアが注目される大きな契機となったのは，1995年の阪神・淡路大震災である。この年は「**ボランティア元年**」と呼ばれ，被災地で災害ボランティアとして活動した人々は延べ138万人にも上った。甚大な被害の一方で，大勢の人々が「なにかできることはないか」と被災地に駆けつけ，がれき撤去や炊き出しに精を出す姿はメディアで大きく取り上げられ，一般の人々の目に焼きついた。

　その後，ナホトカ号重油流出事故（1997年）や新潟県中越地震（2004年），中越沖地震（2007年）などを経て，災害救援システムが整えられるなかで，被災地においてボランティアの存在は欠かせないものとなってきた。戦後最大級の複合被害をもたらした2011年の東日本大震災の際にも，災害ボランティアセンターを通じて岩手・宮城・福島の三県で活動したボランティアは，2012年2月末までで延べ99万人にも達した。NPOや企業，宗教団体や自治会などを通じて活動した人や，被災地以外で活動した人，インターネットを通して活動した人などを含めれば，何百万人という人々がボランティア活動にかかわったといわれている。

❷ 統計データからみるボランティア

　上記のような災害ボランティアの活躍は，一時的に発生する流行現象なのだろうか。この点を確認するために，大災害の前後でどれくらいの人がボランティア活動を行っているかを統計データで確認してみよう。

　総務省が2011年に行った「社会生活基本調査」によれば，2010年10月20日からの1年間に災害ボランティア活動を行った人は431万7000人であり，2006年（132万人）と比べると約3倍多かった。また10歳以上人口に占める割合は3.8%であり，2006年（1.2%）と比べると2.6%上昇していた。この上昇分には，東日本大震災の発生が大きく関与していると考えられる。

　といっても，災害に特定せずボランティア活動全体をみると，日本のボランティア人口が劇的に増えたとはいえない。この調査は1980年代に「社会奉仕」，1990年代に「社会的活動」，2000年代以降に「ボランティア活動」の語でこれ

▷1　**ボランティア**
他者や組織のために自分の労力や時間を提供する人のこと。古典的な特徴として自発性，利他性，無償性が挙げられるが，近年ではこうした特徴はより緩やかなものとしてとらえられつつある。

▷2　**ボランティア元年**
それまでボランティア活動にかかわったことのない一般の人々が参加する大きな契機になったとして，1995年は「ボランティア元年」と呼ばれる。

▷3　兵庫県知事公室消防防災課，1996，「阪神・淡路大震災——兵庫県の1年の記録」（http://www.lib.kobe-u.ac.jp/directory/eqb/book/4-367/index.html 2020/1/10）。

▷4　全国社会福祉協議会，2018，「東日本大震災ボランティア活動者数の推移」（https://www.saigaivc.com/2017/02/24/東日本大震災ボランティア活動者数の推移/ 2020/1/10）。

▷5　総務省統計局，2012，「平成23年社会生活基本調査の概要，結果等」（http://www.stat.go.jp/data/shakai/2011/index2.htm 2020/1/10）。

らの行動者率を把握している。図Ⅷ-3-1のように、これらの行動者率を継時的に比較すると、3割弱のままほとんど変化していない。2006年から2011年への行動者率の伸びも、わずか0.1%にすぎない。さらに2016年には、0.3%低下してしまっている。つまり、「ボランティア」という言葉が社会に浸透する以前の「ボランティア的な活動」を含めると、阪神・淡路大震災や東日本大震災などの発生にもかかわらず、ここ30年間におけるボランティア行動者率はあまり変わらないのである。

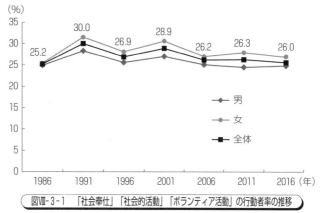

図Ⅷ-3-1 「社会奉仕」「社会的活動」「ボランティア活動」の行動者率の推移
出所：総務省統計局「社会生活基本調査」（各年の結果の概要）から筆者作成。なお数値は全体。

③ 流行現象としてのボランティア？

　図Ⅷ-3-1からわかることは、災害ボランティアの活躍は、日本全体のボランティア行動者率を押し上げるほどのインパクトを持ちえていないということである。もしかしたら、平常時において社会福祉やまちづくり、人権擁護などのボランティア活動を行っている人が、災害発生時に災害ボランティア活動を行うために、全体としてのボランティア行動者率に変化がない可能性が考えられる。また、たとえ災害時に初めてボランティア活動を経験した人がいたとしても、その後継続的な活動をしにくい状況があるために行動者率が伸びないとも考えられる。

　「災害ユートピア[6]」といわれるように、緊迫した状況下で立ち上がる人々の自発的な助け合いは、日常の生活が戻るにつれて徐々に立ち消えてしまうものなのかもしれない。そうだとすれば、災害ボランティア活動は、危機的状況の混乱のなかで希望をみたいがために切り取られ可視化された、その一瞬だけの流行現象にすぎないといえよう。

　ボランティアを一時的な流行現象にとどまらせず、人々の自発性や利他性を有効な社会的資源とさせていくならば、自分が住む地域で気軽かつ継続的にボランティア活動を行えるような環境整備が必要である。

　一方で、流行現象としてのボランティアに意味がないわけではない。災害時に救援・支援活動にあたる何百万人のボランティアの存在によって、数多くの被災者が手助けを受け、気持ちが救われる現実がある。その営みが、元被災者から新たな被災者への支援へとつながる場合もある[7]。数々の災害の発生と、その時どきに展開される災害ボランティア活動は、ボランティアへの社会的認知度を高め、市民同士が助け合う必要性と意義を示してきたことも見過ごせない。

（三谷はるよ）

▶6　ソルニット, R., 高月園子訳, 2010,『災害ユートピア——なぜそのとき特別な共同体が立ち上るのか』亜紀書房。

▶7　かつて災害に遭ったときに支援を受けた元被災者が、新たな災害に遭った被災者を支援することを、渥美公秀は「被災地のリレー」と呼ぶ。渥美公秀, 2014,『災害ボランティア——新しい社会へのグループ・ダイナミックス』弘文堂。

参考文献

桜井政成編, 2013,『東日本大震災とNPO・ボランティア——市民の力はいかにして立ち現れたか』ミネルヴァ書房。
三谷はるよ, 2016,『ボランティアを生みだすもの——利他の計量社会学』有斐閣。

4 NPO と NGO
「国境なき医師団」はどのように成り立っているのか？

▷1　とくに人権や開発，環境や平和にかかわる問題に対応するため世界的に活動をする組織を NGO と呼ぶことが多い。

▷2　政府の失敗
市場の失敗に対する公的介入に有効性がみられないこと，あるいは公的介入によって市場に弊害を及ぼすこと。政府の失敗が起こる要因には，官僚組織の肥大化，公的サービス部門の生産性の低さなどがある。

▷3　市場の失敗
需給が等しくなるように価格が調整される市場メカニズムが適正に機能せず，資源の効率的配分が達成されないこと。市場の失敗が起こる要因には，外部性の存在，公共財の存在，情報の非対称性の存在などがある。

▷4　NPO 法人は介護や子育て，まちづくり，環境保全などさまざまな分野で活動しており，2018年度末の時点で5万1000団体を超えている（内閣府，2020，「特定非営利活動法人の認定数の推移」（https://www.npo-homepage.go.jp/about/toukei-info/ninshou-seni 2020/1/10）。なお，広義のNPOには，非営利性を持つすべての組織が入る。よって，公益法人や社会福祉法人，学校法人，生協，

❶ 世界で活躍する「国境なき医師団」

　ニュースや教科書で「国境なき医師団」という名称をみたことはないだろうか。アフリカなどで子どもたちを治療する医師たちの団体である。名前は聞いたことがあるが，どのような団体かを説明できない人が多いかもしれない。

　「国境なき医師団 日本」のホームページには，国境なき医師団（Médecins Sans Frontières：MSF）とは，「独立・中立・公平な立場で医療・人道援助活動を行う民間・非営利の国際団体」であると記してある。1971年に設立された同団体は世界各地に38事務局を設置し，1992年に日本事務局が発足している。アフリカ・アジア・南米などの70カ国以上において，難民や被災者の診察や治療，病気の予防，心理・社会面の支援などを行っている。名前とちがってメンバーには，医師だけでなく看護師や薬剤師などさまざまな職種の人が含まれる。

❷ NPO・NGO とは

　「国境なき医師団」のような団体は，NPO や NGO と呼ばれる。NPO は non-profit organization の略語で，「非営利組織」と訳される。NGO は non-governmental organization の略語で，「非政府組織」と訳される。ともに営利を目的とせず，政府の一部ではなく，自発的に活動を継続する民間団体である。したがって両者は重なり合うのだが，一般的に企業との対比を強調する場合は「NPO」，政府との対比を強調する場合は「NGO」と使い分けられる。

　NPO・NGO は政府や市場の限界，すなわち「**政府の失敗**」や「**市場の失敗**」を克服する存在として注目される。グローバル化とともに，社会問題も国境を越え複雑化している。また，人々のニーズや価値観も多様化している。そのような状況のなかで，政府や市場（企業）だけでは解決できない多くの問題が現代社会では発生している。さまざまな規制やルールにとらわれず柔軟に，機動的に問題に対処し，さらにきめ細やかな対人的コミュニケーションができる点で，NPO や NGO に期待が寄せられている。

　日本では，1995年の阪神・淡路大震災における災害ボランティア活動の勃興をきっかけに，1998年に特定非営利活動促進法（通称，NPO 法）が制定された。この法律の規定によって法人格を取得した NPO を「NPO 法人」（特定非営利活動法人）と呼び，狭義のNPOと位置づけられている。

草の根のボランティアグ
ループなども広い意味での
NPO に含まれる。

❸　NPO・NGO の資金調達

　NPO・NGO はともに「非営利」を特徴とするが，これは利益を生む活動を
してはいけないという意味ではない。利益を私的に分配しない，つまり利益を
すべて組織の本来の活動に活用する分には問題ないのである。

　非営利とはいえ，団体としての活動を長期的に続けていくためには，なんら
かの資金を継続的に得ていかなければならない。NPO・NGO は，無償のボラ
ンティアだけでなく，交通費や一般市場のレートより少ない対価を受け取る有
償ボランティア，労働契約に基づき賃金を受け取る有給スタッフによって構成
され，彼らに対する人件費を要する。また，事務所の経費や広報費が必要な場
合もある。では，NPO・NGO はどのような資金を得ているのだろうか。

　例えば冒頭に取り上げた「国境なき医師団 日本」は，個人を中心とした民
間からの寄付金が収入の95.3％を占め，寄付額は84億9000万円にも達する
(2018年)。寄付金は活動の趣旨に共感して提供されるものであるため，その団
体に対する信頼度を表すといわれる。寄付金の使途は団体に一任されるので，
使い勝手のよい資金といえる。

　NPO・NGO の資金源は寄付金だけではない。寄付金と同様に使途が比較的
自由なのが「会費」である。会員は，会費を払う代わりにニューズレターの発
行など会員サービスを享受する。会員更新率が高ければ，会費は安定した収入
源となる。また，民間財団から提供される「助成金」や行政機関から提供され
る「補助金」もある。これらは1件あたりの金額が大きく，調達効率が大きい
が，使途が限定されていたり単年度限りのものであったりする。行政や企業か
ら委託された事業に対して提供される「受託金」も，調達効率が大きいが使途
自由度は低めである。その他，団体が自助努力によって獲得する「事業収入」
もある。物品を販売して得た資金などが該当し，使途自由度は高いが，コスト
だけがかかり十分な利益を生まないリスクもある。

　このように NPO・NGO には多様な資金源があり，これらの特徴を理解した
うえでバランスよく資金調達（**ファンドレイジング**）することが求められる。企
業の場合，資金を提供するのは株主や顧客であり，同時に彼らは利益を受ける
受益者である。対して NPO・NGO の場合，資金を提供する人と利益を受ける
人が合致しない。例えば，「国境なき医師団」の場合，資金を提供するのは寄
付者だが，援助すなわち利益を受けるのは途上国の人々である。継続的な資金
提供をうながし，経営基盤を安定させるためには，NPO・NGO は資金提供者
の共感や信頼を得る工夫を続けることが肝要である。具体的には，適切な活動
報告や会計報告，会員向けのニューズレターの発行などである。こうした資金
提供者に向けた経営戦略も，NPO・NGO には欠かせないものとなっている。

（三谷はるよ）

▶5　**ファンドレイジング**
非営利活動のための資金を
調達すること。

▶6　企業と同様に NPO・
NGO も，ビジョンやミッ
ションを掲げ，それを達成
できるように関係者間の利
害を調整し，経営資源の適
正な配分を図っていく経営
戦略が必要である。NPO
の経営に詳しい専門書とし
て，ドラッカー，P. F.，
上田惇生・田代正美訳，
1991，『非営利組織の経営』
ダイヤモンド社。

社会福祉法人・社会福祉協議会
「赤い羽根」の募金はどう使われているのか？

「赤い羽根」の募金の使い道

　赤い羽根をシンボルとする共同募金運動は，日本に住む多くの人にとって馴染み深いものであろう。これは，毎年１回全国一斉の時期に，都道府県の区域を単位として行われている寄付金募集の運動である。この共同募金は，社会福祉法第112条に規定された第一種社会福祉事業である。「地域福祉の推進を図る」ことがその目的として規定されている。

　この募金事業を誰がやっているかというと，共同募金会という「社会福祉法人」である。集まったお金がなにに使われているかというと，募金を行う区域内で社会福祉を目的とする事業を経営する者に配分されている。その配分先として最大のものが「社会福祉協議会」という社会福祉法人である。社会福祉協議会とは「地域福祉の推進を図ることを目的とする団体」（社会福祉法第109条・第110条）である。共同募金会は，社会福祉協議会の意見を聴いて，共同募金の募金額の目標，受配者の範囲，配分の方法を決めることになっている。

　つまり，共同募金を行っているのも，募金のお金の配分を受けているのも「社会福祉法人」であり，その目的は「地域福祉」である。

2　社会福祉法人

　社会福祉法人とは，社会福祉事業を行うことを目的とする特別な法人である。1951年に制定された社会福祉事業法によって制度化された。

　第２次世界大戦後，憲法第89条によって，公の支配に属しない慈善，博愛事業に対する公金の支出が禁止された。日本の社会福祉事業の多くは民間の事業者によって経営されていたのだが，これにより政府は民間事業者に対して社会福祉事業を委託することができなくなった。そこで政府は，公益性の高い特別な法人として社会福祉法人を創設し，公の厳しい監督・統制の下に事業委託を復活させた。こうして始まったのが，国などの事業を社会福祉法人が受託して行う仕組みの措置制度である。以来，社会福祉法人は戦後日本の社会福祉において大きな役割を果たしてきた。

　社会福祉事業は，社会福祉法第２条によって「第一種社会福祉事業」と「第二種社会福祉事業」とに分類されている。「第一種」に分類されているのは，利用者の人格や権利への影響がとくに大きいため公的規制の必要性が高い事業

▷1　主な社会福祉法人としては，上記の共同募金会と社会福祉協議会のほかに，社会福祉事業団，施設経営法人がある。現在およそ２万の社会福祉法人が存在している。社会福祉法人は社会福祉事業の他，公益事業や収益事業を行うことができる（社会福祉法第26条）。

▷2　社会福祉法人と措置制度の歴史の詳細については，北場勉，2005，『戦後「措置制度」の成立と変容』法律文化社を参照されたい。

である。入所施設がその主たるものとしてある。「第二種」にはそれ以外の事業，主として在宅・通所サービスなどが分類される。これらのうち，第二種の社会福祉事業については，その経営が行政と社会福祉法人のほかにNPOや企業組織や個人にも広く認められるのに対して，第一種の社会福祉事業を経営できるのは行政と社会福祉法人のみとされている。当然に，社会福祉事業の経営主体として社会福祉法人が占める位置はとても大きい。

　社会福祉法は，社会福祉法人が「社会福祉事業の主たる担い手」（社会福祉法第24条）としての位置づけにふさわしい事業を行うように，行政から規制・監督および支援・助成を受けることとしている。前者の面では，法人の設立や，管理，経営に関わる詳細な規定が設けられている。後者の面では，施設整備に対する補助や税制上の優遇措置などがある。▷3

❸ 社会福祉協議会

　社会福祉法人の１つとして，地域福祉において中心的な役割を担っているのが社会福祉協議会である。社会福祉協議会は社会福祉法に基づく民間団体で，地域において社会福祉を目的とする事業や活動を行う者が参加する。社会福祉協議会は，地域住民や公私の社会福祉関係者・団体から構成される複雑な組織であり，その活動もまた多様である。▷4

　1951年，GHQと厚生省（当時）の指導の下，戦前から存在していた各種の社会事業関係団体が統合されて全国社会福祉協議会が結成された。その後，都道府県社会福祉協議会，市町村社会福祉協議会が全国につくられていった。▷5

　組織の創設の後，組織の活動指針をどこに置くべきかを模索するなかで見出されたのが，「住民主体」の原則という地域福祉の理念であった。住民の声を聞き，住民のニーズを把握すること，さらに住民が自ら地域の課題を見つけ，課題解決に向けて活動することが，その意味するところである。この理念は，1962年に全国社会福祉協議会が策定した「社会福祉協議会基本要項」において確立され，以来社会福祉協議会の指針となってきた。▷6

　社会福祉協議会は，地域福祉推進の中心的な主体として，在宅福祉サービスの開拓や地域組織活動に取り組んできた。1979年に全国社会福祉協議会が発表した『在宅福祉サービスの戦略』は，当時新しく切り拓かれつつあった在宅福祉サービスのありかたについての研究として，社会福祉関係者に大きな影響を与えた。ボランティア活動の振興や人材養成など，社会福祉を支える人の育成においても，社会福祉協議会が果たしてきた役割は大きい。

　今日，地域福祉は福祉行政においてますます大きな比重を占めるようになってきている。例えば生活困窮者支援においても，「地域づくり」が重視され，社会福祉協議会が事業の主要な委託先として，さまざまな事情で生活に困窮する人々の社会的包摂に向けた活動を担っている。　　　　　　　（冨江直子）

▷3　近年の動きとしても，社会福祉法人改革として，経営組織のガバナンス強化や，事業経営の透明性の向上，地域における公益的な取り組みの実施などが求められている。

▷4　市区町村社会福祉協議会は住民に最も身近な地域における活動として，在宅福祉サービスの提供やボランティア活動の支援，サロン活動などを行っている。都道府県社会福祉協議会は，権利擁護や苦情相談などの利用者支援，福祉サービス第三者評価，生活福祉資金の貸し付けなどを行っている。全国社会福祉協議会は，全国の社会福祉関係者，社会福祉事業者の連絡・調整や，社会福祉の制度改善の取り組み，調査研究，国際交流などを行っている。

▷5　社会福祉協議会には，民間団体でありつつ行政との関係が強いという特徴がある。社会福祉協議会は，財源の大きな部分を行政に依存し，また行政からの事業の委託先として大きな位置を占めている。社会福祉協議会の通史は，全国社会福祉協議会三十年史刊行委員会編，1982，『全国社会福祉協議会三十年史』全国社会福祉協議会，および全国社会福祉協議会編，2010，『全国社会福祉協議会百年史』全国社会福祉協議会を参照されたい。

▷6　「新・社会福祉協議会基本要項」（1992年）も，社会福祉協議会の５つの活動原則のなかに「住民ニーズ基本の原則」および「住民活動主体の原則」を掲げている。

6 協同組合
生協や農協は株式会社とどのように違うのか？

1　協同組合とはいかなる組織か

　協同組合をなんらかの形で利用した人は，少なくないだろう。大学の食堂や売店は大学生協が運営しているかもしれない（入学時に出資金を支払っている読者も多いだろう）。また，商品の購入，あるいは宅配で，○○コープというお店を利用したことがあるかもしれない。地方に住む人なら，農協がさまざまな形で地域の生活を支えている場面に出合ったことがあるかもしれない。

　これらの協同組合は，株式会社やNPO法人とは区別される組織形態である。協同組合の国際的組織である，ICA（International Co-operative Alliance）では次のように協同組合を定義している。「協同組合とは，自発的に集まった人々の自律的結社であり，彼らの共通の，経済的，社会的，文化的必要と願望を達成するために，共同的に所有し，民主的に運営される事業体」のことを指す。

　協同組合の特徴はICAの規定にも表れているように，事業体でありながら組合員の共同所有，民主的運営が重視されていることである。組合員は協同組合によって多様であり，消費者であることも，生産者であることも，労働者であることもある。しかし，共通することは，経営に関して，出資額に応じた一株一票を原則とする株式会社と対比される形で，一人一票の原則（One person, One vote）が強調され，インフォーマルな場面でも話し合いや対話が尊重されることである。協同組合の場合は，原則的に組合員は経営や運営に関して全員が同等の権限を持つという特徴がある。

2　協同組合は福祉とどのようにかかわるか

　日本国内には多様な形での協同組合が存在する。そのなかでも福祉とかかわりが深いのは消費生活協同組合（生協），農業協同組合（農協），労働者協同組合（ワーカーズコープ・ワーカーズコレクティブ）である。

　生協は消費者が出資し，運営をする協同組合である。基本的には，食料品などの生活にかかわる財を販売することが一般的である。しかし，日本での生協はもともと困窮者の助け合いのために成立した経緯もあり，1990年代前後の早い時期から高齢者を中心とする介護事業を運営してきた。また，農協も原則的には農業生産者の相互扶助組織であるが，とりわけ地方部においては重要な地域資源として，高齢者福祉などのサービスを提供していることも少なくない。

▷1　出資金とは，組合員が協同組合に加入する際に支払うお金のことで，事業の原資となる。一般的には退会（大学生協の場合は卒業）の際に返還される。

▷2　「International Co-operative Alliance」のホームページより（https://ica.coop/en/what-co-operative 2020/1/20）。

　労働者協同組合は，一般にはあまり馴染みがないかもしれないが，労働者が出資，経営，労働する組織である。日本国内の大きな団体としては女性（多くは結婚退職後の女性）を中心とするワーカーズコレクティブ，失業者対策から仕事づくりを目指して活動してきたワーカーズコープがある。両者とも介護や子育て関連事業を展開するとともに，就労困難者の働く場づくりにも貢献している。

▷3　労働者協同組合と社会的包摂の関係については，藤井敦史・原田晃樹・大高研道編，2013，『闘う社会的企業』勁草書房が詳しい。

③　協同組合の利点

　先に見たように協同組合は，さまざまな形で福祉とかかわる。地域社会にとってはさまざまな協同組合は重要な福祉的資源の側面を持ち合わせている。その特徴としては以下に挙げられるだろう。

　第1に，民主的性格である。組合員参加を重視しているため，地域に必要とされるニーズをすくい上げる潜在性がある。福祉・地域社会にかかわることに積極的な協同組合は地域住民が抱えるニーズを広くすくい上げることが可能となっている。

　第2に，多くの協同組合では，一定規模の事業（生協であれば，生活費需品の販売，農協であれば農産物の生産販売）を基盤としているために，独自の収入源・共同資源がある。福祉にかかわる事業では政府からの再分配（税・社会保険）を別とすると，独自の収入源を持つことは簡単ではない。一方で協同組合は政府の制度を超えた独自の活動を行うことも比較的，容易である。

④　協同組合の経営の難しさ

　しかし，現状では，必ずしもすべての協同組合が積極的に社会福祉にかかわっているとはいえない。その理由の1つには共益と公益の不一致という問題がある。協同組合では基本的に出資者である組合員の意思決定が優先され，組合員の利益と一致しない活動は避けられる傾向にある。一方で，公益的な福祉事業は必ずしも組合員の利益と一致するとはかぎらない。そのため，どのように共益と公益の間で折り合いをつけるかが課題となる。

　さらに協同組合が福祉にかかわる際の困難として，意思決定の問題も存在する。民主的運営はたしかに手続き的には公正な側面はあるものの，合意に時間がかかったり，経営に関心がない組合員が多くを占めることで，形骸化する可能性がある。その場合，必要を感じる組合員の意思を適切に反映することができない可能性がある。

　以上のような問題を抱えつつも，福祉を支える存在として協同組合は地域社会のなかで重要な役割を果たしうると考えられる。どのような役割を果たすことが可能であるかのより積極的な議論が必要だろう。

（米澤　旦）

7 社会的企業・起業
福祉とビジネスは両立するか？

1　社会的企業への関心の高まり

　社会的企業（Social Enterprise/Social Business）は世界的には1990年代，日本では2000年代になって注目されるようになった組織形態である。国際的に著名な社会的企業としては，小規模集団へ融資を行うグラミン銀行やホームレス支援を担うビッグイシューなどが挙げられることが多い。

　社会的企業は，基本的には，「社会問題の解決（社会的目的の実現）を，経済活動を通じて実現しようとする組織」のことを指す。また，社会的企業の起業家や経営者は社会起業家（Social Entrepreneur）と呼ばれる。海外ではビジネススクールで社会起業家専門のコースが設定されることは少なくない。2010年代以降，日本でも，社会起業家が，事業を行いながらメディアで発言したり，政策形成過程にかかわることが目立つようになった。

　社会的企業は多様な領域で活動するが，その1つが社会サービス（福祉・教育・就労支援）であることもあり，福祉・社会政策研究でも取り上げられることが近年では増加してきた。ただし，福祉とビジネスは必ずしも親和的であるとはみなされず，新しい現象として注目される一方で懐疑的な目を向けられることも少なくない。

2　社会的企業の多様な国際的背景

　1990年代から2000年代にかけて，社会的企業が注目されはじめた際にはとくに大陸欧州とアメリカにおいて異なる組織モデルが存在することが強調された。欧州の場合，イタリアの社会的協同組合（介護や保育などの社会サービスを提供するA型，就労困難者を仕事を通じて包摂するB型に分けられる）が原型だと指摘されることが多い。とくに協同組合の基盤のうえに実践や研究がなされたため民主的性格が強調され，また社会政策関連の活動が注目された。

　一方でアメリカの場合は，非営利組織のビジネス化の文脈で注目されてきた面が強い。初期の社会的企業に注目した研究者は，ビジネススクールに属する経営学者が主流であった。そのような背景のもとで，政府や民主主義との関連というよりは，ビジネスとの関連で論じられる傾向にあった。

　ただし，2000年代後半から両者の境界は以前ほどはっきりしたものではなくなっている。欧州の社会的企業の研究者のネットワークも，アメリカの経営学

▷1　イタリアの社会的協同組合については，田中夏子，2004，『イタリア社会的経済の地域展開』日本経済評論社に詳しい。

や組織社会学で蓄積されてきた概念を利用することが多くなっている。翻って，アメリカで中心的に蓄積されてきた経営学や組織社会学を起源とした社会的企業研究でも，欧州で議論されてきた就労困難者の社会的包摂のための社会的企業（労働統合型社会的企業）を対象とする研究が見られている。

ただし，社会的企業をとりまく，法環境，制度的文脈との関係は多様であり，社会ごとに社会的企業の形にばらつきがあることはある程度共有されている。[2]

❸　福祉社会学における社会的企業

日本でも福祉社会学・社会福祉研究，協同組合研究，経営学，非営利組織研究などさまざまな研究分野が社会的企業への関心を示している。とりわけ，福祉社会学や社会福祉研究においては，就労機会の提供を通じて就労困難者を仕事や地域へ包摂するという文脈や地域自体の活性化のために注目された。例えば，これまで，社会福祉では望ましい専門的支援のあり方が問題とされることが多かったが，社会的企業のように，事業を構成員の共通の目的とする組織の場合，支援者と被支援者の関係の非対称性は緩和されるため，社会的企業内の対等性が注目されることも増えてきた。[3]

加えて社会福祉にかかわる非営利組織一般における労働環境の相対的劣位性も，福祉分野における社会的企業への関心を後押しするものであっただろう。ビジネスは必ずしも福祉と親和的なものとはとらえられることは多くなかったが，2000年代以降は政府による再分配も含めて，いかなる資源を組み合わせれば，福祉の従事者にとって望ましい労働環境が確保されるか，あるいは持続的経営が可能かという主題が重要性をもった。

ただし，組織に関する国内の社会学の相対的な蓄積の弱さもともなって，社会的企業の組織的分析はいまだ蓄積が乏しいと言わざるをえない。例えば，社会的企業はハイブリッド組織であると指摘されることが一般的であるが，それゆえに生じる「対象特定の困難」，つまりいかなる組織を対象とすれば社会的企業研究となるのか，という論点などは，十分に検討されているとはいいがたい。[4]そのため，研究分野間はもちろんのこと，研究分野内においても社会的企業の概念規定についての合意がないという現状がある。

ハイブリッド組織であることが，新しい社会問題の解決策を生み出す可能性もある。例えば，社会的目的や経済的目的を組み合わせたり，補助金・寄付・事業収入を組み合わせることができるためである。一方で，要素間のコンフリクトも少なからず見られる。コンフリクトによって継続的活動ができなくなる可能性もあるが，つねに否定的な結果をもたらさない。組織特性との関連のもとでの社会的企業の意義を検討する必要があるだろう。　　　　（米澤　旦）

▷2　Kerlin, J. ed., 2009, *Social Enterprise : A Global Comparison*, Tufts University Press.では社会的企業の国際的多様性をコンパクトにまとめている。

▷3　例えば，社会福祉学からのアプローチとしては，牧里毎治監修，2015，『これからの社会的企業に求められるものは何か——カリスマからパートナーシップへ』ミネルヴァ書房が事例も含めて紹介している。

▷4　例えば，米澤旦，2017，『社会的企業への新しい見方』ミネルヴァ書房はその1つの試みである。

8　社会運動と福祉
障害者はなぜまちに出て行動するのか？

1　社会問題化と「必要」の再定義としての社会運動

　1977年，川崎市において脳性マヒの障害者たちがバスを占拠し，バスの通る路上に身体を投げ出し横たわる直接行動をとった「川崎バスジャック事件」が起きた。この事件は新聞を賑わし，過激な行動として社会から批判もされた。このような障害者たちの行動をみなさんはどうとらえるだろうか。「みんな」が利用する公共交通の秩序を乱す迷惑な行為。そんなふうに考えるだろうか。

　実は，これは集団的に福祉のありかたを変えようとした行為である。当時，障害者たちがバスで自由に移動することは，認める認めない以前に，大多数の人たちにとっては想定すらされていないことだった。そのため障害者の「バスに乗りたい」という意思の表明は，それを社会が充足すべき「必要」のリストに上げるための第一歩だったのである。ゆえに，当時のこの障害者たちの体を張った行動に対する市民社会からのあからさまな非難・批判は，行動の「成功」を示す反応だったといってもよいだろう。

　リストに載せた後は，その「必要」を実現するための設備や人手，またその確保を可能とする法制度などが求められる。障害者たちの「バスに乗りたい」という意思の存在と繰り返しの行動は，2000年代の公共交通機関に対する通達や交通バリアフリー法の制定などに結実していった。しかし，その次になにも行動しなければ，日ごろの交通利用における公共交通の利用しやすさは，社会の常識的な基準や既存のインフラ・人手，人びとの制度への認知などを前提に決まってしまう。それらの変化や改善を目指して，例えば，電動車いすを利用する障害者たち（と介助者）が集団で次々と駅に行き，地下鉄に乗って数駅先に集合し，地下鉄へのアクセスしやすさの必要性を説いたビラを駅前でまく「交通大行動」のような運動が2000年代になっても行われているのである。

2　運動の成果と再帰性

　以上のような，共通のアイデンティティを持った集団による共通した目的の達成を目指した行動は社会運動ととらえることができるが，派手なアピールだけではなく，日常の生活そのものを通じた運動の形もある。例えば，施設や生まれた家族で世話を受けて生きるのではなく，地域のアパートなどで暮らす「自立生活」という重度障害者たちの日々の生き方も重要な社会運動だ（自立

▷1　その様子を収めた記録映画『さようならCP』（原一男監督，1972年）には，そうした行動に対して「非常識」といった発言を臆することなくカメラの前で発する市民の姿や，「困ったものだ」ととらえるバス会社社員の姿が映されている。

▷2　Ⅰ-4 参照。

▷3　同様の意味を持つ運動に，脳性マヒ者の団体である青い芝の会による，脳性マヒ児を殺した母親に対する減刑嘆願の署名活動への抗議行動がある（横塚晃一，2007，『母よ！殺すな』生活書院）。これは，障害者を育てる母親側の意思のみへの社会の注目に対して，脳性マヒ者の存在と意思を「表明」しようとするものだったといえるだろう。

生活運動）。大規模施設の充実や介護家族への支援は，主に家族の望みに対する行政機関の対応として生まれてきた。それに対して，「自立生活」の実践者たちは，地域に出て，まずはボランタリーな介助者を自らの「手足」として1人暮らしをすることで障害者自身の意思の存在を示した。また，その意思の実現を安定的に可能にするための介助保障を行政機関に要求していった。そして，その動きと並行して，自立生活センターでの介助者派遣や障害者のエンパワーメントなどの事業を行うようになっていった。こうした生き方とそれを支える活動によって，より多くの障害者の「必要」が掘り起こされてきた。[5]

　そうした運動の「成果」が，運動のありかたの再考や，運動の拠って立つ前提の変化をもたらすことがある。例えば，自立生活運動の中核である自立生活センターは介助者派遣などの事業にも力を入れ，2003年の支援費制度の開始（その後の自立支援法の開始）など，障害者福祉制度の変化の中で，NPOなどの法人格を取得した事業体として制度の受託者となり「拡大」していった。そうした展開は多くの障害者の「需要」に応えていったが，同時に，サービス利用者としての障害者層を増やしていくことで，社会や行政への抵抗的運動の側面を弱める結果ともなり，運動の課題ともなってきている。このように運動目標の「達成」自体が運動にフィードバックし，運動の課題を変化させていく点への注目も重要である。

③　当事者以外の運動参加・敵対的な運動

　福祉をめぐる社会運動を理解していくうえでは，ここまで見てきたような，自らの「必要」を主張する当事者以外の参加にも目を向ける必要がある。例えば，1990年代のHIVの運動や電話相談事業においては，感染者ではない「良心的支持者」層の参加が運動にとって重要であった。[7]　また，専門家・家族による運動から当事者運動への流れとして日本の障害者運動の展開を理解する見方に対して，担い手が当事者であろうがなかろうが「反優生思想」という理念を共有した者たちによる運動の展開を見ることが重要だとする見方もある。[8]

　さらに，「人権」などの福祉を支える理念に明らかに敵対する運動もある。「在日外国人」への福祉給付を「特権」として非難するヘイトスピーチ街宣や，福祉施設建設への住民の反対運動などである。敵対的な運動については，福祉社会学は，批判的なまなざしを保持したうえで，その運動に対するどのような対抗運動が生まれ，その結果，なにが起こっていったのかを丁寧に見ていくことが重要である。例えば，在日外国人へのヘイトスピーチに対しては，反ヘイトの対抗運動が現れ，社会問題化され，ヘイトスピーチを規制した自治体の条例や法律へとつながっていった。また，福祉施設への反対運動をきっかけに住民との間での合意が生まれていくケースもある。社会運動と福祉というテーマは，「反福祉」的現象も射程に入れて考えていく必要がある。[9]　　　　　　（井口高志）

▷4　介助保障の要求運動の先駆者である新田勲の活動を描いた研究として，深田耕一郎，2013，『福祉と贈与』生活書院。

▷5　自立生活運動の生成と歴史については，安積純子・岡原正幸・尾中文哉・立岩真也，2012，『生の技法——家と施設を出て暮らす障害者の社会学』［第3版］生活書院。

▷6　土屋葉，2013，「自立生活運動の現状と課題」福祉社会学会編『福祉社会学ハンドブック——現代を読み解く98の論点』中央法規，pp. 222-223。

▷7　本郷正武，2007，『HIV/AIDSをめぐる集合行為の社会学』ミネルヴァ書房。

▷8　堀智久，2014，『障害学のアイデンティティ——日本における障害者運動の歴史から』生活書院。

▷9　こうした「反福祉」的現象に注目した福祉社会学の例として，副田義也，2008，『福祉社会学宣言』岩波書店の「福祉川柳」の分析がある。

9 当事者参加
福祉の当事者はいったい誰なのか？

1 みんな当事者？

　介護施設には，介護を行うスタッフたちや，介護を受けてそこで生活する人（入所者）たちがいる。また，入所者の家族も施設にやってくる。これらの人たちは，みな等しく介護問題の当事者だろうか。

　「みんなが関係者である」という意味でそういえないこともない。だが，福祉の文脈で当事者という言葉がとくに強調されるとき，多くは「みんなそれぞれ当事者だよね」というニュアンスでは用いられない。「当事者じゃないからわからないよね」とか「当事者の思いを第一にすべきだ」というように，関係者のなかで特別な位置にある人を特定してその言葉は用いられ，多くはサービスを受ける「本人」を指す。そうだとすると，そのような当事者概念のニュアンスと，その言葉がなんのために使われ，なにを生み出してきたのかに注意しながら当事者参加について考えていく必要がある。

2 パターナリズムから当事者主権へ

　障害者の脱家族や脱施設に代表される運動にみられるように，援助や支援において援助を受ける側が顧みられてこなかったと，まさに援助を受けてきた側が問題視し，異議申し立ての動きが起こってきた。当事者という言葉は，そうした動きのなかに登場する。

　福祉の援助はニーズがあるとされる者に対して行われる。ニーズは，原則的には人々の需要が専門家や行政職員などによって公的に認められるプロセスを通じてニーズとなる。しかし，このプロセスにおいて，往々にして，専門家や行政職員は，何らかの必要性を感じそれを表明する本人の意向を十分聞くことなくニーズを決定してしまうことがある。措置制度を背景とした福祉供給システムや，利用者と専門家の間の知識の非対称性が大きい医療サービスなどでは，パターナリズムと呼ばれるそのような関係がとくに生まれやすい。

　そうした状況に対して，サービスを受ける側から，権利を持つ利用者としてニーズの自己決定を重視していこうという主張が生まれていく。その際に用いられるのが当事者という言葉である。当事者とは，まずはニーズ決定プロセスでの決められる側による存在の主張であり，そのプロセスへの本来あるべき参加を求めるなかで登場する言葉なのである。

▷1　星加良司は，当事者という言葉が，なんらかの形で「問題」にかかわっているすべての主体を含むように使われていることにも注意をうながしつつ，とくに当事者主権が主張されるような文脈での当事者概念を「障害者，女性，高齢者，患者等，『問題』の中で不利益を受けている主体，あるいは『問題』の起点となるニーズが帰属する主体」を指すものとしている（星加良司，2012，「当事者をめぐる揺らぎ──『当事者主権』を再考する」支援編集委員会『支援』2，生活書院，p. 10）。

▷2　Ⅷ-8 参照。

▷3　Ⅰ-4 参照。

▷4　Ⅰ-8 参照。

▷5　上野千鶴子は，日本産の用語というニュアンスが強い当事者主権という言葉は「援助の対象となっていながらその実，援助の内容についての自己決定権を長きにわたって奪われてきたのが障害者」であるため，障害学研究の分野で生まれてきたとしている（上野千鶴子，2011，『ケアの社会学──当事者主権の福祉社会へ』太田出版，pp. 66-67）。

　また，上野千鶴子によると，なにかを必要としている本人が自動的に当事者であるわけではない。自ら置かれている状態を本来あるべき状態に対する不足ととらえて問題化し，それを周囲に顕在化させてはじめて当事者となる[6]。そのような意味での当事者は，すでにニーズ決定の社会的プロセスへの参加に踏み出しており「当事者参加」は冗長な表現ともいえる。

❸　当事者はなにに参加するのか

　しかし，実際の社会的行為として，当事者参加といったとき，もう少し具体的な参加の内容が考えられる。先にニーズ決定プロセスへの参加と述べたが，ニーズの決定はワーカーと被援助者との対人間の相互行為でのみなされるわけではない。その前提となる制度や政策過程などが重要になってくる。そうした意味で当事者の政策や制度の形成過程への参加も当事者参加の重要な要素である。社会運動，行政の審査会などへの参加の形があるだろう[7]。

　また，知識の非対称性が当事者と専門家との間の力関係につながっているとするならば，支援や制度形成の前提となっている知の創成への参加も重要な当事者参加のありかたである。フェミニズムに基づくジェンダー研究や，障害者運動と結びついた障害学は抑圧の経験を社会構造との関連で明らかにして発信し，現実理解に対して大きなインパクトを与えている。また，より具体的に，当事者が参加する形の調査の実践・方法の提案もなされてきている[8]。

❹　当事者の複数性と拡張

　もちろん，あるカテゴリーの下に集う当事者は一枚岩ではない。排除されている人びとが，差異をあえて捨象して1つのカテゴリーのもとでなにかへの参加を訴えていくこともある。ゆえに，例えば障害という属性をベースに当事者の権利を主張したとしても，その障害カテゴリーの中には身体，知的，精神などの差異がある。主張が社会に理解されやすいカテゴリーとそうではないカテゴリーがその中にあるとすれば，当事者参加を求める運動の中での連帯の難しさや，いったん代表的に社会に受け入れられた当事者イメージのステレオタイプ化の問題も起こりうる。

　また当事者と似た表現が力関係において弱い側でなく，多数派を包摂するように用いられることもある。それは，地域包括ケアの構築を目指す中で登場する「我が事丸ごと」のような表現である。マジョリティである地域住民に，ニーズを抱える者の問題を自分のこと（当事者）として考え，福祉社会をつくっていくべきだと呼びかける言葉だ。こうした呼びかけは，例えば，高齢化の進展の中，社会の多くの成員がみな「同じように」老いていくことを背景になされる。いわば地域住民間の「助け合い」として現れてきた「当事者参加」をどう評価するかも福祉社会学の新しい課題である[9]。　　　　　　（井口高志）

▷6　上野千鶴子，2011，『ケアの社会学——当事者主権の福祉社会へ』太田出版，pp. 79-80。
他方で，関水徹平は，ひきこもりなどの生きづらさを抱える人たちの文脈で，上野の「ニーズを引き受けることによって当事者になる」という当事者論が，主体の強い能動性を前提としていることを批判している。そして，自分と世界との関係を問い直し定義することを迫られる「問題経験の主体」として当事者性を概念化する必要性を主張している（関水徹平，2018，「ひきこもり経験者による当事者活動の課題と可能性——当事者概念の再検討を通じて」『福祉社会学研究』15：pp. 70-74）。

▷7　武川正吾は「市民参加」を「策定過程」への参加と「実施過程」への参加とに区分して考える枠組みを提示している（武川正吾，1998，「福祉社会における参加」『社会福祉研究』71：pp. 26-34）。

▷8　Ⅹ-5参照。

▷9　厚生労働省「我が事・丸ごと」地域共生社会実現本部などの資料には，地域住民が「我が事」として地域の活動に参加することが呼びかけられている。三島亜紀子は無償での公的労働をアンペイド・パブリック・ワークと概念化し，こうした動向を批判的にとらえている（三島亜紀子，2017，『社会福祉学は「社会」をどう捉えてきたのか——ソーシャルワークのグローバル定義における専門職像』勁草書房）。

福祉ガバナンス
多様な福祉の取り組みはどのように調整されるか？

1　福祉ガバナンスへの関心と背景

　福祉ガバナンス，あるいはソーシャルガバナンスという言葉が日本国内で強調されるようになったのは2000年代以降のことである。[1]一般的には福祉ガバナンスとは，多様な諸主体の関係によってあるレベル（ミクロ・メゾ・マクロ）の人々の必要が充足される（あるいはされない）過程・状態と考えることができるだろう。ガバナンスはさまざまな場面で使用される概念であるが，最も使用頻度の高いと考えられるコーポレートガバナンスがもっぱら企業内外の利害関係者の関係を主題とするのと比べて，福祉ガバナンスが論じられる際には，主として多様な組織間の関係が問題となる点に特徴がある。

　福祉ガバナンスへの関心の背景には，統治機関としての国家ないし行政の後退がある。「ガバメントからガバナンスへ」というキーフレーズが多用されたように，社会サービスの担い手として国家や行政だけではなく，営利企業，非営利組織，インフォーマルな関係性などがより強調された。一方には，大きな政府への批判があり，もう一方には，選択や参加，共助などの原理が重視されたということがあるだろう。

　福祉ガバナンスは，近年ではローカルな問題としてとらえられがちであるが，必ずしもローカルには限定されない。福祉にかかわる組織間や人々の関係は，さまざまな水準で重要な意味を持つからである。1つの区分の仕方は，ローカル／ナショナル／トランスナショナルの区分にあり，それぞれの福祉ガバナンスを考えることは有益である。[2]

2　ローカルな福祉ガバナンス

　ローカルなレベルでの福祉ガバナンスは，福祉ガバナンスの問題系で最も主題化されたレベルであろう。分権化や民営化が進展するなかで，地域における福祉の担い手は自治体が主導権を持っていた時代から，ますますさまざまな民間組織が担う形へと変容している。

　社会福祉法人，医療法人などの伝統的な非営利組織に加えて，NPO 法人，営利組織が地域においてさまざまな形でサービス供給を担っている。ここで問題となるのは，適切な統治や資源配置（助成金・報酬制度の設計）がなされないと，サービスに過剰／不足が生じたり，不公正な形で事業を行うような組織が

▷1　ただし，世界的には，アングロサクソン諸国では，1980年から現代的な意味で使用されるようになった。当初は企業ガバナンスが出発点であり，その延長線上に公共部門のガバナンスの議論があった。この点は宇野重規，2016，「政治思想史におけるガバナンス」東京大学社会科学研究所編『ガバナンスを問い直すⅠ』東京大学出版会，pp. 21-40。

▷2　この3つのレベルの区分については，武川正吾，2006，「福祉社会のガバナンス──グローバルとローカル」『福祉社会学研究』3：pp. 48-66を参照のこと。

現れるということである。そのため，自治体をはじめとする行政機関には適切な形でのルールの設定や資源配置を行うことが求められる。

　加えて，サービス提供のありかただけではなく，働き手としての福祉従業者の問題も重要である。近年では，行政と民間諸主体のパートナーシップ（協働）が問題となることは少なくないが，「下請け」的な形での事業委託か，それにともなう労働条件の悪化も少なくない。福祉にかかわる人が適切な報酬を受け取ることができるような条件整備も求められるだろう。

❸　ナショナルな福祉ガバナンス

　国家レベルでの福祉ガバナンスは重要であり続けている。例えば，医療保険などは，保険者や被保険者，政府などの関係性のなかで保険料や診療報酬などが決まる。複数の組織間の関係が問題となる領域であり，アカウンタビリティも含め，望ましいガバナンスのありかたが問題となる。このように，ナショナルなレベルでの社会保障においてもガバナンスはなお重要な主題である。

　加えて，近年のナショナルな福祉ガバナンスでは，行政内でも関係する組織が多様になっていると考えられる。現代社会では，福祉と労働の関係が複雑化し，家族も変容している。そのなかで社会保障・社会福祉を所管する厚生労働省内にあっては，旧厚生省・旧労働省の部局間のより緊密な連携が必要になる。また，主題によっては経済産業省，財務省，内閣府などの省庁がかかわることもあり，行政外の労働組合や経済団体も含めた関係構築が必要である。これらのバランスのなかで，公正な生活保障ガバナンスをつくり上げることが課題となる。

❹　トランスナショナルな福祉ガバナンス

　また，一国内を超えたトランスナショナルな福祉ガバナンスも重要である。国際的な労働力の移動が一般的になるなかで，海外からの労働者の社会保障・福祉をどのように行うかという問題は重要な主題である。また，欧州などでは，近年の国際情勢の悪化によって，受け入れ国が意図しない形での人々の流入も起こっている。それらの人々への排外的な論調も存在するなかで，国際関係における組織間関係をいかに構築するかが重要である。

　日本でも，ケア労働者の受け入れは大きな課題となっている。グローバル・ケア・チェーンと呼ばれるような，国際的なケア労働力の連鎖のなかで，国際的なケア労働者をいかに保護するか，また市民権をどのような形で保障するかという問題は，喫緊の課題となっている。受け入れ国と送り出し国の関係性はもちろんのこと，EUで見られるような国際地域単位（例えば東アジア）での社会条項などの設定もまた課題となるだろう。　　　　　　　　（米澤　旦）

▷3　近年では，生活保障ガバナンスという用語で，国家レベルでのガバナンスを検討する研究も見られる。大沢真理，2014，『生活保障ガバナンス──ジェンダーとお金の流れで読み解く』有斐閣を参照のこと。

▷4　貿易などにおける労働基準など社会的なことがらに関する国家間のルールのことを指す。

人口の構造と動態
日本の人口はどう変わり，これからどうなるのか？

1　日本の人口の過去，現在，未来

　過去，現在，そして未来を概観すると，日本の人口は，明治期以降，約2世紀をかけて，増加-減少という過程を経て，おおよそ元の水準に回帰するとみることができる。例えば，1900年（明治33），日本の総人口は約4385万人であったが，それはその50年後の1950年（昭和25）には，約8320万人とおおよそ2倍程度にまで増加し，さらにその60年後の2010年（平成22）には，日本の総人口は，1億2806万人とそのピークに達した。しかし，これ以降，日本の人口は減少局面に入り，国立社会保障・人口問題研究所より公表された最新の推計結果[1]によると，約50年後の2065年には約8808万人に，さらにその50年後の2115年には約5056万人まで減少すると見込まれている（いずれも出生中位・死亡中位推計）。

2　人口変動の主な要因：出生力の大きな変動

　このように日本の人口が増加-減少という過程を経た背景には，この間の出生力の大きな変動がある。出生力は通常，女性1人が一生涯のうちに産む平均的な子ども数とされる合計特殊出生率（Total Fertility Rate：TFR）によって表される。

　近代以降の日本の女性の合計特殊出生率の推移を見ると，戦前期には4～5と非常に高い水準で推移していたものが，戦後，1950年代をかけて2近傍にまで低下し，その後60年代から70年代にかけては人口の再生産に必要な水準とされる人口置換水準の2.1近傍[2]を推移した。

　しかし，その後，70年代後半より合計特殊出生率は再び低下し始め，1989年にはそれまでの最低値であった1.58を下回る1.57を記録し，さらに2005年には1.26と過去最低値を更新した。その後，出生力は若干持ち直し，2015年には1.45と90年代前半程度の水準にまで回復しているものの，将来推計では今後，この水準を大きく超えて推移することなく，2065年時点で1.44程度を見込んでいる（図Ⅸ-1-2）。このように，日本がこれまで経験した出生力の変動は非常に激しいものであり，それが日本の人口を大きく変化させたのである[3]。

3　未来は変えられるのか

　このような局面に際して，政府は希望出生率1.8の実現といった目標を掲げ，[4]

▷1　国立社会保障・人口問題研究所，2017，『日本の将来推計人口（平成29年推計）』（http://www.ipss.go.jp/pp-zenkoku/j/zenkoku2017/pp_zenkoku2017.asp　2017／8／7）。

▷2　人口は女性がその生涯において女児を1人以上産むことで再生産されるととらえられる。そのため乳幼児死亡率や成人死亡率が高く，1人以上の女児を産み終える前に死亡する女性が多い場合，人口置換水準はより高くなる。

▷3　この間，死亡率は一貫して低下し，平均余命は大幅に伸長した。

▷4　「ニッポン一億総活躍プラン」（平成28年6月閣議決定）。

各種政策を講じてきているもの，人口動態には一定の慣性が働くことから，仮に出生率が上昇したとしても，それが人口増加や均衡をもたらすまでには数世代の時間を要するとされる。そのため，多少の変化はあったとしても，今後，日本の人口が長期間にわたって減少局面にあることはほぼ確実といえよう。

また，こうした状況の中，注目されるのが国際移動，つまり外国人の流入の影響である。とくに近年，日本は毎年17万人程度の外国人の入国超過を経験しており，これは日本人人口の年間の自然減少分のおよそ40%（2018年実績）にあたる。もちろん，移民受入れによっても少子高齢化による人口構造の変化をすべて打ち消すことはできないものの，日本人人口が減る中での活発な外国人の流入は日本社会のエスニックダイバーシティを大きくかえることが予想される。今後は単に人口の規模だけではなく，その構成

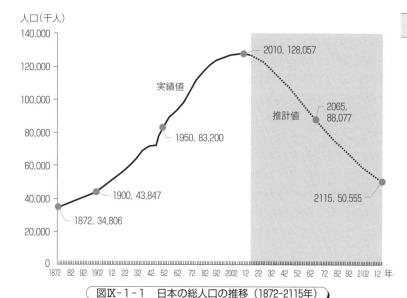

図IX-1-1　日本の総人口の推移（1872-2115年）

出所：各種資料より筆者作成。

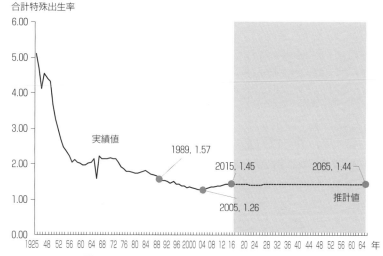

図IX-1-2　日本における合計特殊出生率の推移

出所：国立社会保障・人口問題研究所，2017，『日本の将来推計人口（平成29年推計）』（http://www.ipss.go.jp/pp-zenkoku/j/zenkoku2017/pp_zenkoku2017.asp）。

要素にも注意する必要があるといえよう。

なお，こうした動きをあたかも政策によって制御できるかのような言説には注意が必要である。政策の多くは短期的な効果を企図したものである一方，結婚，出生，死亡など人口学的なイベントの多くは数十年にわたる一人一人のライフコースの中で，中長期的に観察しないと変化が見えてこないものであり，両者の因果関係を特定することは通常非常に困難である。よって，安易な政策効果を標榜する主張の多くは疑似科学の域を抜け出ないことに注意されたい。

（是川　夕）

▶5　例えば，出生率が2016年より人口置換水準（2.1）まで回復したとしても，総人口は2060年には1億59万人程度まで減少する。

人口高齢化
高齢者が増えると困ることはあるのか？

 人口構造の高齢化とはなにか

　人口構造の高齢化とはある社会における高齢者の割合が増えることを意味する。その原因は第1にはあらゆる年齢層での死亡率の低下であり，これは世界中のあらゆる地域で近代化や経済成長によって普遍的に見られた現象である。時折，誤解されているが，出生力が低下する少子化は高齢化を加速させるものの，仮に出生力が高いままだとしても，死亡率の低下によって高齢化は進展する。つまり，人間がより健康で長い寿命を享受しようとするかぎり，高齢化自体は避けられない帰結である。

　もちろん，そうしたなかでもとりわけ日本の高齢化の進展は他の先進国と比較しても速いペースで進んでいるのも事実である。実際，1990年には12.1%であった65歳以上人口割合は，2015年には26.6%と倍以上になり，さらに，今後50年間で38.4%にまで上昇すると見込まれている。これは，他の先進工業国と比較しても非常に速いペースで高齢化が進んでいることを意味している（図Ⅸ-2-1）。

▷1　国立社会保障・人口問題研究所，2017，「日本の将来推計人口（平成29年推計）」(http://www.ipss.go.jp/pp-zenkoku/j/zenkoku 2017/pp_zenkoku2017.asp 2017/8/7）。

2 高齢化：なにが困るのか

　高齢化はなにが問題なのか。実はこの問いに答えることは容易ではない。さしあたって多くの人が指摘するのは，年金制度をはじめとする社会保障制度の運営である。よく知られているように，日本の公的年金制度は現役世代が主に保険料を支払い，高齢者がそれを受け取る，世代間支援の形（賦課方式）をとっている。そのため，人口構造が高齢化し，現役世代の相対的規模が小さくなると，それだけ入ってくる保険料の額が小さくなり，制度の運営に支障をきたすことが問題となっている。

　しかし，これ以外の問題については実はよくわかっていないことも多い。なかでも高齢化による介護人材の不足は直感的にわかりやすいものの，これも新たな需要を喚起するという意味では，必ずしも問題と断じることはできない。また，高齢者の増加による消費の停滞，イノベーションの阻害，シルバーデモクラシーによる政治の保守化など，高齢化によって縷々あげられる弊害は特定の高齢者像を前提としたものであり，今後もそれがそのまま妥当するかといった点については，必ずしも明らかではない（表Ⅸ-2-1）。

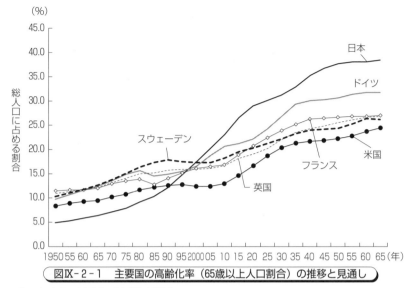

図Ⅸ-2-1　主要国の高齢化率（65歳以上人口割合）の推移と見通し

注：2015年までは実績値。それ以降は推計値。

出所：UN Population Division, 2017, World Population Prospects 2017（https://esa.un.org/unpd/wpp/ 2017/8 /17），国立社会保障・人口問題研究所，2017,『日本の将来推計人口（平成29年推計）』（http: //www.ipss.go.jp/pp-zenkoku/j/zenkoku2017/pp_zenkoku2017.asp 2017/8 / 7 ）。

表Ⅸ-2-1　人口構造が高齢化することによって起きるとされている問題の例

問題	内容
年金制度	高齢化による保険料収入と歳出の不均衡
医療	高齢化による医療費の増大
介護	高齢化による介護人材の不足，子どもの介護離職等
経済	投資の減少，イノベーションの低下，人件費の上昇，労働力不足，消費の減退等による経済成長の低下
地域	過度の高齢化によるコミュニティの崩壊
政治	有権者が高齢化することによる全体的な保守化
格差・貧困	所得の低い高齢者の増加による社会的格差・貧困の増大，生活保護受給者の増加

出所：筆者作成。

　より重要なのは，今の社会が世代間の特定の関係を前提としてできていると気づくことである。例えば，学校や職場において，若い世代（後輩）が上の世代（先輩）を敬うといった関係は，ひとえに出生力が高く，死亡率が高かった時代には，若い世代が上の世代よりも相対的につねに多い，という暗黙の前提に立っていると考えられる。なぜなら，もし若い世代の方がつねに少ない，あるいは同じ程度の人数しかいないのであれば，このような社会規範はそもそも持続可能ではなかったはずだからである。

③　新しい社会の形

　世代間の関係を見つめ直し，新たな社会関係を構想していくことが可能ならば，高齢化を豊かな社会的果実に変えることも不可能ではない。しかし，そのためにはこれまで自明視されてきた社会関係のありかたを柔軟に問う姿勢が求められているのである。

　　　　　　　　　　　　　　　　　　　　　　　　　　　　　（是川　夕）

3 人口減少
先進国では人口が減っているのか？

1 先進国における人口の推移と見通し

　日本は2010年以降，人口減少局面に入っており，国立社会保障・人口問題研究所の最新の推計結果によると，今後，中長期的に人口が減少し続けると見込まれている。その規模はこれから50年間で約3900万人，現在の総人口の30.7%を失うと見込まれている。仮に，今後出生率が高め（合計特殊出生率で1.64）に推移した場合でも，人口減少は避けられない（約3200万人，約25.3%の減少）と見込まれており，人口減少が日本社会にとっては，避けられないものであることを示すものといえよう。

2 人口減少の要因とは

　日本における人口減少の主たる要因は，出生力の低下により死亡数が出生数を上回るようになったことである。実際，これまでの出生率の推移を見ると，日本では1970年代後半以降，人口規模を維持するだけの出生率を下回って推移してきたことがわかる。

　しかし，実際に総人口が減少し始めたのは出生率がおおよそ2を切ってからおよそ40年を経たのちであったのはなぜであろうか。出生率は母親となる可能性のある出生可能年齢の女性人口に乗ぜられることで，実際の出生数が求められる。また，死亡数は主に死亡率が上昇する高齢者人口の規模に左右される部分が大きい。そのため，出生可能年齢にある女性の人口規模が十分に大きく，高齢者の人口規模が相対的に小さい間は，出生率が低下しても直ちに人口減少にはつながらないのである。そ

▷1　国立社会保障・人口問題研究所，2017，『日本の将来推計人口（平成29年推計）』（http://www.ipss.go.jp/pp-zenkoku/j/zenkoku2017/pp_zenkoku2017.asp 2017/8/7）。

▷2　人口置換水準と呼ばれ，合計特殊出生率で示すとおおよそ2.1程度となる。

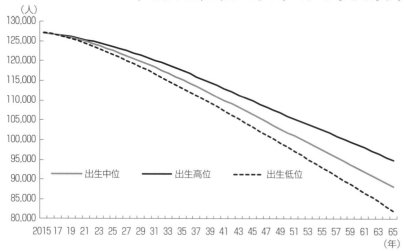

図Ⅸ-3-1　日本における総人口の推移

注：死亡率についてはいずれも中位仮定。
出所：国立社会保障・人口問題研究所，2017，『日本の将来推計人口（平成29年推計）』（http://www.ipss.go.jp/pp-zenkoku/j/zenkoku2017/pp_zenkoku2017.asp 2017/8/7）より筆者作成。

の一方，それまでの少子化によって母親となる女性人口の規模が小さくなってしまった後では，出生率が急激に上昇したとしても人口減少を反転させることは難しい。これは人口動態が出生率や死亡率といった動態率だけではなく，母数となる各世代の相対的な人口規模に影響されていることを意味する。このように人口動態は慣性の法則のように足元の動態率から時間差をともなって変化することが知られており，このことは人口モメンタムと呼ばれている。

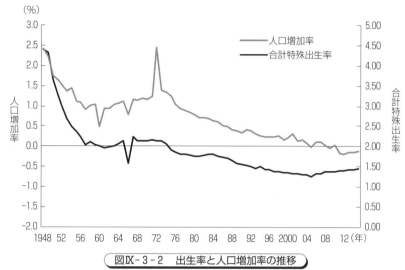

図Ⅸ-3-2　出生率と人口増加率の推移

出所：国立社会保障・人口問題研究所，2017，『日本の将来推計人口（平成29年推計）』（http://www.ipss.go.jp/pp-zenkoku/j/zenkoku2017/pp_zenkoku2017.asp 2017/8/7）。

❸ 他の先進国の状況はどうなっているのか

　他の先進国も出生率が人口規模を維持することが可能な2を切って推移していることから，中長期的には人口減少が始まると予想されている。しかしながら，その時期は国によって大きく異なり，例えば，アメリカや，フランスでは向こう100年間の推計期間中に人口減少に転じることはないと見込まれている。その一方で，イタリア，スペイン，ドイツのように近年，出生率の低下が著しく，回復の見込みがない国々の場合，人口減少はすでに現実のものとなってきている。こうした違いは先述した人口モメンタムによるものであり，その効果が剝落すれば，いずれの国も中長期的には人口減少局面に入るといえる。　　　　　　　　　　　（是川　夕）

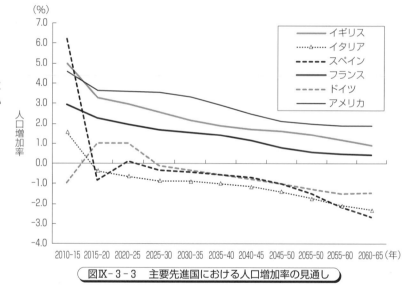

図Ⅸ-3-3　主要先進国における人口増加率の見通し

出所：UN Population Division, 2017, World Population Prospects 2017（https://esa.un.org/unpd/wpp/ 2017/8/7）。

4 家族の変化と人口
"フツーのウチ"ってあるの？

▷1　『讀賣新聞』2016年12月5日付東京朝刊1面の「介護殺人や心中179件　13年以降　高齢夫婦間が4割」という記事に「……介護殺人だけではない。戦後70年余で進んだ核家族化や非婚化、都市化により、家族や地域の『支え合い』が崩れ、児童虐待や家庭内暴力につながっている。……」ともある。

▷2　この場合「世帯」とは、住居および生計をともにする者の集まり、または独立して住居を維持あるいは独立して生計を営む単身者を意味する。

▷3　家父長制や天皇制と結びついた「家制度」の確立は、1898年施行の明治民法によるといわれている。

1 核家族化の真偽

　高齢者介護にかかわった家族間の殺人や心中は、週1件のペースで発生しているともいわれる。背景の1つとして、戦後の核家族化により家族の"支え合い"が崩れたことが指摘される。その「核家族化」であるが、実は、そのような家族の変化が本当にあったかそれほど明らかではない。私たちが典型的核家族とみるのは、おそらく、夫婦と未婚の子どもからなる世帯であろう。しかし、1970年から「夫婦と未婚の子のみ」世帯が全世帯中に占める割合をみると、むしろ1割ほど減少して現在は3割弱しかない（図Ⅸ-4-1）。これにさらに「夫婦のみ」と「ひとり親と未婚の子のみ」を加え、核家族の定義を広げても、数％の増加にすぎない。一方で、核家族に対比される「3世代世帯」は3分の1に減ったものの、実は70年時点でも2割もなかった。そうしてみると、「核家族化が進んだ」というより、核家族は昔からかなりの割合で存在し、このおよそ半世紀の間あまり変わっていないとみる方が自然ではないだろうか。

　むろん「核家族化」で想定されているのは、単に、3世代同居という形態が減るだけでなく、世代をつなぐ縦の関係を重視する「直系家族制」から独立性の強い夫婦関係を基本とする「夫婦家族制」への変化が念頭にある。すると、その推移は、より数字に現れにくい、「家」の継承や相続のありかた、また祖父母からの援助や交際のパターンの変化などを考慮する必要もあるといえる。

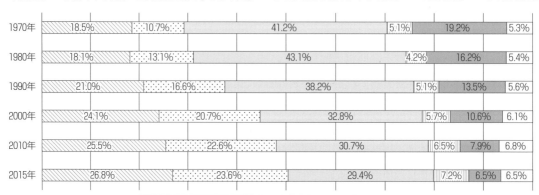

図Ⅸ-4-1　世帯構造別にみた世帯数の構成割合の推移

出所：厚生労働省『平成27年国民生活基礎調査』をもとに筆者作成。

しかし，近年の研究では，それらを考慮してもなお，長く通説であった「核家族化」への疑義が示されている[4]。

2 規範としての家族

前述からもわかるように，私たちは，この社会の実際の家族の姿と乖離した"家族イメージ"を持つことがある[5]。しかし，たとえ実像と異なるイメージであっても，それは，私たちの社会生活や政策・制度の形成に影響を与えうる。例えば，家族の構成や成員の役割・ライフコースについてなんらかの典型像が社会に共有されていれば，それが家族を評価するさいの基準となり，さらに"あるべき家族の姿"という規範にもなりうる。

そのことは，父・母のいずれかと子からなる「ひとり親家族」をかつては「欠損家族」と呼んでいたこと，あるいは，50歳時の推計未婚率を意味する「生涯未婚率」という用語に多くが矛盾を感じないことからも，私たちが家族に関しなんらかの典型像をもってそれを評価基準にしていることがうかがえる。公共政策の形成においても，税制や年金制度の改革にさいしては，「夫婦の1人が有業者で子ども2人」の家族を，以前は「標準家族」，近年は「モデル家族」と呼び，制度改変による損得が計算されて示されるのが普通である[6]。

3 多様化する家族の「必要」

再び図IX-4-1をみると，70年以降，「夫婦と未婚の子」「夫婦のみ」「単独」の3つの割合が同程度にまで近づき，今日，どれが「ふつうの家族」ともいえなくなってきたようにみえる。変化のこのような側面をもって，家族の「多様化」といわれることがある（これに関連した変化は，論者により，家族の「個人化」，家族の「脱制度化」などとも呼ばれる）。

多様化の意味はこれだけではない。「ひとり親と未婚の子のみ」世帯の増加は，全世帯に占める割合でみると目立たないが，数では倍以上に増え，現在は360万世帯を超える。一方，夫婦の少なくともどちらか一方が再婚となる婚姻の割合はこの間増加し，現在は4組に1組以上で17万組を超える[7]。ここから子連れ再婚家族（ステップ・ファミリー）の増加が推測できる。また，同性婚はわが国の法律で現状は認められていないが，近年，一部自治体では所定の手続きを経た同性カップルを夫婦と同等に扱うよう求める条例などがつくられている。これらに着目して多様化を見出すこともできよう。

家族の多様化は，また，新たな福祉の「必要」を生む。例えば，増加している単独世帯の半分弱は65歳以上，さらにその半分以上は75歳以上の高齢者世帯である[8]。この場合，家族による介護は難しくなろうが，とりわけ病識なく悪化しがちな認知症への対応は，進行中の大きな社会的課題の1つである。

（神山英紀）

戦後になっても，祖先から家名や家系を受け継ぐ「家意識」は存在すると考えられる。

▷4 家族社会学の通説でもあった核家族化を否定する研究の1つとして，施利平，2012，『戦後日本の親族関係——核家族化と双系化の検証』勁草書房。

▷5 メディアによるイメージ形成に焦点を当てた研究として，坂本佳鶴恵，1997，『〈家族〉イメージの誕生——日本映画にみる〈ホームドラマ〉の形成』新曜社。

▷6 戦後できた家族モデルが今日解体しつつあるという指摘は，山田昌弘，2005，『迷走する家族——戦後家族モデルの形成と解体』有斐閣。

▷7 厚生労働省「平成27年人口動態統計」。

▷8 厚生労働省「平成27年国民生活基礎調査」。

社会政策の体系
どのような仕組みで生活は支えられているか？

▷1　公共政策には，社会政策の他に秩序政策（警察・司法・防衛等）と経済政策（市場システムの安定を図る）などがある。詳しくは武川正吾，2011，『福祉社会──包摂の社会政策』有斐閣を参照。

▷2　ベヴァリッジ，W.，一圓光彌監訳，2014，『ベヴァリッジ報告──社会保険および関連サービス』法律文化社.

▷3　このことと関連してロブソンは，「対応する福祉社会なくしては真の福祉国家の共有はあり得ない」という名言を残している。再分配を含む社会政策は，社会連帯＝助け合いの意識を前提とする，ということである。詳しくは，ロブソン，W. A.，辻清明・星野信也訳，1980，『福祉国家と福祉社会』東京大学出版会を参照。

▷4　もっとも，ベヴァリッジ体制の初期には，貧困は撲滅されたと思われていた。後に各種の調査によって，広範に貧困が残存していることが明らかにされた（いわゆる「貧困の再発見」）。詳しくは，Abel-Smith, B, and Townsend, P., 1965, *The Poor and The Poorest*, G. Bell & Sons Ltd.を参照。

1　社会政策とはなにか

　社会政策とは人々の生活の安定と向上を担う公共政策であり，給付と規制の2つの手段がある。前者は，金銭やサービスといった資源を税・保険料の形で調達し，困窮者等の必要度の高い人に届ける再分配をともなう。後者は国家権力により労働条件（工場法など）や人々の健康（公衆衛生法など）を方向づける。

　資本主義経済の拡大過程では，貧困・失業・長時間労働等の問題が各国で発生した。これは社会政策の必要性を高めたが，給付の本格化が始まるのは19世紀後半以降であり，多くの国では20世紀を待たねばならなかった。

2　『ベヴァリッジ報告』における社会政策の構想とその前提

　各国で今日採用される社会政策の体系がはじめて提示されたのが，イギリスの『ベヴァリッジ報告』（1942）である。これは当時の社会問題であった「5人の巨人」，すなわち欠乏，疾病，無知，不潔，無為の克服を掲げる。そのためにとくに重要なのが「欠乏からの自由」のための所得保障政策であり，その中心的手段は社会保険とされ，公的扶助は例外と位置付けられる。また，所得保障は単独ではうまく機能せず，雇用政策を通した「完全雇用」，保健医療サービス・対人社会サービスの保障を意味する「保健とリハビリテーション」，子どもの貧困の防止のための「児童手当」の3つが必要とされる。

　さらに，教育政策や住宅政策も社会政策の重要な構成要素であり，社会政策は日本で「福祉政策」や「社会保障政策」と呼ばれるものよりも幅広い。

3　社会政策による再分配は社会連帯を前提とする

　『ベヴァリッジ報告』は，戦後の社会構想として第2次世界大戦中に出された。そこで提起されたのは，外敵を打倒する過程で生まれた「国民的一体感」，すなわち社会連帯を，戦後は国内の敵である「5人の巨人」の克服へと向け，その成功により社会連帯をさらに高める好循環のモデルである。

　しかしその主要な手段であった所得保障，とくに均一拠出均一給付の年金を中心とする社会保険は「欠乏からの自由」の実現に失敗した。なぜなら，保険料を拠出できない無年金者や，年金のみでは老後の生活を賄えない低年金者が続出したからである。そのような貧困者の最後の拠り所である公的扶助は，受

給者と財源を負担する納税者との分断・対立を生みがちである。その過程で付与されたスティグマが，受給に至らない漏救者を生むことにもつながった。

このような分断・対立はおおむね1970年代以降，脱工業化（のちに経済のグローバル化も）を背景に，多くの先進国で労働市場が不安定化すると社会の分断はより深刻になった。なぜなら社会保険でカバーしきれない新しいリスク――長期失業者や若年失業者の増加など――が顕在化し，公的扶助への負荷が高まったからである。これは従来の経済政策が機能不全に陥り，そのしわ寄せが社会政策に及んだということでもある。さらに，先進国で進む人口の少子高齢化傾向は，年金等において高齢者と現役層の世代間対立を生み出している。

このように，再分配をともなう社会政策が，社会連帯を強めることに失敗するだけでなく，逆に社会連帯を掘り崩す状況が続いてきたのである。

❹ グローバル化の中での社会政策と社会連帯のゆくえ

近年のグローバル化は，社会政策と社会連帯との関係について，以下の動きを生み出した。いずれも，社会政策と社会連帯をめぐる問いに万能解を見出すことの難しさを示したものといえる。

第1に，社会政策と社会連帯の双方が縮小する悪循環の構図である。グローバル化が進むと，企業が税・社会保険料の負担が少ない場所に拠点を移すことが可能になる。各国は企業に自国内に残ってもらうために，負担軽減競争（いわゆる「底辺への競争」（Race to the bottom））を展開するが，これは社会政策の財源難，ひいては給付の削減を招かざるをえない。

▷5　詳しくは，山田昌弘，2017，『底辺への競争』朝日新聞出版を参照。

このことを，人びとの生活を支えるための政府の介入を嫌悪する新自由主義（neo-liberalism）のイデオロギーが正当化する。そのもとでも，貧困者向けの公的扶助は残るだろう。しかしすでに述べたように，多くの納税者にとって，公的扶助は見知らぬ他人の生活費を一方的に負担させられる理不尽なものと映る。かくして，社会政策の縮小は社会連帯の縮小を招き，それがさらなる社会政策の縮小を招きかねない悪循環が生まれる。

第2に，社会政策を守るために，移民等のマイノリティを敵と見なし，その排除を通してマジョリティの連帯を強める動きであり，福祉排外主義（ショービニズム）とも呼ばれる。ヨーロッパの国々は，労働力不足への対応として，移民や難民を受け入れてきた。グローバルな労働者移動（の先駆け）というが，近年では，移民やその子孫に福祉の受給者が多いという理由で，新規の受け入れ中止や，すでに定着した移民やその子孫の排斥を訴える勢力が伸長している。そこでは，社会政策は，労働等の社会的な義務を果たした者への「見返り」であり，その義務を果たさない者は社会の中核的なメンバーたり得ない（したがって社会政策の受給権もない），という認識がある。　　　（菊地英明）

▷6　詳しくは，水島治郎，2012，『反転する福祉国家――オランダモデルの光と影』岩波書店を参照。

6 **公的年金の仕組みと課題**
老後の生活はどのように支えられているか？

 公的年金の歴史と仕組み

　年金は公的年金と私的年金に大きく分けることができる。民間の機関が営むものが私的年金で，国が営むものが公的年金である。

　日本の年金制度は明治時代に創設された恩給制度に起源を求めることができる。民間の被用者を広く対象とする公的年金制度の整備は，主に男性の工場労働者のために1941年に制定された労働者年金保険法，さらに1944年にホワイトカラーの労働者や女性労働者もカバーする形で改正・改称された厚生年金保険法の成立による。第2次世界大戦後，経済の混乱期に厚生年金は機能停止状態になるものの，1954年に厚生年金法が全面的に改正され，再び制度が整備された。その後，自営業者や農林漁業の従事者などを対象とする国民年金法が1959年に制定され，1961年から施行されたことにより，すべての国民がなんらかの公的年金制度でカバーされる国民皆年金が実現された。その後は年金の給付水準の改善が進められたが，高度経済成長が終わり，日本社会の高齢化が視野に入るなかで，年金制度の再編の必要性が論じられるようになった。そこで1986年に全国民共通の基礎年金の導入などの制度改正がなされた。これによって現行の公的年金制度の大枠ができあがったといえる。

　現行の日本の公的年金は国民年金（基礎年金）と厚生年金で構成されている。

　国民年金はすべての国民が加入することになっている基礎年金であり，厚生年金は被用者が加入するものである。[1]厚生年金は国民年金に上乗せして支給されることから，それぞれ「二階部分」「一階部分」と表現される。また，国民年金は定額の給付がなされるのに対し，厚生年金は所得に比例した給付がなされるという特徴がある。国民年金は国民全体に一定の水準の給付を保障するものであり，厚生年金はそれに上乗せすることで退職にともなう現役時の経済状況や生活水準からの変化を緩和するものである。「二階建て」の仕組みをとることによって，両方の目的を実現しようとしているのである。

　一般に，年金の資金を調達するためには2つの方法がある。1つは積立方式であり，ある世代が受ける年金給付の原資を，その世代が現役時に拠出した資金を積み立て運用したもので賄うという方法である。もう1つは賦課方式であり，現役世代が拠出する資金を現在の受給者への年金給付にあてることで資金を賄う方法である。現行の日本の公的年金制度は賦課方式で営まれている。

▷1　公務員等を対象とする共済年金は2015年に厚生年金に統合され，被用者年金が一元化された。

❷　直面する諸課題

　整備が進み確立された日本の公的年金であるが，近年は制度の直面する諸課題が次々と浮上している。

　課題の１つは年金制度の持続可能性に関わるものである。平均寿命の延びや高齢化の進展により年金支給額が増えていくことで，将来にわたって安定した年金給付が継続できるのか，年金財政への不安や疑問の声が上がっている。これに対しては年金支給年齢の引き上げや現役世代の拠出額の引き上げなどのほか，2004年の制度改革では**マクロ経済スライド**の導入などの対応が行われているが，不安を解消しきれてはおらず，大きな課題であり続けている。

　もう１つの課題は，公的年金制度自体に不安が抱かれているという点である。2000年代に大きな社会的関心を集めた国民年金の保険料の未納率の高さという問題や，年金記録の漏れや誤りが多数あることが判明した問題は，公的年金制度の今後や運営への信頼を揺るがすものであった。

　人々の生き方・働き方の変化への対応も大きな課題である。非正規雇用で働く人が増加しているが，その多くは厚生年金に加入する条件を満たさないため国民年金だけの加入にとどまっており，そのため将来の年金給付が限られ，他の蓄えが少ない場合は老後の生活が苦しくなる可能性がある。また，女性のライフスタイルとして専業主婦が一般的ではなくなっていくなかで，厚生年金に加入している夫の妻である専業主婦の女性（第３号被保険者）と，それ以外の女性との間にある拠出負担や年金受給のギャップをどう調停するかも大きな課題である。さらに，人々や社会の変化のなかで，拠出や受給に関して世代間に生じる不均衡をどう考えるかという課題も無視できないものである。

❸　変動する社会のなかの公的年金

　公的年金は現役世代の若い人たちから年金を受給する高齢者までが関わるものであり，時間的なスパンの長い制度である。そのため，長期間にわたり安定して持続可能な制度であることが強く求められる。他方で，制度の設計時に一般的だった状況が時間を経てもそのままとは限らない。社会がさまざまな面で変化し，人々の人生の歩み方が多様化するなかで，年金もそれに対応していく必要がある。世代内の格差の縮小や世代間のバランスを考慮しつつ，さまざまな複雑な要求を満たす制度のあり方を導き出すことは容易ではない。

　しかしそのことは公的年金の意義や重要性を否定するものではなく，むしろ公的年金が，社会が大きく変動していく時代を生きる人たちの生活を支える，必要不可欠な制度であることを示しているといえよう。社会の変化と実状を踏まえつつ，望ましい公的年金のあり方を構想し探究することは，大きなチャレンジであり続けている。

（久木元真吾）

▷2　公的年金の支給は原則65歳からである。厚生年金（老齢厚生年金）はかつて60歳から支給されていたが，支給開始年齢が段階的に引き上げられており，1961年４月２日以降生まれの男性と1966年４月２日以降生まれの女性はすべて65歳からの支給となる。

▷3　**マクロ経済スライド**
マクロ経済スライドとは，年金保険料を支払う現役世代の減少率や，年金を受給する人たちの平均寿命の伸び，賃金や物価の変動を加味して年金の給付水準を自動的に引き下げる制度である。

▷4　非正規雇用で働く人が厚生年金に加入するには，従業員501人以上の企業に勤め，週の労働時間が20時間以上，賃金が月額8.8万円以上などの条件を満たす必要がある。こうした条件を緩和して，厚生年金の適用を拡大することが現在検討されている。

参考文献

盛山和夫，2007，『年金問題の正しい考え方』中央公論新社。

田渕六郎，2011，「年金と世代」藤村正之編『いのちとライフコースの社会学』弘文堂，pp.154-164。

7 健康と医療
健康を守るためにどのような仕組みがあるのか？

1 ユニバーサル・ヘルス・カバレッジ

　ユニバーサル・ヘルス・カバレッジ（Universal Health Coverage：UHC）とは「すべての人が，彼らが必要とする保健医療サービスを支払い可能な費用で利用できる状態」を指す。世界保健機関（WHO）がこれを提唱した。UHC は 3 つの軸からなる（図IX-7-1）。1 つめは人口，つまり国や地域内のどれだけの人をカバーしているかである。2 つめはサービス，つまりどれだけの保健医療サービスをカバーしているかである。3 つめは費用，つまりどれくらい自己負担せずにすむかである。図の外側の直方体が必要な保健医療サービス全体であり，内側の直方体がその国や地域の公的保険や税ベースの医療保障制度が実際にカバーしている範囲である。内側の直方体が大きくなり，外側の直方体に近づくことが目標となる。日本の公的医療保障制度は，UHC をどの程度満たしているだろうか。

2 人口

　日本の公的医療保障制度は健康保険制度を基本とする。1922年に，工場・鉱山労働者を対象とした健康保険法が制定された。その後，農山漁村の住民を対

▷1　2015年に国連が採択した「持続可能な開発目標（Sustainable Development Goals：SDGs）」にも，UHC の理念は「3：すべての人に健康と福祉を」のなかに盛り込まれた。

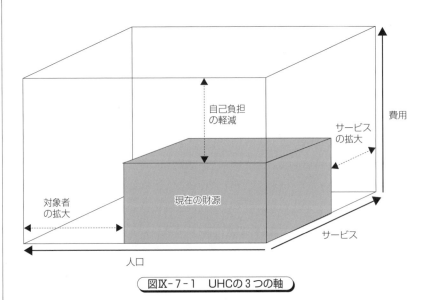

図IX-7-1　UHCの 3 つの軸

出所：WHO, *World Health Report 2010*：XV より作成。

象とする国民健康保険法が制定されるなど，徐々に健康保険制度の整備が進められた。そして，1961年4月にほぼ全市区町村が国民健康保険事業の実施を開始した。こうしてすべての国民がなんらかの公的健康保険に加入している国民皆保険が達成されており，人口面では日本はすべてカバーしている。

　日本の公的健康保険制度は多種多様の保険者からなる。現在，主なものとして，組合管掌健康保険[2]，全国健康保険協会管掌健康保険[3]，共済組合[4]，国民健康保険[5]がある。また，75歳以上の高齢者を対象とした後期高齢者医療制度[6]がある。

③ サービス

　日本の健康保険制度の保険給付は，医療サービスそれ自体を給付する現物給付が基本である。ただし，一部現金給付もある（出産育児一時金や埋葬料など）。どの公的健康保険も，診察，治療，薬剤投与，入院，在宅医療，看護などに関する基本的部分をカバーしている。つまり，サービス面でも日本の制度はほとんどをカバーしている。

　なお，原則として保険で認められていない医療サービスを利用する場合には，入院や検査など他の費用もいっさい保険はきかず，すべてが自己負担となる。保険診療と自由診療の併用を禁止しているためだ（混合診療の禁止）。ただし，例外的に混合診療が認められる場合（保険外併用療養費）がある。治験や先進医療などの評価療養，患者の申出に基づいて治験や先進医療以外の未承認の薬や医療機器を用いた医療（ただし厚生労働大臣が定めた範囲内）を行う患者申出療養，差額ベッドなどの選定療養の3つがある。

④ 費用

　公的健康保険の対象となる医療サービスについて，その全費用が保険から支払われるわけではない。受診の際に患者が医療費の一部を負担する。負担割合は現在，保険間で同じである。義務教育就学前の子は2割[7]，70〜74歳は2割，75歳以上は1割，それ以外の人（一般）は3割である。ただし，70歳以上の高齢者のうち現役並みの所得がある人は一般と同様3割負担である。また，患者負担が一定額を超えた場合に，その超えた額を公的健康保険から償還する仕組みがある（高額療養費制度）。さらに，生活保護法による医療扶助や身体障害者の自立支援医療など，医療費の全額または保険の患者一部負担を公費（税金）で肩代わりする公費負担医療がある。

　このように人々が実際に受診する場合の自己負担額は一定程度に抑えられている。つまり，費用の側面についても，日本の公的医療保障制度は多くをカバーしている。これだけの医療保障制度を保険料だけで賄うのは厳しい。そのため，多額の公費が投入されている（保険と税のミックス）[8]。　　　（金子雅彦）

▷2　大企業被用者とその家族を対象とする。

▷3　中小企業被用者とその家族を対象とする。

▷4　公務員・私学教職員とその家族を対象とする。

▷5　農業者や自営業者，年金生活者などを対象とする。

▷6　寝たきりなど障害のある65歳以上の人を含む。

▷7　近年少子化対策として，事実上すべての地方自治体が未就学児の医療費の自己負担分を独自の予算で助成している（助成方法はさまざま）。

▷8　2014年度の国民医療費の財源は，保険料が約49%，公費が約39%，患者負担が約12%である。

【参考文献】

椋野美智子・田中耕太郎，2017，『はじめての社会保障――福祉を学ぶ人へ』［第14版］有斐閣。

8　福祉サービス
必要とするすべての人に良質なサービスが行き渡っているか？

❶　福祉サービスの法制度的な枠組み

　福祉サービスは，社会福祉を目的とし，社会の少数派（マイノリティ）の人々をはじめ，普通に生活していくことに困難を抱えたり，そうした困難に陥りやすい状態にあったりする人（バルネラブルな人）に対して提供される援助・支援である。公的な福祉サービスは，社会福祉分野の多様な法制度に根拠づけられて提供される（表Ⅸ-8-1）。

　社会福祉の法は，児童を対象にした児童福祉法，ひとり親家庭を対象にした母子及び父子並びに寡婦福祉法，障害者を対象にした身体障害者福祉法，知的障害者福祉法，精神保健福祉法，高齢者を対象にした老人福祉法など，対象者別に設定され，そのなかで公的な福祉サービスの提供についても定められている。具体的なサービスの提供や利用の仕組みについては，保育サービスであれば子ども・子育て総合支援法，介護サービスであれば介護保険法，障害者への福祉サービスであれば障害者総合支援法が，具体的な内容を定めている。その他，貧困や困窮に陥った人への支援については，生活保護法や生活困窮者自立支援法で，また，暴力や虐待の被害にあった人の保護や支援については，児童虐待防止法，配偶者暴力防止法，障害者虐待防止法で，その内容が定められている。

❷　福祉サービスの質

　福祉サービスを提供するのは，行政だけではない。社会福祉法人やNPOなど民間の事業者も提供している。社会福祉法は，こうした多様な主体が展開する社会福祉を目的とするさまざまな事業について，共通の基本的な事項を定めている。福祉サービスの基本的理念を示した社会福祉法第3条によれば，福祉サービスの内容は，「良質かつ適切なものでなければならない」とある。しかし，よくよく考えてみると，「良質かつ適切」な福祉サービスとはどのようなサービスなのだろうか。例えば，保育サービスの質といっても，どのような点を重視するのかは，子どもを預ける親の事情により異なるかもしれない。また，親，子ども，保育士など保育の専門職，保育園の経営者，それぞれが考える「良質かつ適切」な保育には，共通点もあれば相違点もあるかもしれない。評価の基準も，施設の整備や職員配置やサービス内容について，法制度に示されている「最低限度の基準」さえ満たしていれば十分と考えるのか，標準以上を

▷1　「傷つきやすさ」を表す英語 vulnerability の形容詞。

▷2　正式名称「精神保健及び精神障害者福祉に関する法律」。

▷3　正式名称「児童虐待の防止等に関する法律」。

▷4　正式名称「配偶者からの暴力の防止及び被害者の保護等に関する法律」。

▷5　正式名称「障害者虐待の防止，障害者の養護者に対する支援等に関する法律」。

▷6　長時間預かってくれる，勉強をしっかり教えてくれる，屋外でのびのび遊ばせてくれるなど。

表IX-8-1　社会福祉法制の全体像

対象	子ども	ひとり親	稼働層	高齢者	障害者		
法制度	児童福祉法	母子父子寡婦福祉法		老人福祉法	身体障害者福祉法	知的障害者福祉法	精神保健福祉法
（支援の提供・利用の仕組み）	子ども・子育て支援法			介護保険法	障害者総合支援法		
（暴力・虐待対応）	児童虐待防止法			高齢者虐待防止法	障害者虐待防止法		
		配偶者暴力防止法					
		売春防止法					
（困窮・貧困対応）	生活困窮者自立支援法						
	生活保護法						

社会福祉法（社会福祉を目的とする事業の全分野における共通的基本事項）

出所：筆者作成。

求めるのかでも，評価の結果は異なる。提供されているサービスの質を，誰が，どのように，なにを基準に評価をするのか，福祉サービスの質の保証・評価の方法論について議論すべきことはまだまだ多い。

③　福祉サービスのアクセス

社会福祉法には，国および地方公共団体の責務として，「社会福祉を目的とする事業の広範かつ計画的な実施が図られるよう，福祉サービスを提供する体制の確保」に向けた取り組みをしなければならないと記されている（第6条）。福祉サービスを人々に行き渡らせる方法は，いくつかある。1つは，資力調査（ミーンズテスト）を課し，資産や収入の少ない人だけを対象にする選別主義的なやり方である。もう1つは，資産収入の多寡にかかわらず一定の条件を満たす人にサービス利用資格（エンタイトルメント）を付与する，普遍主義的なやり方である。常識的には，後者の方がサービスへのアクセスが人々に広く保証されるように感じられる。しかし，必ずしもそうとはいえない。確保されているサービス量が少なければ，利用資格があってもサービスへのアクセスは限定されてしまう。

保育サービスがその例である。学生に馴染みがあるのは「就活」（就職活動）だが，働く親が経験するのが「保活」である。「保活」とは，親が行う，保育のサービスや施設についての情報収集や，希望する保育所などに子どもを預けられるようにするための申請手続きや行政への相談・働きかけなどの活動である。これまで政府はたびたび，待機児童解消の政策を打ち出してきた。しかし，実際に各地で親たちがどのような「保活」を繰り広げているのか，行政が問題にどう対応しているのか，保育サービスへのアクセスがどの程度保証されているのか，検証する余地は大きい。福祉サービスを支える法制度の内容だけでなく，どのような質の福祉サービスが，どのように行き渡っているかの実態にも目を向ける必要がある。

（森川美絵）

▷7　「保活」が一般化した背景には，公的な保育施設のかぎられた受け入れ枠に多くの利用申し込みがなされ，結果として保育所に子どもを預けられない親，保育所の入所を待ち続ける「待機児童」が，少なからずいたことが挙げられる。かぎられた入所枠を獲得するため，さまざまな対策・戦略を立てて活動することを，親たちが余儀なくされてきたのである。現在も，行政から「保育の必要性」の認定を受けたにもかかわらず，保育所の受け入れ枠がなく入所できないという実態が依然として存在する。

【参考文献】

上野千鶴子・大熊由紀子・大沢真理・神野直彦・副田義也編，2008，『ケアされること』（ケア　その思想と実践　第3巻）岩波書店。

筒井孝子，2016，「ケアの質評価——国際的な到達点と日本の今後」『社会保障研究』1(1)：pp. 129-147。

久木元美琴，2016，『保育・子育て支援の地理学——福祉サービス需給の「地域差」に着目して』明石書店。

9 住宅
住むことに対してどのような支援があるか？

1 住宅セーフティネット

「住宅セーフティネット」とは，低額所得者，高齢者，障害者など，住宅市場の中で住宅を確保することが困難な人々に対し，所得や身体の状況などに適した住宅を確保できるような仕組みをいう。住宅政策の基本法制である「住生活基本法」（2006年）には，「居住の安定の確保」が基本理念の1つとして位置づけられている。

2 公営住宅制度

住宅セーフティネットの中核である公営住宅は，住宅に困窮する低額所得者に対して，国と地方公共団体が低家賃で供給する住宅である。原則として入居は公募だが，高齢者や障害者などとくに居住の安定の確保が必要な者は，各自治体の判断により優先的に取り扱われる。整備基準には高齢者などへの対応が盛り込まれており，既存住宅でも改修やエレベーターの設置などが進められている。公営住宅制度には，障害のある人の共同生活を支援することを目的とするグループホーム事業も位置づけられている。

3 民間賃貸住宅への入居の円滑化に対する支援

▶1　正式名称は「住宅確保要配慮者に対する賃貸住宅の供給の促進に関する法律」。

2017年に「住宅セーフティネット法[1]」（2007年）が改正され，住宅セーフティネット機能が強化された。新たな制度は，①住宅確保要配慮者向け賃貸住宅の登録制度，②登録住宅の改修や入居者への経済的支援，③住宅確保要配慮者の居住支援，の3つの柱で構成されている。居住支援については，都道府県の指定する「居住支援法人」などが，登録住宅への家賃債務保証や，住宅相談・情報提供，見守りなどの生活支援業務を行う。また，家賃滞納に対する大家の不安を解消するために，生活保護受給者の住宅扶助費などの代理納付が推進され，住宅金融支援機構が家賃債務保証の保険を引き受ける仕組みも創設された。

4 高齢者に対する住まいの支援

加齢にともない心身機能が衰える高齢者に対して，地域包括ケアシステムの要となる住まいの整備は重要である。住み慣れた自宅に住み続けることができるよう，介護保険制度には福祉用具の貸与・購入や住宅改修サービスがある。

表Ⅸ-9-1　社会保障における住むことに関する主な施策

現物支給	
市場環境整備・市場誘導	・住宅確保要配慮者向け賃貸住宅の登録制度 ・登録住宅の改修事業 ・登録住宅入居者への経済的支援 ・住宅確保要配慮者への居住支援（居住支援協議会・居住支援法人） ・住宅入居等支援事業（居住サポート事業）〈障害者総合支援法〉 ・居住支援〈生活困窮者自立支援法〉 ・終身建物賃貸借制度 ・家賃債務保証制度 ・サービス付き高齢者向け住宅整備事業 ・スマートウェルネス住宅等推進モデル事業
住宅供給	・公営住宅制度 ・地域優良賃貸住宅 ・シルバーハウジング
福祉施設等の整備	・社会福祉施設〈生活保護法，児童福祉法，老人福祉法，障害者総合支援法，売春防止法など〉 ・ホームレス自立支援センター・シェルター事業〈ホームレス自立支援法〉 ・一時生活支援事業〈生活困窮者自立支援法〉
現金給付	
	・住宅扶助〈生活保護法〉 ・住居確保給付金〈生活困窮者自立支援法〉 ・総合支援資金・福祉資金・不動産担保型生活資金〈生活福祉資金貸付制度〉 ・福祉用具・住宅改修〈介護保険法〉 ・住宅改造助成補助

出所：著者作成。

福祉用具には，手すりやスロープ，腰掛便座，入浴補助用具などがあり，貸与になじまない福祉用具については，購入費として年間10万円を限度に給付している。住宅改修の支給限度額は，1人あたり20万円である。いずれも本人が1〜3割を負担する。介護保険以外に，地方公共団体によっては，独自に高齢者・障害者向けの住宅改造助成制度を設けているところもある。

自宅以外の高齢者の住まいとして，2011年から「サービス付き高齢者向け住宅」の整備が始まった。安否確認と生活相談サービスを備え，バリアフリー化された賃貸住宅で，2019年12月末時点で約25万戸が供給されている。

5 社会福祉制度における住まいへの支援

社会福祉制度にも住宅に対する支援制度がある。生活保護制度の住宅扶助や生活困窮者自立支援制度の住居確保給付金は，いずれも家賃相当分を給付する制度である。

また，入所型の社会福祉施設は，住む場を直接提供するものである。高齢者施設では，施設と自宅との環境の落差をできるだけ小さくするために，ユニットケアや個室化を進めるなど，自宅に近い家庭的な空間づくりが行われている（表Ⅸ-9-1）。

(阪東美智子)

▷2　改修工事の対象は，①手すりの取付け，②段差の解消，③床や通路面の材料の変更，④引き戸等への扉の取替え，⑤洋式便器等への便器の取替え，⑥その他の付帯工事，の6種類である。

▷3　2011年に「高齢者の居住の安定確保に関する法律（高齢者住まい法）」（2001年）が改正され，「サービス付き高齢者向け住宅」の登録制度が創設された。

▷4　住宅扶助は，①家賃・間代等（転居時の敷金や契約更新料の補填を含む），②住宅維持費，について金銭給付を行うものである。基準額は，これまで居住地域や世帯人員によって限度額が定められていたが，2015年から住居の床面積も考慮されることになった。

▷5　離職後2年以内で，申請時に65歳未満の者が対象で，求職活動をしていることが条件である。支給期間は原則3ヶ月間を上限として最長9ヶ月まで延長できる。

参考文献

阪東美智子，2019，「住宅政策」京極高宣・大沢真知子・埋橋孝文編著『社会福祉概論Ⅰ──現代社会と福祉』（社会福祉学習双書第1巻）全国社会福祉協議会，pp. 204-217。

10 雇用
働きやすい社会をつくるためにどうすればいいか？

働いていた会社から突然解雇された。危険な業務に従事させられケガを負った。上司から嫌がらせを受けた。これらは，働く人の生活にとってマイナスとなりうるできごとだ。

これらのできごとはこれまで実際に起きてきた。しかしこれらをできるだけ少なくすることは，人々の福祉のために欠かせない。そこで社会では，雇用され働く人の権利と，雇用主側が守るべき義務を定めるさまざまなルールが設けられてきた。それはどのようなものだろうか。

1　労働権のなり立ち

産業化以前は農業などを自営して生計を立てる人々が多かったが，産業化の進展とともに工場で雇用される人が急増した。初期の産業社会では雇用主が強い立場にあり，工場で働く労働者は低賃金・長時間・不衛生といった劣悪な条件で働かされることが多かった。こうしたなか，個々人で雇用主と交渉することが難しかった労働者は労働組合を結成し，雇用主に対して要求を掲げたり，それが認められない場合は団結して労働を拒否する（ストライキ）などの運動を行った。その影響もあり，早くに産業化が進んだイギリスでは19世紀初めに工場法が整備され，9歳未満の児童労働の禁止や労働時間の上限が定められた。

遅れて産業化が進んだ日本でも1916年に工場法が施行され過酷な労働からの保護が定められたが，組合結成の権利は認められていなかった。これが認められるのは戦後になり日本国憲法第28条が，労働者の団結権，団体交渉権，団体行動権を保障してからである。各権利の具体的な内容や勤労条件については労働三法（労働組合法，労働関係調整法，労働基準法）で定められ，その後も改正や新たな法整備が続いている。

2　日本における雇用のルール

現在日本では，雇用される人が安全に安心して働けるよう，雇用主が守るべき義務を定めている。

まず雇用主が労働者を雇用する際には，賃金，労働時間，就業規則などを明示し，労働者側の同意を得なければならない。賃金については，都道府県ごとの最低賃金を下回る賃金で労働させることはできない。

また雇用主は，従業員の安全や健康を守るため，作業環境を整えたり健康管

▷1　雇用主が従業員に対し報酬（賃金など）を与えるかわりに従業員が雇用主のために働くことを雇用と呼ぶ。総務省統計局「就業構造基本調査」によれば，2017年現在，日本では仕事をしている有業者のうち89.4％が雇用されて働いている。

▷2　これらは労働三権と呼ばれる。また日本国憲法第27条には，国民が勤労の権利と義務を有すること，および実際の勤労条件の基準は法律で定められることなどが明記されている。

理を行う義務がある。従業員には最低でも週1日分の休日を与え，加えて6ヶ月以上働いている従業員には年次有給休暇を与えなければならない。労働時間についても原則として週40時間以上働かせないことが定められているが，労働組合と協議し認められた場合は，割増賃金での時間外労働をさせてもよいとされている（36協定）。時間外労働は月45時間程度が上限と定められている。

さらに，雇用主は31日間以上，週20時間以上働かせている従業員については，失業等のリスクに対応するため，雇用保険に加入させ保険料の一部を支払わなければならない。加入者は失業した際などに給付を受けられる。正規雇用労働者と一定以上働いている非正規雇用労働者を厚生年金や健康保険に加入させ保険料の一部を支払うことも義務付けられており，これらは例えば老後の年金受給額の増加や，出産や病気の際の手当金の受給を可能にする。

また，客観的に合理的な理由がない場合，雇用主は従業員を契約期間内に解雇することはできない。

これらのルールが実際に機能するよう，労働基準監督署は法令を守らない企業を取り締まり，労働者からの相談・申告を受け付けている。これらは一見雇用主側にとって負担に思えるかもしれない。しかし従業員が安全に安心して働けることは生産性の向上にもつながるものであり，両者の利害は必ずしも対立するばかりではない。

❸ 働きやすい社会の実現に向けた近年の取り組み

従業員が働きやすい環境づくりは，上記のような法律による規制に加え，国の政策や個々の企業の取り組みを通じても進められている。なかでも近年進められているのが，ワークライフバランス実現に向けた取り組みである。これは，従業員の労働を，生活（個人・家庭・地域など）と調和のとれたものにしようとする考えである。

日本の正規雇用のホワイトカラー職では従来より長時間労働が恒常化し，従業員の健康面の問題や，家事・育児・介護などを担う者にとっての働きづらさなどの弊害をもたらしていた。これは企業側にとっても，能力のある従業員が仕事を辞めてしまったり，残業が多いため人件費に対する生産効率が低かったりといったデメリットをもたらしてきた。

そこで近年，時間外労働の抑制や，個々人の生活上の必要に合わせた働き方ができる仕組みの整備が，「働き方改革」として進められている。後者の例として，短時間勤務，始業・終業時刻を従業員が自主的に決められるフレックスタイム制，情報通信技術を利用した在宅勤務など（テレワーク）が挙げられる。

もっとも，制度を設けてもそれが利用されないならば，実際の働きやすさには結びつかない。これを実現するには，制度を設けるだけでなく，職場や社会全体で制度の内容と意義の理解が広まることが必要である。　　（井口尚樹）

▷3　企業の人員整理のための解雇は，①これを行わざるをえない合理的な理由があり，②企業が解雇を避けるための努力（労働時間調整，配置転換，出向，希望退職者の募集など）を十分行っており，③人選の仕方が合理的であり，④労働者や労働組合と協議をしているという整理解雇の4要件を満たしていなければならない。

▷4　有期雇用労働者にもこれは当てはまる。ただし契約期間を延長しないという場合はある。

▷5　ただし，労働時間を従業員が自主的に管理する制度でも，過重労働に陥らないようにするなどの健康管理は必要である。

▷6　例えば，年次有給休暇，育児休業や介護休業などが制度として定められていても，実際は取得されていない場合は多い。

【参考文献】
水町勇一郎，2019，『労働法入門』［新版］岩波書店。
佐藤博樹・武石恵美子編，2014，『ワーク・ライフ・バランス支援の課題——人材多様化時代における企業の対応』東京大学出版会。

量的研究①　データの集め方
福祉のデータはどこでどうやって集めればよいか？

1　量的研究とは

　社会学の経験的研究は，その手法によって量的研究と質的研究に大別される。前者の量的研究は，社会の状態や人々の行為を，主に統計学を用いて数字の大小や確率で表現する研究を指す。こうした量的研究のためのデータは，多くの場合，質問の書かれた冊子（質問紙，調査票）を，対象となった人や世帯に配布，回答してもらった後に回収する質問紙調査によって得られる。

　質問への回答は当然，人によって変わる。そのため，個々の質問への人々の回答のまとまりを変数と呼ぶ。変数は，量的変数と質的変数に分かれる。量的変数は年齢や賃金など，数字で数えられるものである。このほか，地域への愛着や政策についての賛否といった意識も，「1．そう思う　2．どちらかといえばそう思う　3．どちらかといえばそう思わない　4．そう思わない」といった尺度で点数化することによって，量的変数として扱うことができる。対して質的変数とは，性別や学歴など，数字では表せられないカテゴリカルなものである。こうした質的変数にも統計学を用いた分析ができる。▷1

2　政府統計の利用

　質問紙調査は，ある程度多くの人や世帯を対象にして行われるのが通例である。なぜなら，少数の人や世帯しか対象にできない場合，統計的な分析を行うことは難しく，またそうした少数の事例を扱うのであれば，むしろ詳細なケース・スタディや聞き取り調査といった質的な方法の方が適していることが多いからだ。しかし，大規模な質問紙調査では，調査票の郵送費やデータ入力の人件費など多額の費用が必要になる。また，質問紙調査にかぎらず，社会調査は一般に調査される側に時間や労力の負担をかけてしまう。そのため，既存の社会調査データが使えるのであれば，まずはそうしたデータの利用を検討すべきである。幸い，量的研究のためのデータは，二次利用が可能な環境が整備されている。政府による調査の資料（政府統計）がそのひとつだ。

　日本では，政府が多くの調査を実施・公表している。福祉に関わるものでは，全国家庭児童調査や身体障害児・者等実態調査，被保護者調査など，福祉制度を利用する人々を対象にした調査がまず挙げられる。また，国勢調査をはじめとして，人口動態調査や賃金構造基本統計調査，社会生活基本調査といった全

▷1　福祉社会学においては，個人の収入や幸福感，健康状態，社会関係資本などに注目した量的研究が蓄積されている。その際には，社会指標，相対的貧困率，ジニ係数といった指標も用いられる。

国ないし国民全体を対象とした調査にも福祉に関する情報は含まれている。こうした調査は繰り返して行われているため，経時的な変化の確認ができる。

　政府統計のデータは，各機関の白書に掲載されているほか，e-Stat というポータルサイトでダウンロードすることができる[2]。多くは集計済みのデータで，調査対象者1人1人の集計前の回答（個票）を見ることはできない。ただし，関心に応じた集計を指示・依頼（オーダーメード集計）できる場合があるほか，一部のデータにかぎっては匿名化された個票を入手・利用できる。外国のデータについても，同様に各国の政府統計を利用することが可能である。ただし，調査方法や概念の定義が異なる場合も多いので，国家間の比較をする場合には注意が必要である。

❸ 既存の社会調査データの利用

　政府以外に，研究者や研究機関もそれぞれの関心に基づいて多くの社会調査を実施している。こうした既存の社会調査データのなかには研究機関に寄託されているものがあり，それらは一定の条件のもとで入手・利用できる。例えば，東京大学社会科学研究所附属社会調査・データアーカイブセンター[3]には，1000を超える社会調査のデータが寄託されている。福祉に関わるものでは福祉と生活に関する意識調査（SPSC 調査）や老研−ミシガン大学全国高齢者パネル調査などがあるほか，総合的な社会調査である日本版 General Social Surveys（JGSS 調査），社会階層と社会移動全国調査（SSM 調査）にも賃金や婚姻状態，幸福感など，福祉に関わる項目が含まれているので，自身の関心を満たす既存の社会調査データを探すとよい[4]。こうしたデータは，匿名化された個票の状態で得られる場合が多い。そのため，各自の関心に応じてさまざまな分析を行うことが可能である。

❹ 自分で調査する

　既存のデータが利用できない場合は，自身で質問紙調査を実施する必要がある。その場合，実査の前に入念な準備（調査設計）が必要となる。なぜなら，調査を繰り返すことが比較的容易で，またそのなかで仮説を生成できる聞き取り調査やフィールドワークと異なり，質問紙調査は一度配布し始めると，途中で調査の対象や質問を変えることは難しいからだ。

　具体的には，どのような人々（母集団）について調査するか，そのなかから調査の対象となる人々（標本）をどのように（抽出方法），何人（サンプルサイズ）選ぶか，また質問紙をどのように配布・回収するかを決めなくてはならない。また，質問文を作成し，その意図が明確に伝わっているかを確認する（プリテスト），あらかじめ仮説を設定し分析方針を明確にしておくといった準備も必要になる[5]。

　　　　　　　　　　　　　　　　　　　　　　　　　　　　（石島健太郎）

側注

[2]　https://www.e-stat.go.jp/

[3]　https://csrda.iss.u-tokyo.ac.jp/

[4]　このほか，国内の機関では，立教大学 RUDA（https://ruda.rikkyo.ac.jp/dspace/）など。海外のものでは，Inter-university Consortium for Political and Social Research（https://www.icpsr.umich.edu/icpsrweb/）など。

[5]　なお，近年ではタブレット端末を入力に用いて集計を自動化したり，インターネット上で調査を行ったりすることも増えつつある。福祉社会学が対象とする人々のなかには，調査票への自記がしづらかったり，調査員が尋ねられる時間帯に在宅していなかったりする人々もいるので，実査においてはさまざまな工夫が必要になるだろう。

2 量的研究②　データ分析
データはどう読めばよいか？

① 記述統計

　表Ⅹ-2-1は，日本に住む18歳以上の人のなかから選ばれた9人の性別と年齢，4つの選択肢で段階的に尋ねた幸福感（数字が大きいほど幸福感が強い）の架空データである。これを例に，量的データ分析の基礎を解説する。

　まずは，変数の概要を把握する（記述統計）。量的変数については，基本統計量が計算できる。総和を人数で割った（相加）平均は，個人ごとの違いを均した値である。最大値と最小値は名前通り最大と最小の値を示す。中央値はデータ内でちょうど中央に位置する人の値，最頻値はデータ内で最も回答の多い値である。平均からの差の二乗の総和を人数で除した分散と，その正の平方根である標準偏差は，データの散らばりを示している。幸福感について計算すると，平均値＝2.22，最大値＝4，最小値＝1，中央値＝2，最頻値＝2，分散＝0.84，標準偏差＝0.92となる。

　質的変数については，度数分布表で，各カテゴリに当てはまる人数を整理する。表Ⅹ-2-2は性別ごとの度数分布表である。

　個々の変数の集計に続いて，変数間の関連の分析方法を示す。量的変数同士では，**相関係数**[1]で関連の強さを検討する。年齢と幸福感の相関係数は0.77となっているので，加齢につれて幸福感が増すという相関があるといえる。

　量的変数と質的変数を組み合わせる場合，集団ごとの量的変数の大小を比べる。男女4人ずつの幸福感の平均は，男性（＝2.0）よりも女性（＝2.5）の方が高い。

　質的変数同士ではクロス表を用いる。幸福感を2値の質的変数に変換し，性別と組み合わせて各セルにあてはまる人数を書き入れると，表Ⅹ-2-3のようなクロス表が得られる。ここからも女性の方がやや幸福感が高いとわかる。[2]

② 推測統計

　さて，上の9人で見られた傾向は，日本に住む18歳以上の人すべてにも当てはまるだろうか。それとも，この傾向はこの9人に偶然見られたものだろうか。これを確かめる一番確実な方法は，実際に全員を調べることである（全数調査，悉皆調査）。しかし，そうした調査は莫大な時間，労力，経費を要する。そのため，多くの社会調査は母集団の一部分を対象にし（標本調査），統計学を用いて標本から母集団の様子を検討する（推測統計）。

▷1　**相関係数**

相関係数は－1から1までの値をとる。一方の変数が増えればもう一方も増える正の相関が強いほど1に近づき，逆に一方が増えるほどもう一方が減る負の相関が強ければ－1に近づく。関連がない場合には0になる。

▷2　このように，量的変数は質的変数に変換できる。対して，質的変数を量的変数に変換することは，多くの場合難しい（例えば，20代という情報だけから年齢を特定することはできない）。

▷3　ただし，近年では頻度統計学とは別の考え方に基づく量的研究も出現している。例えば，ベイズ統計学では，仮説検定よりも直感的に変数の関連や集団間の差異を把握できる。また，ビッグデータによって，標本のバイアスもある程度補正できることが知られている。福祉社会学における利

推測統計で伝統的に用いられるのは，頻度統計学に基づく統計的仮説検定の発想である。仮に「男性より女性の方が幸福である」（対立仮説）という傾向が母集団にも当てはまるか確かめるとしよう。この場合，まず「男性と女性の幸福感には差がない」という仮説（帰無仮説）を設定する。次に，この帰無仮説が正しい場合に，上記

表X-2-1　架空データ

ID	1	2	3	4	5	6	7	8	9
性別	女	男	男	無回答	女	男	女	男	女
年齢	55	48	19	22	34	78	61	40	28
幸福感	4	2	1	2	2	3	3	2	1

表X-2-2　度数分布表の例

	人数
男性	4
女性	4
無回答	1
合計	9

表X-2-3　クロス表の例

	幸福感が高い（>2）	幸福感が低い（≦2）	合計
男性	1	3	4
女性	2	2	4
合計	3	5	8

出所：いずれも筆者作成。

9人の標本のような（差があるように見える）データが得られる確率を求める。この確率が十分小さいなら，そんなことは滅多に起こらないことだといえる。滅多に起こらないはずのことが起きているのだとすれば，帰無仮説が間違っていた蓋然性が高い。そこで，帰無仮説を棄却し，「男性と女性の幸福感には差がない，とはいえない」という結論を得るのだ。

　こうした仮説検定の大前提は，標本が母集団のなかから一定の確率でランダムに抽出されていることだ（無作為抽出，ランダム・サンプリング）。上の9人が，例えば既婚者のみから選ばれていたら，その偏り（サンプリング・バイアス）ゆえに，母集団の様子の推測は難しくなる。信頼に値する推測のためには，適切な抽出により，母集団を代表する標本を得なくてはならない。▷3

　以上の統計的な分析の多くは手計算では難しいので，PC上で統計ソフトウェアを用いる。高価なものも多いが，近年はRやHADといった無料で利用可能なものも増えている。▷4　なお，以上のような統計学的分析以外にも，社会ネットワーク分析や計量テクスト分析，ファジィセット質的比較分析など，量的に社会の様子を分析する手法はいくつか存在する。紙幅の都合で割愛するが，▷5　それぞれの教科書を参照されたい。

❸　福祉のデータを読む

　量的分析の結果の解釈のためには理論的な想定が欠かせない。そのためには対象についての基本的な知識や既存の研究の理解が必要であり，そうした基盤があってこそ問うべき仮説を立てることも可能になる。とりわけ福祉社会学においては，関連する法や制度，歴史などを知っておくことが重要だ。また，福祉社会学が対象とする人々は，質問紙調査の対象から抜けてしまう場合があることにも注意したい。例えば，選挙人名簿から抽出を行えば日本に住む外国人は対象から外れるし，ひとり親世帯や障害者のいる世帯などは，調査への協力が難しいこともある。その場合，調査設計を工夫したり，質的研究法を併用することも必要になるだろう。

（石島健太郎）

用はまだ進んでいないが，こうした新しい手法にも今後注目していく必要があるだろう。サルガニック，M.，瀧川裕貴・常松淳・阪本拓人・大林真也訳，2019，『ビット・バイ・ビット——デジタル社会調査入門』有斐閣；豊田秀樹，2016，『はじめての統計データ分析——ベイズ的〈ポストp値時代〉の統計学』朝倉書店。

▷4　山田剛史・杉澤武俊・村井潤一郎，2008，『Rによるやさしい統計学』オーム社；小宮あすか・布井雅人，2019，『Excelで今すぐはじめる心理統計——簡単ツールHADで基本を身につける』講談社。

▷5　カドゥシン，C.，五十嵐祐監訳，2015，『社会的ネットワークを理解する』北大路書房；樋口耕一，2014，『社会調査のための計量テクスト分析——内容分析の継承と発展を目指して』ナカニシヤ出版；Ragin, Charles C., 2008, *Redesigning Social Inquiry: Fuzzy Sets and Beyond*, University Chicago Press.

3　質的研究①　データ収集・プロセス・問いの特徴
自分の経験や見たこと聞いたことを研究にしていくには？

▷1　質的データという言葉には，これ以外にも，調査票調査におけるカテゴリカル・データ（名義尺度や順序尺度で測定されたデータ）という意味もある。

▷2　石岡丈昇はマニラのボクシングジムでの自らの参与観察で得たデータを職場のある北海道で論文化していく際の経験を述べながら，フィールドにおける「気分」を手中にすることの重要性を指摘している（石岡丈昇，2016，「参与観察」岸政彦・石岡丈昇・丸山里美『質的社会調査の方法』有斐閣，pp. 96-99）。

▷3　中川敦，2016，「遠距離介護の意思決定過程の会話分析——ジレンマへの対処の方法と責任の分散」『年報社会学論集』29：pp. 56-67。

▷4　林葉子，2010，『夫婦間介護における適応過程』日本評論社。

▷5　佐藤健二，2011，『社会調査史のリテラシー——方法を読む社会学的想像力』弘文堂。

▷6　調査票調査においても質問項目を作る前段階で，予備調査的にインタビューをしたり，テキストを調べたりするなど，質的研究と似た作業が行われている。

1　経験したこと，見たこと，聞いたことは研究になるのか

　福祉の研究に関心のある人たちのなかには，自分が抱えた問題や，受けた支援の経験，あるいは支援者として見聞きしたことなどから問題意識を刺激され，それらを研究していきたいと思う人もいるだろう。また，統計データなどで示されるある国や地域の全体的な傾向や，子どもが貧困に陥りやすい条件は家族形態なのか収入なのか，はたまた……といった大まかな関連要因を知るだけでなく，事例に基づく「リアルな現実」に迫りたいと考える人もいるだろう。

　自身の経験や個別に見聞きしたものは，「主観的」で「非科学的」にも思えてしまうが，福祉社会学の研究になるのだろうか。また，似た営みに新聞記者の取材やテレビのドキュメンタリー番組制作などがあるが，それらと研究とはなにが違うのだろうか。研究の特徴・価値とはなんなのだろうか。

　もちろん見聞きだけでは研究にはならない。見聞きしたものは，分析対象となるデータとなる必要があり，データ化のための作法がある。他方で，データを作る作業は，私たちの日常の情報収集，取材，そして研究と一続きであり，それらの間に断絶があるわけではない。その意味で，新聞の取材と研究とがまったく重ならないわけではなく，むしろ，その方法は双方とも参考にできる。ここでは，データをどのように収集し，どのようなプロセスで「研究」となるのかを中心にみていくことにしよう。ここでのデータは，ひとまず数字で示されてはいないテキストデータという意味で質的データと呼んでおこう。[1]

2　質的データ収集の方法

　教科書を開くと，質的データ収集のさまざまな方法が並んでいる。大きくいうと，現地調査であるフィールドワーク，とくに現場の活動や実践に参加しながら観察を行う参与観察，対象者に話を聞くインタビューなどである。これらは，いわば，見ること聞くことを中心に，ときに感じたことなども含めてデータとしていくやり方である。[2]より具体的には，筆記，録音，撮影などの形で記録を残し，その記録を最終的にテキストとしていく。インタビューの録音や映像記録などは文字起こしされ，それはトランスクリプト（TS）と呼ばれる。観察時のメモをもとに清書して作られる記録はフィールドノーツと呼ばれ，それらが分析のためのデータとなる。データとなるテキストの形式（細かさ）は，

分析の内容と関連して決まる。例えば，遠距離介護におけるケアマネージャー，本人，家族を交えたケア会議の会話場面での方針決定のありようを分析する研究のデータは，会話の間やいいよどみ，目線なども記録されたデータとなっている必要がある。それに対して，語られたことの大まかな内容を類型化していくような研究の場合，そこまで細かいデータの文字起こしは必要ない。

3 質的研究のプロセス

　調査票を用いた事象の統計的把握を目的とした調査（量的研究）に対して，質的データに基づく研究にはどういう特徴があるだろうか。研究は，対象や問いに合わせて方法が選ばれるものであるため，量的と質的の二分法は疑似的な対立である。例えば，福祉ボランティア活動のフィールドワークをしていくなかで，探求のために必要ならば，参加者の意識を把握するために調査票で量的なデータ収集を行うこともある。

　だが，あえてわかりやすく両者の特徴をいうならば，大まかな研究プロセスの違いが挙げられる。調査票調査の場合，あらかじめ回答してもらう項目を決め，配布する調査票を完成させている必要がある。その背後には仮説があり，よい調査票はそうした仮説と関連した質問項目や選択肢から構成されている。それに対して，質的研究では，一般的にはあらかじめ厳密な仮説は立てず，緩やかな問い（RQ）を持ってまずはフィールドや対象者の所に行く。そうした場に行って，現場の人とのやり取りのなかで柔軟にデータを集めていく。

　そのため，質的研究は，調査票の完成・配布・回収，データ分析という流れが相対的に明確な量的研究に対して，問いの設定（洗練），データ収集，分析が並行して進んでいく傾向にある。そして，このことは，調査対象者の抽出の考え方の違いとも関係している。例えば，データ収集をしながら分析をしていくなかで，いくつかの類型ができたとする。そうした個々の類型の記述を深めるために次の対象者を設定したり，逆に，そうした類型とは対照的なケースにあたってみたりするというようなことが行われるのである。

4 質的研究の問い・長所

　質的研究といってもバリエーションがあるため，その長所や意義を簡単にいうのは難しいが，1つのわかりやすい表現として「他者の合理性の理解」がある。これは，一見理解できないように思う人たちが，なにゆえにある行為や選択をしているのか（人々の意味世界）を明らかにしていくことである。そうした特徴ゆえに，量的研究で明らかになった変数間関係の内実の因果関係を明確にすることや，よく知られていないマイノリティや逸脱現象に関する仮説生成などに力を発揮するのである。

（井口高志）

▷7　佐藤郁哉，2015，『社会調査の考え方』上，東京大学出版会，pp. 69-72。

▷8　これは，理論的サンプリングと呼ばれている。一般的には，データから新しい類型などが生まれてこなくなる理論的飽和化の時点でサンプリングは終了となるとされる（グレイザー，B. S.・ストラウス，A. L.，後藤隆・大出春江・水野節夫訳，1996，『データ対話型理論の発見——調査からいかに理論をうみだすか』新曜社）。

▷9　岸政彦，2016，「質的調査とは何か」岸政彦・石岡丈昇・丸山里美『質的社会調査の方法——他者の合理性の理解社会学』有斐閣，pp. 1-36。

▷10　例えば，疫学的調査に基づいて発見された経済的階層と精神疾患の罹患率との関連性に関して，その2つの変数の関連がなぜどのように生まれているのかを，質的研究によって明らかにした例などがある（フェリック，U.，小田博志ほか訳，2002，『質的研究入門——〈人間の科学〉のための方法論』春秋社，pp. 9-10）。

▷11　妻木進吾は一見社会生活を拒否するようにみえる野宿をし続ける者たちが，なぜそうした生活の型を続けるのかを野宿者へのインタビュー調査から明らかにしている（妻木進吾，2003，「野宿生活——『社会生活の拒否』という選択」『ソシオロジ』48（1）：pp. 21-37）。

4 質的研究②　分析の多様性
個人の語りをいかに分析するか？

▷1　X-3でも述べた
ように，量的質的問わず研
究において，分析と収集は
別ではなく，本来は分析の
見通しに応じて収集やテキ
スト作成のやり方も異なる。

▷2　QDAソフトは，従
来紙と鉛筆で，あるいはエ
クセルやワードでのコピー
&ペーストでやっていた作
業を，より効率的に行う
ツールである。その1つの
MaxQDAの解説書として，
佐藤郁哉，2008，『実践
質的データ分析入門——
QDAソフトを活用する』
新曜社がある。

▷3　ここでは，グラウン
デッド・セオリーアプロー
チ（GTA）やKJ法など
個々の方法の詳細ではなく，
共通する考え方を説明する。

▷4　修正版GTA（M-
GTA）は，こうした質的
データの分析の特徴を「研
究する人間の視点」の重視
としてポジティブに位置づ
けている（木下康仁，2003,
『グラウンデッド・セオ
リー・アプローチの実践
——質的研究への誘い』弘
文堂）。

▷5　データ中の単語を数
えたり，出現する言葉同士
の関係の強さなどを図示し
たりするテキストの計量分
析（テキストマイニング）

1 いかにして分析するか

　質的研究におけるテキスト形式のデータ分析にはどのようなやり方があるだろうか。例えば，複数人にインタビューしてできあがったテキストデータ全体から結果を一般化したいと思うのだが，どういう手続きをとればよいのだろうか。あるいは，壮絶な経験をしたある病気の患者1名からとても興味深い話を長時間聞いたのだが，どう分析したらよいのだろうか。そもそも1名だけの語りの分析が研究になるのだろうか。これらの問いに一般的な「正解」はない。どう分析したらよいかは，どういう問いの研究かによるからだ。しかし，ここでは，主にインタビューなどの人の語りを収集する形で得られたデータを念頭に，いくつかの分析の基本的な特徴をみていこう。

2 コードづけから帰納的な一般化

　テキストデータの内容を把握しようとする際のオーソドックスな最初の作業はコード付けである。例えば，ある介護施設で何人かスタッフにインタビュー調査をしたとする。調査後には，録音やメモから文字化されたテキストを繰り返し読み，全体の内容やトピック，類似の内容などを確認する。そのうえで，文単位や段落単位で内容を示すようなコードをつけていく。

　実際には，コードのつけ方には調査の構造化の程度に応じてバリエーションがある。あらかじめテーマにそった明確な項目を立てて話を聞いている場合は，その項目ごとに語りを整理したうえで，その後にコードをつけることもあるだろう。他方，ある程度自由に語られたデータや参与観察のフィールドノーツ（FN）などの場合は，ゼロから1つ1つの文や段落にコードをつけて整理していくことになるだろう。作業は，データをプリントアウトした紙にメモしながら行う場合もあるだろうし，付箋紙を使って模造紙に貼っていくやり方もありうる。パソコン上のQDAソフトなどの使用も一般的になってきた。

　コードづけの後には，同じコードや類似のコードのついた部分をグルーピングして，個々のグループの内容を説明するカテゴリー名などをつけたり，そのカテゴリー同士の関係を示したりするような作業を行っていく。つまり，データを積み重ねる一般化作業や，そのデータを集めたフィールドの範囲で事象を説明するモデル（全体の連関図）形成を行うということである。

以上のようなコードづけとそこからの一般化というと，機械的な作業に思うかもしれない。しかし，データを読む文脈や，どの部分に注目するかは，問いや，その分析をする人の視点と関連している[4]。また，分析の際に，複数の研究者と共同でデータ分析や解釈のセッションを行うこともある[5]。

③ 生活史的なアプローチ

生活史研究やライフストーリー研究は，人の経験を聞くようなインタビューなどをもとになされる。複数の人の語りを収集する場合もあれば，1人の語りをじっくり聞く場合もある。例えば，複数の人の話から実証的になにかの出来事について明らかにしようとする場合は，あるトピックに関する情報収集的な色彩が強くなり，先に述べたコードづけと帰納的一般化のようなやり方で分析がなされることもある。

しかし，ある人の人生そのものに関心を向けて，1人1人の個別的な話を分析するようなアプローチもある。そのような研究の代表的な例に，ハンセン病施設への隔離・居住や，難病の経験や死別経験などの収集と分析がある[6]。一般的に，私たちは，個々のケースを集めていくことで一般化された仮説や結論が形成されるといった発想で調査を行うことが多い。しかし，これらの研究は，1人1人異なる個別の経験の語りの理解を試み，その語りのなかに，歴史的な出来事や社会的な規範がどのように現れているのかをみていく発想のもとでなされているのである。

また，個人の語りをデータとして分析しようとする研究には，語りの内容ではなくて形式や，いかなる相互行為のなかでその語りが生まれたのかに関心を示すアプローチ（例として対話的構築主義）も現れてきた[8]。ただし，個人の語りの内容を分析する関心のもとでも，語り方や，誰がどのように聞いたことでその語りが現れているのかに着目して，語りのデータの持つ豊かな意味内容をくみ取っていくような成果も示されている[9]。

④ 構成される現実への注目

語りの形式や相互行為としてのインタビューといった視点と関連して福祉領域で存在感があるのがナラティヴ・アプローチである。現実が言葉によって構成されるという基本認識を緩やかに共有し，語りと現実の関連の分析や，セラピーやピア・サポートなどでのナラティヴの生成の特徴と，そのナラティヴが回復などにもたらす効果などの考察を行う研究群を指している[10]。また，ナラティヴ・アプローチは，データの分析方法（方針）だけでなく，ナラティヴの生成や書き換えに焦点を当てた援助実践の技法そのものを指してもいる。

（井口高志）

はテキスト分析の準備段階として用いることも推奨されている（樋口耕一，2014，『社会調査のための計量テキスト分析——内容分析の継承と発展を目指して』ナカニシヤ出版，pp. 17-29）。その発想は，テキストという質的データをみる際に，数値という明確な基準で全体の構造を示すことで，分析者の「観点」からいったん離れる意義を持つ。

▷6　テキストデータのコードづけなどを共同で行う場合もあれば，ビデオ録画された映像データを見ながら解釈についてディスカッションする場合もある。

▷7　蘭由岐子，2017，『「病いの経験」を聞き取る』［新版］生活書院。

▷8　桜井厚，2002，『インタビューの社会学——ライフストーリーの聞き方』せりか書房。このような「語られ方」をみる研究の意義に対して生活史研究の側からの批判もある（朴沙羅，2017，「幻の『転回』——オーラルヒストリー研究の対象と方法をめぐって」『現代思想』45(20)：pp. 100-111）。

▷9　西倉実季，2009，『顔にあざのある女性たち——「問題経験の語り」の社会学』生活書院。

▷10　野口裕二編，2009，『ナラティヴ・アプローチ』勁草書房；野口裕二編，2015，『N：ナラティヴとケア』6などでこうしたアプローチの研究群を読むことができる。

アクション・リサーチと当事者研究
研究を現場に役立てるにはどうすればよいのか？

1 研究と実践の問題

　現場の支援実践や人々の苦悩などが対象となる福祉の研究において，研究を現場に役立てるにはどうすればよいのかという問いは，一度は意識せざるを得ない。そうした問いに対して「現場で役立つことと，長期的な視野に立つ研究の意義とは違う」と開き直ったり，「役立つという語の意味には複数あって云々」と議論の前提を問うたりすることも，福祉「社会学」の重要な主張であり1つの役割でもあるだろう。だが，現場の実践とのかかわりを重視した調査のありかたを考え，そこから「役立つ」知見の提示を試みる社会学を含む取り組みがある。それらの苦闘を見ることは重要である。

2 アクション・リサーチ

　現場とのかかわりに力点をおいた調査方法に，アクション・リサーチがある。その特徴の1つは，自然科学のように普遍的一般的な知を目指すのではなく，あるコミュニティのローカルな文脈で妥当する知を目指し，その知を，そのコミュニティの計画に生かしたり，他コミュニティにも応用したりしていこうとする点にある。また，現場の人たちが調査に参加するプロセスそのものも重視され，参加者のエンパワーメントを目指すような志向も持つ。

　以上のような志向のもとで，調査研究を，あらかじめ決まった手法に沿ってではなく，コミュニティの人々と協働して進め，必要に応じてインタビュー調査や質問紙調査などの方法を用いていく。一般的な調査のイメージでは，研究者とコミュニティの現場の人々との関係は，調査者と対象者の関係になり，研究者側の持つ枠組みを前提に調査を行うが，アクション・リサーチでは，研究者は調査への参加者・ステークホルダーの1人となり，現場のさまざまな主体と協働して知を生み出していく。そのため，研究者は，そうした協働の場をファシリテートして，かかわる人々の知見をうまく導き出し総合していくような役割を担う。

　こうしたアクション・リサーチは古くからあるものだ。だが，客観的な問題の存在を前提とした実証主義への懐疑や，それに基づく専門知の優位性の問い直し，また1990年代後半の阪神・淡路大震災などの災害を前にした社会科学の実践的意義の問い直しなどを経て，再び注目されるようになったといえる。

③ 当事者研究

　なんらかの問題を抱える人を当事者[17]とするならば，2000年代に入って，当事者自身が自分たちを調査研究する実践と，それを指す「当事者研究」という名称が生まれてきた。ただし，当事者による自らのことの研究は，以前から，フェミニズム運動・女性学をベースとするジェンダー研究（Gender Studies）や，障害者運動と深いかかわりを持つ障害学（Disability Studies）の蓄積がある。これらは，当事者が運動のなかで課題としてきたことを問う試みであり[18]，いわゆる「研究」と実践・運動との間に線引きが難しいところが特徴であろう。

　現在，「当事者研究」という名称を明確に掲げた調査研究として，浦河べてるの家における精神障害者たちのSST（ソーシャルスキルトレーニング）やSA（スキゾフレック・アノニムス）などの自助的な活動を1つの源流[19]としたものが，方法や知見を洗練させ注目を集めている。もともと精神障害者たちによってローカルになされていた活動が，発達障害や依存症の人たちの自助グループなどでも試みられるようになり，いわゆる大学での研究の枠組みのなかでもなされ，その知見や取り組み自体の反省的な考察も示されるようになってきている[10]。当事者運動の主張が，自分たちのことは自分たちが一番知っている（ゆえに私たちが決定主体である）というニュアンスであるのに対して，当事者研究は，自らの「症状」を中心とした困りごとを探求対象として反省的にとらえかえす[11]。こうした特徴を持つ「研究」は，参加者にとっては「回復」と関連した自助的な意味合いを持ち[12]，外部の者たちは，その過程で当事者によって明らかにされていく経験を知り，場合によってはニーズ解釈に資することになる[13]。

④ 「役に立つ」とはなにかを問い返すプロセス

　以上でみたような，現場と密接になっていく調査への関心の高まりと隆盛を，従来の社会学研究に新たな方法がつけ加わったととらえるだけでは不十分である。むしろ，研究と現場との関係性の変化を反映していると認識することが重要だろう。従来の科学の基本的立場は，研究者が現場の人びとよりも優れた知を生み出すことを暗黙の前提としてきた。それに対して，それまで「対象者」とされていた人びとと共同して生み出す知に注目が集まり，それまでは，「対象者」にすぎなかった人たちが知の担い手になってきているのである。

　さらに，このような動きは，研究が「役立つ」ということの意味をも強く問い返す。今日，「地域連携」が強調され，研究者がさまざまなプロジェクトにかかわる機会が増えている。しかし，当事者を含めた調査研究は，そもそも役に立つとは誰に対してなのか，貢献とはなにか，といった反省的な問い返しを出発点とし，それをつねに意識しながら進められていくのである[14]。

　　　　　　　　　　　　　　　　　　　　　　（井口高志）

61(3)：pp. 59-74）。

▷7　VIII-9を参照。

▷8　障害の社会モデルは，まさにそうした問題意識から生まれている。II-6　II-8参照。

▷9　向谷地生良，2016，「当事者研究と精神医学のこれから」石原孝二・河野哲也・向谷地生良編『シリーズ精神医学の哲学3──精神医学と当事者』東京大学出版会，pp. 180-205。

▷10　石原孝二編，2013，『当事者研究の研究』医学書院；熊谷晋一郎編，2018，『臨床心理学増刊　第10号──当事者研究と専門知』金剛出版。

▷11　石原孝二，2016，「総論──精神医学と当事者」石原孝二・河野哲也・向谷地生良編『シリーズ精神医学の哲学3──精神医学と当事者』東京大学出版会，pp. 3-30。

▷12　野口裕二は当事者研究を，困難に直面した人の自己語りの1つのモードと位置づけたうえで，「反省モード」「批判モード」の自己語りとは違う「研究モード」の利点を論じている（野口裕二，2018，『ナラティヴと共同性』青土社）。

▷13　VII-8も参照。

▷14　寺岡伸悟は社会学に現場から投げかけられる「これからどうするか」という問いにいかに応じていくかを現場と協働する研究の課題としている（寺岡伸悟，2014，「柿の里の地域づくりにかかわって」『ソシオロジ』59(1)：pp. 91-97）。

6 歴史研究
過去からなにを学ぶか？

▷1　クローチェ，B., 羽仁五郎訳，1952，『歴史の理論と歴史』岩波書店，p. 17。

▷2　マンキュー，N. G., 足立英之ほか訳，2019，『マンキュー経済学Ⅰミクロ編』［第4版］東洋経済新報社，p. 34。

▷3　古川孝順，2007，「社会福祉の歴史的展開総説」仲村優一・一番ケ瀬康子・右田紀久恵監修『エンサイクロペディア社会福祉学』中央法規出版，p. 156。

▷4　佐藤健二，2001，『歴史社会学の作法』岩波書店，p. 9。

▷5　「福祉」という言葉が意味するものは多様である。社会福祉学における歴史研究には，法制史，政策史，施設史，理論史，思想史，処遇史，技術史，そして人物史などの分野がある。さらに社会福祉の周辺の関連分野の理解も不可欠である（菊池正治・清水教惠・田中和男・永岡正己・室田保夫編，2014，『日本社会福祉の歴史　付・史料』［改訂版］ミネルヴァ書房，pp. 6-8）。

▷6　社会福祉政策の経済的契機としての資本主義に対して，社会的・政治的契機として，社会福祉をめぐる運動の歴史もまた重要である（一番ケ瀬康子・高島進，1981，『講座社会福祉

1 歴史と現在

「現在の生の関心のみこそが人を動かして過去の事実を知ろうとさせることができる[1]」。いかなる歴史もなんらかの意味において，現代が求める歴史である。

私たちは歴史を学ぶことによって，現代社会をより明晰に理解することもでき，現代社会への「問い」や「理解」においてより自由になることもできる。

歴史は現代社会を解明する理論のための手がかりを与えてくれる。自然科学のようには実験ができない社会科学においては「歴史が提供する（非人為的な）自然実験」としての歴史的エピソードが，理論を検証するさいに役に立つ[2]。歴史は「過去の実験室」となり得るのだ[3]。

他方で，歴史は現代との連続性を簡単に論じることのできない「未知を抱え込んだ異文化[4]」である。現代社会の他者としての歴史は，〈今，ここ〉から世界を見ている私たちの視座を揺さぶり，相対化する。

前者は〈今，ここ〉における問題を解明するために有用な歴史，後者は〈今，ここ〉における「問題」の設定自体を問題化する歴史である。

2 近代史のなかの「福祉」

政策としての「福祉[5]」は，資本主義および国民国家を形成し，維持していくために必要な制度として，近代化政策の一環として形成されてきた[6]。

資本主義の浸透した社会では，必要なモノやサービスを買うための貨幣を獲得できない人々は生活に困る。そうした人々に対する手当としての「福祉」は，資本主義システムの原理的な欠陥を補欠するものとして機能する[7]。この意味での「福祉」は，資本主義社会という特殊歴史的な社会に固有な政策である[8]。

市場経済がもたらす不平等を是正して，国内の階級対立や社会的緊張を緩和するのも「福祉」の機能である。「福祉」は国民統合のために役立つのである。T. H. マーシャルがシティズンシップの歴史的展開として論じたように，20世紀の西欧諸国において，国民国家の成員資格にともなう権利としての社会的権利（最低限の文明生活を営む権利）が登場した[9]。

しかし，現代の福祉国家への道を歩んできた「福祉」の近代史は，個人の尊厳や平等の権利という側面においては，必ずしも進歩の過程ではなかった[11]。

福祉国家は，人々を平等の「国民」として包摂すると同時に，一部の人々を

差別し，排除してきた。例えば戦後の日本は，児童福祉法によってすべての児童の福祉を謳い，反面では優生保護法を成立させたのであった。福祉国家への道としての「福祉」史は，資本主義と国民国家の論理に沿って，包摂と排除を表裏一体のものとして繰り返す歴史であった。

これに対して，資本主義や国民国家の論理に対抗する「福祉」のありかたを求めてきた運動の歴史がある。必要と権利の主体として，近代の福祉国家（およびその基盤としての社会）に批判を投げかけてきた人々の歩みがある。[12]

③ 前近代の「福祉」

近代化の過程のなかで「福祉」をとらえることは重要であるが，他方で「福祉」の歴史を有史以来の長い時間のなかでとらえる視点も同様に重要である。社会福祉学における歴史研究として古代からの「福祉」の通史をまとめた著名な研究があり，[13] 加えて歴史学や民俗学の成果からも多くを学ぶことができる。

前近代の社会においては，貧困や生活保障に関して現代とはまったく異なる考え方や慣行をみることができる。共同体における相互扶助や，民衆の生活権としてのモラル・エコノミーは，「近代」の論理にとっての他者であり，近代化政策によって否定されてきたものである。

伝統的社会のこうした「福祉」の側に視点を置いて眺めれば，社会福祉発達史としての近代の歴史像は，より大きな時間軸のなかで相対化され，異なる解釈へと開かれたものになるだろう。近代において失われてきたものの側から「福祉」史を描くこともできるのである。

④ 「福祉」の歴史と私

政策としての「福祉」を表す言葉は，「慈善事業」「社会事業」「厚生事業」「社会福祉」と，歴史的に変遷してきた。こうした国家大の「福祉」もあれば，人々の日常のなかの等身大の「福祉」もある。生活史としての「福祉」史である。[14]

小状況としての等身大の「福祉」は大状況としての国家大の「福祉」の影響下に置かれる。同時に，小状況としての日常のつみかさなりが大状況を動かしていく。[15] 生活史としての「福祉」史は，等身大の「福祉」と国家大の「福祉」とのこうした関係性を具体的な形で見せてくれる。

「福祉」の領域では，ミクロレベルでの対面的な人と人とのかかわりが重要な意味を持つ。マクロレベルの制度や政策の影響を受けながら，施設や地域における支援のありかたや，サービスを提供する人と利用する人との関係性が，日々「福祉」の歴史をつくってきた。

私たちの小さな日常のつみかさなりが，大状況としての「福祉」史を動かしてもいる。こうした意味で，歴史を学ぶということは，学ぶ私（たち）のアイデンティティに深くかかわる行為だといえるだろう。 （冨江直子）

第2巻 社会福祉の歴史』有斐閣）。

▷7 見田宗介，1996，『現代社会の理論』岩波書店，pp. 112-113。

▷8 右田紀久恵・高澤武司・古川孝順編，2001，『社会福祉の歴史——政策と運動の展開』［新版］有斐閣。

▷9 マーシャル，T. H.・ボットモア，T. B.，岩崎信彦・中村健吾訳，1993，『シティズンシップと社会的階級——近現代を総括するマニフェスト』法律文化社。

▷10 国家福祉の発展を軸にして「福祉」の歴史を描く研究に対して，国家だけではない多様な主体に着目して「福祉」をめぐる多元的で重層的な構造をとらえる歴史研究もまた重要である（高田実・中野智世編著，2012，『福祉』ミネルヴァ書房など）。

▷11 福祉国家が人権の歴史とつねに相携えて展開するわけではないことは，先学によって指摘されてきたところである。

▷12 杉本章，2008，『障害者はどう生きてきたか——戦前・戦後障害者運動史』［増補改訂版］現代書館など。

▷13 吉田久一，2004，『新・日本社会事業の歴史』勁草書房；池田敬正，1986，『日本社会福祉史』法律文化社など。

▷14 文書資料だけでなく，伝承や聞き取りなどの口述による資料も重要である。

▷15 歴史における「大状況と小状況」というとらえかたは，塚本学，1993，『小さな歴史と大きな歴史』吉川弘文館による。

7 研究倫理
研究することにはどのような責任がともなうか？

① 告発型研究は可能か

　もうずいぶん前だが，精神科病棟の劣悪な状況を告発したジャーナリストは，自らをアルコール中毒患者と偽って病棟に入院し，そこで見聞きしたことから批判的なルポルタージュを書いた[1]。また，立場を隠した「潜入」ではないが，社会学の精神医療研究の嚆矢となった，E. ゴフマンの『アサイラム』は，一スタッフとして観察した精神科病棟の様子を，おそらくはそこの一般スタッフが予期しなかったであろう「全制的施設」(total institution) という概念で描いている[2]。

　以上のような現場の批判的記述にはインパクトがある。たしかに，そこで活動する当事者や一般社会において知られていなかったことを発見したり，言葉にしたりしていくことは社会学の重要な役割の1つである。だが，現在において，いざこういうことを鮮やかに「研究」としてやってみようとすると，事はそう簡単ではない。まず現在，「潜入ルポ」は学術誌に掲載する研究としては認められず，研究者は調査者という立場を明かして現場とかかわる。

　それは当然だとしても，ではそもそも調査先にお世話になっていたり，そこで働いていたりするのに「批判的な」ことを書いていいのだろうか。書くにしてもなにも言わず書いていいのだろうか。でも言ってしまったら自由に書けなくなるかも……。このような葛藤を研究者は抱える。こうした葛藤の完全な解消はできずとも，最低ラインの一定の約束事はある。それが研究倫理である。

② 論文の作法と倫理規定

　研究倫理というと，人の文章を自分の文章であるかのように偽ってはいけないといった「剽窃の禁止」や，字のびっしりと書かれた研究説明文書の提示のような手続き的なものを想像するかもしれない。具体的なルールは，学会による研究倫理ガイドラインや倫理教育プログラムなどに書かれている[3]。

　それらの細かい規定は必要なときにそれぞれが読めばよい。ここでは研究倫理が，なんのためにあり，どのような原則に基づいているのかだけを確認しておこう。研究倫理は第1には研究の対象者を守るためのものである。だが，それは研究への制限ではなく，同時に研究者側も守ってくれるものと認識しておく必要がある。車に乗ったとき，私たちは信号を守るが，他の人も同様に守っ

▷1　大熊一夫, 1981,『ルポ・精神病棟』朝日新聞出版。

▷2　ゴフマン, E., 石黒毅訳, 1984,『アサイラム——施設収容者の日常世界』誠信書房。

▷3　日本社会学会, 2006 (2016年改定),「日本社会学会倫理綱領にもとづく研究指針」日本社会学会ホームページ (http://www.gakkai.ne.jp/jss/about/shishin.pdf 2018／8／11)。

▷4　平井秀幸は，法務省の許諾のもとでの女子少年刑務所調査を事例に，現代的な「制約」の中での批判的研究の可能性について論じている（平井秀幸, 2016,「刑務所で『ブルー』になる——『不自由』なフィールドワークは『不可能』ではない」前田拓也・秋谷直矩・朴沙羅・木下衆編『最強の社会調査入門——これから質的調査をはじめる人のために』ナカニシヤ出版, pp. 144-158)。

▷5　天田城介は「話をすることへの同意と書かれ方への同意とは異なる」と述べている（天田城介, 2007,

ていると信じているから私たちは車を運転できる。それを私たちの行いへの不当な制限で撤廃すべきものだとはあまり思わない。いわば必要なマナーである。研究倫理も、それがあるゆえに研究者側と対象者側とがともに守られ関係をとり結びやすくなるのである。

　そのマナーの根幹にある原則の1つは「他者の尊重」である。なんだかよくわからない人に知らぬ間に自分の情報を取られて、知らない所でそれが使われるのは気持ちのよいことではないだろう。したがって、調査の際には、自分は何者なのかを対象者や関係者に示して理解してもらい調査参加への「同意」を得ることが必要になる。それに基づけば冒頭のような批判的な研究を現在において進めていくうえでなにが必要なのかがみえてこよう。[4]

　ただし、この自分がなにをしているかの知らせ方は、調査の種類に応じて異なる。例えば、同じインタビューでも、構造化されたインタビューの場合は聞いた時点で論文に掲載される内容がほぼ決まっているが、より自由度が高いインタビューや参与観察のなかでインフォーマルに話を聞く場合、調査の内容は流動的で、最初になにに同意してもらうかが予測できないことがある。その場合、説明に対する「同意書」へのサインなどの手続きだけでは不十分だろう。[5]

　ここまでの話は、現地調査をしない研究にも関係がある。他者を尊重することが研究倫理の根幹の原則ならば、論文の剽窃は他者の文章に自分の名前をつけてしまうことであり、書いた本人の努力を踏みにじる行為であろう。

　研究倫理が求めているのは難しいことではない。研究活動を行うさいの、当然のマナーとして「倫理規定を知り守れること」である。そのために大学院の教育では研究倫理プログラム受講が必須となっているのである。

❸ 研究倫理を社会学する

　研究倫理の標準化・制度化は、副作用をもたらすこともある。例えば、調査先の実情や慣習が、同意書への署名などの一般的な調査倫理が要求する（ときにそれは儀礼的で滑稽に映る）振る舞いと適合しない場合、それに従うことで調査そのものを難しくしてしまうこともあるだろう。[6]　また、研究倫理を過度に遵守することが儀礼主義的な態度につながり、対象者への貢献とはなにか、などの真摯な問いかけへの感度を鈍らせることもありうる。

　研究をするうえで、マナーである研究倫理を知り守ることはもちろん重要だ。しかし、語弊はあるが、より面白い福祉社会学の応用課題として、個別の研究フィールドで、倫理規定の遵守だけに収まらない研究者としての倫理的ありようを考えてみることができる。[7]　また、標準化・制度化された倫理手続きに従うことで、得られるデータのありようがどう変わってくるのかを、質的データの収集の問題として考えてみることもできるだろう。研究倫理の社会学はそれだけの深みを持っている。

（井口高志）

「研究の遂行をめぐるいくつかの困難──葛藤・摩擦・亀裂・断絶・対立」立命館大学人間科学研究所編『研究シリーズヒューマンサービスリサーチ　シリーズ5　研究倫理を考える』pp. 133-145）。

▷6　他方で、調査先の規範や論理に合わせたフィールドワークの倫理性が問われることもある。A. ゴフマンは、貧困地域の若者ギャングたちのエスノグラフィー（ゴッフマン, A., 二文字屋脩・岸下卓史訳, 2021,『逃亡者の社会学』亜紀書房。）のなかで、復讐の意を表明しながら、友人を殺した相手を探す調査対象者たちを車に乗せて街を回ったことを記述しているが、その行為の倫理性が議論になった（前川真行, 2017,「公正と信頼のあいだ──アリス・ゴフマンのケース」『RI：Research Integrity Reports』2：pp. 14-38）。

▷7　一般的な調査研究ではプライバシー保護のために対象者は匿名化される。だが、浮ヶ谷幸代は、浦河赤十字病院の精神科病棟の調査報告書作成の際の、看護師と個別のデータ確認のやりとりのなかで、実名で掲載することになった人たちが出てきたプロセスから、形式的な調査倫理手続きに還元されない研究倫理のありかたを問うている（浮ヶ谷幸代, 2009,『ケアと共同性の人類学──北海道浦河赤十字病院精神科から地域へ』生活書院, pp. 34-47）。

政策評価
その政策は正しいか？

▶1　現行の政策評価・行政評価については，その歴史的意義を十分に認識しつつも，一方で，R. K. マートンの官僚制の研究やその後のJ.W.マイヤーやP. J. ディマジオらによる社会学的新制度論を踏まえ，とくに「評価のための評価」に陥る可能性を批判的にみてゆくことも必要であろう。例えばイギリスにおける行政評価の研究として，長澤紀美子，2013，「イギリスの社会的ケアにおける業績測定――『ニューレイバー』政権下の展開」『高知県立大学紀要』62：pp. 19-26。

▶2　もちろん政策の成果を貨幣換算するのが難しい事例は多い。このための工夫として仮想市場法（Contingent Valuation Method：CVM）などさまざまな手法が提案されている。参考文献として，伊多波良雄，2009，『公共政策のための政策評価手法』中央経済社。

1　なぜ政策を評価するのか

　企業ならば「その活動をどう評価すべきか」は，あまり議論にならない。生産した財やサービスの売上額から，原材料や給与の支払いなどにかかった費用を引いた利益（利潤）が，評価の根本にあるのは間違いない。さまざまな企業活動も利益につながるかという観点から評価される。さもなければ企業は早晩つぶれてしまう。一方，政府・自治体など公的主体の場合，実施する政策の良し悪しがその存廃に直結するわけではない。だが，納税者でもある国民・住民をはじめ政策の利害関係者（ステークホルダー）はよりよい政策を望み，政策の推進者は説明責任（アカウンタビリティ）を負う。そこで，政策をどう適切に評価するかが大きな問題となる。

　政策評価を政策の点検や見直しといった意味とするなら，この社会ではすでに広く導入され制度化されている。2000年前後に政府・自治体の財政難を背景に，とくに「公共事業の無駄」をなくそうと社会の関心が集まり，2001年には「行政機関が行う政策の評価に関する法律」も成立している。社会学の立場からは，「評価」を1つの社会的営みとみなし，海外も含め歴史的な動向をみてゆくことも欠かせぬ作業となろう。[1]

2　費用便益分析と費用効果分析

　公的主体の活動を企業と同様に評価するなら，「売り上げ」に相当するものとして政策の成果を金額で表した「便益」を考え，そこから政策の実施にかかった「費用」を引くことで利益にあたる金額を算出する方法がある。[2]これを費用便益分析という。例えば，2地点間に新しく道路を通すなら，移動にかかる費用の減少（ガソリン代の節約分など）や移動時間の短縮（例えば短縮時間分の労働で得られる賃金から推定）などが「便益」，建造コストなどが「費用」となる。その差（便益−費用）がゼロ以下なら実施の意義はない。海外に目を向ければ，公共事業の評価にかぎらず雇用訓練プログラムや自動車の騒音規制など，広範な施策の評価に費用便益分析が使われているとわかる。

　政策の成果を金額で表すのは難しくても，その効果を数値で示せるなら，費用効果分析を用いることができる。同じ種類の効果をもたらす複数の方法が考えられるとき，費用／効果（あるいは逆に効果／費用）がより小さい（より大きい）ものを採る。例えば，家屋が散在する集落の家庭排水を処理するために，

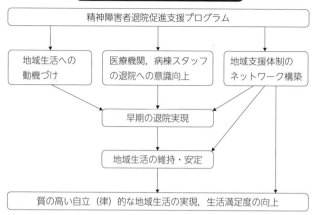

図X-8-1　インパクト理論の例

精神障害者退院促進支援プログラム

地域生活への動機づけ　医療機関，病棟スタッフの退院への意識向上　地域支援体制のネットワーク構築

早期の退院実現

地域生活の維持・安定

質の高い自立（律）的な地域生活の実現，生活満足度の向上

出所：中越章及・大島巌・古屋龍太・贄川信幸・瀧本里香，2015，「制度モデルを改善し，効果モデルを構築する実践家参画型プログラム評価の試み──精神障害者退院促進・地域支援プログラムを対象として」『ソーシャルワーク研究』40(4)：p.19。

下水道を敷設するか，それとも，各戸が浄化槽を設置するよう自治体が補助金を出すのがよいか評価したいとき，処理下水量を「効果」として，その1単位量の処理にかかる費用を比較すればよい。福祉や医療の活動の多くは，不可欠にみえる特定の「必要」を満たすものであるから，その成果を「効果」ととらえるのが適当なケースは多く，今後さらに重視される手法と考えられる。

❸ インパクト理論とロジック・モデル

新規にプロジェクトを企画する場合はとくに，"それは実施可能か"，"望んだ効果をもたらすか"といった根本的な疑問が生じることもあろう。「プログラム評価」は，それらを検討する「プログラム理論」をその核とする。ロッシらは，このプログラム理論を，組織計画・サービス利用計画・インパクト理論の3パートに分けて図示するのが有用としている。[3] ロジック・モデルは組織計画の表現の1つで，インプット→アクティビティ→アウトプット→アウトカムの流れに沿って各項目の内容を記述する。また，インパクト理論は，当該の介入プログラムを原因，そこから生じると考えられる社会的利益を結果として，その間の因果関係の仮説を図示する。図X-8-1は，精神障害者退院促進支援プログラムを構築するなかで示されたインパクト理論である。

さらにプログラム評価では，プログラムの受け手とされる者も含め，広く利害関係者が評価の計画や実行・分析に関わることがある。それにより評価の有効性が向上し，関係者に自己効力感をもたらすと期待できる。この方向における評価は「参加型評価」「エンパワーメント評価」と呼ばれる。今日，プログラム評価は開発経済学でも展開がみられ，また社会調査や心理学実験で発達した技法を活用しており，今後の学際的発展が見込まれる。　　（神山英紀）

▶3　ロッシ，P. H.・フリーマン，H. E.・リプセイ，M. W.，大島巌・平岡公一・森俊夫・元永拓郎監訳，2005，『プログラム評価の理論と方法──システマティックな対人サービス・政策評価の実践ガイド』日本評論社はこの分野の基本文献である。入門的な文献としては，安田節之，2011，『プログラム評価──対人・コミュニティ援助の質を高めるために』新曜社などがある。

貧困の測定
貧しさをどう見分けるか？

▷1　ラウントリーの貧困
測定は，貧困を一時点にお
いて静態的にとらえるだけ
でなく，動態的に捉えたこ
とでも特筆される。具体的
には，労働者は人生で３回
（幼少期・中年期・老年
期）の貧困期を経験すると
いう。ラウントリーの貧困
測定については，ラウント
リー，B. S. 長沼弘毅訳，
1959，『貧乏研究』ダイヤ
モンド社を参照。

▷2　具体的には，イギリ
ス・ヨーク市の貧困率が約
３割に達するというもので
ある。ただし，そこでいう
貧困は，第一次貧困だけで
なく「第二次貧困」
（Secondary Poverty, 浪費
によって実質的な生活水準
が第一次貧困線を割り込ん
でいる状態）をも含んでい
ることに注意が必要である。

▷3　厚生労働省「国民生
活基礎調査」のデータでは，
日本の2015年時点の相対的
貧困率は15.6％である。
IV-7 もあわせて参照の
こと。

▷4　詳しくは，タウンゼ
ント，1974，高山武志訳，
1977，「相対的収奪として
の貧困」ウェッダーバーン，
D. 編著『イギリスにおけ
る貧困の論理』光生館およ
び Townsend, P., 1979,

1　貧困の測定・定義・是正の関係

　貧困は，しばしば一本の「線」（貧困線，Poverty Line）として表現される。これは，人々の生活が線の上と下とで質的に断絶することを意味する。不平等や格差といった量的・連続的な差とは異なり，貧困線を下回る状態が継続することは許されず，その実態把握のための測定や，是正のための介入が要請されることとなる。

2　絶対的貧困の測定：貧困を社会から切り離してとらえる

　代表的な貧困の定義として，「生物として生存可能な最低水準」とするものがある（絶対的貧困観）。そのもとでは，餓死せず，雨露をしのげる住居があれば貧困とはされない。イギリスのラウントリーは，最低限の生存に必要な品目を選択し，それを貨幣に換算した貧困線（第一次貧困線，Primary Poverty Line）を導出する方式（マーケット・バスケット方式）のもと，繁栄を謳歌する19世紀末のイギリスに多くの貧困者が存在することを明らかにした。

　しかしこのように社会から切り離して貧困を定義するかぎり，社会全体の生活水準が上昇しても，貧困線は上昇しないという問題がある。生存に直結しない品目（スマートフォン等）は，たとえ多くの人が所有していても貧困の定義には含まれず，再分配においても考慮されない。

3　相対的貧困と相対的剥奪の測定：貧困を社会生活のなかでとらえる

　逆に貧困を社会のなかでとらえるのが，一般の人々の所得あるいは消費水準に応じて貧困線を変動させる「相対的貧困」の考え方である。今日，相対的貧困線の一般的な定義は「等価可処分所得の中央値の50％水準」である。もっとも，このような「貧困」は不平等や格差概念と同じような量的な差に過ぎず，なぜ（40％でも60％でもなく）「50％」なのかの根拠も曖昧である。

　この問題はタウンゼントの貧困測定によってある程度クリアすることができる。彼は1970年代当時のイギリスにおいて社会生活を営むうえで欠かせない（と彼がとらえた）物品や活動を「剥奪指標」（deprivation index）として選択し，人々がそれを実際に享受しているか否かを測定した（表Ｘ-9-1）。その結果，剥奪の累積度数と所得との関係を図示したときに，急激にグラフの傾きが変わ

る一点（閾値，threshold）が現れた（図X-9-1）。所得がその点を下回ると，一般的な社会生活を営むことが急速に困難になることを意味し，しかもその水準は当時の公的扶助基準よりも高かった。ここから，公的扶助基準を引き上げる必要性を説いたのである。

④ 合意基準：一般の人々が納得できる貧困定義・指標の模索

タウンゼントによる貧困の測定の政策的含意は明らかであるが，一方でその剥奪指標が，（納税者を含む）一般の人々の感覚と合致するかどうかという問題が残る。この問題の解決を試みた「合意水準アプローチ」は，まずさまざまな品目が「現代社会で生活するうえで必須である」と人々にとらえられているか否かの予備調査を行った後に，多くの回答者が支持した品目（社会的必需品）を用いた本調査を行うという2段階で貧困を測定する。[5]

⑤ 貧困の定義・測定と民主的プロセス

貧困を測定する究極の目的は，貧困者を救済するための政策的介入（公的扶助など）を行うところにある。介入のための資源（とくに金銭）は，税金等の形で人々から強制的に徴収されるから，貧困の定義は貧困者だけでなく，一般社会の多くの人々をも納得させるものでなければならない。以上で見た議論から，貧困の定義・測定の実践において，社会全体に働きかけ，合意形成をはかる民主的なプロセスの重要性を，私たちはあらためて気づかされるのである。

（菊地英明）

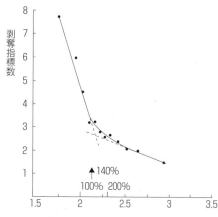

図X-9-1　所得と剥奪指標の関係

出所：Townsend, P., 1979, *Poverty in the United Kingdom: a survey of household resources and standards of living*, Penguin Books, p.261.

注：所得が低いほど，剥奪指標数（「所有していない」「参加していない」等の回答の累積数）が増える傾向があり，公的扶助基準の140%以下（閾値）になると，その傾向は顕著になる。

Poverty in the United Kingdom: a survey of household resources and standards of living, Penguin Books を参照。

▷5　日本における測定事例としては，阿部彩，2008，『子どもの貧困——日本の不平等を考える』岩波書店を参照。

表X-9-1　剥奪指標の例

特徴	人口に占める%
1．この1年に家以外で1週間以上の休日を過ごしたことがない。	53.6
2．（成人）この4週間に親戚か友人を家に食事に誘わなかった。	33.4
3．（成人）この4週間に親戚か友人と外食をしなかった。	45.1
4．（15歳以下の子ども）この4週間に，友人と遊んだりお茶を飲んだりしなかった。	36.3
5．（子ども）直近の誕生日にパーティーをしなかった。	56.6
6．この2週間に午後や夜の催し物（entertainment）に行かなかった。	47.0
7．（外食を含めて）肉を食べない日が1週間に4日以上あった。	19.3
8．この2週間に調理した料理（＝インスタントでない料理）を食べずに済ませた日が1日以上あった。	7.0
9．週のほとんどの日に伝統的な朝食（cooked breakfast）を食べなかった。	67.3
10．家に冷蔵庫がない。	45.1
11．家族と通常（4週のうち3週）は日曜日のごちそう（Sunday joint）を食べない。	25.9
12．家の中に以下の4つの設備がない：水洗便所，洗面所，風呂・シャワー室，ガス調理器・電子レンジ	21.4

出所：Townsend, P., 1979, *Poverty in the United Kingdom: a survey of household resources and standards of living*, Penguin Books, p.250.

10 社会指標
社会は測れるか？

① 社会指標とは

　経済指標は経済活動の状態を推し量る目安である。よく知られているように，GDP（国内総生産）はその代表で，これでみれば，アメリカ・中国・日本が上位3国となる。そこで社会指標とは——普通名詞として素直に理解すれば——このような経済指標に対し，社会の状態を推し測るものといえる。その意味では，例えば，国連開発計画（UNDP）による「人間開発指数」も社会指標といえる。これは基本的には，1人あたり GDP に加え，平均余命（健康の指標）と識字率・就学率（知識の指標）を総合してつくられる。

　経済力のみで豊かさは測れないというのはその通りだろうが，健康や知識以外も大事というなら，経済協力開発機構（OECD）の「より良い暮らし指標」はその批判に応える。これは，住居・収入・雇用・共同体・教育・環境・ガバナンス・健康・生活の満足度・安全・ワークライフバランスの11項目に基づき数値を算出する。各項目は，より下位の指標から構成され，例えば，住居なら，1人あたりの部屋数・住居費・衛生設備の整備率から導かれる。さらに OECD のサイトをみれば，利用者は，11分野に自分で考える重要度に基づきウェイトづけし，総合された数値をアウトプットすることもできる。

　一方，国連開発計画委員会（CDP）は，栄養不足人口の割合・5歳以下乳幼児死亡率などから「人的資源指数」を，また，農作物生産量の安定度などに基づく「経済的脆弱性指数」を設定し，これらと1人あたり GNI（国民総所得）の3つを参照して，後発開発途上国（Least Development Country：LDC）の認定に役立てている。2017年現在，アンゴラ・アフガニスタン・キリバス・ハイチなど世界47ヶ国が LDC とされており，指標をもとに3年ごとに，新たな国の"加入"と LDC からの"卒業"が検討される。

② 1970年代日本の「社会指標」

　実は，社会指標をつくる試みはずっと以前からあり，日本でも1974年には，国民生活審議会調査部会編『社会指標——よりよい暮らしへの物さし』が公表されている。この指標体系では，健康・教育・雇用・余暇・消費など10の目標分野が設定されている。例えば「健康」についてみると，それは「健康度の向上」「健康を守り増進するための社会的条件の整備」の2つの「基本的社会的

▷1　National Accounts Main Aggregate Database の2015年名目 GDP 米ドル換算による。

▷2　社会指標を最広義にとれば"社会に関するデータ項目"となろう。ただ，その場合，例えば特定の政策実施に数値目標を掲げても（自殺防止事業において自殺率の目標値を掲げるなど）社会指標を使ったことになり，語の意味が希薄になる。意識調査によって主観的幸福感を尋ねる場合（例えば World Value Survey Association による「世界価値観調査」がよく知られている）も，それを単独で社会指標とみなすなら同様の問題が生じよう。

▷3　Human Development Index（HDI）の訳。

▷4　人間開発指数は，A. K. センが提起する「ケイパビリティ」と関連する。それは"その人が実際になにをなし得るか"を問うため，「収入」を適切に使うのに必要となる「知識」や「健康」が指標の要素となる。ちなみに『人間開発報告書2016』では，HDI の上位3国はオーストラリア・ノルウェー・スイスで，アメリカ6位・日本21位・中国92位である。また，HDI から派生してつくら

関心」から成るとされ、さらにこの前者をみると、それは「死亡、傷病等による健康阻害の程度が減じること」「より高い健康が享受できること」の2つの「社会的関心」に分解でき、その前者はまた、「死亡の危険が減じること」として"平均寿命"、「傷病の量が減じその質が軽くなること」として"傷病率"など、数値データをともなう6つの「関心」の合成とされている。このように10分野のそれぞれがブレイク・ダウンされデータが採られるため、最も下位の指標（個別指標）は数百に及ぶ。それら個別指標の値が、今度は逆に、単位をそろえたり指数化したりといった工夫を加えて積み上げられ、各目標分野の値、そしてさらにそれらを総合化した社会全体の値が算出される。

　留意すべきは、当時、社会指標の提唱は、新聞の見出しを飾るような注目度の高い出来事であったということである。高度経済成長の一方で、生活格差や公害問題・都市問題が深刻化しており、社会指標はその時代の要請に応えて登場した。また、そのなかで当時の有力な社会学者が作業に関わり、そして、この時点ですでに、指標の目的をどうするか（社会認識か政策評価か）、指標の総合化は望ましいか、客観指標と主観指標をどう整理するかなど、現在に連なる理論的・技術的問題はほとんど論じられていたのである。[10]

③ 社会の指標とはなんだろう

　このように社会指標は以前から存在し現在も複数併存する。さらに、その時代その社会の"経済"に対し"社会"を測るべきとの要請に応えた面もみえる。そこで私たちは今日、社会指標に関しなにを問うべきか。重要なのは、社会を測るといっても、それは眼前の物体のように存在するのではないということである。いまや、私たちは、さまざまな価値観で内側から世界を照らしだし、映ったものを社会と呼んでいる。だから、もし、人々が社会観というものを持っていたとしても、それは非常に多様であろう。それなら、既存の社会指標の改良はもちろん有意義だが、それが1つの普遍的な指標体系の構築にまでつながるとは期待しにくい。むしろ、これまでの達成を十分踏まえつつも、自身の価値観や問題意識に自覚的になり、それに従って検討を進めたほうがよいだろう。

　これは多くの人々にとって自然な見方と思う。日本社会のジェンダー格差に関心がある者は、「人間開発指数」に比べ「ジェンダー開発指数」による日本の順位が低いことに気づき、その理由を、日本社会の現状と指標の構成との双方から考えるであろう。また、世界の貧困や国際援助に関心がある者は、「人間開発指数」や「より良い暮らし指標」による上位各国の多少の変動には無関心な一方、後発途上国の認定にあたり「人的資源指数」や「経済的脆弱性指数」は今の形のままでよいか、現実と照らし合わせながら真摯に問うであろう。

（神山英紀）

れた指標として、多面的に貧困をとらえる「多元的貧困指数」、ジェンダー不平等を調整した豊かさを表す「ジェンダー開発指数」などもある。

▷5　Better Life Index（BLI）の訳。

▷6　Human Assets Index（HAI）の訳。

▷7　Economic Vulnerability Index（EVI）の訳。

▷8　国際比較に役立つ社会指標に関しわかりやすい文献として、野上裕生、2013、『すぐに役立つ開発指標のはなし』アジア経済研究所。

▷9　統計データを遡って使用し、1965・1970年などの測定値が算出され公表されている。また、この「社会指標」の後継として、1986年からは「国民生活指標」、1999年からは「新国民生活指標」と、名称と対象・方法を変えつつも、その後も継続的に実際に社会指標は測定されてきた。

▷10　この様子については、一般読者向け雑誌の記事「福祉水準をどう測定するか──社会指標の可能性をめぐって〈シンポジウム〉」（毎日新聞社『エコノミスト』1977.01.11/18、55(2)/(3)）でも確認できる。また、現在までの社会指標の系譜の考察として、三重野卓、2016、「『福祉』の測定から幸福度へ──数量化をめぐる半世紀を振り返る」『福祉社会学研究』12：pp.5-17。

さくいん

（＊は人名）

執筆者紹介（氏名／よみがな／生年／現職／業績／執筆担当／福祉社会学を学ぶ読者へのメッセージ）　＊は編著者

赤川　学（あかがわ・まなぶ／1967年生まれ）

東京大学大学院人文社会系研究科教授

『社会問題の社会学』（単著，弘文堂，2012年）

『これが答えだ！　少子化問題』（単著，筑摩書房，2017年）

Ⅶ-9

21世紀を生き抜く「知」としての福祉社会学に期待します。

＊井口高志（いぐち・たかし／1975年生まれ）

東京大学大学院人文社会系研究科准教授

『被災経験の聴きとりから考える──東日本大震災後の日常生活と公的支援』（共著，生活書院，2018年）

『認知症社会の希望はいかにひらかれるのか──ケア実践と当事者の声をめぐる社会学的探求』（単著，晃洋書房，2020年）

Ⅱ-1　Ⅰ-3　Ⅶ-8　Ⅷ-8　Ⅷ-9　Ⅹ-3　Ⅹ-4　Ⅹ-5　Ⅹ-7

狭い意味の「福祉」イメージを越えた，様々な分野の研究に目を向けながら学びを深めていってもらえればと思います。

井口尚樹（いぐち・なおき／1988年生まれ）

東京大学大学院人文社会系研究科助教

「就職活動中の学生の限界づけられた主体性」『相関社会科学』25，2016年。

Ⅴ-4　Ⅸ-10

働き方は人々の考えによっても変わります。本書が良い社会のあり方を考えるヒントになれば嬉しいです。

石島健太郎（いしじま・けんたろう／1988年生まれ）

帝京大学文学部社会学科講師

『障害社会学という視座──社会モデルから社会学的反省へ』（共著，新曜社，2019年）

『総中流のはじまり──団地と生活時間の戦後史』（共著，青弓社，2019年）

Ⅹ-1　Ⅹ-2

医療や家族，地域など，福祉は社会学的な知の結節点です。本書がその魅力を伝えられていれば幸いです。

岡部耕典（おかべ・こうすけ／1955年生まれ）

早稲田大学文学学術院教授

『ポスト障害者自立支援法の福祉政策──生活の自立とケアの自律を求めて』（単著，明石書店，2010年）

『パーソナルアシスタンス──障害者権利条約時代の新・支援システム』（編著，生活書院，2017年）

Ⅱ-6　Ⅱ-7　Ⅱ-8

自分自身の生き方とも接続させて，福祉社会の構想を描いてみてください。

堅田香緒里（かただ・かおり／1979年生まれ）

法政大学社会学部准教授

『ベーシックインカムとジェンダー』（共編著，現代書館，2011年）

「生活困窮者支援における『市民福祉』の制度化をめぐる

一考察」『福祉社会学研究』16，2019年

Ⅳ-5　Ⅳ-6　Ⅵ-5　Ⅵ-6　Ⅵ-10

福祉を学ぶとは，自分とは異なる他者を理解し，同時に自身の特権性と向き合うということなのかもしれません。

金子　充（かねこ・じゅう／1971年生まれ）

明治学院大学社会学部教授

『問いからはじめる社会福祉学』（共著，有斐閣，2016年）

『入門　貧困論』（単著，明石書店，2017年）

Ⅲ-1　Ⅲ-3

実社会の福祉の課題解決に福祉社会学の知恵を活用していきましょう。

金子雅彦（かねこ・まさひこ／1963年生まれ）

防衛医科大学校医学教育部准教授

『医療制度の社会学──日本とイギリスにおける医療提供システム』（単著，書肆クラルテ，2012年）

「保健医療社会学教育の動向と実践」『保健医療社会学論集』30(2)，2020年

Ⅳ-8　Ⅸ-7

本書が新しい視点のきっかけになることを願います。

上村泰裕（かみむら・やすひろ／1972年生まれ）

名古屋大学大学院環境学研究科社会学講座准教授

『福祉のアジア──国際比較から政策構想へ』（単著，名古屋大学出版会，2015年）

『20世紀の東アジア史』（共著，東京大学出版会，2020年）

Ⅴ-2　Ⅴ-3　Ⅴ-5

私たちの人生と社会を福祉国家がいかに条件づけているか。歴史と比較をヒントに社会学的想像力で捉えよう。

神山英紀（かみやま・ひでき／1967年生まれ）

帝京大学文学部社会学科准教授

『福祉社会の価値意識──社会政策と社会意識の計量分析』（共著，東京大学出版会，2006年）

『社会学を問う──規範・理論・実証の緊張関係』（共著，勁草書房，2012年）

Ⅸ-4　Ⅹ-8　Ⅹ-10

皆さんのこれからの知的探求の "とっかかり" になれば幸いです。

川村岳人（かわむら・がくと／1978年生まれ）

立教大学コミュニティ福祉学部准教授

「公営住宅の集中立地地域に居住する福祉対象層の地域社会に対する意識──稼動年齢層の生活保護世帯，障害者世帯，母子世帯に着目して」『貧困研究』16，2016年。

「大規模公営住宅団地の入居者と周辺住民が交流する場の創出──推進組織の整備に着目して」『居住福祉研究』28，2019年。

Ⅶ-2　Ⅶ-3　Ⅶ-10

社会には，見ようとしない限り見えない問題がたくさんあります。本書が，社会の実態を見直す目を養う一助となれば幸いです。

＊菊地英明（きくち・ひであき／1976年生まれ）

　武蔵大学社会学部教授

　『闘争性の福祉社会学』（共著，東京大学出版会，2013年）

　『生活保護』（共著，ミネルヴァ書房，2013年）

　Ⅳ-2 Ⅳ-4 Ⅳ-7 Ⅳ-9 Ⅳ-10 Ⅴ-1 Ⅸ-5 Ⅹ-9

　「福祉を社会学する」ことの面白さを，この本を通して皆様に少しでもお伝えできれば嬉しく思います。

金　成垣（きむ・そんうぉん）

　東京大学大学院人文社会系研究科准教授

　『後発福祉国家論』（単著，東京大学出版会，2008年）

　『福祉国家の日韓比較』（単著，明石書店，2016年）

　Ⅴ-7

　本書をふまえ，ドメスティックな政策論を超え，日本の特質を意識した福祉社会学の世界的な展開を願っている。

久木元真吾（くきもと・しんご／1970年生まれ）

　帝京大学文学部教授

　『いのちとライフコースの社会学』（共著，弘文堂，2011年）

　『グローバル人材とは誰か——若者の海外経験の意味を問う』（共著，青弓社，2016年）

　Ⅸ-6

　制度や政策について考えるときは，そのもとで生きる一人ひとりの視点や日常もぜひ視野に入れてください。

是川　夕（これかわ・ゆう／1978年生まれ）

　国立社会保障・人口問題研究所国際関係部長

　『移民受け入れと社会的統合のリアリティ——現代日本における移民の階層的地位と社会学的課題』（単著，勁草書房，2019年）

　『人口問題と移民——日本の人口・階層構造はどう変わるのか』（編著，明石書店，2019年）

　Ⅸ-1 Ⅸ-2 Ⅸ-3

　人口と社会保障の関係は密接不可分です。一見，分かり易い話も多いですが是非，注意深く考えて下さい。

税所真也（さいしょ・しんや／1980年生まれ）

　東京大学大学院人文社会系研究科助教

　「『成年後見の社会化』からみるケアの社会化——士業専門職化がおよぼす家族への影響」『家族社会学研究』28(2)，2016年。

　『成年後見の社会学』（単著，勁草書房，2020年）

　Ⅱ-9

　人生100年時代といわれます。超高齢社会では，生き方だけでなく，どう人生を終えるかも鍵となります。

鎮目真人（しずめ・まさと／1967年生まれ）

　立命館大学産業社会学部教授

　『比較福祉国家——理論・計量・各国事例』（共編著，ミネルヴァ書房，2013年）

　『社会保障の公私ミックス再論』（共編著，ミネルヴァ書房，2016年）

　Ⅲ-5 Ⅲ-6 Ⅴ-6 Ⅴ-8 Ⅴ-9 Ⅴ-10

　各人の生き方は多様です。それを社会的に支えることに対する想像・創造する力が問われています。

柴田邦臣（しばた・くにおみ／1973年生まれ）

　津田塾大学学芸学部准教授

　『字幕とメディアの新展開——多様な人々を包摂する福祉社会と共生のリテラシー』（編著，青弓社，2016年）

　『〈情弱〉の社会学——ポスト・ビックデータ時代の生の技法』（単著，青土社，2019年）

　Ⅲ-7 Ⅶ-7

　「なぜ福祉なのか」，存在にまで深く切り込んだ理解と実践を。それこそが福祉社会学と社会福祉学の差です。

高野和良（たかの・かずよし／1963年生まれ）

　九州大学大学院人間環境学研究院教授

　『協働性の福祉社会学——個人化社会の連帯』（共著，東京大学出版会，2013年）

　『暮らしの視点からの地方再生——地域と生活の社会学』（共著，九州大学出版会，2015年）

　Ⅶ-1 Ⅶ-4

　「孤立していても，孤独ではない」。そんな過疎地域の高齢者の暮らしから，何を学べるでしょうか。

＊武川正吾（たけがわ・しょうご／1955年生まれ）

　明治学院大学社会学部教授

　『連帯と承認』（単著，東京大学出版会，2007年）

　『福祉社会学の想像力』（単著，弘文堂，2012年）

　Ⅰ-1 Ⅰ-2 Ⅰ-3 Ⅰ-4 Ⅰ-5 Ⅰ-6 Ⅰ-7 Ⅰ-8 Ⅰ-9 Ⅰ-10 Ⅲ-2 Ⅲ-4 Ⅳ-1

　福祉社会学は新しい社会学の分野です。読者とともにその可能性を広げるために，この教科書を編集しました。

冨江直子（とみえ・なおこ／1973年生まれ）

　茨城大学人文社会科学部准教授

　『救貧のなかの日本近代——生存の義務』（単著，ミネルヴァ書房，2007年）

　『福祉権保障の現代的展開——生存権論のフロンティアへ』（共著，日本評論社，2018年）

　Ⅷ-5 Ⅹ-6

　私が知らずにいたことはあまりに多く，知り得ることはあまりに少ないということを日々学んでいます。

仁平典宏（にへい・のりひろ／1975年生まれ）

　東京大学大学院教育学研究科准教授

　『「ボランティア」の誕生と終焉——〈贈与のパラドックス〉の知識社会学』（単著，名古屋大学出版会，2011年）

　『平成史【完全版】』（共著，河出書房新社，2019年）

　Ⅲ-10 Ⅶ-6

　超高齢化，貧困化，多文化主義なき多文化社会化，AIの亢進等，社会が激変する中で，次世代に希望を繋ぎたい。

野辺陽子（のべ・ようこ／1970年生まれ）

　日本女子大学人間社会学部准教授

　『〈ハイブリッドな親子〉の社会学——血縁・家族へのこ

執筆者紹介（氏名／よみがな／生年／現職／業績／執筆担当／福祉社会学を学ぶ読者へのメッセージ）　　＊は編著者

だわりを解きほぐす』（共著，青弓社，2016年）

『養子縁組の社会学──〈日本人〉にとって〈血縁〉とはなにか』（単著，新曜社，2018年）

Ⅱ-10　Ⅵ-2

「善きもの」と考えがちな福祉も，様々な角度から吟味すると，そうともいえない複雑な側面がみえてきます。

畑本裕介 （はたもと・ゆうすけ／1971年生まれ）

同志社大学政策学部教授

『再帰性と社会福祉・社会保障』（単著，生活書院，2008年）

『社会福祉行政』（単著，法律文化社，2012年）

Ⅲ-8　Ⅲ-9

福祉社会学は，「生活」とそれを支える社会保障・労働政策をトータルに考えることのできる面白い学問です。

阪東美智子 （ばんどう・みちこ／1966年生まれ）

国立保健医療科学院生活環境研究部上席主任研究官

『これからの住まいとまち──住む力をいかす地域生活空間の創造』（共著，朝倉書店，2014年）

『HOUSERS ハウザーズ──住宅問題と向き合う人々』（共著，萌文社，2017年）

Ⅶ-5　Ⅸ-9

生活空間である住まいやまちづくりの課題を，住まい手が主体となって解決していくことが望まれます。

前田拓也 （まえだ・たくや／1978年生まれ）

神戸学院大学現代社会学部准教授

『介助現場の社会学──身体障害者の自立生活と介助者のリアリティ』（単著，生活書院，2009年）

『最強の社会調査入門──これから質的調査をはじめる人のために』（共著，ナカニシヤ出版，2016年）

Ⅵ-7

「この社会にとって福祉とは」と大上段に構える前に，身の回りのささいなことから考えてほしいです。

三谷はるよ （みたに・はるよ／1986年生まれ）

龍谷大学社会学部准教授

「『市民活動参加者の脱階層化』命題の検証──1995年と2010年の全国調査データによる時点間比較分析」『社会学評論』65(1)，2014年。

『ボランティアを生みだすもの──利他の計量社会学』（単著，有斐閣，2016年）

Ⅷ-3　Ⅷ-4

私たちは福祉に支えられ，また福祉を創ることもできます。より良い福祉を共に構想しましょう。

＊森川美絵 （もりかわ・みえ／1972年生まれ）

津田塾大学総合政策学部教授

『介護はいかにして「労働」となったのか──制度としての承認と評価のメカニズム』（単著，ミネルヴァ書房，2015年）

『東アジアの高齢者ケア──国・地域・家族の行方』（共編著，東信堂，2018年）

Ⅱ-2　Ⅱ-4　Ⅱ-5　Ⅳ-3　Ⅵ-1　Ⅵ-3　Ⅵ-4　Ⅵ-8　Ⅵ-9　Ⅷ-2　Ⅸ-8

私たちのwell-beingや生きづらさを理解し，より良い未来を構想するためのヒントが満載です。

米澤　旦 （よねざわ・あきら／1984年生まれ）

明治学院大学社会学部准教授

『労働統合型社会的企業の可能性──障害者就労における社会的包摂へのアプローチ』（単著，ミネルヴァ書房，2011年）

『社会的企業への新しい見方──社会政策のなかのサードセクター』（単著，ミネルヴァ書房，2017年）

Ⅷ-1　Ⅷ-6　Ⅷ-7　Ⅷ-10

「福祉」を「社会学」的に捉えることの土台になればと思います。

やわらかアカデミズム・〈わかる〉シリーズ

よくわかる福祉社会学

2020年10月30日　初版第1刷発行　　　　　　　　〈検印省略〉
2021年9月20日　初版第2刷発行

定価はカバーに
表示しています

編著者　　武川正吾
　　　　　森川美絵
　　　　　井口高志
　　　　　菊地英明

発行者　　杉田啓三

印刷者　　藤森英夫

発行所　株式会社　ミネルヴァ書房

〒607-8494 京都市山科区日ノ岡堤谷町1
電話代表 (075) 581-5191
振替口座 01020-0-8076

©武川・森川・井口・菊地ほか, 2020　　亜細亜印刷・新生製本

ISBN 978-4-623-08973-4
Printed in Japan

やわらかアカデミズム・〈わかる〉シリーズ